# 교정상담 <sup>2판</sup>

Correctional Counseling (2nd ed.)

이현림 · 김안식 · 김은선 · 박은영 · 박호정
서혜석 · 손외철 · 이영호 · 장선숙 · 황성용 공저

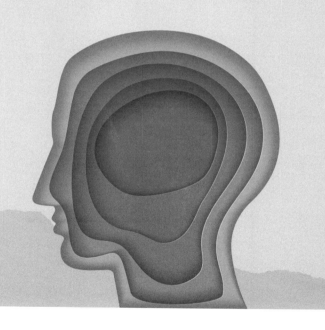

학지사

교정상담
# | 2판 머리말 |

한국교정상담심리학회에서 『교정상담』 2판을 발간하게 되어 진심으로 기쁘게 생각한다. 우리 사회는 각계각층에서 행복한 삶에 대한 욕구를 충족시키기 위해 많은 관심을 가지고 양적인 확대와 질적인 다양화로 계속적인 노력과 관심을 기울여 오고 있다. 하지만 이러한 노력에도 불구하고 아직 개인의 행복한 삶에 대한 사회의 관심과 노력은 상대적으로 부족하다는 생각이 든다. 옛말에 어린아이들은 사랑을 먹고 자라며, 어른들은 감동과 감격으로 살아가야 한다고 한다. 이러한 측면에서 본다면, 교정상담학은 인간에게 사랑과 감동을 체험하고 실천하게 하는 학문으로서, 이 시대를 살아가는 우리들에게 값지고 보배로운 학문일 뿐 아니라 정신적으로 건강한 생활을 하도록 실질적인 도움을 줄 수 있는 소중한 학문이라고 생각한다.

저자는 콩깍지 생태를 생각하고 있다. 콩알이 작으면서 막 발육할 무렵 벌써 그것을 싸고 있는 콩깍지는 다 큰 상태의 대형이 된 콩깍지를 관찰할 수 있다. 그 크고 푸른 콩깍지 속에서 작은 씨가 시간이 가고 세월이 지나면 둥글고 딱딱한 완숙된 콩이 되고 콩깍지는 노란색으로 변하게 된다. 만약 콩알이 없는 빈 콩깍지가 되면 추수기의 농민으로 하여금 한숨을 토하게 할 것이다. 『교정상담』 2판이 한숨짓는 빈 콩깍지가 아니라, 우리 모두의 힘을 합하면 명실공히 내용이 꽉 찬 콩깍지와 같은 저서가 될 것이라고 믿는다.

교육과 상담에 몸담아 온 저자들은 오랜 경험과 그동안의 저서들을 바탕으로 초판에서 부족했던 부분은 보충하고 변화된 이론과 실제 부분들은 변경하여 재정리하였다. 이 책은 전체 3부 10장으로 구성되어 있다. 제1부는 교정상담의 개관으로, 1장에서는 교정상담을 이해하기 위한 교정상담의 개념, 목표, 교정상담사의 자질 등에 대해서 다루었다. 2장에서는 인간의 본성과 범죄심리의 이론적 기초를 다루었다.

제2부는 형사사법 체계와 교정상담 현장에 관한 내용으로, 3장에서는 형사사법 제도와 교정기관에 대한 이해를 높이고자 하였으며, 4장에서는 치료감호제도와 치료감호소에 대해 논의하였고, 5장에서는 소년사법과 소년보호기관에 대해 살펴보았다.

제3부는 교정전문상담사로서 상담 실제에서 적용할 수 있는 교정상담의 실제적인 내용을 다루었다. 6장에서는 보호관찰대상자을 위한 상담기법에 관한 내용을 제시하였으며, 7장에서는 회복적교정상담사의 자질과 역할에 대한 이해를 높이고자 하였다. 8장에서는 교정현장상담의 기본 기술을 소개하였다. 9장에서는 출소자를 위한 진로상담을 제시하였으며, 10장에서는 교정상담 프로그램을 수록하였다.

이 책의 저자들은 각자 전문 분야에서 쌓아 온 경험을 바탕으로 내용에 충실하면서도 독자들이 흥미와 관심을 가지고 편안하게 읽힐 수 있도록 하기 위해 심혈을 기울였다. 이 책의 초판에 이어 개정판이 발간되도록 배려해 주신 학지사 김진환 사장님 외 여러 선생님께 감사드린다. 이 책이 교정상담 현장에 계신 교정상담 담당자와 교정상담에 뜻을 두신 분들, 교정상담사를 준비하시는 모든 분께 조금이나마 도움이 되기를 바라는 바이다.

2022년 1월
한국교정상담심리학회장
이 현 림

교정상담
# | 1판 머리말 |

한국상담학회 교정상담학회에서 『교정상담』을 발간하게 되어 기쁘게 생각하는 바이다.

사회구조가 복잡해지면서 한 가지의 현상에서도 여러 가지의 원인을 찾을 수 있다. 이러한 현상은 비행청소년이나 재소자들의 문제행동에서도 역시 발견된다. 상담사는 이들의 비행 상황을 파악할 때, 단편적으로 정보를 수집할 것이 아니라 그들의 성장과정, 타고난 기질 및 성향 등을 폭넓게 파악하고 이해한 상태에서 문제에 접근해야 보다 적절하고 정확하게 상담하여 문제 해결에 도움을 줄 수 있다.

사건이 일어난 후의 상담 및 치료도 중요하지만 현장에서 문제가 발생하는 것을 방지하기 위해 '교정상담사의 역할은 무엇인가?'에 대해 숙려해야 한다. 비행청소년이나 재소자들의 비행행동을 과거의 결과로 바라보기보다 미래를 지향하는 접근법으로 바라보는 게 중요하다. 그들도 역시 일탈의 순환적 고리를 끊고 싶지만 방법을 모를 수도 있기 때문에 긍정적이고 생산적인 에너지를 가질 수 있게 하는 주위의 도움이 절실하다. 이들의 비행 상담 장면에서 교정상담사는 재소자들의 의사소통 방법을 돕고 그들의 잠재능력을 찾도록 하는 것이 중요하다.

청소년의 일탈과 관련한 부정적 경험은 청소년 각 개인이 성인이 된 후에도 사회적 관계와 적응이라는 면에서도 큰 영향을 끼칠 것이므로 국가 · 사회적으로 중요한 문제임에 틀림없다. 처벌이나 사후 대처 등의 수동적이고 과제해결적인 접근보다 근본적으로 예방하고 건강한 구성원으로서 기능할 수 있도록 가정, 학교, 지역사회 관련 기관 등이 협조하여 방책을 마련해야 한다.

이 책은 전체 3부로 구성되어 있다. 제1부는 교정상담의 개관으로 1장에서는 교정상담을 이해하기 위한 기본 개념 및 목표를 중심으로, 교정상담 시 교정상담사가 활용할 수 있는 방법 등에 대해서 다루었다. 2장에서는 인간에 대한 이해의 이론적 기초를 제시하였다. 제2부는 형사사법체계와 교정상담 현장에 대한 이해 부분으로 3장에서는 형사사법 제도와 교정기관에 대한 이해를 높이고자 하였으며, 4장에서는 치료감호제도와 치료감호소에 대해 논의하였고, 5장에서는 소년사법과 소년보호기관에 대해 살펴보았다. 제3부는 교정전문상담사로서 상담 실제에서 적용할 수 있는 교정상담의 실제적인 내용을 다루었다. 6장에서는 교정상담사의 자질과 역할에 관한 내용을 제시하였으며, 7장에서는 교정현장상담의 기법과 전략에 대한 이해를 높이고자 하였다. 8장에서는 교정현장상담의 기본 기술을 소개하였으며, 9장에서는 교정상담의 과정을 정리하였고, 10장에서는 교정집단상담 프로그램을 수록하였다.

이 책의 저자들은 그동안 대학이나 공공기관에서 교정상담과 관련한 이론, 기법, 프로그램 등을 강의해 오거나 실무를 담당한 전문가들로 구성되어 있다. 각자 전문분야에서 쌓아 온 경험을 바탕으로 내용에 충실하면서도 독자들이 흥미와 관심을 가지고 편안하게 읽힐 수 있도록 하기 위해 심혈을 기울였다. 그러므로 이 책이 대학에서 교정상담과 상담학을 전공하는 학생, 학교에 다니는 자녀를 둔 부모님 및 여러 사회 기관에서 아동과 청소년들을 지도하는 분에게 좋은 참고서가 되기를 희망하는 바다. 끝으로 이 책의 출판을 흔쾌히 승낙해 주신 학지사 김진환 사장님 외 수고해 주신 여러 선생님께 깊은 감사를 드린다.

2017년 1월
한국상담학회 교정상담학회 초대회장
이현림

교정상담
| 차례 |

제
1
부

교정상담의 개관

제2부

형사사법 체계와 교정상담 현장

1부 — 개관

# 교정상담의

교정상담

제 1 장 교정상담의 이해

제 2 장 인간의 본성과 범죄심리

제**1**장
# 교정상담의 이해

이현림
영남대학교 사범대학 교육학과 명예교수

## 1. 교정상담의 개념

교정상담은 일반상담의 한 영역으로서 일반상담의 원리와 기법을 재소자라는 특수한 집단의 내담자를 대상으로 주로 교정시설이나 이와 관련된 시설에서 상담하는 것이라고 할 수 있다. 따라서 일반상담의 의미에 대해 먼저 살펴본다는 것은 좀 더 효과적으로 교정상담을 이해하는 데 도움이 될 것이다.

상담은 처음에 직업지도에서 시작되었다고 볼 수 있으며, 계속적인 발전을 통해 학교, 가정, 일반사회에서 겪게 되는 인간 행동, 성격, 학업, 여가, 사회성 등의 문제와 사건에 대해 현명하게 선택하고 해결할 수 있도록 도와주기에 이르렀다. 오늘날에 와서는 더욱 넓은 범위에서 사용되고 있다. 상담(counseling)이란 용어는 라틴어의 'consulere'란 말에서 그 어원을 찾아볼 수 있다. 이 말은 원래 '고려하다', '반성하다', '숙고하다', '조언을 받는다', '상담한다' 등의 뜻을 지니고 있다. '相談'이란 말을 한자의 뜻으로 살펴보면 서로 이야기하는 것, 서로 의논하는 것 등으로 이해되기 쉬우나, 학술어로서 상담은 그러한 뜻만 의미하는 것은 아니다. 전문 기능으로서 상담은 독특한 인간관계에 의하여 이루어지는 매우 전문적인 활동이다.

상담은 훈련받은 상담사와 도움을 받고자 하는 내담자를 연결 짓는 상호작용 과정으로서, 상담사는 내담자의 감정을 수용하고 명료화하고 허용한다고 지적하면서, 내담자가 스스로 자기를 이해하고 발전적인 수준으로 나가도록 도와주는 과정이라고 한다(Rogers, 1942). 상담은 두 사람이 얼굴과 얼굴을 마주하는 장면이라고 규정할 수 있다. 상담사는 전문적인 훈련을 받은 사람으로서, 내담자로부터 신뢰를 받고 있으므로 적응상의 문제에 직면했을 때 그것을 지각하고 명료화하고 해결하고 결정하는 것을 도와주게 된다. 즉, 상담은 개인 성격의 성장과 통일을 기하게 하는 과정이다(Williamson & Foley, 1949).

한편, **상담**이란 심리치료와 마찬가지로 상담사가 다른 사람의 성격 발달에 적극적으로 기여하는 역할을 수행하는 상호작용 과정에 적용되는 개념이라고 하였다(Bordin, 1968). 상담은 내담자에게 그들의 삶의 터전에 대한 견해를 이해하고 분명하게 하도록 도우며, 의미 있고 신중한 선택을 통하여, 그리고 정서적 문제 해결을 통하여 자기결정의 목표에 도달할 수 있는 것을 학습하도록 꾸며진 것이라고 정의하고 있다.

이상과 같이 상담의 정의는 학자에 따라서 다소 견해 차이가 있으나, 그 나름대로의 공통점을 가지고 있다. 여러 정의의 공통되는 부분을 골라 그 의미를 살펴보면 다음과 같다.

- 상담은 내담자를 위하여 설정된 특수한 조력 관계다.
- 상담 관계는 하나의 역동적인 상호작용 관계다.
- 상담 관계는 도움을 필요로 하는 내담자와 전문적인 자질을 갖춘 전문가의 상호작용에 의한 조력 관계다.
- 상담 관계는 일상적인 대인 관계에 비하여 사적이고 비밀이 철저히 보장되는 관계다.
- 상담 관계는 상식적인 범주의 틀을 벗어난 참만남의 관계다.

**교정상담**의 의미를 살펴보면, 교정상담(correctional counseling)은 제2차 세계대전 이후부터 사용되기 시작한 것으로 알려지고 있다. 1800년대에는 목사가 상담을 하였다. 그 이후에는 보호관찰관이나 가석방 담당자가 교정상담을 하다가 20세기에 이르러 정신과 의사, 상담전문가, 심리학자, 사회학자, 사회사업가 등이 참가하여 이 분야에서 상담을 하기 시작하였다. 제2차 세계대전 이후 교정 분야에 상담의 필요성이 크게 대두되면서 교정상담의 용어가 일반화되었다고 할 수 있다. 미국에서 교정상담 분야가 크게 발전한 시기는 재소자의 사회복귀가 강조되던 1960년~1970년대부터라고 할 수 있다. 교정시설에서는 상담을 하는 다양한 상담사가 있지만, 교정상담사라는 직제분류는 주로 소년원이나 교도소에서 보편적으로 사용되고 있다. 그러나 교정상담에 대한 확고한 정의가 정립되지 못한 이유는 교정상담이 교정시설에서 이루어지고 재소자들을 대상으로 한다는 것을 제외하면 다른 유형의 상담과 다르지 않기 때문이라고 볼 수 있다.

교정상담이란 재소자들이 교정시설에서 생활하면서 그들의 처우 문제, 심적 불안 등 갈등 요인을 해소할 수 있는 방법으로 자신의 상황을 상담사에게 알리고 문제 해결을 위해 상담을 요구하는 것이다. 재소자의 요구에 의하든 수용 관리나 처우를 위한 교정상담사의 필요에 의하든 교정시설에서 행하는 모든 상담을 일반적으로 교정상담이라 할 수 있다. 교정상담은 재소자를 위한 교화 개선의 한 과정으로서 무엇보다 중요하다고 할 수 있다. 최근 재소자들의 권리의식 확대는 교정의 민주화, 개방화 등의 의지를 반영해 주는 현상으로서, 인간존중의 교정원리에 입각한 교정처우가 요구되는 시점이라고 볼 수 있다.

재소자 입장에서는 현장에 근무하는 직원이 교정처우를 시행하는 당사자라고 보기 때문에 수용생활의 교정에 대해 직원과 상의를 하게 된다. 이와는 반대로 재소자의 행동에 문제나 고충 사항이 있다고 판단되면, 교정상담사가 불러서 상담을 시작할 수도 있다. 어떤 경우든 교정상담사가 재소자와 의사소통을 통해 문제 해결을 시도하게 된다. 이때 상담사가 효과적인 대화를 하지 못한다면 재소자의 문제를 해결하려는 시도는 허사가 되고, 재소자의 불만과 좌절을 심화시키는 결과를 초래할 수 있다. 반면에 상담사가 재소자와 인간존중의 상담 원리에 입각한 효과적인 대화를 한다면, 재소자가 스스로 문제를 해결하도록 도움을 줄 수 있고 나아가 잠재 능력을 발휘하고 성장하도록 도울 수 있다.

따라서 **교정상담**은 교정시설에서 비롯되는 여러 심리적 · 행동적 문제들을 전문적으로 다룰 수 있는 자질을 갖춘 상담사와 교정시설에 수용된 재소자 사이에 이루어지는 의도적 · 목적적인 상호작용 과정을 통해 수용생활의 적응을 돕는 것이다. 재소자가 스스로 부정적인 감정과 억눌린 욕구를 긍정적인 방향으로 전환시켜 자신의 문제 상황과 위기를 성장과 발전의 기회로 바꿀 수 있도록 이끌어 주는 것이라고 할 수 있다.

## 2. 교정상담과 일반상담의 차이점

교정시설에서 교정상담사가 재소자를 보다 효과적으로 상담하기 위해 활용하는 교정상담은 일반상담과는 차이점이 있을 수 있다. 이를 살펴보면 다음과 같다(법무부, 2002).

- 재소자가 문제 행동을 했을 때, 교정상담에서는 재소자의 복지를 우선적으로 고려해야 되는 것이 아니라 수용질서를 먼저 생각해야 한다. 재소자의 문제 행동이 규율에

위반된 경우에는 행정적·법적 제재를 가하면서 상담을 시작해야 하는 것이 일반상 담과의 차이라고 할 수 있다.

- 교정상담은 이중적 구조를 지니고 있다. 교정직원이면서 상담사이고, 재소자이면서 내담자라는 두 가지의 역할이 존재하여 상담 관계에서 일차적으로 확보되어야 할 대 등한 인격을 지닌 두 개인과의 참만남이어야 한다는 조건을 갖추지 못하고 있다고 할 수 있다. 따라서 재소자의 수용태도에 대한 평가를 하는 직원에게 자신과 동료에 대 한 정보를 솔직하게 털어놓기가 어렵다고 할 수 있다. 그러나 이러한 관계를 어떻게 잘 활용하는가에 따라서 장점이 될 수도 있다. 언제든지 필요에 따라 상담을 할 수 있 으며, 또한 가까운 거리에서 교정직원이 재소자들의 행동을 관찰하고 있다는 부담감 이 그들의 변화에 대한 동기를 유발시켜 바람직한 행동을 실천하는 계기로 작용할 수 있는 것이다.

- 교정직원은 대체로 상담을 전공한 상담전문가는 아니라고 볼 수 있다. 오히려 상담전 문가로서의 역할보다는 부여된 직책에 적합한 관리자로서의 지도력이 우선적으로 요 구된다. 이 역할을 보다 효과적으로 수행하기 위해서는 상담 원리와 기법을 배우고 익혀야 한다.

- 교정상담은 상담 전에 이미 재소자에 대한 많은 정보를 가지고 있다고 할 수 있다. 일 반상담에서는 사전에 많은 정보가 없는 상태에서 상담을 시작하지만, 교정현장에서 는 재소자에 대한 다양한 정보, 즉 죄명, 형기, 가족 관계, 학력, 성장배경 등을 갖고 있으며, 수용태도, 성격 등 재소자의 특성을 파악하고 상담에 임할 수 있다. 그러나 이 러한 많은 정보가 오히려 편견과 선입견으로 작용하여 상담의 진행을 방해할 수 있는 요인이 될 수 있기 때문에 세심한 주의를 기울여야 한다.

- 교정직원은 상담이 끝나면 곧장 관리자의 위치로 돌아가게 된다. 그래서 때로는 수용 질서 확립을 위해 관리자로서 재소자를 즉시 호출하여 상담하기도 한다. 동료와의 관 계에 어려움을 호소한 재소자의 경우, 필요하다면 관련 재소자를 한자리로 불러서 대 화를 나눌 수도 있다. 이러한 상황은 일반상담에서는 거의 일어나지 않는다고 볼 수 있다. 또한 재소자의 개인적 문제는 주로 심리적·관계적 의사소통이 활용되어야 한 다. 그러나 수용시설 내 규칙, 작업 등과 같은 행형에 관한 문제를 다룰 때에는 관리자 로서 사실적인 것에 초점을 맞추어 상담하기도 한다.

- 교정상담에서는 상담사가 필요하다고 인정될 때, 언제나 호출상담이 가능하다. 즉, 조 직의 분위기를 해치는 수용태도를 보이거나, 개인적인 고충을 감추거나, 격려, 지지,

칭찬 등이 필요하거나, 주위로부터 새로운 정보를 확보했을 때 의도적으로 호출상담에 임할 수 있다. 이때 재소자 상담의 필요는 재소자에게 있는 것이 아니라 상담사에게 있다. 그러므로 상담사의 태도나 상담기법도 자발적인 상담으로 이루어지는 일반상담과는 차이가 있을 수 있다. 이러한 상황에서는 상담보다는 수용질서 확립을 위해 개인의 태도와 행동을 지적하고 변화시켜야 하는 지도력이 더욱 필요하다. 따라서 교정상담사는 자신이 재소자의 행동에 대해 어떤 개선의 욕구를 가지고 있는지를 정확하게 파악해야 하고, 의사소통 능력과 행동수정을 과감하게 할 수 있도록 하는 지도력이 요구된다.

- 교정상담은 일정한 시간을 정해 놓고 하는 일반상담과는 달리 근무 시간 중에 이루어진다. 교정직원이 다루어야 할 재소자의 인원은 증가하고 재소자의 요구는 더욱 복잡다양해지고 있으므로, 많은 시간과 노력을 들여서 깊게 개입할 시간적인 여유가 부족하므로 지도력을 요구하는 단기간의 상담이 이루어진다고 볼 수 있다.

## 3. 교정상담의 목표와 원리

### 1) 교정상담의 목표

교정상담의 목표는 재소자에게 영향을 주어 행동을 변화시킴으로써 재소자가 좀 더 생산적이고 만족스러운 삶을 살아갈 수 있도록 하려는 것이다. 즉, 상담 과정을 통하여 재소자는 적절한 지식이나 판단력을 얻을 수도 있고, 삶의 방법이나 용기를 얻기도 한다. 또한 자신의 느낌이나 생각 및 주위의 현실에 대한 올바른 인식을 하게 되기도 한다. 그 결과, 한층 깊이 있는 차원에서 자신과 자신이 처한 현실을 있는 그대로 이해하고 수용하며 개방할 수 있어서, 궁극적으로는 인격적인 변화를 경험하게 되는 것이다.

교정상담은 재소자의 교화에 그 목표를 두고 있지만, 실제로는 기존 조직 혹은 수용 관리를 효율적으로 유지하기 위한 것이기도 하다. 실제로 교정시설의 직원이나 교정상담사들은 재소자의 출소 후 사회적응을 돕는 장기적 교화 활동보다는 오히려 재소자들의 시설 내 적응에 보다 많은 시간을 할애하고 있다. 재소자들은 사회와 격리되어 수용생활을 하면서 공통적으로 겪게 되는 구금생활에 대한 두려움과 고립감, 그리고 막연하게 갖게 되는 공포심 및 법적 결과에 대한 불안감, 가족과 장래에 대한 걱정 등 다양한 심리적 문제를 안고 있다. 교정상담사들은 그들의 문제에 적극적으로 개입하여 마음의 안정을 통한 수용생활의 적응을 도와야 하는데, 그 핵심적인 역할이 교정상담이다. 이러한 교정상담의 목표를 요약하면 다음과 같다.

### (1) 자기통제 능력의 강화
범죄의 상당한 부분이 자기통제 능력의 결여에 기인한다고 할 수 있다. 인간은 나름대로의 욕구와 충동에 의해서 행동하게 된다. 이러한 욕구와 충동이 모두 그대로 수용되는 것은 아니다. 대상에 따라서 적절히 통제하거나 변형해서 표출해야 하는 자기통제 능력을 강화해야 한다.

### (2) 합리적 사고 능력의 신장
재소자들의 사고 기준이 대체로 합리성에 기초를 둔 것이 아니라 편견이나 왜곡에 기초한 경우가 많다고 볼 수 있다. 특히 행동에 의한 판단이 착각에 의해서 이루어지는 경우가 많다. 일반적으로 많은 재소자의 사고는 추상적·환상적 또는 과대망상적이기 때문에 현실 감각이 부족하고 올바른 판단을 하지 못하는 경우가 많다. 상담을 통해서 합리적이고 현실적인 사고를 할 수 있도록 해야 한다.

### (3) 긍정적 자아개념의 확립
재소자들은 자신을 긍정적으로 보기보다는 부정적으로 보는 경향이 있다. 자신의 외모로부터 능력, 존재 가치 등에 대해서 긍정적인 자아개념을 형성하지 못하고 부정적인 자아개념을 갖고 있다고 볼 수 있다. 따라서 매사에 자신감을 갖지 못하고 열등의식에 빠져서 자포자기하는 경향이 있다. 부정적인 자아개념이나 자아상을 가지고 있는 재소자들로 하여금 긍정적인 자아개념을 형성하도록 해야 한다.

### (4) 긍정적 가치관 확립
가치관은 인간 행동의 기준이 되고 의사 결정에 중요한 역할을 한다. 현재 우리 사회는 가치관의 혼란을 경험하고 있고 부정적인 가치관이 팽배해 있다고 볼 수 있다. 특히 재소자들은 부정적인 가치관을 갖고 있거나 왜곡된 가치관을 갖고 있는 경우가 많다. 재소자들이 건전한 자아정체감을 갖고 가치관을 확립할 수 있도록 해야 한다.

### (5) 대인 관계 능력 향상

대인 관계에 문제가 있는 사람들은 흔히 자기중심적으로 사고하고 행동하기 때문에 다른 사람들과 잘 어울리지 못하고 고립된 생활을 하는 경우가 많다. 고립된 생활을 하다 보면 자연히 소외되고 우울증에 빠지게 되는 경우가 허다하다. 이러한 심리적 상태를 극복하기 위해서 비정상적인 방법을 사용하게 되고, 결국 범죄를 저지르게 될 수 있다. 따라서 상담을 통해서 재소자들로 하여금 올바른 대인 관계 능력을 향상하도록 해야 한다.

### (6) 문제 해결 능력의 증진

재소자들은 행동, 가치관, 태도 등에서 그들 스스로 해결하지 못하는 어려운 문제들을 다양하게 안고 있다. 이러한 문제들이 합리적이지 못하고 기분에 따라 비합리적으로 문제를 해결하는 경우가 많다. 문제 해결을 제대로 못 하면 적응상에도 문제가 생긴다. 따라서 교정상담사는 재소자들로 하여금 합리적인 문제 해결 과정을 습득하도록 해야 한다.

## 2) 교정상담의 원리

전문적인 교정상담을 위해서는 상담 원리를 파악하고 있는 것이 좋다. 첫째, 재소자들의 모든 행동에는 이유와 목적이 있음을 염두에 두어야 한다. 즉, 재소자의 모든 행동 및 반응의 목적과 의미를 가능한 한 정확히 이해해야 한다. 둘째, 재소자의 반응에는 관찰할 수 있는 것과 관찰할 수 없는 것, 즉각적으로 나타나는 것과 지연되어 나타나는 것이 있음에 주목하여 가능한 한 정확히 예측해 내려고 노력해야 한다. 셋째, 상담의 최종 목표와 중간 목표를 구별하여, 먼저 중간 목표인 상담사와 재소자의 촉진적 관계 형성에 주의를 기울여 상담을 시작해야 한다. 이에 상담의 기본원리를 간략히 살펴보면 다음과 같다 (George & Cristiani, 1995).

### (1) 개별화의 원리

상담사는 재소자의 개성과 개인차를 인정하는 범위 내에서 상담을 전개해야 한다. 그러므로 상담사는 인간에 대한 전문적인 이해를 바탕으로 편견이나 선입관에서 탈피해야 하고, 재소자들의 감정 변화를 민감하게 포착하여 그 말을 경청하며 재소자의 보조에 맞추어 상담을 진행해야 한다.

### (2) 의도적 감정 표현의 원리

상담사는 재소자가 자유롭게 자신의 감정을 표현할 수 있도록 온화한 분위기를 조성해 주어야 한다. 재소자들의 감정 표현을 비난하거나 낙심시켜서는 안 되며, 인내를 가지고 경청함으로써 재소자들의 긴장을 완화하여 자신의 문제를 자유롭게 표현하게 해야 한다.

### (3) 통제된 정서 관여의 원리

상담은 주로 정서에 큰 비중을 두는 작업이므로 상담사는 재소자들의 정서 변화에 민감하게 반응하여 이해하고, 적절한 대응책을 마련할 태세를 갖추고 적극적인 관여를 해야 한다.

### (4) 수용의 원리

말이나 행동, 표정 등을 통해 재소자를 인격체로 존중하고 있음을 표현하여야 한다. 상담사의 권위적이고 강압적인 자세는 상담 관계를 저해한다. 따라서 재소자 중심으로 그들의 진정한 욕구와 권리를 존중하며 감정이나 태도를 적극적으로 이해할 수 있어야 한다. 만약 재소자와 의견이 맞지 않을 때는 동의하지 못함을 분명히 전달하되, 그 표현이나 자세는 어디까지나 온화해야 한다.

### (5) 비판단적 태도의 원리

재소자들은 죄책감, 열등감, 불안 등을 갖고 있어 타인의 비판에 민감하며, 그에 대해 자신을 방어하여 안전을 추구하려는 것은 당연한 일이다. 따라서 재소자의 행동, 태도, 가치관 등을 객관적으로 평가해야 하며, '유죄다', '책임져야 한다', '나쁘다' 등과 같은 판단적인 언어로 문제를 다루어서는 안 된다.

### (6) 자기결정의 원리

교정상담사의 지도와 충고가 주어진다 하여 재소자들이 이를 무조건 수용하는 것은 아니다. 자신의 판단을 토대로 방향과 태도를 결정하는 독립된 인격체이기 때문이다. 그러므로 상담사는 재소자 개인의 가치와 존엄성을 존중하고, 재소자가 자기 힘으로 문제를 해결해 나갈 수 있다는 신념을 가져야 한다.

### (7) 비밀보장의 원리

상담 과정에서 가장 명심해야 할 것은 바로 비밀보장이다. 상담사는 재소자와의 대화 내용을 아무에게나 이야기해서는 안 된다. 상담사는 비밀을 지켜 줄 윤리적 의무를 지녔기 때문이다.

# 4. 교정상담의 기능과 종류

## 1) 교정상담의 기능

교정시설에 수용되는 것은 일반인들이 참아 내기 어려운 상황일 것이다. 자유의 억제, 동료 재소자나 교도관으로부터 받는 생소한 처우, 급격한 환경 변화로 인해서 오는 불안과 공포, 장래에 대한 우려 등 여러 가지 상황은 그들이 감당하기 어렵게 할 것이다. 그들이 이러한 상황에 잘 적응해서 극복을 하면 출소해서 정상적인 생활을 할 수 있겠으나, 시설 내에서 적응하는 데 실패하면 큰 정신적 피해를 입고 출소하게 되어 사회에 정상적으로 복귀하는 것이 힘들게 된다. 재소자들에게 문제가 되는 것은, 먼저 시설 내에 잘 적응하는 것이다. 즉, 무사히 형기를 마치는 것이다. 재소자가 시설 내에 적응하지 못하면 본인이 피해를 입는 것은 물론이며 다른 재소자들에게도 피해를 줄 수 있다.

따라서 교정상담의 기능을 살펴보면 두 가지로 나누어 볼 수 있다. 첫째, 재소자들로 하여금 변화된 환경에 잘 적응해서 사회에 복귀할 준비를 하도록 하는 시설 내의 적응이다. 둘째, 재소자들로 하여금 사회에 적응할 수 있는 능력을 길러 주는 사회적응의 기능이다. 어쩌면 이 기능이 교정상담의 궁극적인 기능이 되고, 시설 내 적응은 이 기능을 수행하기 위한 과정적 기능이라고 할 수 있다.

교정상담을 포함한 교정시설의 모든 활동은 궁극적으로 재소자들로 하여금 사회에 복귀해서 정상인으로 생활할 수 있도록 하는 데 목적이 있다. 그러므로 교정상담은 재소자들로 하여금 사회에 적응할 수 있는 능력을 길러 주어야 한다. 여러 가지 이유로 인하여 사회에 잘 적응하지 못한 채 범죄를 저지르고 수용된 재소자들에게 사회에 적응할 수 있는 사고 체계, 정서 상태, 생활 기술 등을 갖추도록 하는 것이 바로 교정상담의 기능인 것이다.

그 밖에 교정상담사는 재소자들을 분류하고 훈육하는 기능을 갖기도 한다. 경우에 따라서는 재소자들의 활동, 대인 관계, 문화 등과 같은 상황을 교도관들에게 알리는 기능도 갖게 된다(김용준, 1996). 이러한 상담의 기능을 수행하기 위하여 교정상담사는 **분류, 처리, 훈련, 자문, 연구** 등의 기능을 수행해야 하며(Brodsky, 1973), **변화촉진자, 자원관리자, 치료자**의 기능도 해야 한다(Ivey, 1974).

### 2) 교정상담의 종류

교정상담은 관점에 따라 다양한 종류로 구분할 수 있다. 여기에서는 수용생활상담, 수용처우상담, 관계 규정에 의한 필요적 상담, 임의적 상담 등으로 구분하여 살펴보고자 한다(임봉기, 2009).

#### (1) 수용생활상담

재소자가 수용생활을 하면서 겪게 되는 개인적인 어려움을 호소하는 상담이다. 가족과의 단절로 인한 생활비 부족 때문에 영치금 지원 등 경제적인 도움을 요구하는 경우가 대부분이다. 초범의 경우에는 가족, 친지, 지인들의 접견이나 영치금 지원 등이 이루어진다. 그러나 범수가 올라갈수록 가족과의 관계도 소원해지고, 초범의 경우에도 범죄의 유형에 따라 가족과의 관계가 단절되는 경우가 있다.

#### (2) 수용처우상담

수용처우 관련 상담은 수용생활 중 개인의 행형 성적이나 사회적 처우 등에 관한 적절한 처우를 요구하거나 개선을 호소하는 상담으로, 교정상담의 가장 흔한 유형이다. 내담자는 단순히 열악한 구금 상황을 모면하거나 좀 더 편한 수용생활을 하고자 자신들의 신상과 처우에 관해 주로 질의하거나 개선을 요구한다. 이 과정에서 교정상담사는 개별처우 상황을 설명하여 이해하게 하고, 자기중심적인 내담자의 생각을 적절히 통제하여 그들의 신분에 적합한 태도와 역할을 인식하여 수용생활에 잘 적응할 수 있도록 한다.

#### (3) 관계 규정에 의한 필요적 상담

「형의 집행 및 재소자의 처우에 관한 법률」 등의 규정에 의한 본인의 의사와 관계없이 시행하는 상담이다. 환자, 신입 수형자, 사형 확정자 또는 사형 선고를 받은 자, 관심대상 재소자 등에게 심리적 안정을 위하여 실시하는 상담이다.

필요적 상담은 대부분 성격이나 인성 체계의 결함, 개인적·가정적 문제 등으로 갈등에 직면해 있는 재소자들이다. 이들이 가지고 있는 문제를 해결하고 인격적 성장을 촉진하기 위해 행해지는 상담이며 전문적 상담이 요구되는 부분이다. 이 상담 과정에서는 필요에 따라 외부 인사를 초빙하여 상담을 실시하고 있으며 대부분 성직자, 교수 등이 참여하고 있다.

### (4) 임의적 상담

재소자 본인의 요구나 규정에도 불구하고 직원의 판단에 따라 상담을 행하는 것이므로 근무자의 관심과 교정직원으로서의 관찰력이 요구되는 부분이다.

## 5. 교정상담사의 자질

상담의 개념이 확장됨에 따라 상담사들은 이전에 비해 한층 다양한 역할을 담당해야 하며, 이를 잘 감당해 내기 위해 여러 가지 자질이 요구된다. 상담사가 제대로 그 몫을 해내기 위해 갖추어야 할 자질에 대해 전문적 자질과 인간적 자질의 두 가지로 나누어 살펴보면 다음과 같다(이현림, 2008).

### 1) 전문적 자질

상담은 조력 전문직이다. 전문직은 고도의 지식과 기술이 요구되는 것으로서, 상담사는 상담에 대한 정규교육을 받고 전문가로서의 자격을 취득해야 한다. 전문가란 해당 분야의 이론을 통달했거나 이론에 대한 자신의 입장을 가진 사람을 말하므로, 무엇보다도 상담에 대한 자신의 이론적 틀을 개발해야 한다. 이론은 다음 네 단계를 거칠 때 틀이 형성될 수 있을 것이다. 첫째, 상담사 자신의 가치관, 신념, 기대, 사고 과정 및 여러 성격 특성에 대해 객관적인 분석과 이해가 있어야 한다. 둘째, 현재 처한 시대적 배경, 즉 문화적·사회적 경향과 철학적 경향에 대해 정확히 이해해야 한다. 셋째, 기존의 상담 이론들에 대한 철저한 연구를 거쳐 자신만의 개인적인 상담 이론을 개발해야 한다. 넷째, 이를 위해 인간의 본성과 그 속에 내재한 경향성, 인간 성격의 구조와 발달, 바람직한 행동과 그렇지 못한 행동과 그 행동의 발달 과정, 상담의 궁극적 목적과 이에 따른 구체적인 목표, 상담의 진행 과정과 효과적인 전략과 기술들, 상담사의 역할에 대한 자신의 관점 등을 확립해야 한다.

상담은 이론과 기술 모두를 겸비해야 하는 전문직이므로 이론적 틀을 체계화한 후에는 다양한 상담 상황에 적용해 보고 그에 대한 피드백을 받아야 한다. 나아가 끊임없이 실습하고 연구하여 그 이론을 수정하고 보완시키며, 유능한 전문가의 지도와 조언 아래 다양한 훈련의 기회를 거쳐 실제적 능력을 터득하면서 완성도를 높여 가야 한다.

## 2) 인간적 자질

상담사에게 있어 이론적 지식과 실제적 기술이 모든 것을 대변해 주는 것은 아니다. 중요한 것은 상담사의 사람됨이기 때문이다. 로저스(Rogers, 1942)는 유능한 상담사가 되기 위해 제일 먼저 필요한 자질로 인간관계, 즉 타인의 감정과 태도에 대한 민감성을 들었으며, 다음으로 객관성, 인간존중, 자기이해, 심리학적 지식 등을 제시하였다.

상담사의 자질에 대해 브래머와 쇼스트럼(Brammer & Shorstrom, 1982)은, 첫째, 인간ㆍ상담사 간의 균형, 둘째, 지적인 능력, 셋째, 자발성, 넷째, 수용과 관심, 다섯째, 이해와 공감, 여섯째, 온정과 인간적 만남, 일곱째, 자유, 여덟째, 일치성과 개방성, 아홉째, 융통성으로 집약하였다. 조지와 크리스티아니(George & Cristiani, 1995)는, 첫째, 자신의 경험에 대한 개방성과 수용성, 둘째, 자신의 가치와 신념에 대한 인지, 셋째, 타인들과 따뜻하고 깊이 있는 관계를 발전시키는 능력, 넷째, 있는 그대로의 자신을 타인들에게 보여 주는 능력, 다섯째, 자신의 행동에 대해 책임을 지는 마음가짐, 여섯째, 현실적 요구 수준을 발달시키는 능력 등을 효율적인 상담사의 인간적 자질로 꼽았다.

코리(Corey, 2008)에 의하면, 상담사가 내담자와 함께 창조해 가는 인간적인 영역을 치료적 만남의 가장 강력한 결정 요소라고 보았다. 즉, 상담사가 내담자를 성장ㆍ변화하게 하려면 상담사 자신의 삶을 성장시켜야 하며, 이러한 것이 내담자를 긍정적 방향으로 이끄는 가장 강력한 원천이 된다. 그는 효율적인 상담사의 특성으로 다음의 세 가지를 들었다.

- 상담사의 진실성: 상담은 매우 깊고 긴밀한 학습이므로 상담사는 내담자와의 관계에서 진실한 인간이 되어야 한다. 즉, 상담사는 내담자에게 모델로서 자신을 제시해야 한다. 그러나 상담사가 완전한 인간이어야 한다는 것은 아니다. 이것은 상담사가 자신의 삶을 탐색하려는 뜻과 자신이 원하는 삶을 만들기 위한 노력을 포기하지 않는다는 의미다.
- 상담사를 위한 개인상담과 심리치료: 인간은 누구나 상담사로서의 효율성을 저해하는

미완성된 부분을 가지고 있기 때문에 상담사도 내담자가 되어 보아야 한다. 물론 상담사가 완전히 갈등에서 벗어나야 한다는 뜻은 아니다. 상담사가 자신의 갈등이 무엇이며 그런 것이 상담사로서의 자신에게 어떤 영향을 주는지 자각해야 함을 의미한다. 상담사는 스스로의 삶 속으로 들어갈 수 있는 정도 이상으로 내담자를 그 자신의 삶 속으로 들어가게 하지는 못하기 때문이다.

- **치유적인 인간으로서의 상담사:** 상담사가 완전한 치료자여야 함을 의미하는 것이 아니라 치유적인 인간이 되도록 노력하는 것이 가장 중요하다. 그렇다면 치유적인 인간이란 어떤 인간인가? Corey가 밝힌 치유적인 인간이란 다음과 같은 특징을 갖고 있다.

  - 자신의 길을 발견한다.
  - 자기존중감과 자기안정감을 갖고 있다.
  - 강한 사람이 될 수 있고 자신의 힘을 인식하며 수용할 줄 안다.
  - 변화에 대하여 개방적이고 자아를 유지하며 자발적으로 모험을 즐긴다.
  - 자신과 타인에 대한 인식을 확장시키고 있다.
  - 불확실성을 기꺼이 수용한다.
  - 정체성을 갖고 있다.
  - 공감을 할 수 있다.
  - 생기가 있으며 생활 지향적이다.
  - 진실하고 솔직하며 일치성이 있고 순수하며 정직하다.
  - 사랑을 주고받을 수 있다.
  - 현재에 산다.
  - 실수도 하며 그것을 기꺼이 인정한다.
  - 자신의 일에 깊이 관여하고 창조적 과제에 몰두한다.
  - 자신을 재창조할 수 있고, 자신의 삶에서 의미 있는 관계를 재창조할 수 있다.
  - 다른 사람을 위해 자신의 감정을 드러낼 줄 안다.
  - 자신의 삶을 만들어 가는 과정에 있다.
  - 비합리적인 가정이나 자기파괴적 신념, 태도 등에 굴하지 않고 도전한다.
  - 존경과 배려와 신뢰, 자신에 대한 가치의식에 바탕을 두고 타인의 복지에 진정한 관심을 갖고 있다.

이간(Egan, 2002)이 보는 상담사의 자질은 다음과 같다.

- 상담사는 무엇보다 자신의 성장, 즉 신체적, 지적, 사회·정서적, 영적인 성장을 위해 노력한다.
- 상담사는 적절한 운동과 식이요법을 통해 자신의 몸을 소중히 한다.
- 상담사는 적절한 기본적인 인지 능력을 가지고 있으며, 자기 자신의 지적 가능성을 인식하며 이상적인 세계를 존중한다.
- 상담사는 상식과 사회적 기능을 겸비하고 있다.
- 상담사는 조력이 힘든 일이라는 것을 알고 있으며 또한 현명하게 일하는 것이 열심히 일하는 것만큼이나 중요하다는 것도 알고 있다.
- 상담사는 통합자다.
- 상담사는 자신의 삶에서 주체, 즉 삶에 복종하기보다는 삶을 주도하는 사람이므로 내담자들이 목표를 설정하고 건설적인 행동 변화를 위한 행동 프로그램을 정교화하는 데 도움을 줄 수 있다.
- 상담사는 일대일 상황이나 집단 상황 모두에 적용 가능하다.
- 상담사는 스스로가 문제를 가지고 있지만 그 문제들을 피해 가지 않는다.

이처럼 상담사가 내담자의 성장과 변화에 도움을 주려 한다면, 우선 자기 자신의 선택과 결정을 탐색함으로써 자신의 삶을 향상시키고 성장 가능성을 자각하도록 힘써야 한다. 이상의 견해들을 중심으로 상담사의 인간적 자질을 정리하면 다음과 같다.

① 내담자를 한 사람의 인간으로, 현실적인 고통을 받고 있는 사람으로 존중하는 마음이 있어야 한다.
② 모든 사람은 인생 경험, 행동 방식, 가치관, 태도 등이 각기 다름을 인정하여 상담사 자신과 내담자의 차이를 수용할 수 있는 포용력이 있어야 한다.
③ 장기적인 목표를 갖고 일할 수 있는 인내력을 가져 자신의 행동에 대한 즉각적인 효과나 보상을 어느 정도 유보할 수 있어야 한다.
④ 상담의 주체는 내담자이므로 내담자를 조정하는 식의 개입은 피하며, 내담자가 능동적으로 자신의 행동을 변화시킬 수 있도록 조력해야 한다.
⑤ 상담 이론과 기법들을 확실히 알고 있되, 각각에는 제한점이 있음을 인정할 수 있어

야 한다.

# 6. 교정상담의 형태

상담의 형태는 그 목표와 대상, 시기와 상담사의 철학적 가정에 따라 다르므로 그 형태를 일일이 열거한다는 것은 불가능하다. 여기에서는 교정시설에서 관련된 문제에 적용할 수 있는 몇 가지 상담 형태를 살펴보도록 한다.

## 1) 위기상담

인간의 삶 자체가 위기를 만나고 그 위기를 극복함으로써 한 단계 발전하고 성숙하는 과정이다. 삶에 있어 위기는 순간순간 찾아오는 것으로 우리의 당면 과제라 할 수 있다. 그러나 모든 위기에 대해 적절히 대처하기란 어려우므로, 상황에 따라서는 적응을 위한 전문가의 조력이 큰 도움이 되기도 한다.

### (1) 위기의 이해

위기에 대해 프랑스(France, 1990)는 다음과 같이 설명하고 있다. 첫째, 위기는 통상적인 문제 해결기술로는 해결할 수 없는 특정 사건으로 촉발된다. 둘째, 모든 사람은 자신의 삶에서 어떤 시기에 대처할 수 없다고 느끼는 위기에 처할 수 있다. 셋째, 사람에 따라 스트레스 상황에 다르게 반응한다. 이는 개인의 불안 수준, 대처기술, 상황 해석에 따라 주관적임을 의미한다. 넷째, 위기의 지속 시간은 비교적 짧다. 다섯째, 위기반응에는 적응과 부적응이 있는데, 적응은 개인이 새로운 대처기술이나 문제 해결기술을 배우는 것이다. 부적응은 점차적으로 비조직화되거나 방어적으로 되는 것을 말한다. 위기감은 정서적으로 깊은 유대감을 가졌던 사람의 상실과 내면적인 고통이나 가치를 상실하는 경우 혹은 이사나 전직과 같은 과도기적 변화에 의해 유발된다.

사람마다 위기를 감지하는 것이 다르며, 위기는 단계에 따라 각기 다른 반응을 보이며 변화되어 간다.

• **충격 단계**: 위기 상황을 깨닫는 초기 반응이다. 이때 사람들의 반응은 무기력, 좌절, 불

안, 분노, 두려움, 우울, 통제력 상실 등으로 문제 해결에 도움이 되지 못한다. 이 단계는 갑작스런 사건 이후에 바로 일어나므로 비교적 짧다고 할 수 있다.

- 대처 단계: 상황 변화나 위기 상황에 대한 반응을 변화시키려 하지만 불안, 좌절, 절박감 등은 증가된다. 이 단계에서 사람들은 문제에 대한 새로운 해결책을 시도하고, 자신의 삶에서 위기에 처하지 않았을 때보다 타인들에게 더욱더 간절하게 도움을 청하게 된다. 어떤 사람들은 문제에 초점을 둔 대처기법이나 이미 사용해 본 대처기법을 사용하고 새로운 기술을 배우기도 한다.

- 위축 단계: 그동안 시도했던 것들이 고통을 완화시키는 데 아무런 도움이 되지 못한다고 느낄 때 나타난다. 위축에는 두 가지 유형이 있다고 할 수 있다. 첫째, 자발적인 형태로, 자살은 계속되는 위기 상황에서 고통을 회피하기 위해 스스로 목숨을 끊어 버리는 사태다. 둘째, 비자발적 위축은 보통 여러 유형의 심리적 혹은 정서적 해체로 나타나 인지장애, 정서장애, 성격장애 등과 같은 정신병의 형태를 띠게 된다. 사람들은 일반적으로 위기가 가시적인 도움이나 해결책 없이 장기간 지속되지 않는 한 위축의 단계까지 가지 않는다.

### (2) 위기상담의 의미

위기는 개인의 사고, 계획 및 상황에 효과적으로 대처하는 능력에 부정적인 영향을 미치는 심각한 스트레스의 일종을 말한다. 갑작스런 특정 사건에 대해 위협이나 불안을 느껴 비효율적으로 대처하게 되는 것이다. 예기치 않았던 환경적인 자극이나 그 밖의 이유로 위기감을 느끼는 내담자에게는 위기상담이 필요하다. 생활 조건의 변화나 가족 및 주위 사람들에게 생긴 변화로 인해 내담자가 심한 긴장과 불안을 느끼는 경우다.

일단 위기로 인해 심한 긴장이나 불안을 느끼는 내담자를 만날 경우, 상담사도 자칫 불안이나 당혹감을 느낄 수 있으므로 주의해야 한다. 위기상담에서 주의해야 할 것은 내담자에 대해 관심을 가지되 결코 놀라서는 안 되며, 내담자의 문제를 보다 합리적으로 해결할 수 있도록 도와주기 위한 객관적인 태도를 유지해야 한다는 것이다.

### (3) 위기상담의 목표 및 기본 요건

위기상담의 목표는 내담자의 긴장을 포함한 다양한 심리적 증상 및 고통을 해소함으로써 자기패배적인 행동이나 부적응적 사고와 감정을 적절하고 효과적인 반응으로 대치시켜 주는 것이다. 그러기 위해 자신이 당면한 위기가 삶의 정상적인 일부라는 것을 깨닫게 하고, 갑작스런 사건과 현재 상황을 다른 시각으로 보게 하며, 위기와 관련된 감정을 깨닫고 수용하게 하며, 새로운 문제 해결기술을 갖게 한다.

　내담자가 더 이상 혼란되지 않도록 하고 과거의 정상적인 상태를 회복할 수 있는 적응력과 행동기법을 회복하는 것이다. 더 나아가 내담자에게 위기의식을 불러온 환경적인 요인에 대해 이해를 돕거나 변화를 시도해 볼 자신감을 갖게 하는 것이 목표다.

　내담자가 느끼는 위기를 조절하고 상담해 나가기 위해 상담사가 갖추어야 할 기본적인 요건은 다음과 같다. 첫째, 내담자의 위기 및 긴장감에 대해 공감적인 이해나 경청을 할 수 있는 능력, 둘째, 내담자의 환경적인 여건이나 심리적인 반응에 대해 정확히 평가할 수 있는 능력, 셋째, 내담자의 문제를 보다 효과적으로 이해할 수 있는 기관 및 주변 자원에 대한 충분한 정보의 확보가 필요하다(이장호, 1996).

### (4) 위기 상황에 대한 상담접근법

　위기 상황에서 큰 혼란을 느끼며 긴장하고 있는 내담자를 상담하는 데 사용되는 접근법을 살펴보면 다음과 같다.

- 일반적인 지원: 관심 있게 경청하고 비위협적 또는 비판단적인 태도를 취하여 내담자가 긴장을 보다 덜 느낄 수 있는 방향으로 조언해 준다.
- 포괄적 해결 노력: 내담자가 부딪힌 위기의 근본 원인을 파악하고 대처해 나갈 수 있는 대안을 내담자와 함께 모색하는 협의 과정이며 문제 해결 과정이다.
- 개인상담: 포괄적인 접근과 아울러 내담자의 성격이나 이상심리에 관해서 접근하는 방법이다. 이는 장기적이고 보다 전문적인 심리치료까지 연결되도록 도와준다.
- 환경 변화: 환경의 변화에 따른 위기촉발 조건에 대해 접근하는 방법이다. 이는 상담실에서 내담자만 만나기보다는 내담자의 가족이나 주위 사람들과 접촉하는 등 내담자가 위기의식을 덜 느끼도록 노력한다,

### (5) 위기상담의 단계

　위기는 일반적으로 일련의 논리적 단계를 따른다고 한다(Aguilera, 1990; Steele & Raider, 1991). 위기상담은 일반적으로 다섯 단계를 거쳐 이루어지며, 이 과정은 문제 해결 패러다임의 과정과 유사하다.

- **위기와 개인적 자원의 평가**: 이 단계는 내담자와 위기에 대해 여러 측면에서 평가하는 과정이다. 상담사는 갑작스런 위기를 몰고 온 환경과 사후 문제를 기술하고 이러한 특수 상황과 관련된 내담자의 대처기술을 파악한다.
- **감정과 인지의 이해**: 내담자가 위기 상황에 대해 느끼는 감정에 대한 표현을 증가시켜 문제에 대해 더 긍정적으로 이해하도록 도와준다. 상담사는 내담자로 하여금 자신의 문제를 스스로 해결할 수 있도록 도와주고, 그 상황에서 내담자가 할 수 있는 역할과 문제 해결을 위한 개인적인 변화의 필요성을 깨닫게 해 주어야 한다.
- **해결책 고려하기**: 위기 상황에 처한 내담자들은 문제 전체를 즉각적으로 완벽하게 해결하고자 하는 강박관념을 갖고 있어 오히려 더 많은 좌절감을 느끼기도 한다. 그러므로 문제를 작은 단위로 나누어 가능한 해결책을 찾도록 한다. 해결책 가운데 가장 해결하기 용이한 것부터 선택하여 성공할 수 있게 도우므로 내담자에게 용기를 줄 수 있다.
- **대처 방법 선택**: 상담사는 내담자가 갖고 있는 가능한 대처 방법 중 가장 성공적인 문제 해결 방법 하나를 선택하게 한다. 브레인스토밍 기법에서 나온 많은 해결책 중에 2~3가지를 골라 각각의 장단점을 고려하여 가장 현실성 있는 하나를 선택하게 한다. 그 선택된 방법이 위기 해결에 도움을 줄 것이라 믿고 수행할 수 있도록 확신을 주는 것이 중요하다.
- **해결책의 적용과 평가**: 위기 상황 자체가 짧은 시간에 한하므로 짧은 시간 내에 해결책을 적용시킬 필요가 있다. 앞서 선택된 해결책에 필요한 대처 전략을 연습시키기 위한 시간표를 작성하여 실행에 옮기도록 도와준다.

## (6) 위기상담의 개입 전략

위기 상황에 처한 내담자를 돕기 위한 상담에서 사용할 수 있는 방법들은 다음과 같다.

- **정서적인 지원을 제공한다**: 위기에 처한 내담자들은 고도의 긴장과 불안에 빠진 상태다. 이러한 긴장과 불안은 공포나 무력감을 수반하므로 위기 극복을 위한 해결 방법을 제시하기 전에 정서적 지원부터 이루어져야 한다. 온화하고 수용적인 자세로 대하면서, 내담자의 상황에 대해 이해하고 있으며 진심으로 돕고자 한다는 것을 전달해야 한다. 또한 위기 상황의 해결 가능성에 대해 낙관적인 태도를 전달하도록 한다.
- **감정을 표현하도록 하고 공감한다**: 억압해 오던 자신의 감정을 자유롭게 표출할 수 있

도록 유도하거나 분위기를 조성한다. 내담자의 감정에 대해서는 충분히 그럴 수 있음을 알게 하고 적절하게 공감해 주어야 한다. 이때 위기 상황을 구체화하여 현실적으로 자신의 문제를 객관적으로 볼 수 있도록 돕는다.

- 내담자의 이야기에 대해 경청한다: 위기상담 자체가 짧은 시간 안에 이루어져야 하므로 내담자의 이야기 중에 상담에 관련된 내용을 경청함으로써 실제 위기 상황과 관련된 자료에만 집중할 수 있도록 한다.
- 문제 상황을 확실하게 규명한다: 위기 상황과 내담자에 대해 정확한 자료를 수집한 후 문제 상황을 확실히 규명해야 한다. 위기 상황에서 내담자가 다루어야 할 문제는 무엇인지를 분명히 하고, 문제 해결을 위한 목표를 설정하며, 그 목표를 달성하기 위한 자원이 무엇인지 확인한다. 문제의 파악은 위기에 대한 모호한 감정들을 표출하여 그 속에서 내담자에게 위기에 대한 객관적인 평가가 가능하게 하여 적절히 대처할 수 있도록 한다.
- 위기를 극복하는 데 필요한 사실적 정보를 제공한다: 대부분의 불안은 사태에 대한 정보 부족이나 위기 상황에 대한 왜곡과 오해에서 생기는 경우가 많다. 그러므로 내담자들에게 위기에 대한 사실적 정보를 제공하여 불안을 제거하는 것이 위기상담에 있어 중요한 부분이다.

내담자가 처해 있는 위기 상황은 상담사 혼자만의 힘으로 해결하기 힘든 경우도 있다. 따라서 상담사는 내담자와 관련된 가족이나 직장 동료의 협력을 이끌어 낼 방안도 갖고 있어야 한다. 인간이 살아가면서 접하게 되는 위기 상황은 너무나 다양하고, 그에 대한 사람들의 반응 또한 독특하기에 동일한 잣대를 갖는 것은 불가능하다. 그러므로 상담사는 위기 상황의 특성과 내담자의 필요에 따라 상담기술을 적용하고 다양한 가능성을 시도해야 한다(이현림, 2008).

## 2) 단기상담

대부분 상담 사례가 10회 미만 혹은 10~20회로 종결되기 때문에 단기상담이 주류를 이루고 있으며, 50회 이상의 이른바 장기상담은 예외 상황이다. 통상적으로 상담이라고 말할 때는 단기상담을 의미하며, 수십 회기 이상 진행되었을 때는 특별히 장기상담이라고 불러야 할 것으로 보인다(김계현, 1996).

### (1) 단기상담의 필요성

미국 오래곤대학의 경우, 단기상담은 1987년 중반까지 장기상담의 경향을 띠고 있었다. 1년은 보통이고 길게는 3~4년에 걸쳐 이루어지는 경우도 있었다. 상담 대기자 명단은 길어지고, 상담으로 연결되기까지 몇 개월을 기다리는 동안 상담에 대한 동기가 감소되는 경우도 많았다. 이에 대학 당국은 상담을 필요로 하는 학생들에게 골고루 기회를 제공하기 위한 개선을 요구했고, 그 노력의 결과가 단기상담으로 이어졌다. 대학뿐 아니라 정신병원이나 정신과 개업의, 상담가들에게는 보험과 치료비의 문제가 제기되면서 단기상담의 도입이 검토되었다. 이렇게 시작된 단기상담의 필요성을 살펴보면 다음과 같다.

- 내담자들은 구체적인 문제를 빨리 해결하기 위해 상담사를 찾아온다. 단 한 번 혹은 몇 번의 상담으로도 효과가 있으리라는 기대를 갖고 오는 내담자들에게 장기간의 상담은 당황스럽고 부담스러운 것이 된다.
- 상담 현장을 살펴보면 상담사의 의지와는 상관없이 실제로 단기상담이 이루어지고 있다. 평균적으로 내담자와 만나는 것은 6~8회 정도에 불과하다. 대개의 경우 25회까지를 단기상담의 상한선으로 두는데, 이는 일반적인 내담자라면 단기상담으로 상담의 효과를 볼 수 있음을 의미한다(이장호, 1996).
- 효과 면에서 살펴보더라도 단기상담은 장기상담에 못지않은 효과를 보여 준다. 물론 모든 내담자에게 다 효과가 있다고 할 수는 없으나, 심하고 만성적인 문제에도 상당히 효과적이라는 것이 연구를 통해 밝혀지고 있어 적용 범위도 넓어지고 있다.
- 가장 현실적인 문제는 상담 비용일 것이다. 학교에서 행해지는 생활지도 차원의 상담이 아니라면 대부분 보험 혜택을 받지 못하는 유료상담을 받아야 하는데, 그 부담이 상당하다.
- 대학생 상담의 경우, 학기별로 구분되어 1년에 2차례 긴 방학을 보내며 휴학이나 군입대, 졸업과 같은 문제로 단기상담이 이루어질 수밖에 없는 실정이다.

### (2) 단기상담의 목표

단기상담 또한 다른 상담과 마찬가지로 내담자의 문제 해결에 목표를 둔다. 단지 단기에 문제를 해결해야 하므로 내담자가 갖고 온 호소 문제에 초점을 맞추어 진행시킴으로써 내담자의 목표를 상담사의 판단에 의해 임의로 바꾸어서는 안 된다. 예를 들어, 직장 내 대인 관계 문제를 호소하는 경우에 장기상담사는 내담자의 문제 영역뿐 아니라 정서나 가족

간의 역동으로 파고들어 가려는 경향을 보인다. 내담자가 지금 이런 부분에 대해 인식하고 있지는 않지만 언젠가는 다루게 될 것이라는 가정을 하고 있기 때문이다.

그러나 단기상담에서는 내담자가 가장 절실하게 느끼는 불편함을 없애고 합리적이고 적절한 수준에서 기능하도록 돕는 것이 주된 목표다. 현재의 문제 해결뿐만 아니라 미래의 문제들을 잘 다루고 또 가능하면 미리 예방할 수 있도록 대처기술을 개발하는 것도 단기상담의 주요 목표가 될 수 있다. 내담자가 자신의 문제를 잘 극복하고 생산적으로 살아가게 하고자 목표를 짧은 시간에 달성하기 위해서는 다른 상담 이론에 비해 지시적이고 문제 해결 중심적인 경향을 띤다.

### (3) 단기상담에 적합한 내담자

모든 내담자가 단기상담으로 효과를 볼 수 있는 것은 아니다. 단기상담에 적합한 내담자는 단기상담으로 해결할 만한 문제를 갖고 오는 내담자를 말한다. 그러나 내담자를 지나치게 특정한 진단 범주나 성격 유형으로 제한할 필요는 없다. 단기상담에 적합한 내담자를 살펴보면 다음과 같다(김계현, 1996).

- 호소하는 문제가 비교적 구체적이다: 단기상담을 해야 할 경우에는 단기상담에 적합하도록 문제를 구체화시켜 목표를 재조명해 주어야 한다.
- 주호소 문제가 발달 과정상의 문제다: 청년기 내담자의 부모와의 갈등, 결혼 초기 배우자와의 갈등, 직장에서의 적응 문제와 스트레스, 흡연이나 음주 조절과 같은 문제를 발달상의 문제로 볼 수 있다.
- 호소 문제가 발생하기 이전에 비교적 기능적인 생활을 하였다: 5년 이상 장기간 동안 만성적으로 반복되어 온 문제에서 10회 미만의 단기상담으로 효과를 보기는 어렵다. 사귀던 애인과 헤어져서 우울한 내담자의 경우, 이전에는 아무런 문제없이 정상적이었다면 단기상담을 통한 효과를 기대할 수 있다.
- 내담자 주위에 지지적인 대화 상대자가 있다: 단기상담은 완전한 문제 해결 이전에 상담이 종결될 경우가 많다. 내담자는 상담 중에 상담사의 지지를 통해 불안이 감소되었더라도 상담이 종결되면서 다시 불안을 경험할 수 있다. 이때 내담자에게 지지 · 조언 · 상의를 해 주고 편들어 줄 사람이 있으면 내담자는 상담사의 전문적인 조력 없이도 어려움을 극복할 가능성이 높다.
- 과거나 현재에 상보적인 좋은 인간관계를 가져 본 적이 있다: 상보적이라는 것은 두 사람

모두 상대에게 서로 잘해 주는 관계를 말한다. 상보적인 좋은 관계를 가져 본 내담자는 상담사와 조기에 상보적인 관계를 형성할 수 있다. 그러나 성격장애로 인한 내담자의 대부분은 단기상담으로 효과를 보기 어렵다. 성격장애의 진단은 문제시되는 행동 유형을 아동기나 청소년기를 포함하여 다년간 보여 온 경우다. 즉, 반사회적 성격장애, 경계선 성격장애 내담자가 10주 안에 자신에 대한 정체감을 갖게 되고, 타인에 대한 신뢰감을 느끼고 감정을 조절할 수 있게 되기란 어려운 것이다. 그러나 상담사의 역량에 따라 단기에 효과를 볼 수 있기도 하다.

### (4) 단기상담의 모델

단기상담에 적용할 수 있는 모델은 크게 교육적 · 치료적 · 지지적 · 문제 해결적 접근으로 대별할 수 있다. 각 접근법과 함께 각각에 적합한 내담자에 대해 살펴보면 다음과 같다.

- **교육적 단기상담**: 내담자가 호소하는 문제가 한 가지로 명료하며, 문제의 성격이 단순하고 발생된 기간이 비교적 짧은 경우에 적합하다. 이성에게 접근하지 못하고 망설이는 경우, 자기표현훈련, 역할 연습, 모델 관찰, 조언, 격려 등과 같은 방법으로 효과를 볼 수 있다.

- **치료적 단기상담**: 교육적 단기상담에 비해 내담자의 문제가 비교적 만성화되었다고 보이거나 반복적으로 발생하는 패턴으로 굳어져 있는 경우에 적용된다. 이 접근의 예로서 애정 관계를 오래 지속하지 못하는 경우, 처음 두세 달은 잘 지내다가 친해지면 부담을 느껴 다투다가 서로 상처를 주고받는 과정이 반복되는 등의 역기능적 대인 관계 유형을 내담자가 인식하기 위해 전이, 저항, 해석, 명료화, 직면 등을 사용한다. 단기상담의 경우, 전통적 정신역동과 달리 지금−여기의 상황을 더 강조하며 상담 초기부터 전이와 저항을 다루게 된다.

- **지지적 단기상담**: 이 단기상담에서는 매우 적극적인 지지가 행해진다. 이 접근이 적용될 수 있는 사례는 위기 상황에 처해 있거나 타인으로부터 심리적 상처를 입은 사람, 자살 위험성을 갖고 있는 내담자 등이다. 우울, 무력감, 위기감, 외로움을 심하게 경험하는 내담자에게 상담사의 강력한 지지는 세상으로 나아갈 수 있는 자신감을 심어 주는 중요한 계기가 된다.

- **문제 해결적 단기상담**: 진로 선택이나 의사 결정과 같은 선택 상황이나 문제 상황을 겪고 있는 내담자에게 적용될 수 있는 상담이다. 즉, 직업을 바꿀 것인지, 남편과 이혼할

것인지와 같은 의사 결정이 요구되는 상황들이 해당된다. 이 경우, 우선 문제를 명확히 정의하여 선택 상황에서 합리적이고 올바른 결론을 도출해 낼 수 있도록 도와 준다. 중요한 것은 문제 해결의 주체가 상담사가 아닌 내담자라는 것이다.

### (5) 단기상담의 주요 전략

10회 미만 혹은 15회 미만의 상담은 100회, 300회의 분석치료와는 운영 방식 자체가 달라질 수밖에 없다. 단기상담에 사용되는 방법들을 살펴보면 다음과 같다(김계현, 1996).

- 문제 중심적 접근법을 사용한다: 내담자가 호소한 문제에 초점을 맞추어 상담사의 판단에 따라 임의로 상담의 핵심을 정해서는 안 된다.
- 상담 초기에 지금-여기에서의 역동성을 강조한다: 내담자는 자신의 지나온 역사를 상담사에게 반복하는 경우가 있다. 프로이트(Freud, S.)는 이 현상을 전이라고 부르며 중요한 기법으로 사용하였다. 그러나 단기라는 시간적 요소로 인해 상담사와 내담자 간의 상호작용이 형성될 때까지 시간을 할애할 수 없으므로, 약간의 위험 부담을 갖고서라도 상담 초기부터 전이 현상을 치료에 활용하여 즉시 작업으로 옮겨 가야 한다.
- 상담 시간의 제한성을 고려해야 한다: 첫 회기, 늦어도 두 번째 회기에는 상담의 '단기성'에 대해 논의하여 내담자가 상담을 통한 지지 관계를 오랫동안 유지하고 싶어 할지라도 상담의 종결에 대해 준비할 수 있게 한다.
- 재상담에 대해 개방적인 태도를 보여 준다: 단기상담 후에 필요하다면 언제든지 상담을 다시 받을 수 있음을 알려 준다. 주로 내담자의 호소 문제를 다루는 단기상담에서 해결이란 매우 현실적인 수준을 의미하므로, 언젠가 문제가 생긴다면 다시 상담을 받을 수 있게 개방해 둔다.
- 발달심리학적 측면에서 생애 발달적 접근을 시도한다: 단기상담은 내담자의 문제를 병리적 관점에서 보아 과거를 탐색하고 아픈 부분을 치료하는 접근법을 지양한다. 내담자의 현재 문제가 심리·사회적 발달 단계에 비추어 보면 정상적인 인생 경로를 겪어 가는 것일 수도 있으므로 약간의 지지, 직면, 해석 등으로도 문제는 해결될 수 있다.
- 내담자 스타일에 맞추는 융통성을 가져야 한다: 내담자의 인지 양식, 정보처리 특징, 감정을 직면할 수 있는 준비도와 같은 내담자 스타일을 상담 초기에 파악하여 그에 맞게 상담사가 적응해 가야 한다.
- 내담자가 갖고 있는 자원을 조기에 활용해야 한다: 내담자가 할 수 있는 영역, 성공 경험

이 있는 부분을 내담자가 발견하도록 돕고 격려하며, 그것을 바탕으로 문제 해결로 나아가도록 한다. 내담자 자신의 자원을 상담 초기에 발견하고 상담 과정에 적극 활용하는 것이다.

### 3) 진로상담

인간에게 진로 결정은 앞으로의 인생을 설계하는 것과 같은 의미다. 직업을 통해 삶의 즐거움을 느끼고 자아실현도 가능하기 때문이다. 진로상담은 청소년을 대상으로 하는 학교뿐만 아니라 사회단체, 상담기관 등에서 지속적으로 이루어지고 있다. 특히 하루가 다르게 발전하는 과학기술에 힘입어 너무나 많은 직종이 생겨나고 사라지며 빠른 변화 체제 내에서 평생직장의 개념이 사라진 지금, 진로에 관한 논의는 중요한 논제로 대두되고 있다.

#### (1) 진로상담의 의미

진로(carrer)는 '수레가 다니는 길을 따라간다(to roll along on wheels)'는 뜻을 가진 'carro'에서 유래된 것이다. 'Career'는 여러 가지 의미로 다양하게 쓰이고 있는데, 사전에서는 '한 개인의 생애 전 과정'이라 정의하고 있다. 호이트(Hoyt, 1974)는 진로란 인간이 일생을 통하여 하는 일을 총칭하는 말로서, 삶의 중핵이며 인간이 목표를 이루는 길이라고 보았다. 맥다니엘(McDaniel, 1978)은 진로를 개인의 직업 혹은 직무 이상의 개념으로 보아 자신의 인생 전반에서 수행하게 되는 연속적인 일이나 여가 모두를 포함하는 '생활 방식'이라 하였다. 진로는 임금을 받는 직업에만 국한하지 않고 유년기에 시작하여 나이가 들어 직장에서 은퇴한 후에도 계속되는 모든 활동이 포함된다. 결국 진로는 자아와 직업 세계에 대한 이해를 통하여 개인의 일생을 체계적으로 선택해 나가는 일의 개념이다.

진로상담이란 내담자가 장래의 불확실한 진로를 개척하기 위하여 치밀한 방법과 계획을 세워 생애 문제에 어떻게 대처해 나갈 것인가에 관한 여러 가지 문제를 현명하게 선택하고 적응하는 방법이다. 그리고 자기이해와 자신의 잠재력을 발견할 수 있도록 전문가인 상담사와의 원만한 인간관계 속에서 내담자가 진로 결정을 할 수 있는 계기를 마련해 주는 종합적인 상담 과정이라 할 수 있다. 브라운(Brown, 1985)에 의하면, 진로상담이란 개인이 직업을 선택하고 그것을 위해 준비하고 취업하여 그 직업의 업무를 효과적으로 수행할 수 있도록 도와주는 과정이며, 전 생애에 걸친 진로 선택과 관련된 모든 상담 활동이라 하였다. 진로상담의 주요 개념은 다음과 같이 정리할 수 있다.

- 진로상담은 개인의 진로발달을 도와주는 일련의 과정으로서 한순간의 학교 선택이나 직업 선택만을 위한 활동이 아니라 과거, 현재, 미래를 총괄하는 연속적인 과정이며, 개인의 진로 문제 해결과 적응을 단계적으로 도와주는 연속적인 과정이다.
- 진로상담사는 내담자의 당면한 진로 문제 해결과 적응을 도와 내담자가 원만한 인격적 통합을 이룰 수 있도록 한다.
- 진로상담은 상담사와 내담자 사이의 관계를 강조한다. 상담사와 내담자 간의 인간관계는 진로 목표와 문제 해결을 위한 필수 조건이다.

## (2) 진로 선택에 영향을 미치는 요인

진로 선택의 요인에 대하여 톨버트(Tolbert, 1974)는 직업 적성, 직업 흥미, 인성, 성취도, 가족 구성원, 가정, 경제적 요인 등이 복합적으로 상호작용할 때 진로 선택에 미치는 영향이 더욱 커진다고 하였다. 허어와 크래머(Herr & Cramer, 1996)는 진로 선택의 요인을 일반 요인과 특수 요인으로 구분하였다. 일반 요인은 사회 계층, 인종, 문화, 나이, 성별 등이며, 특수 요인은 적성, 지능, 흥미, 직업, 명성, 가치, 요구, 자아개념 등이다.

이현림(1973)은 신체적 요인, 심리·정서적 요인, 환경적 요인 및 우연적 요인으로 분류하였다. 첫째, 신체적 요인은 체구, 색맹, 성별 등과 같은 것이다. 그러나 신체적 요인 자체가 진로 선택에 많은 비중을 차지하고 있는 것은 아니다. 다만, 개인이나 사회에서 신체적 요인이 진로발달에 얼마만큼 많은 영향을 주고 있느냐는 해석하기에 달려 있다.

둘째, 심리·정서적 요인으로는 흥미, 적성, 욕구, 감정, 가치 등이 포함된다. 이 요인들은 직접 느끼고 만질 수 있는 것이 아니므로 개인의 행동을 통해 간접적으로 드러나게 된다. 즉, 흥미는 능력보다 더 강하게 작용하는 요인이다. 이들 요인은 그 형태와 행동이 개인에게 효과적으로 작용할 때 비로소 다양한 직업의 형태를 선택하게 한다.

셋째, 환경적 요인은 개인을 둘러싼 가정, 학교, 사회의 모든 환경을 말한다. 인간은 사회 속에 혼자 존재할 수 없고 개개인에게 일어나고 있는 모든 현상은 직·간접적으로 환경의 영향을 받으므로 진로 선택에서 중요한 요인이 된다.

넷째, 우연적 요인은 인간의 힘으로는 조종할 수 없는 상태 속에서 일어나는 것으로, 천재지변, 전쟁, 동업자의 사망과 같은 비상 사태를 말한다. 천재지변은 우연찮게 새로운 직종을 만들어 내는 계기가 되기도 하지만, 직업은 가만히 기다리는 사람에게 주어지기보다 노력을 통해 얻어 내야 하므로 상담사는 우연적 요인을 중요시하지 않으려는 경향이 있다.

이상의 네 가지 요인은 진로발달 과정과 진로 선택 상황에 상호작용하고 있다고 볼 수 있다. 상담사는 이 요인들에 대해 관심을 갖고 필요에 따라 조절해 주는 역할을 해야 한다.

## (3) 진로상담의 목표

진로상담의 목표를 살펴보면 다음과 같다.

- 개인의 적성, 흥미, 성격, 여가 활용 및 시간 활용 방식, 그리고 원하는 생활 방식, 자신이 소중히 여기는 가치 등 자기 자신과 관련되는 가능한 모든 영역에 대해 스스로의 힘으로 생각해 보고 검토해 볼 수 있게 한다. 궁극적으로 긍정적인 자아개념을 갖도록 돕는다.
- 자기 자신에 대한 이해를 바탕으로 자신에게 적합한 진로 계획과 선택을 할 수 있도록 도움으로써 의사 결정에 대한 훈련 또는 학습의 기회를 제공하는 것이다. 진로 결정은 한 번에 끝나는 것이 아니라 삶의 지속적인 일련의 과정임을 인식하고 그 과정에 익숙해질 수 있도록 돕는 것이다.
- 사회에서 제공될 수 있는 취업의 기회(고용 구조, 요구 조건, 심리적인 만족감 등)나 자신이 원하는 진로나 직업 선택 시의 준비 사항(재정적인 문제, 교육, 훈련 정도 등)에 대한 자각을 돕는다. 학교나 지역사회 등 활용 가능한 주요 자원에 대한 지식을 종합 · 조직할 수 있도록 하고, 목표 성취를 위한 전략의 수립은 물론 필요하다면 이를 수정할 수 있는 힘, 즉 상황에 대한 훈련 또는 학습 기회를 제공하는 것이다.

## (4) 진로상담의 원리

진로상담의 주요 원리는 다음과 같다.

- 진로상담은 진학과 진로 선택에 초점을 맞추어 전개되어야 한다.
- 진로상담은 개인의 특성을 객관적으로 파악한 후 상담사와 내담자 간에 라포가 형성된 관계 속에서 이루어져야 한다.
- 진로상담은 개인의 진로 결정에서 핵심적인 과정이므로 합리적인 진로 의사 결정 과정과 기법을 체득하도록 상담한다.
- 진로상담은 진로발달 이론에 근거하며 진로발달은 진로 선택에 영향을 미친다.
- 진로상담은 변화하는 직업 세계의 이해와 진로 정보 활동을 중심으로 개인과 직업을 합리적이고 효율적으로 연결시키는 것에 초점을 둔다.

- 진로상담은 각종 심리검사의 결과를 기초로 합리적인 결과를 이끌어 낼 수 있도록 도와주는 역할을 해야 한다.
- 진로상담은 상담 윤리 강령에 따라 전개되어야 한다.

### (5) 진로상담의 필요성

현대사회에서 진로상담이 필요한 이유는 다음과 같다.

- 진로상담에 대한 요구가 심리치료에 대한 요구보다 더 많다. 진로상담은 인간의 내·외적 세계 모두를 다루고 있는 데 반해서 심리치료는 내적 세계를 주로 다룬다. 심리치료와 진로상담 양자를 제대로 훈련받아 둘을 모두 제공할 수 있다면 내담자들은 더 많은 도움을 얻을 수 있을 것이다.
- 진로상담은 치료적일 수 있다. 진로상담은 진로와 개인적 적응 간의 정적 상관관계가 있는 직업심리학을 근거로 한다. 더욱이 향상된 진로 적응은 개인 적응을 향상시키는 데 직결된다.
- 진로상담은 심리치료와 연결되어 진행되어야 한다. 상담사들은 심리치료만큼이나 진로상담에 대해서도 유능해야 한다. 즉, 최소한 심리치료와 진로상담 사이에는 필연적인 관계가 있음을 인식해야 한다.
- 진로상담은 심리치료보다 더 효과적이다. 진로상담의 성공률이 심리치료의 성공률보다 최소한 25%는 더 크다(75% 대 50%)고 본다(Brayfield, 1964; Garfield & Bergin, 1978). 다른 모든 여건이 같다면 심리치료보다 진로상담에 더 많은 효과를 기대할 수 있다는 것이다.
- 진로상담은 심리치료보다 더 어렵다. 심리치료사는 내담자의 개인적·사회적 문제 해결을 돕기 위해 직업 세계에 대한 파악이 필수적이지 않은 반면, 진로상담사는 그러한 문제들과 직업 세계 간의 상호 관련성에 관해 파악하고 있어야만 한다(Herr & Cramer, 1996).

### (6) 진로상담의 단계

아동기부터 진로에 관한 정보를 축적해 온다면 진로 결정이 훨씬 수월해질 것이라는 기대에서 진로상담은 출발한다. 진로상담의 이상적 방법은 자신의 환경과 자신에 대해 관찰·해석·평가하는 방법을 상담함과 동시에 올바른 진로 정보를 선택할 수 있도록 돕는 것이다. 진로상담의 단계를 살펴보면 다음과 같다.

- 자기이해 돕기: 장기적 목표 및 단기적 목표 설정에 관한 활동, 자기분석법을 통한 자기이해의 활동, 심리검사를 통한 객관적 이해를 위한 자료 획득의 준비 활동, 자신을 통찰할 수 있게 돕기 위한 활동이다.
- 직업 세계의 이해: 실제 직업생활을 관찰하는 활동, 개발적 경험을 얻는 활동, 직업인과 면담을 통한 활동, 다양한 직업인에 대한 역할 연기를 통해 미리 접해 보는 활동이다. 또한 자료나 일반 대중 매체를 통한 성공적 직업인의 모습을 수집, 분석하는 활동, 각종 통계를 통해 직업 세계의 현황 파악 등의 간접적인 경험을 얻는 활동이다.
- 미래사회의 이해: 미래사회를 미루어 예측하는 활동, 이미 선진화된 국가의 직업 세계의 현상을 고찰하는 활동, 국가에서 제시한 인력 수급 및 향후 국가발전계획 탐색 활동, 기술 혁신 및 기술의 가속화에 따른 영향 등에 관한 분석을 통합하는 활동이다.
- 진로 계획 수립: 현재의 위치와 희망하는 위치를 명료화하는 활동, 자신에 대한 이해, 진로 세계 및 미래사회에 대한 분석을 통합하는 활동, 구체적인 진로 계획 수립 활동이다.
- 진로상담: 내담자 특성에 관한 정보 수집 활동, 직업 세계에 대한 정보 제공 활동, 대안 탐색, 개인 정보와 사실적 자료의 통합 활동, 의사 결정 과정 등이 포함된다.
- 추후상담: 직업 적응에 관한 활동, 전직 및 직업 전환에 관한 활동, 생애 설계 등이다.

## (7) 진로 선택 시 유의 사항

진로 선택은 인간이 살아가는 과정에 필수적인 요소며 반드시 직면해야 할 하나의 도전이기도 하다. 우리 주위에서 진로를 선택하는 경우를 살펴보면, 체계적이라기보다는 소문이나 입증되지 않은 정보나 근거에 의하여 자신의 진로를 선택하는 경우가 많으며, 그 결과로 이후의 삶에 많은 영향을 미치고 있음을 볼 수 있다. 이러한 잘못을 범하지 않으려면 체계적이고 과학적인 방법을 통해 진로 선택이 이루어져야 한다. 이를 위해 진로 선택 시 참고할 사항은 다음과 같다.

- 성급한 결정을 하지 않도록 한다. 어떤 진로를 선택할 것인가가 명확하지 못할 경우, 또 다른 대안을 찾기 위한 시간을 가져야 한다. 진로 선택이란 일생에 단 한 번 이루어지는 것이 아니라 여러 번의 고비를 거쳐 이루어지기도 한다.

- 직업 세계와 취업 기회에 대하여 체계적이고 과학적인 조사를 한다. 도서관이나 상담실 등에는 필요한 많은 자료가 갖추어져 있다. 직업의 종류는 어떤 것이 있으며, 그러한 직업들은 어떤 사람을 필요로 하고 있는지를 체계적으로 검토한다.
- 자기 자신을 알아야 한다. 조심스럽고 신중하게 적성, 흥미, 능력 등에서 자신의 장점과 단점을 평가한다. 예를 들어, 학생 시절 생물학에는 관심이 없었다면 아무리 수입이 좋고 환자 다루기를 좋아한다고 할지라도 의사의 꿈은 수정되어야 할지 모른다. 대신 자기가 갖고 있는 재능에 맞는 직업을 선택해야 할 것이다.
- 진로를 잘못 선택했을 경우, 괴로워하기보다는 그 실수를 성공의 계기로 삼아야 한다. 진로 선택이 잘못되었을 경우, 그 결정이 수정될 수 있음을 항상 기억해야 한다. 직업의 세계는 계속 변화되고 있으며, 그에 따라 직종 변화가 빈번히 일어나고 있는 것이 지금의 모습이다. 즉, 한번 결정한 판단에 지나치게 얽매이지 말아야 한다. 세상은 변하고 또 본인의 흥미와 능력도 변한다.

## 4) 집단상담

과학기술이 인간 생활을 지배하게 됨에 따라 비인간화와 소외가 사회적 문제로 대두되었고, 그에 대한 해결 방안의 모색이 시급해졌다. 이에 사회적 존재인 인간을 위한 대안으로 '집단'이 제시되었다.

### (1) 집단상담의 의미

집단상담이란 용어가 널리 알려지고 실제 상황에서 다양하게 적용되고 있지만, 학자에 따라 용어는 각기 달리 쓰이고 있다. 1931년 알렌(Allen)이 '집단 과정'이라는 용어를 처음 사용한 이래, 말러(Mahler, 1969)는 집단상담을 깊은 자기이해와 자기수용을 보다 효과적으로 하기 위하여 집단의 상호작용을 적용하는 과정으로 보았다. 여기에는 상호 존경이 필요하며, 각 개인은 행동의 의미와 새로운 행동 방식을 탐구하게 되는 것이다. 집단상담에서 다루어지는 문제는 병리적인 장애나 현실적인 문제보다 구성원의 발달 과업에 초점을 맞춘 것이라 하겠다. 집단상담에 대해 조지와 더스틴(George & Dustin, 1988)은 자기이해뿐만 아니라 개인의 행동 변화를 돕기 위해서 집단 상호작용을 이용하는 것이라고 하였다.

## (2) 집단상담의 목표

집단상담의 목표는 자아개념의 발달과 관련되어 있다. 집단 경험은 내담자 자신의 감정에 관심을 기울일 때 가장 효과적이다. 즉, 집단 경험은 내담자로 하여금 다음과 같은 의문에 대한 해답을 얻도록 하는 것이다. 나는 누구인가? 나는 사랑받을 수 있을까? 다른 사람들이 나를 어떻게 볼까? 나는 동료들과 어떤 점이 비슷하고 어떤 점이 다른가? 이에 대한 답을 구하는 과정에서 내담자는 새로운 자신을 만나게 된다. 집단상담의 목표를 살펴보면 다음과 같다(Corey & Corey, 2006).

- 자기 자신의 문제나 관심사에 직면하여 해결한다.
- 감정이나 생각을 바람직하게 표현하고 다른 사람의 표현을 수용한다.
- 대인 관계에 대한 기술을 향상시킨다.
- 집단 상황에 대한 자기표현력의 향상과 협동심을 길러 준다.

## (3) 집단 형성에서의 고려 사항

상담사들은 집단 과정을 효과적으로 진행시키기 위해 집단을 형성하는 과정에 세심한 주의를 기울여야 한다. 집단 형성에서 고려할 만한 사항은 다음과 같다.

- **설명**: 집단상담대상자에게 상담 과정에 대해 묘사하는 것으로 개별적으로나 집단적으로 실시된다. 집단상담에서 일어날 것에 대해 이해하게 하고 집단에 참여할 때의 이점을 설명한다. 설명 후 상담에 지원할 사람에게 선발면접 계획을 공고한다.
- **접수면접**: 내담자 선발 과정은 집단의 결과에 크게 영향을 미치므로 중요한 과정이다. 접수면접의 주요 기능은 후보자가 문제를 공개적으로 논의할 수 있도록 도와준다. 접수면접 후 상담사는 집단을 구성하고 구조화하게 된다.
- **집단원 선택**: 집단 형성에서 기술과 통찰력이 가장 중요하며 상담사의 성격이 두 번째로 중요한 요인이라고 할 수 있다. 상담 집단을 조직하는 데 아동이나 초기 청소년들은 연령 및 사회적 성숙도, 성에 따라서는 동질적인 집단 편성이, 성격 유형에 따라서는 이질적인 집단 편성이 바람직하다. 성인들은 흥미나 문제 등 모든 요인에서 이질적으로 편성하는 것이 좋다. 때로는 문제의 다양성이 집단의 경험을 더 풍부하게 할 수 있기 때문이다. 연령과 사회적 성숙도에서는 동질적인 편이 좋으나 성(性)의 발달 수준에 따라 고려하는 것이 좋다(Gazda, 1989; Lowrey & Slavson, 1943).

- 집단 크기: 집단의 크기는 내담자의 연령, 기대되는 개입의 정도, 집단원의 성격에 영향을 받는다. 6~9명 정도로 구성된 집단이 성격 유형에 따른 다양성을 인정할 수 있어 좋으며, 모든 구성원에게 적당한 참여 기회를 제공하여 개개인의 문제를 탐색할 수 있고, 집단원 간의 상호작용을 파악할 수 있어 적당하다. 그러나 집단의 크기가 너무 적으면 내담자들의 상호 관계 및 행동의 범위가 좁아지고 각자가 받는 압력이 너무 커져 오히려 비효율적일 수도 있다. 집단 참여자가 10명을 넘으면 공동지도자가 한 명 더 필요하다.
- 모임의 기간과 횟수: 모임의 길이는 내담자의 연령과 성격에 따라 다양하다. 초등학생의 경우 20~30분, 청소년의 경우 한 시간 정도 계속할 수 있다. 성인집단은 2~3시간 정도가 알맞은데, 이 정도의 시간이면 집단에 몰입해서 중요한 문제를 표면으로 끌어내 다룰 수 있다. 집단에서 형성된 분위기를 유지하기 위해서 모임은 일주일 이상 쉬어서는 안 된다.
- 집단의 지속 기간: 어떤 집단은 몇 해를 계속하는 경우도 있지만 1년 이상 지속되는 것은 바람직하지 않다. 1년이 지난 후에는 대부분의 개인적인 문제는 이미 다 다루어지기 때문에 집단의 목적이 수행되었다고 볼 수 있다.
- 개방집단과 폐쇄집단: 집단의 목표에 따라 집단의 운영 방식을 미리 정해야 한다. 폐쇄집단은 집단이 시작된 후에는 새로운 구성원들을 받아들이지 않고, 시작할 때 참여했던 사람들로만 끝까지 진행되는 것이다. 반면, 개방집단은 집단이 허용하는 한도 내에서 상담 진행 중에 새로운 사람들을 받아들이는 것이다. 이때 집단 내에서 형성된 신뢰, 수용, 지지 등을 깊이 고려해 보아야 한다.

## (4) 집단상담사의 상담기술

상담사는 집단역동을 관찰하고, 개개인에 대해 민감하게 공감하면서 집단에서 발생하는 복잡한 상호작용을 다루는 등 그 역할이 다양하고 복잡하다. 집단상담 과정에서 적용되는 지도자의 역할을 살펴보면 다음과 같다.

- 경청: 개인상담과 마찬가지로 집단상담 과정에서도 경청은 기본이 된다. 내담자의 말뿐만 아니라 비언어적 표현까지 전적으로 이해하여 말하고자 하는 것 이상의 것에 대해 반응해야 한다. 경청은 신뢰감을 형성하고 상담사가 내담자를 수용하고 있다는 것을 전달할 수 있게 한다.

- **지각 확인**: 상담사가 내담자의 감정을 이해하고자 함을 알리고, 문자 그대로 내담자의 감정을 상담사가 지각하고 있다는 것을 확인시켜 주는 것이다. 이 과정에서 상담사는 지각된 내담자의 감정을 표현하여 자신이 파악한 것이 정확한가를 확인해야 한다.
- **피드백**: 집단상담의 목표가 대인 관계를 배우는 것이므로 상담사는 집단원에게 피드백을 제공해야 한다. 피드백은 평가보다는 기술의 형태를 취해야 하며 분명한 행동에 대해서만 이루어져야 한다.
- **연계**: 집단 구성원 대 구성원 간의 의사소통을 격려하기 위한 기술로서 집단원들이 가진 경험의 공통점을 지적하는 것이다. 지도자는 집단 구성원 한 사람의 문제와 진술을 집단 내의 다른 구성원과 연결시키게 된다. 즉, A가 불안에 대해 이야기할 때 지도자는 그것을 B가 먼저 앞에서 말한 공포와 연관 지을 수 있다.
- **개방적 유도**: 집단에서 개방적인 질문을 사용함으로써 집단원에게 감정을 구체적으로 표현하게 하고 그 감정의 근원을 밝히도록 할 수 있다. 이 기술은 상담사가 사건이나 경험에 대해 지금—여기에 초점을 맞추도록 할 수 있다. '왜'라고 묻는 것보다는 '무엇'이나 '어떻게'로 묻는 것이 바람직하다.
- **직면**: 민감하게 주의를 기울여서 잘만 사용하면 직면은 가장 강력한 지도기술이 될 수 있다. 내담자의 언어적 행동과 비언어적 행동 사이의 불일치, 집단의 기능을 방해하는 행동을 직면시켜 자신의 문제에 맞닥뜨리게 한다.
- **과정기술**: 집단의 과정을 관찰하여 집단 목표와 관련시켜 논평하는 것이다. 상담사는 집단원들에게 집단 모임에서 일어났던 일들에 관해서 묻고 모임의 역동성에 관해서 평할 수 있다. 예를 들어, 특히 부진했던 회기가 끝날 때 지도자는 "오늘은 시작부터 어려웠어요. 지난 모임 때 C가 부정적인 피드백을 많이 받아서 자신의 얘기를 하면 같은 경우를 당할까 두려워하는 것 같군요. 집단의 신뢰 수준이 조금 떨어진 것 같아요. 어떻게 생각해요?"라고 질문을 던질 수 있다. 이런 식의 논평은 집단원에게 집단과 집단의 기능에 대해 점검해 볼 기회를 제공한다.
- **요약**: 집단지도자는 집단의 모든 상호작용을 주의 깊게 경청하여 또 다른 측면의 상호작용이 가능하도록 요약해 준다. 이는 특히 집단이 교착 상태에 빠졌을 때 유용하다. 즉, 집단 구성원들이 구체적인 집단 상호작용에 관해서 동의하지 않을 때 지도자는 집단 과정이 계속해서 진행될 수 있도록 기본적 논의 사항을 요약해 준다.
- **전반적인 책임**: 집단지도자의 역할은 이상에서 나열된 기본적 기술보다 훨씬 더 포괄적이다. 집단지도자의 가장 중요한 역할은 효과적인 의사소통기술과 적합한 집단 행

동의 모델이 되어 주는 것이다. 집단원들은 지도자를 관찰하고 집단에 대해 더 많은 책임감을 갖게 되어 집단 성원 간의 행동이 증가하고 지도자 대 성원 간의 행동은 감소되면서, 지도자는 집단 과정 관찰에 더 많은 시간을 보낼 수 있게 된다.

집단지도자의 역할은 복잡하고 다양하다. 집단상담사는 자신의 상담기술에 자신감을 가지고 있어야 한다. 집단상담을 지도하려면 경험 있는 상담사를 공동지도자로 하여 그의 상담기술과 행동을 관찰하는 것이 많은 도움이 된다.

### (5) 집단상담의 단계

대부분 학자들은 집단의 단계를 어느 정도 예측할 수 있다고 보았다. 명칭은 다를지라도 일반적으로, 첫째, 참여 단계, 둘째, 과도기 단계, 셋째, 작업 단계, 넷째, 종결 단계로 구성된다. 집단지도자는 이 단계들에 익숙해야 하고 현재 진행되고 있는 집단의 단계를 정확하게 파악하여 대처해야 한다(이현림 · 김순미 · 천미숙, 2015).

### ① 참여 단계

참여 단계에서 성취되어야 할 과업은 우선 내담자가 집단에 참여하는 목적을 명료화해야 한다. 각 내담자는 자신의 목적을 규명하고 집단 경험을 통해서 기대되는 것을 표현한다. 그다음에는 집단원과 지도자가 친숙해지게 된다. 처음에는 자신에 관한 구체적인 정보나 개인적인 자료를 서로 나누면서, 비형식적인 수준에서 각자의 대인 관계 유형을 관찰하고 다른 참여자와 지도자의 신뢰성을 평가하게 된다. 참여 단계에서 중요한 것은 참여자 간에 신뢰와 수용을 발전시키는 것이며 생각과 감정을 탐색하는 데 초점을 맞추는 것이다. 이 단계에서 문제 해결을 시도하는 것은 무리다. 참여 단계는 집단에 따라 한 번의 모임으로 성취될 수도 있고, 경우에 따라서는 5, 6회의 모임이 소요되기도 한다.

이 과정에서 상담사는 집단의 분위기를 형성하고 유지시킬 책임이 있다. 즉, 각 구성원들에게 왜 집단에 들어오게 되었는가를 분명히 해 주고, 서로 친숙한 분위기에서 수용과 신뢰를 형성하여 집단상담에서 새롭고 의미 있는 경험을 가지도록 이끌어 준다. 이 과정을 촉진시키기 위해 다양한 접근 방법을 활용할 수 있다. 집단을 시작하는 데 '최선의 방법'이란 없다. 여러 가지 지침이 중요하기는 하지만, 사람들에게 도움을 주는 방법과 과정에 대한 상담사의 이해와 경험이 더 중요하다고 할 수 있다.

## ② 과도기 단계

이 단계는 참여자들의 긴장과 저항으로 특징지을 수 있다. 집단원들은 지도자와 다른 성원들에 대한 기대가 명백해짐에 따라 감정적 대립을 경험하게 된다. 이 단계에서는 지도자의 기술이 특히 중요하다. 이 단계에서 필수적인 기술은, 첫째, 논의에 개입할 때를 파악하는 것, 즉 타이밍 감각, 둘째, 행동 유형을 포착하는 능력, 셋째, 집단의 정서적 분위기를 평가할 수 있는 기술을 제시하였다(Mahler, 1969).

이 단계는 참여 단계와 엄격히 구분되지는 않지만, 생산적인 작업 단계로 넘어가는 과정으로 상담사는 구성원들 간에 진정한 느낌이 교환되도록 많이 격려해 주어야 한다. 개인적 느낌을 이야기하는 것이 위험하지 않다는 것을 말뿐만 아니라 직접 시범을 통해 보여 주며 집단원 스스로가 '효율적인 지도자'가 되도록 도와야 한다. 작업 단계로 넘어가는 한 가지 신호는 집단원 개인이 이런 지도력을 나타낼 때다.

## ③ 작업 단계

이 단계는 집단 과정의 대부분을 차지하는 핵심적인 부분이다. 앞 단계들이 잘 조정되면 작업 단계는 매우 순조롭게 진행되고, 지도자는 한 발 물러나 집단원에게 대부분의 작업을 맡길 수도 있다. 작업 단계에서 집단원은 자신의 관심사를 집단에 내놓고 다른 성원의 지지와 도움을 얻어 바람직한 관점과 행동 방안을 모색하게 된다. 이 단계는 매우 높은 사기와 소속감이 그 특징이다. 집단원들은 마음의 문을 열고, 자신의 문제를 정리하는 것에 초점을 두게 된다. 이 단계에서는 지도자와 성원 간의 상호작용은 감소하고 성원들 간의 상호작용이 증대하게 된다. 시간이 지나면서 집단지도자는 참여자들의 상호작용을 관찰하고 촉진하는 사람으로서 활동할 기회를 더 많이 갖게 된다.

작업 단계에서 통찰만으로는 행동을 변화시키기에 충분하지 않으므로 행동의 실천이 필요하다. 그러기 위해서는 집단원들에게 실천의 용기를 북돋워 주고, 특히 어려운 행동을 실행해야만 하는 구성원에게 강력한 지지를 보내도록 한다. 집단상담이 개인상담보다 유리할 때가 이런 경우다. 한 개인이 직면한 문제를 다른 동료가 이해하고 공감해 주며, 각자의 비슷한 경험에 비추어 문제를 같이 해결하려는 노력이 이루어지기 때문이다.

## ④ 종결 단계

집단이 막바지에 이르면 지도자는 집단의 종결을 준비해야 한다. 각 성원들은 집단 경험을 통해 얻은 성장을 평가하고 미래의 목표를 형성하도록 격려받아야 한다. 이 단계에서의 기본적인 논제는 집단 경험과 종결에 대한 집단 성원의 전반적인 감정과 반응이다.

집단상담의 종결 단계는 어떤 면에서는 하나의 '출발'이라고도 볼 수 있다. 상담사와 집단원들은 집단 과정에서 배운 것을 현실 생활에서 어떻게 적용할 것인가를 생각하게 된다. 종결해야 할 시간이 가까워지면 집단상담의 종말에 가까워 오는 것에 대한 느낌을 토의하는 것이 필요하다. 학생들로 이루어진 집단에서는 집단이 끝날 때쯤에는 정도의 차이는 있으나 거의 예외 없이 거부당했다는 느낌을 받게 된다. 그러므로 그들에게 관심이 있다는 것을 보여 주고 집단원들 간에 서로 돌보아 주도록 조치함으로써, 집단이 더 이상 모이지 않을 때도 집단원 간의 유대 관계가 지속되도록 도와주는 것이 필요하다.

## 5) 성(性) 문제 상담

여러 가지 사회 변화의 큰 흐름 중 하나라면 성에 대한 개방적인 풍토를 들 수 있다. 이러한 변화는 성에 대한 건전한 논의를 가능하게 하지만 문제점도 있다. 이에 성에 대한 전문적인 상담이 제기되기에 이르렀다.

### (1) 성 문제의 사회적 대두

인간의 성에 대한 인식과 태도 변화는 성에 대해 무조건 금기시하기보다 사회 전면으로 그 문제를 부각시키는 긍정적인 면을 이끌어 내었다고 볼 수 있다. 그러나 급격한 변화의 물결 속에 성에 대한 올바른 가치관이 정립되지 못한 채 양적인 변화만 일어나다 보니 성에 관련된 문제가 높아지고 있는 실정이다. 한국성폭력상담소(2020)에 접수된 통계에 따르면 전체 상담은 1,324회(779건)이며, 이 중 성폭력상담은 총 1,258회(715건)가 이루어졌다. 전체 상담 가운데 성폭력상담의 비율은 91.8%를 차지하였다. 이와 같이 성에 대한 개념이 제대로 정립되지 않은 채 성 개방 풍조는 많은 문제를 발생시키고 있다.

지금껏 성 문제라고 하면 주로 청소년들이 겪는 발달상의 문제로 생각해 왔지만, 현재는 연령에 관계없이 중요한 문제로 대두되고 있다. 성인상담에 있어 가족 문제나 부부 문제가 대두될 때, 그 배후에는 성 문제가 있음을 볼 수 있다. 성인상담을 하는 경우, 언젠가는 만나게 될 영역이 성과 관련된 문제이므로 이에 대한 기본적인 이해가 필요하다.

### (2) 성 문제에 대한 일반적인 지침

우리의 문화가 성 문제에 대해 이야기하기를 꺼리는 것에 비추어 볼 때, 성 문제를 갖고 오는 내담자를 만나게 되면 상담사로서 어색함을 느끼는 경우가 있다. 그러나 상담사의 이러한 태도는 어렵게 찾아온 내담자의 마음 문을 닫아 버리게 하는 방법이다. 그러므로 자신의 성에 대한 가치관을 정립하고 성에 대한 지식을 겸비하여 성에 관련된 상담에 대한 거부감을 줄이고 전문가로서 당당하게 대처해야 한다. 성 문제에 대한 일반적인 지침을 살펴보면 다음과 같다(이현림 · 김지혜, 2006).

- 상담사는 성에 대한 기본적인 지식을 갖고 있어야 한다. 내담자들은 상담사의 전문성을 전제로 하므로 성에 대해서도 잘 알고 있으리라는 기대를 하면서 상담실로 찾아온다. 상담사는 여성과 남성의 성행위, 피임법 등 성에 대한 올바르고 건전한 지식을 갖고 있어야 한다.

- 상담사는 성에 대한 지식과 더불어 성에 대한 자신의 태도를 확인해야 한다. 상담 전에 상담사의 성에 대한 관념과 태도를 파악하는 일을 우선시해야 한다. 성에 대한 반응 양식, 성적 욕구에 대한 반응, 성적 만족도 등과 같은 것이 해당된다. 그리하여 내담자의 문제를 편견 없이 객관적으로 볼 수 있게 되고, 이것이 성 문제 상담에 있어 출발점이 된다.

- 성에 대해 내담자는 거의 무지할 것이라는 가정에서 시작하는 것이 좋다. 중 · 고등학생은 물론이고 성인들조차도 성에 대해서 무지하다고 볼 수 있다. 그러므로 내담자가 사용하는 용어의 의미가 모호할 때는 질문을 하여서 의미를 명확하게 하여야 한다.

- 상담사는 성 문제에 대한 내담자의 회피적 태도를 이해하고 상담으로 이끌어야 한다. 성 문제로 상담받기를 결정하는 것이 어려웠던 만큼 회피적인 태도로 성 문제를 꺼내려 하지 않는 경우도 있다. 상담사가 성 문제에 대해 비난하거나 도움받지 못할까 걱정하여 자신의 주된 관심사를 숨겨 두는 경우에는 성에 관한 일반적인 화제로 시작하여 필요에 따라 내담자와 성에 관해 토론할 필요도 있다.

- 성에 대한 개방적인 의사소통 자세를 가져야 한다. 성에 대한 불안이 더 이상 증가하지 않도록 하고, 불안을 감소시킬 수 있을 만큼 생각과 언어의 사용에서 충분히 융통성을 지녀야 한다. 성에 관한 용어 사용에서 거리낌이 없어야 하고, 성에 관한 개방적인 대화가 효과적임을 내담자에게 알려 주어야 한다. 내담자가 지나치게 완곡하게 표현하거나 정확한 표현이 잘 되지 않을 때는 상담사가 먼저 직접적인 표현을 사용하면서 이야기를 이끌어 가는 것이 좋다. 가능한 한 전문적인 용어를 사용하지 말고 내담자의 표현이나 용어를 사용하여 내담자를 편안하게 해 주도록 한다.

• 기술적이고 전문적인 영역에 관해서는 전문가에게 의뢰하여야 한다. 성에 관련된 문제 중에는 상담사의 한계를 넘는 경우가 종종 발생한다. 임신, 피임, 불감증, 발기부전 등과 같은 문제는 복잡하고 의학적인 조언이 필요한 사항이므로 산부인과 의사나 성 문제 전문가에게 의뢰하도록 정보를 준비하고 있어야 한다.

### (3) 성폭력 피해자가 겪게 되는 단계

성폭력이란 강간뿐만 아니라 원치 않는 신체적 접촉, 음란전화, 인터넷 등을 통해 접하게 되는 불쾌한 언어, 추근거림 등 성적으로 가해지는 신체적 · 언어적 · 정신적 폭력을 말한다(Fitzgerald, 1996; Forisha, 1981). 성폭력 피해자의 경우 불안, 두려움, 우울 등의 정서적인 문제, 대인 관계와 사회 활동 회피, 성기능 문제 등 많은 후유증에 시달리게 된다. 성폭력 피해자가 겪게 되는 단계를 살펴보면 다음과 같다.

• 충격과 혼란의 단계: 성폭력의 충격에서 벗어나지 못해 '아무도 믿을 수 없다.'라는 불신감과 '나는 이제 끝장이야.'라는 무력감에 사로잡히게 된다.
• 부정의 단계: 성폭력 피해 사실 자체를 부정하고 싶어 한다.
• 우울과 죄책감의 단계: 자신을 수치스러워하거나 자책하며 자신에게 잘못된 분노를 표출시키면서 절망감을 느낀다.
• 공포와 불안감의 단계: 앞으로 건강하게 살지 못할까 봐 불안해하며 악몽을 꾸기도 한다. 또한 자신이 큰 약점을 가지고 있다고 생각하여 다른 사람을 만나려 하지 않는다.
• 분노의 단계: 가해자뿐만 아니라 자기 자신, 주변 사람, 심지어 도우려는 상담사나 전문가에게도 분노를 느낀다.
• 자신을 수용하는 단계: 자신의 성폭력 피해 경험을 재조명하는 시간이다. 이 단계에 이르러 성폭력이 자신의 잘못으로 인해 발생한 것이 아니라는 것을 인정한다. 자신의 노력 여하에 따라 삶이 바뀔 수 있음을 생각하여 잘 살아갈 것을 다짐하게 된 다.

### (4) 성폭력 피해자의 상담 목표와 상담 원리

#### ① 성폭력 피해자의 상담 목표

내담자가 정상적인 생활을 회복하도록 하는 데 목표가 있다. 상담을 통해 피해자가 겪은 공포스러운 사건에 대해 올바르고 현실적인 관점을 갖게 함으로써 정상적인 생활로 회복하도록 하는 것이다(Gelso & Frets, 2001). 또한 자기 자신에게 향해진 분노와 부정적인 시각을 변화시켜 자신에 대한 가치를 되살려야 한다.

② 성폭력 피해자 상담의 원리

성폭력 피해자 상담에 앞서 상담사 자신의 생각부터 점검해야 한다. 만일 성이나 성폭력에 대한 편견이나 부정적인 생각을 갖고 있다면 오히려 내담자에게 상처를 줄 수 있으므로 다른 상담사에게 의뢰하는 것이 올바르다. 중요하게 다루어야 할 성폭력 피해자 상담의 원리는 다음과 같다.

- 성폭력 자체는 위기 상황이다. 위기상담의 기법들을 적용시켜 가능한 한 빨리 위기 상태로부터 벗어날 수 있도록 한다.
- 심리적인 상처와 불안에 대해 지지적인 관계를 형성하고 수용과 진지한 관심을 통해 내부에 억압되어 있는 분노를 표출하도록 한다.
- 성폭력 피해자들은 고통스러운 경험을 표현하려는 욕구가 있으므로 자신의 경험을 반복적으로 이야기하더라도 끝까지 경청하는 자세가 필요하다.
- 상담사에게 적대감을 보이거나 저항하고 방어하는 것에 대해 이해하여 공감과 지지를 주어야 한다.
- 내담자가 원하는 것이 무엇인지 정확하게 파악하여 적절한 지원을 하여야 한다. 만일 의료나 법률적 조치를 원한다면 그에 대한 정보를 제공하도록 한다.

성폭력의 문제를 자신의 책임으로 돌리는 데서 오는 내담자의 수치심과 불안을 감소시키고, 내담자가 오히려 희생자임을 인식시켜 자기에게 향하는 죄의식을 가해자에 대한 분노로 바꾸고 언어로 표현하게 함으로써 자신에 대한 긍정성을 회복해 가는 것이다. 이 과정을 통해 자신의 원래 생활로 돌아갈 수 있도록 한다. 성상담에 있어 성폭력 피해자를 회복시켜 제자리에 서도록 하는 것이 중요하다. 그러나 가장 바람직한 치료는 예방적인 차원에서 성에 대한 올바른 지식과 시각을 갖게 하는 성교육과 사회 분위기 조성에 힘써야 할 것이다.

**참고문헌**

김계현(1996). 카운슬링의 실제. 서울: 학지사.

김용준(1996). 교정심리학. 서울: 고시원.

법무부(2002). 교정현장상담. 서울: 법무부 교정국.

이장호(1996). 상담심리학. 서울: 박영사.

이현림(1973). 직업발달론의 개설적 고찰. 학생생활연구: 영남대학교 학생생활연구소, 8, 17-24.

이현림(2008). 상담 이론과 실제. 경기: 양서원.

이현림, 김순미, 천미숙(2015). 집단상담 이론과 실제. 경기: 양서원.

이현림, 김지혜(2006). 성인 학습 및 상담. 서울: 학지사.

임봉기(2009). 교정상담의 실제. 한국교정상담심리학회 창립총회 및 학술대회자료집, 32-40.

한국성폭력상담소(2020). 2020년 한국성폭력상담소 상담통계 및 상담동향 분석.

Aguilera, D. (1990). *Crisis intervention: Theory and methodology* (6th ed.). St. Louis, MO: C. V. Mosby.

Bordin, E. (1968). *Psychological counseling* (2nd ed.). New York: Appleton Century Crofts.

Brammer, L. M., & Shorstrom, E. L. (1982). *Therapeutic psychology: Fundamentals of counseling and psychotherapy* (4th ed.). Englewood Cliffs, NJ: Prentice Hall.

Brayfield, A. H. (1964). Research on vocational guidance: Status and prospect. In H. Borow (Ed.), *Man in a world at work* (pp. 310-323). Boston: Houghton Mifflin.

Brodsky, S. L. (1973). *Psychologists in the criminal justice system*. Urbana, IL: University of Illinois Press.

Brown, D. (1985). Career counseling: Before, after, or instead of personal counseling? *Vocational Guidance Quarterly, 33*(3), 197-201.

Corey, G. (2008). *Theory and practice of counseling and psychotherapy* (8th ed.). Pacific Grove, CA: Books/Cole.

Corey, M. S., & Corey, G. (2006). *Groups: Process and practice* (7th ed.). Pacific Grove, CA: Books/Cole.

Egan, G. (2002). *The skilled helper: A problem-management approach to helping* (7th ed.). Pacific Grove, CA: Brooks/Cole.

Fitzgerald, L. F. (1996). Sexual harassment: The definition and measurement of construct. In M. A. Paludi (Ed.), *Sexual harassment on college campus: Abusing in the Ivory Power* (2nd ed.).

New York: State University of New York Press.

Forisha, B. L. (1981). Feminist therapy II. In R. Corsini, *Handbook of innovative psychotherapies*. New York: John Wiley & Sons.

France, K. (1990). *Crisis intervention: A handbook of immediate person-to-person help* (2nd ed.). Springfield, IL: Charles C. Thomas.

Garfield, S. L., & Bergin, A. E. (1978). *Handbook of psychotherapy and behavior change* (2nd ed.). New York: Wiley.

Gazda, G. (1989). *Group counseling*. Boston: Allyn & Bacon.

Gelso, C., & Fretz, B. (2001). *Counseling psychology* (2nd ed.). New York: Harcourt.

George, R. L., & Cristiani, T. S. (1995). *Theory, methods and processes of counseling and psychotherapy*. Englewood Cliffs, NJ: Prentice-Hall.

George, R. L., & Dustin, D. (1988). *Group counseling: Theory and practice*. Englewood Cliffs, NJ: Prentice-Hall.

Herr, E. L., Cramer, S. H. (1996). *Career guidance and counseling through the life span: Systematic approaches* (4th ed.). New York: Harper Collins.

Hoyt, K. B. (1974). *An introduction to career education*. U. S. Office of Education.

Ivey, A. E. (1974). Adapting systems to people. *Personnel and Guidance Journal*, 53(2), 137-139.

Lowrey, L. G., & Slavson, S. R. (1943). Group therapy special action meeting. *American Journal of Orthopsychiatry, 13*, 638-690.

Mahler, C. A. (1969). *Group counseling in the schools*. Boston: Houghton Mifflin.

McDaniel, C. (1978). The practice of career guidance and counseling. *INFORM, 7*(1), 1-8.

Rogers, C. R. (1942). *Counseling and psychotherapy*. Boston: Houghton Mifflin.

Steele, W., & Raider, M. (1991). *Working with families in crisis: School-based intervention*. New York: Guilford.

Tolbert, E. L. (1974). *Counseling for career development*. Boston: Houghton Mifflin.

Williamson, E. G., & Foley, J. D. (1949). *Counseling and discipline*. New York: McGraw-Hill.

제**2**장

# 인간의 본성과
# 범죄심리

박호정
건양대학교 국방경찰행정학부 경찰행정전공 주임교수

# 1. 인간의 본성과 범죄 발생 원인

## 1) 범죄 발생의 세 가지 요소

범죄의 정의에 대하여 합의적 시각에서는 법이 범죄를 정의하고 불법 행위에 대한 사회의 동의가 필요하다고 보는데, 갈등적 시각에서 법은 지배 계층의 권력 유지를 위한 도구이고, 범죄는 정치적으로 정의되는 개념이고 실제 범죄는 불법적이지 않으며, 법은 하류층을 통제하기 위해 사용된다고 보고, 상호작용주의 시각에서 범죄는 사회가 정의하기 때문에 범죄가 된다고 정의한다. 그런데 범죄는 모든 사회에 존재하고 사회 환경을 통해 범죄 발생이 영향을 받으므로 사회적 현상이라고 할 수 있고, 범죄자의 인생 과정을 포함한 결과라는 점에서 심리적 현상이라고도 할 수 있다.

한국사회의 범죄 특징은 무동기 범죄와 모방 범죄가 만연한다는 것이다. 피해자 입장에서 예측 불가능하고 사체 토막, 장기 분리와 같은 잔혹한 범죄가 나타나고 있다. 모방 범죄의 급증은 매스컴과 잔혹 게임의 영향에 기인한 것으로 보인다. 사회의 순기능이 가동하면 범죄가 감소될 것이나, 지금 사회는 황금만능주의, 대중 매체의 문란한 성 문화, 한탕주의로 물들어 있어서 국가기관에만 의존하는 범죄예방은 한계를 가진다고 할 수 있다.

인간은 태어나면서 선천적으로 가지고 있는 생물학적 요소와 성장하면서 경험하는 사회적 요소를 바탕으로 심리적 기반이 만들어진다. 이렇게 만들어진 개인의 심리적 기반을 토대로 자신의 선천적인 생물학적 요소와 자신의 주위 환경인 사회 환경적 요소와 연결되는 상호작용이 계속 이루어지게 된다. 이에 따라 범죄 발생의 원인을 생물학적 관점, 사회 환경적 관점, 심리적 관점에서 구분하여 볼 수 있다. 따라서 인간의 행위는 한편으로는 개인의 소질이나 주변의 환경에 의해 결정적으로 영향을 받기도 하지만, 다른 한편으로는 인간이 자유의지에 의해 자신의 행동을 지배해 가는 측면도 있다고 인정하는 상대적 결정론의 입장에서 범죄 발생 원인을 인식해야 한다.

### (1) 생물학적 관점

범죄생물학적 원인론은 범죄 원인을 개인의 신체적 특징이나 유기체적 구성 측면에서 찾는 이론을 말한다. 범죄생물학적 원인론은 범죄 원인의 분석을 과학적인 방법에 의거하여 행하고 그 결과를 분석하여 범죄 문제의 해결도 과학적으로 달성이 가능하다고 믿었다. 범죄의 구체적인 요인에 대해서는 연구자마다 다양하였으나, 이들은 범죄자들이 정상인들과 근본적으로 다르다고 보는 점에서는 공통적이었다.

생물학적 관점은 범죄의 원인을 범죄인의 개인적 특성에서 찾아내고자 한다. 범죄생물학파는 범죄의 원인으로 각 객체의 인격상 특징이 다르다고 보는 이면성을 강조하는 학파이다. 성범죄 감소를 위한 화학적 거세는 범죄 억제에 생물학적 방법으로 접근한 것으로 볼 수 있다. 생물학적 관점의 대표학자로는 롬브로조(Lombroso, C.), 페리(Ferri, E.), 가로팔로(Garofalo, R.) 등이 있는데, 이들은 생물학적이고 문화적인 진화론과 결정론에 크게 기여하였다. 범죄 원인으로 타고난 유전적 소질뿐만 아니라 어머니의 질병, 음주, 흡연, 태아의 배종 손상 등과 같은 후천적인 발전 요소까지도 포함하는 개체에 고유한 소질을 중시하는 견해를 말한다. 범죄생물학적 원인론은 Lombroso의 생래적 범죄인론으로 대표되는데, Lombroso는 범죄 태생의 사상을 바탕으로 범죄인정형설과 격세유전설을 주창하여, 자연과학적 방법론을 체계적으로 정립하여 현대적 범죄 연구의 기틀을 마련하였다. 19세기 후반 Lombroso가 진화 단계에 있어서 퇴행성이라는 생물학적 요인이 범죄에 미치는 영향을 지적한 이래 각 개인이 생득적으로 취득한 생물학적 소질을 중심으로 범죄 발생 원인을 설명하고자 하는 시도가 활발하게 제기되었다. 초기 실증주의자들은 범죄의 원인을 범죄자의 신체적 구성에 초점을 맞추어 탐구하였으며, 초기 실증주의자들은 생물학적으로 범죄자는 결함이 있고 열등한 사람이라고 믿었다. 그래서 범죄의 원인은 사람의 신체적 특성에서 기인한다고 주장하였다. 이들 생물학적 원인론자들은 범죄자들은 일반인과 다른 신체적 특징인 생물학적 결함을 가지고 있으며, 본인의 자유의지와는 상관없이 이와 같은 소질적 결함에 의해 범죄를 저지를 수밖에 없다는 생물학적 결정론을 취하였다. 개인의 생물학적이고 신체적인 특성이 범죄 발생의 원인이라는 Lombroso와 같은 초기 범죄생물학적 결정론은 현재는 수용되지 않고 있다. 범죄의 원인이 유전적 소질이냐 사회적 환경이냐, 즉 본성이냐 양육에 관련된 문제이냐의 논쟁은 현재까지도 계속되고 있다. 그러나 이탈리아 실증주의 학파에 속하는 초기의 범죄학자들은 범죄와 관계있는 유전의 문제에 대하여 범죄인의 전형은 생래적 범죄인이고, 그와 같은 범죄인의 주원인은 격세유전에 있다고 하였다. 하지만 오늘날에는 필연적으로 범죄인으로 될 수밖에 없는 유전적 소질은 인정되지 않고, 다만 간접적인 영향만 있다고 보고 있다.

이와 같은 범죄성 소질과 관련하여 중시되는 문제로는 선조로부터 물려받은 유전 조건 중에서 어떤 경우가 범죄성의 발현과 깊은 상관관계를 갖는 것으로, 유전과 범죄에 대한 연구, 현실적으로 개체가 가지고 있는 신체생리상의 조건 중에서 범죄성과 깊은 상관관계를 가지는 것이 어떤 것인가를 연구하는 것이다. 통상 신체 생리 조건과 범죄와의 상관관계에 대한 연구, 현실의 개체가 가지고 있는 정신심리상의 특징 중에서 범죄성과 깊은 상관관계를 갖는 것으로, 정신심리 상태와 범죄와의 관계에 대한 연구가 포함된다.

여러 생물학적 요인 이외에 환경적 요소들과의 상호작용까지도 현대의 생물학적 이론은 인정하기 때문에 더욱 다양한 이론으로 발전하였다. 다시 말하면, 생물학적 요소나 조건이 직접적으로 비행을 유발하는 경우뿐 아니라 생물학적 특성이 환경적 요소에 영향을 미치거나 환경적 요소가 생물학적 조건에 영향을 미쳐서 범죄를 야기하는 경우까지도 포섭하는 이론으로 발전하게 되었다. 이러한 이론을 생물학적 사회 이론이나 사회생물학이라고 한다. 사회생물학에서는 개인의 생물학적 구조는 범죄의 잠재적 가능성을 높여 주기는 하지만, 개인의 생물학적 구조 자체가 행위를 결정하지는 않고 환경과 상호작용에 의해 범죄로 될 수도 있고 범죄로 되지 않을 수도 있다고 보아서 보다 탄력적으로 이해하게 된다. 다시 말하면, 범죄 행위는 개인의 생물학적 요소와 환경 사이의 상호작용에 의해서만 제대로 이해할 수 있다는 것이다.

## (2) 사회 환경적 관점

인간을 둘러싸고 있는 사회적 환경이 범죄 문제에 대한 주요한 원인으로서 평가를 받고 있다. 환경이란 개인에 대해서 직접적이고 간접적으로 영향을 미치는 물질계와 정신계를 포괄하는 외부적이고 객관적인 사정을 말한다. 환경은 개인이 범죄 행위를 자행할 때의 외부적인 사정을 의미하는 행위 환경과 행위자의 인격 형성 및 발전 과정에 영향을 미치는 인격 환경인 행위자 환경으로 구분할 수 있다. 이와 같은 환경 요인을 통해 사람들의 심신 활동에 직접 영향력을 행사하고 또한 범죄 행위 등 행위를 유발하거나 촉진하는 역할을 하기도 하며, 성장기에는 인격 형성에 작용하기도 한다. 이러한 범죄성 환경으로 특히 주목되는 것으로는 개인적 인격 형성 과정과 관련되는 가정, 학교, 직업, 혼인, 알코올중독 등 범인성 인격 환경인 행위자 환경과, 범죄 행위 시 직접 행위에 영향을 준 경기 변동과 경제 상태, 전쟁, 사회 구조, 자연 현상 등의 사회적 환경인 범인성 행위 환경을 들 수 있다.

시카고학파는 사회 해체의 결과가 범죄의 발생 원인으로 보면서 사회 환경적 접근 방식을 취하고 있다. 범죄사회 환경적 접근과 관련한 이론에는 통제 이론, 긴장 이론, 문화적 비행 이론, 상징적 상호작용 이론 등이 있다.

### (3) 심리학적 관점

심리학적 관점은 개인의 정신 상태나 심리 상태를 중심으로 범죄 현상을 설명하는 접근 방법으로, 생물학적 관점과 마찬가지로 환경의 영향보다는 개인의 자질이나 속성을 중심으로 하는 이론이다. 심리학적 관점은 범죄인의 범행 원인으로서 범죄자들의 정신에 중점을 두고 있다. 심리학적 관점에서는 인간의 모든 행위를 정신적 과정에서 기인하는 것으로 파악하고 있는데, 이에 바탕을 두고 범죄성의 원인을 정신적이고 심리적인 과정에서 추적하고 충동적으로 행동하는 범죄자의 이상심리를 해명함으로써 범죄성의 원인을 밝혀내려고 한다.

초기의 심리학적 관점에서는 범죄의 원인으로 범죄자의 정신착란을 중심으로 논의가 진행되었고, 지능검사가 도입되면서부터는 일탈 행위에 대한 특정한 정신적 분야 연구에 초점을 맞추었다. 현재는 범죄자의 정신 상태를 중심으로 범죄의 원인을 찾아내려는 정신의학적 접근 방법 또는 정신분석학적 접근 방법이 대세를 형성하고 있다. 정신의학적 관점 또는 정신분석학적 관점에 바탕을 두고 인간의 인격 특성의 차이에서 범인성을 찾으려는 인성 이론, 범죄자의 도덕적 능력의 발달 정도에 따라 범죄성을 밝히고자 하는 인지 발달 이론, 범죄는 범죄자의 과거 학습 경험이 발전한 것으로 파악하는 학습 및 행동 이론 등이 심리학적 범죄 이론으로 주장되고 있다.

## 2) 본성에 근거한 역동적 범죄관

인간의 행동은 선천적으로 가지고 태어난 인간 본성과 함께 주변 환경의 영향으로 나타나는 결과물이다. 유전적 요인이 행동으로 변환되어 나타나는 것은 환경에 달려 있으며, 그에 따라 이루어지는 경우가 종종 발생한다. 인간은 타고난 본성과 인간이 성장해 온 환경이 행동의 결정 요소로 작동하여 두 가지 모두 동등하게 영향을 가져오게 된다. 따라서 범죄 원인을 도출하는 데 생물학적·사회 환경적·심리학적 관점에서의 다양한 접근 방향에 근거한다. 현대사회에서 발생하는 범죄 형태나 모습은 광범위한 범죄 원인에 대해서 생물학적·사회 환경적·심리학적 관점만으로는 설명하기 부족하고 완벽하지 못하여 당시의 사회적 배경이나 국가 또는 지역적 특성에 따라 약간씩 차이가 나타나게 된다.

역동적 범죄관은 인간의 소질에 근거하면서 생물학적·사회 환경적·심리학적 관점을 모두 포함하여 일반적 범죄심리를 종합적인 관점에서 설명하고 있다. 최근에는 소질과 환경이 복합적으로 작용하여 일정한 인격을 형성시킨다고 보기 때문에 결국 소질과 환경의 양 측면을 모두 고려하지 않고서는 범죄 원인을 올바르게 규명할 수 없다고 보는 것이 일반적인 설명이다. 즉, 소질과 환경은 서로 의존하면서 동태적으로 발전하는 인격의 구성 요소를 이루게 된다. 그러나 구체적인 범죄 행위에는 소질과 환경의 개별적인 영향력에 차이가 있다. 소질적인 측면의 영향이 큰 경우를 내인성 범죄라 하고 환경 요인적 측면의 영향이 큰 경우를 외인성 범죄라고 구분하기도 한다.

### (1) 역동적 범죄관

생물학적 관점과 사회 환경적 관점을 바탕으로 한 심리적 변화에 주목하여 소질과 환경과의 관계를 동태론적으로 발전시킨 역동적 범죄관이 현재 유력한 학설로 많은 지지를 받고 있다. 소질은 넓은 의미에서는 개체의 인격 특징 그 자체를 일컬으며, 좁은 의미에서는 선조로부터 유전적으로 물려받은 선천적 인격 특징을 말한다.

DNA 정보가 대표적인 유전소질인데, 유전소질은 태아가 산모의 자궁에 착상되는 순간부터 출산했을 때의 소질, 즉 선천소질로 전환된다. 선천소질이 성장기의 환경과 결합하여 상호 복합 작용을 하는 가운데 형성되는 것이 현실의 각 개체의 인격의 특징을 이루는 획득소질이다. 획득소질은 환경의 지배를 받는다는 관점에서 후천적인 발전적 소질이라고 불리기도 한다. 메츠거(Mezger)의 역동적 범죄관은 환경이 개체의 출생 전후로부터 성장기, 행위 시에 이르기까지 소질과 계속적으로 역동적인 상호작용을 행함으로써 그 인격 형성 및 행위 형성에 영향을 미치는 면을 구체적으로 분석하고 파악하려는 이론이다.

### (2) 조상으로부터 물려받은 유전소질

인간이란 조상으로부터 물려받은 유전적 소질을 근본적으로 가지고 있다고 Mezger는 가정한다. 현대의 생물학적 이론가들은 생래적 범죄자의 개념이나 생물학적 열등성에 기초한 생물학적 이론, 골상학, 체격형에 의한 범죄인 분류에 대해서는 대부분 부정하는 입장이다. 최근 생물학적 범죄 이론은 뇌, 중추 및 자율 신경계, 호르몬 균형, 유전자, 신진대사 등 생화학에서 진보된 기술로 새롭게 주목받고 있다. 특정한 범죄가 유전되거나 생물학적으로 예정되는 일은 없고 범죄 행위를 유발하는 유전자도 없다고 본다. 다만, 행위의 가능성과 감수성이 생물학적 요인에 의해 유발될 수 있다고 주장한다. 매드닉(Mednick)의 유전적 범죄 성향론은 부모로부터 자녀에게 특정 유전 요소가 전해진다고 주장한다. 유전되는 것은 범죄적 환경에 쉽게 굴복하거나 정상적인 환경에서도 일탈적 방식을 받아들이는 감수성이라고 주장한다. 미국 시카고에서 8명의 간호사를 살해한 리차드 스피크(Richard Speak) 사건이 유전적 소인의 사례로서 있었다. Speak는 선천적으로 XYY형 염색체를 가지고 태어났으며 살인의 원인은 염색체이상이라는 주장을 하였다. 이러한 염색체를 가지고 태어난 남성에 대한 거세나 수술과 같은 조치를 취하라는 주장이 나왔고, 이러한 성염색체를 가진 사람을 잠재적인 연쇄살인범이나 강간범으로 보는 분위기가 조성되었다.

### (3) 임신 과정상에서의 선천소질

산모의 출산 전후 환경 조건과 관련하여 부모로부터 물려받은 유전소질은 영향을 받게 되고 산모의 생물학적·사회 환경적·심리적인 요소는 태아에게 영향을 주게 된다. 유전소질을 가진 태아의 상태에서 산모의 음주, 흡연 등을 통하여 생물학적으로 영향을 미치게 되고, 출산 전후의 환경 상황에 따라서 심리적으로 영향을 미치게 된다. 산모가 경험한 출산 전후의 상황들을 통하여 태어난 아이는 독자적인 선천소질을 취득하게 된다. 엄격한 의미에서 유전소질과 선천소질은 구분되지 않고 혼용된 상태에서 사용되고 있다. 부모로부터 물려받은 생물학적 소질인 유전소질과 임신 상태, 출산 이전과 임신 후 산모의 건강 상태와 심리 상태가 뱃속의 태아와 직접적 연관성을 갖는다.

### (4) 생활과 경험의 결과물인 획득소질

아이는 태어난 후 경험하는 환경에 영향을 받게 되고, 자아인지 발달 과정을 거치면서 성장해 나아간다. 6개월이 되면 주체로서의 자기를 인지하게 되고, 2세가 되면 신체적 자아상이 형성되고, 4세가 되면 내재적 자아인지가 발달하게 되고, 6~8세가 되면 개인의 내적 자아를 자신으로 이해한다고 한다. 청소년기를 통하여 자아정체성과 자아존중감이 형성되고, 질병이나 기형 등 생물학적인 요인이나 사회적 요인도 획득소질에 영향을 미칠 수있다. 만일 외모가 지나치게 떨어지거나 언어 습득 능력이 현저히 저하된 경우에는 사회적 관계를 원만히 유지하기가 어려울 뿐만 아니라 결과적으로 심리적 영향을 초래하게 된다. 자아가 자라나는 과정에서 경험하게 되는 환경 조건은 아이에게 내적인 심리적 영향을 미치게 된다. 부모의 불화 여부, 부모의 경제 상태, 부모와 형제와의 정서적인 관계 등이 주된 영향 요소이다. 육체적인 불구나 기형, 외모 등 이미 태어날 때부터 결정되어 있는 생물학적인 요소가 개체를 둘러싸고 있는 사회적 환경과 결합하여 그 개인이 세상과 사회를 보는 시각이나 세계관에 많은 영향을 미칠 수 있다.

### (5) 각 소질과 원인적 접근론과의 관계

역동적 범죄관에서 유전소질은 범죄 현상을 설명하는 데 있어서 생물학적 요인 바로 그 자체를 말한다. 생물학적 요인이 훨씬 강한 선천소질은 개체가 성장하면서 성장기의 환경 조건인 가정과 가족, 학교, 지역사회, 또래집단, 종교 등 다양한 사회 환경적인 요인에 의한 복합적인 상호작용에 따라 개인이 가질 수 있는 심리적 요인인 획득소질을 형성하게 된다. 생물학적 원인과 사회 환경적 요인은 심리적 원인과의 상호작용을 통하여 범행을 할 것인가 여부를 결정하게 된다.

## 3) 획득소질과 주위 환경

인간은 사회적 경험을 통해 획득소질을 취득하게 되는데, 획득소질을 얻는 과정에서 무규범을 의미하는 아노미가 형성된다. 아노미란 사회 변동으로 사람들의 욕구를 통제하는 규범이 이완 또는 결여되어 초조감이나 욕구 불만으로 스트레스가 쌓이는 상태를 말한다.

아노미 상태에서 내성이 약한 사람들은 반사회적 방향으로 쉽게 뛰어들게 하고, 사회적 행동의 일탈자와 부적응자가 많으면 사회는 삐뚤어지고 긴장감은 높아지게 된다. 사회적 긴장감이 높아지면 범죄가 발생하게 된다. 아노미뿐만 아니라 불경기, 정치적 부패, 정보의 바다 등에 의해서도 사회적 긴장은 일어난다. 사회적 긴장의 불씨의 최소 단위는 가정이다. 범죄는 가정에서 시작하여 학교 환경과 사회로 이어지는 과정에서 하나씩 누적되어 그 결과로 발생하는 것이다. 유아기에 발생하는 좌절로 인한 이상욕구, 유아기 이후 애정관계에서의 좌절감, 자기만족에 대한 불만, 사춘기 특유의 불안정한 충동이나 욕구, 열등감, 내면적 갈등, 대인 관계에서 발생하는 부적절한 감정, 무의식적 자기처벌의식 등 정서장애가 범죄로 연결된다. 환경이 열등해도 소질이 우수하면 범죄로 연결되기 어렵고, 환경이 우수하면 소질이 열등해도 범죄로 연결되기 어렵다.

### (1) 부모와 가정환경

가정이란 인간의 처음과 끝을 형성하는 가장 기본적인 단위로, 생물학적으로 보면 생산의 장이면서 사회적으로 보면 사회의 한 세포를 구성한다. 어린 시절 가정에서의 성장 과정이 사회에 대한 적응의 기준을 형성하고 인간관계의 습득을 할 수 있도록 한다. 따라서 가정의 건전한 기능은 아이 행동의 중요 요소라고 할 수 있다. 따라서 어린 시절 경험했던 결정적 사건이 한 인간을 범죄자로 만들 가능성도 있다.

아동과 부모 혹은 양육자의 강한 애착은 스트레스에 대한 민감한 반응들을 빠르고 효과적으로 차단할 수 있다. 따라서 부모를 비롯한 주위 사람의 따뜻하고 정서적으로 안정된 애착 관계의 형성이 중요하다. 어떠한 상황이 발생할 때마다, 정상적인 가정에서 부모로부터 적절한 부모의 훈육이나 지도를 받고 자란 아이들은 선천소질이 좋은 획득소질을 갖게 될 가능성이 상대적으로 훨씬 높아진다.

배우자를 폭행하는 아버지를 둔 가정에서 자란 남자아이들은 그러한 분위기를 싫어하면서도 상대를 제압하는 데 있어서 자신도 모르게 폭력의 효과성에 신뢰하게 된다. 폭력의 되물림 현상이 나타나게 되며, 경제적 이유 등으로 인한 가정의 해체로 인하여 부모와 떨어져 있는 동안에 부모의 철학이나 정신적 교육을 접할 수가 없게 된다. 결손을 어린 나이에 일찍 경험할수록 더 큰 영향을 받게 되며, 남자보다는 여자가 결손 가정의 영향을 더 많이 받고, 미혼부모, 유기, 수형, 별거 등으로 인한 결손이 사별, 이혼, 질병 등에 의한 결손보다 더 많은 영향을 미치고, 어머니보다 아버지의 결손이 더 많은 영향을 끼치며, 경미범죄보다는 강력 범죄와 더 큰 관계가 있다. 아동기에 있어 부모의 무관심은 부모와 세상을 원망하고 자신의 처지를 비관하면서 자기보다 더 나은 환경에서 생활하는 자기 또래의 아이들이나 세상에 대한 분노 등 부정적 생각이 자리를 잡을 가능성이 높다. 만일 적절한 치료가 없다면 획득소질의 측면에서 범죄와 연결되거나 반사회적 경향으로 변질될 가능성이 크다.

빈곤은 그 자체로는 도덕적으로 불량한 것이라고 할 수 없으나 경제적 곤궁은 사람의 인격의 형성 측면에도 중대한 영향을 미치게 되므로 가정적 빈곤은 여러 가지 의미에서 비행과 범죄 유발의 동기가 된다.

부도덕 가정은 반드시 범죄자가 아니더라도 어떠한 의미에서 사회적 부적응자가 가족의 구성원으로 되어 있는 가정을 말하는데, 소년 비행과의 상관성이 인정된다.

갈등 가정은 가족 간에 이해, 감정, 가치관 등 심리적 갈등이 있어 인간관계의 융화가 결여된 가정을 말하는데, 청소년의 경우 가출 현상이 나타나게 된다. 소년 비행에 영향을 인정한 학자로는 글룩(Glueck) 부부가 있다. 쇼와 메케이(Shaw & Makay)는 비행 유발 요인은 가족 구성원의 공식적 결손이 아니라 오히려 내적인 긴장과 부조화라고 주장하였고, 맥코드 부부와 졸라는 "긴장과 적의가 존재하는 가정은 곧 미래 비행의 온상"이라고 하였다. 애정 결핍 가정에서 양친과 자녀 사이 그리고 형제자매들 사이에 깊은 애정적 관계가 형성되어 있느냐 없느냐는 소년들의 인격 형성에 중대한 영향을 미치고, 그것이 잘못되어 있을 때에는 사회적으로 용납하기 어려운 인격, 어린이에게 왜곡된 인격이 형성되고 비행성의 원인이 될 수 있음도 인정되고 있다. 최근에는 자녀에 대한 지나친 애정도 문제가 된다. 친자 간의 애정 관계가 소년 비행에 중대한 영향을 미친다는 것에 대하여 Glueck 등이 연구를 하였다.

시설 가정은 고아원 기타 아동양육시설이 가정의 역할을 하는 경우를 말하는데, 반항적이고 거부적인 심리 또는 타인의 의견을 무시하는 태도가 형성되어 소년 비행에 부정적 영향이 인정된다. 그러나 선천소질이 상대적으로 우량한 아이들은 시설에 맡겨져 성장하였더라도 법의식, 규범, 충동 조절 훈련이 잘 조절되어 정상적인 사회인으로 성장이 가능하다.

### (2) 학교 및 교육 환경

아이가 사회 구성원이 되어 성장을 통해 만나게 되는 환경적 요소 가운데에는 정상적인 학교교육, 학교생활상의 분위기, 학교 친구집단과의 사회적 관계 등이 상호 간의 작용을 하는 가운데에서 영향을 주게 된다. 생물학적 측면에서는 질병의 감염 여부, 기형이나 부적절한 외모와 같은 부정적 요소들이 있겠고, 이와 같은 부정적 요인을 넘지 못한다면 아이가 가지고 있는 자신감이 위축되거나 학교생활에 제대로 적응을 못 하는 것과 같이 정상적인 사회관계 유지에 어려움을 가져올 수가 있다.

학교생활에 있어서 학교 폭력의 문제가 있는데, 학교 폭력을 통해 가해자나 피해자는 획득소질을 취득하게 된다. 학교 폭력은 대부분 교사나 학부모와 같은 어른들에게 보이지 않는 은밀한 장소에서 발생하는데, 학교 폭력 피해자들은 대부분 침묵하는 특징을 갖고 있고, 가해자가 동시에 피해자가 되기도 하고, 피해자가 동시에 가해자가 되기도 하는 성질을 가진다. 학교 폭력은 집단적인 폭력 행위, 표적이 되어 당해 왔던 학생이 계속 당하지 않기 위해 자신을 대신할 누군가를 찾기도 한다. 맞는 아이들이 때리는 아이들과 어울리면서 때리는 아이로 변화되는 경우도 있다. 예를 들면, 중학생 때 맞고 지내던 아이가 고등학교에 진학한 다음 선배들과 사귀게 되어 예전의 가해자에 대해서 복수를 하는 경우도 있다.

우리나라는 학교교육과정이 학업 성적 위주의 교육과정이기 때문에 주위 사람과의 협력과 지원보다는 서로를 경쟁 관계로 인식하게 하고 성적을 서열화시키는 편이어서 학생들의 획득소질 형성에 부정적으로 작용하게 된다. 학교의 역할은 가정과 같이 범죄를 감소시킬 수 있는 중요한 과정이기 때문에 적극적으로 교육 환경이 개선되어야 할 것이다.

### (3) 사회 환경

사회 현상은 범죄에 영향을 주고, 범죄는 다시 사회 현상에 영향을 미치게 된다. 사회의 순기능이 제대로 가동할 때 범죄는 감소하게 되고, 제대로 역할을 하지 않으면 범죄는 증가하게 된다. 사회 환경은 사회 안의 사람들이 경험하는 제반 환경을 의미하는데, 사회 환경에는 매스컴, 경제 환경, 도시화 등이 있다.

경제 환경은 직·간접적으로 범죄의 종류와 정도에 영향을 미친다. 특히 그 영향력은 재산 범죄에 크게 나타난다. 경제 환경과 범죄의 관계를 연구한 대표적 학자로는 리용학파의 라카사뉴(Lacassagne)와 유물론적 사고를 토대로 한 네덜란드의 반 켄과 봉거(Van kan & Bonger) 등이 대표적이다. 일반적으로 경제가 발달하면 범죄가 늘어나고 종류도 다양해지는 것이 보통이다. 그러나 경제 발달과 범죄 종류에 대한 상관관계는 긍정하면서도 범죄의 양과 정도가 경제 발달과 비례한다는 점에는 찬성하지 않는 견해도 있다. 여기에서 중요한 문제는 경제 발달에 대한 개념 규정이다. 경제 발달을 단순히 상품 교역의 증가나 소득 증가 등으로 한정하면 이것은 범죄 증가와 직접적 관련은 없다. 그러나 경제 발달이 생활 조건의 다양한 변화를 포함하는 것으로 보면, 그것은 범죄 증가와 비례 관계에 있는 것으로 볼 수 있을 것이다.

매스컴을 통한 범죄와 관련하여 밴듀라(Bandura, A.)는 TV 폭력이 시청자에게 폭력 행동의 모델로 작용하게 되어 폭력 행동을 일으킬 잠재적 위험성을 더욱 증가시킨다고 이해한다. 즉, 학습 이론에서는 대중 매체의 폭력이나 부적절한 가치가 사회적 학습 과정을 통해 모방 학습 또는 충동 유발로 작용하여 청소년 계층은 물론 성인 범죄자들에게도 폭력과 공격을 지지하는 가치와 규범, 공격기술과 수법, 사회적 환경, 공격 목표(범죄대상 선정) 등을 제공한다고 설명한다.

급격한 도시화는 인구의 이동이나 집중으로 인해 그 지역의 사회관계의 혼란을 초래하고, 지역사회의 연대를 어렵게 하여 범죄의 증가를 야기한다. 도시화는 사회 해체, 익명성, 이질성, 비인격적인 인간관계, 비공식적인 사회 통제의 약화를 가져오고, 황금만능주의의 팽배로 인한 생명의 경시 풍조, 각박한 생활상의 스트레스로 인한 이유 없는 범죄, 재산 범죄, 풍속 범죄, 완전 범죄의 시도가 나타나게 된다.

획득소질은 생물학적 유전소질과 출산 과정에서 산모를 둘러싸고 있는 내외적 요소인 심리적 상태와 경제 능력 등의 영향 요인을 포함한 선천소질이 기초 요인이 되고, 아이를 둘러싸고 있는 가정, 학교, 사회 등 환경적 요인과의 상호작용을 통하여 완성되게 된다. 개인이 가지고 있는 획득소질은 환경적 요인이 포함되므로, 유사한 유전소질과 선천소질을 가지고 태어난 쌍생아라도 성장기의 환경 조건이 다르면 획득소질도 다를 수밖에 없다.

## 4) 범죄 공식

범죄 행위를 설명하는 데 역동적 범죄관은 범죄 행위 시점에서의 상황적 요소를 결여하고 있다. 범죄 공식은 상황적 요소를 보완한 부분에 주목한다. 범죄 행위는 다른 많은 인간 행위 및 자연 현상과 마찬가지로 범죄 행위를 적극적으로 유발하는 힘과 그것의 발생을 억제하는 힘의 상관관계에 의하여 발생할 수도 있고 발생하지 않을 수도 있다. 범죄 공식에서 대상에 끌리는 힘을 '+유의성'이라고 부르고 거기서 벗어나고자 하는 힘을 '−유의성'이라고 하면서, 각 개체의 행위는 그 생활의 장에서 두 힘의 역학 관계에 의해 좌우된다고 설명하고 있다.

동일한 상황에서도 다른 반응이 나오는 것은 다른 획득소질을 가지고 있는 사람들이 환경 조건에 영향을 받아서 범죄 행위를 저지를지 여부가 결정되기 때문이다. 사람이 어떤 행위를 하기 이전에는 자신의 생물학적 상태와 주위의 환경적 상태에 따라 심리적 상태가 영향을 받게 되고 이렇게 만들어진 결과물인 심리적 상태로서의 획득소질이 결정적 역할을 하게 되는데, 행위를 할 당시의 환경 조건인 도화선에 의해서 범죄 행위를 저지르기도 하고 저지르지 않기도 한다. 생물학적 요인이나 사회 환경적 요인은 심리적 요인을 움직이는 원동력의 역할을 하기도 하지만, 직접적으로 생각하고 결심하여 범행에 옮기는 역할은 심리적인 요인이 담당하게 되므로 심리적 요인은 범죄를 발생시키는 결정적인 방아쇠의 역할을 담당하는 중요한 요인이라고 할 수 있다.


## 2. 범죄원인론에 따른 범죄심리 이론

### 1) 생물학적 원인 이론 측면의 범죄심리 이론

19세기 후반 Lombroso가 진화 단계에 있어서 퇴행성이라는 생물학적 요인이 범죄에 미치는 영향을 지적한 이래, 각 개인이 선천적으로 취득한 생물학적 소질을 중심으로 범죄 발생 원인을 설명하고자 하는 시도가 활발하게 전개되었다. Lombroso는 범죄는 태어날 때 타고난다는 사상을 기반으로 범죄인정형설과 격세유전설을 발표하여, 자연과학적 방법론을 체계적으로 정립하여 현대의 범죄 연구에 대한 토대를 마련하였다. 초기 실증주의자들은 범죄자의 신체적 구성에 초점을 맞추어 범죄의 원인을 탐구하였으며, 실증주의자들은 범죄자가 생물학적으로 결함을 가진 열등한 사람이라고 생각했고, 범죄의 원인이 사람의 신체적 특성에 따라서 발생한다고 주장하였다. 생물학적 원인론자들에 따르면 범죄자들은 일반인과 다른 신체적 특징인 생물학적 하자를 가지고 있으며, 이와 같은 선천적인 하자에 의해 본인의 자유의지와는 관계없이 범죄를 저지를 수밖에 없다는 생물학적 결정론을 취하게 되었다. 그러나 개인의 생물학적이고 신체적인 특징이 범죄 발생의 원인이 된다고 보는 Lombroso와 같은 초기 범죄생물학적 결정론은 현재 받아들여지지 않고 있다.

후기 연구에서는 Lombroso도 생물학적 원인과 함께 환경적인 원인에서도 의미를 찾게 되었다. 범죄 원인을 개인의 신체적 특징이나 유기체적 구성 측면에서 찾는 이론을 범죄생물학적 원인론이라고 하는데, 범죄 원인 분석이 과학적인 방법에 따라 가능하고 그 결과의 분석을 통하여 범죄 문제의 해결이 과학적으로 가능하다고 생각한다. 범죄생물학적 원인론자들은 범죄자들이 정상인들과 근본적으로 다르다고 보는 점에서는 공통적이었다. 그리고 초기의 학자들은 범죄자들을 진화론적 관점에서 열등한 존재라고 인식하고, 이들은 결정적으로 범죄인이 될 수밖에 없다는 결정론적 입장이 강했다. 그러나 최근의 학자들은 진화론적 사고 대신에 범죄자들을 정상적인 사회생활 능력이 부족한 일종의 병자로 보고, 생물학적 요인도 범죄를 결정하는 요인이 아니라 단지 범죄를 유발하는 여러 요인 중의 하나일 뿐이라는 입장을 취하고 있다.

　　최근의 생물학적 이론들은 반사회적인 소질을 지닌 사람들도 환경에 따라 그러한 성향의 발현 정도가 달라질 수 있다는 탄력적인 입장을 취함으로써 범죄의 예방과 재범방지에 응용할 수 있는 가능성이 높아지고 있다. 이러한 입장에 의하면, 소질적 요인은 평이한 환경에서 그 중요성이 커지지만 열악한 환경에서는 소질보다는 환경적 요소가 더욱 부각되므로 그 중요성이 상대적으로 적어진다고 본다.

## 2) 개인적 소질 측면의 범죄심리학적 원인 이론

　　개인적 소질 측면의 범죄심리학적 원인 이론은 개인의 심리 상태나 정신 상태를 중심으로 범죄 현상을 설명하는 접근 방법을 취하는데, 생물학적 이론과 같이 환경의 영향보다는 개인의 자질이나 인성을 중심으로 하는 이론이다. 개인적 소질 측면의 범죄심리학적 원인 이론은 범죄인의 행동 원인을 범죄인들의 정신에 있다고 보고 있다. 인간의 모든 행위가 정신적 과정에서 나오는 것으로 심리학자들은 분석하고 있으므로, 범죄심리학적 원인 이론에 따르면 범인성의 기반을 정신적이고 심리적인 과정에서 찾아내고, 충동적인 범죄자의 이상심리를 분석함으로써 범죄성의 원인을 알아내려고 한다. 초기의 범죄심리학적 원인 이론에서는 범죄자가 가진 정신착란에 초점을 맞추어 논의되었고, 지능검사를 도입하면서부터는 일탈 행위에 대한 특정한 정신적 분야의 연구에 관심을 가지게 되었다. 범죄자의 정신 상태에 초점을 두고 범죄의 원인을 판단하려는 정신의학적 또는 정신분석학적 접근 방법이 현재는 주로 이루어지고 있다. 이러한 접근 방법에 바탕을 두고 인간의 인격 특성의 차이에서 범인성을 발견하려는 인성 이론, 범죄자의 도덕적 능력의 발달 정도에 따라 범죄성을 밝히고자 하는 인지 발달 이론, 범죄는 범죄자의 과거 학습 경험이 발전한 것으로 파악하는 학습 및 행동 이론 등이 범죄심리학적 범죄 이론으로 논의되고 있다.

### (1) 정신분석학적 접근과 인성 이론

### ① 범죄에 대한 정신분석학적 설명

　　범죄에 대한 정신분석학적 설명은 Freud의 정신분석학적 범죄관과 아들러(Adler)의 개성심리학적 범죄관으로 나뉜다. 정신분석학자들은 한 개인의 인성 가운데 에고(ego)나 슈퍼에고(superego)를 연결시켜 범죄의 원인을 설명하고 있다. 정신분석학자들의 설명에 따르면, 이드(id)는 생물학적 욕구나 충동에 기초하고 개인 간에 큰 차이가 없으므로 범죄 원인의 설명에 있어서 큰 의미는 없는 것으로 보인다. 그러나 에고나 슈퍼에고는 발달 상태가 사람마다 다르므로 에고나 슈퍼에고가 비정상적인 상태에 따라 행동 차이를 설명할 수 있다. 따라서 에고나 슈퍼에고가 제대로 만들어지지 않았거나 제대로 작동하지 않으므로 범죄가 발생한다고 보고 있다.

### ② 정신분석학적 범죄관

인간은 원래 공격적이고 파괴적이고 반사회적 충동 및 본능(이드, id)에 기초를 두고 있고, 이드적 인성 또는 이드적 자아의 반응 원리는 쾌락의 법칙이다. 이드는 생물학적 충동이나 욕구에 기초한 것으로 사람마다 큰 차이가 없다. 인성을 구성하는 3요소에는 원본능(id), 자아(ego), 초자아(superego)가 있고 원본능은 원초적 본능으로 비도덕적이고 동물적인 쾌락의 법칙에 지배되며 의식이 되지 않는 인성의 부분인데, 이드를 이루는 핵심적인 요소로서 생존 의지와 같은 본능적 요소인 리비도(Libido)가 있다. 자아는 본능과 현실 세계와 초자아를 연결시키는 역할을 하는 의식할 수 있는 인성을 말하는데, 자아(ego)는 현실 법칙에 따라 반응하며 자아는 원본능과 초자아 사이에서 나타나는 갈등을 현실 법칙에 따라 억압하고 승화하는 방법을 가지고 해결한다. 여기서 억압이란 본능이 느끼는 본능적 충동을 의도적으로 부정하면서 자신에게는 문제가 되는 충동 자체가 존재하지 않는 것처럼 가장하는 것을 말한다. 승화는 본능이 느끼는 충동을 초자아가 허용하는 행동으로 전환하도록 하는 것을 말한다. 예컨대, 공격적이고 파괴적인 충동을 체육 활동으로 전환시켜 해소하는 것과 같은 것을 말한다. 초자아는 인간의 도덕성이나 양심 등 규범적인 행동과 관련되는 정신기능을 말하는데, 의식할 수 없는 인성 부분이라고 할 수 있다. Freud는 초자아를 형성하는 데 있어서 가장 중요한 과정으로 어렸을 때 부모와 맺는 애정을 들었다.

정신분석학자들은 범죄를 저지르는 원인으로 자아나 초자아의 부적절한 형성과 작동을 들고 있다. 자아의 결손은 본능이 부적절하게 형성되어 본능의 욕구를 아무런 제한 없이 무조건 수용하는 방향으로 구성하여 충동을 억제할 수 있는 능력이 없는 비행적 자아의 경우 범죄나 비행에 빠지기 쉽게 된다. 그리고 자아 측면에서 부모의 범죄성이 내면화된 경우도 범죄 유발 요인이 될 수가 있다. 또한 초자아의 결손은 충동적인 무의식의 통제를 부적절하게 만들어서 범죄나 비행을 야기하게 된다. 아이크혼(Aichhorn)이 초자아의 미발달 때문에 범죄가 유발된다는 점에 대해서 특히 중요하게 다루었다. Aichhorn은 애정의 지나친 결핍이나 지나친 과잉 때문에 초자아가 제대로 형성되지 못한 경우를 분석하고 그 각각은 다르게 처우되어야 한다고 주장하였다. 부적절하게 엄격한 초자아는 강한 죄책감을 발생시켜 죄책감 콤플렉스를 만들고 그것을 완화하기 위해 처벌당할 것을 바라는 동기에서 범죄를 유발할 수 있다고 보았고, Freud는 특히 지나치게 과도하게 발달된 초자아가 범죄의 원인이 될 수 있다고 생각하였다. 초자아가 정상적으로 발전되기 위한 전제 조건은 부모의 사랑과 보호이므로, 비행소년을 교정하기 위해서는 그들이 어렸을 당시 경험하지 못했던 성인들과의 동일시 경험을 증진시킨다는 의미에서 그들이 즐거워하고 행복해할 수 있는 환경을 제공하는 일이 무엇보다 중요하다고 하였다. 오이디푸스 콤플렉스와 일렉트라 콤플렉스로 인한 죄책감을 자아가 적절히 조절하지 못하면, 이것이 개인의 성격에 중요한 영향을 미치게 되고 장래 행동에 중요한 영향을 주어서 범죄로 이어질 수도 있다.

　정신분석학적 접근은 정신의학의 한 분야에 해당하는데, Freud의 연구가 많은 영향을 준다고 할 수 있다. 그는 콤플렉스 중 특히 오이디푸스 콤플렉스가 잠재적인 죄악감과 망상을 극복할 수 없는 상태를 만들어서 범죄의 주된 원인이 될 수 있다고 보았다. 이러한 정신분석학적 접근에서는 비행을 포함한 현재의 행위를 초기 아동기의 경험에서 연유한 것으로 이해하고 있고 아동과 아동의 부모와의 관계가 범죄의 가장 중요한 요인이라고 생각한다. 따라서 클리나드(Clinard)는 "아동기는 일탈을 가까이 하거나 멀리하는 인격 특성이 발전되는 마당이며, 아동기 이후의 행위는 기본적으로 아동기에 형성된 성향의 발로이다."라고 하였다. 그러므로 범죄인을 처우하는 데 있어서도 범죄인들이 어렸을 때 경험하지 못했던 성인들과의 동일시 경험을 증대시킨다는 관점에서, 범죄인들이 행복해하고 즐거워할 수 있는 환경을 제공하는 것이 가장 중요하다고 하였다.

### ③ 인격심리학적 이론(인성 이론)

　인격심리학에서는 사람의 성격이 다양한 기준으로 분류되어 범죄 원인이 개인의 심리적 성향에서 발생하는 것으로 이해한다. 인격심리학에서 개인은 도덕적 행동을 하도록 사회화 과정을 통하여 조건이 지어진다고 본다. 정상인과 달리 범죄자에게는 도덕적 인성이 형성되지 않아서 제재의 위험성이 있음에도 불구하고 자기통제력이 순간적으로 부족하여 범죄를 하게 된다고 본다. 다시 말하면, 인격심리학에서는 범죄가 인간의 심리적 테두리 내에 존재하는 개별적 갈등에서 발생하게 되는 것으로 보는데, 이와 같은 인성의 발전을 통해 현재의 생활 경험에도 영향을 주지만 그 발생 원인은 아동기에 있다고 보고, 특정한 인성적 특징은 인간의 전반적인 행위를 특정하게 되고, 파괴적이고 비정상적인 인성의 특징으로 말미암아 범죄가 유발된다고 가정하고 있다. 하지만 인성 이론은 범인성과 인성 변수의 인과 관계가 밝혀지지 않아서 일반적인 이론으로 확립되지는 못하고 있다. 즉, 범죄 행위가 특정 인성 특징에서 비롯된 것인지, 아니면 인성 특성이 범죄 경험에서 나타난 것인지에 대해서 확실하게 밝혀진 것은 없다.

### ④ 인지 발달 이론

인지 발달 이론은 인간의 인지 발달에 따라 도덕적 판단력이 내재화되는 과정을 규명하여 범죄 원인을 밝혀내고자 하는 접근 방법을 말한다. 인지 발달 이론은 외부 사회의 가치와 규범을 사람이 어떻게 획득하여 자신의 사고로 조직화하고 내재화하느냐의 문제가 범죄 행위 연구에 있어서 중요한 관점이 된다고 보고 있다. 다시 말하면, 사람은 법과 규율에 대한 자신의 사고를 조직화하는데, 사람들이 자신의 사고를 조직화하는 방법에 의하여 준법적 또는 비행적 행위가 발생한다고 본다.

인지 발달 이론에 의하면, 동일한 사회적 배경을 가진 준법자들보다 범죄자들이 도덕적 판단의 발달 단계가 매우 낮은 것으로 알려졌다. 또한 자기이익을 위해 또는 단순히 처벌을 피하기 위해서 법을 준수하던 사람들은 타인의 권리를 존중하고 사회의 모든 구성원에게 이익이 되는 것으로 법을 간주하고 사회 규범을 내재화하는 사람들보다 범죄를 저지를 가능성이 훨씬 높은 것으로 보았다. 따라서 더 높은 도덕적 수준이 되도록 성장 과정을 통하여 도덕심을 배양하도록 하는 것을 중요하다고 보지만, 이와 같은 도덕심 배양의 발전은 개인의 생활 경험과 지적 능력에 영향을 받는다고 본다. 인지 발달 이론은 범인성과 도덕성의 관계를 직접 검증한 경험적 연구가 거의 없는 실정이며, 도덕 수준이 낮은 것에 의하여 폭력적 행동이 유발된다는 것을 과학적으로 충분하게 증명하지 못하고 있어서 하나의 추측에 불과한 것으로 보인다.

### (2) 행동 및 학습 이론

행동 및 학습 이론은 인간의 공격적인 행동은 학습되지 않고 본능에 의한다고 보는 본능 이론과 외부 조건인 좌절의 정도에 의해 인간의 공격 욕구는 생성된다고 보는 좌절 및 공격 이론의 오랜 논쟁을 극복하면서 등장했다. 행동 및 학습 이론에 따르면 인간의 행위는 학습 경험을 통하여 발전된다고 본다. 따라서 행동 및 학습 이론에서는 초기 아동기를 통하여 이루어진 무의식적인 인지 발달이나 인성 특징보다는 사람들이 일상생활을 하는 도중에 경험하는 실제 행위를 중요하게 생각한다. 다시 말하면, 타인으로부터의 반응에 따라 사람은 자신의 행동을 변화하여 대응하는 존재이기 때문에 인생 경험에 의해서 인간의 행위는 끊임없이 변화되는 것이며, 범죄 행위도 반드시 비정상적이거나 도덕적으로 미성숙한 인성에 의한 것이 아니고 생활 상황에 대한 학습된 반응이라는 것이다. 따라서 인간은 생활 경험을 통하여 폭력적인 행동을 학습하는 것이지 폭력적으로 행동할 능력을 갖고 태어나는 것이 아니라고 한다.

Bandura에 따르면 공격적인 행위가 나타나는 상황, 공격적인 행위의 형태 및 빈도 그리고 공격의 대상으로 선택되는 특정한 목표 등은 대부분이 사회적인 학습 요인에 의하여 결정된다. 그러나 사람들은 자기가 학습한 모든 행위를 다 실제 행동으로 옮기지는 않고, 행동을 실행할 만한 동기나 자극이 가하여질 때에만 행동으로 이루어지게 된다고 이해한다. 이와 같이 행동 및 학습 이론은 행위자에게 주어지는 자극이나 동기를 중요시한다는 점에서 심리학적 범죄원인론에 해당한다고 본다. 외부적 환경을 통한 학습을 범죄의 직접 원인으로 본다는 점에서 학습 과정을 중시하는 사회학적 이론인 학습 이론들과는 차이가 있다고 할 수 있다. 범죄자의 행동수정요법에 행동 및 학습 이론이 이용되고 있지만, 윤리적인 문제나 개인의 권리와 관련하여 비록 사회의 공익에 이바지한다고 하더라도 행동수정요법을 통하여 타율적으로 범죄자의 행동을 변화시키는 조작이 정당한가에 대해서는 비판이 이루어지고 있다.

### (3) 심리생물학적 관점

정신의학적인 관점에서는 정신과 심리 상태에 이상이 있는 정신적 결함(정신병인 정신분열증 및 망상증, 노이로제, 정신병질, 정신박약 등)과 범죄와의 관련성을 살펴보고 있다. 정신의학적인 관점과 관련하여 범죄는 정신병질인 성격장애 또는 이상성격의 소산이라고 보고, 병적 동기에 의해 규범적 자유의사를 개입시킬 수 없는 인격이 형성될 때 범죄를 범하게 된다고 보는 슈나이더(Shneider), 크래펠린(Kraepelin) 등의 정신병리학적 범죄론이 종종 거론된다. 일반인보다 정신적 결함을 가진 사람이 범죄 위험성이 높은가 하는 점에 대해서는 일반인보다 정신질환자의 위험성이 낮거나 비슷하다는 주장도 있기 때문에 논란의 여지가 있고, 정신적 결함 가운데 어떤 유형이 가장 범죄와 상관관계가 높은가에 대해서도 아직 확립된 견해는 없다. 그러나 정신병 가운데 정신병질과 망상증 그리고 정신분열증이 일반적으로 범죄와의 관련성이 높다고 보고 있다.

정신병이란 주변의 현실 상황에 대한 판단과 상호작용이 정상적으로 행해질 수 없고, 자아의 인격 구조가 기본적으로 손상되어서 환상이나 환각 등을 경험하게 되어 사회에 대한 유해한 행동이 행해지기 쉬운 병적 상태라고 할 수 있다. 행위의 특징이 주로 사고의 혼란을 보여 주는 정신분열증과 타인의 행위와 의도를 잘못 해석하는 망상 체계가 특징인 망상증, 상쾌하고 흥분된 상태인 '조' 상태와 우울하고 억제된 상태인 '울' 상태가 교대로 또는 주기적으로 나타나는 증상인 조울증, 그리고 뇌기관의 기질적 장애로 인하여 생기는 간질이 이러한 정신병의 대표적인 것이다.

피해적 망상과 환각, 혼란스럽고 파괴적인 행동이나 생각과 인지기능장애, 외계와의 융화성, 상실정서 불합리성, 감정의 둔화 등의 이상을 나타내는 대표적인 정신질환으로 정신분열증이 있다. 단일 병명이 아니라 여러 가지 증상을 나타내는 일종의 증상복합증후군으로 정신분열증을 볼 수 있다. 정신질환으로 인한 범죄자 중에서도 가장 많이 발견되는 증상이 정신분열증이라고 할 수 있다. 정신분열증은 비합리적이고 괴이한 사고 과정, 부적절한 감정적 반응, 극단적인 사회적 움츠림과 사회 환경으로부터의 격리 등으로 인하여 사고가 통제 불능이며 위협적이고 혼란스러운 면이 많은데, 보통 단순형, 파괴형, 긴장형, 망상형으로 나뉘며, 범죄와의 관계에서 가장 중요하게 되는 것은 망상적 정신분열증이고 망상증과는 구별된다. 정신분열증은 피해망상이나 과대망상으로 특징지어지는데, 특정인에 대한 공격 행위를 망상 속에서 하는 것으로 알려지고 있다. 이러한 정신분열증은 세장형의 체격을 가진 사람이 잘 걸리고 투사형은 그다음이며, 평소에 내향적이고 과민한 성격을 가진 사람에게서 잘 발생한다. 조울증이란 병적으로 상쾌하고 흥분된 상태인 '조' 상태와 극단적으로 우울하고 억제된 상태인 '울' 상태가 주기적 또는 단독으로 반복되는 증상을 말한다. 조울증은 유전성 정신병의 하나로 감정 장애를 주된 증상으로 한다. 조울증에 걸린 사람은 조 또는 울 상태에서 인식과 판단력에 커다란 장애를 야기하고, 이상 행동을 어떤 환상이나 환각 또는 망상에 빠져 자행하게 된다. 조 상태에서는 자극에 민감하고 행위의 촉박감을 느끼며 투쟁성과 격노성이 표출됨으로써 사람에 대한 범행을 하는 경우가 많다. '울' 상태에서는 사고가 고정되거나 주의가 산만하다는 특징이 있고, 죄업망상, 빈곤망상, 질병망상 등에 빠져 종종 자살이나 가족을 살해하는 범행을 하거나, 어떤 동정심을 이유로 하여 타인을 살해하는 범행을 하기도 한다.

정신병질이란 정신병과는 구분되는 성격장애 또는 병리적 이상성격이라고 할 수 있다. 병리적 이상성격은 정신적 변이성, 자극과 반응의 불균형, 개개 기능 사이의 협조 불량, 일탈된 성격으로 인하여 사회에 해를 주거나 스스로 번민하는 인격 등의 특징을 나타내며, 정신적인 이상성격 때문에 사회에 적응이 힘들어서 비사회적 내지 반사회적인 행동이 나타나기 쉽다. 지적 능력과는 구별되는 한 개인의 특징을 성격이라고 말하는데, 성격과 범죄의 상관관계를 긍정하는 견해들은 정상인과 달리 범죄자는 부적합하고 비정상적이며 범죄적 성격을 가지고 있다고 한다. 범죄 관련성이 높은 것은 정신병질의 여러 유형 중 기분이변성, 무정성, 발양성의 순서이다. 일반인보다 범죄 관련성이 낮아 거의 범죄와 무관한 것으로는 무력성, 자기불확실성, 우울성 정신병질이 있다. 임상적으로 정신병질자들은 임상병리적 또는 지능적 증상을 보이지는 않지만 자신의 폭력적·공격적·범죄적 행위에 대해서도 후회나 자책감을 느끼지 않으며, 자신의 행위에 대한 직관이 부족하고 처벌에 의한 영향도 받지 않는 정신 상태를 가진다. 따라서 정신병질자들은 충동에 따라 행동하고 타인에 대한 감정이 없기 때문에 자신의 반사회적 행위를 표출하기 쉬운 경향을 가지므로 매우 위험하다고 보고되고 있다. 따라서 정신병질과 같은 성격이상은 정신신경증인 노이로제나 정신분열증보다 범죄학의 입장에서 더욱 중요한 것으로 알려지고 있다. 더욱이 보통의 범죄자가 성장함에 따라 범죄로부터 벗어나는 시기를 훨씬 지나서까지 정신병질자들은 범죄를 계속하는 것으로 알려지고 있다.

## 3) 사회 환경적 측면의 범죄심리 이론

주로 범죄자의 개인적인 자질과 속성이라는 개인적 요인에서 생물학적 원인론과 심리학적 원인론은 범죄의 원인을 찾으려 한 것에 반하여, 범죄자의 사회적인 환경에 초점을 맞추어 범죄 원인을 규명하고자 하는 사회학적 접근이 1925년부터 1944년 사이에 발전했던 시카고학파의 사회생태학적 연구에서부터 본격적으로 발달하게 되었다. 1920년대 시카고대학의 사회학과에서 미국의 범죄 통계를 바탕으로 범죄학을 연구하는 최초의 대규모 노력이 시작되었다. 이 연구자집단을 일컬어서 '시카고학파'라고 부른다. 미국의 범죄사회학 이론을 중심으로 오늘날 범죄원인론은 발전하고 있다. 사회학의 한 분과로 1915년경부터 진행되다가 미국의 범죄사회학 이론은 1950년 이후에는 범죄에 관한 일반 이론으로까지 정립하게 되었다

일탈연구의 두 가지 관점은 다음과 같다. 첫째, 범죄 원인에 초점을 둔 이론으로 사회구조적 관점의 거시 환경 이론이 있다. 규범이나 법 자체는 문제 삼지 않고 일탈 및 범죄를 행하는 개인적 행위가 왜 발생하는가 하는 원인만을 탐구하는데, 사회해체론, 아노미 이론, 차별적 접촉이론, 하위문화론 등이 있다. 둘째, 범죄화 과정 및 통제에 중점을 두는 이론으로 미시 환경 이론이 있다. 어떤 행위를 범죄적이라고 규정하는 사회적 기준인 규범이나 법이 어떻게 역사적으로 생성되고 변형되는가와 범죄로 규정되는 과정을 집중 탐구하며, 고전주의, 낙인 이론, 신갈등 이론, 비판범죄론 등이 있다.

**(1) 사회 구조적 관점의 거시 환경 이론**

사회 구조적 이론의 기초는 구조기능주의 또는 합의론이라고 할 수 있는데, 합의론에 의하면 사회의 붕괴를 예방하기 위해서 어느 정도의 행위를 일탈적인 것으로 규정할 필요성이 있으며, 구성원 모두에게 이익이 되기 때문에 이들 일탈적인 행위를 통제할 수 있도록 일탈적인 행위를 규제하는 규범에 대한 사회 전체의 상당한 합의가 이루어지게 된다는 것이다. 그러므로 사회 전체의 상당한 합의가 이루어지게 된 규범은 사회 구성원 모두에게 정당한 것으로 인식된다. 그러나 계층적이고 다원적인 현대사회에서는 보편적으로 합의된 가치나 규범에 위배되는 행위를 일부 구성원이 행할 수밖에 없다. 특히 합법적으로는 상류 계층과 경쟁할 수 없고, 현대사회에서 요구되는 교육과 같은 계층 상승을 위한 수단과 기회가 차단되거나 제한되어 가장 많은 박탈감을 느끼게 되는 하류 계층에서는 때로는 일탈할 수밖에 없게 된다는 것이다. 이처럼 범죄의 중요한 원인으로 사회경제적 하류 계층이 처한 환경을 규정하는 관점을 사회 구조적 이론이라고 한다. 사회 구조적 이론들은 범죄의 일차적 원인을 사회경제적 하류 계층으로 간주한다는 공통점을 가지고 있다. 거시적인 사회적 상황 자체가 범죄를 유발시킨다고 보는 견해가 사회 구조적 이론이고, 거시환경론이라고도 한다.

**① 사회 해체 이론**

기존의 사회 규범에 대한 공감대가 약화되어 지역사회의 비공식적 또는 제도적 사회 통제가 저하되는 현상과 지역사회의 개인이나 집단 또는 조직이 집합적으로 공통의 문제를 해결할 수 없게 되고 급격한 도시화와 산업화에 따른 계층 간의 갈등, 윤리의식의 저하, 이민증대 등에 의하여 종래의 사회 구조가 붕괴되는 사회 상태를 사회 해체라고 한다. 이와 같은 사회 해체가 진행된 지역에서는 전통적인 사회 통제기관들이 통제력을 상실하게 된다. 사회 해체가 진행된 지역에는 반사회적인 가치를 옹호하는 범죄 하위문화가 만들어지게 되고, 계속적으로 주민들 간에 전파되고 높은 범죄율이 발생하게 된다. 도시화와 산업화가 진행되는 과정에서 지역사회 조직이 다원화되고 와해되어 사회 구성원 간의 결속력 약화를 초래하게 된다. 이와 같은 사회 해체는 가치나 태도 체계의 기능장애와 분열을 만들어 내기 때문에 범죄 하위문화를 생성시키고 각종 범죄의 직접 원인이 되는데, 이 범죄 하위문화는 계속해서 그 지역에 유입된 구성원들에게로 전달되어 범죄 다발 지역을 지속적으로 형성하게 한다.

범죄 발생과 한 도시의 지역사회 환경으로서 사회 조직 사이의 해체 관계를 생태학적으로 밝히고자 하는 접근 방식이 사회해체론이다. 사회해체론은 두 단계로 설명될 수 있는데, 첫째 단계는 산업화와 도시화로 인하여 사회 이동, 문화 변동, 문화 공백, 사회 분화, 가치 규범 갈등, 문화 충돌, 일차적인 인간관계의 감소와 같이 사회 해체라고 하는 사회 문화적 조건이 발생하는 것이다. 둘째 단계는 사회 해체가 내적이나 외적 사회 통제를 약화시키는 것이다. 사회 해체 이론에 따르면 사회 해체의 정도가 각 지역에 따라 다른데, 사회 해체의 정도가 가장 심한 틈새 지역에서, 특히 거주와 상업 활동이 교차하는 제2 지역을 형성하게 된다. 이 지역에서는 정신병, 범죄, 비행, 이혼 등 일탈이 집중적으로 발생한다. 전통적 사회 통제 과정을 약화시키는 생태학적 조건인 비행적 가치관과 전통이 규범적이고 관습적인 가치관과 전통을 대체하여, 종래의 사회 규범이 그 구성원에게 미치는 규범력이 감소되고 비공식적 통제를 약화시키는 현상이 이 지역에서는 강하게 발생하는데, 사회 통제 과정이 약화되면 일탈 행위가 증가하게 된다. 이렇게 사회해체론은 범죄 발생 과정을 설명하는 이론이며, 사회 해체가 원인이 되어 만들어진 범죄 문화가 전달되는 과정에 중점을 두고 있어서 문화 전달 이론이라고도 불린다.

　사회 통제 능력 및 사회화 능력의 부족은 사회 해체 지역에서 범죄가 많이 발생하는 이유이다. 사회 통제 능력 약화의 원인과 관련하여 벌식(Bursik, R.)은 비공식적인 감시 기능의 약화, 활동 조절 규칙인 행동지배율의 결핍, 직접 통제의 부재가 그 원인이라고 하였다. 비공식적인 감시 기능의 약화란, 정상적인 사회에서는 거리에서 일상적인 행동이 자연스럽게 감시되어 범죄를 억제할 수 있지만 사회 통제를 담당하는 일차적 유대 관계가 없는 사회 해체 지역에서는 우범자들을 감시하거나 규제하지 못하는 상황을 말한다. 활동 조절 규칙의 결여는 사회 구성원 간에 우범 지역이나 위험한 지역에 대한 정보가 교환되지 않음으로써 범죄 피해에 대한 예측 가능성이 없어짐에 따라서 효율적인 범죄 방지가 되지 못하는 상황을 말한다. 직접 통제의 부재는 구성원 간의 무관심이나 익명성으로 인해 낯선 사람이나 수상한 사람이 나타나도 직접 개입하여 사전에 범죄 발생을 차단하지 못하는 상황을 말한다. 이와 같은 사회 통제 능력의 약화에 의해서 범죄가 유발되기 쉬운 환경으로 변화되기 때문에 사회 해체는 범죄와 밀접하게 관련된다. 또한 사회 해체 지역은 사회화 능력의 측면에서 볼 때도 이질적 문화들이 서로 상충하는 지역이기 때문에 일관성 있는 행위 규칙을 거주 주민들에게 제시하지 못한다. 따라서 일관된 행동 기준을 내면화하지 못한 채 혼란에 빠져 있는 거주 주민들은 쉽게 반사회적 행동을 자행할 수 있다. 신체적 기능장애나 정신적 결함보다는 범죄 행위를 사회적 환경의 산물로 인식하기 시작했고, 아노미 이론, 차별적 접촉이론, 사회 통제 이론, 문화 갈등 이론의 이론적 발전의 기초를 제공한 면이 있다.

## ② 아노미 이론

뒤르켐(Durkheim)이 사회분업론에서 무규제 상황을 설명하기 위해서 아노미라는 개념을 처음 사용하였고, 그 후 자살을 설명하는 개념으로 사용되었다. Durkheim에 따르면 집단이나 사회의 '무규범 또는 탈규제 상태' 또는 '이중 규범의 혼재 상태'로서 사회 구조적 속성이 아노미를 의미한다. 인간의 욕망은 생래적으로 주어지는데, 인간은 규제되지 않으면 끊임없이 자기의 욕구를 무한하게 달성하고자 하는 생물학적 인간으로 태어난다고 Durkheim은 생각하였다. 따라서 Durkheim에 의하면 범죄성은 인류의 속성이라는 성악설적 인간관을 가지고 있다고 할 수 있다. 즉, 사회학적으로서가 아니라 생물학적 · 인류학적으로 범죄성은 설명될 수 있다. 그러므로 사회 규범에 의해 규제되고 사회화되어 사회적 인간으로 형성되어야 이러한 생물학적 인간이 사회적 인간으로 될 수 있는데, 인간의 무한한 욕망을 사회 규범이나 도덕으로써 제대로 규제하지 못하는 상황이 발생할 수가 있게 된다. 이러한 상태가 되는 것이 바로 아노미이므로 구성원 개인의 욕구나 욕망에 대한 통제력을 현재의 사회 구조가 유지할 수 없을 때 아노미가 발생하는 것으로 보았다.

머튼(Merton)은 Durkheim의 아노미 개념을 받아들여서 아노미 개념을 범죄 문제에 적용하였다. Merton의 이론에 따르면, 모든 사회 구조에는 두 가지 특성이 있다. 첫 번째는 목적의 설정으로 사회 구성원 모두가 추구하는 목표로 부자되는 것과 같은 목적이 설정되는 것이다. 두 번째 특성은 이와 같은 목적을 달성하기 위한 수단의 제공이다. 따라서 사회 구조는 문화적으로 설정된 목적과 사회적으로 승인된 수단으로 이루어진다. 이와 같은 사회 구조에서 어떤 사회에서는 목적을 강조하게 되고, 어떤 사회에서는 수단을 강조하게 된다. 개인은 목적과 수단을 어떻게 수용하느냐에 따라 이와 같은 사회에서 비동조자인 범죄인이 될 수도 있고 동조자가 될 수도 있다.

1938년에 발표한 사회 구조와 아노미라는 유명한 논문에서 Merton은 Durkheim의 원래의 개념인 규범적 통제 및 그 부재가 아노미 상태로 이끌어 간다는 내용을 버리고, 문화적으로 규정된 목표와 이 목표를 달성하게 하는 제도화된 수단의 두 중심 개념으로 구조기능주의 이론을 배경에 따라 구분한 후 이들 사이에 부조화 내지 간극이 있을 때 구조적 긴장이 발생하고 여기에서 아노미가 야기된다는 이론을 주장했다. Merton은 사회를 구조기능주의 또는 문화결정주의 입장에서 사회 구조와 문화 사이에 균형을 유지함으로써 이루어지는 동적인 과정으로 보았다. 지위와 역할로 조직된 그물망이 사회 구조이고 계층 또는 계급 체계가 여기에서 발생하게 된다. 가치, 규범, 상징 체계로 조직된 그물망이 문화인데, 여기에서 문화적으로 규정된 목표와 사회적으로 인정된 수단이 나타나게 된다는 것이다. 사회 구조와 문화 사이에는 균형이 잡혀야 하나, 이러한 균형에 괴리가 생기면 범죄가 발생하게 된다. 즉, 목표를 성취할 수 있는 합법적 방법인 제도화된 수단은 일부 계층에게만 제한되어 있는 반면에 사회가 문화적 가치인 목표에 너무 큰 비중을 두거나 또는 목표는 중시하나 목표를 달성하기 위한 수단과 방법을 중요시하지 않으면 사회적 긴장이 조성되게 되고, 사회적 압력으로 이러한 사회적 긴장이 작용하여 원래 선량한 사람들을 범죄로 이끌리게 하여 높은 일탈 또는 범죄율을 초래한다고 보는 성선설적 인간관을 갖는다.

아노미 이론은, 첫째, 미국 문화의 특징이 부의 성취를 강조하는 가치관을 가지며 모든 계층의 사람이 이 물질적 성공의 목표를 추구한다는 것이다. 둘째, 이 목표를 달성할 수 있는 합법적인 수단이 하류 계층 사람들에게는 제한되어 있어서 긴장 상태가 만들어진다는 것이다. 셋째, 하류 계층 사람들은 이 괴리로 인하여 비합법적인 수단을 통해서라도 성공을 하기 위해 노력하게 된다는 세 개의 기본 명제로 이루어져 있다. 합법적인 기회가 없음이 자본주의사회에서 기회의 차별성과 하류 계층에 있어서 범죄의 원인이라는 점을 강조하고 있다. Merton은 이러한 명제를 바탕으로 미국에서의 사회적 행동 유형을 조사한 다음, 그 사회의 목적과 수단에 개인이 적응하는 양식을 분류하는 체계를 만들었다. Merton은 문화적으로 설정된 목적과 사회적으로 승인된 수단의 수용과 거부로 사람의 행동을 분류하였다. 이것이 Merton이 제시한 개인적 적응 양식이다.

1957년, Merton은 불평등한 미국사회에 대한 반응의 유형을 제시했다. Merton이 개인적 적응의 양식이라고 부른 이 유형은 동조형, 혁신형, 의례형, 은둔형, 반항형의 다섯 가지 반응 방식이 있다. 동조형 외의 네 가지 유형은 일탈 행위적 반응을 나타내는 양식이다. 혁신형은 경제적인 성공을 성취하기 위하여 절도, 사기, 마약 판매, 도박, 매춘 행위 등 불법적인 활동을 하는 경우로서, Merton은 이러한 일탈 행위가 미국에 가장 많다고 보았다. 혁신형은 Merton이 가장 관심 있게 다룬 유형으로, 범죄자들의 전형적인 적응 방식이라고 할 수 있다. 혁신형은 수단과 방법을 가리지 말고 무조건 목표만 달성하면 된다는 가치관을 지닌 자들로서, 목표를 달성하기 위해 보다 손쉽고 빠른 방법으로 불법적 수단을 택하는 유형으로 이욕적 범죄자가 대표적이라고 할 수 있다. 의례형은 더 이상 올라갈 수 없음을 알고 있고, 더 이상 시도도 하지 않으며, 매일 주어진 일을 할 뿐이며, 관료제의 말단에 있는 사람들에게서 많이 발견되는 유형이다. 의례형의 경우에는 성취라는 문화적 목표를 포기했다는 점에서 행동의 규칙은 위반하지 않았으나 일탈적이라고 보았다. 의례형은 주어진 생활에 안주하면서 목표의식 없이 절차적인 규범이나 규칙에만 집착하는 행동 양식을 말한다. 다시 말하면, 목표라기보다는 수단을 적응의 초점으로 본다. 은둔형은, 예컨대 정신이상자, 거지, 약물중독자, 부랑자와 같이 일반사회에서 탈락하여 다른 사회 세계에 살고 있는 사람들이 여기에 속한다고 할 수 있다. 이런 유형의 사람은 정상적인 생활의 흐름도 지속하지 못하고 더 이상 목표를 향해 노력하지도 않는다. 이러한 적응 양식의 사람은 비생산적이기 때문에 심한 비판을 사회로부터 받게 된다. 반항형은 새로운 목표와 수단으로 대치시킨 경우로, 기존의 문화적 목표와 제도화된 수단을 명시적으로 거부한다. 사회에서 탈락하는 것이 아니라 적극적으로 그것을 변화시키려고 하는 유형이 반항형이다. 이와 같은 일탈 형태는 새로운 형태의 사회를 창출하고자 하고 현행 사회 구조의 방식을 부정한다.

각자가 내면화한 문화적 목표와 제도화된 수단에 대한 차별적 인식에 따라 개인의 적응 양식이 비록 합법적 기회 구조가 차단되어 있더라도 다를 수 있다고 본 점이 Merton의 아노미 이론의 독창성이라고 할 수 있다. 개인적인 속성에 의해서가 아니라 사회적 문화 구조에 의해 이러한 적응 양식의 차이가 결정된다고 본다. 목표 달성을 위한 정당한 수단이 별로 강조되지 않고 승인된 사회적 목표를 정당한 수단으로 달성할 수 있는 가능성이 없는 경우에 일탈 행동은 발생한다. 혁신형은 절도나 사기 등 재산 범죄로 이어지고, 은둔형은 약물 범죄나 알코올 범죄로 나타나고, 혁명형은 조직 범죄나 반체제 범죄와 관련된다.

### ③ 범죄적 하위문화 이론

아노미 이론을 이론의 기초로 하여 범죄적 하위문화 이론이 이루어진다. 지배집단의 문화와는 별도로 특정한 집단에서 강조되는 규범이나 가치 체계를 하위문화라고 한다. 각계 각층의 구성원들이 보편적으로 향유하는 주류 문화와 특정한 일부 집단에 의해서만 지지되는 부차 문화 내지 하위문화가 어떤 사회에도 존재한다. 다양하게 부차 문화가 존재하는데, 그중 비도덕적이고 범죄적인 부문화도 있고 건전한 부문화도 있다. 하위문화 이론은 공통적으로 특정한 하위문화의 소산으로 범죄 행위를 보는 이론이다. 즉, 특정의 하위문화에 의해 사회화된 결과라고 범죄 행위를 인식하는 이론들을 말한다. 개인적 반응이 아니라 집단적 반응에 의해 일탈이 나타난다는 점을 강조하고 있다는 점에서 범죄적 하위문화 이론은 아노미 이론과 차이가 있으나, 아노미 이론이 발전의 틀이 되어 전개된 이론이다. 범죄의 원인을 해명하기 위해서는 미국과 같이 중류 계층의 가치 체계에 의해 지배되는 사회에서 중류 계층의 가치 척도와 중상류층과 하류 계층의 문화 갈등 그리고 하류 계층의 신분 좌절, 차별적인 성취 기회의 차단을 전제로 해야 한다고 보는 입장이 범죄적 하위문화 이론이다. 지배집단의 문화와는 상이한 이질적인 가치나 규범 체계에 따라 특정한 부분집단이 행동하며, 그 결과로 나타나는 것이 범죄 내지 비행이라고 보는 것이 범죄적 하위문화 이론에 속하는 여러 이론의 공통점이다. 하지만 다양한 주장이 하위문화의 형성 과정이나 하위문화의 구체적 내용과 관련하여 제기되고 있다.

　범죄적 하위문화 이론은 비행이 대체로 하류 계층의 남자들에 의한 현상이라는 것과 대부분의 비행 행위가 집단 내에서 발생한다는 것을 전제하고 있다. 하위문화 이론은 일정한 상황과 행위의 의미에 대해 개인들이 갖게 되는 관념을 형성하는 데 상대적으로 사회적 조건이나 상황 그 자체보다는 범죄동기를 중시한다. 하위문화 이론의 범주에 속하는 개별 이론으로는 코헨(Cohen)의 비행적 하위문화 이론, 클로어드와 올린(Cloward & Ohlin)의 차별적 기회 구조 이론, 밀러(Miller)의 하류 계층 문화 이론 등이 있다.

### ㉠ Cohen의 비행적 하위문화 이론

　하류 계층에게 지위를 얻도록 하는 비행적 하위문화를 아노미, 즉 사회 내에서 일정한 지위에 도달할 수 없는 사회 구조에서 비롯되는 스트레스가 창조하게 된다고 Cohen의 이론은 가정한다. 그러나 비행적 하위문화는 중류층이 가진 가치 척도와는 거리가 먼 문화라는 것이다. 따라서 빈곤 계층 출신 소년들에게 익숙한 생활과 중산층의 규범이나 가치를 중심으로 형성된 사회의 중심 문화 사이에는 갈등이나 긴장이 발생하게 되고, 비행 문화가 이와 같은 긴장 관계를 해결하려는 시도에서 형성되어 범죄가 야기된다고 보았다. 즉, 실제로 사회 계층이 존재하며 생활양식과 가치 규범 등에 있어서 사회 계층들은 중요한 차이가 있게 되고, 생활양식과 가치 규범 등의 차이는 계층 간에 긴장을 발생시키며, 계층 내부에 이러한 긴장은 하위문화를 발생시킨다는 가정을 한다. 이와 같은 가정 아래에서 비행을 비행집단이 가지는 하위문화로서의 특성을 가지고 설명하려는 논리를 전개하는 것이 비행적 하위문화 이론이라고 할 수 있다.

　Cohen은 사회적으로 중상류층에 의해 만들어진 가치 체계에 하류 계층의 소년들이 불만을 느끼게 됨에 따라 이에 대한 반동을 형성하게 되고, 반동은 일반화된 가치 체계나 사회 규범을 무시하는 결과로 이어져 비행이나 범죄가 발생하게 된다고 하였다. 대부분의 하류 계급의 비행은 갱 비행이고 대부분의 갱 비행은 다음과 같은 특징을 나타낸다. 첫째, 집단자율성을 가지는데, 하류 계층 청소년들은 지위 획득의 좌절과 인습적인 사회에서 인정받지 못하는 것에 대한 반동으로 집단자율성을 강조하여 외적으로는 무조건적인 적대감을 나타내고 내적으로는 무조건적인 강한 단결력을 보이는 것이 주요 특징이다. 둘째, 다른 사람에게 고통을 주고 금기시하는 것을 파괴하는 재미로 행동을 하는 악의성이다.

예컨대, 훔쳐다가 버린다든지 하고, 골탕을 먹이기 위해서 기물을 파괴한다든지, 금기를 깨뜨리는 재미로 행동하는 경향을 말한다. 셋째, 합리적인 경제적 계산에 따라 이익을 추구하는 행위가 아니라 단순히 스릴과 흥미 등을 느끼기 위해 행동하는 경향으로, 비합리성이다. 넷째, 기존의 지배 문화나 인습적 가치에 반대하는 경향으로 반항성이다. 하류 계층의 소년들은 사회의 일반 문화와 정반대되는 방향으로 하위문화의 규범과 가치를 형성하게 된다. 다섯째, 현재의 욕구를 장래의 성공을 위해서 억제하지 않고 순간적인 쾌락을 쫓는 경향인 단기쾌락주의이다. 여섯째, 하류 계층의 소년들은 한 가지 전문적인 전공보다 융통성 또는 다방면의 재주, 잡기를 중요시하고, 갖가지 비행을 이를 이용해서 범하는 경향인 다면성이 있다.

Cohen은 반사회적 태도나 가치를 옹호하는 비행 문화가 하위 계층 청소년들 사이에서 형성되는 과정을 규명하였다. 학교에 계층사회 내에서 하류 계층 청소년들이 제대로 적응하지 못함으로써 하류 계층 갱이 발생한다고 보았다. 다시 말하면, 지위 획득은 경쟁 속에서 얻어지는 것이며 이러한 지위 획득의 중요한 통로로 학교가 존재한다는 것이다. 그러나 중류 계층에 의해 학교가 지배되는 제도로서 평가는 프로테스탄트 윤리와 같은 중류 계층의 척도에 의해 이루어졌다. 따라서 중류 계층 소년들에게는 학교에서의 경쟁이 별 문제가 없으나, 중류 계층 소년들과는 다른 생활양식, 가치 규범, 가정적 배경을 가진 하류 계급 소년들에게는 긴장 상태인 아노미가 발생하게 되고 적응의 문제를 아노미로부터 야기하게 된다. 그러나 모든 하류 계층 소년이 이러한 적응의 문제에 대해 갱 비행의 반응을 보이는 것은 아니다. 이들이 보이는 다양한 반응에는 대학소년 반응, 길모퉁이소년의 은둔적 반응, 비행소년 반응 등 세 가지가 있다.

적응 문제를 극복하고 더 많은 인내와 더 많은 노력으로 성공하는 경우를 대학소년 반응이라고 한다. 포기하고 체념한 상태에서 때로는 준법적인 생활에 참여하기도 하고, 비행 집단에 들어가 비행을 범하기도 하여 분명하게 비행소년이라고 할 수는 없는 경우를 은둔적 반응이라고 한다.

Cohen의 관심은 비행소년 반응에 있는데, 하위문화는 중류 계층의 거부로부터 파생된 자신들의 좌절감을 이들에게 있어 밖으로 표출하는 매개물이 되는 것이다. 이러한 소년들이 함께 어울려서 집단적으로 반항하기 때문에 갱이 생기게 되는 것이다. 자기를 궁지에 빠뜨렸던 문화와 가치 체계와는 정반대의 문화를 중산층 문화에 적응하지 못한 하위 계층 출신 소년들이 구성하여 집단적으로 자신들의 적응 문제를 해결하기 위하여 비행적 하위문화를 형성한다는 것이 Cohen 이론의 핵심이라고 할 수 있다.

악의적이고 비공리적인 비행적 하위문화가 형성되는 것은 중류 계층의 가치와 규범에 반발하여 하류 계층 소년들이 중류 계층의 규범과 가치를 거부하고 이를 전복하려고 하기 때문으로 본다. 개인 행동에 대한 집단 문화의 영향을 강조하는 집단 강화 이론에 입각하여 폭력적으로 갱 비행이 되는 것이 설명된다.

### ⓛ Cloward와 Ohlin의 차별적 기회 구조 이론

Cohen의 이론에 대해 반박하면서 Cloward와 Ohlin의 차별적 기회 구조 이론은 서덜랜드(Sutherland)의 차별적 접촉이론과 Merton의 아노미 이론을 비판하고 종합한 이론이라고 할 수 있다. 먼저, 성취 목표를 달성하기 위해 도시의 하류 계층 청소년들이 합법적이거나 비합법적인 두 가지 차별적 기회 구조를 수단으로 이용할 수 있다고 전제한다. 합법적인 기회가 하류 계층에게도 주어진다면 목표를 성취하기 위하여 굳이 비합법적인 수단을 사용하지 않을 것이다. 이 점에서는 비행 하위문화의 촉발 요인에 대해서 Merton의 아노미 이론을 기초로 분석하고 있다. 물론 합법적인 기회 구조에 접근할 수 있는 기회가 차단되어 있다고 해서 곧바로 범죄로 나아가는 것은 아니고, 동시에 불법적인 수단에 접근할 기회가 주어져야 한다는 점에서 Merton과 차이가 있다. 사회에는 합법적인 기회 구조 못지않게 불법적인 기회 구조가 차별적으로 분배되어 있기 때문에, 불법적인 가치와 수단을 익힐 수 있는 기회가 주어져야만 합리적인 기회 구조가 차단되어 있는 사람들도 불법적인 수단을 배워서 범죄적 방법으로 사회적 목표인 경제적 부를 추구할 수 있다는 것이다. 접촉 기회의 차이를 강조하는 차별적 접촉이론이 이 부분에서는 적용된다. 그리하여 합법적인 기회 구조를 중심으로 하여 아노미 이론은 합법적인 수단들의 차별은 중시하고 불법적인 수단의 차별은 중시하지 않고 있으며, 반면에 차별적 접촉이론은 불법적인 수단의 차별성은 인정하면서도 합법적인 수단들의 차이에 대한 중요성은 인식하지 못하고 있다고 그들은 비판하면서 차별적 접촉이론과 아노미 이론을 통합하여 차별적 기회 구조라는 측면을 이론화한 것이다.

Cloward와 Ohlin은 지역의 하위문화적 특성과 관련하여 특정 지역에서 발생하는 일탈 유형을 설명하였다. Cloward와 Ohlin은 비행적 하위문화를 그 집단에 의해 지지되는 지배적인 역할을 수행하는 데 어떤 특정한 형태의 비행 활동이 필수 조건이 되는 집단의 문화라고 정의하였다. 그리고 범죄적 하위문화, 갈등적 하위문화, 은둔적 하위문화를 비행 문화의 세 가지 기본 형태로 들고 있다. 첫째, 조직화된 성인 범죄자들의 활동이 존재하여 청소년 범죄자들이 모방할 수 있는 지역에서 범죄적 하위문화는 나타나는 것이다. 절도, 갈취 등의 수단을 통하여 경제적인 지위 향상을 꾀하는 행동 유형이 일반화되어 있고, 성취 목표를 위한 합법적인 수단에 대치되는 수단으로서의 범죄 행위의 중요성이 전수되는 지역에서 발생하는 하위문화다. 범죄적 하위문화 지역에서는 절도와 같은 공리적 범죄가 일반적으로 생활화되어 있으므로 범죄가 가장 많이 발생하고 범죄가 체계적으로 전승되어 성인 범죄자들과 미성년 범죄자들은 범죄적 가치 및 지식에서 매우 강한 통합을 보이게 된다. 둘째, 청소년들에게 모범이 될 만한 범죄적 성인 역할 모형이나 인습적 성인 역할 모형이 정립되어 있지 못한 지역에서 나타나는 하위문화가 갈등적 하위문화이다. 이러한 갈등적 하위문화에서는 폭력, 집단 싸움 등 개인적이고 조직화되어 있지 않은 범죄가 주로 발생한다. Cohen의 반항형 적응 양식에 가깝고 인습적이든 범죄적이든 모범이 될 만한 성인에 의한 안정적인 사회 통제 제도가 없기 때문인 것이 그 발생 이유이다. 셋째, 갈등적 하위문화 및 범죄적 하위문화에서 실패한 사람들에게서 은둔적 하위문화가 나타난다. 음주 등을 통하여 쾌락을 지나치게 강조하거나 마약의 확보 및 소비를 위주로 생활하는 사람들로 구성된다. 인습적 또는 범죄적 세계 어디에서도 이 구성원들은 접근할 수 없기 때문에 일반사회에도 머무르지 못하고 퇴행적 생활로 도피해 버리는 유형이다. 이 유형은 Merton의 은둔형 생활양식에 가까우며 범죄 관련성은 오히려 갈등적 하위문화보다도 낮다. Cloward와 Ohlin은 Merton의 이론을 받아들여 사람들은 누구든 처음에는 경제적 지위를 합법적으로 추구하지만, 이것이 실패하면 다른 형태의 지위를 비로소 추구한다고 하였다. 이러한 이유에서 비행적 하위문화 이론은 긴장 이론의 한 유형에 해당한다고 본다.

비행적 하위문화 이론에서 Cloward와 Ohlin은 일탈적 생활양식의 전승에 초점을 둔 차별적 접촉이론과 일탈의 근원에 관한 아노미 이론을 통합하여 다양한 기회 구조 차이의 가설을 제시했다. Merton은 비합법적 수단에의 접근으로 합법적 기회 구조의 결여가 연결되는 것으로 보았으나, Cloward와 Ohlin은 합법적 수단을 배우는 기회뿐만 아니라 비합법적 수단을 배우는 기회에 있어서도 소년들은 차이가 있으므로 일탈 행동이 합법적 기회가 결여되어 있다는 것만으로는 유발되지는 않으며 불법적 수단에 접근할 수 있는 기회가 있어야 한다고 주장하였다.

Cloward와 Ohlin은 합법적이거나 비합법적인 기회가 모두 결여된 어떤 사람들을 이중 실패자라고 불렀다. 현실의 성공 목표들을 인용하여 적극 추구하나, 합법적인 기회도 결여되고 반드시 제도적인 수단에만 의존하는 것을 배척하고 비합법적 방법에 의해서라도 성공 목표를 달성하는 자인 비합법적인 혁신형도 될 수 없는 이중실패자들은 그들의 좌절을 인간에 대한 폭력으로 표출하게 된다. 이를 갈등적 하위문화라고 한다. 그러나 필요한 신체적 능력이 없거나 내면화된 규범의식 때문에 폭력을 사용하지 못하는 이중실패자들은 약물중독자들같이 문화적 목표를 포기함으로써 좌절에 적응하게 된다. 이를 은둔적 하위문화라고 한다. 이중실패자는 이와 같이 두 가지 유형이 있지만, 일반적으로 이중실패자라고 할 때에는 도피적 하위문화에 의해 비사회적인 행위를 하는 사람들을 말한다.

여기에서 적응은 Cloward와 Ohlin의 이론에 있어서 개인보다는 거주 지역사회를 특징 짓는 문화와 밀접한 관련이 있는 집단적 적응으로, 일차적으로 집단적 또는 하위문화적인 것이다. 즉, 범죄 수행 구조와 재산 범죄 학습 구조가 잘 통합되어 있다면 합법적 성취 기회가 결여된 지역사회에서 혁신형의 하위문화가 일어나게 되고, 그렇지 못한 경우에는 마약이나 폭력 사용의 하위문화가 나타난다는 것이다. 차별적 기회 이론은 기존 범죄자들과 접촉 기회가 다른 두 집단의 청소년 범죄 연구로 비교적 잘 입증되고 있다. 청소년 범죄율과 접촉 기회 사이에는 분명히 상관관계가 존재하기 때문이다. 다만, 범죄율에 있어서 접촉 기회가 아닌 다른 기회의 영향일 수도 있다는 점을 배제해서는 안 된다. Cohen이 비행소년을 모든 사회적 가치를 거부하는 파괴적·부정적 측면으로 보는 관점인 데 비해서, 차별적 기회 구조 이론은 세 가지 유형으로 나누어 비행소년을 고찰하고 있다는 점에서 현실적인 반영이라는 긍정적 평가를 받고 있다.

ⓒ Miller의 하류 계층 문화 이론

Miller는 중류 계층에 대한 반발에서 하류 계층의 비행이 비롯되는 것이라는 Cohen이나 Cloward와 Ohlin의 이론에 반대하고 집단 비행을 그들만의 독특한 하류 계층 문화 자체가 발생시킨다고 보았다. 비행은 Sutherland에게 있어서와 마찬가지로 Miller에게 있어서 동조 행위이다. 즉, 하류 계층의 고유한 가치관에 동조하게 되어서 비행을 하게 된다는 것이다.

수직적인 사회 이동의 과정과 국내 이주 및 국외로부터의 이민에서 고유하게 생성된 결과로서, 성공하지 못한 흑인들과 이민자들에서 주로 나타나는 문화가 Miller가 주장하는 하류 계층의 문화이다. 비행소년들은 아버지 없이 홀어머니에 의해 양육되고 있는 가정인 여성 가장 가구나, 지위 향상의 열망은 가졌으나 그러한 열망의 실현이 봉쇄된 집단에서 많이 배출되고 있다고 Miller는 지적한다. 왜냐하면 이들 하류 계층은 그들이 주로 관심을 갖는 가치의 내용인 주요 관심사나 관심의 초점이 비행 소년의 행동 규범이 되고 인습적인 수단에 의한 성공을 권장하지 않기 때문이다.

중상류층과의 구조적 긴장을 전제로 Cohen이나 Cloward와 Ohlin 등이 비행을 설명하는 데 반하여, Miller는 범죄 행위를 하위문화의 가치와 규범에 대한 정상적인 반응이라고 하면서 하류 계층 사회의 주요한 구조적인 특성의 하나로 여성 가장 가구를 들고 있다. 독자적인 문화 규범이 하류 계층에는 존재하고, 독자적인 문화 규범에 따라 행동하는 사람은 보다 넓은 사회의 법 규범인 중류 계층 문화의 규범의 관점에서 보면 규범 위반이 됨으로써 보다 많은 범죄가 하류 계층에서 나타나게 된다고 한다. 이를 문화 갈등적 관점이라고 한다. Miller는 지배 계층의 문화와 하류 계층의 대체 문화가 갖는 상이한 가치는 갈등을 초래하며, 지배집단의 가치와 문화에 반하는 행위들이 범죄적이고 일탈적인 행위로 지배 계층에 의해 간주된다고 주장하였다. 하류 계층 구성원들의 광범위하고 끊임없는 관심사인 동시에 이들이 감정적으로 몰입하고 있는 여섯 가지의 주요한 가치의 내용이 Miller가 말하는 관심의 초점이라고 할 수 있다. Cohen이 하위문화의 특징으로 제시한 내용과 이것은 비교할 수 있는 하위문화의 특성이라고 할 수 있다. 하류 계층의 목표, 규범, 가치 등 하층 계층에 독특한 문화 규범을 특징짓는 그들의 관심의 초점으로서 Miller는 억셈, 영악함, 자극성, 말썽거리, 운명주의, 자율성 등을 들었다. Miller는 하류 계층의 비행이 혁신도 반항도 아닌 하류 계층만의 독특한 관심의 초점을 따르는 동조 행위라고 보았다. 그들만의 독특한 일련의 구조적인 요소와 그들이 주요한 관심사로 간주하는 이러한 하위문화의 관심의 초점을 따르는 동조 행위로 하류 계층의 비행이 발생하고, 반항도 혁신도 아니라고 주장했다.

#### ④ 갈등론적 이론

사회는 다양한 계층이나 집단 간에 서로 상충되는 이익과 권익을 차지하기 위해 끊임없이 다투는 경쟁의 장이고, 구조기능주의자들이 보는 것처럼 성원 간의 합의에 바탕을 둔 안정된 체계가 아니라고 보는 갈등적 가치관의 입장이다. 따라서 전 사회의 이익과 복리 증진에 법의 기원이 있는 것이 아니라, 어느 특정한 계층이나 집단의 이익과 복리를 증진시키기 위해 법이 만들어진 것으로 본다. 즉, 국가의 권력을 이용하여 국민의 일부가 여타의 국민을 억압하기 위해 만들어진 체계가 법 제도라고 본다.

##### ㉠ Sellin의 문화 갈등 이론

셀린(Sellin)에 의하여 문화 갈등이라는 용어가 처음 사용되었는데, Sellin의 문화 갈등은 행위 규범 간의 갈등을 가리키는 것이다. 문화 갈등에 따른 행위 규범의 갈등은 심리적 갈등의 원인이 되고, 나아가 범죄의 원인으로 작용한다고 보았다. Sellin은 범죄는 문화의 소산이라는 전제하에 범죄를 이해하고 있으며,『문화 갈등과 범죄』라는 저서를 통하여 "복합적이고 다원적인 현대사회는 다양하게 고유한 규범 의식을 가진 부분사회를 내포하고 있으므로 부분사회의 규범과 전체사회의 규범 간에 갈등이 발생하기 쉽다. 따라서 이러한 종류의 문화 갈등이 내면화되고 규범 갈등이 증대되면 갈등이 개인의 인격 해체를 야기하고 결국에는 범죄가 발생한다."라고 지적하였다.

일차적 문화 갈등과 이차적 문화 갈등으로 문화 갈등의 유형을 구분한다. 일차적 문화 갈등은 식민지화나 이민의 경우와 같이 이질적인 두 문화가 서로 충돌하는 과정에서 생기거나 또는 상이한 두 문화 사이의 경계 지역에서 일어나는 갈등으로, 횡적 문화 갈등이라고도 한다. 이차적 문화 갈등은 하나의 문화가 각자 자신의 고유한 행동 규범을 가지는 여러 가지 상이한 문화를 가진 사회로 분화될 때 발생하는 동일 문화 내에서의 갈등으로, 종적 문화 갈등이라고도 한다. 일차적 문화 갈등과 이차적 문화 갈등 모두가 범죄의 원인으로 작용한다. 특히 문화 갈등 이론은 이민과 범죄의 관계를 규명하는 데 강점이 있다.

### ⓒ 비판범죄학

미국과 유럽사회의 위기 심화 과정이 1970년대 초부터 드러나기 시작했고, 이에 따른 학계에서의 마르크스주의 부활과 같이 범죄사회학계에 등장한 급진적 범죄 이론이 비판범죄론이다. 범죄 통제에 있어서 실증주의적 이론들은 범죄를 규정짓는 법 체계에 대해서는 무비판적으로 수용하면서, 범죄 연구에서 국가 체계는 제외되고 주어진 것으로서 당연히 받아들여졌다. 그리하여 실증주의적 이론들은 왜 범죄 문제가 생기는가, 왜 어떤 사람은 법을 어기고 어떤 사람은 지키고 있는가 등의 원인론적인 접근을 접근의 초점으로 가지고 있었다.

1970년대에 들어와 워터게이트 사건, 월남전 등으로 사회의 위기가 심화되면서, 범죄사회학 이론에 있어서도 근본적인 범죄 형성의 구조와 범죄 문제의 개념 정의 등이 거시적으로 확대되어 정치적이고 경제적인 국가의 구조 자체를 문제시하는 비판적 접근이 나타나게 되었다. 이처럼 이전보다 훨씬 거시적이고 구조적인 측면으로 관점의 초점을 바꿈에 따라 범죄 문제의 연구대상 속에 이전의 주류 범죄학에서는 범죄 이론으로 다루지 않았던 현상들인, 예컨대 자본주의와 제국주의 등 체제의 문제까지도 포함되고 확장시키게 되었다. 또한 일탈의 원인을 밝히려는 이론에서 범죄 문제 형성의 구조적 맥락을 밝히려는 쪽으로 접근의 초점도 달라지게 되었다. 범죄의 개별적 원인을 규명하는 것은 자본주의 체제가 유지되는 한 무의미하다고 하면서, 비판범죄학은 어떤 행위가 자본주의 체제하에서 범죄로 규정되는 과정에 주된 관심을 가지게 되었다.

비판범죄론은 일탈자 개인으로부터 자본주의 체제 자체로 분석적인 초점을 전환시키고, 권력형 범죄에 대한 집중 분석을 통하여 좀 더 넓은 차원으로 범죄학을 재정립하게 되었다. 사회 불안 및 범죄 문제, 인종차별주의, 전쟁, 빈곤, 노동 착취 등과 같은 사회 병리 현상이 구조적 불평등에서 야기되는 면이 있다는 것을 비판범죄론은 지적해 주었다. 따라서 전통적 범죄학이 임상적 모델에서 유추된 교정주의에 입각한 범죄 대책에 관심이 있는 데 반하여, 비판범죄론은 거시적 사회 구조를 재편성하여서 부와 권력의 불평등을 궁극적으로는 해소하려는 해방적 차원의 범죄 대책을 중시한다. 중요한 문제가 억압적 형태의 범죄를 능동적이고 정치적인 투쟁의 형태로 변형시키는 데 적합한 요인을 명료화하는 점에 있다고 하면서 실천 지향적 접근을 연구하였다. 또한 비판범죄학은 자본주의 체제와 지배 계급의 이해관계 속에서 범죄 통제 연구를 시작하였다.

## 4) 범죄화 과정에 중점을 두는 미시환경론

그간의 많은 연구 결과는 범죄와 경제사회 계층의 상관관계에 주목해 왔으나, 확실한 상관관계가 사회 계층과 범죄 사이에 성립하지 않는다는 지적들이 제기되고 있어서 경제적인 면에 기초한 사회 계층 구조뿐만 아니라 범죄 행위에 영향을 주는 다른 많은 원인이 있을 수 있다는 점을 나타내 주고 있다. 예를 들면, 중상류 계층보다 하류 계층의 범죄가 상대적으로 많다 하더라도 중상류 계층의 범죄 역시 무시하지 못할 정도로 많기 때문에 범죄 원인을 사회 계층 구조상의 지위나 위치만으로는 설명할 수 없다는 것이다. 사회 과정 이론인 미시환경론은 이러한 이론적 배경하에서 동일한 사회 구조적 조건을 가진 모든 사람이 준법시민으로 반응하지 않는다거나 모두 동일한 방향으로 범죄자가 되지 않는다는 차별적 반응에 주목하였다. 그래서 인간의 행위는 각자가 일반적 환경 조건하에서도 어떻게 개인들 상호 간에 대면접촉을 하고 어떠한 교우 관계나 어떠한 가정을 형성하느냐에 따라 그 각자가 다른 영향을 받을 수 있다는 점에 대하여, 이와 같은 차별적 반응을 설명할 수 있는 이론 체계를 구상하는 과정에서 고려하게 되었다.

개체의 외부적인 환경에서 범죄 유발 원인을 찾는다는 점에서는 사회 과정 이론이 사회 구조적 이론과 동일한 입장이라고 할 수 있으나, 개괄적으로 거시 환경 그 자체를 고찰해서 그 사회 구성원들의 반응을 집단 현상으로 인식하고자 했던 거시환경론과는 다르게 훨씬 미시적 이론 체계로서 미시환경론은 일반적 환경에서 생활하는 사람들 각자의 개별적 반응의 문제에 초점을 맞추고 있다.

거시 환경 이론들은 경제 구조, 문화, 사회적 상태 등과 같이 많은 사람이 공통적으로 영향을 받는 광범위한 사회 환경을 직접적인 범죄 원인으로 보는 데 반하여, 미시 환경 이론들은 개인이 처해 있는 주위 상황을 직접적인 범죄 원인으로 본다. 미시환경론은 사회심리학적 변수와 사회적 상호작용 변수 또는 사회적 발전을 중심으로 이론 체계를 수립하고 있다. 사회 과정 이론은 다음과 같이 크게 세 가지로 분류할 수 있다. 첫째, 범죄인과의 접촉을 통해 범행기술을 학습하는 것으로, 범죄인이 되는 과정을 설명하는 사회적 학습 이론이 있다. 둘째, 모든 사람의 범죄적 잠재력을 전제로 하나 사회적 통제 수단의 약화를 틈탄 일부만이 범행을 자행한다고 범죄화 과정을 설명하는 사회적 통제 이론이 있다. 셋째, 규범위반 행위 자체보다 범죄 행위에 대한 통제기관의 반응과 효과, 법규 생성과 이와 같은 법규를 위반한 개인에게 향해진 낙인을 강조하는 이론으로, 사회적 반응 이론이 있다.

### (1) 사회적 학습 이론

#### ① Sutherland의 차별적 접촉이론

Sutherland는 범죄자가 원래부터 정상인과 다르기 때문에 범죄를 저지르는 것이 아니라고 하면서 소질설을 비판하고, 타인들과 교제하고 접촉하는 과정에서 범죄 행위를 학습하기 때문에 범죄를 저지른다고 보았다. 다시 말하면, 우호적으로 범죄 행위에 대해 정의하는 사람들과 비우호적으로 정의하는 사람들과의 교제의 차이로 인하여 범죄 행위가 발생한다고 설명했다.

Sutherland는 범죄를 개인적 병리의 산물로 보는 데 반대하고 사회 차원에서 사회적 상호작용을 통하여 학습된 행동으로 범죄를 파악해야 한다고 주장하였다. 범죄를 사회의 차원에서 범죄를 인식할 경우에도 사회 해체의 산물로 보는 관점에는 반대하면서 하류 문화뿐만이 아니라 어떠한 문화에서도 일어날 수 있는 일탈적 사회화인 학습 과정의 결과로 이해하는 입장이다. Sutherland의 이러한 관점은 의사소통 과정과 인간적 상호 관계를 통한 행위와 태도의 학습을 강조하는 상징적 상호작용주의와 문화적 갈등 이론, 사회 해체 이론에 영향을 받았다고 본다.

차별적 접촉이론은 차별적 집단 조직화와 차별적 접촉이라는 두 가지 개념으로 만들어져 있는데, 전자는 사회의 차원에서 다른 집단 사이의 범죄율의 차이를 설명하는 개념을 말하고, 후자는 개인적 차원에서 일탈적 사회화 과정의 차이에 의한 범죄 성향의 차이를 설명하는 개념으로 사용된다. Sutherland는 왜 대부분의 사람이 준법시민인데 일부의 사람들은 범죄인이 되는지에 대한 의문을 차별적 접촉에서 개별적 접촉의 차이로 설명하고 있다. 다시 말하면, 준법자와 더 밀접하게 개인이 차별적으로 접촉하느냐, 범죄인과 더 밀접하게 접촉하느냐의 차이에 따라 그 개인이 준법시민이 될 수도 있고 범죄인이 될 수도 있다는 설명이다. Sutherland는 집단 간의 범죄율의 차이를, 준법적 전통을 가진 집단과 범죄적 집단으로 구성되어 있는 사회를 전제로 하며 차별적 사회 조직화에서 준법적 전통을 지닌 집단에 비해 일탈적 전통을 가진 집단이 범죄율이 높다는 것으로 설명하였다. 이것은 사회 내의 다양한 범죄율을 잘 설명해 주는데, 문화갈등론적 접근 방법이라고 할 수 있다.

일탈적 사회화와 관련된 사회심리학적 아홉 가지 명제는 다음과 같다. 첫째, 범죄와 일탈 행위는 학습의 산물이라고 본다. 생물학적 내지 심리학적 원인에 의해 범죄를 설명할 수 있는 것이 아니다. 또한 범죄는 타인과 고립된 상태에서 생겨나는 것도 아니다. 둘째, 범죄 행위는 타인과의 상호작용과 의사소통 과정에서 학습된다. 단지 범죄적 환경 속에서 개인이 거주한다거나 범죄적 성격을 보유하는 것 외에도 교사나 안내자로서의 역할을 하는 타인과의 상호작용에 의한 학습 과정이 존재해야만 범죄자가 될 수 있다. 셋째, 범행의 학습은 주로 친밀한 사적 집단 안에서 일어나게 된다. 범죄는 누구에게서나 배울 수 있지만, T.V나 영화 같은 매체나 공적 집단보다는 가족이나 동료 집단과 같은 주로 친밀한, 개인적이고 대면적인 접촉을 통한 학습에 큰 영향을 받게 된다. 그러므로 비행친구와의 교제가 청소년 비행과 범죄의 가장 강력한 원인이 된다. 넷째, 범행을 학습할 때 그 학습은 때로는 아주 간단하고 때로는 매우 복잡한 범행기술과 특정한 방향의 태도, 합리화, 충동 및 동기까지도 포함하기 때문에 구체적인 방향으로 범행을 학습하게 된다. 이 가운데에서 구체적인 행위양태의 학습보다는, 특히 범행의 충동과 동기 등 관념의 학습을 중요시하게 여겼다. 다섯째, 법 규범을 부정적으로 정의하는가 아니면 긍정적으로 정의하는가에 따라 범행의 동기나 충동은 학습된다고 본다. 여섯째, 법 위반을 호의적인 것으로 규정짓는 관념이 비호의적으로 규정짓는 관념보다 강하기 때문에 개인은 범죄자가 된다. 법을 경시 내지 배척하는 집단과의 교제를 통하여 법을 배척하는 성향이 보다 강하게 학습되어 준법 성향을 능가하게 될 때 범죄 행위가 발생한다고 하는데, 이것은 차별적 접촉이론의 핵심적인 논리이다. 일곱째, 네 가지의 빈도, 기간, 우선순위 및 영향력의 정도 측면에 의하여 접촉의 차이는 다양하게 발생하게 된다. 한 개인이 준법적이거나 범죄적인 가치와 사람이나 집단과의 관계에서 이루어지는 교류는 다양하게 나타나며, 사회적 상호작용의 질에 의해 이와 같은 교제의 영향은 좌우가 된다. 중요도가 높고 특혜가 주어지는 교제일수록, 오랜 기간 동안 교류할수록, 빈도가 자주 그리고 조기에 시작할수록 교제의 영향과 관련한 질은 더욱 강해진다. 여덟째, 반범죄적 또는 범죄적 행동 양식과 접촉을 하면서 범행을 배우는 과정은 다른 준법적 행위와 다르지 않기 때문에 모든 학습 메커니즘은 동일한 것으로 본다. 학습 과정의 차이가 아니라 접촉 유형의 차이가 비범죄자와 범죄자 간의 차이라고 할 수 있다. 아홉째, 물질적 부 또는 사회적 영향력 등과 같은 일반적 욕구와 가치 추구의 표현이 범행이지만, 범죄는 이와 같은 일반적인 욕구와 가치 추구만으로는 설명할 수가 없다. 왜냐하면 준법적 행위도 욕구와 가치 추구의 똑같은 표현이긴 하지만, 구태여 법을 어기지 않고도 준법적 행위들은 가치와 욕구를 달성할 수 있기 때문이다. 정직한 근로자와 도둑은 모두 돈에 대한 욕구는 동일하지만 선택하는 수단이 다르다. 따라서 단순히 돈에 대한 욕망 및 그 추구가 정직하게 일하는지와 왜 훔치는가에 대해서까지 설명해 줄 수는 없다.

법 위반에 대하여 비호의적인 관념보다 호의적인 관념이 더 많기 때문에 사람이 범죄자가 되는 것이라는 것이 차별적 접촉이론의 요지라고 할 수 있다. 정상적인 학습 과정에서 범행은 배워지며, 이러한 학습 과정은 다른 사람과의 친밀한 교제에서 일어나고, 준법 행위와 똑같은 방식으로 학습되고, 그 학습 내용은 범죄의 기술과 태도, 동기 등이라고 할 수 있다.

차별적 접촉이론에 의하면, 비행 다발 지역은 사회해체론이 주장하는 것처럼 해체되었다기보다는 차별적 사회 조직화되어 있으며 나름대로 내적 통합성을 가지고 있다고 본다. 다시 말하면, 다양하고 복잡한 산업사회에서는 갈등적이고 이질적인 다양한 규범이 존재하고 서로 다른 목표와 수단을 향하도록 각각 달리 조직화되어 있다. 차별적 집단 조직화는 범죄적 학습 구조와 규범의 존재를 설명하려는 것이라 할 것이고, 반면에 접촉의 차이는 이 범죄적 규범의 전승을 이해하기 위한 개념이라고 할 것이다.

### ② Burgess와 Akers의 분화적 접촉 · 강화 이론

차별적 접촉이론은 사적 집단과의 친밀한 직접적 접촉을 통한 학습의 결과로 어떤 사람이 범죄자가 된다고 주장한다. 개인이 범죄집단과 접촉한다 하더라도 범죄가 아닌 준법적인 행동도 학습할 수 있는 것처럼, 이 논리는 접촉을 통한 각 개인들의 반응이 여러 방향으로 발생하기 때문에 범죄집단과 접촉을 한 다음 각 개인이 범죄 행위를 수용하여 범죄집단과 접촉이 범죄로 이루어지는 데 필요한 학습 과정과 매개 요소가 명백하게 해명하지 못한다는 비판을 받고 있었다.

이에 대해서 버거스와 에이커스(Burgess & Akers)는 차별적 접촉이론의 문제점을 보완하기 위하여 행동주의 심리학의 연구 성과 도입을 통해 더욱 일반적인 행동 이론인 분화적 접촉 · 강화 이론을 주장하였다. 이러한 성과로 학습 과정 설명도 훨씬 명확하게 되었고, 차별적 접촉이론의 문제점이었던 검증 가능성이 향상되었다.

Sutherland가 주장했던 것처럼 인간의 행위는 타인의 행위를 모방할 뿐 아니라, 타인과 무관하게 갈망, 성적 욕구 등의 해소, 굶주림 등 비사회적 사항과 시행착오적인 학습에 의해서도 학습될 수 있다고 보아 학습 과정에 탄력성을 부여하였다. 사회를 구성하는 비행집단 혹은 준법집단과 교제함으로써 특정인은 각각 개별적으로 차별적 접촉을 하게 된다. 특정인은 스스로 시행착오적으로 범죄 성향을 터득하게 되지만, 규범에 대해 비호의적으로 규정짓는 주로 자신과 친밀한 관계를 유지하는 비행집단과의 접촉을 통하여 범행기술, 법을 배척 내지 경시하는 태도 등을 학습하게 된다. 이는 모방과 학습의 중요성을 강조한 것이다. 모방에 기인하여 최초의 범행은 발생하게 되지만, 모방의 영향력은 그 후에는 감소하게 되고 자신이 행한 범행에 보상이 주어진다면 점점 강화되고 처벌이 이루어진다면 범죄 성향이 약화되게 된다고 하여 조작적 조건화 논리를 통한 범죄 과정을 설명하였다. Burgess와 Akers는 차별적 강화 개념을 범행과 교제 사이에 제시함으로써 학습 과정을 보다 명확하게 해명하였다. 이와 관련하여 Burgess와 Akers는 자신들의 학습 과정에서 중요한 네 가지의 개념으로 법에 대해 호의적 또는 비호의적으로 규정지음, 차별적 강화 과정, 비행집단과의 차별적 접촉, 학습이 있다고 하였다.

### ③ Glaser의 분화적 동일화 이론

글레이저(Glaser)는 차별적 접촉이론에 대해서 범죄의 학습이 반드시 친근한 집단과의 직접적인 접촉을 통해서만 학습되는 것이 아니고 차별적 반응의 문제를 해결하지 못한다는 비판에 대한 대안으로써 분화적 동일화라는 개념을 제시하였고, 친밀한 면접집단을 통한 학습보다는 매스미디어의 중요성을 강조하였다.

학습의 결과로 범죄를 바라본다는 점에서 분화적 동일화 이론도 차별적 접촉이론을 긍정한다. 그러나 Sutherland가 사용한 접촉 대신에 '동일시(identification)'라는 개념을 사용하여 특정인이 범죄를 학습할 수 있는 대상을 청소년들이 직접 만나거나 접촉한 적이 없는 TV나 영화의 주인공과 같은 관념상의 인간으로까지 확장하였다. 그래서 반드시 친근한 집단과의 직접적인 접촉을 통하지 않아도 범죄의 학습이 이루어질 수 있다는 점을 설명하였다.

그리고 실제로 범죄적 경향이 기대되는 사람과 동일시한다면 범법적 경향으로 사람을 특징짓는 접촉을 직접 하지 않는 사람이라고 하더라도 그러한 범죄 행위의 반응이 나타날 수 있다고 함으로써 각 개인들에게 차별적 반응이 나타난다는 점에 대해서도 설명하였다. 다시 말하면, 어떤 한 특정인은 범죄자와의 직접적인 접촉에 의해서도 범죄 학습을 할 수 있지만, 스스로 준법 세력에 대한 반작용이나 대중 매체로부터 보고 듣던 사람과의 동일시를 통해서 범법 행위를 저지를 수도 있다는 것이다. 또한 범죄자에게 접촉되더라도 동일시 대상으로 그 범죄자를 삼지 않으면 범죄에 전염되지 않게 되고, 범죄자에게 접촉되면서 동일시 대상으로 그 범죄자를 삼을 경우에만 범죄로 이어지게 된다고 하여 차별적 반응의 문제를 보완하였다.

### ④ Sykes와 Matza의 중화기술 이론

사이크스와 마차(Sykes & Matza)는 Sutherland가 "모든 인간의 행위는 학습되는 것이며 범행도 학습의 결과"라고 규정하는 것에 동조하였다. 그러나 원칙적인 생활 방식으로 하류 계층 비행소년들은 범죄를 행하게 되고, 비행적 하위문화에서 사회화된 사람들은 비행적 행동 방식으로 생활할 수밖에 없고, 범죄자들은 일반인들과 확연하게 구별되는 특성을 지녔다고 보는 결정론적이고 이분법적인 사고와 중류 계층의 규범에 반발하여, 청소년 범죄집단은 공식적 사회 규범 체계를 대체하는 대항 규범인 하위문화 규범을 만들어 냄으로써 범죄가 발생한다는 견해인 Cohen의 논리를 반박하였다. 즉, 강제와 차별화를 지나치게 강조하는 견해를 비판하였다. 왜냐하면 범죄자들도 보편적 규범에 대한 침해를 금기로 여기며, 준법시민들을 존경하고, 중류 계층의 가치와 규범 체계를 전면적으로 거부하는 경우는 거의 없고 또한 대부분 수치심을 갖고 후회하기 때문이다. 그래서 Sykes와 Matza는 범죄를 공식적인 사회 규범 체계의 대체로 보지 않고, 원칙에 대한 예외 메커니즘에 해당한다고 설명하였다. 즉, 일반적으로 규범의 효력은 승인되지만 규범 침해가 단지 개별적인 경우에 정당화될 뿐이라는 것이다. 지배적인 사회질서와 범죄자들의 가치 체계는 항상 반대에 있는 것이 아니라, 범죄자들도 보편적인 규범 체계를 받아들이지만 자신이 믿고 있는 행동 규범에 상황에 따라 적응할 수도 있고 자신의 행동 규범으로 인정할 수 없는 행동을 할 수도 있는 존재가 된다고 하였다. 즉, 인간은 불법적인 생활 방식과 준법적인 생활 방식을 선택적으로 행할 수 있는 표류하는 존재에 불과하며, 따라서 준법적인 중류 문화와 비행 하위문화, 범죄자와 비범죄자와 같이 우리들 모두는 확연히 이분법적으로 구분될 수 있는 존재가 아니라는 것이다.

중화기술 이론은 이미 학습한 규율이 비행자에게도 내면화되어 있기 때문에 범죄자들은 준법적인 가치와 태도를 범행 시 유지하고 있지만, 범죄자들은 단지 일탈 행위의 정당화기술인 변명기술을 잘 학습함으로써 범죄자들에게 내면화되어 있는 가치관이나 규범의식이 마비됨으로써 범죄를 향하여 나아가게 된다는 논리를 가진다.

책임의 부정, 손상(피해)의 부정, 피해자의 부정, 비난자에 대한 비난, 고도의 충성심에의 호소가 중화기술의 유형으로 나타나게 된다. 책임의 부정을 통하여 범죄자는 사회 상황의 희생자로 자신을 여기게 된다. 다시 말하면, 자신으로 하여금 자기의 주위의 환경이 범죄를 범하도록 만들었기 때문에 범죄와 관련하여 자기 잘못이 아니라는 주장이다. 이는 "비행자는 상황에 따른 피해자이다."라고 합리화하는 논거를 말한다. 피해의 부정은 사회 통제기관과 달리 자기 행동을 범죄자가 해석하는 것이다. 방화로 소실된 물건은 보험회사에서 보상해 주므로, 자신의 행위는 어떠한 피해도 야기하지 않았고, 기물 파괴는 장난이고, 자동차 절도 행위는 빌린 행위이고, 불량 집단 간의 싸움은 사적인 다툼일 뿐이라는 변명이 그 예가 될 수가 있다. "자기 행위로 어느 누구도 손상당하지 않는다."라는 논거를 말한다. 피해자의 부정은 침해를 받은 피해자가 응당 받아야 할 피해일 뿐이라는 식으로 범죄 행동을 정당화한다. 피해자가 범죄를 유혹했다고 변명하거나, 자초했다고 여기거나, 상대가 나쁜 놈이라서 맞았다고 주장하는 것이 그 예가 될 수가 있다. 이는 "피해는 나쁜 것이 아니고, 피해는 발생할 만한 상황에서 주어진 것이다."라고 여기는 논거라고 할 수 있다. 비난자에 대한 비난은 기성세대나 사회 통제기관을 부패한 자들로 규정함으로써 자신을 심판할 자격이 없다고 하여 범죄 행위를 정당화하게 된다. 오히려 자기를 비난하는 자를 위선자나 범죄자라고 부르면서 범죄자가 자신의 죄를 부인하는 논거라고 할 수 있다. 고도의 충성심에의 호소는 범죄자가 자기 행동에 대해서 주관적으로 높은 가치 규범을 가지고 와서 정당화하는 것이다. 민족정기를 수호하기 위해서 매국노를 공격하는 것은 나쁘지 않다고 정당화하거나, 자신이 속한 집단의 연대성이 형법의 요구보다는 우위에 있다고 생각하여 범죄를 정당화하는 경우가 그 예가 될 수가 있다.

### (2) 통제 이론

통제 이론에서는 인간으로 태어났음에도 불구하고 인간은 사회화를 통해서만 인간이 될 수 있다고 가정하고 있다. 그리고 통제 이론은 규범 준수자에게 사회화의 어떤 지표나 어떤 요소가 발생하는가를 구체적으로 설명하고, 이러한 사회화 지표나 요소가 작을수록 개인은 범죄나 비행을 더욱더 범하게 된다고 본다. 개인의 사회화 과정과 사회의 해체 그리고 차별적 조직화를 인정하는 것은 학습 이론과 동일하다.

　조직화되고 차별적인 범죄적 집단에 특유한 규범과 관련한 적극적인 사회화나 정상적인 동조적 행위를 학습 이론에서는 범죄로 보는 것에 반하여, 통제 이론가들은 통제가 약화된 사회화 내지 일반적인 규범에 대한 결함이 있는 소극적 사회화로 범죄를 바라보게 된다. 성악설에 바탕을 두고, 인간은 누구나 법을 위반할 수 있는 잠재적 범죄자로 바라보면서 범죄성을 억제하기 위한 통제가 필요하다고 본다. 인간으로 하여금 범죄를 범하도록 하는 것이 무엇인가를 규명하는 원인이나 동기에 관한 연구보다는 왜 범죄를 범하지 않는가와 관련한 연구에 초점을 맞추는 관점의 전환이 필요하다는 것이다. 범죄 원인의 규명과 관련해서 통제 이론들은 공통적으로 관심이 없고, 범죄예방을 위해 어떠한 사회 통제장치가 효과적인지에 대해서 초점을 맞추고 있으며, 주로 사회관계를 중심으로 초점을 맞추어 다루고 있다. 잠재적 범죄성을 가지고 있는 인간들이 대부분 일탈을 하지 않는 이유는 일탈적 동기가 통제받고 있기 때문이며, 그 통제가 약화·붕괴되었기 때문에 일부가 범행을 하는 것으로 본다. 개인적 통제 이론으로 자기관념 이론, 봉쇄 이론이 있고 사회적 통제 이론으로 사회적 유대 이론이 있다.

### ① Reckless와 Dinitz의 자기관념 이론
　개인들 각각의 차별적 반응에 대한 문제를 차별적 접촉이론이 해결하지 못한다는 비판을 근거로 자기관념 이론은 "어떤 사람은 범죄적 문화와 접촉한 사람 가운데 왜 범죄에 빠지지 않는가?"에 초점을 맞추어 차별적 반응의 문제를 각 개인별 개인적 특성을 중시하여 집중하여 보완한 이론이다. 여기에서 "가족 관계처럼 자기에게 중요하고 밀접한 다른 사람들과의 관계를 고려하여 이루어지는 소년 자신에 대한 심상"으로 자기관념은 정의할 수 있다.

　레크리스와 디니츠(Reckless & Dinitz)의 설명에 의하면, 범죄 문화와 접촉하는 비행 다발 지역의 청소년 가운데 대다수가 비행에 가담하지 않는 이유는 자기에 대한 심상을 그들이 자기의 가족 관계 등을 고려하여 사회적으로 바람직하다고 인정되는 방향으로 형성시켜 유지해 나가고, 이에 따라서 환경적 압력 유인이나 비행적 영향에 대한 절연체 및 내적 견제 또는 장애 요소로 자기관념이 작용하기 때문이다. 따라서 비행과 준법 행위를 결정하는 요소로 바람직하거나 또는 바람직하지 않은 자기에 대한 심상이 되는 것이다. 따라서 자기관념 이론에서는 범죄 충동의 통제 가능성이 긍정적인 자아관념의 정도에 따라 차이를 보인다고 보기 때문에, 통제 이론으로 분류되고 봉쇄 이론으로 발전하게 되었다.

### ② Reckless의 봉쇄 이론

왜 어떤 사람에게는 범죄적 환경이 영향을 미치고 어떤 사람에게는 범죄적 환경이 영향을 줄 수 없는가를 해명하기 위해, Reckless는 범죄를 조장하는 요소로서 세 가지와 범죄를 억제하는 요소로서 두 가지를 들어서 설명한다. 범죄 유발 요인에는 유인, 압력, 배출이 있고 범죄 봉쇄 요인으로는 외적 봉쇄와 내적 봉쇄가 있다. 유인은 대중 매체의 유혹, 비행 집단, 나쁜 친구, 우상적 범죄인과 같이 정상적인 생활로부터 이탈하도록 유인하는 요소에 해당하는 미시적인 상황적 환경 요인으로서 정상적인 조건에서 사람들을 이탈시키는 조건을 말한다. 압력은 빈곤, 실업, 사회적 차별, 약자 신분 등 사람들을 불만족한 조건에 들게 하는 사회 조건처럼 사람들을 불만족한 상태로 만드는 조건을 말한다. 열등한 신분적 지위, 성공 기회 박탈, 열악한 생활 조건, 가족 갈등과 같은 거시적 범죄 조장 요소로서의 환경 요인을 말한다. 배출은 공격성, 격정성, 뇌손상, 비행이나 범죄를 저지르도록 하는 긴장과 좌절감, 즉시적 쾌락 욕구, 정신적 결함와 같이 직접 범죄나 비행을 범하도록 하는 각 개인의 심리적 또는 생물학적 요소를 말한다.

범죄 봉쇄 요인 가운데 외적 봉쇄는 집단과 사회에 대한 소속감, 가족과 지역사회의 사회적 평가와 지위와 같이 주위 사람들이나 가족과 같이 범죄를 외부적으로 차단하는 요인이라고 할 수 있다. 또한 좌절감에 대한 내성, 합법성에 대한 일체감, 현실적 목적, 좋은 자아관념, 자기통제력, 목표 지향성 등에 의해 내부적으로 형성된 범죄 차단력을 내적 봉쇄라고 한다. 이 가운데에서 자아관념의 정도에 내적 억제가 제대로 형성되었느냐 여부가 달려 있다. 따라서 '비행에 대한 절연체'로서 긍정적인 자아관념은 가장 중요한 요소라고 할 수가 있다. 범죄로 이끄는 힘이 차단하는 힘보다 강하면 범죄는 발생하게 되고, 반대로 비록 이끄는 힘이 있었어도 차단하는 힘이 강하면 범죄는 발생하지 않는다. 그러므로 내적 봉쇄 요인과 외적 봉쇄 요인 가운데에서 어느 한 가지라도 작용하게 된다면 범죄가 방지될 수가 있다. Reckless는 두 가지 형태의 통제, 즉 내면적 통제와 외면적 통제 간의 상호작용으로 비행을 설명했지만, 두 가지 가운데 내면적인 것이 보다 더 중요하다고 보았다.

### ③ Hirsch의 사회적 유대 이론

히르쉬(Hirsch)의 사회적 유대 이론은 어느 정도의 범죄적 성향이 대부분의 사람에게 있으나 법에 많은 사람이 동조하는가를 설명하는 이론으로, 범죄를 억제하는 환경적 요인이 무엇인가에 초점을 둔 이론을 말한다. Hirsch는 사회통제론이 가진 사고의 틀을 기초로 비행은 비행을 야기시키는 원인에 의해서가 야기되는 것이 아니라, 비행을 억제하는 효과적인 신념과 통제의 부재에 의해서 비행이 야기된다고 하면서 개인과 사회를 결속시키는 유대의 약화와 범인성을 관련시켰다. 그리하여 자신이 중요하다고 여기는 부모나 친구 등과 같은 사람들 또는 학교나 직장 등과 같은 중요한 사회 제도와의 사회적 유대와 결속의 정도에 의해서 일탈에 대한 통제가 결정된다고 하였다. 따라서 개인의 사회에 대한 유대가 약해지거나 끊어지면 범죄가 발생한다는 것이다.

모든 사람이 잠재적 범죄자이므로, Hirsch가 말한 일탈의 동기는 비교적 일정하지만 애착, 전념, 참여, 신념에 의해 개인별 결속의 정도가 결정되므로 개인 간의 차이가 크다고 하였다. 애착은 개인이 정서적 관심과 애정 등을 통하여 사회와 맺고 있는 유대의 정도를 말한다. 다시 말하면, 자신의 의견에 민감하고 중요한 사람들에 대한 청소년들의 감정적인 결속을 의미한다. 부모나 가족, 선량한 친구와의 결속력이 크면 비행은 억제되게 되고, 비행 동료와 결속이 커지면 범죄를 조장하게 된다.

Hirsch는 애착에 의한 사회 유대를 가장 강조하였다. 부모와 가족에게 애착을 가진 소년은 비행을 덜 저지르게 된다. 규범 준수를 하면 이에 대해 주어지는 사회적인 보상에 관심을 갖는 정도에 의해 맺어지는 유대를 전념이라고 한다. 다시 말하면, 관습적인 활동과 생활 방식에 투자하는 정열과 시간에 대한 보상을 이성적으로 판단해서 이루어지는 유대 관계를 말한다. 장래의 목표 성취와 추구에 대한 열망이 클수록 비행이 억제되고, 장래의 목표 성취와 추구에 대한 열망이 작을수록 비행이 조장된다. 따라서 학교에서 공부 잘하고 모범적인 학생은 비행을 덜 저지른다. 규범 준수에 따라 주어지는 사회적 보상에 대한 기대가 클수록 범죄를 적게 저지른다.

전념의 결과로서 참여는 관습적인 일에 실제로 참여하는 행위에 의하여 만들어지는 유대를 의미한다. 장래를 위해 학업에 열중하다 보면 비행의 시간과 기회가 적어지지만, 참여가 없으면 비행의 시간과 기회가 커지는 것이 그 예가 될 수 있다. 따라서 바쁜 사람은 비행을 덜 범하지만, 직업도 없고 학교에도 가지 않는 사람은 비행을 더 저지르게 된다.

신념은 사회 내의 보편적 가치 체계에 대한 믿음이라고 할 수 있는데, 관습적 신념이 크면 규범을 일탈할 가능성이 적어져서 일탈이 감소하게 되고, 관습적 신념이 적으면 규범에 동조할 책임을 느끼지 못하여 일탈이 증가하게 된다. 다시 말하면, 신념은 규범의 내면화를 통하여 개인이 사회와 맺고 있는 유대를 말한다. 따라서 규범을 준수해야 한다는 신념이 강한 소년은 비행을 덜 저지르게 된다.

### (3) 사회반응 이론으로서의 낙인 이론

낙인 이론에서는 범죄나 일탈을 해명하는 데 있어서 행위자에 대한 다른 사람들의 사회적 반응을 중요한 변수로 취급한다. 특정한 범죄 행위를 취급하는 것이 아니라, 사회적 상호작용의 관점에서 일탈 행위와 사회적 낙인화의 관계를 파악하는 미시적이고 과정적인 이론이라고 할 수 있다. 낙인 이론은 범죄자와 범죄 행위에 대하여 경찰과 같은 공적 기관의 반응이 미치는 영향에 주목하는 이론이다. 행위자의 주관적 상호 과정을 중심으로 범죄 현상을 설명한다는 것이 기존 이론들과의 가장 큰 차이점이라고 할 수 있다. 낙인 이론은 범죄학의 관심 방향을 범죄나 범죄자로 한정하는 추세에 반대하면서, 범죄학의 관심 방향을 범죄자로 규정되게 되는 제도나 과정으로 돌렸다. 범죄화 과정을 강조하여 범죄나 비행을 정태적인 실체로 보는 것이 아닌 사회적 상호작용의 산물로 보는 것이 낙인 이론의 관점이다.

낙인 이론은 전통적인 범죄 이론과는 달리 범죄 행위 자체에 초점을 두지 않고, 어떤 행위는 왜 일탈적인 것으로 낙인되며 어떤 사람들은 왜 일탈자로 규정되는지에 대하여 연구의 초점을 맞추게 된다. 다시 말하면, 일탈 규정 자체를 독립 변수로 보지 않고 종속 변수로 보아 범죄나 범죄자로 규정되어지는 과정이나 적용되는 메커니즘을 연구의 대상으로 한다. 낙인 이론은 일탈, 범죄, 사회 문제에 대한 실증주의적 또는 전통적인 다원적 범죄원인론을 배척한다. 낙인 이론에서는 '범죄적인 행위는 본질적으로 없다'고 본다. 사회적 상호작용 과정에서 나타나는 주위 사람의 반응이 범죄 문제를 더욱 악화시킬 수도 있고 그렇지 않을 수도 있으므로 사회적 반응 이론이라고도 한다. 어떤 사람에게 도둑놈, 패륜아 등으로 부정적 반응을 하게 되면 범죄자로 낙인이 되게 되고, 낙인이 되면 그 사람은 자아정체감을 부정적인 쪽으로 형성하게 되면서 이후의 행동은 부정적인 자아정체감에 따라 이루어지게 된다. 범죄성이 없는 소년이 친구들에게 '나쁜 놈'이라는 놀림을 받다가 결국에는 범죄인이 되는 경우가 그 예가 될 수 있다. 이처럼 낙인 이론은 범죄자에 대한 부정적인 사회반응이 범죄 문제를 악화시키는 데 있어 근본적인 원인이라고 주장한다.

낙인 이론의 일차적 일탈에 대한 사회적 반응을 이차적 일탈의 매개 변수로 본다. 낙인의 주체는 법과 질서 및 관습적 도덕성의 세력을 대변하는 사람들이고, 범죄자로서의 낙인은 도덕적 열등성을 부과하는 하나의 수단에 불과하며, 생물학적이거나 심리학적으로 특징지어지는 것이 아니라고 한다. 이와 같은 범죄자로서의 낙인은 그를 사회의 감시대상으로 만들고 차별 대우를 받게 하고 범죄자들과 어울리게 하며, 차후에 거역할 수 없고 영속적인 또 다른 낙인을 초래하고, 스스로를 일탈자로 치부하게 하여 일탈적인 행위를 지속하도록 하는 부정적 자아관념을 형성시키는 등 부정적인 결과를 초래한다.

낙인 이론은 사회학적 가설 설정 방법을 사용하는 주류 범죄학과는 달리, 실증적 연구 결과에 의존하지 않고 일정한 이데올로기적 신념을 바탕으로 하고 있다. 낙인 이론가들은 형사사법기관의 역할에 대해 회의적이며, 공식적 낙인은 주로 사회적 약자에게 차별적으로 가해질 가능성이 높다고 보고 있다. "범죄를 정의(규정)하는 것은 권력자들의 이해관계에 따라 행해진다. 어떤 사람이 법률을 위반하였기 때문에 범죄자가 되는 것이 아니라, 형사사법기관에 의하여 범죄자로 규정되었기 때문에 범죄자가 된다."라는 것이다. 낙인 이론은 미시사회학적 이론이고, 범죄 개념에 대해서 상대주의적 입장을 취하고, 범죄의 원인을 전체로서의 사회 구조보다는 범죄자 개인의 심리적 측면인 부정적 자아정체성에서 찾는다.

 **참고문헌**

공정식(2013). 살아 있는 범죄학. 경기: 교육과학사.

김상균(2007). 범죄심리학. 서울: 청목출판사.

김상균, 송병호, 박상진(2017). 영화 속 범죄심리. 서울: 박영사

김용우(2006). 형사정책. 서울: 박영사.

남완우, 노희승(2009). 범죄학과 형사정책. 인천: 진영사.

박지선(2012). 범죄심리학. 서울: 도서출판 그린.

배종대(2006). 형사정책. 서울: 홍문사.

오윤성(2013). 범죄. 그 심리를 말하다. 서울: 박영사.

이만종(2007). 최신 범죄학개론. 경기: 학현사.

이상현(2004). 범죄심리학. 서울: 박영사.

이윤호(2008). 범죄학개론. 서울: 박영사.

조윤오, 신소라(2018). 오페라에서 찾은 범죄심리. 서울: 박영사.

조준현(2005). 범죄학. 서울: 법원사.

조철옥(2008). 현대 범죄학. 서울: 대영문화사.

Conklin, J. E. (1997). *Criminology*. Boston: Allyn & Bacon.

Gottfredson, M. R. & Hirsch, T. (1990). *A general theory of crime*. Stanford. CA: Standford University Press.

Mednick, S. A. (1987). *The cause of crime: New biological approach*. Cambrige: Cambrige Univ. Press.

교정상담

2부 ──

# 형사사법 체계와
# 교정상담 현장

제**3**장
# 형사사법 제도와 교정기관

김안식
백석대학교 경찰학부 범죄교정학과 주임교수

# 1. 형사사법 제도

## 1) 형사사법 제도의 의의

"사회 있는 곳에 범죄 있다."라는 말과 같이 우리 사회에는 크고 작은 범죄들이 계속 발생하고 있다. 범죄는 인류 역사와 그 궤를 같이한다고 해도 과언이 아닐 정도로 시공을 초월하여 언제나 우리가 당면하는 큰 문제가 되어 왔다. 범죄는 사회의 안전과 질서를 해치고 다른 사람의 재산과 생명을 침해하는 해악이기 때문에 반드시 처벌해야만 사회 구성원들이 공동체를 이루고 살아갈 수 있게 된다. 따라서 범죄에는 처벌이 따르게 되는데, 역사적으로 일별하면 과거 중세 시대까지는 범죄자에 대해 복수나 응보에 바탕하여 가혹한 형벌을 가하였다. 범죄와 형벌을 통치자의 전권(專權)에 의해 처단하던 죄형전단주의는 계몽주의 시대에 이르러 죄형법정주의가 출현하면서 사람이 행해서는 안 되는 범죄 행위의 종류와 그에 상응하는 형벌 조항들이 명문화되었다. 이후 죄형법정주의는 "법률이 없으면 범죄도 없고 형벌도 없다."라는 「형사법」의 기본원칙으로 확립되었다.

모든 범죄에 대하여는 그에 상응하는 형벌을 부과하여야 하는데, 형벌을 결정하기 위한 과정이나 절차도 당연히 적법하고 적정하여야 한다. 범죄가 발생하여 범죄를 제재하고 해당 범죄자를 처벌하는 일련의 절차를 형사사법 제도라 할 것이다. 넓은 의미의 형사사법 제도에는 범죄의 실체를 정한「형법」이나「형법특별법」등 실체법과 범죄를 처벌하기 위한 형사소송절차에 관한「형사소송법」등이 포함될 수 있을 것이다. 그러나 좁은 의미의 형사사법 제도는 경찰의 체포에서 검찰의 기소와 법원의 재판을 거쳐 교정기관의 형 집행에 이르는 일련의 절차를 나타내는 것이라 할 수 있다. 다시 말하면, 형사사법 제도란 형벌 · 보안 처분 등 실체법상의 범죄 제재 내지 범죄 방지 수단이 구체적으로 실현되는 형사사법절차를 의미한다. 범죄와 형벌에 관한 형사사법절차는 통상 수사절차로부터 공판절차를 거쳐 형의 집행 단계에 이르는 일련의 절차를 말한다. 형벌 등의 실체법적 범죄 대책 수단은 절차 규범인 형사사법 제도를 통해서만이 온전한 기능을 수행할 수 있다.

형사사법절차는 구체적인 범죄사건이 발생한 경우에 일정한 증거를 기초로 사안의 진상을 규명하고 이에 상응하는 실제 형사법규를 적정 · 신속하게 적용함으로써 국가형벌권의 존재 여부와 그 범위를 확정하는 것을 목적으로 한다. 즉, 형사사법절차는 실체적 진실 발견주의, 적법절차의 원리 및 인권보호 등을 그 근본이념으로 하고 있다.

우리「형법」제41조는 형벌의 종류로서 사형, 징역형, 벌금형 등 9종류를 규정하고 있다. 이 가운데 징역, 금고 등 자유형을 받은 범죄자에 대하여는 교도소에서 그 형벌을 집행하며, 보호관찰, 사회봉사명령 등 보안처분을 받은 범죄자에 대하여는 보호관찰소에서 이를 집행한다. 교정기관은 형사사법의 마지막 단계인 형벌 또는 보안처분을 집행하는 국가기관으로서 교도소, 보호관찰소를 포함하며, 아울러 형이 확정되지 않은 미결 수용자를 수용하는 구치소와 19세 미만의 소년들을 구금하여 보호처분하는 소년원도 포함된다고 하겠다.

## 2) 형사사법절차의 개관

형사사법절차는 수사절차, 공소제기절차, 공판절차, 형의 집행절차로 나뉜다. 각 절차 단계에서 권한 있는 기관이 법에 근거하여 형사사법절차를 운영하며, 법을 위반하거나 적정절차의 원칙을 위배하면 실체적 진실 발견, 인권보장 및 범죄 방지라는 형사사법의 주요 기능들이 조화될 수 없다. 따라서 각 절차 단계에 있어서 형사사법 제도가 갖는 성질과 현상이 어느 한쪽에 치우치지 않도록 이러한 기능의 조화를 염두에 두고 각 단계를 살펴보아야 할 것이다. 이처럼 형사사법절차의 모든 과정이 가지는 형사정책적인 기능과 효과를 적정하게 파악하는 것이 중요하며, 주로「형사소송법」에서 이를 다루게 된다.

지금까지 시행되어 온 형사사법절차를 요약하여 설명하면, 경찰이 범죄자를 입건하여 수사한 후에는 통고처분 제도(조세범처벌절차법, 관세법, 출입국관리법, 도로교통법, 경범죄처벌법, 자동차관리법 등)에 의거한 범칙금 납부 사건과 즉결심판 사건(법원조직법)을 제외한 모든 사건을 검사에게 송치하고, 검사는 그 송치받은 사건 및 직접 인지하거나 고소, 고발을 받은 사건에 대해 수사를 진행하였다.

검사는 수사를 완료하면 우선 범죄의 성립 여부를 판단한 다음 범죄가 성립되지 아니하는 경우에는 불기소하고, 범죄가 성립되는 경우에는 처벌의 필요성 또는 타당성 여부에 관한 모든 사정을 고려하여 기소 여부를 결정한다. 범죄가 성립되나 처벌의 필요성이 없다고 하여 불기소하는 것이 '기소유예'이고, 범죄 혐의가 인정되지 아니하거나 증거가 불충분한 경우에는 '혐의 없음' 결정을 하며, 구성요건 해당성은 있으나 위법성 또는 책임조각 사유가 있는 경우에는 '죄가 안 됨' 결정을 한다. 그 외에도 소송 조건이 결여되거나 형을 면제할 사유가 있는 경우에는 '공소권 없음' 결정을 하여야 하며, 고소·고발의 남용을 막기 위하여 고소 자체로는 범죄 혐의가 명백히 없거나 반복적 고소·고발의 경우 등에 대하여는 '각하' 결정을 하게 된다. 그 외에도 피의자의 소재불명 등의 이유로 인해 수사를 종결할 수 없는 경우에는 그 사유가 해소될 때까지 '기소중지' 결정을 할 수 있고, 주요 참고인의 소재불명으로 인하여 수사를 종결할 수 없는 경우에는 그 사유가 해소될 때까지 '참고인중지' 결정을 한다.

검사의 공소제기에 의하여 법원에 송치된 사건은 약식 사건의 경우에는 간이, 신속한 서면심리에 의하여 벌금, 과료 등의 형이 과해지고, 공판사건의 경우에는 공판절차에 따라 재판이 진행된다. 공판절차에 의하여 유죄가 인정되는 경우에는 사형, 무기징역, 무기금고, 유기징역, 유기금고, 구류(이상은 자유형), 자격 상실, 자격 정지(이상은 자격형), 벌금, 과료(이상은 재산형)의 형이 선고되는데, 1년 이하의 징역이나 금고, 자격 정지 또는 벌금형을 선고할 때에는 그 선고를 유예할 수 있고, 3년 이하의 징역이나 금고 또는 500백만 원 이하의 벌금형을 선고할 때에는 1년 이상 5년 이하의 기간 동안 형의 집행을 유예할 수 있다. 유죄의 재판이 확정되어도 집행유예가 선고된 경우에는 집행유예가 실효되거나 취소됨이 없이 유예 기간을 경과하면 형의 선고는 효력을 잃고, 선고유예의 경우는 선고유예를 받은 날로부터 2년을 경과하면 면소된 것으로 간주된다.

징역형이나 금고형이 확정된 자에 대하여는 교도소에서 형 집행 업무를 관장하고, 형이 확정되기 전까지 미결 수용자에 대하여는 구치소에서 이를 담당하며, 교도소와 구치소를 합하여 교정시설 혹은 교정기관이라 한다. 그러나 교정기관은 교도소, 구치소뿐 아니라 보호관찰소와 소년원도 포함하는 개념으로 사용하기 때문에, 보통 교정시설이라 함은 교도소와 구치소를 일컫는 용어로 사용되고 있다. 범죄자에 대한 처우는 시설 내 처우와 사회 내 처우로 구분하는데, 교도소, 구치소 및 소년원은 일정한 시설 내에 범죄자를 구금하여 시설 내 처우를 실시하고, 보호관찰소는 범죄자가 사회생활을 계속 영위하면서 범죄자에 대한 관리감독 및 사회복귀 업무를 수행하는 사회 내 처우를 실시하고 있다. 특히 교도소는 징역형이 확정된 수형자를 수용하고 형기 기간 동안 교정교화 및 사회복귀를 통한 재범방지를 목적으로 수형자에 대하여 작업, 교육, 직업훈련 등 다양한 처우를 실시하고 있다.

　보호관찰이란 소년보호처분자, 가석방자, 집행유예자, 선고유예자 등을 대상으로 하여 피보호관찰자로 하여금 일정한 준수 사항을 이행하고 보호관찰담당자의 지도와 감독에 응하도록 하는 보호처분을 말하며, 보호관찰소에서 그 업무를 수행한다. 정신질환 범죄자에 대하여는 「치료감호법」을 시행하여 치료감호와 보호관찰을 병행토록 하였다. 치료감호대상자는 공주에 위치한 국립법무병원(과거 치료감호소)에 수용하여 관리감독하고 있다. 한편, 2008년 2월 4일부터 상습 성폭력 범죄 등 일정한 요건에 해당하는 범죄자에 대해서는 「특정 범죄자에 대한 보호관찰 및 전자장치 부착 등에 관한 법률」에 의거하여 위치추적 전자장치(전자발찌) 부착 제도를 시행하고 있는데, 이 업무도 보호관찰소에서 관장하고 있다. 또한 보호관찰소에서는 보호관찰 업무 외에 사회봉사명령, 수강명령의 집행도 시행하고 있다.

　범죄의 수사 단계에서 형 집행 단계까지 형사사법절차의 흐름도를 살펴보면 [그림 3-1]과 같다. 그림에서 보는 바와 같이, 범죄의 수사에서 시작하여 검찰의 기소 및 법원의 재판 단계를 거쳐 교도소에서의 징역형이나 보호관찰소에서의 보호관찰 등 구체적인 형벌 또는 보안처분의 집행이 실시된다. 그런데 형사사법의 각 단계가 진행되면서 기소유예, 선고유예, 집행유예, 벌금 등 다양한 조치 내지 처분이 이루어지고, 최종적으로 징역형이 확정되어 교도소에 수용되는 경우는 소수의 범죄자만이 해당된다. 『2020 범죄백서』에 따르면, 2019년의 경우 경찰에서 검찰로 송치되어 처리한 범죄 건수가 총 1,819,205건인데 교정시설 1일 평균 수용인원이 54,624명으로서, 이는 범죄 발생 총 건수에 비해서는 상대적으로 일부 범죄자만이 구치소, 교도소 등 교정시설에 수용되고 있다는 것을 나타내고 있다. 그런데 경찰 단계에서의 훈방 조치도 많이 있으므로 실제 범죄 발생 총 건수는 훨씬 더 많을 것으로 예상된다.

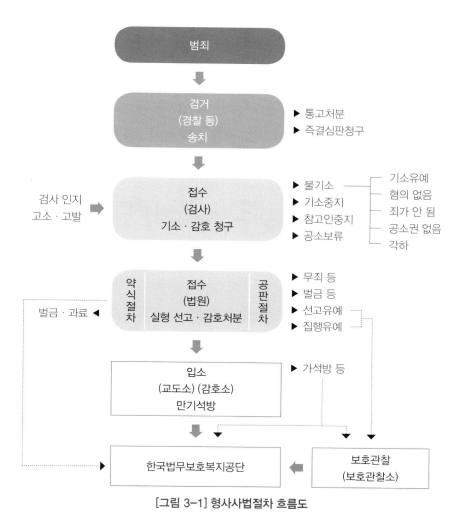

[그림 3-1] 형사사법절차 흐름도

출처: 법무연수원(2021).

### 3) 최근 형사사법 제도의 변화

최근 우리나라의 형사사법 제도는 큰 변화를 맞이하고 있다. 대한민국 정부 수립 후 1954년 「형사소송법」이 제정된 이후 지금까지 계속해서 검사가 갖고 있던 경찰에 대한 수사지휘권이 폐지되고 검찰과 경찰이 상호 협력하도록 근본적인 변화가 일어난 것이다. 이러한 내용을 포함하는 「형사소송법」 개정안과 「검찰청법」 개정안이 2020년 1월 13일 국회를 통과하였으며, 2021년 1월 1일부터 시행되고 있다.

개정 「형사소송법」의 내용을 구체적으로 살펴보면, 검사의 일반적 수사지휘권을 폐지하고 종전의 검찰과 경찰의 '수직적 관계'가 아닌 수사와 기소, 공소 유지 전반에 걸친 '상호 협력 관계'로 설정하였다. 앞으로 경찰은 원칙적으로 모든 사건에 대한 '1차적 수사권' 과 '수사종결권'을 갖게 되며, 이에 비해 검찰은 기소권과 함께 '송치 후 수사권' 및 경찰 수사에 대한 '보완수사ㆍ시정조치 요구권' 등을 통해 경찰을 견제하게 된다. 경찰은 범죄 혐의가 있다고 인식하는 때에는 수사를 해야 하고, 검사는 송치사건의 기소 여부 결정이나 공소 유지, 경찰이 신청한 영장 청구 여부 결정 등을 위해 필요한 경우 경찰에 보완수사를 요구할 수 있다. 경찰은 '정당한 이유가 없는 한 지체 없이' 검사의 보완수사 요구를 이행해야 한다. 경찰이 정당한 이유 없이 검사의 보완수사 요구에 따르지 않으면 검찰총장이나 각급 검찰청 검사장이 경찰청장을 비롯한 징계권자에게 해당 경찰에 대한 직무배제나 징계를 요구할 수 있도록 하였다. 한편, 경찰 수사 과정에서 법령 위반이나 인권 침해, 현저한 수사권 남용이 의심되는 경우에는 검사가 경찰에 사건기록 등본 송부와 시정조치, 사건 송치를 요구할 수 있고, 경찰은 이에 따르도록 하였다. 만약 경찰이 이를 따르지 않으면 검찰총장ㆍ각급 검찰청 검사장이 그 경찰에 대한 징계를 요구할 수 있도록 하였다.

또한 개정 「형사소송법」은 경찰에 수사종결권도 부여하였다. 고소ㆍ고발 사건을 포함해 범죄 혐의가 인정되거나 공소제기가 필요한 경우 등에 한해서만 경찰이 검사에게 사건을 선별적으로 송치할 수 있도록 하였다. 다만, 경찰의 수사종결권을 통제하기 위해 불송치 사건의 경우 경찰이 불송치 이유를 명시한 서면과 함께 관계 서류와 증거물을 검사에게 송부하도록 하였다. 이때 검사는 서면과 관계 서류, 증거물을 받은 날부터 '90일' 안에 검토한 뒤 다시 서류를 경찰에게 반환하도록 하였다. 이때 경찰의 사건 불송치가 위법ㆍ부당한 경우에는 검사가 경찰에게 재수사를 요청할 수 있도록 하였다.

아울러 검사가 작성한 피의자 신문조서의 증거 능력을 제한하는 내용도 반영되었다. 개정 「형사소송법」에 따르면, 검사가 작성한 피의자 신문조서는 적법한 절차와 방식에 따라 작성된 것으로 공판 준비, 공판기일에 피의자였던 피고인이나 변호인이 그 내용을 인정한 때에 한해서만 증거로 삼을 수 있도록 하였다. 검사가 작성한 조서의 증거 능력을 경찰이 작성한 조서와 같은 수준으로 낮춘 셈이다.

한편 「검찰청법」도 개정되었는데, 검사가 직접수사권을 갖는 사건 범위를 대통령령으로 정하는 부패 범죄, 경제 범죄, 공직자 범죄, 선거 범죄, 방위 사업 범죄 등 중요 범죄와 경찰공무원이 범한 범죄, 그리고 대형 참사 관련 범죄 등으로 제한하였다. 이와 함께 경찰 송치 범죄와 직접 관련성 있는 범죄를 검사가 인지하면 모두 직접 수사할 수 있도록 하였다. '경찰 송치 사건에 대한 2차 수사는 제한 없이 할 수 있도록 해야 한다'는 검찰 주장이 반영된 것이다. 다만, 이 경우에도 경찰 송치 범죄와 '직접 관련성' 있는 범죄로만 검사 직접수사 범위가 한정되다 보니 어느 범위까지 직접 관련 있는 범죄인지 여부를 두고 수사와 기소, 재판 단계에서 논란이 벌어질 것으로 예상된다. 수사권 조정안의 시행 시기는 공포 후 6개월~1년 이내로 정해졌지만 구체적인 시점은 대통령령으로 정하도록 하였으며, 다만 검사 작성 피의자 신문조서의 증거 능력을 수정하는 내용은 공포 후 4년 안에 시행하되 대통령령으로 구체적인 시행 시기를 정하도록 하였다.

　개정 「형사소송법」, 「검찰청법」 등을 통하여 검사와 사법경찰관이 수사와 공소 제기·유지에 관해 서로 협력할 의무, 국가적·사회적 피해가 큰 중요한 사건 수사와 관련해 상호 의견의 제시·교환, 그리고 개별 사건 수사에서 이견이 발생할 경우 갈등을 방지하기 위한 의무적 협의 조항이 마련되었다. 또 보완수사가 필요할 경우 대상과 범위, 방법, 절차를 구체적으로 규정했고, 시정조치 요구와 방법 등의 절차도 규정하였다. 수사 과정에서 인권과 적법 절차를 보장하는 내용도 담겼는데, 앞으로 심야 조사와 장시간 조사가 제한되고 변호인의 조력권이 보장되며, 이른바 '별건 수사'가 금지된다. 내사 단계에서 소환 조사나 영장 청구가 제한되며, 사건과 무관한 전자 정보는 삭제하도록 하였으며, 검사가 작성한 피의자 신문조서의 증거 능력 제한은 2022년 1월 1일부터 적용하기로 하였다.

　「검찰청법 시행령」 제정안에 따라 검사의 직접수사 개시 범위가 부패, 경제, 공직자, 선거, 방위 사업, 대형 참사 등 6대 분야 범죄로 한정되었으며, 예를 들어 부패 범죄 가운데 주요공직자의 뇌물, 「특정범죄가중처벌법」상 뇌물·알선 수재, 정치자금 범죄, 배임수증재 등만 검찰이 직접수사를 개시할 수 있도록 하였다. 뿐만 아니라 검사의 수사 개시의 대상이 되는 공직자 신분과 금액 등에 대한 세부 기준도 정해졌는데, 구체적으로 주요공직자는 공직자윤리법상 재산등록의무자로, 뇌물 범죄는 3,000만 원 이상(특정범죄가중처벌법)으로, 사기·횡령·배임 범죄는 5억 원 이상(특정경제범죄가중처벌법)으로 기준을 정하였다. 또한 알선 수재, 배임수증재, 정치자금 범죄 5,000만 원 이상 등으로 검사의 수사 개시 범위를 한정하였다. 한편, 검사의 직접수사 개시 관련 경제 범죄에 마약·수출입 범죄는 포함되었고, 대형 참사 범죄에 주요 정보통신 기반시설에 대한 사이버 범죄는 포함되지 않았다.

　법조계의 전문가들은 이러한 수사권 조정안에 대해 검사의 재수사 요청과 경찰의 자체적인 수사종결이 무한 반복될 수 있는 등 문제점이 있다고 지적하고 있다. 즉, 검찰의 재수사 요청 이후에도 경찰의 결정이 달라지지 않으면 검찰이 직접 재수사나 보완수사를 할 수 있어야 하는데, 수사권 조정안은 경찰의 불송치결정이 위법하면 송치하라고만 규정할 뿐 검사가 송치받은 뒤 수사하는 것은 허용하지 않고 있어 보완책이 필요하다고 지적하고 있다. 따라서 경찰에 대한 통제 기능 약화가 이번 수사권 조정안의 문제로 꼽히고 있으며, 검찰의 재수사권, 보완수사권이 필요하다고 보는 견해가 많다. 현재 법안대로라면 검찰이 경찰에 대하여 재수사·보완수사 '요구'만 할 수 있을 뿐이어서 형식적이고 무의미한 절차에 그치게 될 가능성이 높을 뿐만 아니라, 보완수사 불이행 등에 대한 징계 요구 역시 실질적 통제 기능을 갖기 어렵다는 것이다.

또한 경찰에 수사종결권을 부여한 점에 대해서는 우리 형사절차에서 기소 전 유·무죄 여부를 판단하는 기관이 두 개로 늘어난 것으로, 경찰과 검찰이 사건 처리와 관련하여 모두 불신을 받게 될 우려가 있다는 주장도 있다. 아울러 경찰의 관점에서 볼 때 수사경찰과 행정경찰의 분리가 중요하고, 수사경찰이 분리될 경우 경찰서장의 지휘 문제 등을 정리해야 한다는 주장이 제기되고 있다. 경찰에게 수사종결권이 부여되어 경찰의 권력이 막강해지는 만큼, 자치경찰제 도입 등 수사권을 중립적·독립적으로 행사할 수 있는 장치가 제대로 마련되어야 한다는 것이다. 지금까지는 검·경 간에 서로 누가 수사권을 갖느냐로 다투어 왔는데, 이제는 어떻게 수사·기소권을 제대로 행사할지 검·경 간 상호 협의하여 정리해야 할 필요성이 제기되고 있는 것이다.

## 4) 형사사법의 기본원리

형사사법은 적법절차의 원칙, 실체적 진실주의, 인권보호 등과 같은 기본원리에 바탕하고 있다.

### (1) 적법절차의 원칙

적법절차의 원칙이란 공정한 법적 절차에 따라 국가의 형벌권이 실현되어야 한다는 원칙을 말한다. 「헌법」제12조 제1항은 "모든 국민은 신체의 자유를 가진다. 누구든지 법률에 의하지 아니하고는 체포·구속·압수·수색 또는 심문을 받지 아니하며, 법률과 적법한 절차에 의하지 아니하고는 처벌·보안 처분 또는 강제 노역을 받지 아니한다."라고 규정하여 적법절차의 원칙을 천명하고 있다. 이와 같이 「헌법」제12조는 신체의 자유를 보장하기 위한 인신구속에 관한 여러 규정을 두면서 제1항에서 누구든지 법률과 적법한 절차에 의하지 아니하고는 처벌·보안 처분 또는 강제 노역을 받지 아니한다고 규정하여 인신구속과 처벌에 관하여 '적법절차주의'를 선언하고 있다. 이에 따라 법관은 인신의 구속에 관한 「헌법」과 법률의 규정들을 해석·적용함에 있어 국가형벌권보다 개인의 인권옹호에 우위를 두고 「헌법」과 법률을 해석·적용함으로써 개인의 인신구속에 신중을 기하여야 할 것이다.

　적법절차의 원칙은 역사적으로 볼 때 1215년 영국의 마그나카르타(대헌장)와 1628년 권리청원을 거쳐, 1791년 미국 수정헌법 제5조 및 1868년 미국 수정헌법 제14조에 명문화되었다. 즉, "누구든지 법의 적정절차(due process of law)에 의하지 아니하고는 생명·자유·재산을 침해받지 아니한다."라고 규정하여 국가의 형사사법절차에 있어서도 적용되는 중요한 기본원칙이 되었다. 또한 오늘날에는 독일 등 대륙법계의 국가에서도 이에 상응하여 일반적인 법치국가 원리 또는 기본권 제한에 관한 법률유보의 원리로 정립되게 되었다. 이는 형식적인 절차뿐만 아니라 실체적 법률 내용이 합리성과 정당성을 갖춘 것이어야 한다는 실질적 의미로 확대 해석하고 있으며, 나아가 형사소송절차와 관련시켜 적용함에 있어서는 형벌권의 실행절차인 형사소송의 전반을 규율하는 기본원리로 이해된다.

### (2) 실체적 진실주의

　실체적 진실주의란 경찰, 검찰, 법원 등 형사사법기관이 범죄의 실체에 관하여 객관적 진실을 발견하여 사안의 진상을 명백히 할 것을 요구하는 원칙을 말한다. 물론 실체적 진실의 최종 판단은 법원에서 결정하겠지만, 경찰과 검찰의 수사 및 기소 단계에서도 실체적 진실을 발견하기 위한 절차가 수행되어야 할 것이다. 이에 비하여 형식적 진실주의란 법원이 당사자의 사실상의 주장이나 제출한 증거에 구속되어, 이를 기초로 하여 사실 관계를 확정하고 법적인 판단을 내릴 것을 요구하는 원칙을 말한다. 사인 간의 분쟁해결을 목적으로 하는 민사소송에서는 당사자 처분권주의에 따라 법원이 당사자의 소송 활동을 기초로 사실 관계를 확정하고 법적 판단을 하므로 형식적 진실주의가 지배하지만, 형사소송의 경우에는 범죄 행위의 실체를 규명하여야 하므로 원칙적으로 당사자에 의한 처분이 인정되지 않으며 실체적 진실주의가 지배하게 된다. 예를 들면, 피고인의 자백이 그 피고인에게 불이익한 유일의 증거인 때에는 이를 유죄의 증거로 하지 못하는 경우(형소법 제310조)가 이에 해당한다.

### (3) 신속한 재판의 원칙

　「헌법」 제27조 제3항에 의하면 "모든 국민은 신속한 재판을 받을 권리를 가진다."라고 규정하여 신속한 재판의 원칙을 선언하고 있다. 이 원칙은 주로 피고인의 이익을 보호하기 위하여 인정되는 원칙이지만, 실체적 진실의 발견, 재판에 대한 국민의 신뢰 확보, 형벌 목적의 달성 등을 위하여 필요한 원칙이라고 할 수 있다. 죄형법정주의를 주창한 베카리아(Beccaria, C.)도 범죄의 일반적 예방을 위하여 신속한 재판의 중요성을 강조하였다. 특히 형사사법에 있어서 재판의 지연은 형벌의 실효성을 떨어뜨리게 되므로 「형사소송법」에서는 각 심급에서의 재판기간 제한, 재판장의 소송지휘권 등 신속한 재판 진행을 위한 각종 규정을 두고 있다. 물론 졸속재판은 신속한 재판의 원칙에 반하므로 허용되어서는 아니 된다.

### (4) 무죄추정의 원칙

「헌법」제27조 제4항에 의하면 "형사피고인은 유죄의 판결이 확정될 때까지는 무죄로 추정된다."라고 하여 무죄추정의 원칙을 선언하고 있다. 「형사소송법」도 제275조의 2에서 "피고인은 유죄의 판결이 확정될 때까지는 무죄로 추정된다."라고 규정하고 있다. 무죄추정의 원칙은 피의자 · 피고인의 지위를 보호하여 형사절차에서 그들의 불이익을 필요한 최소한에 그치게 하자는 것으로서, 인간의 존엄성 존중을 최상의 목표로 하고 있는 「헌법」이념에서 나온 것이다. 「헌법」과 「형사소송법」은 피고인에 대해서만 무죄의 추정을 규정하고 있지만, 피의자도 무죄로 추정된다고 할 것이다. 그러므로 「헌법」상 무죄추정의 원칙은 형사재판에 있어서 유죄의 판결이 확정될 때까지 피의자나 피고인은 원칙적으로 죄가 없는 자로 다루어져야 하고, 그 불이익은 필요 최소한에 그쳐야 한다는 것을 의미한다. 이러한 무죄추정의 원칙은 증거법에 국한된 원칙이 아니라 수사절차에서 공판절차에 이르기까지 형사절차의 모든 과정을 지배하는 지도 원리로서, 인신의 구속 자체를 제한하는 원리로 작용한다.

유죄의 확정 판결이 있을 때까지 국가의 수사권은 물론 공소권, 재판권, 행형권 등의 행사에 있어서 피의자 또는 피고인은 무죄로 추정되고 그 신체의 자유를 해하지 아니하여야 한다는 무죄추정의 원칙은 인간의 존엄성을 기본권 질서의 중심으로 보장하고 있는 「헌법」질서 내에서 형벌 작용의 필연적인 기속 원리가 되는 것이다. 이러한 무죄추정의 원칙이 제도적으로 표현된 것으로는 공판절차의 입증 단계에서 거증 책임을 검사에게 부담시키는 제도, 보석 및 체포 · 구속적부심사 등 인신구속의 제한을 위한 제도, 그리고 피의자 및 피고인에 대한 부당한 대우 금지 등이 있다. 무죄추정 원칙의 연혁을 살펴보면, 1789년 프랑스혁명 후 권리선언 제9조에서 "누구든지 범죄인으로 선고되기까지는 무죄로 추정된다."라고 규정하였고, 1948년 제정된 세계인권선언 제11조에서도 "범죄의 소추를 받은 자는 자기의 변호에 필요한 모든 것이 보장된 공개재판에서 법률에 따라 유죄의 입증이 있을 때까지는 무죄로 추정될 권리를 가진다."라고 규정하여 무죄추정의 원칙을 선언하였다.

### (5) 변호인의 조력을 받을 권리

「헌법」 제12조 제4항은 "누구든지 체포 또는 구속을 당한 때에는 즉시 변호인의 조력을 받을 권리를 가진다. 형사피고인이 스스로 변호인을 구할 수 없을 때에는 법률이 정하는 바에 의하여 국가가 변호인을 붙인다."라고 규정하고 있다. 변호인의 조력을 받을 권리는 피의자와 피고인의 변호인 선임권(형소법 제30조, 33조)과 변호인과의 접견교통권(제34조)을 내용으로 한다.

사선변호인을 선임할 수 없는 피의자 등을 위한 국선변호인 선정은 변호인 선임권의 보장을 위한 핵심적 요소이다. 구속된 피고인에게 변호인이 없는 경우에도 국선변호인 선정을 할 수 있고(형소법 제33조 제1항 제1호), 법원의 직권에 의한 선정도 가능하며(제33조 제3항), 체포·구속적부심사(제214조의2 제9항) 및 영장실질심사(제201조의2 제10항)에서도 국선변호인을 붙일 수 있도록 하였다. 그러나 불구속 피고인 및 구속영장 청구 전의 피의자는 국선변호인 선정대상에서 제외된다.

## 2. 형사사법절차

### 1) 수사절차

형사절차는 수사로부터 시작한다. 수사란 범죄사건이 실제로 발생한 경우에 범죄의 혐의가 있는지 여부를 명백히 하고 혐의 유무에 따라 공소 제기 및 그 유지 여부를 결정하기 위하여 범죄사실을 조사하고 범인을 발견·확보하여 증거를 수집·보전하는 수사기관의 활동을 의미한다. 수사절차란 이러한 수사기관의 활동이 연속하여 진행되는 일련의 과정이다. 수사 활동에는 사실적 성격의 수사 활동과 법률적 성격의 수사 활동이 있다. 사실적 성격의 수사 활동은 수사기관의 기술과 추리를 토대로 범죄의 존재를 확인하여 가는 과정이며, 법률적 성격의 수사 활동은 범인의 발견 및 확보와 증거의 수집·보전을 통하여 피의사실을 확정하고 당해 피의자에 대한 기소 여부를 확정하는 과정으로서 주로 형사소송법학의 연구대상이 된다.

종전에는 검사가 사법경찰관에 대하여 수사지휘권을 갖고 있었으나, 2020년 2월 4일 「형사소송법」 개정에 의하여 검사와 사법경찰관이 수사, 공소 제기 및 유지에 관하여 서로 협력하도록 하였으며, 이에 따라 수사를 위하여 준수하여야 하는 일반적 수사준칙에 관한 사항은 대통령령으로 정하도록 하였다(제195조). 그러나 검사는 범죄의 혐의가 있다고 사료하는 때에는 범인, 범죄사실과 증거를 수사할 수 있으며(제196조), 필요한 경우에는 사법경찰관에게 보완수사(제197조의2)나 시정조치(제197조의3)를 요구할 수 있다. 따라서 검찰과 경찰의 수사권 조정 문제에 대하여는 앞으로도 계속 논란이 예상된다.

　범죄 수사는 국가사회의 질서를 유지하기 위해 필수 불가결한 절차이지만, 피의자·참고인 등을 대상으로 체포·구속·압수·수색 등 강제처분을 수단으로 하는 경우가 많으므로 이 과정에서 인권이 침해되기 쉽다. 따라서 수사 활동 과정은 인권보장과 관련하여 적정하고도 합리적인 절차이어야 한다. 현행 「형사소송법」은 수사대상자의 동의나 승낙을 받아 행하는 수사인 임의수사를 원칙으로 하고 있고(제199조 제1항 본문), 수사기관이 상대방의 의사 여부를 묻지 않고 강제처분을 내용으로 행하는 강제수사는 영장주의 등 법률에 특별한 규정이 있는 경우에 한하여 필요한 최소한도의 범위 안에서만 하도록 하였다(제199조 제1항 단서). 임의수사에는 피의자 신문, 참고인 조사, 감정·통역·번역의 위촉, 공무소 등에의 사실 조회 등이 있고, 강제수사에는 체포·구속, 압수·수색·검증, 수사상의 감정유치 등이 있다. 강제수사에는 원칙적으로 법원이 발부한 영장에 따라야 하는 영장주의가 적용된다(헌법 제12조 제3항 참조).

## 2) 공소제기절차

　검사는 수사 결과 범죄의 객관적 혐의가 인정되고 유죄의 판결을 받을 수 있다고 판단하면 공소를 제기하는데, 이를 국가소추주의 또는 기소독점주의라 한다(형소법 제246조). 다만, 기소독점주의의 예외로서 즉결심판의 청구는 경찰서장이 한다. 공소제기란 검사가 법원에 대하여 특정한 형사사건의 심판을 요구하는 소송 행위를 말한다. 검사의 공소제기는 공판을 청구하는 경우와 약식명령을 청구하는 경우로 구분되는데, 전자를 구(求)공판, 후자를 구(求)약식이라고 한다. 검사의 공소제기는 수사의 종결을 의미하며, 이로부터 법원의 심판이 개시된다. 따라서 기소에 의하여 범죄 수사는 종결되고 사건은 공판절차로 이행된다. 공소의 제기 여부는 원칙적으로 수사 결과에 대한 검사만의 재량에 의하여 결정된다. 검사는 수사 결과 범인의 연령, 성행, 지능과 환경, 피해자에 대한 관계, 범행의 동기, 수단과 결과 및 범행 후의 정황 등을 참작하여 공소를 제기하지 아니할 수 있으며, 이를 기소편의주의라 한다(형소법 제247조). 공소의 제기가 없는 때에는 법원은 그 사건에 대하여 심리재판을 할 수 없다. 즉, 법원의 심판대상은 공소제기에 의하여 결정되며, 법원은 공소가 제기된 범죄사실에 한하여 심판할 수 있다. 동일 사건에 대하여 다시 공소를 제기할 수도 없다(이중기소의 금지).

　검사의 불기소처분이란 검사가 피의 사건에 관하여 공소를 제기하지 아니하는 처분을 말한다. 불기소처분에는 협의로는 '혐의 없음', '죄가 안 됨', '공소권 없음'이 있고, 광의로는 '기소유예', '기소중지' 등의 처분을 포함한다. 이러한 불기소처분에 대한 불복 수단으로는 항고 및 재항고, 재정신청, 헌법소원 등이 있다. 검사가 공소를 제기할 때에는 공소장을 관할법원에 제출하여야 한다(제254조 제1항). 공소장에는 사건에 관하여 법원에 예단이 생기게 할 수 있는 서류 기타 물건을 첨부하거나 그 내용을 인용하여서는 아니 되며, 이를 '공소장일본주의'라고 한다(형사소송규칙 제118조 제2항). 이는 수사절차와 공판절차를 엄격히 분리함으로써 법원의 예단과 선입견을 사전에 배제시켜 형사재판에 있어서 공정성의 이념을 실현하기 위한 제도이다.

### 3) 공판절차

#### (1) 공판절차의 의의

　공판절차란 넓은 의미로는 공소를 제기함으로써 사건이 법원에 계속된 후부터 그 소송절차가 종결될 때까지의 모든 절차를 말한다. 이러한 의미의 공판절차는 법원이 피고사건에 관하여 심리 및 재판을 행하는 절차를 모두 일컫는다. 즉, 공판 준비절차와 법정 외의 증인 신문절차 및 검증절차 등이 여기에 포함된다. 좁은 의미의 공판절차란, 특히 공판기일에 공판정에서 행하는 심리와 재판 과정만을 말한다. 공판중심주의에 기초한 공판절차라고 하면 이러한 좁은 의미의 절차를 말하는 것이다. 이처럼 사건에 대한 법원의 심리는 모두 공판절차에서 행하여지며, 「형사소송법」은 법원의 심리를 공판절차에 집중하도록 하는 공판중심주의를 확립하고 있다(제275조 등). 공판중심주의란 모든 증거 자료를 공판에 집중시켜 공판정에서 형성된 심증만을 기초로 하여 사건의 실체를 심판하여야 한다는 원칙으로서, 공판기일에 있어서의 소송절차를 형사소송 전체의 중심으로 삼고 있는 원리를 말한다. 검찰의 수사 기록 대신 법정에서 제시되는 증거와 진술에 비중을 두어 유·무죄를 가리게 되며, 이에 따라 위증이 점차 많아지는 등의 폐해도 나타나고 있다. 공판절차는 공판기일에 검사와 피고인 등 주로 양 당사자의 공격과 방어를 중심으로 전개되는 당사자주의 소송 구조를 취하고 있고, 공판절차에서의 법률관계의 공정성을 유지하기 위해 공개재판주의, 구두변론주의(제275조의3), 직접심리주의, 집중심리주의(제267조의2) 등의 기본원칙을 견지하고 있다.

### (2) 국민참여 형사재판 제도

국민참여 형사재판이란 일반 국민도 공판절차에 배심원의 자격으로 직접 참여하여 피고인에 대한 유·무죄의 평결과 양형개진 등을 함으로써 형사사법에 관여하는 제도이다. 2008년 1월부터 시행된「국민의 형사재판 참여에 관한 법률」에 따라 중한 범죄사건의 재판에 국민이 참여하게 되어 사법의 민주적 정당성을 강화하고 투명성을 제고함으로써 궁극적으로 국민으로부터 신뢰받고 존중받는 사법을 확립하게 되었다. 국민참여재판을 편의상 배심제라고 하지만 우리나라의 제도는 법관이 배심원의 평결에 기속되는 순수한 배심제는 아니다. 배심원의 유·무죄 결정권을 갖는 미국형 배심 제도와 일반 국민인 참심원이 법관과 동일한 권한을 가지고 함께 재판 과정에 참여하여 유·무죄 및 양형 결정을 하는 유럽형 참심 제도를 혼합한 형태로서, 배심원이 법관에게 권고적 효력을 가진 유·무죄 평결 및 양형 의견을 개진하도록 하였다. 우리나라는 피고인이 국민참여재판을 원하는 경우에만 실시하고(국민참여재판법 제5조 제2항), 대상 사건도 모든 형사사건에 적용되는 것이 아니라 법에서 규정한 사건으로 그 범위를 제한하였다.

## 4) 형의 집행절차

공판절차 결과에 따라 국가권력이 재판의 의사 표시 내용을 강제로 실현하는 것이 재판의 집행이고, 재판의 집행 가운데 가장 중요한 것은 유죄 판결의 집행인 형의 집행이다. 형집행에 의하여「형법」의 구체적 실현이라는 형사소송의 최종 목표가 달성된다. 형의 집행 중에서 자유형의 집행을, 특히 행형(行刑)이라고 한다. 형의 집행절차 중 징역, 금고 등 자유형의 집행에 해당하는 행형은 형사사법절차의 일부이지만 수형자의 교정처우를 중심으로 이루어지는 행정작용의 성격을 가지고 있으며, 이를 교정행정이라 한다.

### (1) 형의 집행시기

형벌은「형사소송법」에 특별한 규정이 없으면 재판이 확정된 후에 집행한다(형소법 제459조). 재판은 확정된 후에 즉시 집행하는 것이 원칙이며, 형을 선고한 재판에 대하여 형의 집행에 착수하지 않으면 형의 시효가 진행된다. 형의 선고를 받은 자에게 형의 시효가 완성되면 그 집행이 면제되는 효과가 발생한다(형법 제77조). 이러한 재판의 즉시집행 원칙에는 예외가 있는데, 재판이 확정되기 전에 집행할 수 있는 경우와 재판이 확정된 후에도 일정 기간이 경과하여야 집행할 수 있는 경우가 그것이다. 전자의 예로는 재산형의 가납(假納) 판결이 있는 경우로서, 법원은 벌금, 과료 또는 추징의 선고를 하는 경우에 판결의 확정 후에는 집행할 수 없거나 집행하기 곤란한 염려가 있다고 인정한 때에는 직권 또는 검사의 청구에 의하여 피고인에게 벌금, 과료 또는 추징에 상당한 금액의 가납을 명할 수 있는데, 형의 선고와 동시에 판결로써 선고하여야 하며, 이 판결은 즉시 집행할 수 있다(형소법 제334조). 후자의 예로서는, 벌금과 과료는 판결확정일로부터 30일 이내에 납부할 수 있으며, 따라서 벌금과 과료의 미납으로 인한 노역장 유치의 집행은 벌금과 과료의 확정일로부터 30일 이내에는 집행할 수 없다(형법 제69조). 또한 사형의 집행은 법무부장관의 명령 후 5일 이내에 가능하므로 집행명령이 없으면 집행할 수 없으며(형소법 제463조), 사형 선고를 받은 자와 자유형의 선고를 받은 자가 심신의 장애로 의사능력이 없는 상태에 있거나 사형 선고를 받은 자가 잉태 중인 여자인 때에는 심신장애가 회복되거나 출산할 때까지 형의 집행이 정지된다(형소법 제469조, 제470조).

### (2) 형의 집행지휘

재판의 집행은 국가 공익의 대표자인 검사의 직무에 속하는 것으로 검사가 지휘·감독하는 것이 원칙이다(검찰청법 제4조). 따라서 형의 집행은 그 재판을 한 법원에 대응하는 검찰청의 검사가 지휘한다(형소법 제460조). 형의 집행지휘는 반드시 서면(형 집행지휘서)으로 하여야 하고, 재판서 또는 재판을 기재한 조서의 등본 또는 초본을 첨부하여야 한다(형소법 제461조). 우리 「형법」에는 사형, 징역, 금고, 벌금 등 9종의 형벌을 두고 있다(형법 제41조). 징역, 금고 등 자유형의 경우 교도소, 구치소 등 교정기관에서는 관할 검찰청 검사의 형 집행지휘서에 따라 시설 내에서 형을 집행하게 된다.

형 집행지휘서에는 형 집행대상자, 즉 수형자에 대한 형의 종류, 형기, 집행할 장소 등이 기재되어 있으며, 교정기관에서는 형 집행지휘서의 내용에 따라 형을 집행한다. 사형의 경우, 우리나라는 1997년 12월에 사형을 집행한 이후 지금까지 사형 집행을 하고 있지 않고 있으며, 사실상의 사형폐지국가로 분류되고 있다. 그러나 「형법」 등 법 규정에는 사형 규정을 존치하고 있어서 상황에 따라서는 다시 사형을 집행할 수 있는 여지를 남겨 두고 있다. 사형을 집행할 경우, 사형의 집행에 참여한 검찰청 서기관은 사형 집행조서를 작성하고 검사와 교도소장 또는 구치소장이나 그 대리자와 함께 기명날인 또는 서명하여야 한다(형소법 제468조).

## 3. 교정기관

### 1) 의의

　범죄가 발생하면 형사사법절차가 개시되고, 이에 따라 범죄인에 대하여 상응하는 처벌을 가하게 된다. 형사사법절차는 범죄 단서에 대한 경찰의 수사로부터 시작되어 검사의 기소, 법원의 재판을 거쳐 형이 확정된다. 형이 확정된 이후에는 형 집행기관이 관여하게 되는데, 범죄자에 대한 형 집행뿐만 아니라 처우나 교정교화를 통한 사회복귀 및 재범방지를 중시하므로 이를 교정기관이라고 한다. 즉, 형사사법에 관여하는 국가기관에는 경찰, 검찰, 법원 그리고 마지막 단계인 형 집행을 담당하는 교정기관이 포함되는 것이다.

　교정의 의미는 범죄 행위로 인하여 사회로부터 일탈된 범죄자를 인도하여 바르게 한다는 의미를 갖고 있다. 우리 사회의 범죄 문제에 대하여는 범죄예방이 매우 중요한데, 이러한 예방에는 일반예방과 특별예방이 있다. 일반예방은 범죄를 저지르면 반드시 처벌을 받는다는 것을 「형법」 규정 등을 통하여 미리 알림으로써 국민들로 하여금 범죄를 저지르지 않도록 하는 것을 말한다. 이미 18세기에 Beccaria는 『범죄와 형벌』(1764)이라는 저서에서 범죄 행위와 그에 상응하는 처벌을 미리 성문 규정으로 정해 놓음으로써 국민들이 범죄를 저지르지 않도록 해야 한다는 죄형법정주의와 일반예방주의를 주장하였다. 그런데 이미 범죄 행위를 저지른 범죄 경력자에 대한 재범예방도 매우 중요하다고 할 수 있다. 범죄 경력자, 즉 전과자들이 교도소, 구치소 또는 소년원에서 출소 후 재범을 하게 된다면 사회질서를 해치게 되고, 선량한 피해자가 계속 발생됨으로써 국민의 재산과 생명이 보호받을 수 없기 때문이다. 이러한 범죄자에 대한 재범방지는 형기 기간 동안 교정시설 내에서 형 집행과 교정처우를 통하여 이루어지는데, 이를 특별예방이라고 한다. 형 집행 단계에서의 주요한 과제는 바로 특별예방이며, 이는 재범률에 의하여 평가할 수 있다. 재범률이 낮은 것은 국가교정기관에서의 교정처우가 성공적으로 실시되고 있음을 나타내는 것이며, 재범률이 높은 것은 교정처우가 성공적으로 실시되지 못하고 있다는 반증이 된다고 할 수 있다.

　교정은 좁은 의미의 교정과 넓은 의미의 교정으로 구분할 수 있다. 좁은 의미의 교정은 교도소, 구치소 등 시설 내에서 범죄자를 수용하여 형을 집행하고 처우하는 것을 말한다. 따라서 미결 수용자와 형이 확정된 수형자에 대한 집행 및 처우를 일컫는 것이며, 구치소와 교도소가 이를 관장하는 국가기관이다. 또한 19세 미만의 범죄소년을 수용하여 교육하는 소년원이나 범죄를 저지른 정신질환자를 수용처우하는 치료감호소도 시설 내 처우이 므로 좁은 의미의 교정에 해당한다고 할 수 있다. 과거에는 징역, 금고 등 시설 내 처우가 형 집행의 중심이었으나, 경미한 범죄자에게까지 자유형을 집행하는 것은 오히려 악성을 감염시켜 범죄자를 만든다는 비판이 일어났고 자유형에 대한 대체 방안이 마련되었다. 이 를 자유형에 대한 전환 제도(다이버전)라고 하는데, 벌금, 사회봉사명령, 수강명령, 보호관 찰 등이 이에 해당하며, 가장 대표적인 유형이 보호관찰이라고 할 수 있다.

보호관찰은 경미한 범죄자에 대하여 교정시설에 수용하지 않고 사회 내에서 자신의 생 활을 영위하면서 일정 기간 국가의 감독을 받게 함으로써 재범을 방지하기 위한 제도로 서 사회 내 처우라고 한다. 보호관찰은 1841년에 미국 보스턴의 제화공이었던 오거스터스 (Augustus, J.)가 민간인으로서 자원봉사 활동의 형태로 출발하였으며, 이후 전 세계적으로 발전되었다. 보호관찰은 미국과 유럽에서 다르게 발전되었는데, 미국은 해당 범죄자를 교 정시설에 수용하지 않고 사회 내에서 감독하고 처우하는 형태로 운영하였고, 유럽에서는 범죄자를 교정시설에 수용한 후에 개전의 정이 뚜렷한 수용자를 가석방시키고 가석방 기 간 동안 보호관찰을 받도록 하였다. 미국의 제도를 프로베이션(probation)이라 하고, 유럽 의 제도를 퍼롤(parole)이라 한다.

넓은 의미의 교정은 시설 내 처우와 사회 내 처우를 모두 포함하는 개념이다. 시설 내 처 우든 사회 내 처우든 형 집행 단계에 속하고 범죄자를 교정교화하여 재범을 방지하며 사회 에 복귀하게 한다는 점에서 같은 목적을 갖고 있기 때문이다. 이러한 관점에서 범죄자에 대한 형벌을 집행하고 교정교화를 담당하는 기관, 즉 교정기관에는 시설 내 처우를 관장 하는 기관으로서 교도소, 구치소, 소년원 및 치료감호소와 사회 내 처우를 관장하는 보호 관찰소가 모두 포함된다고 하겠다. 우리나라의 경우, 이러한 교정기관들이 모두 법무부에 속하여 법무부장관의 지휘감독을 받고 있으며, 교도소와 구치소는 교정본부에서 관할하 고, 소년원, 치료감호소 및 보호관찰소는 범죄예방정책국에서 관할하고 있다.

형사사법의 모든 단계에 있어서 당사자의 인권을 침해할 우려가 있기 때문에 엄격한 법 치주의가 요구되고 있다. 「헌법」 제12조는 신체의 자유를 규정하여 이를 명시하고 있으 며, 형사소송법에 의해 형사사법절차의 각 단계에서 인권이 침해되지 않도록 각종 규정을 두고 있다. 특히 형 집행 단계는 장기간 범죄자를 수용하거나 처우하기 때문에 법치주의 의 원리가 더욱 중요한 요소가 되고 있다. 이러한 관점에서 형 집행 단계에서의 기본이 되 는 주요 법률에는 「형의 집행 및 수용자의 처우에 관한 법률」(법률 제16925호, 2020. 2. 4. 일 부개정), 「보호소년 등의 처우에 관한 법률」(법률 제17505호, 2020. 10. 20. 일부개정), 「치료감호 등에 관한 법률」(법률 제17510호, 2020. 10. 20. 일부개정), 「보호관찰 등에 관한 법률」 (법률 제17505호, 2020. 10. 20. 타법개정) 등이 있다. 달리 말하면, 「형의 집행 및 수용자의 처우에 관한 법률」은 교도소와 구치소의 운영에 관한 기본법이고, 「보호소년 등의 처우에 관한 법률」은 소년원의 운영에 관한 기본법이며, 「치료감호 등에 관한 법률」과 「보호관찰 등에 관한 법률」은 각각 치료감호소와 보호관찰소의 운영에 관한 기본법으로서, 모든 교 정기관의 운영과 범죄자 처우에 대한 근거가 되고 있다.

## 2) 범죄인 처우의 기본원리

형 집행 단계, 즉 교정 단계에서는 범죄자에 대한 인권 침해 가능성을 방지하고 교정의 목적을 달성하기 위하여 범죄인 또는 수용자 처우에 일반적으로 적용하기 위한 원칙을 두 고 있다. 이는 시설 내 처우와 사회 내 처우에 모두 해당하는 기본원칙이라고 할 수 있다. 특히 시설 내 처우는 시설 내에 구금하여 형을 집행하고 처우하는 것이므로 기본원리가 중 요한 역할을 하고 있다. 이러한 처우의 기본원리에는 인도주의, 평등주의, 법률주의, 과학 주의, 개별화주의, 사회접근주의 등이 주장되고 있다.

### (1) 인도주의

인도주의란 범죄자 또는 수용자에 대한 처우는 인간의 존엄성을 해하지 않는 범위 내에 서 이루어져야 한다는 원칙이다. 「헌법」 제10조는 "모든 국민은 인간으로서의 존엄과 가 치를 가지며, 행복을 추구할 권리를 가진다."라고 규정하고 있으며, 범죄자에 대하여도 인 간으로서의 존엄과 가치를 보호하여야 한다. 이에 따라 「형 집행법」 제4조는 "이 법을 집 행하는 때에 수용자의 인권은 최대한으로 존중되어야 한다."라고 명시함으로써 수용자에 대한 인도주의의 원칙을 강조하고 있다. 이는 가장 기본적인 처우 이념에 해당하며, 인간 의 존엄성과 최소한의 생활 조건이 보장되어야 한다는 것이다.

### (2) 평등주의

평등주의는 범죄자에 대한 공평한 처우를 말한다. 범죄자 처우는 '법 앞의 평등'(헌법 제 11조)이라는 「헌법」의 기본 이념에 충실해야 한다. 또한 「형 집행법」 제5조는 "수용자는 합리적인 이유 없이 성별, 종교, 장애, 나이, 사회적 신분, 출신지역, 출신국가, 출신민족, 용모 등 신체조건, 병력, 혼인 여부, 정치적 의견 및 성적 지향 등을 이유로 차별받지 아니한다."라고 규정하여 차별 없는 공평한 처우의 원칙을 명시하고 있다. 이에 따라 교정시설의 수용자에 대하여도 법적 지위에 상응하는 처우를 실시하여야 하며, 처우를 받는 수용자는 그 법적 지위에 따라 권리와 의무를 갖게 된다.

### (3) 법률주의

법률주의는 형의 집행 또는 처우에 있어서 법률에 근거하여 실시하여야 한다는 원칙이다. 형의 집행 단계에서는 범죄자 또는 수용자의 자유나 권리를 침해할 우려가 높기 때문에 반드시 법에 의거하여 집행 및 처우를 실시하여야 한다. 범죄가 발생하면 경찰의 수사, 검찰의 기소, 법원의 재판 등 형사소송절차를 거쳐 형이 확정되는데, 이러한 수사에서 재판에 이르는 과정에서도 법률주의가 엄격하게 적용되며, 「형사소송법」이 그 기본이 되고 있다. 법률주의는 형이 확정된 후 집행 단계에서도 범죄자 또는 수용자의 인권이 침해되지 않도록 적용되어야 할 기본원칙에 해당한다.

### (4) 과학주의

과학주의는 자연과학이나 사회과학 등 과학 발달의 결과들을 범죄자 처우에 적용하여 범죄자 교화 개선 및 재범방지의 효과를 나타낸다는 원칙이다. 19세기 이후 생물학, 심리학, 정신의학, 건축공학 등 과학의 비약적인 발전이 있었으며, 교정 분야에 있어서도 이러한 과학의 발전이 많은 영향을 미쳤다. 이탈리아의 의사로서 범죄학의 발전에 큰 기여를 한 Lombroso는 생래적 범죄인론을 주장하여 종전의 자유의사론을 정면으로 반박하는 의사결정론의 계기를 만들었다. 자유의사론은 인간이 범죄 행위를 하는 것은 자신의 자유의사에 바탕하여 하는 것이며, 따라서 범죄자를 엄중하게 처벌하여야 한다는 응보론의 배경이 되었다. 그런데 Lombroso는 출생 시부터 범죄성을 갖고 태어나는 사람이 있으며, 이는 자유의사에 기인한 것이 아니고 생래적으로 생성된 것이므로 응보가 아니라 과학적인 치료가 필요하다고 하였다. 현재 교정시설에서는 과학적인 심리검사, 적성검사 등 분류심사에 따른 이송과 거실 지정, 작업 및 직업훈련 등을 실시하고 있으며, 전자경비 시스템에 의한 교정시설 관리나 전자발찌를 착용한 보호관찰도 모두 과학주의에 해당한다고 할 수 있다. 교정시설에서 범죄자 간 악성 감염을 방지하기 위하여 우선적으로 과학적인 격리가 필요하고, 이러한 바탕하에 인성을 교화 개선하기 위하여 과학적 기법에 기반을 둔 다양한 처우 프로그램이 실시되고 있다.

### (5) 개별화주의

개별화주의는 범죄자를 집단적으로 처우하였던 과거의 전통에서 벗어나 범죄인의 교육적 개선을 목적으로 하는 특별예방 작용을 중시하여 범죄자 개개인에게 알맞은 처우를 함으로써 범죄성의 교정을 목적으로 하는 원칙이다. 이러한 처우의 개별화를 위해서는 재판단계에서의 양형절차의 합리화 및 판결 전 또는 판결 후 조사 제도의 채택, 수용자에 대한 정확한 진단과 이해를 위한 제도 마련, 과학적 분류처우기법의 개발, 교정기관의 수용자 처우상 재량권의 확대, 시설의 다양화와 소규모화, 전문인력의 확보, 교정재정의 지원 등이 요청되고 있다. 다만, 처우의 개별화를 실시하게 되면 교정경비의 증가가 불가피하고, 범죄자에 대한 과도한 처우로 형벌 제도에 대한 불신이 초래될 수 있으며, 범죄자 간 불평등 처우가 나타날 수 있다는 것 등이 문제점으로 지적되고 있다.

### (6) 사회접근주의

사회접근주의 혹은 교정의 사회화는 교정의 궁극적 목적과 연관된 범죄자 처우의 기본원리이다. 「형의 집행 및 수용자의 처우에 관한 법률(형 집행법)」 제1조는 "이 법은 수형자의 교정교화와 건전한 사회복귀를 도모하고, 수용자의 처우와 권리 및 교정시설의 운영에 관하여 필요한 사항을 규정함을 목적으로 한다."라고 규정하여 교정시설에서 처우에 대한 궁극적 목적을 수형자의 사회복귀에 두고 있다. 따라서 수형자를 외부 사회로부터 완전히 단절시켜서는 안 되고 가능한 한 외부 사회와의 접촉은 계속 유지되어야 한다. 독일의 형집행법 제3조에서 "수형생활은 가능한 한 일반인의 생활 상태와 유사하게 하여야 한다."라는 규정은 행형의 사회화 원칙을 천명한 것이다. 이러한 사회화 원칙의 유형으로서는 교정시설 내에서 외부 사회로 나가는 귀휴 제도, 외부 통근 제도, 가족만남의 집, 개방처우, 중간처우시설 등의 처우 제도와 사회 내의 유효한 자원을 활용하는 방법으로 교정위원 위촉 및 자매결연과 귀휴심사위원회, 징벌위원회 등 각종 위원회의 운영이 이에 해당한다.

## 3) 교정기관의 의의와 종류

### (1) 교정기관의 의의

교정은 범죄자에 대한 형의 집행을 담당하는 형사사법의 최종 단계이고, 이러한 집행 업무를 관장하는 국가기관이 교정기관이다. 범죄가 발생하면 경찰에서 범죄자에 대한 수사가 시작되고 범죄의 실체를 밝혀 이를 검찰에 송치하며, 검찰에서는 해당 범죄자에 대한 기소 여부를 결정한다. 검찰에서 기소한 범죄자는 법원에서 재판을 거쳐 형이 확정되며, 이후 형의 집행 단계는 교정기관에서 담당하게 된다.

이러한 형 집행 단계에서의 교정기관에는, 넓은 의미의 교정의 관점에서 보면 시설 내 처우를 담당하는 교도소·구치소 및 소년원과 사회 내 처우를 담당하는 보호관찰소가 포함된다고 할 수 있다. 다른 한편으로 범죄자에 대한 처분에는 형사처분과 보안처분이 있는데, 형사처분은 징역형, 금고형 등이 이에 해당하며 주로 교도소에서 집행하고 있다. 보안처분은 소년원 송치, 보호관찰, 치료감호 등이 이에 해당하는데, 그 집행은 소년원, 보호관찰소, 치료감호소에서 실시하고 있다. 일반적으로 교정기관은 교도소와 구치소를 일컫는 것이며, 보호기관은 소년원, 보호관찰소, 치료감호소를 포함하는 개념으로 쓰이고 있다. 따라서 넓은 의미의 교정기관에는 교도소와 구치소는 물론 보호기관을 모두 포함하는 개념으로 볼 수 있다.

좁은 의미의 교정기관(이하 교정시설이라 함.)은 국가 행정기관의 일종으로서 범죄자에 대한 구금확보와 범죄자의 재사회화라는 강제적·교육적인 목표를 추구하는 이중적 기능을 가진 조직으로 정의되고 있다. 이러한 교정조직의 중앙기구로는 법무부장관 산하에 법무부 교정본부가 있고, 지방기구로는 4개 지방교정청(서울·대구·대전·광주)이 있으며, 일선 교정기관에는 교도소와 구치소가 있다. 2021년 1월 현재 전국의 교정시설로서 교도소는 개방교도소 1개소(천안), 여자교도소 1개소(청주), 소년교도소 1개소(김천), 민영교도소 1개소(소망교도소)와 3개 지소(평택, 서산, 논산)를 포함하여 총 43개소이며, 구치소는 11개소이다.

광의의 교정기관에는 보호기관도 포함되는바, 보호기관 또는 보호시설이란 범죄자에 대한 '사회 내 처우' 또는 비행소년에 대한 보호처분 등을 행하는 기관을 말한다. 중앙기구로는 법무부장관 산하에 범죄예방정책국이 있고, 일선 보호기관으로는 치료감호소 1개소(공주), 소년원 10개소, 소년분류심사원 1개소, 보호관찰소(지소 포함) 57개소, 그리고 위치추적관제센터 2개소 등 총 71개소가 있다.

## (2) 교도소 및 구치소

좁은 의미의 교정기관 또는 교정시설에는 교도소와 구치소가 포함된다. 교정시설은 수용자에 대한 과학적 처우와 형 집행상의 질서 유지 및 교정교화의 목적에 따라 다양하게 분류된다. 그 기준은 수용자의 연령, 성별, 형의 확정 여부, 「특별법」의 처분, 특수목적, 계호 정도 등에 따라서 이루어진다. 교정시설의 과학적 분류는 곧 수용자의 합리적 처우 및 효과적인 교정교화를 위한 전제가 된다. 우리나라의 교도소와 구치소에 수용된 연도별 1일 평균 전체 수용인원과 과밀수용 비율은 다음 〈표 3-1〉과 같다. 표에서 보는 바와 같이, 2010년 이후 교정시설 내 전체 수용자의 수는 계속 증가하는 추세에 있다. 2020년 전체 수용자의 수는 53,873명이며, 이 가운데 징역이나 금고 등 형이 확정된 수형자는 33,392명으로서 62.0%를 차지하고, 벌금을 납부하지 않아 노역장 유치처분으로 수용된 자가 1,397명으로서 2.6%를 차지하고 있다. 한편, 형이 확정되지 않은 미결 수용자의 수는 19,084명으

**표 3-1**  교정시설 1일 평균 수용인원 및 과밀수용 비율(2010~2020년)　　　　　　　　[단위: 명]

| 연도 \ 구분 | 수용정원 | 1일 평균 수용인원 | 수용 내용 | | | 과밀수용 비율 |
|---|---|---|---|---|---|---|
| | | | 수형자 | 미결 수용자 | 노역장 유치 | |
| 2010 | 45,930 | 47,471 (100%) | 30,607 (64.5%) | 14,819 (31.2%) | 2,045 (4.3%) | 103.4% |
| 2011 | 45,690 | 45,845 (100%) | 29,820 (65.0%) | 14,201 (31.0%) | 1,824 (4.0%) | 100.3% |
| 2012 | 45,690 | 45,488 (100%) | 29,448 (64.7%) | 14,186 (31.2%) | 1,854 (4.1%) | 99.6% |
| 2013 | 45,690 | 47,924 (100%) | 30,181 (63.0%) | 15,646 (32.6%) | 2,097 (4.4%) | 104.9% |
| 2014 | 46,430 | 50,128 (100%) | 30,727 (61.3%) | 17,377 (34.7%) | 2,024 (4.0%) | 108.0% |
| 2015 | 46,600 | 53,892 (100%) | 32,649 (60.6%) | 19,267 (35.8%) | 1,976 (3.7%) | 115.6% |
| 2016 | 46,600 | 56,495 (100%) | 33,791 (59.8%) | 20,877 (37.0%) | 1,827 (3.2%) | 121.2% |
| 2017 | 47,820 | 57,298 (100%) | 35,382 (61.8%) | 20,292 (35.4%) | 1,624 (2.8%) | 119.8% |
| 2018 | 47,820 | 54,744 (100%) | 34,377 (62.8%) | 18,867 (34.5%) | 1,500 (2.7%) | 114.5% |
| 2019 | 47,990 | 54,624 (100%) | 33,813 (61.9%) | 19,343 (35.4%) | 1,468 (2.7%) | 113.8% |
| 2020 | 48,600 | 53,873 (100%) | 33,392 (62.0%) | 19,084 (35.4%) | 1,397 (2.6%) | 110.8% |

출처: 법무부 교정본부(2021), 재구성.

로서 전체 수용자 대비 35.4%에 해당한다. 전체 교정시설의 수용정원은 48,600명인 데 반하여 실제 수용인원은 53,873명으로서 110.8%의 과밀수용 현상을 나타내고 있다.

### ① 일반교도소와 소년교도소

수형자의 연령에 따른 구별로 성인을 수용하는 일반교도소와 소년범죄자를 수용하는 소년교도소가 있다. 이는 「형 집행법」 제11조 제1항에 의한 것으로서, 만 19세 미만자는 원칙적으로 소년교도소에 수용하도록 규정되어 있다. 우리나라는 현재 소년교도소로 김천소년교도소 1개 기관을 운영하고 있다. 「형 집행법」 제12조 제3항은 "수형자가 소년교도소에 수용 중에 19세가 된 경우에도 교육·교화 프로그램, 작업, 직업훈련 등을 실시하기 위하여 특히 필요하다고 인정되면 23세가 되기 전까지는 계속하여 수용할 수 있다."라고 규정하여 소년 수형자라 하더라도 필요성이 인정되면 만 22세까지는 소년교도소에 수용할 수 있다.

### ② 남자교도소와 여자교도소

「형 집행법」 제13조는 남자 수형자와 여자 수형자를 격리수용하도록 규정하고 있다. 이는 성별에 따른 분류이다. 이 분류는 교도소 자체를 구별하는 분리주의와 동일한 시설 안에서 남자와 여자를 분리수용하는 분계주의가 있는데, 현행법은 여자교도소라는 명칭을 사용하지 않고, 다만 남자와 여자의 분리수용 원칙만을 선언하고 있으므로 분계주의를 채택한 것으로 볼 수 있다. 법무부 교정본부에서 발표한 2020년 말 현재 수용자 통계(2021 교정통계연보)에 의하면, 총 수용인원은 53,956명이고, 이 가운데 여성 수용자는 3,972명으로서 전체 수용자 대비 약 7.4%에 해당한다. 현재는 우리나라에서 유일하게 청주여자교도소 1개소가 설치되어 있지만, 여성 수용자가 증가 추세에 있으며 또한 여자 수형자에 대해서도 다양한 교정처우가 필요하므로, 이를 위하여 여자교도소의 증설이 주장되고 있다. 이에 법무부는 현재 경기도 화성에 여자교도소 신축을 추진 중에 있다.

### ③ 교도소와 구치소

이 구별은 피구금자의 형이 확정되었는가에 따른 분류이다. 징역형이 확정된 기결수를 수형자라 하며, 이러한 기결수의 수용시설인 교도소와 아직 형이 확정되지 않은 미결 수용자인 피의자 또는 피고인을 수용하는 미결 수용시설인 구치소 또는 미결 수용실(교도소 내에 분계한 시설)로 구분된다. 2020년 교정시설 1일 평균 수용인원 통계(『2021 교정통계연보』

참조)에 의하면, 2020년 1일 평균 총 수용인원은 53,873명이고 이 가운데 미결 수용자는 19,084명으로서 전체 수용자 대비 약 35.4%에 해당한다. 이렇게 미결 수용자가 높은 비율을 차지하는 것은 미결 수용자에 대한 구속 비율이 다른 선진국에 비하여 매우 높기 때문에 나타나는 현상으로서 시급히 개선되어야 할 부분이다. 우리 국민들은 범죄자가 발생하면 우선 구속부터 시키는 것을 선망하는 경향이 있기 때문에 미결 수용자의 비율이 높게 나타나며, 이는 교정시설 과밀수용의 중요한 원인이 되고 있다. 앞으로 형사사법절차를 개선하여 미결 수용자의 구속 비율을 점차 줄여 나가는 것이 범죄자에 대한 인권보호는 물론 우리나라 교정행정의 발전과 효과적인 수형자 교정처우에 큰 영향을 미칠 것으로 여겨진다.

한편, 과거에는 사형이 확정된 자에 대하여 구치소에 수용하였는데, 1998년 이후 사형 집행이 사실상 중지됨에 따라 「형 집행법」 개정(2008. 12.)에 의거하여 현재는 구치소 외에 교도소에도 사형 확정자를 수용할 수 있도록 하였다.

#### ④ 교도소와 감호소

일반 「형법」에 의해 자유형을 선고받은 자는 교도소에 수용되지만, 「치료감호 등에 관한 법률」(약칭: 치료감호소법)에 의한 보안처분인 치료감호처분을 선고받은 자는 교도소와 구별되는 시설인 감호소에 수용한다. 현재 우리나라의 감호소로는 심신상실자 또는 마약·약물·알코올 등에 중독된 자가 이것이 원인이 되어 범행을 한 경우에 치료를 담당하는 감호소인 공주의 치료감호소가 있다. 종전에는 상습범에 대한 보안처분에 해당하는 보호감호처분을 위하여 「사회보호법」(1980. 12. 제정)에 의거하여 보호감호소가 설치·운영되었지만, 인권 침해의 우려가 있어 2005년에 「사회보호법」이 폐지되면서 보호감호소도 폐지되었다. 따라서 1981년에 설치되었던 청송 제1보호감호소·제2보호감호소·제3보호감호소는 2005년에 모두 폐지되었으며, 이후 이 시설들은 교도소로 그 용도가 변경되었고, 2010년 8월부터 각각 경북북부제1교도소·경북직업훈련교도소·경북북부제3교도소 등으로 명칭이 변경되어 운영되고 있다.

#### ⑤ 기능에 따른 교도소의 분류

구치소는 미결 수용자를 수용하여 범죄자의 신병을 확보하고 증거인멸을 방지하며 원활한 수사 및 재판이 이루어지도록 협조하는 임무를 수행한다. 이에 대하여 교도소는 형이 확정된 수형자를 대상으로 교정교화와 건전한 사회복귀를 목표로 다양한 교정처우를 실시하고 있다(형 집행법 제1조 참조). 현재 우리나라는 수형자에 대한 특별한 처우를 위하여 교도소를 기능별로 구분하여 운영하고 있다. 이는 일반교도소와 달리 특별한 처우를 필요로 하는 수형자를 분리하여 수용하고 교정처우를 실시하므로 특수교도소라 부르기도 한다. 외국에는 의료교도소, 정신장애치료교도소, 성범죄자치료교도소, 알코올중독자치료교도소, 농업교도소, 특수직업교도소 등이 있다.

현재 우리나라에서는 장애인교도소(안양교도소, 여주교도소, 청주교도소 등), 정신질환 전담 교도소(진주교도소), 외국인교도소(천안교도소, 대전교도소), 직업훈련교도소(화성교도소, 경북교도소), 분류심사 전담시설(서울남부구치소, 대구교도소, 대전교도소, 정읍교도소), 심리치료 전담시설(서울남부교도소, 포항교도소, 군산교도소, 밀양구치소) 등을 지정하여 운영하고 있다. 그 밖에 기결수 또는 미결 수용자가 군인인 경우에는 경기도 이천시에 있는 국군교도소에 수용하여 처우하고 있다.

### ⑥ 민영교도소

민영교도소란 민간단체인 교정법인이 설치·운영하는 사설 교도소로서 민간인이 운영 주체로서 수용 관리 등 교정업무를 수행한다. 교도소의 민영화는 수용인원의 증가 추세에 대처하기 위해 국가의 재정 부담을 줄이면서 교정시설을 확충하고, 민간의 다양한 교정 처우기법을 활용하여 수용자의 교정효과를 높이는 데 그 목적이 있다. 이러한 취지에서 1999년 12월 당시 「행형법」 개정을 통하여 "법무부장관은 교도소 등의 설치 및 운영의 일부를 법인 또는 개인에게 위탁할 수 있다."라는 근거 규정(제4조의2)을 신설하였고, 이에 따라 2001년 1월 「민영교도소 등의 설치·운영에 관한 법률」이 제정되었다. 이 법에 근거하여 법무부 교정당국에서는 기독교단체인 아가페법인과 민영교도소 설치·운영에 관하여 계약을 체결하였으며, 아가페법인에서 민영교도소의 건축을 추진하게 되었다.

우리나라 최초의 민영교도소는 기독교계가 1995년부터 범교단 차원에서 설치를 추진해 왔다. 그 결과 2001년 6월 '아가페'라는 재단법인이 설립되고, 경기도 여주군에 교도소 부지를 확보하여 2008년 4월 착공하였으며, 2010년 11월에 완공되어 12월 7일 '소망교도소'란 이름으로 개소했다. 이 교도소는 당시 수용인원을 20세 이상 성인 남성 300명으로 제한하고, 지원자 중 수형 태도가 우수하고 남은 형기가 1년 이상 7년 이하인 수형자를 받아 기독교에 바탕한 다양한 교정·교화 및 직업훈련 프로그램을 실시함으로써 당시 평균 30%대인 재범률을 4%대로 낮추는 것을 목표로 하였다. 이 민영교도소 출소자의 재범률은 약 3.36%로서 국영교도소의 재범률 22%에 비해 현저히 낮게 나타나고 있으며(2015년 통계 기준), 현재는 수용인원이 400명으로 증가하였다. 소망교도소의 건축 비용은 아가페재단에서 부담하였지만, 현재 운영 경비는 국가에서 지원하고 있다. 즉, 법무부에서 국영교도소에 소요되는 경비의 90%를 소망교도소에 지원하고 있으며, 소망교도소는 이 예산으로 직원들의 봉급, 수용자들의 급식, 생필품 지급, 교정 프로그램 운영 등에 사용하고 있다. 특히 소망교도소의 경우, 외부 자원봉사자들의 활동이 매우 활발하여 교정교화 효과를 높이는 데 크게 기여하고 있는 것으로 나타나고 있다. 한편, 소망교도소의 수용자들이 교도작업 등을 통하여 발생되는 이윤은 모두 국가에 귀속된다. 현재 소망교도소에는 120명 정도의 직원들이 400명의 수용자들을 관리하고 있으며, 금속공예 등 교도작업도 성공적으로 운영하고 있다.

민영교도소는 본래 미국에서 1980년 이후 발전되었는데, 당시 과밀수용으로 인하여 교정시설들이 큰 어려움을 겪고 있었지만 연방정부나 주정부 예산으로는 교정시설을 신축할 형편이 되지 못하여 민간자본을 끌어들여 교정시설을 신축·운영하게 되었다. 현재 미국에서는 CCA(Corrections Corporation of America), WCC(Wackenhut Corrections Corporation)와 같은 주식회사에서 많은 민영 교정시설을 운영할 정도로 민영교도소 제도가 발전하였다. 다만, 우리나라와 미국의 민영교도소가 다른 점은, 우리나라의 경우 국가에서 운영비의 상당 부분을 지원하는 반면에 미국의 민영교도소는 수용자의 노동력을 활용하여 이윤을 얻고 그 이윤으로 교도소를 운영한다는 점이다. 따라서 미국 민영교도소의 경우, 수용자의 노동력을 착취할 수 있다는 비판이 있다.

### (3) 보호관찰소

#### ① 의의

보호관찰소는 범죄자에 대하여 보호관찰을 시행하는 국가 형사사법기관에 속한다. 보호관찰 제도는 범죄인에 대한 사회 내 처우의 하나로서, 유죄가 인정된 범죄인에 대하여 교정시설 또는 소년원 등에 수용하여 처벌하는 대신, 일정한 기간 동안 사회 내에서 정상적인 자유 활동을 허용하면서 전문지식과 소양을 갖춘 보호관찰관의 지도·감독과 원호를 받게 하여 건전한 사회복귀를 도와줌으로써 재범을 방지함과 아울러 범죄로부터 사회를 보호하고자 하는 형사정책 수단이다.

보호관찰은 구금, 즉 교정시설 내에서의 자유형(징역, 금고 등)의 폐해에 대한 인식의 확산에 따라 구금의 대체처분으로서 활발하게 사용되는 형사제재 수단이라 할 수 있다. 이 제도는 유죄가 인정된 범죄인에게 사회 내에서 기본적인 자유, 예컨대 직업의 자유, 교육을 받을 권리, 정상적인 가정생활, 사회적 교제, 종교활동 등의 자유를 허용하면서도 단순한 형의 유예나 석방이 아니고 선량한 일반시민에게 요구되는 준법 의무 이상의 강도 높은 준수 사항 이행 의무를 부과한다. 보호관찰관은 범죄인의 준수 사항 이행을 지도·감독하고 무보수의 강제근로 등을 집행함으로써 일면 구금형에 내재된 처벌적 요소를 갖게 하여 국가형벌권을 구현하는 동시에 시민의 법적 정의 관념의 충족을 도모한다. 따라서 보호관찰 제도는 개혁적이고 전향적인 형사정책 수단으로서 범죄인의 성공적인 사회재통합(reintegration)은 물론이고 사회안전의 확보 면에서도 적극적인 형사 제도로 평가받고 있다. 또한 보호관찰 제도는 그 법적 성격에 있어 형벌의 일종 또는 최소한 형벌 대체적 처분으로 재규정되고 있을 뿐만 아니라, 그 기능 면에서도 단순히 경미한 범죄인에 대한 전환절차(diversion)로서의 역할 수준을 넘어 상당수의 중범죄자에 대한 형벌 수단, 강력·고위험 범죄자(high risk & dangerous offenders)에 대한 사회 내 위험 관리 수단으로 활용되고 있는 등, 구금처우를 능가하는 중추적인 형사정책 수단으로 발전하기에 이르렀다.

### ② 보호관찰의 연혁

보호관찰 제도의 기원으로는 1841년경 미국의 구두제화공이었던 Augustus가 보스턴시법원으로부터 보호관찰을 조건으로 알코올중독자를 인수하여 개선한 것이 효시가 되었다. 이후 미국 매사추세츠주에서 1878년 최초로 입법화된 이후 1963년 알래스카주를 마지막으로 미국 50개 주 모두에서 보호관찰 제도가 시행되고 있다. 미국은 전체 범죄자의 60% 정도가 보호관찰을 받고 있다고 한다.

우리나라에서 보호관찰 제도를 도입·실시하게 된 것은 1983년 3월에 부산지방검찰청에서 일부 가석방자를 대상으로 보호관찰을 시작한 것이 시초였고, 1984년 3월에 전국적으로 확대 실시하였으며, 1985년에는 소년원의 가퇴원자에게까지 그 대상을 넓게 되었다. 이와 같은 시험 실시의 성과를 바탕으로 1988년 12월 「보호관찰법」이 제정되어 1989년 7월부터 우선 소년범죄자에 대한 체계적인 보호관찰 제도를 실시하기에 이르렀다. 성인범죄자에 대하여는 1989년 3월부터 보호감호 가출소자에 대하여 「보호관찰법」상 보호관찰을 실시하게 되었고, 1994년 4월 「성폭력 범죄의 처벌 및 피해자보호 등에 관한 법률」의 시행으로 성폭력소년에 대하여 필요적으로 보호관찰을 부과하고, 성인 성폭력 범죄자에게도 보호관찰을 확대하였다. 특히 「형법」 개정에 따라 1997년 1월부터 선고유예자에 대한 보호관찰, 집행유예자에 대한 보호관찰, 사회봉사명령 및 수강명령, 그리고 가석방자에 대한 보호관찰이 시행됨으로써 성인범을 포함한 전체 형사범에 대한 보호관찰 제도

운용의 기본 틀을 완비하게 되었다.

이후 보호관찰대상자는 계속 확대되었다. 1997년 12월 「가정폭력 범죄의 처벌 등에 관한 법률」 제정으로 가정폭력 범죄에 대한 보호관찰, 사회봉사명령 및 수강명령 처분이 가능해졌으며, 2000년 2월 「아동·청소년의 성보호에 관한 법률」 제정으로 아동·청소년 대상 성범죄자에 대하여 보호관찰 등을 부과하게 되었다. 2004년 3월 「성매매 알선 등 행위의 처벌에 관한 법률」 제정으로 성매매자에 대하여 특별한 사정이 없는 한 보호관찰 등을 부과하게 되었으며, 2007년 4월 「특정 성폭력 범죄자에 대한 위치추적 전자장치 부착에 관한 법률」 제정으로 특정 성폭력 범죄자에 대하여 전자장치 부착을 통한 보호관찰을 실시하고 있으며, 2009년 5월에는 미성년자 유괴 범죄, 그리고 2010년 4월에는 살인 범죄자에 대하여 전자발찌 부착대상이 확대되었다.

또한 2009년 3월 「벌금 미납자의 사회봉사 집행에 관한 특례법」 제정으로 벌금대체 사회봉사명령이 시행되었고, 2010년 7월 「성폭력 범죄자의 성충동약물치료에 관한 법률」의 제정으로 성폭력 범죄를 저지른 성도착증 환자에 대하여 약물 투여와 심리치료를 병행하는 성충동약물치료 제도가 도입되었다. 아울러 고위험 강력 범죄로부터 국민의 생명과 안전을 보호할 수 있도록, 2012년 12월 특정 범죄자에 대한 형 집행 종료 후 보호관찰 제도를 신설하고 법률의 명칭을 「특정 범죄자에 대한 보호관찰 및 전자장치 부착 등에 관한 법률」로 변경하였으며, 위치추적 전자장치 부착대상 특정 범죄에 강도 범죄가 추가되었다. 2016년 1월 「형법」 개정으로 500만 원 이하 벌금형에 대해서도 집행유예 선고가 가능해짐에 따라 2018년 1월부터 벌금형 집행유예 보호관찰이 가능해졌으며, 2018년 6월부터는 치료감호 만기 종료자에 대한 보호관찰도 실시하고 있다. 이와 같이 보호관찰은 우리나라 형사법 체계에서 계속 업무 영역을 넓히는 가운데 중요한 역할을 수행하고 있다.

### ③ 보호관찰소의 조직

보호관찰소의 조직은 중앙감독기관인 법무부 범죄예방정책국 산하에 보호관찰소 및 지소를 설치하여, 2020년 12월 현재 보호관찰소 18개소(서울, 서울동부, 서울남부, 서울북부, 서울서부, 의정부, 인천, 수원, 춘천, 대전, 청주, 대구, 부산, 울산, 창원, 광주, 전주, 제주)와 지소 39개소(고양, 부천, 인천서부, 성남, 여주, 안산, 평택, 안양, 강릉, 원주, 속초, 영월, 홍성, 공주, 논산, 서산, 천안, 충주, 제천, 영동, 대구서부, 안동, 경주, 포항, 김천, 상주, 영덕, 부산서부, 진주, 통영, 밀양, 거창, 목포, 순천, 해남, 군산, 정읍, 남원, 부산서부)로 총 57개소가 있다. 그리고 2008년 9월 이후 「특정 범죄자에 대한 보호관찰 및 전자장치 부착 등에 관한 법률」의 시행에 따라 위치추적관제센터 2개소(중앙·대전)가 설치·운영되고 있다.

보호관찰소는 보호관찰의 실시 및 범죄예방 활동 등 관장사무를 담당하고 있고 그 조직은 보호관찰소마다 약간씩 다르나, 우리나라에서 규모가 제일 큰 서울보호관찰소의 경우 소장을 정점으로 행정지원과, 관찰과, 전자감독과, 집행과, 조사과를 두고 있다. 한편, 「보호관찰 등에 관한 법률」은 법무부장관이 위촉하는 민간자원봉사자인 범죄예방위원으로 하여금 보호관찰관을 도와 지도·감독 및 원호 등 보호관찰 업무의 일부를 지원하게 하고 있다.

### ④ 보호관찰소의 임무

#### ㉠ 보호관찰 지도·감독

보호관찰관은 보호관찰대상자의 재범을 방지하고 건전한 사회복귀를 실천하기 위하여 필요한 지도·감독을 한다. 지도·감독의 방법으로는, 첫째, 보호관찰대상자와 긴밀한 접촉을 갖고 항상 그 행동 및 환경 등을 관찰하는 것, 둘째, 보호관찰대상자에 대하여 「보호관찰법」 제32조의 준수 사항을 이행하도록 적절한 지시를 하는 것, 셋째, 보호관찰대상자의 건전한 사회복귀를 위하여 필요한 조치를 하는 것 등이다. 즉, 보호관찰대상자의 준수 사항 이행 여부를 면밀히 접촉하면서 관찰하고 필요한 지시를 하며, 도움이 필요할 때에는 각종 원호 활동을 통하여 도와주는 역할을 하는 것이다. 현재 우리나라의 보호관찰소에서는 도움을 필요로 하는 보호관찰대상자에 대하여 숙소 알선, 취업 알선, 직업훈련, 복학 주선, 경제 구호, 문신 제거 등의 원호 활동을 실시하고 있다.

#### ㉡ 사회봉사명령 집행

사회봉사명령이란 유죄가 인정되거나 보호처분 등의 필요성이 인정된 범죄자에 대하여 일정 시간 동안 무보수로 사회에 유익한 근로를 하도록 명하는 것을 말한다. 우리나라는 1988년 12월 「소년법」 개정을 통하여 처음으로 사회봉사명령 제도를 도입하였으며, 1995년 「형법」 개정을 통하여 성인범에게도 확대 적용하게 되었다. 2009년부터는 벌금형을 선고받은 범죄자 중 경제 취약 계층에 대하여 벌금을 사회봉사로 대체할 수 있는 '벌금대체 사회봉사명령 제도'를 운영하고 있다.

법원에 의해 범죄자에게 사회봉사명령이 선고되면, 보호관찰소에서 그 집행을 담당한다. 보호관찰소에서는 자체적으로 사회봉사명령을 집행하기도 하지만(직접집행), 국공립기관이나 사회복지시설 혹은 의료기관 등에 그 전부나 일부를 위탁 운영(협력집행)하기도 한다. 최근에는 점차 위탁 운영 중심으로 사회봉사명령을 집행하고 있다. 사회봉사명령의 집행 시 대상자의 교통비, 식비 등은 직접집행이나 협력집행을 불문하고 자비부담을 원칙으로 한다.

ⓒ 수강명령 집행

수강명령이란 법원에서 유죄가 인정되거나 보호처분의 필요성이 인정된 범죄자에 대하여 형의 유예 조건이나 보호처분의 조건으로서 일정한 기간 내에 특정한 시간 동안 범죄성 개선을 위한 교육·상담을 받거나 치료 프로그램에 참여하도록 하는 제도이다. 우리나라의 수강명령 제도는 1988년 「소년법」 개정을 통하여 소년범에 대한 약물 오·남용 방지교육, 심성계발훈련 등의 형태로 운영되었고, 1997년부터는 「형법」 개정에 의해 모든 형사범으로 확대된 후 지속적으로 수강명령의 대상이 추가되었다. 수강명령은 강제적 처분으로 범죄자의 자유를 일정 시간 제한한다는 점에서 보호관찰이나 사회봉사명령과 유사하나, 그 내용이 일정한 교육 프로그램에 참가할 것을 요구한다는 점에서 상이하다. 즉, 수강명령의 핵심 목표는 범죄자의 심성 교정을 위한 치료적·교육적·개선적 개입이라고 할 수 있다.

법무부에서는 수강명령의 효과성을 높이기 위하여 2007년부터 수강명령의 집행 분야별로 표준화된 전문 프로그램을 개발하였다. 이에 따라 현재 보호관찰소에서는 수강명령의 대상 분야를 성폭력치료, 가정폭력치료, 아동학대치료, 약물치료, 알코올치료, 준법운전치료, 소년대상치료 등 7개 분야로 구분하여 분야별로 다양한 수강 프로그램을 실시하고 있다.

ⓓ 전자감독

전자감독 제도는 1980년대 초 미국에서 시작되었으며, 사회 내 처우의 통제력을 강화하고 시설 내 구금과 사회 내 처우의 중간적 제재 수단으로 기능할 수 있다는 장점과 더불어 서양의 대부분의 국가가 당면하고 있는 교도소 과밀수용 문제를 해결해 줄 수 있는 방안으로 인식되면서 1990년대부터 미국과 유럽을 비롯한 전 세계로 확산되었다. 한편, 위치추적 방식의 전자감독(전자발찌 등)은 2005년 이후 미국에서 처음으로 시행하였으며, 현재 여러 국가가 다양한 형사사법 단계에서 활용하고 있다. 우리나라는 2007년 4월에 「특정 성폭력 범죄자에 대한 위치추적 전자장치 부착에 관한 법률」(약칭: 전자장치부착법)이 제정되었고, 2008년 9월부터 시행하고 있다.

전자감독의 집행은 보호관찰소에서 관장하며, 보호관찰관은 법원 등이 부착명령을 선고한 범죄자에 대하여 전자장치를 부착하고 지도·감독을 통해 재범을 방지하며, 건전한 사회적응을 촉진하는 역할을 한다. 전자장치(일명 전자발찌) 부착명령의 집행은 전자장치 부착, 처우계획 수립, 전자감독, 종료 절차의 과정으로 이루어진다. 보호관찰관은 전자감독대상자의 이동경로 패턴을 분석하여 재범의 우려가 있는지 사전에 점검하며, 대면접촉을 통한 상담, 직업훈련, 취업 알선 등 일반적인 보호관찰의 지도와 원호 및 성행교정을 위한 의료적·상담적 치료조치 등을 담당하게 된다.

### (4) 소년분류심사원

비행소년의 건전한 성장을 돕기 위해서는 개별화된 처우를 해야 하고, 이를 위하여는 해당 소년에 대한 정확한 조사와 진단이 전제되어야 한다. 소년분류심사원은 일정 기간 소년의 신병을 수용·보호하면서 소년의 상태를 정밀하게 진단하는 역할을 한다. 즉,「소년법」제18조 제1항에 따라 가정법원 소년부로부터 위탁된 소년의 수용 및 분류심사와「보호관찰 등에 관한 법률」제42조 제1항에 따라 유치된 소년의 수용 및 분류심사, 그 밖에 소년원장이나 보호관찰소장이 의뢰한 소년의 분류심사 등의 업무를 수행한다.

「소년법」제12조는 가정법원 소년부가 조사 또는 심리를 할 때에는 정신건강의학과 의사, 심리학자, 사회사업가, 교육자나 그 밖의 전문가의 진단, 소년분류심사원의 분류심사 결과와 의견, 보호관찰소의 조사 결과와 의견 등을 고려해야 한다고 규정하고 있으며,「소년법」제18조 제1항은 소년부 판사가 사건을 조사 또는 심리하는 데에 필요하다고 인정하면 소년의 감호에 관하여 결정으로써 소년분류심사원에 위탁하는 임시조치를 할 수 있도록 규정하고 있다. 또한「소년법」제49조의2는 검사가 소년 피의사건에 대하여 소년부 송치, 공소제기, 기소유예 등의 처분을 결정하기 위하여 필요하다고 인정하면 소년분류심사원장 또는 소년원장에게 피의자의 품행, 경력, 생활 환경이나 그 밖에 필요한 사항에 관한 조사를 요구할 수 있도록 규정하고 있다. 현재 경기도 안양에 위치한 서울소년분류심사원이 국내 유일의 전문 소년분류심사원이며, 다른 지역에서는 소년원에서 소년분류심사 기능을 대행하고 있다(부산, 대구, 광주, 대전, 춘천, 제주 등 6개 소년원을 대행 소년원이라 한다).

분류심사의 목적은「보호소년 등의 처우에 관한 법률」제24조에 명시하고 있는바, 동법 제2조 제2항에 해당하는 소년의 신체, 성격, 소질, 환경, 학력 및 경력 등에 대한 조사를 통하여 비행 또는 범죄의 원인을 규명하여 심사대상인 소년의 처우에 관하여 최선의 지침을 제시토록 하고 있으며, 분류심사를 할 때에는 심리학, 교육학, 사회학, 사회복지학, 범죄학, 의학 등의 전문적인 지식과 기술에 근거하여 보호소년 등의 신체적·심리적·환경적 측면 등을 조사·판정하여야 한다고 규정하고 있다. 또한「보호소년 등의 처우에 관한 법률」제26조에 따라「청소년기본법」제3조 제1호에 의거한 청소년이나 그 보호자 의뢰에 따른 적성검사 등 진로탐색을 위한 청소년심리검사 또는 상담을 실시하기도 한다.

분류심사는 면접, 심리검사, 정신의학적 진단, 행동관찰, 생활사 및 환경자료 분석 등의 조사 방법에 의하여 이루어지고 있다. 소년 조사 제도의 종류는 그 방법과 사법절차 및 대상자에 따라 여러 형태로 구분할 수 있지만, 현재 소년보호기관에서 실시하고 있는 소년 조사는 크게 수용분류심사와 상담 조사로 구분할 수 있다. 수용분류심사란「소년법」제18조 제1항에 의하여 법원 소년부 판사가 소년분류심사원에 위탁한 소년의 분류심사로, 분류심사원의 수용 기간은 1개월을 초과하지 못하며 특별히 계속 조치할 필요가 있을 때에는 1회에 한하여 결정으로 연장할 수 있다.

또한 분류심사 방법에 따라 일반분류심사와 특수분류심사로 나누어지는데, 일반분류심사는 분류심사 대상 전체 소년을 1차 대상으로 하되, 그중 문제 또는 비행 원인이 비교적 경미한 소년을 대상으로 면접조사와 의학적 진단, 표준화검사, 자기기록, 행동관찰 등을 실시하는 분류심사를 말한다. 특수분류심사는 일반분류심사 결과, 문제 또는 비행 요인이 중대하고 복잡한 소년에 대하여 개별 검사와 정신의학적 진단, 자료 조회 및 현지 조사를 실시하여 진단하는 분류심사 방법이다. 이와 같은 조사 결과를 토대로 문제점의 소재 및 특징, 처우지침, 판정 등을 기재한 분류심사 결과 통지서를 작성하여 심리의 자료로 사용할 수 있도록 법원 소년부에 송부하고 분류심사의 내용을 분류심사서에 기재하여 소년분류심사원에 보관하고 있다가 해당 소년이 소년원 송치처분을 받는 경우에는 그 분류심사서의 사본을 소년원에 송부한다.

상담조사란 보호처분대상자 중 불위탁소년에 대하여 법원 소년부 판사가 조사와 교육을 의뢰하면 3~5일간 주간에만 비행소년이 소년보호기관에 출석하여 각종 검사와 상담, 교육을 받도록 하는 제도로서 소년의 자질, 성장 환경, 재비행 가능성 등을 상담·조사한 후 의견서(상담조사서)를 작성하여 법원 소년부에 심리 자료로 제출한다.

## (5) 소년원

### ① 의의

소년원은 법원 소년부에서 송치한 14세 이상 19세 미만의 범죄소년, 형벌법령에 저촉되는 행위를 한 10세 이상 14세 미만의 촉법소년과 성격 또는 환경에 비추어 장래 형벌법령에 저촉되는 행위를 할 우려가 있는 10세 이상 19세 미만의 우범소년을 수용하여 교정교육을 행하는 국가기관이다. 법원 소년부에서는 소년의 교화 개선과 건전한 육성을 위하여 보호처분을 하고 있으며, 이러한 보호처분에는 수강명령, 사회봉사명령, 보호관찰, 소년원 송치 등이 포함된다. 소년에 대한 보호처분 중 가장 엄중한 것이 소년원 송치인데,「소년법」제32조 제1항에 따라 1개월 이내의 송치(충격구금으로 볼 수 있음), 단기 소년원 송치(6개월), 장기 소년원 송치(2년) 등 3종류로 구분된다.

소년원은 사법적 기능보다는 교육적 기능을 중시하여, 비행에 대한 책임을 추궁하는 것이 아니라 국가가 소년들의 보호자가 되어 생활지도와 인성교육, 특성화교육, 교과교육 및 직업능력개발훈련, 의료처우 등을 실시함으로써 이들의 왜곡된 성격과 행동을 교정하고 건전한 청소년으로서의 인격 도야를 목표로 한다는 점에서 소년교도소와는 법적·이념적으로 그 성격을 달리하고 있다.

우리나라의 소년원 제도는 1942년 경성소년원(현 서울소년원)의 개원이 그 효시로서 2005년 19개까지 늘었다가 2005~2007년까지 구조 조정을 실시하여 소년원의 수를 대폭 줄였으며, 2020년 12월 현재 전국적으로 10개의 소년원이 운영되고 있다. 기관이 감소함에 따라 이전에 단기 소년원 학생과 장기 소년원 학생을 구분하고, 교과교육과 직업훈련 등으로 분류하여 기관을 운영하던 것을 현재는 각 기관에서 복합적인 기능을 수행하는 형태로 변화하고 있는 실정이다.

### ② 보호소년의 처우

소년원에 수용된 범죄소년이나 비행소년을 보호소년이라 하며, 소년원에서는 이들의 특성을 고려하여 그에 적합한 처우를 하는 것이 기본원칙이다. 이를 위하여 소년원에서는 보호소년의 문제 원인을 정확히 진단하여 소년에게 필요한 맞춤형 분류처우를 하여야 하며, 이는 같은 시설 내에서 생활실을 분류하는 것과 교육과정을 분류하는 것으로 나눈다. 특히 보호소년의 교정교육을 위하여 처우 과정을 분류하여 결정하게 되며, 이를 위하여 해당 소년별로 처우심사위원회의 심사를 거쳐 개별처우계획을 수립한다. 개별처우계획에는 초·중등교육, 직업능력개발훈련, 의료·재활 교육, 인성교육 등 개별 교육 및 처우의 방향이 제시되어야 하고, 이 경우 보호소년과 보호자 등의 의견을 고려하여야 한다.

현재 각 소년원에서는 중·고등학교 교과교육, 직업능력개발훈련, 의료·재활 교육, 인성교육 등을 실시하고 있으며, 특히 의료·재활 교육은 대전소년원에서 집중 실시하고 있다. 그리고 직업능력개발훈련은 각 소년원의 특성을 살려서 실시하고 있는데, 제과제빵, 사진영상, 한식조리, 헤어디자인(서울소년원), 피부미용(안양소년원), 예술분장(청주소년원), 커피 바리스타, 공간디자인(전주소년원), 자동차정비, 용접, 소형건설기계 조종사 면허(광주소년원), 스포츠마사지(춘천소년원), 가발 전문, 골프매니지먼트(제주소년원) 등 각종 직업 훈련을 통하여 자격증을 취득하게 하고 있다. 따라서 이러한 직업훈련 과정을 수료한 소년원생들이 출원 후 취업하거나 창업하는 데 큰 도움을 주고 있다.

### (6) 치료감호소

#### ① 치료감호의 의의

치료감호 제도는 심신장애, 마약류 · 알코올 그 밖의 약물중독, 정신성적 장애가 있는 상태에서 범죄 행위를 한 자 중에서 재범의 위험성이 있고 특수한 교육 · 개선 및 치료가 필요하다고 인정될 때 법원의 판결에 의하여 보호와 치료를 함으로써 재범을 방지하고 사회복귀 촉진을 도모하려는 형사정책 제도이다. 치료감호는 보안처분의 하나로서, 시설에 수용하는 자유박탈적 보안처분이다. 「치료감호 등에 관한 법률」(약칭: 치료감호법)에 의거하여, 일반적으로 치료감호기간은 15년이지만 약물 및 알코올 중독자의 수용은 2년을 초과할 수 없다.

치료감호는 1980년에 제정된 「사회보호법」에 의하여 시행되어 오다가 「사회보호법」이 위헌 결정으로 폐지되면서 2005년 8월 「치료감호법」이 제정되었으며, 2008년 6월에 정신성적장애로 인한 성범죄 행위도 치료감호를 받도록 개정되었다.

#### ② 치료감호소 현황

치료감호소는 「치료감호법」에 의하여 치료감호처분을 받은 자의 수용 · 감호와 치료 및 이에 관한 조사 · 연구를 하는 국가기관이다. 이 외에도 법원, 검찰, 경찰 등에서 의뢰한 자에 대한 정신감정을 실시한다.

1987년 11월, 치료감호소는 500병상의 규모로 개청되었으며, 1995년 10월에 500병상이 증축되었다. 1993년부터 전공의 수련병원으로 지정되었고, 2004년에는 치료감호소의 부설기관으로 약물중독재활센터가 개청되었으며, 2006년에는 '국립법무병원'으로 명칭이 변경되었다. 2011년에 다시 병상을 증축하여 현재 1,200병상의 규모로 운영되고 있다. 치료감호소는 2017년 5월 보건복지부로부터 「정신건강복지법」에 의거한 지정진단의료기관으로 지정되었으며, 2019년 11월에는 체계적인 법정신의학 연구와 교육을 위해 부설 '법정신의학연구소'가 설립되었다. 또한 법무부는 전국에 하나뿐인 치료감호시설의 지역적 분산을 위하여 2015년 8월에 보건복지부 산하의 국립 부곡정신병원(경남 창녕군 소재)에 1개 병동을 할애받아 50병상 규모의 별도 치료감호시설을 설치하였다.

치료감호소는 법무부 범죄예방정책국 산하기관이며, 법무부의 주무부서는 치료처우과이다. 치료감호소는 수용자의 진료 및 치료를 담당하는 의료부가 핵심적인 역할을 담당하고 있는데, 일반정신과, 사회정신과, 특수치료과, 감정과, 신경과, 일반진료과, 간호과, 약제과 등 8개과로 구성되어 있으며, 주로 의사나 간호사의 자격이 있는 의무직·간호직 공무원 등이 근무하고 있다. 한편, 의료부와 별도로 수용 관리를 담당하는 감호과와 행정업무를 지원하는 행정지원과가 편제되어 있으며, 2004년부터 개설되어 운영되고 있는 약물중독재활센터에는 교육관리과와 중독진료과가 있다.

 **참고문헌**

금용명(2021). 교정학. 서울: 박영사.
배종대, 홍영기(2019). 형사정책. 서울: 홍문사.
법무부 교정본부(2021). 2021 교정통계연보. 경기: 교정본부 교정기획과.
법무연수원(2021). 2020 범죄백서. 충북: 법무연수원.
이백철(2020). 교정학. 경기: 교육과학사.
이백철, 조윤오, 함혜현, 한영선, 박은영, 권해수, 이창한, 박미랑, 김지선, 조성남, 김안식, 박준휘(2019). 범죄예방정책학. 서울: 박영사.
이인영, 최정학(2017). 형사정책. 서울: 한국방송통신대학교 출판문화원.
허주욱(2013). 교정학. 서울: 박영사.

제**4**장

# 치료감호 제도와
# 치료감호소

박은영
대구가톨릭대학교 심리학과 조교수

## 1. 치료감호 제도

### 1) 범죄의 성립 요건

「형법」상 범죄는 구성요건에 해당하는 위법·유책 행위로 해당성, 위법성, 책임성 등 세 가지 요건이 충족되어야 하는데, 각각의 내용은 다음과 같다.

첫째, 범죄는 구성요건에 해당하는 행위여야 한다. 구성요건이란 「형법」에서 범죄로 규정한 행위에 대한 위법성에 관해 규정한 요건이다. 따라서 「형법」에서 규정한 범죄에 해당하는 요건을 갖춘 행위여야 범죄가 성립한다는 뜻이다. 예컨대, 살인죄에 있어 "사람을 살해한 사람은 사형·무기 또는 5년 이상의 징역에 처한다."(형법 제250조 제1항)라는 규정은 사람을 살해하는 행위를 금지하는 규범을 전제로 하고 있다. 이러한 금지 규범에 위반되는 행위가 구성요건에 해당하는 행위이다. 이러한 행위는 사람의 자유의사에 의거한 외부 행위여야 하므로 동물의 활동이나 자연 현상 또는 물리적인 반사운동이나 절대적 강제하의 행동은 이 행위에서 제외되며, 단순한 내부적 의사나 사상은 행위가 아니다. 행위는 단독으로 할 수도 있고(단독범), 여러 명이 가담했을 수도 있으며(공범), 적극적인 작위(作爲)가 보통이나(작위범), 소극적인 부작위(不作爲)로써도 범죄를 범할 수 있다(부작위범). 예컨대, 아기에게 젖을 먹이지 않아 굶겨 죽이는 것과 같다. 구성요건을 완전히 실현할 수도 있고(기수범), 미완성으로 그치는 경우도 있으며(미수범), 자의에 의하여 그만두기도 한다(중지범). 이러한 인간의 의사 결정에 따라 구성요건을 실현하는 행위가 있을 때 범죄의 1차 요건이 성립된다.

둘째, 구성요건에 해당하는 행위라고 하여 곧 범죄가 되는 것은 아니고, 그 행위가 위법해야 한다. 위법성이 없는 행위는 구성요건에 해당하더라도 범죄가 되지 아니한다. 예컨대, 사형 집행인은 사람을 죽이더라도 범죄가 되지 아니하고, 정당방위로 사람을 죽인 경우에는 범죄가 되지 않는다. 전자는 법률에 근거한 행위이고, 후자는 위법성 조각사유(違法性 阻却事由)가 있어서 위법성이 없기 때문이다. 위법성이란 좁게는 법규에 위배되는 것이고, 넓게는 사회상규(社會常規)에 위배되는 것을 의미한다. 따라서 위법성은 「형법」을 비롯한 모든 법규와 사회상규에 적극적으로 위배되고, 소극적으로는 형벌 법규에 위법성 조각사유가 규정되어 있지 아니한 경우에 위법성이 인정되는 것이다.

셋째, 구성요건에 해당하고 위법한 행위라 할지라도 책임성이 없으면 범죄가 되지 아니한다. 예컨대, 사람을 죽인 자에게 위법성 조각사유(예: 정당방위 등)가 없더라도 행위자가 정신이상자이거나 14세 미만의 형사책임이 없는 자라면 범죄가 성립하지 않는다. 책임성이란 비난 가능성 또는 형벌 적응 능력(刑罰適應能力)을 의미하는 것으로, 객관적 평가가 가능한 구성요건 해당성 및 위법성과 비교했을 때 책임성에 관해서는 주관적인 평가를 한다는 점이 다르다. 유책성에 있어서는 행위자의 고의나 과실 등 주관적인 내부 의사에 근거하여 책임 여부(고의범, 과실범)를 가리게 되고, 의사능력이나 연령에 따라 책임이 줄거나 없어지기도 한다(심신미약자, 심신상실자 등).

치료감호 제도는 앞서 살펴본 「형법」상 범죄의 세 가지 구성요건 중 책임성과 관련이 있는 것이다. 심각한 정신장애를 가진 사람이 정신과적 증상이 악화되어 적절한 사회적 판단력과 충동 조절 능력이 손상된 상황에서 사회통념을 벗어나는 범죄를 저지를 수 있다. 우리 사회에서 신체 및 정신장애인은 배려와 보호가 필요한 사회적 약자라는 것에 이견이 없다. 우리나라뿐만 아니라 해외 여러 나라에서도 정신장애 범죄자를 일반 범죄자와 동일하게 다루지 않고, 범죄가 정신질환과 관련되었다고 판단될 경우 시설 수용을 통한 정신과적 치료를 병행하고 있다(박종익, 2012). 치료감호 제도는 범죄를 저지른 범법 정신질환자에 대해 「형법」 제10조 제1항에 따라 벌할 수 없거나, 「형법」 제10조 제2항의 규정에 의하여 형이 감경되는 경우라도 정신장애 범죄자가 금고 이상의 형에 해당되는 죄를 범한 경우 「치료감호 등에 관한 법률」(약칭: 치료감호법)에 따라 치료감호처분을 받도록 한다.

## 2) 치료감호 제도의 의의 및 법적 성격

정신장애인에 의한 범죄가 끊임없이 사회적 관심을 받게 되면서 이들에 대한 보다 전문적이고 체계적인 국가적 차원의 개입 필요성이 제기되었다. 범법 정신장애인의 처우에 관한 법이 「치료감호법」이다. 「치료감호법」(법률 제17510호, 2020. 10. 20. 일부개정)은 심신장애 상태, 마약류·알코올이나 그 밖의 약물중독 상태, 정신성적(精神性的) 장애가 있는 상태 등에서 범죄 행위를 한 자로서 재범의 위험성이 있고 특수한 교육·개선 및 치료가 필요하다고 인정되는 자에 대하여 적절한 보호와 치료를 함으로써 재범을 방지하고 사회복귀를 촉진하는 것을 목적으로 하고 있다. 「치료감호법」에는 치료감호대상자를 세 가지 범주로 구분하고 있다. 치료감호 1호 대상자는 「형법」 제10조 제1항에 따라 벌할 수 없거나 같은 조 제2항에 따라 형이 감경(減輕)되는 심신장애인으로서, 금고 이상의 형에 해당되는 죄를 지은 범죄자다. 1호에 해당하는 범죄자들이 흔히 진단되는 정신장애는 조현병, 망상장애, 양극성 정동장애, 지적장애다. 2호 대상자는 마약·향정신성의약품·대마, 그 밖에 남용되거나 해독을 끼칠 우려가 있는 물질이나 알코올 섭취·흡입 또는 주입하는 습벽이 있거나 그에 중독된 자로서, 금고 이상의 형에 해당되는 죄를 지은 범죄자들이다. 2호에 해당하는 범죄자들은 주로 물질사용장애(알코올, 메스암페타민 등) 관련 정신장애 진단을 받게 된다. 3호 대상자는 소아성애증, 성적 가학증 등 변태성욕이 있는 정신성적 장애인으로서, 금고 이상의 형에 해당되는 성폭력 범죄를 저지른 범죄자들이다. 3호 대상자들은 소아성애증, 노출증, 물품음란증, 마찰성욕도착증 등의 성도착증 관련 정신장애 진단을 받은 범죄자들이다.

「치료감호법」상에는 치료감호와 치료명령의 2가지 제도가 있다. 치료감호는 자유박탈적 보안처분으로 시설 내 처우이고, 치료명령은 자유제한적 보안처분으로 보호관찰과 유사하게 사회 내 처우이다. 이 장에서는 치료감호 제도에 관해서 다룰 것이다.

치료감호 제도는 정신장애로 인해 형사책임 능력의 결함이 있고 기존 형벌의 효과를 기대하기 어렵거나 재범의 우려가 있는 자를 사회적 안전을 도모하기 위해 부정 기한(최장 15년) 수용하는 대안적 보안처분의 하나로 보는 시각이 있다. 보안처분이란 단순히 형벌로는 사회복귀와 사회방위가 부적합한 행위자에게 사회적 위험성을 전제로 특별예방적 관점에서 부과되는 처분이다(이백철, 2015).

정신장애나 정신성적 장애로 범죄를 저지른 자를 책임주의의 적용을 받는 일반 범죄자와 달리 처우해야 한다는 데에는 이견이 없지만, 구체적으로 어떻게 처우할 것인가는 범죄자를 대하는 태도에 따라 많이 달라질 수 있다. 「치료감호법」은 '보안'과 '개선'의 두 관점 중 어디에 초점을 두는가에 따라 그 의의가 달라질 수 있다.

## 2. 치료감호소의 이해

### 1) 치료감호소 운영 개관

치료감호는 기본적으로 정신장애 범죄자를 시설 내에서 수용하여 집행하는 방식을 취하고 있다. 치료감호의 집행을 위해 정신장애 범죄자를 수용하고 치료하는 방식에 대한 법률은 크게 세 가지로 분류될 수 있다. 첫째는 피치료감호자를 정신병원과 같은 지역사회 내 일반 의료기관에 감호하여 치료하는 방식이고, 둘째는 치료감호의 집행을 위한 별도의 시설을 마련하고 그곳에서 피치료감호자를 수용하여 치료하는 방법이다. 마지막으로, 일반 교정시설 내에 있는 시설에 별도의 의료병동을 마련하여 치료하는 방법이다. 현재 우리나라는 치료감호 선고를 받은 정신장애 범죄자를 법무부 산하 치료감호소에 수용하여 치료적 처우를 취하고 있으므로 두 번째 방식에 해당된다(치료감호법 제16조 제1항).

### 2) 치료감호소 운영 현황

#### (1) 연혁

우리나라의 치료감호소는 치료감호처분을 받은 정신장애 범죄자의 수용과 치료, 법원 및 검찰 등에서 의뢰한 범죄자에 대한 정신감정 업무를 위해 (구) 「사회보호법」에 의거하여 1987년 8월 14일 치료감호소 직제 공포 후, 같은 해 11월 3일 500병상 규모로 개청하였다. 이후 1995년 10월 15일에 500병상을 증축하였고, 1994년에 마약중독 범죄자를 전문적으로 수용·치료할 목적으로 마약중독치료실 운영을 시작하였다. 1997년 11월 10일부터는 치료감호소 명칭을 '국립감호정신병원'과 병행하여 사용하였고, 2004년 1월 29일에는 마약 및 알코올 등의 물질사용장애 범죄자를 전문적으로 수용·치료하는 약물중독재활센터를 개관하였다. 2006년 7월 11일부터 치료감호소 병원 명칭을 '국립법무병원'으로 개칭(법무부훈령 제560호)하였다. 2011년 7월부터는 성도착증이나 정신장애를 가진 성범죄자의 전문적인 치료를 위해 200병상 규모의 성폭력 피치료감호자 병동(가칭 인성병동)을 운

| 표 4-1 | 치료감호소 주요 연혁 |
| --- | --- |
| 연 혁 | 내 용 |
| 1987. 08. 14. | 치료감호소 직제공포(대통령령 제 12232호) |
| 1987. 11. 03. | 치료감호소 개청(500병상) – 공주반포, 현 청사 |
| 1993. 11. 18. | 전공의 수련병원 지정 |
| 1995. 10. 15. | 500병상 증축 완공 |
| 1996. 04. 16. | 마약병동 개설 |
| 1997. 11. 10. | 병원 명칭 병행사용(법무부훈령 제385호) – [국립감호정신병원] |
| 2004. 01. 29. | 약물중독재활센터 개관(대통령령 제18252호) |
| 2006. 07. 11. | 병원 명칭 변경(법무부훈령 제560호) – [국립법무병원] |
| 2008. 12. 14. | 인성치료재활센터 개관(기존 100병상 활용) |
| 2011. 07. 01. | 인성치료재활센터 신축(200병상) |
| 2015. 08. 10. | 부곡법무병원 개소(50병상) |

영해 왔다. 2015년 8월에는 과밀수용 및 치료감호시설의 다각화의 일환으로 50병상 규모의 부곡법무병원을 개소하였다. 〈표 4-1〉에는 치료감호소 주요 연혁이 요약되어 있다.

### (2) 기구 및 직원

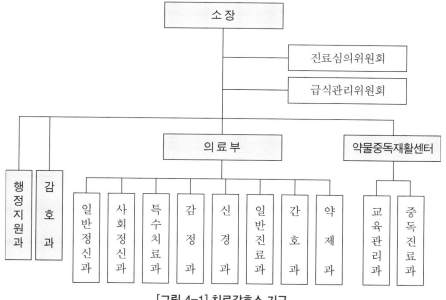

[그림 4-1] 치료감호소 기구

치료감호소는 1부, 1센터, 12개 과로 운영되고 있다. [그림 4-1]에 제시된 바와 같이 정신건강의학과 전문의인 소장을 중심으로 일반 행정 업무를 담당하는 행정지원과, 피치료감호자 수용 관리와 계호를 위한 감호과가 있으며, 전문적인 치료를 위한 의료부와 약물중독재활센터가 있고, 진료심의위원회와 급식관리위원회가 있다. 의료부는 의료부장을 중심으로 일반정신과, 사회정신과, 특수치료과 그리고 감정 업무를 담당하는 감정과, 신경과, 일반진료과, 간호과, 약제과를 두고 있으며, 약물중독재활센터에는 센터장을 중심으로 교육관리과, 중독진료과를 두고 있다.

『2021년 범죄예방정책 통계분석』(범죄예방정책국, 2021)에 따르면, 2020년 치료감호소 직원의 총원은 443명이고, 이 중 보호직 37명, 기술직군(의무, 약무, 간호, 보건, 의료기술, 조리, 간호조무 등) 369명, 관리 운영직군(방호, 관리 운영) 20명, 전문 경력관은 17명이 근무하고 있다.

### (3) 수용 현황

2020년 12월 기준으로 치료감호소에 수용된 피치료감호자는 1,016명이다. 2014년부터 최근 5년간의 수용인원 추이를 보면, 2014년 1,200명대에서 2020년 1,016명으로 다소 줄어들었다([그림 4-2] 참조).

전체 피치료감호자 중 1호로 분류된 피치료감호자가 935(92.0%)로 가장 높은 비율을 차지하고, 약물중독이 25명(2.5%), 정신성적 장애가 56명(5.5%) 등이었다(〈표 4-2〉 참조).

**표 4-2** 피치료감호자 유형별 수용 현황

| 구분 / 연도 | 피치료감호자 | | | |
|---|---|---|---|---|
| | 합계 | 1호(심신장애자)* | 2호(약물중독자)** | 3호(정신성적 장애자)*** |
| 2014 | 1,149(121) | 997(120) | 68(1) | 84 |
| | 100% | 86.8% | 5.9% | 7.3% |
| 2015 | 1,180(120) | 1025(116) | 66(4) | 89 |
| | 100% | 86.9% | 5.6% | 7.5% |
| 2016 | 1,093(122) | 961(121) | 44(1) | 88 |
| | 100% | 87.9% | 4.0% | 8.1% |
| 2017 | 1,096(126) | 969(125) | 41(1) | 86 |
| | 100% | 88.5% | 3.7% | 7.8% |
| 2018 | 1,038(110) | 910(108) | 59(2) | 69 |
| | 100% | 87.7% | 5.7% | 6.6% |

| | | | | |
|---|---|---|---|---|
| 2019 | 1,012(115) | 916(111) | 43(4) | 53 |
| | 100% | 90.5% | 4.3% | 5.2% |
| 2020 | 1,016(109) | 935(108) | 25(1) | 56(0) |
| | 100% | 92.0% | 2.5% | 5.5% |

※ 피치료감호소 수용 현황은 당해 연도 12.31. 기준 수용인원, (　　　) 여성

\*심신장애자로 수용 기간은 최대 15년

\*\*마약 · 항정신성의약품 · 대마 · 알코올 흡인한 자로 수용 기간은 최대 2년

\*\*\*소아성기호증, 성적 가학증 등 성적 성벽이 있는 정신성적 장애자로 수용 기간은 최대 15년

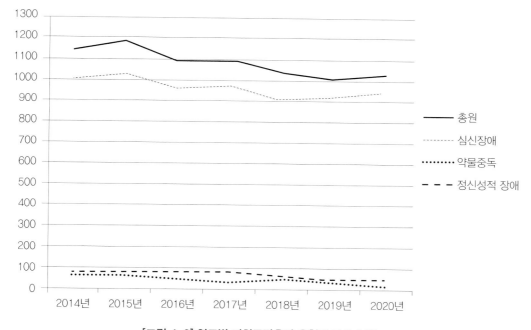

[그림 4-2] 연도별 피치료감호자 유형에 따른 인원

　피치료감호자의 죄명별 현황은 〈표 4-3〉이다. 2020년 말 기준 살인 321건(31.62%), 성폭력 184건(18.1%), 폭력 171건(16.88%) 순으로, 살인, 성폭력 및 폭력 범죄가 전체 범죄명 중 66.5%를 차지하였다. 2014년부터 2019년까지 매해 살인이 가장 많았고, 성폭력과 폭력이 그 뒤를 잇는 순서가 일정하게 유지되었다.

**표 4-3**　피치료감호자 죄명별 현황

| 연도＼죄명 | 계 | 살인 | 폭력 | 치사 | 절도 | 방화 | 강도 | 성폭력 | 약물 | 기타 |
|---|---|---|---|---|---|---|---|---|---|---|
| 2014 | 1,149 | 340 | 195 | 37 | 58 | 71 | 54 | 263 | 56 | 75 |
|  | 100% | 29.6% | 17.0% | 3.2% | 5.0% | 6.2% | 4.7% | 22.9% | 4.9% | 6.5% |
| 2015 | 1,180 | 372 | 161 | 36 | 68 | 80 | 57 | 279 | 47 | 80 |
|  | 100% | 31.5% | 13.6% | 3.1% | 5.8% | 6.8% | 4.8% | 23.6% | 4.0% | 6.8% |
| 2016 | 1,093 | 343 | 137 | 34 | 60 | 75 | 52 | 272 | 34 | 86 |
|  | 100% | 31.4% | 12.5% | 3.1% | 5.5% | 6.9% | 4.7% | 24.9% | 3.1% | 7.9% |
| 2017 | 1,096 | 338 | 156 | 38 | 59 | 80 | 48 | 242 | 35 | 100 |
|  | 100 | 31.0% | 14.1% | 3.5% | 5.4% | 7.3% | 4.4% | 22.0% | 3.2% | 9.1% |
| 2018 | 1,038 | 328 | 149 | 30 | 58 | 76 | 48 | 208 | 41 | 100 |
|  | 100 | 31.6% | 14.5% | 2.9% | 5.6% | 7.3% | 4.6% | 20.0% | 3.9% | 9.6% |
| 2019 | 1,012 | 336 | 140 | 30 | 62 | 74 | 44 | 184 | 31 | 111 |
|  | 100 | 33.2% | 13.8% | 3.0% | 6.1% | 7.3% | 4.3% | 18.2% | 3.1% | 11.0% |
| 2020 | 1,016 | 321 | 171 | 28 | 58 | 64 | 44 | 184 | 17 | 129 |
|  | 100% | 31.6% | 16.8% | 2.8% | 5.7% | 6.3% | 4.3% | 18.1% | 1.7% | 12.7% |

　2020년 말 기준으로 치료감호소에 수용되어 있는 피치료감호자의 병명을 살펴본 결과는 〈표 4-4〉와 같다. 2020년 말 조현병 575명(56.6%), 정신지체 84명(8.3%), 조울증 79명(7.8%) 등의 순이었다. 2014년부터 2019년에 이르기까지 병명별 수용 현황의 변화를 살펴보면 조현병과 망상장애는 점차 증가하는 반면 알코올 사용장애, 약물 사용장애, 성격장애 및 정신지체는 다소 감소하는 경향이 있다.

**표 4-4**　피치료감호자 병명별 현황

| 연도＼죄명 | 계 | 조현병 | 성격장애 | 정신지체 | 조울증 | 망상 | 간질 | 알코올 | 약물 | 정신성적장애 | 기타 |
|---|---|---|---|---|---|---|---|---|---|---|---|
| 2014 | 1,149 | 509 | 38 | 104 | 72 | 52 | 20 | 114 | 62 | 98 | 80 |
|  | 100% | 44.3% | 3.3% | 9.1% | 6.3% | 4.5% | 1.7% | 9.9% | 5.4% | 8.5% | 7.0% |
| 2015 | 1,180 | 533 | 35 | 102 | 81 | 63 | 14 | 122 | 53 | 107 | 70 |
|  | 100% | 45.2% | 3.0% | 8.6% | 6.9% | 5.3% | 1.2% | 10.3% | 4.5% | 9.1% | 5.9% |
| 2016 | 1,093 | 507 | 27 | 97 | 85 | 68 | 12 | 93 | 37 | 104 | 63 |
|  | 100% | 46.4% | 2.5% | 8.9% | 7.8% | 6.2% | 1.1% | 8.5% | 3.4% | 9.5% | 5.7% |

| 2017 | 1,096 | 518 | 27 | 92 | 84 | 79 | 10 | 82 | 35 | 92 | 77 |
| | 100% | 47.3% | 2.5% | 8.4% | 7.6% | 7.2% | 0.9% | 7.5% | 3.2% | 8.4% | 7.0% |
| 2018 | 1,038 | 528 | 23 | 84 | 71 | 70 | 10 | 72 | 46 | 76 | 58 |
| | 100% | 51.0% | 2.2% | 8.1% | 6.8% | 6.7% | 0.9% | 6.9% | 4.4% | 7.3% | 5.7% |
| 2019 | 1,012 | 543 | 13 | 77 | 76 | 85 | 9 | 63 | 35 | 53 | 58 |
| | 100% | 53.7% | 1.3% | 7.6% | 7.5% | 8.4% | 0.9% | 6.2% | 3.5% | 5.2% | 5.7% |
| 2020 | 1,016 | 575 | 10 | 84 | 79 | 53 | 10 | 61 | 19 | 54 | 71 |
| | 100% | 56.6% | 1.0% | 8.3% | 7.8% | 5.2% | 1.0% | 6.0% | 1.9% | 5.3% | 7.0% |

2020년 말 기준으로 연령별 수용 현황을 살펴보면(〈표 4-5〉 참조) 40세 이상~50세 미만이 299명(29.4%), 50세 이상~60세 미만이 305명(30.0%), 30세 이상~40세 미만이 193명(19.0%) 순으로 분포하였다. 지난 5년간 현황을 보면 매년 40대, 50대, 30대 순으로 피치료감호자의 분포가 유지되었으며, 50대의 분포는 다른 연령층에 비해 점진적으로 증가하는 추세이다.

**표 4-5** 피치료감호자 연령별 현황

| 연도\연령 | 계 | 20세 미만 | 20세 이상 30세 미만 | 30세 이상 40세 미만 | 40세 이상 50세 미만 | 50세 이상 60세 미만 | 60세 이상 70세 미만 | 70세 이상 |
|---|---|---|---|---|---|---|---|---|
| 2014 | 1,149 | 7 | 120 | 295 | 403 | 250 | 64 | 10 |
| | 100% | 0.6% | 10.4% | 25.7% | 35.1% | 21.8% | 5.6% | 0.8% |
| 2015 | 1,180 | 3 | 133 | 280 | 381 | 291 | 76 | 16 |
| | 100% | 0.3% | 11.3% | 23.7% | 32.3% | 24.7% | 6.4% | 1.3% |
| 2016 | 1,093 | 4 | 109 | 253 | 353 | 275 | 80 | 19 |
| | 100% | 0.4% | 10% | 23.1% | 32.3% | 25.2% | 7.3% | 1.7% |
| 2017 | 1,096 | 2 | 112 | 235 | 344 | 286 | 94 | 23 |
| | 100% | 0.2% | 10.2% | 21.4% | 31.4% | 26.1% | 8.6% | 2.1% |
| 2018 | 1,038 | 0 | 101 | 215 | 321 | 282 | 98 | 21 |
| | 100% | 0.0% | 9.7% | 20.7% | 31.0% | 27.2% | 9.4% | 2.0% |
| 2019 | 1,012 | 1 | 94 | 194 | 299 | 294 | 110 | 20 |
| | 100% | 0.1% | 9.3% | 19.2% | 29.5% | 29.1% | 10.8% | 2.0% |
| 2020 | 1,016 | 1 | 73 | 193 | 299 | 305 | 82 | 63 |
| | 100% | 0.1% | 7.2% | 19.0% | 29.4% | 30.0% | 8.1% | 6.2% |

2020년 말 기준으로 피치료감호자의 학력별 현황을 〈표 4-6〉에서 살펴보면 고졸 447명 (44.0%), 중졸 154명(15.1%), 초졸 125명(12.3%) 순이었고, 지난 5년 동안 이러한 분포가 유지되었다.

**표 4-6** 피치료감호자 학력별 현황

| 구분 / 연도 | 계 | 무학 | 초졸 | 중졸 | 고졸 | 대졸 이상 |
|---|---|---|---|---|---|---|
| 2014 | 1,149 | 41 | 143 | 230 | 494 | 241 |
| | 100% | 3.6% | 12.4% | 20.0% | 43.0% | 21.0% |
| 2015 | 1,180 | 48 | 141 | 227 | 512 | 252 |
| | 100% | 4.1% | 11.9% | 19.2% | 43.4% | 21.4% |
| 2016 | 1,093 | 44 | 139 | 202 | 475 | 233 |
| | 100% | 4.0% | 12.7% | 18.5% | 43.5% | 21.3% |
| 2017 | 1,096 | 73 | 189 | 186 | 478 | 170 |
| | 100% | 6.7% | 15.7% | 16.7% | 45.8% | 15.1% |
| 2018 | 1,038 | 70 | 163 | 173 | 475 | 157 |
| | 100% | 6.7% | 15.7% | 16.7% | 45.8% | 15.1% |
| 2019 | 1,012 | 54 | 153 | 156 | 499 | 150 |
| | 100% | 5.3% | 15.1% | 15.4% | 49.4% | 14.8% |
| 2020 | 1,016 | 20 | 125 | 154 | 447 | 270 |
| | 100% | 2.0% | 12.3% | 15.1% | 44.0% | 26.6% |

〈표 4-7〉에서 피치료감호자의 재범 횟수별 입원 현황을 살펴보면 2014년부터 2020년까지 대체로 초범인 대상자의 입원 비율이 가장 높다. 5범 이상과 2범이 다음 순으로 많았다. 이는 치료감호가 필요한 대상자가 일정 비율로 유지된다는 것을 반영하며, 5범 이상인 대상자들에 대한 보다 효과적인 재범방지 대책의 필요성을 지적하는 결과로 해석할 수 있다.

**표 4-7** 피치료감호자 재범 횟수 현황

| 횟수 / 연도 | 계 | 초범 | 2범 | 3범 | 4범 | 5범 이상 |
|---|---|---|---|---|---|---|
| 2014 | 1,149 | 759 | 121 | 70 | 42 | 157 |
| | 100% | 66.0% | 10.5% | 6.1% | 3.7% | 13.7% |

| 2015 | 1,180 | 769 | 132 | 77 | 40 | 162 |
| | 100% | 65.2% | 11.2% | 6.5% | 3.4% | 13.7% |
| 2016 | 1,093 | 728 | 133 | 61 | 45 | 126 |
| | 100% | 66.6% | 12.2% | 5.6% | 4.1% | 11.5% |
| 2017 | 1,096 | 721 | 129 | 65 | 35 | 146 |
| | 100% | 65.8% | 11.8% | 5.9% | 3.2% | 13.3% |
| 2018 | 1,038 | 671 | 126 | 57 | 38 | 146 |
| | 100% | 64.6% | 12.1% | 5.5% | 3.7% | 14.1% |
| 2019 | 1,012 | 657 | 132 | 60 | 37 | 126 |
| | 100% | 64.9% | 13.0% | 5.9% | 3.7% | 12.5% |
| 2020 | 1,016 | 663 | 135 | 61 | 35 | 122 |
| | 100% | 65.3% | 13.3% | 6.0% | 3.4% | 12.0% |

〈표 4-8〉에서 피치료감호자들의 직업별 현황을 살펴보면 무직과 기타 직군이 가장 많은 비율을 차지하고 있는 것을 알 수 있다. 2014년부터 2020년에 이르기까지의 수치를 보

**표 4-8** 피치료감호자 직업 현황

| 연도＼직업 | 계 | 노동 | 종업원 | 농업 | 상업 | 무직 | 기타 |
|---|---|---|---|---|---|---|---|
| 2014 | 1,149 | 104 | 94 | 28 | 41 | 759 | 123 |
| | 100% | 9.1% | 8.2% | 2.4% | 3.6% | 66.0% | 10.7% |
| 2015 | 1,180 | 102 | 67 | 28 | 7 | 745 | 231 |
| | 100% | 8.6% | 5.7% | 2.4% | 0.6% | 63.1% | 19.6% |
| 2016 | 1,093 | 85 | 53 | 27 | 40 | 695 | 193 |
| | 100% | 7.8% | 4.8% | 2.5% | 3.7% | 63.6% | 17.6% |
| 2017 | 1,096 | 94 | 46 | 27 | 22 | 693 | 214 |
| | 100% | 8.6% | 4.2% | 2.5% | 2.0% | 63.2% | 19.5% |
| 2018 | 1,038 | 93 | 40 | 31 | 17 | 658 | 199 |
| | 100% | 9.0% | 3.9% | 3.0% | 1.6% | 63.6% | 19.2% |
| 2019 | 1,012 | 81 | 30 | 28 | 4 | 664 | 205 |
| | 100% | 8.0% | 3.0% | 2.8% | 0.4% | 65.6% | 20.2% |
| 2020 | 1,016 | 89 | 33 | 25 | 3 | 692 | 174 |
| | 100% | 8.8% | 3.2% | 2.5% | 0.3% | 68.1% | 17.1% |

면 무직자의 입원율이 일관되게 가장 높은데, 이런 점은 치료감호소 내에서 직업재활을 강화할 필요성을 시사하는 결과이다.

〈표 4-9〉에서 피치료감호자의 치료감호 기간별 현황을 살펴보면 2020년 말 기준으로 5년 이상~10년 미만 259명(25.53%), 1년 미만 193명(19.08%), 1년 이상~2년 미만 153명(15.1%) 순이었다. 2014년도에는 집행 기간이 1년 미만 548건으로 가장 많았으나 1년 미만인 비율은 점차 줄어들고 5년 이상~10년 미만의 비율이 증가하는 추세이다. 이러한 변화는 피치료감호자에 대한 보다 전문적인 장기간에 걸친 치료의 필요성에 대한 인식 증대 및 감호소 내 집행 가능한 전문 프로그램 마련 등의 요인이 영향을 준 것으로 볼 수 있다.

**표 4-9** 피치료감호자 집행 기간별 현황

| 구분<br>연도 | 계 | 1년 미만 | 1년 이상<br>2년 미만 | 2년 이상<br>3년 미만 | 3년 이상<br>4년 미만 | 4년 이상<br>5년 미만 | 5년 이상<br>10년 미만 | 10년 이상 |
|---|---|---|---|---|---|---|---|---|
| 2014 | 1,149 | 548 | 126 | 115 | 99 | 96 | 111 | 54 |
| | 100% | 47.6% | 11.0% | 10.0% | 8.6% | 8.4% | 9.7% | 4.7% |
| 2015 | 1,180 | 279 | 199 | 173 | 126 | 105 | 239 | 59 |
| | 100% | 23.7% | 16.7% | 14.7% | 10.7% | 8.9% | 20.3% | 5.0% |
| 2016 | 1,093 | 283 | 181 | 133 | 115 | 84 | 239 | 58 |
| | 100% | 25.9% | 16.6% | 12.2% | 10.5% | 7.7% | 21.8% | 5.3% |
| 2017 | 1,096 | 220 | 230 | 156 | 103 | 98 | 231 | 58 |
| | 100% | 20.1% | 21.0% | 14.2% | 9.4% | 8.9% | 21.1% | 5.3% |
| 2018 | 1,038 | 195 | 167 | 178 | 116 | 86 | 247 | 49 |
| | 100% | 18.8% | 16.1% | 17.1% | 11.2% | 8.3% | 23.8% | 4.7% |
| 2019 | 1,012 | 210 | 136 | 123 | 144 | 89 | 246 | 64 |
| | 100% | 20.8% | 13.4% | 12.2% | 14.2% | 8.8% | 24.3% | 6.3% |
| 2020 | 1,016 | 193 | 153 | 112 | 103 | 122 | 259 | 74 |
| | 100% | 19.0% | 15.1% | 11.0% | 10.1% | 12.0% | 25.5% | 7.3% |

〈표 4-10〉에서 2호 피치료감호자의 중독물질별 현황을 살펴보면 알코올, 필로폰, 본드의 순으로 비율이 높았다. 2020년의 수치를 보면 치료감호자들이 주로 사용하는 물질이 알코올(38.4%), 필로폰(30.8%), 본드(23.1%)였다. 그 외에도 부탄, 니스, 솔벤트 및 톨루엔 등 다양한 물질 사용자들이 치료감호대상자로 선고받는 것을 알 수 있다.

| 표 4-10 | 2호 피치료감호자 중독물질별 현황 |

| 연도＼물질 | 계 | 필로폰 | 대마초 | 본드 | 부탄 | 니스 | 솔벤트 | 톨루엔 | 알코올 |
|---|---|---|---|---|---|---|---|---|---|
| 2014 | 141 | 30 | 1 | 44 | 6 | 2 | 1 | 3 | 54 |
| | 100% | 21.3% | 0.7% | 31.2% | 4.3% | 1.4% | 0.7% | 2.1% | 38.3% |
| 2015 | 91 | 24 | 0 | 30 | 6 | 0 | 0 | 1 | 30 |
| | 100% | 26.3% | 0.0% | 33.0% | 6.6% | 0.0% | 0.0% | 1.1% | 33.0% |
| 2016 | 88 | 26 | 2 | 11 | 9 | 2 | 0 | 2 | 36 |
| | 100% | 29.5% | 2.3% | 12.5% | 10.2% | 2.3% | 0.0% | 2.3% | 40.9% |
| 2017 | 50 | 15 | 0 | 12 | 3 | 1 | 0 | 1 | 18 |
| | 100% | 30.0% | 0.0% | 24.0% | 6.0% | 2.0% | 0.0% | 2.0% | 36.0% |
| 2018 | 48 | 13 | 0 | 13 | 6 | 1 | 0 | 1 | 14 |
| | 100% | 27.1% | 0.0% | 27.1% | 12.5% | 2.1% | 0.0% | 2.1% | 29.1% |
| 2019 | 62 | 20 | 0 | 12 | 7 | 2 | 0 | 3 | 18 |
| | 100% | 32.3% | 0.0% | 19.4% | 11.3% | 3.2% | 0.0% | 4.8% | 29.0% |
| 2020 | 26 | 8 | 0 | 6 | 2 | 0 | 0 | 0 | 10 |
| | 100% | 30.8% | 0.0% | 23.1% | 7.7% | 0.0% | 0.0% | 0.0% | 38.4% |

# 3. 치료감호처분의 집행

## 1) 치료감호처분의 집행 과정

법원에서 치료감호처분을 받으면 치료감호소에 입소하게 된다. 입소 후 우선 신규 입소자를 대상으로 각종 검사와 심리와 신체 상태에 대한 정밀한 평가를 실시하고, 이를 근거로 분류를 한다. 정신과적 상태, 성별, 약물습벽 여부 등에 따라서 등급을 분류하고, 그에 따라 주치의와 이들이 생활할 병동을 결정한다(이백철 외, 2019). 모든 피치료감호자는 분리수용 원칙에 따라 일반병동에는 심신장애자인 1호 피치료감호자, 약물중독재활센터에는 물질의존장애를 가진 2호 피치료감호자, 인성병동에는 소아성애증 등의 정신성적 성범죄자인 3호 피치료감호자가 각각 분리수용된다.

피치료감호대상자의 수용 기간은 심신장애자에 해당하는 제1호 대상자와 정신성적 장애자에 해당하는 제3호 대상자의 경우 15년을 초과할 수 없으며, 약물 및 알코올 사용장애

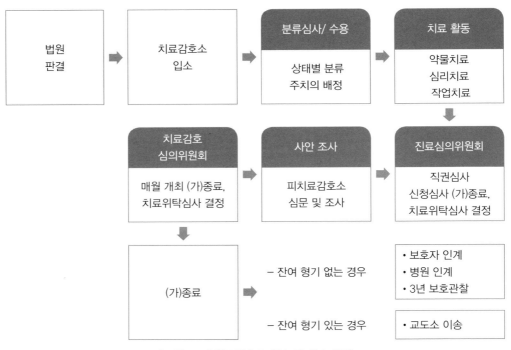

**[그림 4-3] 치료감호소 입소 및 출소 절차**

출처: 국립법무병원(2019).

에 해당하는 제2호 대상자는 2년을 초과할 수 없다(치료감호법 제16조 제2항).

[그림 4-3]은 판사가 치료감호를 선고한 이후 치료감호가 진행되는 과정을 도식화한 것이다. 대상자들이 입원하면 우선 분류심사를 받게 되고, 그 결과에 근거하여 주치의와 참여할 치료 프로그램들을 결정하게 된다. 또한 일정 기간마다 진료심의위원회 및 치료감소심의위원회가 개최되어 치료감호의 가종료와 외부 기관으로의 치료위탁 등에 관한 결정을 하게 된다.

## 2) 치료감호처분별 치료

치료감호소에서는 피치료감호대상자의 유형에 따라 다양한 치료 및 재활 프로그램을 실시한다. 정신과적 치료, 특수치료, 중독치료 및 단약교육, 정신성적 장애치료 및 직업훈련 등을 실시한다.

〈표 4-11〉에서 2020년에 피치료 수용자를 대상으로 이루어진 치료 현황을 보면, 단주교육 1,309명(48.6%), 직업훈련교육 800명(29.7%), 정신건강교육 585명(21.7%)이었다. 재

표 4-11 피치료감호자 재활치료 및 직업훈련 현황

| 연도 \ 구분 | 합계 | 재활치료 | | 직업훈련교육 |
|---|---|---|---|---|
| | | 단주교육 | 정신건강교육 | |
| 2014 | 6,456 | 3,351 | 1,548 | 1,557 |
| | 100% | 51.9% | 24.0% | 24.1% |
| 2015 | 4,686 | 1,464 | 1,479 | 1,743 |
| | 100% | 31.2% | 31.6% | 37.2% |
| 2016 | 3,348 | 823 | 990 | 1,535 |
| | 100% | 24.6% | 29.6% | 45.8% |
| 2017 | 5,944 | 2,952 | 1,530 | 1,462 |
| | 100% | 49.7% | 25.7% | 24.6% |
| 2018 | 4,747 | 1,911 | 1,309 | 1,527 |
| | 100% | 40.3% | 27.6% | 32.2% |
| 2019 | 4,141 | 1,675 | 1,129 | 1,337 |
| | 100% | 40.4% | 27.3% | 32.3% |
| 2020 | 2,694 | 1,309 | 585 | 800 |
| | 100% | 48.6% | 21.7% | 29.7% |

활치료와 직업훈련 프로그램 참여자가 꾸준히 증가하는 추세였으나, 최근에는 다소 감소하였다.

### (1) 1호 처분자(심신장애자)

조현병, 양극성 정동장애, 망상장애 등의 정신장애를 가진 범죄자들이 주로 치료감호 1호 처분을 받게 된다. 심신장애 피치료감호자들은 환청이나 망상 등의 증상 완화를 위해 약물치료를 받고, 정신과적 문제에 대한 자각과 통찰을 돕기 위한 정신치료나 심리치료를 받는다. 치료감호소의 임상심리전문가들이 주축이 되어 긍정심리치료, 분노조절훈련, 사회기술훈련 등의 집단심리치료를 연중 상시 운영하고 있다. 또한 특수치료과 작업치료사가 심리극, 음악치료, 영화치료 등의 특수치료 활동을 병행하고 있다.

### (2) 2호 처분자(약물중독자)

마약, 알코올, 본드나 니스 등의 유해화학물질에 중독된 물질의존 범죄자들이 2호 처분을 받게 된다. 이들은 6개월 과정으로 구성된 단약 및 단주 치료 프로그램을 이수한다. 단약 및 단주 치료 프로그램은 약물중독재활센터 입소 후 반드시 이수해야 한다. 이 프로그램은 6개월간 24주에 걸쳐 진행되고, 피감호대상자의 입소 시기에 관계없이 입소 동시에 교육에 참여할 수 있도록 개방형 프로그램으로 운영된다. 중독과 관련된 비합리적이고 왜곡된 삶의 태도를 변화시키기 위한 '약물중독치료 행복 48단계'와 장기간 약물 사용으로 인한 반사회적 행동 양식을 인식하여 친사회적 공동체 생활로의 변화에 초점을 둔 '약물중독치료 매트릭스-K' 과정, 분노 관리, 재발예방, NA 12단계 프로그램으로 구성되어 있다 (박상규, 2011a, 2011b; 박학모 · 안성훈, 2016).

〈표 4-12〉에서 물질의존으로 치료감호를 받는 대상자들을 대상으로 이루어지는 교육의 현황을 살펴보면, 2014년부터 2016년까지는 치료교육과 재활교육을 구분해서 실시해 오다가 2017년부터는 치료와 재활을 통합한 교육을 실시하고 있다.

**표 4-12** 2호 피치료감호자 중독치료 프로그램 현황

| 연도＼구분 | 계 | 신입교육 | 치료교육 | 재활교육 | 치료재활교육 |
|---|---|---|---|---|---|
| 2014 | 942 | 82 | 431 | 429 | – |
| | 100% | 8.7% | 45.8% | 45.5% | – |
| 2015 | 880 | 78 | 391 | 411 | – |
| | 100% | 8.9% | 44.4% | 46.7% | – |
| 2016 | 655 | 57 | 286 | 312 | – |
| | 100% | 8.7% | 43.7% | 47.6% | – |
| 2017 | 586 | 57 | – | – | 529 |
| | 100% | 9.7% | – | – | 90.3% |
| 2018 | 605 | 76 | – | – | 529 |
| | 100% | 12.6% | – | – | 87.4% |
| 2019 | 544 | 57 | – | – | 487 |
| | 100% | 10.5% | – | – | 89.5% |
| 2020 | 426 | 34 | – | – | 392 |
| | 100% | 8.0% | – | – | 92.0% |

### (3) 3호 처분자(정신성적 장애자)

제3호 처분자를 대상으로 하는 치료에서는 성도착증 환자를 위한 성충동 억제 약물치료와 공존질환에 대한 약물치료 등의 정신과적 치료 및 특수치료 그리고 성범죄자의 왜곡된

성 인식에 대한 근본적인 개선과 긍정적 변화를 위한 인지행동치료 프로그램을 병행한다 (박학모·안성훈, 2016).

### ① 인지행동치료적 접근

3호 처분을 받는 소아성애증, 물품음란증, 관음증 등과 같은 변태성욕을 가진 성도착증 성범죄자들의 왜곡된 성 인식을 수정하기 위해 인지행동치료 프로그램을 실시하고, 이들 중 조현병이나 양극성장애 등 공존 정신장애를 가진 성범죄자들에게 항정신병약물을 투약하는 약물치료를 병행한다.

성범죄자의 인지행동치료 프로그램은 잘못된 신념을 바꾸어 행동을 변화시키는 치료 과정으로, 핵심 프로그램(기본/필수 과정) 및 확장 프로그램(심화/추가 과정)으로 나누어져 있다(송원영·노일석·이태준, 2012a, 2012b). 또한 지적 기능이 제한적인 성범죄 피치료감 호대상자를 위해 이들에게 특화된 맞춤 치료 프로그램을 운영하기도 한다(최은영, 2013; 최 은영 외, 2015).

인지행동치료 프로그램은 성범죄자의 치료 및 교정 장면에서 가장 보편적으로 적용되 는 접근법으로, 현재 치료감호소, 교도소, 보호관찰소 등 성범죄자를 관리하고 있는 법무 부 산하기관에서 성범죄자의 재범방지를 목적으로 하여 공통적으로 실시되고 있는 프로 그램이다. 성범죄자의 인지행동치료의 초점은 범행의 부인과 인지적 왜곡을 수정하는 것 이다. 성범죄자들은 부인과 인지적 왜곡을 통해 자신의 범죄 행동을 정당화하고 유지하므 로 이를 수정하는 것이 근본적인 문제 해결의 출발점이다. 인지행동치료 과정 중 성범죄 자들의 성범죄를 유발한 개인적 위험 요인들을 찾아낼 수 있다. 체계적으로 구성된 성범 죄자 인지행동치료 프로그램에는 정서 조절, 사회기술훈련, 문제 해결, 스트레스 관리 등 하위 영역 프로그램들이 포함되며, 성범죄 피해자에 대한 공감 능력 배양을 필수적인 요소 로 구성한다. 인지행동치료 프로그램 과정 중 성범죄자들은 자신의 성범죄 선행 사건들의 인지적·행동적 양식들을 인식할 수 있게 되고, 성범죄 발생의 위험 요인이라 할 수 있는 이러한 역기능적인 양식에 효과적으로 대처하는 자기관리기술을 습득하게 된다.

### ② 행동치료

인지행동치료의 치료 목표가 성범죄자의 재범률 감소에 있는 것에 비해, 행동치료는 비 정상적인 성적 흥분 소거라는 보다 직접적인 치료 목표를 설정한다. 과거 외국에서는 물 품음란증(fetishism)과 같은 변태성욕을 치료하기 위해 혐오조건 형성기법을 적용하였다.

소아성애자의 행동치료에 있어 혐오치료기법은 아동에 대한 성적 흥분을 억제할 목적으로 사용되었고, 자위 재조건화 기법은 아동에 대한 일탈적 성적 흥분을 줄이고 성인에 대한 정상적인 성적 흥분을 증가시키기 위해 사용되었다. 혐오자극으로 약한 전기충격 혹은 암모니아수 등과 같은 불쾌한 자극을 아동과 관련된 성적 자극과 반복적으로 제시하여 두 자극을 연합시킨다. 내면적 민감화라고 불리는 기법은 혐오자극(예: 아동과 성관계하는 상황을 친구나 가족이 목격하는 장면)을 상상케 하는 방법이다.

포만(satiation)기법은 혐오자극을 사용하지 않고도 아동에 대한 성적 흥분을 감소시키는 행동치료기법이다. 포만기법의 절차는 소아성애를 가진 아동 성범죄자에게 아동에 대한 성적 환상을 크게 말하면서 사정할 때까지 자위행위를 하게 하는 것이다. 사정 이후 그리고 발기 불능기 동안 치료자는 동일한 상상을 하면서 자위행위를 계속하도록 지시한다. 이 과정을 여러 번 반복하며, 이후 자위 재조건화 과정에서 치료 참여자들은 성인에 대한 성적 흥분과 연결시킬 것을 지시받는다. 주제 변화라는 기법도 있는데, 이는 치료 참여자

---

**치료 목표:** 여성 발에 대한 일탈적 성적 공상과 흥분 완화

**치료 과정**
1. 성적 흥분과 공상 유도
   • 컴퓨터 화면을 통해 여성의 발 사진을 제시하고 40초간 성적 공상을 유도
2. 혐오자극 노출
   • 암모니아수 악취에 1초간 노출
3. 부적 강화(negative reinforcement) 단계
   • 마스크 착용 후 컴퓨터 화면에 제시된 남녀 간의 로맨틱한 사진을 4분간 감상
   ※1~3의 과정을 4회 반복

1단계 : 40초      2단계 : 1초      3단계 : 240초

[그림 4-4] 혐오치료 적용 사례

에게 소아성애적 상상을 통해 자위를 하게 하여 오르가슴에 도달할 때가 되면 성적인 상상의 내용을 재빨리 성인에 대한 상상으로 바꾸게 하는 것이다.

이상에서 소개한 행동치료기법 중 치료감호소에서 실제 적용된 것들이 있다. 과거 성범죄 피치료감호대상자 중 여성의 특정 신체부위(발)에 대한 변태성욕을 완화할 목적으로 [그림 4-4]와 같은 절차에 따라 혐오치료를 실시하였다. 치료 절차는 컴퓨터 화면에 제시된 여성의 발 사진을 보면서 성적 흥분을 유도하고 이후 암모니아 냄새를 제시하여 여성의 발과 암모니아 냄새라는 혐오자극과 연합하여 궁극적으로 여성의 발에 대한 성적 흥분을 감소시키는 방법이다.

### ③ 성충동 억제 약물치료

대부분의 성범죄는 가해자의 성욕, 가해자의 성에 대한 왜곡된 신념/인지, 외부적 환경이라는 세 가지 요인이 결합되어 발생한다. 성범죄자에게 성욕이 없다면 성범죄를 저지를 가능성이 매우 희박해진다. 성충동약물치료의 목표는 성욕을 감소시켜 성범죄를 포함한 일탈적 성 행동을 감소시키는 것이다.

치료감호소에서 사용 중인 성범죄자 성충동약물치료제는 성선자극호르몬 길항제(gonadotropin releasing hormone agonist: GnRH agonist)인 루크린이라는 약물이다. 이 약물은 투여 초기에는 뇌하수체에서 황체형성호르몬(luteinizing hormone: LH) 분비를 자극하여 일시적으로 혈중 테스토스테론 수준을 증가시키는데, 이를 플레어 현상(flare phenomenon)이라고 한다. 그러나 지속적인 성선자극호르몬 길항제의 투여는 성선자극호르몬 수용체의 탈감작화를 급속히 야기하여 황체형성호르몬의 감소를 유발한다. 따라서 2~4주 후 테스토스테론의 수준은 거세 수준에 이르게 된다([그림 4-5] 참조).

신체적으로 건강한 일반 성인이 성욕이 있다고 해서 성범죄를 저지르지 않는 것은 성에 대한 바른 가치관과 건강한 성의식을 갖고 있기 때문이다. 성범죄자의 경우, 성범죄를 지지하는 태도나 왜곡된 성의식을 가진 경우를 흔히 볼 수 있다. 이러한 성에 대한 왜곡된 인식은 인지행동치료를 통해 상당 부분 교정될 수 있다.

성욕이 있고 성에 대한 왜곡된 인식을 가졌다 할지라도, 현재 성범죄자가 전자발찌를 부착한 상태거나 치안이 양호해 범행 시 체포될 가능성이 높은 환경에 처해 있다면 성범죄 행동을 자제하게 된다. 보호관찰 제도는 환경적 요인에 초점을 둔 대표적인 성범죄 방지책 중 하나다.

2012년부터 2019년 8월까지 「성충동약물치료법」에 근거하여 치료감호소에서 성충동

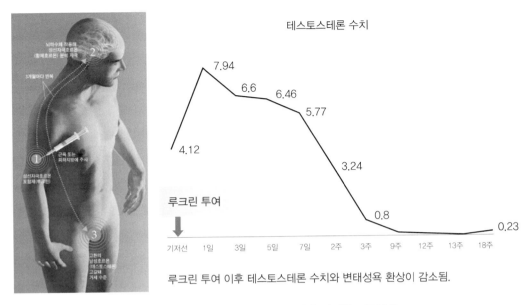

루크린 투여 이후 테스토스테론 수치와 변태성욕 환상이 감소됨.

[그림 4-5] 성충동약물치료제 투여 후 남성호르몬 변화

약물치료가 집행된 인원은 2012년 1명을 시작으로 2019년 10명 등 총 34명이다(이백철 외, 2019).

### 3) 치료감호의 종료 단계

피치료감호자의 퇴원은 치료감호심의위원회의 치료감호의 종료, 가종료 또는 치료위 탁 결정을 통해 이루어진다. 치료감호심의위원회는 법무부 소속의 심의기구로, 판사, 검 사 또는 변호사의 자격이 있는 6인 이내의 위원과 정신건강의학과 등 전문의 자격이 있는 3인 이내의 위원으로 구성되어 있으며 법무부차관이 위원장을 맡는다. 치료감호심의위원 회는 위원의 과반수 출석에 의해 심의를 개의하고 출석위원 과반수의 찬성에 의해 의결을 하는데, 찬반이 동수일 때에는 위원장이 결정한다. 출석위원은 결정을 행한 경우, 결정서 에 종료 등의 허가 여부와 그 이유를 기재하고 기명 · 날인한다.

치료감호와 형이 병과되는 경우에는 치료감호를 먼저 집행해야 하는데, 이 경우 치료감 호의 집행 기간은 형기에 산입되기 때문에 형기 이전에 치료감호가 종료된 경우에는 교정 시설로 이송되어 잔여 형기를 복역하게 된다(치료감호법 제16조 제2항).

## (1) 치료감호 종료 · 가종료 심사의 종류

심사는 치료감호심의위원회가 직권으로 행하는 직권심사와 검사, 피치료감호자, 그의 법정대리인 또는 친족의 신청에 의해 행하는 신청심사가 있다.

치료감호 종료에 대한 직권심사는 치료감호 개시 후 또는 가종료나 위탁치료 개시 후 6개월마다 행한다. 치료위탁은 거의 사문화되어 있지만, 위원회는 치료감호만을 선고받고 그 집행이 시작된 후 1년이 지난 자 및 치료감호와 형이 병과되어 형기에 상당하는 치료감호를 집행 받은 자에 대하여는 상당한 기간을 정하여 그 법정대리인 등에게 치료감호 시설 외에서의 치료를 위탁할 수 있다.

검사의 신청에 의한 신청심사는 검사가 치료감호심의위원회에 종료, 가종료 등의 신청을 한 경우에 행한다. 검사가 종료나 가종료 신청을 할 때에는 치료감호소 소장의 의견(진료심의위원회를 거친 담당의의 의견을 소장이 반영함.)을 들어야 한다. 가종료자에 대한 종료 신청을 할 때에는 보호관찰관의 의견을 들어야 한다. 또한 치료감호소 소장은 검사에게 종료나 가종료, 치료위탁의 신청을 하도록 요청할 수 있고, 보호관찰관은 검사에게 종료 신청을 하도록 요청할 수 있다.

피치료감호자와 그 법정대리인 등은 피치료감호자가 치료감호를 받을 필요가 없을 정도로 호전이 되어 치료감호 종료 여부를 심사해서 결정해 줄 것을 위원회에 신청할 수 있다. 피치료감호자의 종료 신청은 치료감호소의 소장을 경유하는 방법과 치료감호심의위원회에 직접 신청하는 방법이 있다. 불허가 결정이 있었던 자의 재신청은 불허가가 있던 날로부터 6개월 후에 가능하다.

## (2) 종료 및 가종료 현황

2014년부터 최근까지 치료감호를 종료 또는 가종료한 대상자의 현황을 살펴보면 〈표 4-13〉과 같다. 〈표 4-13〉에서와 같이 종료 · 가종료 대상자의 비율을 보면 전체 치료감호대상자 중 20~24%의 비율을 차지한다. 치료감호의 기간별로 살펴보면 치료감호 3년 이상을 선고받은 대상자들의 가종료 비율이 상대적으로 높은 것을 알 수 있다.

**표 4-13** 치료감호 기간별 종료 · 가종료 현황

| 연도 | 전체 치료감호 대상자 | 계 | | 1년 미만 | | 1년 이상~ 2년 미만 | | 2년 이상~ 3년 미만 | | 3년 이상 | |
|---|---|---|---|---|---|---|---|---|---|---|---|
| | | 종료 | 가종료 | 종료 | 가종료 | 종료 | 가종료 | 종료 | 가종료 | 종료 | 가종료 |
| 2014 | 1,149 | 1 | 275 | 1 | 65 | – | 94 | – | 36 | – | 80 |
| 2015 | 1,180 | 4 | 266 | 2 | 59 | 2 | 72 | – | 41 | – | 94 |
| 2016 | 1,093 | 2 | 393 | 1 | 68 | – | 80 | – | 62 | 1 | 183 |
| 2017 | 1,096 | 3 | 226 | – | 11 | 2 | 51 | 1 | 26 | – | 138 |
| 2018 | 1,038 | – | 252 | – | 40 | – | 39 | – | 41 | – | 132 |
| 2019 | 1,012 | – | 235 | – | 55 | – | 30 | – | 33 | – | 117 |
| 2020 | 1,016 | – | 172 | – | 32 | – | 12 | – | 16 | – | 112 |

2014년부터 최근까지 치료감호 종료 또는 가종료한 대상자들의 죄명별 현황을 정리한 것이 〈표 4-14〉이다. 〈표 4-14〉를 살펴보면 치료감호 종료자는 그 빈도가 소수이다. 가종료자들을 기준으로 비교해 보면 기타의 죄명인 대상자들이 가장 많고, 다음으로 폭력 행위 등의 죄명으로 치료감호가 선고된 대상자가 가장 많다.

**표 4-14** 치료감호 죄명별 종료 · 가종료 현황

| 연도 | 치료감호 대상자 | 계 | | 살인 | | 상해(폭행)치사 | | 폭력 행위 등 | | 강간 | | 강도 | | 절도 | | 방화, 실화 | | 기타 | |
|---|---|---|---|---|---|---|---|---|---|---|---|---|---|---|---|---|---|---|---|
| | | 종료 | 가종료 | 종료 | 가종료 | 종료 | 가종료 | 종료 | 가종료 | 종료 | 가종료 | 종료 | 가종료 | 종료 | 가종료 | 종료 | 가종료 | 종료 | 가종료 |
| 2014 | 1,149 | 1 | 275 | – | 42 | – | 5 | – | 39 | – | 31 | – | 6 | – | 24 | – | 10 | 1 | 118 |
| 2015 | 1,180 | 4 | 266 | – | 27 | – | 6 | 2 | 81 | 1 | 16 | – | 13 | 1 | 13 | – | 10 | – | 100 |
| 2016 | 1,093 | 2 | 393 | – | 77 | – | 10 | – | 78 | 1 | 50 | 1 | 17 | – | 26 | – | 32 | – | 103 |
| 2017 | 1,096 | 3 | 226 | – | 48 | – | 2 | 2 | 26 | – | 56 | – | 12 | – | 16 | – | 11 | 1 | 55 |
| 2018 | 1,038 | – | 252 | – | 35 | – | 8 | – | 38 | – | 54 | – | 7 | – | 19 | – | 19 | – | 72 |
| 2019 | 1,012 | – | 235 | – | 23 | – | 3 | – | 45 | – | 50 | – | 9 | – | 17 | – | 16 | – | 72 |
| 2020 | 1,016 | – | 172 | – | 44 | – | 4 | – | 15 | – | 23 | – | 6 | – | 14 | – | 16 | – | 50 |

〈표 4-15〉에서 치료감호대상자의 전과별 종료 및 가종료 현황을 보면 초범의 가종료 빈도가 가장 높은 반면, 5범 이상이 다음으로 많았다. 이와 같은 현상은 〈표 4-7〉에서와 같이 입원해 있는 피치료감호대상자 중 5범 이상의 대상자가 3범 및 4범보다 더 많은 비율을 차지하는 점의 영향인 것으로 볼 수 있다.

**표 4-15** 치료감호 전과별 종료 · 가종료 현황

| 연도 | 전체 치료감호 대상자 | 계 | | 초범 | | 2범 | | 3범 | | 4범 | | 5범 이상 | |
|---|---|---|---|---|---|---|---|---|---|---|---|---|---|
| | | 종료 | 가종료 | 종료 | 가종료 | 종료 | 가종료 | 종료 | 가종료 | 종료 | 가종료 | 종료 | 가종료 |
| 2014 | 1,149 | 1 | 275 | – | 114 | 1 | 37 | – | 15 | – | 14 | – | 95 |
| 2015 | 1,180 | 4 | 266 | 1 | 119 | 2 | 33 | – | 17 | 1 | 9 | – | 88 |
| 2016 | 1,093 | 2 | 393 | – | 209 | 1 | 43 | 1 | 31 | – | 10 | – | 100 |
| 2017 | 1,096 | 3 | 226 | – | 124 | 3 | 25 | – | 13 | – | 15 | – | 49 |
| 2018 | 1,038 | – | 252 | – | 131 | – | 29 | – | 20 | – | 12 | – | 60 |
| 2019 | 1,012 | – | 235 | – | 116 | – | 25 | – | 17 | – | 9 | – | 68 |

치료감호대상자의 병명별 종료 및 가종료 현황은 〈표 4-16〉과 같다. 〈표 4-16〉에서와 같이 약물중독대상자들의 가종료 빈도가 상대적으로 높은 것을 알 수 있다. 2017~2020년에는 조현병의 빈도가 더 높은 것으로 보이지만, 이는 전체 치료감호대상자의 병명별 현황(〈표 4-4〉 참조)에서 이 당시 조현병 대상자의 입소 비율이 월등히 높은 점에 기인하는 것

**표 4-16** 치료감호 병명별 종료·가종료 현황

| 연도 | 전체 치료감호 대상자 | 계 | | 조현병 | | 정신지체 | | 조울증 | | 성격장애 | | 간질 | | 약물중독 | | 기타 | |
|---|---|---|---|---|---|---|---|---|---|---|---|---|---|---|---|---|---|
| | | 종료 | 가종료 | 종료 | 가종료 | 종료 | 가종료 | 종료 | 가종료 | 종료 | 가종료 | 종료 | 가종료 | 종료 | 가종료 | 종료 | 가종료 |
| 2014 | 1,149 | 1 | 275 | – | 65 | – | 11 | – | 11 | – | 8 | – | 7 | 1 | 143 | – | 30 |
| 2015 | 1,180 | 4 | 266 | 2 | 83 | – | 16 | – | 15 | – | 9 | – | 7 | – | 105 | 2 | 31 |
| 2016 | 1,093 | 2 | 393 | 1 | 139 | – | 27 | – | 24 | 1 | 8 | – | 4 | – | 138 | – | 53 |
| 2017 | 1,096 | 3 | 226 | 2 | 80 | – | 19 | – | 14 | 1 | 1 | – | 2 | – | 37 | – | 73 |
| 2018 | 1,038 | – | 252 | – | 84 | – | 16 | – | 23 | – | 5 | – | – | – | 35 | – | 89 |
| 2019 | 1,012 | – | 235 | – | 63 | – | 16 | – | 16 | – | 8 | – | 1 | – | 41 | – | 90 |
| 2020 | 1,016 | – | 172 | – | 61 | – | 17 | – | 10 | – | 5 | – | 1 | – | 50 | – | 28 |

이다. 실제로 2017년부터 2019년까지 조현병과 물질중독장애로 치료감호소에 입원한 대상자의 빈도에 대비한 종료자의 비율을 산출해 보면, 조현병의 경우 11.6~15.4%의 비율인 반면 물질중독대상자들은 같은 기간 29.6~41.8%인 것을 확인할 수 있다. 즉, 조현병의 종료 및 가종료 비율은 다른 병명보다는 낮다는 것을 알 수 있다.

치료감호소 출소자의 3년 내 재입소율 현황을 살펴보면 2015년에는 14.6%이었다가 2020년에는 2.5%였다(〈표 4-17〉 참조). 이처럼 비율에서 차이가 많이 나는 것은 정신장애가 있는 사람에 의한 범죄가 발생하여 정신장애 범법자에 대한 태도와 관점이 사회적으로 이슈화되는 점들의 영향을 받았을 수 있다. 이런 경우, 치료감호 종료·가종료를 위한 심사에서 매우 엄격하게 기준을 적용하여 종료·가종료의 비율이 감소할 수 있을 것이다.

**표 4-17** 치료감호소 출소자(피치료감호자) 3년 내 재입소율 현황

| | | 연도 | 2014 | 2015 | 2016 | 2017 | 2018 | 2019 | 2020 |
|---|---|---|---|---|---|---|---|---|---|
| 피치료감호 유형 | 전체 | 재입소율% | 11.1 | 14.6 | 8.4 | 9.3 | 6.1 | 3.3 | 2.5 |
| | | 출소자 수 (출소 연도) | 287 (2011) | 246 (2012) | 263 (2013) | 281 (2014) | 277 (2015) | 399 (2016) | 238 (2017) |
| | | 재입소자 수 | 32 | 36 | 22 | 26 | 17 | 13 | 6 |
| | 1호 | 재입소율% | 5.5 | 5.7 | 3.8 | 2.6 | 1.6 | 2.0 | 1.2 |
| | | 출소자 수 | 165 | 140 | 158 | 154 | 185 | 299 | 167 |
| | | 재입소자 수 | 9 | 8 | 6 | 4 | 3 | 6 | 2 |
| | 2호 | 재입소율% | 18.9 | 26.4 | 15.4 | 17.9 | 15.7 | 8.0 | 6.5 |
| | | 출소자 수 | 122 | 106 | 104 | 123 | 89 | 87 | 61 |
| | | 재입소자 수 | 23 | 28 | 16 | 22 | 14 | 7 | 4 |
| | 3호 | 재입소자 수 | 0 | 0 | 0 | 0 | 0 | 0 | 0 |

※ 2020년 재입소율 = 2017년 출소자 수 ÷ 2018~2020년 재입소자 수

재입원율이 높은 대상자는 2호 대상자이다. 이들은 치료감호 기간 자체가 2년으로 짧을 뿐만 아니라 중독에서 벗어나는 것이 어려워 동종 재범률이 가장 높은 범죄 유형인 점도 영향을 주었다(박상규 외, 2017)고 볼 수 있다.

죄명별 재입소율의 현황을 살펴보면 〈표 4-18〉과 같다. 〈표 4-18〉에서 약물 사범의 재입소율이 가장 높고, 폭력 및 절도 사범이 다음 순이다. 살인과 성폭력 사범의 경우 사건 자체가 매우 심각하기 때문에 종료·가종료를 쉽게 인용해 주지 않는 경향이 있다. 그럼

**표 4-18** 해당 연도 입소자 중 재입소자 죄명별 현황

| 연도 \ 죄명 | 계 | 살인 | 폭력 | 치사 | 절도 | 방화 | 강도 | 성폭력 | 약물 | 기타 |
|---|---|---|---|---|---|---|---|---|---|---|
| 2014 | 50 | 4 | 8 | 0 | 3 | 0 | 2 | 2 | 27 | 4 |
|  | 100% | 8% | 16% | 0% | 6% | 0% | 4% | 4% | 54% | 8% |
| 2015 | 43 | 6 | 6 | 0 | 5 | 1 | 2 | 3 | 13 | 7 |
|  | 100% | 14% | 14% | 0% | 11.6% | 2.3% | 4.6% | 6.9% | 30.3% | 16.3% |
| 2016 | 39 | 1 | 7 | 0 | 3 | 2 | 1 | 4 | 14 | 7 |
|  | 100% | 2.6% | 17.9% | 0% | 7.7% | 5.1% | 2.6% | 10.3% | 35.9% | 17.9% |
| 2017 | 28 | 3 | 3 | 1 | 2 | 2 | 0 | 1 | 11 | 5 |
|  | 100% | 10.7% | 10.7% | 3.6% | 7.1% | 7.1% | 0% | 3.6% | 39.3% | 17.9% |
| 2018 | 28 | 2 | 3 | 0 | 3 | 2 | 1 | 1 | 11 | 5 |
|  | 100% | 31.6% | 31.6% | 14.5% | 2.9% | 5.6% | 7.3% | 4.6% | 3.9% | 9.6% |
| 2019 | 17 | 0 | 5 | 0 | 1 | 1 | 2 | 2 | 3 | 3 |
|  | 100% | 0% | 29.4% | 0% | 5.9% | 5.9% | 11.8% | 11.8% | 17.6% | 17.6% |
| 2020 | 20 | 0 | 6 | 0 | 1 | 0 | 0 | 2 | 8 | 3 |
|  | 100% | 0.0% | 30.0% | 0.0% | 5.0% | 0.0% | 0.0% | 10.0% | 40.0% | 15.0% |
| 총계 | 225 | 16 | 38 | 1 | 18 | 8 | 8 | 15 | 87 | 34 |
|  | 100% | 7.8% | 16.9% | 0.4% | 8.0% | 3.6% | 3.6% | 6.7% | 38.6% | 15.1% |

에도 몇 건의 재입소가 있는 것은 해당 대상자가 치료감호소 내에서 집행되는 다양한 정신과 치료를 근거로 하는 개입들로 도움을 받기가 어려운 장애를 가지고 있어서 외부로 치료위탁 또는 가종료되었을 가능성이 있다. 가령, 정신지체 또는 자폐스펙트럼장애 등의 발달장애가 있을 경우 치료감호소보다는 다양한 재활서비스를 제공받을 수 있는 기관에서의 개입이 보다 효과적일 수 있다(손외철 · 함혜연 · 박은영, 2021).

병명별 입소자의 재입소율은 〈표 4-19〉와 같다. 〈표 4-19〉를 살펴보면 알코올과 약물 등 물질중독과 관련한 장애가 있는 대상자들의 재입소율이 가장 높고, 다음은 조현병 대상자이다. 이는 앞서 약물 사범의 재입원률이 높은 점과 일맥상통하는 결과이다. 이러한 결과는 약물 사범이 종료와 가종료를 앞둔 시점에서는 단약의지를 유지하도록 조력하고, 재발 위험을 느낄 시 즉각적으로 도움을 요청할 수 있는 지역사회 내 기관 및 지지 자원과의 연계 등 보다 현실적으로 지역사회 내에서 재범을 예방할 수 있는 구체적인 대책들을 마련해야 할 필요성을 반영한다. 또한 조현병의 경우도 가종료 시 지속적인 약물치료와 재활

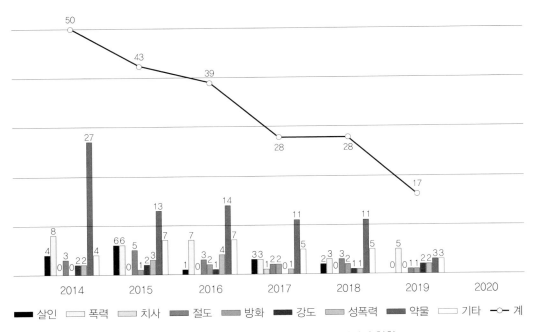

[그림 4-6] 해당 연도 입소자 중 재입소자 죄명별 현황

표 4-19 해당 연도 입소자 중 병명별 재입소자 현황

| 병명<br>연도 | 계 | 조현병 | 간질 | 정신<br>지체 | 성격<br>장애 | 망상 | 조울증 | 알코올 | 약물 | 기타 |
|---|---|---|---|---|---|---|---|---|---|---|
| 2014 | 50 | 9 | 0 | 2 | 1 | 1 | 3 | 4 | 28 | 2 |
|  | 100% | 18.0% | 0.0% | 4.0% | 2.0% | 2.0% | 6.0% | 8.0% | 56.0% | 4.0% |
| 2015 | 43 | 16 | 0 | 2 | 1 | 1 | 4 | 3 | 14 | 2 |
|  | 100% | 37.2% | 0.0% | 4.7% | 2.3% | 2.3% | 9.2% | 7.0% | 32.6% | 4.7% |
| 2016 | 39 | 16 | 0 | 1 | 0 | 2 | 3 | 1 | 15 | 1 |
|  | 100% | 41.0% | 0.0% | 2.6% | 0.0% | 5.1% | 7.6% | 2.6% | 38.5% | 2.6% |
| 2017 | 28 | 12 | 0 | 1 | 0 | 0 | 0 | 2 | 10 | 3 |
|  | 100% | 42.9% | 0.0% | 3.6% | 0.0% | 0.0% | 0.0% | 7.1% | 35.7% | 10.7% |
| 2018 | 28 | 8 | 0 | 2 | 0 | 0 | 1 | 4 | 12 | 1 |
|  | 100% | 28.6% | 0.0% | 7.1% | 0.0% | 0.0% | 3.6% | 14.2% | 42.9% | 3.6% |
| 2019 | 17 | 9 | 0 | 0 | 0 | 3 | 1 | 1 | 3 | 0 |
|  | 100% | 53.0% | 0.0% | 0.0% | 0.0% | 17.6% | 5.9% | 5.9% | 17.6% | 0.0% |
| 2020 | 20 | 5 | 0 | 1 | 0 | 2 | 1 | 2 | 8 | 1 |
|  | 100% | 25.0% | 0.0% | 5.0% | 0.0% | 10.0% | 5.0% | 10.0% | 40.0% | 5.0% |
| 총계 | 225 | 75 | 0 | 9 | 2 | 9 | 13 | 17 | 90 | 10 |
|  | 100% | 33.3% | 0.0% | 4.0% | 0.9% | 4.0% | 5.8% | 7.6% | 40.0% | 4.4% |

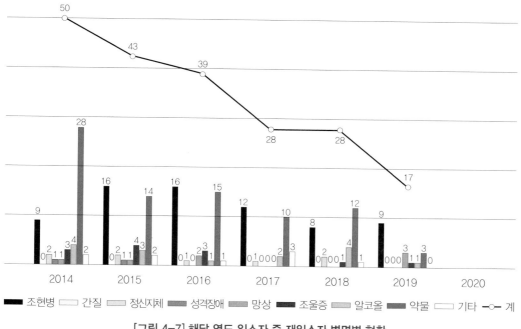

[그림 4-7] 해당 연도 입소자 중 재입소자 병명별 현황

치료가 이루어질 수 있도록 대상자가 복귀할 지역사회 내 정신사회서비스 제공기관과의 연계를 중심으로 하는 복귀 프로그램 등을 실시할 필요가 있다.

### (3) 가종료 및 치료위탁 시의 보호관찰

가종료자 또는 치료위탁자에 대해서는 자동적으로 보호관찰이 개시된다(치료감호법 제32조 제1항). 보호관찰 기간은 3년이다. 치료감호심의위원회는 피보호관찰자가 금고 이상의 형에 해당하는 범죄를 짓거나 준수 사항의 위반 또는 증상의 악화 등의 사유가 발생하였을 때 가종료 또는 치료위탁을 취소하고 다시 치료감호소에 수용할 수 있다.

## 4. 치료감호소의 정신감정

### 1) 정신감정 현황

피치료감호자의 수용 및 치료와 더불어 치료감호소의 주요 업무 중 하나로 정신감정을 들 수 있다. 「형법」 제10조는, '① 심신장애로 인하여 사물을 변별할 능력이 없거나 의사를 결정할 능력이 없는 자의 행위를 벌하지 아니한다, ② 심신장애로 인하여 전항의 능력이 미약한 자의 행위는 형을 감경한다'고 하여 책임 무능력자와 한정책임 능력자에 대한 규정을 두고 있다. 이러한 정신장애의 유무와 정도의 판단은 법정신의학적 전문지식과 경험이 필요하므로, 형사사법절차에서 이러한 판단을 위해 법원, 검찰, 경찰에서 필요한 경우 정신감정을 의뢰한다(형사소송법 제172조). 또한 「치료감호법」 제4조 제2항, 제13조에서도 치료감호대상자에 대한 치료감호를 청구할 때에는 정신건강전문의 등의 전문의 진단이나 감정을 참고하여야 한다고 규정하고 있다.

1987년에 치료감호소가 설립된 이후 국내 대부분의 형사사건 관련 전체 정신감정의 약 95%를 치료감호소에서 담당해 오고 있다. 전국의 5개 국립정신병원을 비롯한 대형 정신병원에서 정신감정을 담당하기도 하나, 정신감정을 위해 약 1개월간 소요되는 감정기간 동안 입원하는 데 발생하는 비용이 절약되고 관리가 용이하며, 특히 공신력과 공정성에 대한 신뢰가 높아 치료감호소 정신감정을 선호한다. 정신감정은 피의자나 피고인에 대한 정신의학적 임상면담, 임상심리평가, 신경기능 및 신체병리검사 등의 각종 검사, 정신질환의 유무, 약물의 흡입이나 섭취에 대한 습벽이나 중독 여부 등 법정신의학적 판단을 필요

표 4-20 정신감정 의뢰 기관별 현황

| 연도 \ 기관 | 계 | 법원 | 검찰 | 경찰 |
|---|---|---|---|---|
| 2014 | 604 | 509 | 68 | 27 |
| | 100% | 84.3% | 11.2% | 4.5% |
| 2015 | 652 | 567 | 63 | 22 |
| | 100% | 87.0% | 9.7% | 3.3% |
| 2016 | 536 | 474 | 46 | 16 |
| | 100% | 88.4% | 8.6% | 3.0% |
| 2017 | 464 | 413 | 42 | 9 |
| | 100% | 89.0% | 9.1% | 1.9% |
| 2018 | 444 | 394 | 28 | 22 |
| | 100% | 88.7% | 6.3% | 5.0% |
| 2019 | 362 | 321 | 28 | 13 |
| | 100% | 88.7% | 7.7% | 3.6% |
| 2020 | 129 | 120 | 8 | 1 |
| | 100% | 93.0% | 6.2% | 0.8% |

로 하는 사항에 대한 내용을 주로 감정한다(국립법무병원, 2019).

한편, 지역사회 내 일반 정신병원과 달리 형사사법기관으로부터 치료감호소로 정신감정이 의뢰된 범죄자 중 형의 감경이나 범죄에 대한 책임을 회피할 목적으로 정신과적 증상을 고의로 꾸미거나 과장하는 등「형법」제10조를 악용하는 범죄자를 드물지 않게 볼 수 있다(이장규, 2013). 따라서 정신감정에 의뢰된 범죄자의 임상심리학적 평가에서 꾀병선별검사가 필수적으로 실시된다.

〈표 4-20〉에서와 같이 치료감호소에 정신감정을 의뢰한 기관별 현황을 살펴보면, 2014년도부터 2020년까지 법원에서 의뢰하는 경우가 매년 약 88% 이상을 차지하고 검찰과 경찰이 다음 순으로 정신감정을 의뢰하였다.

## 2) 정신감정 절차 및 사례

일반적으로 감정은 특별한 학식, 경험이 있는 자에게 전문지식에 의한 판단이나 의견을 물어 법관의 판단 능력을 보충하는 증거 조사 방법이다. 범죄자의 형사 정신감정의 대부분은 범죄의 성립 요건 중 책임 능력에 대한 것으로, 범행 당시 범죄자의 정신 상태와 판단 능력에 관한 것이다.

치료감호소에서 이루어지는 정신감정 기간은 통상 30일이나, 특별한 사유가 있는 경우 단축 또는 연장할 수 있다. 국내「형사소송법」에는 어느 기관에 감정을 의뢰해야 하는지를 구체적으로 명시하지 않으므로 실무에서는 법원이나 지원장이 매년 복수의 국공립병원이나 대학병원 또는 종합병원의 장들로부터 추천받은 감정인들의 명단을 활용하게 된다. 감정은 증거 조사의 일종으로, 감정인은 감정 결과를 기재한 감정서를 법원에 제출해야 한다. 그러므로 정신감정을 실시한 정신건강전문이나 심리학자도 피감정인의 심신장애 여부 및 범행 당시 정신 상태에 대한 감정서를 법원에 제출하여야 한다.

국내에서는 정신감정서에 어떠한 내용들이 기술되어야 하는지에 관한 논의가 많이 이뤄지지 않았다. 미국에서 통용되는 표준 감정보고서는「형법」제4장 제5조에 의한 감정보고서(report of examination)를 근거로 한다. 이에 따르면 감정보고서에는, ① 감정의 특성에 관한 설명, ② 피고인의 정신 상태에 관한 진단, ③ 피고인이 정신질환이나 결함으로 인하여 고통을 당하고 있다면 그에 대한 형사소송절차를 이해하거나 자신이 항변에 조력할 수 있는 능력에 관한 의견, ④ 책임 능력에 관한 항변을 채용하려는 의사통지서가 제출되었을 경우, 피고인의 범행 당시 범죄성과 위법성을 인식할 수 있는 능력이 어느 정도 손상되었는가에 관한 의견 등이 제시된다.

　다음은 치료감호소에서 정신감정을 받은 범죄자의 심리평가 사례다. 사례 1의 K 씨는 아동 성범죄로 정신감정이 의뢰되어 조현병 진단을 받았으며, 사례 2의 H 씨는 공무집행 방해 혐의이며 정신감정에서 양극성장애 진단을 받았다.

---

**사례 1　아동 성범죄로 정신감정이 의뢰된 K 피고인**

　**실시한 검사: 한국판 웩슬러 성인용 지능검사 4판(K-WAIS-IV), 벤더게슈탈트검사(BGT), 알코올 의존 선별검사(AUDIT-K), 다면적 인성검사(MMPI-2), 성격평가질문지(PAI), 꾀병선별검사(MSI), DAP(인물화검사), 문장완성검사(SCT), 성범죄 관련 자기보고검사, 임상면담**

　1. 의뢰 사유
　피고인은 「성폭력 범죄의 처벌 등에 관한 특례법」 위반(13세 미만 미성년자 유사 성행위) 등의 혐의로 정신감정이 의뢰되어 심리평가를 실시하였다.

　2. 행동관찰
　157cm 신장에 왜소한 체격의 피고인은 곱슬머리에 뾰족한 얼굴형이었으며, 시선접촉과 위생 상태가 양호한 편이었다. 피고인은 언어 표현 시 발음이 약간 어눌하고 말의 속도가 빨랐으며, 질문의 논점을 벗어나는 이야기를 두서없이 많이 하였다. 본 건 범죄사실을 부인하지 않고 인정하였으며, 범행 동기에 대한 질문에 아무런 거리낌 없이 "성폭력을 한 것이죠…… 강아지 데리고 새벽에 산책 중인 아이를 보고 분노 조절이 되지 않아 했다."라고 진술하였다. 입소 초기 배부된 자기보고검사의 상당 부분은 "눈이 안 보여서 못 한다."라며 수행을 거부하였고, 지능검사 중에는 깊이 생각하지 않은 채 "모른다.", "이건 못하겠어요."라는 말을 자주하는 등 수검 태도가 불성실하였다.

　3. 평가 결과
　1) K-WAIS-IV 지능검사로 측정된 피고인의 전체지능(FSIQ)은 54로 '경도의 지적장애' 범위였다. 4개의 하위 조합 점수를 보면, 지각추론(PRI=57), 작업기억(WMI=62), 처리속도(PSI=50)는 '경도의 지적장애' 수준이나 언어이해(VCI=76)는 '경계선' 수준으로, 피고인은 다른 지적 영역에 비해 언어 관련 지적 기능이 비교적 양호한 상태다. 피고인은 간단한 글을 읽고 쓰는 것이 가능하며, 비교적 적절한 어휘를 사용하여 본인의 간단한 의사를 표현하는 데 두드러진 곤란이 없다. 비록 피고인이 경도의 지적장애가 있으나 사회적 규범을

벗어난 위법 행위를 이해하지 못할 수준은 아닌 것으로 평가된다(면담: 당장 잡히는 것이 싫어서 아이에게 핸드폰을 달라고 했다).

2) 면담에서 피고인은 자신의 범행을 마치 남의 일처럼 태연하게 진술하는 등 범죄에 대한 반성이나 뉘우침이 결여된 양상이다. 또 범죄 후 구속 상황에서 흔히 경험하는 자책, 불안, 우울감 등의 부정적 정서가 결여된 양상으로, 피고인은 현재 자신이 당면한 상황과 조화되지 않는 부적절한 정서를 보인다.

피고인은 환청이나 환시 등의 지각장애 증상을 부인하였고, 말을 할 때 두서가 없고 대화의 논점이 자주 흐려지는 등 사고 흐름이 원활치 못하다. 한편, 문장완성검사(SCT)에 반영된 피감정인의 사고 내용을 보면, '내가 믿고 내 능력은 토라(하나님의 참법).', '내가 성교를 했다면 죽일 놈임. 하나님께서 예수의 이름으로 구함.', '내 생각에 여자들이란 황○실 내부인 빼고 다 제정신 아님.', '내가 정말 행복할 수 있으려면 황○실 부인과 보이지 않는 법률혼 인정받아야 함.' 등의 반응에서 알 수 있듯, 피고인은 기독교 종교와 '황○실'이라는 여성에 대한 망상을 가진 것으로 보인다. 또 피고인은 현재 자신이 당면한 현실과 조화되지 않는 과대사고가 두드러지는 양상이다(SCT: 나의 장래는 인권기관 목사. 나의 야망은 가난하고 궁핍한 자의 인권보장).

3) 피고인은 활성기 정신증 기간 중 정서적으로 불안정하고, 현실 검증력이 저하되어 부적응적 일탈 행동을 보일 소지가 많아 보인다. 자기중심적이며, 행위의 결과를 신중하게 고려하지 못하고 충동적으로 행동하는 경향이 있고, 타인의 생각과 감정을 적절하게 인식하고 이해할 수 있는 공감 능력이 결여된 것으로 보인다.

한편, 본 범죄가 아동을 대상으로 한 성범죄이나 피고인은 성인 여성(황○실)에 대한 성적 선호 및 욕구, 성적 상상이 뚜렷하고 아동 성범죄 전력이 없는 것을 볼 때, 현재 소아성애증 진단이 유보되어진다(SCT: 내 생각에 참다운 친구는 황○실 내 부인. 내가 가장 좋아하는 사람은 황○실 부인. 나의 성생활은 거의 안 함. 가끔 성충동이 심하면 여자 친구 황○실을 생각하면서 그냥 손으로 해결함).

4) 범행 당시 피고인은 기존 정신장애의 증상이 악화되어 형사책임 능력(criminal responsibility)이 저하된 상태에서 본 사건에 이른 것으로 추정된다. 피고인은 지능이 낮고 정신장애를 가진 자로, 이후 법정에서의 적절한 자기방어나 항변에 어려움이 예상된다. 피고인의 현 정신질환이 이후 재범에 상당 부분 영향을 미칠 가능성이 있어 정신건강의학적 치료와 경과 관찰이 필요하겠다.

진단적 인상)　　조현병
　　　　　　　　경도의 지적장애

2016. 07. 00.

법무부 국립법무병원(치료감호소) 임상심리실
정신건강임상심리사 1급 ○○○호 이○○

사례 2 공무집행방해 혐의로 정신감정이 의뢰된 H 피고인

**실시한 검사:** 한국판 웩슬러 성인용 지능검사 4판(K-WAIS-IV), 벤더게슈탈트검사(BGT), 알코올 의존 선별검사(AUDIT-K), 다면적 인성검사(MMPI-2), 성격평가질문지(PAI), 꾀병선별검사(MSI), DAP(인물화검사), 문장완성검사(SCT), 임상면담

1. 의뢰 사유

피고인은 공무집행방해 혐의로 정신감정이 의뢰되어 심리평가를 실시하였다.

2. 행동관찰

167cm 신장에 건장한 체격의 피고인은 곱슬머리에 안경을 착용하고 있었으며, 위생 상태와 시선접촉이 양호하였다. 면담질문에 지엽적인 내용까지 장황하게 설명하는 등 말이 많은 편이었으나 의사소통에 어려움이 없었다. 본 사건의 혐의를 부인하거나 축소하지 않았으며, 잘못을 시인하고 반성하는 태도를 보였다. 피고인은 협조적인 태도로 검사와 면담에 임하였으며, 「형법」 제10조를 악용할 목적으로 증상을 고의로 꾸미거나 과장하는 모습은 관찰되지 않았다.

3. 평가 결과

1) K-WAIS-IV 지능검사로 측정된 피고인의 전체지능(FSIQ)은 102로 '평균' 수준이었다. 언어이해 지수(VCI=104)와 지각추론 지수(PRI=99) 두 점수 모두 '평균' 수준이었고 유의미한 편차를 보이지 않았다. 주의집중력 및 정신운동속도 관련 지적 기능도 '평균' 수준을 유지하고 있어, 현재 지능 및 인지기능의 두드러진 저하나 이상이 없는 것으로 판단된다. 피고인은 사회적 규범과 관습을 이해할 수 있고, 행위의 결과를 적절하게 예견할 수 있는 정상적인 지적 능력을 가진 것으로 평가된다.

2) 과거 직업이 목사인 피고인은 '하나님의 음성을 듣고 하나님을 보았다'는 내용의 영적 체험을 보고하였는데, 정신병적 차원의 지각장애와는 그 양상이 달라 보인다. 현재 환청이나 환시 등의 두드러진 지각장애를 보이지 않으며, 면담질문에 적절하게 답하여 사고 흐름상의 곤란도 없다. 사고 내용 측면에서도 피해 및 관계사고, 망상 등의 두드러진 사고장애가 없고 현실에 기초하여 이성적이고 논리적으로 사고한다. 본 건 범죄를 비롯한 과거 잘못된 처신과 행동들에 대한 반추사고가 있으며, 자신의 과오를 후회하고 반성하고 있다(문장완성검사: 결혼 생활에 대한 나의 생각은 내가 많이 미성숙하다. 내가 저지른 가장 큰 잘못은 이번이 제일 큰 잘못이다. 내가 다시 젊어진다면 더욱더 생각과 삶이 일치된 인생을 살고 싶다).

3) 현재 임상적 유의 수준에 이를 정도는 아니나 피고인은 범죄 후 구속에 따른 우울 및 자책 등의 부정적 정서를 경험하고 있다[MMPI: 우울(D)=64]. 내향적 성격의 피고인은 사람들과 어울리는 것을 좋아하고, 말이 많고 자기주장이 강한 성향이다. 만성적인 분노감과 공격적인 충동이 내재되어 있고, 음주 상황 혹은 기분장애 삽화 때 부정적인 감정을 적절한 방식으로 표현하는 데 어려움이 있겠다. 피고인은 타인에게 배척이나 거절당하는 것에 예민하며, 비난을 받으면 적대감을 드러낼 수 있다. 겉으로 피고인은 사회적으로 순응적인 사람처럼 보일 수 있지만, 내면으로는 매우 저항적인 성향이다.

한편, 알코올 의존 선별검사에서 피고인은 '자기연민에 잘 빠지며 술로 이를 해결하려 한다.', '혼자 술 마시는 것을 좋아한다.', '취기가 오르면 술을 계속 마시고 싶은 생각이 지배적이다.' 등 알코올 사용 관련 문제를 보고하였다. 피고인은 과거 음주 상황에서 위법 행위를 한 전력이 여러 번 있지만 금단 및 내성 증상이 두드러지지 않아 '알코올 사용장애'의 진단기준에서 2~3개 해당하여 경도 범위에 해당하겠으며, 과거의 개념으로 적용한다면 '알코올중독'보다는 '알코올남용'이 타당해 보인다(한국형 알코올 의존 선별검사: AUDIT-K, 15점).

4) 현재 피고인은 정신과적 증상이 상당히 완화되어 사회적 규범과 관습에 따라 적절하게 판단하고 행동하는 데 두드러진 곤란이 없다. 현재 현실에 기초한 이성적이고 논리적인 사고가 가능하여 법정에 설 능력(competency to stand trial)이 있다. 범행 당시 기존 정신질환 및 알코올 사용으로 인해 분노 조절 및 행동통제에 어려움이 있었던 것으로 추정된다. 따라서 본 건 당시 형사책임 능력(criminal responsibility)의 저하가 시사된다. 피고인의 정신질환이 폭력 관련 동종 범죄 재범에 상당 부분 영향을 미칠 수 있다.

진단적 인상)    양극성장애

알코올 사용장애 경도

2010. 00. 00.

법무부 국립법무병원(치료감호소) 임상심리실

정신건강임상심리사 1급 0000호 이○○

## 3) 정신감정을 위한 심리학적 평가도구

정신감정에는 전문가의 임상적 경험에 근거한 정신의학적 판단과 심리학적 평가도구들을 활용하는 계량적 방법이 사용된다. 전문가의 임상적 판단은 범죄자의 처우나 치료를 결정하기 위한 가장 오래된 방법으로 '사람의 임상적 판단에 의존하는 주관적 결론'이다. 즉, 비표준화된 절차에 따라 전문가의 주관적이면서도 경험에 근거한 직관적 판단을 말한다. 반면, 계량적 방법은 광범위한 연구를 통해 밝혀진 심리적 요인을 계량적으로 측정하는 공식적이고 객관화된 방법이다.

전문가의 정신의학적 평가를 실시하기 위해서는 고도의 전문성이 필요하다. 그러나 이 방법을 법정에 적용하려면 증거력의 문제를 고려해야 한다. 미국 대법원의 경우, 전문가들이 제시하는 의견을 법정 증거로 받아들일 때 일반적으로 도버트(Daubert) 규칙을 적용한다. 원래 이 규칙은 1993년도 Daubert라는 사람과 분유회사 사이에 벌어진 손해배상 소송에서 도입된 방법이다. 당시 청구인은 임신 중 구토방지제를 복용하였는데, 이에 대한 부작용으로 기형아를 출산하였다고 주장하였다. 이에 제약회사는 전문가를 증인으로 진술하게 하여 기형아 출산과 구토방지제 약이 무관하다는 의견을 제출하였다. 그러나 원고 측은 전문가 8명의 의견을 통해 구토방지제가 기형아 출산 가능성에 대한 원인이 될 수 있다는 감정 결과를 제출하였다. 연방 대법원은 이에 대해 과학적 증거에 대해서 사실심 판사가 그 증거 능력을 우선 결정해야 한다고 판시하면서, 증거로서 법정에 제출되려면 그에 관련된 사실들의 신뢰도와 과학적 타당도를 평가해야 한다고 지적하였다. 이와 관련된 네 가지 원칙은 다음과 같다. 첫째, 이론 및 가설들이 검증 가능한 것인지 확인해야 한다. 둘째, 동료 집단이 심사하고 출판한 내용을 근거로 한 증거인지 검토해야 한다. 셋째, 증거에 잠재적인 오차율이 있는지 여부와 잠재적 오차율이 있다면 얼마인지 조사해야 한다. 마지막으로, 기술 또는 연구 방법들이 그 특정 분야에서 일반적으로 인정받는 것인지를 제시해야 한다. 현재 미국의 38개 주가 Daubert 규칙을 범용한 연방 증거 규칙 702조에 의존하고 있다(이수정, 2015).

이와 같은 이유로 영미법 체계의 국가에서는 정신감정 시에도 가설검증의 방법을 통한 판단의 오류율을 학계에 보고한 적 있는 계량적인 심리평가도구를 더 많이 활용하려는 경향이 있다. 랠리(Lally, 2003)는 법정 평가 분야에서 활동하는 64명의 심리학자를 대상으로 법원에서 감정 촉탁을 받은 여러 가지 사안에 대하여 주로 어떤 심리학적 평가도구들을 사용하여 감정 평가하는지 조사하였다. 법정 평가 분야의 심리학자들이 범죄자의 범행 당시 형사책임 능력에 대한 평가를 위해 주로 사용하는 표준화된 심리평가도구들이 〈표 4-21〉과 같다는 것을 확인하였다.

〈표 4-21〉에 제시된 바와 같이 형사책임 능력을 판단하기 위해 가장 많이 사용되는 심리평가도구는 웩슬러 지능검사(Wechsler Adult Intelligence Scale: WAIS)와 다면적 인성검사(Minnesota Multiphasic Personality Inventory 2nd: MMPI-2)였다. 다음으로, 성격평가질문지(Personality Assessment Inventory: PAI)와 형사책임 감정 척도인 R-CRAS(Rogers Criminal Responsibility Assessment Scales)가 많이 사용된다. 이러한 평가도구들의 가장 큰 특징은 표준화된 검사로 규준(norms) 자료를 갖추고 있다는 것이며, 다양한 임상 영역에서 그 타당성이 입증되었다는 것이다. 앞서 정신감정 관련 심리평가 사례에서 본 바와 같이 치료감호소에서도 정신감정 관련 심리평가 시 〈표 4-21〉에 제시된 평가도구의 상당수를 활용하고 있다. 웩슬러 지능검사(WAIS)는 피감정인의 전반적인 지능 및 적응 수준을 평가하기 위해 필수적으로 사용되는 검사이고, 특히 범죄자의 지적장애 진단을 위해 반드시 필요하다.

MMPI-2와 PAI는 정신병리를 평가하는 도구로, 세계적으로 가장 널리 사용되고 광범위한 연구가 이루어진 객관적 성격검사다. 이들 검사 결과는 정신장애를 진단하고 적절한 치료 방법을 선택하는 데 유용한 정보를 제공하기 때문에 정신건강 분야 및 법정 전문가들에게 신뢰할 수 있는 과학적인 평가도구로 자리매김하였다. 특히 PAI는 비행이나 범죄 장면 등 심리평가의 결과가 법적 결정에 영향을 미칠 수 있을 때 의식적으로든 무의식적으로든 작용할 수 있는 수검자들의 수검 태도나 반응왜곡 등을 탐지하기 위한 지표나 척도들을 제공하기 때문에 꾀병 등을 탐지하는 데 효과적이다(김영환 외, 2019; Morey & Quigley, 2002). 한편, Halstead-Reitan과 Luria-Nebraska 검사는 신경심리학적 평가도구로 주로 뇌 손상이나 치매 환자의 인지기능평가에 사용되는 도구이다. 국내에서는 한국판으로 표준화된 Rey-Kim 기억검사(김홍근, 1999a), Kims 전두엽-관리기능 검사(김홍근, 1999b), 서울신경심리검사(강연욱 · 정승민 · 나덕렬, 2012), 노인용 인지검사(김홍근, 1997)를 활용하고 있다.

**표 4-21** 범죄자의 형사책임 능력 감정 시 사용되는 심리평가도구

| 범주 | 심리검사 종류 |
|---|---|
| 추천함 | 웩슬러 지능검사(WAIS-IV), 다면적 인성검사(MMPI-2) |
| 수용 가능 | 성격평가질문지(PAI), 신경심리검사(Halstead-Reitan, Luria-Nebraska), 밀론 다축 임상성격검사(MCMI-IV), 스텐포드비네 지능검사 |
| 애매함 | 밀론 다축 임상성격검사(MCMI-IV), 로르샤하(Rorschach), 다특성 인성검사 II (16PF) |
| 불수용 | 투사적 그림검사, 주제통각검사(TAT), 문장완성검사(SCT) |

### 4) 정신감정에서의 꾀병 범죄자 탐지

우리나라 「형법」 제10조에서는 심신상실과 심신미약이라는 개념을 두고 있다. 「형법」 제10조의 제1항은 "심신장애로 인하여 사물을 변별할 능력이 없거나 의사를 결정할 능력이 없는 자의 행위는 벌하지 아니한다."라는 조항을 두어 범죄자가 정신기능의 장애로 행위의 결과를 거의 혹은 전혀 판단할 수 없는 심각한 정신기능의 장애가 있다고 인정될 경우 「형법」상 책임 무능력자(심신상실자)로 보고 그 범죄 행위를 벌하지 않도록 하고 있다. 또 같은 조 제2항에는 의사를 결정할 능력이 미약한 상태에서 범죄를 하였다는 것이 인정될 경우 한정책임 능력자(심신미약자)로 보고 형이 감경되는 내용을 법률로 규정하고 있다. 형사사법절차에서 범죄자가 정신감정에서 한국표준질병·사인분류에 해당하는 정신장애, 특히 조현병과 중등도 지적장애 등의 심한 정신장애를 가진 것으로 판정될 경우 범죄자를 심신미약자 혹은 심신상실자로 보고 범죄 행위에 대한 책임을 묻지 않거나 일정 부분의 형을 감경받게 된다.

형사 정신감정 결과는 범죄자의 양형에 중요한 영향을 미치기 때문에 범죄자가 「형법」에서 규정하고 있는 심신미약과 심신상실의 내용을 악용하여 범죄에 대한 책임회피 혹은 형의 경감을 목적으로 꾀병을 시도할 가능성이 항상 존재한다. 그러므로 형사 정신감정을 의뢰받은 전문가는 범죄자의 꾀병 가능성을 항상 염두에 둔 상태에서 범행 당시의 범죄자의 심리 및 정신 상태에 대해 정확하게 평가하는 것이 매우 중요하다. 피조사자가 형사책임을 경감하기 위해 정신병리가 있는 것처럼 꾀병을 성공적으로 시도한다면 공정한 법 집행을 저해하여 사법 정의의 훼손은 물론 많은 시간과 예산, 인력을 낭비하게 만들기 때문이다.

형사 정신감정에서 범죄자의 객관적인 꾀병 평가가 매우 중요함에도 외국과 비교하여 국내에는 범죄자의 꾀병에 관한 체계적인 연구가 부족한 실정이다. 실제 형사 정신감정에

서 전문가의 임상적 경험에 근거하여 꾀병이 강하게 의심되더라도 꾀병 진단을 뒷받침할 수 있는 객관적인 준거 자료가 부족하다면 꾀병의 확진이 유보될 가능성이 커진다. 따라서 형사 정신감정에 의뢰된 범죄자를 감정할 때는 반드시 꾀병에 대한 객관적인 준거가 되는 꾀병 평가에 전문화된 심리학적 평가와 면담을 반드시 실시해야 한다.

치료감호소는 정신감정이 의뢰된 범죄자 중 꾀병자를 변별하기 위해 면담 방식의 한국판 M-FAST(이수정 · 김재옥, 2010)와 K-사병진단검사(김홍근, 2003)를 꾀병의 객관적 준거 도구로 사용하고 있다. 꾀병 평가는 꾀병에 관한 객관적 자료를 보다 다각적으로 확보한 상태에서 수렴적 증거를 제시하는 것이 바람직하다. 왜냐하면 꾀병은 일종의 '나쁜 거짓말쟁이'라는 낙인을 초래할 수 있으므로 보다 신중하게 최종 의견을 도출할 필요가 있다. 따라서 면담 방식의 꾀병 탐지 도구와 자기보고식 검사를 병행하여 입체적인 준거 자료를 바탕으로 꾀병을 평가하는 것이 바람직하다(Rogers, 2008).

흔히 임상 장면에서 최초 정신병리검사로 개발된 MMPI와 PAI에 포함된 타당도 척도를 기본적인 꾀병의 준거로 적용하고 있다. 이들 검사에 포함된 타당도 척도는 피검자의 수검 태도에 관한 대략적인 정보를 제공하고는 있지만, 꾀병의 구체적이고 세부적인 양상에 대한 정보를 얻는 데에는 제한적이고 문항 수가 많아 검사 소요 시간이 길다는 단점을 가지고 있다. 이러한 점을 보완하고자 치료감호소에서는 해외에서 활발하게 사용되는 자기보고 꾀병탐지검사인 SIMS(Structured Inventory of Malingered Symptomatology)를 참고하여 치료감호소용 꾀병선별검사(Malingering Screening Inventory: MSI)를 개발하여 현재 적용하고 있다(이장규, 2013).

 **참고문헌**

강연욱, 장승민, 나덕렬(2012). 서울신경심리검사 2판. 서울: 휴브알엔씨.

국립법무병원(2019). 정신질환 범법자의 전문치료 · 재활을 위한 치료감호소(국립법무병원). 치료감호소 안내책자.

김영환, 권해수, 김지혜, 박은영, 박중규, 오상우, 이수정, 이은호, 조은경, 황순택, 홍상황(2019). 성격 평가질문지 증보판. 서울: 인싸이트.

김홍근(1999a). Rey-Kim 기억검사. 대구: 신경심리.

김홍근(1999b). Kims 전두엽-관리기능 신경심리검사. 대구: 신경심리.

김홍근(2003). K-사병진단검사 해설서. 대구: 신경심리.

김홍근, 김태유(1997). 노인용 인지검사. 대구: 신경심리.

박상규(2011a). 약물중독 치료 행복 48단계 프로그램. 법무부 연구용역 보고서.

박상규(2011b). 약물중독 치료 매트릭스-K 프로그램. 법무부 연구용역 보고서.

박종익(2012). 범법정신질환자 치료기관 다각화에 관한 연구. 법무부 연구용역 보고서.

박학모, 안성훈(2016). 치료감호 제도의 재정비 방안 연구. 법무부 연구용역 보고서.

법무부 범죄예방정책국(2021). 2021년 범죄예방정책 통계분석.

손외철, 함혜연, 박은영(2021). 치료감호기간 설정의 적절성. 법무부 연구용역 보고서.

송원영, 노일석, 이태준(2012a). 성범죄자 치료를 위한 핵심(CORE) 프로그램. 법무부 연구용역 보고서.

송원영, 노일석, 이태준(2012b). 치료감호소의 성충동약물치료대상자에 대한 확장 심리치료 프로그램. 법무부 연구용역 보고서.

이백철(2015). 교정학. 경기: 교육과학사.

이백철, 조윤오, 함혜현, 한영선, 박은영, 권해수, 이창한, 박미랑, 김지선, 조성남, 김안식, 박준휘 (2019). 범죄예방정책학. 서울: 박영사

이수정(2015). 형사책임 능력 감정 척도 도입에 관한 연구. 법무부 연구용역 보고서.

이수정, 김재옥(2010). 한국판 꾀병탐지검사 M-FAST 전문가 지침서. 서울: 학지사.

이장규(2013). 형사 정신감정 범죄자의 꾀병 탐지에 대한 고찰. 범죄예방정책연구, 25, 397-436.

최은영(2013). 지적장애 성범죄자용 핵심 및 확장 심리치료 프로그램 개발. 법무부 연구용역 보고서.

Lally, S. J. (2003). What tests are acceptable for use in forensic evaluations? A survey of experts. *Professional Psychology: Research & Practice, 34*(5), 491-498.

Lindsay, W. R. (2015). 지적장애 성범죄자 심리치료 (*Treatment of sex offenders with developmental disabilities: a practice workbook*). (최은영, 공마리아, 박성배, 이장규, 박지순 역). 서울: 학지사.

Morey, L. C. & Quigley, B. D. (2002). The use of PAI in assessing offenders. *International Journal of Offender Therapy and Comparative Criminology, 46*(3), 333-349

Rogers, R. (2008). Current status of clinical methods. In Richard Rogers (Ed.), *Clinical assessment of malingering and deception* (3nd ed., pp. 391-410). New York: Guilford.

제**5**장

# 소년사법과
# 소년보호기관

이영호
법무부 소년보호과장

## 1. 소년사법 제도 개관

### 1) 소년사법의 의의

소년사법이란 소년의 비행에 대하여 국가가 일정한 법적 처우를 부과하는 작용이며, 소년사법 제도란 이러한 소년사법 작용을 실현하기 위하여 운용하는 각종 제도의 총체를 의미한다(신동운, 1989).

소년사법의 이념은 각국의 문화와 역사적 배경 그리고 법제의 발전 경향에 따라 다르게 나타나고 있으나, 크게 형평법의 국친사상에 기초한 영미형과 교육사상에 기초한 형사정책적 유형인 대륙형으로 구분할 수 있다(한국소년법학회, 2006). 국친사상(parens patriae)은 국가가 소년을 형벌의 대상으로 보지 않고 소년의 부모된 입장에서 보호할 책임을 지고 있다는 것으로, 교육적·복지적 이념을 「소년법」이 구현하고자 하는 핵심으로 이해하고 이를 실천하려는 것이다(김용운, 2006).

교육사상은 소년이 교육적 기능과 개선 가능성이 풍부하기 때문에 교육 이념에 기초한 유연한 처우를 하는 것이 개선과 사회복귀 그리고 사회방위에 유리하기 때문에 소년 범죄는 성인과 달리 취급되어야 한다는 것이다. 교육형주의의 예로, 전통적 형사절차의 예외적 조치로 보호사건에 대한 특별한 심판절차, 보호처분의 우선, 보호처분을 부과함으로써 비형벌화 등이 대표적이다(김은경 외, 2007). 이 두 가지의 상이한 소년사법의 사상적 배경은 서로 영향을 주면서 발전해 왔다. 아동복지를 지나치게 중시하던 국친사상의 입장에서는 사법 기능과 적정절차(due process of law)가 강조되고, 종래 형사정책의 전통을 고수하던 교육사상 측면에서 「소년법」에서는 사회복지·아동복지 측면이 도입되고 있기도 하다. 최근에는 이에 대한 대안으로 균형·회복적 사법 이념이 있다.

우리나라는 「소년법」에 이러한 소년사법 체계를 담고 있으며, 현행 「소년법」에서는 "소년보호" 이념을 담아 소년범죄의 특수성을 고려하여 가급적 형벌을 배제하고 보호처분을 통한 소년의 건전한 육성을 기하고 있다. 즉, 우리나라는 국가가 미성숙 상태에 있는 소년을 건전하게 육성해야 할 책임을 지고 있으므로, 소년이 범죄를 저질렀다 하더라도 곧바로 형사처벌절차가 개시되는 것이 아니라 국가가 보호자의 입장에서 지도·원호하고 교육적 시혜를 베풀어 건전한 청소년으로 사회에 잘 적응할 수 있도록 육성해야 한다는 것이다.

### 2) 우리나라 소년사법의 연혁

우리나라에서 근대적 의미의 소년사법 제도는 일제 시대인 1923년 9월 「조선감화령(制令 제12호)」이 공포된 것이 최초이며, 비행소년에 대한 사법적 처우로서 특별보호가 입법화된 것은 1942년 3월 20일 「조선소년령」(제령 제6호) 및 「조선교정원령」(제령 제7호)이 시행되었다. 하지만 이는 식민지 상황에서 조선총독부가 법 제정의 주체였다는 점에서 한계가 있다.

현대적 의미의 소년사법 제도를 보면, 1945년 해방 후 미군정의 실시로 소년사법에 관한 법령인 「조선소년령」은 1945년 11월 2일 군정법령 제21호에 근거하여 그 효력을 그대로 유지하다 독자적인 법률 제정의 필요성을 느껴 1949년 4월 소년법안을 정기국회에 제출하였으나 폐기되었다. 이후 1958년 6월 23일 제3차 안을 제출하여 1958년 7월 24일 「소년법」(법률 제489호)이 제정·공포되면서 「조선소년령」은 폐지되고 비로소 우리나라에서 현대적 의미의 소년사법 제도가 실시되었다. 이때의 「소년법」은 "반사회성이 있는 소년에 대하여 보호처분과 형사처분을 행함으로써 소년의 건전육성을 기함을 목적"으로 하였다. 또한 보호처분대상을 12세 이상 20세 미만의 범죄소년, 촉법소년(14세 미만), 우범소년으로 하고, 소년보호기관에 의한 소년사건의 조사 및 전문가 진단 또는 의견 제시 제도를 두었으며, 소년부 판사가 ① 보호자 또는 학교장 위탁, ② 병원 위탁, ③ 소년원 위탁, ④ 기타 적당하다고 인정되는 시설 또는 개인 위탁 등 임시조치를 할 수 있도록 하였다. 보호처분 종류로는, ① 보호자 또는 적당한 자의 감호에 위탁하는 것, ② 사원, 교회, 기타 소년보호단체의 감호에 위탁하는 것, ③ 병원, 기타 요양소에 위탁하는 것, ④ 감화원에 송치하는 것, ⑤ 소년원에 송치하는 것 등 5가지 처분으로 규정하였다.

우리나라 「소년법」은 제정 이후 9차례의 크고 작은 개정이 있었고(타법개정에 따른 것은 제외), 그중에서 1963년과 1988년, 2007년 개정이 현재의 소년사법에 가장 큰 영향을 미쳤다고 할 것이며, 이를 구체적으로 살펴보면 다음과 같다(이영호, 2020).

### (1) 1963. 7. 31. 개정(1963. 10. 1. 시행): 가정법원 발족

1963년 「소년법」을 개정하게 된 것은 가정법원의 발족을 계기로 소년심리에 관한 모든 절차를 보다 국가후견적인 이론의 토태에 서게 하고 소년보호를 교육적이고 과학적으로 발전시켜 처우의 결정과 집행에 있어서 사회와 가정 및 국가기관 상호 간에 유기적인 협조가 이루어질 수 있도록 하기 위함이다.

주요 내용으로는 소년보호사건의 관할법원을 가정법원 소년부 또는 지방법원 소년부로 하고, 소년부의 보호사건대상자는 죄를 범한 소년과 형벌법령에 저촉되는 행위를 한 12세 이상 14세 미만의 소년, 범죄성이 있는 자 등과 교제하는 등의 사유가 있고 그의 성격 또는 환경에 비추어 장래 형벌법령에 저촉되는 행위를 할 우려가 있는 12세 이상의 소년 등으로 하여 우범소년의 범위를 확대하고 구체화하였다. 또한 보호사건의 대상이 되는 소년을 발견한 보호자나 학교장, 사회복리시설의 장은 소년부에 직접 통고할 수 있도록 통고 제도를 신설하고, 보호처분의 종류에 보호관찰처분을 추가하고, 보호관찰처분은 병원 기타 요양소에 위탁처분 등의 경우 이를 병과할 수 있도록 하였다. 그러나 이때 보호관찰 제도를 최초로 입법화하였으나, 별도의 집행기관이 없고 보호관찰 집행에 따른 세부 절차를 마련하지 않아 보호관찰 제도가 명목상 제도에 그치게 되었다.

### (2) 1988. 12. 31. 전부개정(1989. 7. 1. 시행): 보호관찰 제도 도입(보호관찰 관련 법령 제정)

비행소년에 대한 효율적 교화를 위하여 보호처분을 다양화하고, 보호관찰 제도를 활성화하며, 소년심판절차에 진술거부권의 고지 등 적법절차를 보장하기 위하여 다음과 같이 전면개정을 하였다.

주요 내용으로는 조사를 받는 소년에 대하여 범죄사실에 관한 진술거부권을 인정하고,

심리의 개시 시 심판에 거부할 사유의 요지를 고지하도록 하였다. 보호처분 다양화를 위하여 보호처분 중 보호자 감호위탁처분·감화원 송치처분을 폐지하고, 보호관찰을 활성화하여 보호관찰관에 의한 단기 보호관찰과 보호관찰의 2종류로 세분함과 동시에, 1988년 12월 31일 「보호관찰 등에 관한 법률」 등 관련 법령을 제정하여 실질적인 보호관찰 제도가 시작되었다. 또한 보호관찰 기간 중 16세 이상 소년에 대하여는 사회봉사명령 또는 수강명령을 할 수 있도록 하였으며, 소년원 송치를 단기 소년원 송치와 소년원 송치로 구분하고, 단기 소년원 송치는 6월을 초과할 수 없도록 하였다. 이 외에도 사형·무기형 금지 연령을 16세 미만에서 18세 미만으로 상향 조정하고, 형사사건 외에 보호사건으로 조사·심리 중인 소년에 대하여도 보도 금지를 하도록 개정하였다.

### (3) 2007. 12. 21. 개정(2008. 6. 22. 시행): 연령 인하·처분 다양화·비행예방정책 명문화

이때는 청소년 인구의 감소에 따라 소년사건 수가 감소하고 있음에도 불구하고, 소년범의 재범률은 높은 수준을 유지하고 있고 범죄가 흉포화되고 있어 처벌 위주에서 교화·선도 중심으로 소년사법 체계를 개선하기 위하여 「소년법」을 개정하였다.

주요 개정 내용으로는 「소년법」의 적용 연령을 20세 미만에서 19세 미만으로 낮추고, 촉법소년 및 우범소년의 연령을 12세 이상에서 10세 이상으로 낮추었고, 소년보호사건에 국선보조인 제도를 도입[「소년법」(이하 '법'이라 한다.) 제17조의2 신설]하였다. 또한 보호처분의 다양화와 내실화 및 보호처분의 기간을 조정(법 제32조, 제32조의2 신설, 법 제33조)하였다. 구체적으로는 사회봉사명령과 수강명령을 독립된 보호처분으로 하여 활용을 확대하였다. 1개월 이내 소년원 송치처분을 신설하며, 인성교육 위주의 대안교육, 청소년단체 상담·교육, 외출제한명령, 보호자교육명령 제도 등을 도입하고, 사회봉사명령·수강명령 시간 및 단기 보호관찰 기간을 각각 연장하며, 장기 소년원 송치처분의 수용 상한 기간을 명문화하였다. 이와 함께 검사의 '처분결정 전 사전 조사제(법 제49조의2 신설)'와 조건부 기소유예 제도(법 제49조의3)를 각각 도입하였고, 비행예방정책 기본 규정을 신설(법 제67조의2)하였다.

## 2. 소년사건의 대상과 처리 절차

### 1) 소년사건의 대상

우리나라의 소년사건대상은 10세 이상 19세 미만의 범죄소년, 촉법소년, 우범소년으로 한다.

범죄소년은 형사책임 능력이 있는 14세 이상 19세 미만의 범죄를 저지른 소년을 말하고, 촉법소년[1]은 10세 이상 14세 미만의 형벌법령에 저촉되는 행위를 한 소년이며, 우범소년은 10세 이상 19세 미만의 범죄를 저지를 우려가 있는 소년을 말한다. 우범소년이란 집단적으로 몰려다니며 주위 사람들에게 불안감을 조성하는 성벽(性癖)이 있거나, 정당한 이유 없이 가출하거나, 술을 마시고 소란을 피우거나 유해 환경에 접하는 성벽이 있는 자로서, 그의 성격이나 환경에 비추어 앞으로 형벌법령에 저촉되는 행위를 할 우려가 있어야 한다(법 제4조).

### 2) 소년사건의 관장기관

#### (1) 수사 단계

수사 단계의 관장기관은 경찰 및 검찰이다.

먼저, 경찰서장은 범죄소년사건을 입건하여 수사한 결과 혐의가 인정되는 경우에는 검찰에 송치(형사소송법 제245의5 제1호)하며, 촉법소년과 우범소년에 대해서는 소년보호사건으로 관할 소년부에 송치한다(소년업무규칙 제21조). 사안이 경미하여 입건하지 아니한 범죄소년의 경우에는 선도심사위원회에서 즉결심판청구나 선도 프로그램 연계 등 맞춤형 선도 방안을 심의하고 경찰서장은 이를 반영하여 즉결심판을 청구한다(소년업무규칙 제29조 및 제30조).

다음으로 검찰이다. 검찰은 경찰이 송치한 사건과 자체 인지한 사건을 수사하여 '혐의 없음', '죄가 안 됨', '공소권 없음', '기소유예' 등의 불기소처분을 하거나 소년보호사건으로 송치하거나 형사법원에 기소 또는 기소유예처분을 할 수 있다.

---

1) 촉법소년의 경우, 형사책임 능력을 결한 점에서는 범죄소년과 구별되지만 그 밖의 요건은 범죄소년의 경우와 같다.

### (2) 재판 · 심리 단계

재판 및 심리 단계는 법원이 관장한다. 형사사건으로 송치된 사건은 형사법원에서 담당하고, 보호사건으로 송치된 사건에 대하여는 소년법원에서 담당한다.

형사법원은 형사처분을 하는 사법기관으로 벌금, 무죄 · 공소기각 등 선고, 선고유예 · 집행유예, 자유형 선고, 소년부 송치 등의 결정을 하고, 소년법원은 비행청소년의 보호 과정에서 조사와 심리, 처분의 결정을 하는 중추적 역할을 담당하는 사법기관이다. 소년심판은 신속한 비행의 발견 및 보호조치의 강구라는 사법적 기능과 아울러 성행의 교정이라는 보호적 · 복지적 · 행정적 기능을 함께 가지고 있으므로, 이를 관할하는 소년법원을 일반법원과 구별하여 독립된 기관인 가정법원에서 관할하고 있다.

현재 소년보호사건은 가정법원이 설치된 지역에서는 가정법원 소년부에서, 그렇지 않은 지역에서는 지방법원 소년부에서 담당한다(이하 '소년부'라 한다).

법원 소년부에서는 대상소년의 조사와 심리 및 신병의 확보를 위하여 소년분류심사원에 위탁할 수 있다. 소년분류심사원은 법원 소년부 판사가 조사 · 심리에 필요하다고 인정하여 소년의 감호를 위탁한 때에는 비행 또는 범죄의 원인을 규명하여 심리대상인 소년의 처우에 관하여 최선의 지침을 제공하는 기관으로, 구체적인 내용은 '7. 소년분류심사원과 분류심사'를 참고하기 바란다.

### (3) 집행 단계

소년범의 집행 단계에 관계되는 기관으로는 자유형을 집행하는 소년교도소, 보호처분을 집행하는 보호관찰소(보호관찰 · 수강명령 및 사회봉사명령 집행)와 소년원(소년원 송치처분 집행) 및 아동복지시설 등 6호 처분기관, 7호 처분을 집행하는 병원, 요양소 등이 있다.

소년범죄자의 자유형 및 보호처분의 집행 종료와 관계된 기관으로는 보호관찰심사위원회가 있다. 보호관찰심사위원회는 보호관찰에 관한 사항을 심사 · 결정하기 위하여 전국 6개 고등검찰청 소재지에 설치되어 있는 준사법기관으로 가석방과 그 취소에 관한 사항, 임시퇴원, 임시퇴원의 취소 및 보호소년의 퇴원에 관한 사항, 보호관찰의 임시해제와 그 취소에 관한 사항, 보호관찰의 정지와 그 취소에 관한 사항, 가석방 중인 사람의 부정기형 종료에 관한 사항 등을 심사 · 결정한다(보호관찰 등에 관한 법률 제5조 및 제6조).

이 외에 보호소년 등을 선도하기 위하여 1998년 12월 「보호소년 등의 처우에 관한 법률」에 근거하여 설립한 (재)한국소년보호협회가 있다. (재)한국소년보호협회는 보호소년 등에 대한 교육 활동 지원, 자립지원시설 운영 등 소년원 출원생의 사회정착 지원, 청소년 관련 연구, 자료 발간, 학술단체 지원, 청소년 관련 선도 · 복지 사업 등을 하고 있다(보호소년 등의 처우에 관한 법률 시행령 제98조). 구체적으로는 무의탁 소년원 출원생들의 주거 제공을 위한 8개 청소년자립생활관과 2개 창업비전센터(화성, 안산), 카페 등 창업기업 7개를 육성 · 지원하며, 장학 · 주거 · 취업 · 창업 · 원호 등을 주요 사업으로 하는 '희망드림프로젝트'를 추진하고 있다.

## 3) 소년사건의 처리 흐름

소년의 경우에는 아직 인격적으로 미완성의 상태에 있고 성인범보다는 개선 가능성이 크므로 보호적 측면을 중시하여 성인범죄자의 처리과정과는 다른 별도의 처리과정을 거치도록 하고 있다([그림 5-1] 참조). 다시 말하면, 소년범죄의 처리절차는 보호사건과 형사사건의 이원적 구조로 되어 있어 소년보호사건의 관할은 소년부에 속하고(법 제3조 제2항), 소년형사사건의 관할은 일반형사사건의 예에 의하기 때문에(법 제48조) 촉법소년과 우범소년은 소년보호사건 대상이며, 범죄소년은 형사절차의 대상이 될 수도 있고 보호절차의 대상이 될 수도 있다.

우리나라는 소년사건에 있어 검사선의주의를 채택하고 예외적으로 촉법소년과 우범소년에 대하여는 법원선의주의를 채택하고 있어, 범죄소년에 대하여는 검사가 보호사건으로 처리할지 아니면 형사사건으로 처리할지 여부를 먼저 결정한다. 이에 따라 보호사건으로 처리할 경우에는 소년부에 송치하고(법 제49조 제1항), 형사사건으로 처리할 경우에는 기소한 범죄소년을 형사법원에 송치한다. 형사법원은 기소된 범죄소년에 대하여 심리한 결과 보호처분에 해당할 사유가 있다고 인정하면 소년부에 송치한다(법 제50조). 형사법원에서 심리 결과 유기형(有期刑)이 선고되어 소년교도소에서 그 형을 집행하면 절차가 종료된다.

촉법소년은 경찰서장이 직접 소년부에 사건을 송치(법 제4조 제2항)하고, 우범소년은 보호자 또는 학교 · 사회복리시설 · 보호관찰소의 장이 소년부에 통고한다. 이후 소년부는 소년보호사건으로 이를 수리한 후 조사와 심리를 거쳐 종국결정을 하게 되고, 보호처분을 받은 소년은 집행기관에 의하여 그 집행을 받음으로써 소년보호절차가 종료된다.

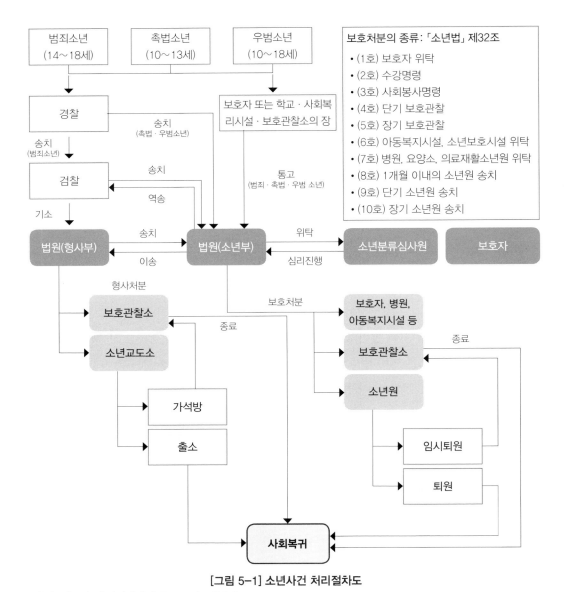

[그림 5-1] 소년사건 처리절차도

*출처: 법무부 범죄예방정책국(2020a), 재구성.

# 3. 소년보호사건의 처리

## 1) 송치와 통고

소년보호란 소년이 건전하게 성장하도록 돕기 위하여 반사회성이 있는 소년에 대하여 형사처벌 대신 보호처분을 함으로써, 성행을 교정하고 환경을 조정하여 소년을 교화하고 그 범죄적 위험성(요보호성)을 제거하여 반사회성을 예방하려는 일련의 활동을 말한다. 소년보호는 그 본질상 소년에 대한 교화·육성이라는 적극적 교육적·행정적 이념과 사회 공공의 복지 유지 및 기본적 인권보장이라는 소극적인 형사사법적 이념이 교차하는 가운데 그 절차가 진행되어야 그 목적을 실현할 수 있다(법원공무원교육원, 2011).

### (1) 송치

소년범의 발견은 주로 경찰에 의해서 이루어지며, 범죄소년을 검거한 때에는 그 범죄소년을 검사에게 송치하여야 한다. 이때 송치란 경찰서장이 촉법소년이나 우범소년을, 검사는 피의사건을 수사한 결과 벌금 이하의 범죄에 해당하는 범죄이거나 보호처분에 해당하는 사유가 있다고 인정한 때, 법원은 피고사건을 심리한 결과 벌금 이하의 형에 해당하는 범죄이거나 보호처분에 해당하는 사유가 있다고 인정한 때 소년부에 송치하는 것을 말한다.

### (2) 통고

통고 제도는 보호자 또는 학교·사회복리시설·보호관찰소의 장이 범죄소년, 촉법소년, 우범소년에 해당하는 소년을 발견한 때에 경찰이나 검찰 등 수사기관을 거치지 않고 직접 사건을 법원 소년부에 접수시키는 제도로, 문제 초기 단계에서 신속하고 적절한 개입을 통하여 소년의 문제를 해결할 수 있고 수사기관의 수사를 받게 하는 부담을 주지 않는 장점이 있다.

## 2) 조사와 심리

### (1) 조사

조사는 의학·심리학·교육학·사회학이나 그 밖의 전문적인 지식을 활용하여 소년과 보호자 또는 참고인의 품행, 경력, 가정 상황, 그 밖의 환경 등을 밝히는 것을 말하며(법 제9조), 보호사건의 조사는 법원 조사관에 의한 조사와 소년분류심사원의 분류심사, 보호관찰소의 조사(결정 전 조사) 등이 있다.

법원 조사관의 조사대상은, ① 비행사실, 그 동기와 비행 후의 정황 및 비행전력, ② 소년과 보호자의 교육 정도, 직업, 소년과 보호자의 관계, 소년의 교우 관계 및 소년의 가정

환경, ③ 소년 비행화의 경위 및 보호자의 소년에 대한 보호감독 상황과 향후의 보호 능력, ④ 피해자에 대한 관계 및 재비행의 위험성과 정도, ⑤ 소년의 심신 상태, ⑥ 기타 심리와 처분을 함에 필요한 사항 등이며, 이를 조사하기 위하여 조사관은 소년, 보호자, 참고인 기타 필요한 사람의 출석을 요구하거나 방문하여 면접, 관찰 또는 심리검사 등을 할 수 있다(소년심판규칙 제11조 제1항 및 제3항).

소년분류심사원 조사는「소년법」제18조 제1항 제3호에 따라 소년에 대한 감호를 위탁한 소년에 대하여 수용하여 실시하는 '분류심사'와「소년법」제12조에 따른 전문가의 일환으로 소년부가 의뢰한 소년에 대한 상담과 조사를 하는 '상담조사'가 있다.[2] 자세한 것은 '7. 소년분류심사원과 분류심사'를 참조하기 바란다.

보호관찰소의 조사는 '결정 전 조사'로 명명하며 소년보호사건에 대하여 조사의 필요성이 인정되면 소년부 판사가 보호관찰소장에게 소년의 품행, 경력, 가정 상황, 그 밖의 필요한 사항에 관한 조사를 의뢰하는 것이다(보호관찰 등에 관한 법률 제19조의2).

### (2) 심리

심리란 법원 소년부에 송치된 사건에 관한 판사의 직접 심리와 판단을 의미한다.

소년부 판사는 송치서와 조사관의 조사 보고에 의하여 사건을 심리할 수 없거나 개시할 필요가 없다고 인정하는 경우에는 심리불개시결정을 해야 하고, 심리할 필요가 있다고 인정한 때에는 심리개시의 결정을 하여야 한다.

소년부 판사는 소년의 품행을 교정하고 피해자를 보호하기 위하여 필요하다고 인정하면 소년에게 피해 변상 등 피해자와의 화해를 권고할 수 있으며, 기일을 지정하여 소년, 보호자 또는 참고인을 소환할 수 있고, 피해자와 화해하였을 경우에는 보호처분을 결정할 때 이를 고려할 수 있다.

---

2) 상담조사는 2003년 도입된 제도로,「소년법」제12조에 따라 전문가의 진단 일환으로 불위탁 소년보호사건으로 송치된 소년에 대하여 소년부 판사가 기일 이전의 기록 검토 또는 첫 기일의 심리 결과 전문가 진단의 필요성이 있다고 판단될 때, 보호자 위탁의 임시조치를 함과 아울러 소년분류심사원에 출석하여 진단을 받을 것을 지시하고 진단 위촉을 하는 방식으로 운영되는 제도이다(법무부 보호국, 2003). 2021년 현재 상담조사는 청소년비행예방센터에서 전담하고 있다.

## 3) 종국결정과 보호처분

### (1) 종국결정

소년보호사건의 심리절차는 소년부 판사의 종국결정에 의하여 종료된다. 소년부 판사는 수리한 사건에 대하여 조사를 하고, 심리가 필요한 것에 관해서는 심리를 열어 종국결정을 한다. 처분에 대한 통일된 기준은 없고 전적으로 소년부 판사의 재량에 일임되어 있다(이백철 외, 2019). 종국결정으로는, ① 심리불개시결정, ② 불처분결정, ③ 검사에게 송치결정, ④ 법원 이송결정, ⑤ 보호처분결정이 있다. 이 중 불처분결정과 보호처분결정은 반드시 심리를 열어 결정하는 반면, 심리불개시결정과 검사에게 송치결정은 조사 단계에서 이루어진다.

### ① 심리불개시결정과 불처분결정

심리불개시결정은 소년부 판사가 송치서와 조사관의 조사 보고에 의하여 사건의 심리를 개시할 수 없거나 개시할 필요가 없다고 인정한 때에는 심리를 개시하지 아니한다는 결정이다. 불처분결정은 소년부 판사가 심리의 결과 보호처분을 할 수 없거나 할 필요가 없다고 인정한 때에는 처분을 하지 아니한다는 결정이다.

### ② 검사에게 송치결정과 법원 이송결정

검사에게 송치결정은 소년부 판사가 조사 또는 심리한 결과 금고 이상의 형에 해당하는 범죄사실이 발견된 경우에, 그 동기와 죄질이 형사처분의 필요가 있다고 인정한 때에 결정으로써 사건을 관할 지방법원에 대응한 검찰청 검사에게 이송하는 것을 말한다. 마찬가지로 법원 이송결정은 소년부 판사가 법원으로부터 송치받은 사건을 조사, 심리한 결과 19세 이상인 것으로 판명되면 결정으로써 송치한 법원에 사건을 다시 송치하는 것을 말한다.

### (2) 보호처분결정과 종류

보호처분결정은 반사회성이 있는 소년에 대하여 그 환경의 조정과 성행의 교정을 위하여 형사처분 대신 소년의 건전한 육성을 목적으로 「소년법」 제32조에 규정된 처분을 소년부 판사가 결정하는 것이다. 보호처분의 결정이란 비행소년에 대하여 환경의 조정과 성행의 교정을 목적으로 필요한 처분을 하는 것이다.

「소년법」에 의한 보호처분의 종류는 10개이지만 부가처분이 있고, 처분 상호 간에 전부 또는 일부를 병합할 수 있어 실제 처분은 다양하게 할 수 있다. 소년부 판사는 10개 보호처분 중에서 선택을 하며, 그중에서 몇 가지 보호처분을 병합하거나 부가처분을 할 수도 있다. 보호처분결정에 대하여 7일 이내에 항고할 수 있으며, 소년부 판사는 위탁받은 자나 보호 처분을 집행하는 자의 신청에 따라 결정으로써 보호처분과 부가처분을 변경할 수 있다. 보호처분의 종류는 다음과 같다.

### ① 1호 처분

보호자 또는 보호자를 대신하여 소년을 보호할 수 있는 자에게 감호를 위탁하는 것으로, 보호자란 법률상 감호교육(監護敎育)을 할 의무가 있는 사람 또는 현재 감호하는 사람을 말하며 부모, 동거하는 고용주 등이 이에 속한다. 1호 처분은 2호 · 3호 · 4호 · 5호 처분과 병합할 수 있고, 위탁 기간은 6개월이며 1차에 한하여 연장이 가능하다.

### ② 2호와 3호 처분

2호 및 3호 처분은 수강명령과 사회봉사명령을 말한다. 수강명령은 12세 이상의 소년에 한하여 100시간을, 사회봉사명령은 14세 이상의 소년에 한하여 200시간을 초과할 수 없으며(법 제32조 제3항 및 제4항, 제33조 제4항), 각각 1호 처분과 4호 또는 5호 처분과 병합할 수 있다(법 제32조 제2항). 소년부 판사가 수강명령 또는 사회봉사명령의 처분을 하는 경우에는 소년이 이행하여야 할 총 수강 시간 또는 총 사회봉사 시간과 집행 기간을 정하여야 한다. 또한 소년부 판사는 수강할 강의의 종류나 방법 및 그 시설, 사회봉사의 종류나 방법 및 그 대상이 될 시설 등을 지정할 수 있다.

### ③ 4호와 5호 처분

4호 처분과 5호 처분은 대표적인 사회 내 처우인 보호관찰처분이다. 4호 처분은 1년간의 단기 보호관찰이고 5호 처분은 2년간의 장기 보호관찰로, 보호관찰관의 신청에 따라 1년의 범위 안에서 1차에 한하여 그 기간을 연장할 수 있다(법 제33조 제3항). 또한 보호관찰처분은 1호 · 2호 · 3호 · 6호 처분과 병합할 수 있고, 또한 5호 처분은 8호 처분과 병합할 수 있다(법 제32조 제2항).

### ④ 6호 처분

「아동복지법」상의 아동복지시설, 그 밖의 소년보호시설에 6개월 동안 감호를 위탁하는 것으로, 소년부 판사는 결정으로써 1차에 한하여 기간을 연장할 수 있으며, 필요한 경우에는 언제든지 결정으로써 그 위탁을 종료시킬 수 있다. 6호 처분은 일정한 시설 내에 수용하도록 명령하는 보호처분인 점에서 1호부터 5호까지의 처분과 구별되고, 그 수용시설이 소년원과 같은 국가기관이 아닌 사적 시설이라는 점에서 8호부터 10호까지의 소년원 송치처분과 구별된다(한영선·현지현·이영면, 2020). 따라서 6호 처분은 사회생활을 하면서 받도록 하는 사회 내 보호처분과 소년원에서 생활하도록 하는 소년원 송치처분의 중간쯤에 위치하는 처분이다.

#### ⑤ 7호 처분

병원, 요양소 또는 「보호소년 등의 처우에 관한 법률」에 따른 의료재활소년원에 위탁하는 것으로, 소년에게 정신질환이 있거나 약물 남용을 한 경우와 같이 의학적인 치료와 요양이 필요한 때 내려지는 처분이다. 위탁 기간은 6개월이며 소년부 판사는 결정으로써 1차에 한하여 연장할 수 있고(법 제33조 제1항), 필요한 경우에는 언제든지 결정으로써 그 위탁을 종료시킬 수 있다. 이 처분을 받은 소년의 보호자는 위탁받은 자에 대하여 그 감호에 관한 비용의 전부 또는 일부를 지급하여야 하지만,[3] 보호자가 지급할 능력이 없는 때에는 소년부가 이를 지급할 수 있다(법 제41조).

#### ⑥ 8·9·10호 처분

이 처분은 모두 소년원 송치처분으로, 송치기간에 따라 8호 처분은 1개월 이내, 9호 처분은 6개월 이내 소년원에 송치하는 것을 말하고, 10호 처분은 2년 이내 소년원에 송치하는 것을 말한다.

8호 처분은 소년원 수용 기간을 최소화하면서 단기간 동안 집중적인 교육 프로그램을 통하여 교육의 효과를 최대한 높이기 위한 처분으로, 소년부 판사는 처분결정 시 입원하여야 할 소년원과 입원 연월일을 지정할 수 있고(소년심판규칙 제31조 제3항), 입원할 날짜를 별도로 정하지 않으면 보호처분결정을 하는 날 바로 소년원에 입원하게 된다.

9호 처분은 단기로 소년원에 송치하는 것을 말하며, 기간은 6개월을 초과하지 못한다.

10호 처분은 12세 이상의 소년에게 장기로 소년원에 송치하는 것을 말하며, 기간은 2년을

---

3) 「보호소년 등의 처우에 관한 법률」상의 의료재활소년원에 대한 위탁처분은 제외한다(소년보호절차에 관한 예규 제6조 제1항).

초과하지 못한다. 9호 처분과 10호 처분으로 소년원에 수용된 보호소년은 각자의 특성에 따라 교과교육 또는 직업훈련을 받게 된다. 이상의 보호처분을 요약하면 〈표 5-1〉과 같다.

**표 5-1** 보호처분 요약표

| 처분명 | 보호처분 내용 | 기간 및 시간 제한 | 대상 연령 |
|---|---|---|---|
| 1호 | 보호자 또는 보호자를 대신하여 소년을 보호할 수 있는 사람에게 감호위탁 | 6개월(6개월 연장 가능) | 10세 이상 |
| 2호 | 수강명령 | 100시간 이내 | 12세 이상 |
| 3호 | 사회봉사명령 | 200시간 이내 | 14세 이상 |
| 4호 | 보호관찰관의 단기 보호관찰 | 1년 | 10세 이상 |
| 5호 | 보호관찰관의 장기 보호관찰 | 2년(1년 연장 가능) | 10세 이상 |
| 6호 | 「아동복지법」에 따른 아동복지시설이나 그 밖의 소년보호시설에 감호위탁 | 6개월(6개월 연장 가능) | 10세 이상 |
| 7호 | 병원, 요양소 또는 「보호소년 등의 처우에 관한 법률」상의 의료재활소년원에 위탁 | 6개월 (6개월 연장 가능) | 10세 이상 |
| 8호 | 1개월 이내의 소년원 송치 | 1개월 이내 | 10세 이상 |
| 9호 | 단기 소년원 송치 | 6개월 이내 | 10세 이상 |
| 10호 | 장기 소년원 송치 | 2년 이내 | 12세 이상 |

### (3) 보호관찰처분에 따른 부가처분과 보호자 특별교육명령

소년부 판사는 4호 단기 보호관찰 또는 5호 장기 보호관찰 처분을 할 때 「보호소년 등의 처우에 관한 법률」에 따른 대안교육 또는 소년의 상담·선도·교화와 관련된 단체나 시설에서의 상담·교육을 받을 것을 동시에 명할 수 있다. 또한 1년 이내의 기간을 정하여 야간 등 특정 시간대에 외출하는 것을 제한하는 명령을 보호관찰대상자의 준수 사항으로 부과할 수 있다.

보호자에 대한 특별교육명령은 소년부 판사가 보호처분을 할 때에 가정 상황 등을 고려하여 보호자에게 소년분류심사원 등에서 실시하는 소년의 보호를 위한 특별교육을 받을 것을 명하는 것이다.

### (4) 보호처분의 효력

보호처분은 그 소년의 장래 신상에 어떠한 영향도 미치지 않으며, 보호처분의 결정은 고지와 동시에 집행력이 생긴다. 만약 결정에 승복하지 못하여 항고를 하더라도 그 집행이 정지되지는 않는다. 이 점이 형사재판에 있어서 법률에 특별한 규정이 없으면 확정한 후에 집행하는 것과 다르다(형사소송법 제459조). 또한 일사부재리의 효력이 있으며, 이는 보호처분을 받은 소년에 대하여 당해 사건을 다시 공소 제기하지 못하도록 하는 것이다. 다만, 보호처분이 계속 중일 때에 사건 본인이 처분 당시 19세 이상인 것으로 밝혀진 경우에는 공소를 제기할 수 있다.


# 4. 소년형사사건 처리

소년형사사건이란 범죄소년에 대하여 수사기관에서 수사를 하여 공소가 제기되거나(형사소송법 제264조), 소년법원에서 검사에게 송치(법 제7조, 제49조 제2항) 또는 법원에 이송(법 제51조)되어 형사법원에서 재판을 받아 형벌 및 그 집행에 이르는 일련의 사건을 말한다. 이때 소년형사사건이란 형사사건 중 그 피의자 또는 피고인[4]이 소년인 경우를 말하는 것이다.

소년에 대한 형사사건은 성인과 달리 특별히 취급할 필요성이 인정되어 여러 가지 특칙을 두고 있으나, 소년법에 특별한 규정이 없으면 일반형사사건의 예에 따르도록 하고 있다(법 제48조).


## 1) 수사상의 특칙

### (1) 수사의 기본원칙

소년형사사건이나 성인형사사건에 대한 수사절차에서 수사의 기본원칙은 크게 다르지 않다. 다만, 소년에 대한 형사처분은 형벌을 수단으로 하는 제재라는 점에서 일반형사사건과 차이가 없으나 소년을 대상으로 하기 때문에 특별 규정으로 그 내용과 절차에 약간의 예외를 인정하고 있다.

촉법소년과 우범소년은 소년보호사건 절차에 따르지만, 범죄소년은 검사나 형사법원이 그 사건에 대해 벌금 이하의 형에 해당되는 범죄이거나 보호처분에 해당하는 사유가 있다

---

4) 피의자라는 것은 수사기관으로부터 범죄의 의심을 받아 수사를 받고 있는 자를 말하는 것으로 검사의 공소제기가 있기 이전의 자를 의미하는 것이고, 공소가 제기된 이후에는 피고인이라 한다.

고 인정하여 법원 소년부에 송치하면 보호사건으로 되고, 법원 소년부가 보호사건을 동기와 죄질에 대해 금고 이상의 형사처분으로 할 필요가 있다고 인정하여 검사에게 송치하면 형사사건이 된다.

### (2) 구속의 제한

소년에 대한 구속영장은 부득이한 경우가 아니면 발부하지 못한다. 소년을 구속하는 경우에는 특별한 사정이 없으면 다른 피의자나 피고인과 분리하여 수용하여야 한다(법 제55조 제2항). 이는 소년을 보호하고 처우의 개별화를 위한 것으로, 「형의 집행 및 수용자의 처우에 관한 법률」 제11조 제1항에서도 19세 미만의 수형자를 성인과 분리수용하도록 규정하고 있다. 구체적인 내용은 「소년교도소 운영지침」(법무부 예규)을 참고하기 바란다.

## 2) 조사 및 심판상의 특칙

### (1) 검사결정 전 조사

검사는 소년피의사건에 대하여 소년부 송치, 공소제기, 기소유예 등의 처분을 결정하기 위하여 필요하다고 인정하면 피의자의 주거지 또는 검찰청 소재지를 관할하는 보호관찰소의 장, 소년분류심사원장, 소년원장 또는 청소년비행예방센터장(이하 '보호관찰소장 등'이라 함.)에게 피의자의 품행, 경력, 생활 환경이나 그 밖에 필요한 사항에 관한 조사를 요구할 수 있다(법 제49조의2). 또한 검사는 처분결정에 관한 사항 이외에도 구속·불구속 여부, 구속 취소 등 신병결정에 필요한 경우, 기소유예를 하는 경우 선도 조건의 내용(법사랑 위원 선도, 소년원 또는 소년분류심사원 대안교육, 보호관찰관 선도 등)결정에 필요하다고 판단하는 경우 조사요구를 할 수 있다(소년사건 검사의 결정 전 조사 처리 규정 제2조).

소년피의사건에서 조사의 원칙은 보호사건과 동일하며, 조사관은 조사대상소년의 신체, 성격, 소질, 환경, 학력 및 경력 등과 그 상호 관계를 규명하여 교화 개선에 가장 적합한 처분이 이루어질 수 있도록 조사하여야 한다. 다만, 조사서 작성 시 소년이 정신과적 치료력이나 정신과적 장애가 있거나 있는 것으로 의심되는 경우와 성범죄 등 강력 범죄를 범한 경우 등 필요한 경우에는 병력진단과 심리검사를 실시할 수 있다(소년사건 검사의 결정 전 조사 처리 규정 제8조).

검사는 보호관찰소장 등으로부터 통보받은 조사 결과를 참고하여 소년피의자를 교화·개선하는 데에 가장 적합한 처분을 결정하여야 한다.

### (2) 심판절차상의 특칙

소년에 대한 형사사건의 심리는 다른 피의사건과 관련된 경우에도 심리에 지장이 없으면 그 절차를 분리하여야 하고, 소년에 대한 심리는 친절하고 온화하게 하여야 하며, 소년의 심신 상태, 성행, 경력, 가정환경 등에 대하여 정확한 사실을 밝힐 수 있도록 특별히 유의하여야 한다.

## 3) 처분상의 특칙

### (1) 조건부 기소유예

소년형사사건에서 처분상의 특칙으로는, ① 조건부 기소유예, ② 부정기형 선고, ③ 사형·무기형의 완화 및 환형처분 금지 등이 있다.

조건부 기소유예는 검사가 피의자에 대하여, ㉠ 법사랑위원의 선도, ㉡ 소년의 선도·교육과 관련된 단체·시설에서의 상담·교육·활동 등을 받게 하고, 피의사건에 대한 공소를 제기하지 아니할 수 있는 제도이다.

### (2) 부정기형 선고

부정기형은 형기를 특정하지 않고 형의 집행 단계에서 형기를 결정하는 것으로, 소년이 법정형 장기 2년 이상의 유기징역에 해당하는 죄를 범한 때에는 그 법정형의 범위 내에서 장기와 단기를 정하여 선고한다. 이때 장기는 10년, 단기는 5년을 초과하지 못한다. 또한 소년의 특성에 비추어 상당하다고 인정되는 때에는 형을 감경할 수 있고, 부정기형을 집행하는 기관의 장은 형의 단기가 지난 소년범의 행형(行刑) 성적이 양호하고 교정의 목적을 달성하였다고 인정되는 경우에는 관할 검찰청 검사의 지휘에 따라 그 형의 집행을 종료시킬 수 있다.

### (3) 사형·무기형의 완화 및 환형처분 금지 등

사형·무기형의 완화 및 환형처분 금지는 죄를 범할 당시 18세 미만인 소년에 대하여 사형 또는 무기형(無期刑)으로 처할 경우에는 15년의 유기징역으로 하며, 18세 미만인 소년에 대하여는 벌금 또는 과료를 미납하더라도 노역장 유치를 할 수 없으나 판결선고 전 구속되었거나 「소년법」 제18조 제1항 제3호의 임시조치가 있었을 때는 구속 또는 위탁의 기간에 해당하는 기간은 노역장(勞役場)에 유치된 것으로 본다.

이 외에도 형을 집행할 때는 성인과 분리수용하여야 하고, 소년에게 재기의 기회를 주기 위하여 자격에 관한 법령의 적용 시 소년일 때 범한 죄에 의하여 형의 선고를 받은 자가 그 집행을 종료하거나 집행의 면제를 받은 때에는 장래에 향하여 형의 선고를 받지 아니한 것으로 본다(법 제67조). 소년의 낙인효과 방지와 재범방지를 위하여 조사 또는 심리 중에 있는 보호사건 또는 형사사건에 대하여는 연령, 직업, 용모 등에 의하여 그 자가 당해 본인으로 알 수 있는 정도의 사실이나 사진을 신문, 출판물에 게재 또는 방송할 수 없도록 하고, 소년보호사건과 관계있는 기관은 그 사건 내용에 관하여 재판, 수사 또는 군사상 필요한 경우 외의 어떠한 조회에도 응하여서는 안 됨을 규정하고 있다.

# 5. 소년보호기관의 개관

## 1) 소년보호기관의 범위

소년보호란 소년이 건전하게 성장하도록 돕기 위하여 반사회성이 있는 소년에 대하여 형사처벌 대신 보호처분을 행함으로써 성행을 교정하고 환경을 조정하여 그 범죄적 위험성을 제거하여 반사회성을 예방하려는 일련의 활동을 말하는 것이다. 소년보호기관은 이러한 일련의 활동을 하는 기관을 의미한다. 그러므로 보호관찰소, 소년분류심사원, 소년원뿐만 아니라 6호 처분기관, 7호 처분기관으로 지정된 병원이나 요양소, 수강명령이나 사회봉사명령을 위탁받아 집행하는 청소년상담복지센터 등「소년법」상 보호처분을 집행하는 기관은 모두 소년보호기관에 해당한다고 볼 수 있다. 그러나 6호 처분을 담당하는 기관은 6호 처분 시설 또는 기관이라 하고 보호관찰소는 보호관찰기관이라고 하는 등 각 처분별로 기관을 분류하고 있기 때문에, 실무상으로 '소년보호기관'이라 함은 소년원, 소년분류심사원, 청소년비행예방센터를 의미한다.

## 2) 소년보호기관의 조직

소년보호기관은 법무부 범죄예방정책국에 소속되어 있다. 법무부 범죄예방정책국은 1981년 1월 범죄인으로부터 사회를 보호하고, 그들의 사회복귀를 도모하여 범죄 없는 밝고 건강한 사회를 구현하기 위하여 보호국으로 출범하여 2008년 2월 범죄예방정책국으로 명칭을 변경하였다(법무부, 2004). 2021년 현재 범죄예방정책국은 범죄예방기획과 · 보호정책과 · 치료처우과 · 보호관찰과 · 소년보호과 · 전자감독과 및 범죄예방데이터과가 있고, 2017년 1월 소년범죄예방팀을 신설하여 총 7개 과 1팀으로 구성하여 운영하고 있다.

　범죄예방기획과는 보호행정에 관한 종합계획의 수립 및 시행, 보호행정 공무원의 배치 · 교육훈련 및 복무감독, 보호행정 예산의 편성 · 배정에 관한 사항 등을 담당한다. 보호정책과는 법교육 및 법교육 관련 민간단체 지원, 갱생보호의 실시에 관한 사항과 관련 민간단체의 활동 지원 등에 관한 사항, 법체험시설 업무의 운영 지원 등의 업무를 주로 수행한다. 치료처우과는 치료감호에 관한 사항, 치료감호심의위원회의 운영 및 결정의 집행에 관한 사항, 성폭력 범죄자 성충동약물치료 집행에 관한 사항, 보호관찰소의 치료명령 집행에 관한 사항 등을 담당한다.

　보호관찰과는 보호관찰 행정에 관한 종합계획의 수립 및 시행, 보호관찰 · 사회봉사명령 · 수강명령 및 기소유예 처분과 관련된 집행에 관한 사항, 판결 전 조사 · 결정 전 조사 · 청구 전 조사 · 환경 조사 및 환경 개선 활동에 관한 사항, 보호관찰 분야 범죄예방 자원봉사위원에 대한 교육훈련 및 업무 지도에 관한 사항 등을 담당한다. 소년보호과는 소년보호행정에 관한 종합계획의 수립 및 시행, 소년보호행정 관계 법령의 입안 및 제도에 관한 조사 · 연구, 보호소년과 위탁소년의 수용 및 보호에 관한 사항, 소년원의 초 · 중 · 고등학교 특성화교육과정 운영 및 학사관리 · 직업능력개발훈련에 관한 사항, 분류심사 등 청소년 비행 진단 · 예방에 관한 사항, 소년보호위원 위촉 및 활동 지원에 관한 사항 등 소년보호기관에 대한 실질적인 감독 업무를 수행한다. 전자감독과는 「전자장치 부착 등에 관한 법률」에 따른 전자장치 부착명령의 집행 및 피부착자에 대한 전자감독, 피부착자의 범죄 수사에 대한 정책 수립 및 지도 · 감독, 위치추적관제센터에 대한 지도 · 감독, 전자감독 및 성폭력 범죄자의 신상정보 등록 등 관련 법령의 입안 및 제도에 관한 조사 · 연구 등에 관한 사항을 담당한다. 범죄예방데이터과는 범죄예방정책에 관한 통계 등 데이터 수집 및 분석, 인공지능 및 빅데이터를 활용한 맞춤형 재범방지 시스템 구축, 첨단기술을 활용한 전자장치 개발 및 보급 등의 업무를 담당한다. 소년범죄예방팀에서는 소년비행예방정책에 관한 종합계획의 수립 · 시행, 관련 법령 입안 및 제도에 관한 연구, 소년비행에 관한 중앙행정기관 간의 협조 체계 운영 및 민간단체 활동 지원 및 업무 지도, 소년비행 관련 원인 · 실태 분석, 정책 연구개발 및 종합대책의 수립 · 시행 등을 담당한다(법무부와 그 소속기관 직제 시행규칙 제7조 참조). 소년보호기관의 중앙조직도는 [그림 5-2]와 같다.

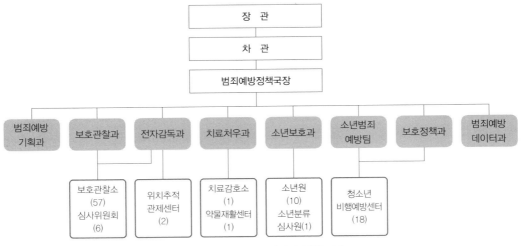

**[그림 5-2] 소년보호기관의 중앙조직도**

## 3) 소년보호기관의 처우 원칙

소년보호기관에 위탁 또는 송치된 소년을 처우할 때에는 인권보호를 최우선으로 고려하여야 하며, 그들의 심신 발달 과정에 알맞은 환경을 조정하고 안정되고 규율 있는 생활 속에서 소년의 성장 가능성을 최대한 신장시킴으로써 사회적응력을 길러 건전한 청소년으로서 사회에 복귀할 수 있도록 하여야 하고, 이를 위해 학생들을 지도함에 있어 소외되거나 차별받는 소년이 없도록 보살피며, 사랑과 공평, 성실과 신뢰를 바탕으로 적법절차와 방법에 따라 지도하여야 한다(보호소년 등의 처우에 관한 법률 제5조 및 보호소년 처우지침 제3조). 이는 소년보호교사 강령에 구체적인 지도 방향이 명시되어 있다.

---

**소년보호교사 강령[5]**

우리는 소년을 건전하게 육성하는 일이 국민으로부터 부여받은 소명임을 깊이 명심하고, 사랑과 공평, 성실과 신뢰를 바탕으로 다음을 실천한다.

- 우리는 모든 소년을 사랑하고 존중하며, 적법한 절차와 방법에 따라 지도한다.
- 우리는 소외되거나 차별받는 소년이 없도록 정성을 다하여 보살핀다.
- 우리는 부모와 같은 마음으로 소년의 아픔을 헤아리고, 이들의 소질 개발과 꿈의 실현을 위하여 성심껏 지도한다.
- 우리는 교육자로서 끊임없이 성찰하고, 품성도야와 자기개발을 위하여 부단히 노력한다.

---

# 6. 청소년비행예방센터와 비행예방교육

## 1) 청소년비행예방센터의 임무와 명칭

청소년비행예방센터는 2007년 7월 23일 학교폭력 가해자 등 위기청소년 및 기소유예자 등 비행 초기 단계의 청소년을 대상으로 비행 원인 진단 및 비행예방교육을 위하여 설치된 통학형 대안교육기관으로, 소년원 및 소년분류심사원장의 소속으로 2021년 현재 서울 등 전국 18개 지역에 설치되어 있다.

청소년비행예방센터는 대외명칭으로 '○○(지역명) 청소년꿈키움센터'를 사용하고 있는데, 이는 교육대상자의 낙인효과예방과 교육을 의뢰하는 학교장, 학부모 등 교육 수요자의 거부감 해소 및 긍정적 이미지 제고를 위해 복수명칭을 사용한다.

## 2) 주요 기능

청소년비행예방센터의 주요 기능은 다음과 같다(법무부와 그 소속기관 직제 제39조의2 참조).

- 법원이 의뢰한 상담조사
- 검사가 기소처분을 하기 전 의뢰한 처분 전 조사
- 「소년법」에 따른 보호처분을 받은 자 중 학교부적응 학생 등에 대한 교육
- 검사가 기소유예처분을 한 자 및 학교장 등이 의뢰한 소년에 대한 특별교육
- 「소년법」에 따른 보호처분을 받은 자의 보호자에 대한 교육
- 청소년에 대한 법교육
- 청소년 비행 관련 자원봉사자 전문 교육 및 연구 · 개발
- 법체험 및 연수 프로그램 연구 · 개발

---

5) 소년보호교사 강령은 2007년 8월 비행청소년을 선도 · 교화 업무의 중요성이 강조되는 사회적 요청에 부응하여 소년원 교육현장에서 학생들의 인권을 보호하고 교사로서의 언행과 마음가짐을 바르게 하며 교육지표로 상시 활용하기 위하여 제정 · 시행되었다. 강령의 주요 내용은 이후 관련 법령 개정(보호소년 등의 처우에 관한 법률 제5조와 보호소년 처우지침 제3조) 시 반영되었다(출처: 2008년 법무부 보호국 소년보호과, 내부자료).

• 법연수 프로그램 운영

## 3) 비행예방교육(법무부, 2021b)

비행예방교육은 「보호소년 등의 처우에 관한 법률」 제42조의2 제1항 등에 따라 의뢰된 대상자 및 청소년 관련 단체 등에서 의뢰한 대상자 등에게 실시하는 비행예방 및 재범방지 또는 사회적응을 위한 체험과 인성 위주의 교육을 말하며, 여기에는 대안교육, 법교육, 법체험, 회복캠프, 직무연수, 보호자교육 등이 있다(통계분석 2021 범죄예방정책, 2021).

### (1) 대안교육

대안교육은 일반학교에서 의뢰한 학교부적응 학생 및 「학교폭력예방 및 대책에 관한 법률」 제17조에 따른 학교폭력 가해학생, 검찰에서 의뢰한 교육·선도 조건부 기소유예자, 법원에서 의뢰 또는 명령한 대안교육대상자, 보호관찰소 등에서 의뢰한 비행 초기의 청소년 등을 대상으로 (학교)폭력예방, 절도비행예방, 교통안전, 인터넷·약물중독 예방, 성비행예방, 회복 프로그램 등 문제 유형별 전문 교육과 체험 위주의 인성교육을 실시하는 것을 말한다.

### (2) 법교육 및 법체험

법교육은 초·중·고등학교 학생, 학부모, 아동·사회복지시설 등 위기·취약 계층 청소년을 대상으로 모의법정 체험 프로그램, 찾아가는 학교폭력예방교육 등 법교육과 초·중·고교 학생 및 교사, 아동·사회복지시설 청소년 등을 대상으로 체험 위주의 다양한 법체험과 중학교 자유학기제와 관련한 법무공무원 직업체험 등 진로체험 프로그램을 실시한다.

### (3) 회복캠프

회복캠프는 초·중·고 학생 및 교사, 학부모 또는 아동·사회복지시설 등 위기·취약 계층 청소년을 대상으로 청소년, 보호자, 교사, 자원봉사자 등이 함께 참여하는 소통과 공감의 캠프이다. 프로그램의 종류는 학교폭력예방캠프, 가족캠프, 사제캠프, 법캠프, 진로캠프 등 대상자에 따라 1일, 1박 2일, 무박 2일 등 다양하게 운영하고 있다.

## (4) 직무연수

직무연수는 초·중·고 교사, 교육전문직, 청소년시설 지도자 등의 학교폭력 예방·대처 능력 향상 및 청소년 지도기법 노하우 공유 등을 위한 연수이다. 특히 교원 직무연수는 지역별 교육청 또는 교육연수원으로부터 '특수 분야 연수기관'으로 지정받아 매년 여름과 겨울 방학 기간을 이용하여 '법교육 직무연수', '학교폭력예방 직무연수' 등을 실시하고, 교육 이수자에게는 교원연수원에서 교육을 이수한 것과 동일하게 인정하고 있다.

## (5) 보호자교육

보호자교육은 「학교폭력예방 및 대책에 관한 법률」 제17조에 따른 학교폭력 가해학생 보호자, 「소년법」 제32조의2에 의하여 법원에서 보호자교육명령을 받은 사람을 대상으로 자녀의 부적응 행동 이해, 부모-자녀 간의 올바른 대화기법 등 건전한 성장을 돕는 올바른 부모 역할에 대하여 교육을 실시한다.

최근 5년간 청소년비행예방센터에서 실시한 비행예방교육, 비행진단(상담조사 및 청소년 심리상담) 인원을 보면 2016년 대비 큰 폭으로 감소하였는데, 이는 청소년비행센터가 수용을 하지 않고 출석하여 비행예방교육 등을 실시하므로 코로나19로 인한 사회적 거리두기 영향으로 교육의 중단과 재개가 반복되었기 때문이다.

**표 5-2** 비행예방교육 현황                                                    [단위: 명(%)]

| 연도 \ 구분 | 계 | 대안교육 | 법교육 | 법체험 | 회복캠프 | 직무연수 | 보호자교육 |
|---|---|---|---|---|---|---|---|
| 2016 | 359,152 (100.0) | 11,127 (3.1) | 300,370 (83.6) | 30,665 (8.5) | 6,910 (1.9) | 615 (0.2) | 9,465 (2.6) |
| 2017 | 389,580 (100.0) | 13,578 (3.5) | 328,584 (84.3) | 28,568 (7.3) | 10,521 (2.7) | 1,352 (0.3) | 6,977 (1.8) |
| 2018 | 299,338 (100.0) | 13,801 (4.6) | 241,657 (80.7) | 29,065 (9.7) | 6,323 (2.1) | 1,446 (0.5) | 7,046 (2.4) |
| 2019 | 321,029 (100.0) | 13,002 (4.1) | 265,011 (82.6) | 28,028 (8.7) | 5,695 (1.8) | 1,973 (0.6) | 7,320 (2.3) |
| 2020 | 115,270 (100.0) | 5,491 (4.8) | 94,750 (82.2) | 10,724 (9.3) | 407 (0.4) | 557 (0.5) | 3,341 (2.9) |

* 출처: 법무부 범죄예방정책국(2021).

## 4) 비행진단

비행진단은 「소년법」 제12조에 의하여 법원 등에서 의뢰한 비행청소년을 대상으로 비행예방교육과 인성교육 및 법원의 보호처분결정에 필요한 조사 및 심리검사와 상담을 실시하는 것을 말한다.

### (1) 상담조사

상담조사는 청소년비행예방과 재범방지를 위해 구속송치대상자 위주로 시행해 오던 분류심사 제도를 2003년 7월 1일부터 불구속송치자를 포함한 모든 소년보호사건대상자로 확대한 제도다.

상담조사는 「소년법」 제12조에 따라 법원 소년부 판사가 전문가의 진단이 필요하다고 인정되는 경우 대상소년을 소년분류심사원에 주간에만 3~5일간 출석케 하여 조사 및 상담·교육을 받게 하는 제도다(법무부 보호국, 2003). 이 제도는 소년의 시설 구금에 대한 부담을 없애면서도 모든 소년보호사건대상자에 대하여 개인적 특성에 맞는 다양한 교육·처우 방향을 제시함으로써 소년부 판사가 대상자에 적합한 처분을 하는 데 기여할 수 있을 뿐만 아니라, 보호자가 소년의 훈육과 비행성을 제거하는 데 유용한 도움을 주고 있다.

### (2) 청소년 심리상담

청소년 심리상담은 「보호소년 등의 처우에 관한 법률」 제26조에 따라 청소년의 진로탐색 및 적응력 향상을 목적으로 하는 청소년에 대한 심리검사 및 상담을 실시하는 것이다. 지역사회 청소년의 자기이해 및 가정·학교·사회생활의 적응력을 높이기 위하여 무료

**표 5-3** 청소년비행예방센터의 비행진단 현황    [단위: 명(%)]

| 연도 \ 구분 | 계 | 상담조사 | 청소년 심리상담 |
|---|---|---|---|
| 2016 | 16,466(100.0) | 3,993(24.2) | 12,473(75.6) |
| 2017 | 17,112(100.0) | 4,179(24.4) | 12,933(75.6) |
| 2018 | 14,092(100.0) | 3,224(22.9) | 10,868(77.1) |
| 2019 | 14,743(100.0) | 2,421(16.4) | 12,322(83.6) |
| 2020 | 6,460(100.0) | 2,589(40.1) | 3,871(59.9) |

* 출처: 법무부 범죄예방정책국(2021).

심리진단 및 상담을 실시하고 있다. 청소년비행예방센터의 비행진단 현황을 보면 2020년에 큰 폭으로 하향하였고, 상대적으로 청소년 심리상담 인원이 더 크게 감소한 것은 코로나19 영향에 의한 것으로 청소년 심리상담 실시를 최대한 억제한 결과이다.

# 7. 소년분류심사원과 분류심사

## 1) 의의 및 기능

### (1) 소년분류심사원의 의의

소년분류심사원은 1977년 7월 1일 설치된 서울소년감별소가 전신으로 전국 5개 소년분류심사원(서울, 부산, 대구, 광주, 대전)이 설치되었으나 2005년과 2007년에 걸친 법무부 기능 조정에 따라 현재 서울소년분류심사원 한 곳만 설치되어 있고, 소년분류심사원이 설치되지 않은 지역은 소년원(부산·대구·광주·대전·춘천·제주 소년원)에서 그 업무를 대행한다.

소년분류심사원은 법원 소년부에서 위탁한 소년을 수용·보호하여 대상소년의 비행에 대한 원인 규명 및 요보호성 여부 등 자질을 분류심사하고, 그 결과를 법원 소년부에 송부하여 조사·심리에 참작하도록 하고 있다. 또한 보호자에게도 사후지도 방법을 권고하고, 가정, 학교, 사회단체 등에서 의뢰한 문제소년에 대해서도 비행 성향을 규명하고 구체적인 개선 지침을 제시하는 기능을 수행하고 있다.

### (2) 소년분류심사원의 기능

소년분류심사원의 기능은 크게 네 가지로 요약할 수 있다.

첫째, 법원 소년부 판사가 사건을 조사·심리하는 데 필요한 소년의 신병을 보호하고 나쁜 환경으로부터 소년을 차단하는 '보호기관'의 역할이다. 법원 소년부 판사는 조사·심리 및 종국결정의 집행을 확실히 하기 위하여 신병을 확보할 필요가 있어야 하고, 소년이 긴급한 보호를 필요로 할 때, 그리고 소년을 수용하여 그 자질을 분류심사할 필요가 있을 때 「소년법」 제18조 제1항에 의하여 소년분류심사원에 위탁한다. 따라서 소년부 판사의 위탁결정에 의하여 1개월 이내에 비행청소년을 수용·보호하는 기관으로 사법적 측면과 보호적 측면이 함께 내재되어 있다.

둘째, 비행 원인 규명 및 재비행을 예측하는 '진단기관'으로서의 기능이다. 분류심사는 심리학, 교육학 등 전문지식을 활용하여 대상소년에 대하여 가정·학교·사회 등 환경적 측면과 심리적 측면, 정신의학적 측면에서 요보호성(要保護性) 여부와 그 정도를 과학적으로 진단하는 것이다. 이때 요보호성이란 소년의 성격과 행동에 나타난 여러 가지 문제점을 방치할 경우에 범죄로 심화될 위험 요인을 말하며, 범죄적 위험성, 교정 가능성 및 보호의 상당성을 그 내용으로 한다(법원공무원교육원, 2011).

셋째, 위탁소년에 대한 '교육적 기능'이다. 위탁된 소년은 범행을 범하였다고 의심할 만한 상당한 이유가 있거나 재비행의 가능성이 크기 때문에, 소년분류심사원에서는 위탁소년에게 기초적인 생활지도와 비행예방 전문 교육 등 다양한 인성교육 프로그램 운영을 통해 비행예방과 재비행 방지를 위한 교육적 기능을 수행하고 있다.

마지막으로, 비행청소년에 대한 '처우의 개별화' 기능이다. 비행진단 결과는 소년에게 가장 적합한 처분결정을 위한 자료로 활용할 수 있도록 법원에 송부하며, 소년원·보호관찰소 등에 최선의 처우가 이뤄질 수 있도록 제공함은 물론 보호자에게는 자녀의 교육 및 사후지도 방법을 권고한다.

## 2) 수용 · 보호

소년분류심사원에 수용되는 소년은 법원 소년부 판사가 「소년법」 제18조 제1항 제3호에 따라 결정으로써 위탁한다. 위탁 기간은 1개월 이내이며, 특히 계속의 필요가 있는 경우에 한하여 결정으로써 1회 연장할 수 있다.

소년분류심사원 및 소년원에 수용된 소년에 대한 처우의 기본원칙은 인권보호를 최우선으로 하며, 소년의 심신 발달 과정에 알맞은 환경을 조성하고, 안정되고 규율 있는 생활 속에서 소년의 성장 가능성을 최대한으로 신장시킴으로써 사회적응력을 길러 건전한 청소년으로서 사회에 복귀할 수 있도록 하는 데 있다.

소년분류심사원에서의 위탁소년교육은 비행예방 및 재비행 방지를 위하여 소년의 언어·행동·예절·규범 등 기초적인 생활지도와 강·절도 예방, 폭력비행예방 등의 비행예방 전문 교육, 분노조절훈련·감수성훈련·종교지도 등 다양한 인성교육을 실시하고 있다. 또한 학생의 경우, 소년분류심사원에 수용된 기간은 재학 중인 학교의 수업일수로 인정하기 때문에 위탁으로 인한 학업 중단을 예방하고 있다(보호소년 등의 처우에 관한 법률 제31조 제2항).

## 3) 분류심사

### (1) 분류심사의 의의

'분류심사'란 임상 경험과 전문지식을 갖춘 분류심사관이 소년의 신체, 성격, 소질, 환경, 학력 및 경력 등에 대한 조사를 통하여 비행 또는 범죄의 원인을 규명하여 심사대상인 소년의 처우에 관하여 최선의 지침을 제시하는 것을 말하며, 분류심사관은 의학 등의 전문적인 지식과 기술에 근거하여 대상소년의 신체적 · 심리적 · 환경적 측면 등을 조사 · 판정한다(보호소년 등의 처우에 관한 법률 제24조).

분류심사관은 교육학, 심리학, 사회학, 사회복지학, 범죄학, 의학 등 전문지식을 갖추고 일정한 교육을 받아야 하며, 법무부에서 실시하는 조사관 자격인정 시험에 합격한 자로 보한다.

### (2) 분류심사의 종류

분류심사에는 일반분류심사와 특수분류심사가 있다. 일반분류심사는 문제 또는 비행 원인이 비교적 단순한 소년에 대하여 면접조사와 표준화검사, 신체 · 의학적 진단, 집단검사, 자기기록 검토, 자료 조회, 행동관찰 등을 주로 하여 실시하는 분류심사이다. 특수분류심사는 상습비행자, 성격 · 행동 이상자, 인지 발달 지연자, 신체기능 이상자, 마약 또는 유해화학물질 남용자, 문제가 중대한 강력범과 사회적 관심이 높은 사건의 가해자 등 일반분류심사 결과 문제 또는 비행 원인이 중대하고 복잡한 소년에 대하여 개별검사와 정신의학적 진단, 현지 조사 등을 추가하여 심층적으로 실시하는 분류심사이다. 최근 5년간 실시한 분류심사 인원은 〈표 5-4〉와 같다.

**표 5-4** 분류심사 실시 인원

| 인원　＼　연도 | 2016 | 2017 | 2018 | 2019 | 2020 |
|---|---|---|---|---|---|
| 분류심사 실시 인원(명) | 5,116 | 5,614 | 5,385 | 4,755 | 4,267 |

\* 출처: 법무부 범죄예방정책국(2021).

### (3) 분류심사 과정

분류심사는 대상소년의 기본적인 신상관계는 물론 신체적 측면과 지능, 적성, 성격, 정신장애의 여부, 적응 및 욕구, 자기개선 의지 등 심리적 측면, 출생 이후 현재까지 소년의 가정·학교·사회의 환경적 특성, 소년이 처한 환경 조건에 따른 행동 특성 등 그 범위가 넓다. 이러한 분류심사를 위해서 면접조사, 심리검사, 정신의학적 진단, 행동관찰, 지나온 나의 생활 등 자기기록, 범죄 경력 등 자료 조회, 현지 조사 방법 등을 활용하며, 분류심사 과정은 [그림 5-3]과 같다.

| 입원 |
| --- |

| ① 신상 조사·환경 조사 | ② 심리검사 | ③ 행동관찰 | ④ 신체검사 |
| --- | --- | --- | --- |
| • 인적 사항, 가족 관계, 교우 관계, 비행력 등 조사<br>• 가정·학교·사회 환경 등 개인적·환경적 측면 면접 조사 | • 지능검사: 종합능력진단검사, K-WAIS, K-WISC-III 등<br>• 적성검사: 진로적성탐색검사, 기구적성검사 등<br>• 성격검사: 특수인성검사(SPI-III), TAT, Rorschach, MMPI, HTP 등 | • 입원 후 일상적인 생활, 심리검사, 면담 시 행동 특징 관찰<br>• 분류심사관 면담 시 특이행동 등 관찰 | • 질병 유무, 신체적 건강 상태 등 전문의 진단 |
| ⑤ 정신의학진단 | ⑥ 상담 | ⑦ 보호자상담 | ⑧ 자료 분석 |
| • 정신질환자 등에 뇌파검사, 신경생리검사 등 정신과적 검사 | • 성격, 진로 및 가정환경 등 상담 | • 가족 간의 심리 관계 확인<br>• 보호자 훈육 태도 파악 | • 각종 분류심사 기초자료 및 심리검사 결과, 면담 등 종합진단 |

| 분류심사회의 및 분류심사서 작성 |
| --- |

처우지침서 및 보호처분 의견 제시

| 법원 소년부 통보 |
| --- |

보호처분결정

**[그림 5-3] 분류심사절차**

출처: 법무부 범죄예방정책국(2018).

# 8. 소년원과 교육훈련

## 1) 소년원의 의의 및 기능

### (1) 소년원의 의의

소년원은 1942년 3월 20일「조선소년령」과「조선교정원령」및「교정원관제(官制)」가 동시에 공포(시행은 1942. 3. 25.)되고, 같은 달에「교정원설치령」이 공포되어 1942년 4월 20일 조선교정원을 개원(현 서울소년원의 전신)하였다. 이후 같은 해 4월 29일에 그 명칭을 경성소년원으로, 1945년 10월 1일 경성소년원을 서울소년원으로 각각 변경하였다(법무부, 2004).

우리나라에서 소년원생에 대한 독자적인 처우와 교정교육이 이루어진 것은「소년법」제정 직후인 1958년 8월「소년원법」이 제정·공포되면서이다. 소년원은 1988년에 학교화를 추진하였고, 2004년에 소년원학교를「초·중등교육법」에 의한 정규학교로 전환하였고, 대외적으로 모든 소년원의 대외명칭을 '○○학교'로 복수명칭으로 사용하고 있다.

**표 5-5** 소년원과 소년교도소의 차이

| 구분 | 소년원 | 소년교도소 |
|---|---|---|
| 적용 법률 | 「소년법」<br>「보호소년 등의 처우에 관한 법률」 | • 형법<br>• 형의 집행 및 수용자의 처우에 관한 법률 |
| 처분 법원 | • 가정법원 또는 지방법원 소년부 | • 형사법원 |
| 중앙조직 | • 법무부 범죄예방정책국 | • 법무부 교정본부(지방교정청) |
| 처분 종류 | • 보호처분(7~10호) | • 형사처분: 자유형(징역·금고) |
| 시설 | • 10개(2개 여자 소년원) | • 1개 소년교도소<br>  (여자는 청주여자교도소) |
| 수용 대상 | • 범죄소년, 촉법소년, 우범소년 | • 범죄소년 |
| 수용 기간 | • 2년 미만 | • 선고에 의한 자유형 집행 기간 |
| 사회복귀 | • 퇴원: 교정의 목적을 이루었다고 인정한 때<br>• 임시퇴원: 교정성적이 양호하고 보호관찰의 필요성이 있다고 인정한 때 | • 석방: 형기 종료 시<br>• 가석방: 행상(行狀)이 양호하여 개전의 정이 현저한 때<br>  (행정성적 양호자에 대한 시혜) |
| 신분 제한 | • 장래 어떠한 영향도 미치지 않음<br>  (법 제32조 제6항) | • 법에서 정한 복권기간이 지나야 함<br>• 수형인 명부 기재·관리(전과기록) |

* 출처: 이백철(2015).

소년원은 법원 소년부에서 보호처분을 받은 10세 이상 19세 미만의 소년을 수용, 규율 있는 생활 속에서 교과교육, 직업능력개발훈련, 의료재활교육, 인성교육 등을 통하여 전인적인 성장·발달을 도모하고 안정적인 사회복귀를 지원하는 기관이다. 다시 말하면, 소년원은 소년의 비행에 대한 책임을 추궁하고 형사처벌을 하는 것보다 국가가 소년원생들의 보호자가 되어 그들의 심신 발달에 알맞은 환경을 조성하고, 안정되고 규율 있는 생활 속에서 소년의 성장 가능성을 최대한 신장시킴으로써 사회적응력을 길러 건전한 청소년으로서 사회에 복귀할 수 있도록 하는 것이다. 그러나 대부분의 일반 국민은 소년보호기관인 소년원과 교정기관인 소년교도소를 혼동하고 있다. 소년원이 소년범을 수용하고 교정교육을 시키며 처우한다는 점에서는 유사하나, 〈표 5-5〉에서 보는 바와 같이 소년교도소와는 적용 법률, 처분 법원, 처분 종류, 신분 제한 등에서 차이가 있다.

### (2) 소년원의 기능

소년원의 기능을 분류하면 크게 네 가지로 나누어 볼 수 있다.

첫째, 소년원은 법원처분에 의해 송치된 비행청소년을 일정 기간 '수용·보호하는 기관'이다. 소년원은 소년심판에 의하여 비행사실과 요보호성이 인정되는 소년에게 이를 개선하기 위한 조치로서 시설 수용을 강제하고 일정 기간 자유를 제한하는 수용기관의 성격과 수용된 소년(이하 '보호소년'이라 한다.)들이 질서를 유지하고 규율을 지키도록 하며 또한 사회의 유해 환경으로부터 차단하는 '보호 기능'도 함께 수행한다.

둘째, 소년원은 사법적 기능보다 교육적 기능을 중시하는 '교육기관'이다. 보호처분 중 소년원 송치처분이 비행청소년의 성행을 교정하고 환경을 조정하여 소년을 건전하게 보호·육성하기 위한 것이고, 소년원에서는 범죄에 대한 책임을 묻기보다는 범죄를 유발하는 환경으로부터 소년을 보호하고 교육훈련을 통하여 사회생활에 필요한 기본적인 지식이나 기술 등을 길러 주어 비행의 요인을 줄일 수 있도록 하고 있다. 이를 위해 소년원학교 운영, 출석일수 인정, 복수명칭 사용 등 교육기관으로서의 역할을 수행하고 있다.

셋째, 소년원은 심리치료·상담 프로그램을 통해 사회 재적응을 도와주는 '치료기관'이다. 사회적응에 실패한 미성숙한 소년들 대상으로 집단지도, 집단상담, 심리치료 프로그램을 통하여 재비행을 방지하고 바람직한 인성 함양을 도모하고 있다.

넷째, 자립 지원 및 사회복귀를 지원하는 '사법적 복지기관'이다. 소년원에서는 출원생들의 안정된 사회복귀를 위하여 학업 연계, 취업·창업 지원, 문신 제거 시술, 무의탁생 등에 대한 생활안정자금 및 장학금 등을 지원하고 있다(법무부, 2011).

## (3) 소년원의 분류

우리나라의 소년원은 2005년 14개[6]까지 늘었다가 소년원 수용인원 감소와 효율적인 기관 운영을 위한 기능조정(2005~2007년)으로 2021년 현재 〈표 5-6〉과 같이 10개 기관을 설치·운영하고 있다.

소년원은 보호소년에게 효과적인 처우를 위하여 「초·중등교육법」에 따른 초·중등교육소년원, 「근로자직업능력개발법」에 따른 직업능력개발훈련소년원, 약물 오·남용, 정신·지적 발달장애 등 집중치료나 특수교육이 필요한 소년을 대상으로 하는 의료재활교육소년원, 인성교육소년원 등 기능별로 분류하여 운영하고 있다.

**표 5-6** 소년원 현황(2021년 4월 현재)

| 구분 | 기관(학교명) | 대상 | 교육과정 |
|---|---|---|---|
| 수도권 | 서울소년원<br>(고봉중고등학교) | 보호소년<br>(9·10호) | • 중·고등학교 교과교육<br>• 직업훈련(제과제빵·한식조리·헤어디자인),<br>• 인성교육, 검정고시, 보호자교육 |
| | 안양소년원<br>(정심여자중고등학교) | 보호소년(女)<br>(9·10호) | • 중·고등학교 교과교육<br>• 직업훈련(제과제빵·피부미용)<br>• 인성교육, 검정고시, 보호자교육 |
| 중부권 | 대전소년원<br>(대산학교) | 보호소년<br>(7·9·10호)<br>위탁소년 | • 의료·재활교육<br>• 분류심사<br>• 인성교육, 검정고시, 보호자교육 |
| | 청주소년원<br>(미평여자학교) | 보호소년(女)<br>(8·9·10호) | • 8호 처분자교육<br>• 직업훈련(제과제빵·헤어디자인·예술분장·커피바리스타)<br>• 인성교육, 검정고시, 보호자교육 |
| 호남권 | 광주소년원<br>(고룡정보산업학교) | 보호소년<br>(9·10호)<br>위탁소년 | • 직업훈련(자동차정비·에너지설비·소형건설기계조종사 면허)<br>• 분류심사<br>• 인성교육, 검정고시, 보호자교육 |
| | 전주소년원<br>(송천중고등학교) | 보호소년<br>(9·10호) | • 중·고등학교 교과교육<br>• 8호 처분자교육<br>• 인성교육, 검정고시, 보호자교육 |

6) 기능조정으로 안산·충주·대덕·창원 소년원이 폐지되었다.

| 영남권 | 부산소년원<br>(오륜정보산업학교) | 보호소년<br>(10호)<br>위탁소년 | • 직업훈련(용접 · 제과제빵 · 헤어디자인)<br>• 분류심사<br>• 인성교육, 검정고시, 보호자교육 |
|---|---|---|---|
| | 대구소년원<br>(읍내정보통신학교) | 보호소년<br>(9 · 10호)<br>위탁소년 | • 직업훈련(제과제빵 · 커피바리스타 · 케이크디자인)<br>• 분류심사<br>• 인성교육, 검정고시, 보호자교육 |
| 강원권 | 춘천소년원<br>(신촌정보통신학교) | 보호소년<br>(9 · 10호)<br>위탁소년 | • 직업훈련(헤어디자인 · 그래픽디자인 · 디저트)<br>• 분류심사<br>• 인성교육, 검정고시, 보호자교육 |
| 제주권 | 제주소년원<br>(한길정보통신학교) | 보호소년<br>(8 · 9 · 10호)<br>위탁소년 | • 8호 처분자교육(제주 지역 男)<br>• 직업훈련(제과제빵 · 골프매니지먼트)<br>• 분류심사<br>• 인성교육, 검정고시, 보호자교육 |

\* 출처: 법무부(2021a).

## 2) 소년원 수용과 분류처우

### (1) 수용인원과 수용 기간

〈표 5-7〉에서 보는 바와 같이 최근 5년간 소년원 신수용인원은 2017년 2,450명으로 일시적으로 증가하다 점차 감소하여 2019년 2,077명, 2020년 1,637명으로 큰 폭으로 감소하였다. 2020년에 신수용된 보호소년을 처분 유형에 따라 구분하면, 9호 처분이 622명(28.0%)으로 가장 많았고, 이어서 10호 처분 471명(28.8%), 8호 처분 405명(24.7%), 7호 처분 139명(8.5%) 등의 순이었다. 7호 처분은 전년 대비 19.8% 증가하였지만 8호 처분은

**표 5-7** 최근 5년간 소년원 신수용 보호소년 처분별 현황　　　　　　　　[단위: 명(%)]

| 연도 처분 | 계 | 7호 | 8호 | 9호 | 10호 |
|---|---|---|---|---|---|
| 2016 | 2,096(100.0) | 83(4.0) | 762(36.3) | 713(34.0) | 538(25.7) |
| 2017 | 2,450(100.0) | 132(5.4) | 880(35.9) | 857(35.0) | 581(23.7) |
| 2018 | 2,199(100.0) | 141(6.4) | 801(36.4) | 741(33.7) | 516(23.5) |
| 2019 | 2,077(100.0) | 116(5.6) | 707(34.0) | 716(34.5) | 538(25.9) |
| 2020 | 1,637(100.0) | 139(8.5) | 405(24.7) | 622(38.0) | 471(28.8) |

\* 출처: 법무부 범죄예방정책국(2021).

42.7% 감소하였고, 9호와 10호 처분은 12~13% 감소하였다. 2020년 소년원 신수용인원 감소의 주 원인으로 코로나19로 인한 감염차단을 위하여 수용인원을 최소화하고, 8호 처분의 경우 코로나19 확산세가 심화된 2020년 3~5월과 12월에는 신수용인원이 없는 등 사회적 거리두기에 따라 교육 중단과 개시를 반복한 것에 기인한다.

보호소년의 수용 기간은 8호 처분은 1개월 이내, 9호 처분은 6개월 이내, 10호 처분은 2년 미만이고, 소년원 출원의 종류에는 퇴원과 임시퇴원이 있다. 퇴원은 보호소년이 22세에 도달한 때, 수용 상한 기간에 도달한 때, 교정성적이 양호하며 교정의 목적을 이루었다고 인정되어 보호관찰심사위원회의 심사 및 법무부장관의 허가를 받은 때 이루어진다. 임시퇴원은 교정성적이 양호한 자 중에서 보호관찰의 필요성이 있다고 인정되어 보호관찰심사위원회의 심사와 법무부장관의 허가를 받아 6개월~2년 이내의 보호관찰을 부과하여 출원시키는 것이다. 이때 교정성적은 교육성과(자격 취득, 대회 입상 등)와 생활성적(생활성적 체크리스트에 의한 상 · 벌점)을 종합하여 평가한다.

### (2) 분류처우

소년원에서는 보호소년이 입원하게 되면 10일 이내에 소년의 특성을 고려, 그에 적합한 처우 지정을 위한 분류조사를 한다. 분류조사는 보호소년의 생활사를 중심으로 한 사회환경적 측면, 신체 및 정신상의 이상 유무를 밝히기 위한 의학적 진단과 보호자 및 보호소년 상담 등이 이루어진다. 분류조사 결과 밝혀진 여러 가지 사항과 그 결과를 종합하여 보호소년의 성장 가능성을 최대한 신장시킬 수 있도록 처우징계위원회에서 개별처우계획을 수립하고 보호소년의 특성에 맞는 교육과정을 지정하게 된다.

## 3) 소년원 교육과정

소년원의 교정교육은 규율 있는 생활 속에서 초 · 중등교육, 직업능력개발훈련, 인성교육, 심신의 보호 · 지도 등을 통하여 보호소년이 전인적인 성장 · 발달을 이루고 사회생활에 원만하게 적응할 수 있도록 하여야 한다(보호소년 등의 처우에 관한 법률 제28조). 이를 위하여 보호소년이 퇴원할 때까지의 전 과정을 신입자교육, 기본교육, 사회복귀교육의 3단계로 구분하여 순차적으로 교육을 실시한다([그림 5-4] 참조).

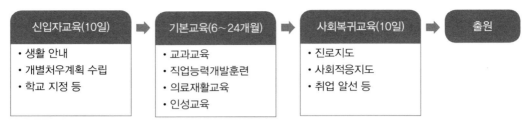

[그림 5-4] 소년원 교육 단계

## (1) 신입자교육

신입자교육은 보호소년 개개인의 소질과 특성을 심층적으로 진단하고 보호소년의 사회복귀 목표와 부합하는 개별처우계획을 수립할 수 있도록 교육과정 및 내용을 안내하고 새로운 환경에 적응할 수 있도록 지도한다. 신입자교육은 10일 이내 기간을 정하여 30시간 이상으로 하며 생활 안내, 적응지도 및 상담 활동, 체육 활동, 분류조사, 성폭력예방 및 인권교육을 편성하여 운영한다.

## (2) 기본교육

기본교육은 신입자교육을 마친 소년을 대상으로 교과교육, 직업능력개발훈련, 의료재활교육, 인성교육, 특별활동, 생활지도 등을 실시하는 것을 말한다.

### ① 교과교육

소년원에서는 비행청소년의 학업중단예방을 위하여 「초·중등교육법」 제2조 제1호부터 제4호까지의 학교(이하 '소년원학교'라 한다.)를 설치하여 운영하고 있다. 초·중등교육 소년원에 설치된 소년원학교는 「초·중등교육법 시행령」 제76조 및 제91조에 따른 특성화중학교 또는 특성화고등학교의 교육과정 편성 및 운영에 관한 사항을 준용한다(보호소년 교육지침 제10조).

교과교육을 실시하는 서울·전주·안양 소년원에서는 9·10호 처분자 중 일반학교 및 소년원학교에 재학 중인 중·고등학생을 대상으로 보통교과와 특성화교과(컴퓨터, 인성교육), 창의적 체험 활동을 실시한다. 연간 수업시수는 중학교 1,122시간, 고등학교 1,196시간 이상으로 편성·운영하고, 학년 및 학기는 일반학교와 동일하다(법무부, 2021c).

보호소년이 교육과정을 밟는 중에 소년원에서 출원하여 전적학교 등 다른 학교에 전학이나 편·입학이 가능하고, 소년원학교에서 교육과정을 마친 소년의 경우 전적학교장의 졸업장이 수여된다(보호소년 등의 처우에 관한 법률 제34조). 전적학교장 명의의 졸업장을 수여하는 것은 낙인효과예방을 통해 소년의 성공적인 사회정착을 제도적으로 지원하기 위함이다.
이와 함께 전국 소년원에서는 초·중·고등학교에 진학하지 못했거나 학업을 중단한 소년
에게 새로운 교육 기회를 부여하기 위하여 검정고시반을 편성·운영하고 있다.

### ② 직업능력개발훈련

소년원의 직업능력개발훈련은 보호소년이 근로의 소중함을 깨닫고 직업에 대한 올바른
태도와 능력을 길러 건전한 직업생활을 할 수 있도록 하는 데 있다. 이를 위해 법무부에서
는 「국민 평생 직업능력 개발법」 제27조에 따라 소년원에 공공직업훈련시설을 설치하여
운영하고 있다.

소년원에서의 직업능력개발훈련은 1년 과정 1,200시간 이상으로 편성되며, 수용 기간
이 가장 긴 10호 학생들을 대상으로 제과제빵, 헤어디자인, 자동차정비 등 8개 직종으로
구성되어 있다. 체험형 직업교육은 수용 기간이 상대적으로 짧은 9호 학생들을 대상으로
하며, 1개월 과정 32시간 이상 편성된다. 자격증 취득 결과보다는 진로탐색 경험에 중점을
둔 인성교육의 일환으로 바리스타, 예술분장, 소형건설기계 조종사 면허 등 단기간에 자격
증을 취득할 수 있는 6개 직종을 편성·운영하고 있다.

**표 5-8** 소년원별 직업능력개발훈련 직종 편성 현황(2021. 4. 1. 현재)

| 기관명 | 과정 수 | 직 종 |
|---|---|---|
| 서울소년원 | 3 | 제과제빵, 한식조리, 헤어디자인 |
| 부산소년원 | 4 | 자동차정비, 용접, 제과제빵, 헤어디자인 |
| 대구소년원 | 3 | 제과제빵, 커피바리스타, 케이크디자인 |
| 광주소년원 | 4 | 자동차정비, 용접, 에너지설비, 소형건설기계 조종사 면허 |
| 청주소년원 | 4 | 제과제빵, 헤어디자인, 예술분장, 커피바리스타 |
| 안양소년원 | 2 | 제과제빵, 피부미용 |
| 춘천소년원 | 3 | 헤어디자인, 그래픽디자인, 디저트 |
| 제주소년원 | 2 | 골프매니지먼트, 제과제빵 |

### ③ 특수단기교육(8호 처분)

특수단기교육은 1개월 이내 소년원 송치처분을 받은 소년을 대상으로 집중인성교육을
실시하는 것이다. 교육과정은 신입자교육, 기본교육, 사회복귀교육으로 구성되며, 신입자
교육은 생활 및 교육 안내, 적응지도 및 상담 등을 하고, 기본교육에서는 강·절도 예방교

육 등 비행유형별 전문교육과 집단상담, 체험 활동 등을 실시하고, 사회복귀교육은 보호관찰교육, 수료식 등으로 구성된다(법무부, 2021c). 특수단기교육의 경우 남자는 전주소년원에서, 여자는 청주소년원에서, 제주 지역은 지리적 특성상 제주소년원에서 각각 실시한다.

#### ④ 의료재활교육

의료재활교육대상은 약물 오 · 남용, 정신장애, 지적발달장애 등으로 집중치료나 특수교육이 필요한 '의료재활 보호소년'과 '의료재활 처우소년'으로 구분한다. '의료재활 보호소년'이란 「소년법」 제32조 제1항 제7호 처분을 받아 병원, 요양소 또는 「보호소년 등의 처우에 관한 법률」에 따른 의료재활소년원에 위탁된 보호소년을 말하고, '의료재활 처우소년'은 9호 또는 10호 처분 보호소년 중 정신과 전문의의 진단 결과 정신질환 등이 있어 의료재활처우를 위해 의료재활소년원으로 이송된 보호소년이다.

의료재활교육은 대전소년원에서 운영하며, 교육 내용은 의료 및 보건, 음악 · 미술 치료 · 작업 · 활동 치료 등 심리치료와 수리 및 언어 능력 향상, 컴퓨터 등 특성화교육과 체육, 재량 활동으로 구성되며, 초 · 중 · 고등학교에 재학 중인 소년은 교육부 '학교생활기록부 기재요령'에 따라 수업일수가 인정된다.

의료재활 보호소년의 처우 기간은 6개월이나 법원 소년부 판사의 결정으로 1회 연장이 가능하고, 교육과정은 ㉠ 준비교육 과정, ㉡ 집중치료 과정, ㉢ 치료 후 교육과정, ㉣ 사회복귀 과정으로 운영된다. 의료재활 처우소년의 처우 기간은 3개월이며, 의료처우 종료 후 본원으로 복귀한다.

의료재활소년원이 아닌 일반 소년원에서는 정서장애, 행동장애 등 심신건강 증진 소년 등을 대상으로 특별반으로 편성하여 심신건강회복 프로그램, 정신건강임상심리사의 개별 · 집단 상담, 문화예술치유 프로그램 등 적정한 처우 프로그램을 운영하고 있다.

#### ⑤ 인성교육

소년원에서의 인성교육은 비행유형별 예방 및 치료 프로그램 등 보호소년의 특성과 욕구를 반영한 전문화된 프로그램과 유관부처 또는 자원봉사자의 재능기부 등을 활용한 예 · 체능 교육과정 운영을 통하여 바람직한 인격 형성 및 비행성 교정을 목적으로 실시한다.

9호 처분대상자는 기본 교육과정의 60% 이상을 직업교육을 포함한 인성교육으로 편성한다. 인성교육은 집단상담, 집단지도, 체험 활동(봉사 활동 포함), 체육교육 등으로 편성 · 운영하며, 강 · 절도, (학교) 폭력예방 등 비행유형별 예방 프로그램 중 1개는 필수 운영한다.

10호 처분대상자에게는 주 2시간 이상 인성교육 프로그램을 실시하며, 보호소년은 반드시 1개 이상 프로그램을 정규과목으로 이수하여야 한다.

또한 모든 소년원에서는 성폭력 가해 보호소년에게 의무적으로 성비행 재발방지 프로그램 과정을 이수하게 한다.

〈표 5-9〉는 보호소년에게 실시한 교육 수료인원을 나타낸 것으로, 2020년에는 교과교육과 직업능력개발훈련의 비율이 상대적으로 높았다. 특히 교과교육 인원이 큰 폭으로 증가한 것은, 종전에는 여학생들에 대하여 중학교 교육과정만을 운영하던 것을 2019학년도부터 여자고등학교 과정을 안양소년원에 개설하였기 때문이다.

**표 5-9** 최근 5년간 보호소년 교육 수료인원                    [단위: 명(%)]

| 연도 \ 구분 | 계 | 인성교육 | 교과교육 | 직업능력<br>개발훈련 | 특수단기교육<br>(8호 처분) | 의료재활<br>(7호 처분) |
|---|---|---|---|---|---|---|
| 2016 | 2,133(100.0) | 599(28.1) | 154(7.2) | 551(25.8) | 740(34.7) | 89(4.2) |
| 2017 | 2,271(100.0) | 556(24.5) | 187(8.2) | 552(24.3) | 876(38.6) | 100(4.4) |
| 2018 | 2,326(100.0) | 576(24.8) | 209(9.0) | 633(27.2) | 799(34.4) | 109(4.7) |
| 2019 | 1,945(100.0) | 356(18.3) | 253(13.0) | 532(27.4) | 701(36.0) | 103(5.3) |
| 2020 | 1,536(100.0) | 286(18.6) | 318(20.7) | 458(29.8) | 396(25.8) | 78(5.1) |

\* 출처: 법무부 범죄예방정책국(2021).

### (3) 사회복귀교육

사회복귀교육은 기본 교육과정을 마치고 퇴원 또는 임시퇴원의 요건을 갖춘 출원 예정자를 대상으로 출원 예정 이전 10일 이내에 사회적응에 필요한 진로상담, 장래의 생활 설계에 대한 지도, 퇴원 또는 임시퇴원 후의 준수 사항에 대한 교육, 기타 사회복귀에 필요한 교육을 실시한다.

### 4) 사회정착 지원

소년원에서는 보호소년의 안정된 사회복귀를 지원하기 위하여 전국 소년원에 1~2일간 가족 관계 회복을 위한 가정관 운영, 취업 지원, 모범학생에 대한 주말 외출 등 개방처우를 실시하고, 장학금 및 생활안정자금 지원, 멘토링 등을 실시하고 있다.

## 9. 소년보호기관에서의 상담

### 1) 소년보호기관에서의 상담의 특수성

#### (1) 내담자의 비자발적 참여

상담은 전문적인 훈련을 받은 상담자가 도움을 필요로 하는 내담자에게 자신과 주위 환경에 대한 이해를 촉진시킴으로써 적응과 발달을 할 수 있도록 행동의 변화를 가져오게 하는 것이지만, 모든 교정상담은 상담을 실시하는 환경이 어떠하냐에 관계없이 어느 정도 강제적인 성격을 지니고 있다. 실제로 소년보호기관에서 신입자의 경우는 주 1회, 일반학생의 경우는 월 1회 의무적으로 담임교사와 개인상담을 실시하고 그 결과를 기록·관리하고 있으며, 정신·신체 특이학생 및 문제학생 등에 대하여서는 별도의 기간을 두어 상담토록 하고 있다. 또한 우울증, 불안, 과잉행동 등 정신과적으로 전문상담이 필요한 학생의 경우는 각 기관별로 배치된 상담교사, 정신건강임상심리사 등을 통해 지속적으로 상담을 실시하거나 문제 증상에 따라 정신과 전문의와의 전문상담을 유도하고 있다. 소년보호기관의 상담 체계는 이상과 같이 개별 생활지도를 목적으로 하는 의무 규정에 따라 '비자발적'으로 실시되는 경우와 일반적이나 시설 적응·또래 관계·진학·가족 관계 등의 문제 해결을 목적으로 '자발적 상담'도 병행하고 있다. 그러나 외부 전문가에 의한 상담의 경우에는 내담자가 상담을 요청하는 경우도 있겠지만 기관에서 상담이 필요한 학생들을 지정하여 강제적으로 상담을 받게 하는 경우가 있어 내담자의 자발성은 극히 낮다고 할 것이다.

#### (2) 비밀보장의 한계

소년보호기관에서 상담 시 비밀보장은 필수이며 지킬 수 없는 약속은 하지 않아야 한다. 비밀보장은 내담자의 동의 없이 내담자에 대한 정보를 누설하지 않는다는 윤리원칙을 의미하나, 소년보호기관에서 상담 시 비밀보장이 제한되는 상황이 일반상담보다 많기 때문에 관계당국 및 관계자에게 보고하도록 강요받을 수 있다. 특히 자살 또는 자해 암시, 동료 괴롭힘 등 자신 또는 타인의 인권을 침해할 소지가 있거나 대상자의 신상에 중대한 영향을 미치는 사안에 대해서는 직원은 물론 비록 외부 전문가라 할지라도 반드시 당국에 보고하여야 한다. 교정상담에서 수용된 대상자는 상담 내용이 공개되지 않는다는 확신이 생겨야 상담에 응하기 때문에 상담 내용에 대한 비밀보장이 더 신중하게 다루어져야 한다.

### (3) 상담 목적에 대한 갈등

교정상담은 일차적으로 범죄자의 교화에 그 목적을 두고 그들이 사회에 복귀하였을 때 잘 적응할 수 있는 능력을 길러 주는 것이지만, 수용기관에서는 그 일차적 목적 외에 대상자들로 하여금 변화된 환경에 잘 적응할 수 있는 것에 보다 많은 시간을 할애하고 있다. 즉, 수용생활을 하는 또래 간에 발생되기 쉬운 대인 관계 문제, 가족과의 단절로 인해 경험할 수 있는 가족 관계 문제, 출원 후의 복학, 취업 등에 대한 진로 문제 등이 대부분이지만, 성격 문제, 합리적 의사 결정 문제, 비합리적 사고의 문제, 과잉행동 문제 등 학생 개개인의 올바른 성장과 발달을 위한 성격, 행동에 관련된 문제 해결도 상담의 주요 과제이며 목적이라고 할 수 있다. 따라서 소년보호기관에서 상담자는 보다 폭넓은 시각에서 단순히 교정시설에서의 적용뿐만 아니라 출원 후 사회적응 문제에 관심을 가지고 접근하는 것이 필요하다.

### (4) 내담자의 행동변용 및 행동특성 이해

소년보호기관에 수용된 소년들은 직원들이 일상생활을 직접적으로 지배하고 있기 때문에 상담 결과가 출원 신청에 영향을 미치고 있음을 알고 있어 의도적으로 자신에게 직접 영향을 미치는 직원에게 잘 보이려고 일부러 꾸며 낸 행동을 보이는 경우가 종종 있다. 이러한 '꾸며 낸' 조작적인 행동은 직원에게 좋은 행동을 해서 긍정적 이익─예를 들어, 포상, 교정성적 가점, 외출, 전화 사용, 외부 체험 학습 기회 부여 등─을 얻고자 하는 목적으로 행하여지는 경우와 문제 행동─예를 들어, 우울, 불안, 우려할 만한 신체증상 등─을 유발하여 교사에게 특별한 관심을 얻거나 수용 기간 단축, 일정한 과제─예를 들어, 교과 학습, 체육, 야간 자율학습, 담당 구역 청소 등─로부터 벗어나고자 하는 목적을 지니는 경우가 있다.

이와 같이 소년분류심사원이나 소년원에서 행동변용을 일으키게 하는 주요 요인은, ① 행동의 속박, 생활공간의 한정, ② 규칙에 의한 자기표현의 제한, ③ 접촉할 수 있는 사람의 제한, 부모나 친구 등으로부터 격리 등이고, 소년분류심사원에서는 법원 심리에 대한 강한 불안, 특히 소년원 송치에 대한 불안이 가장 크기 때문에 가식적인 행동이나 반응을 보일 우려가 가장 크다. 이 외에도 소년원에서는 장기간 수용으로 인하여 자유에 대한 그리움과 함께 출원에 대한 불안 등에서 오는 '조작적인 행동'을 가져오기도 한다.

이러한 행동변용이 아니더라도 상담자는 소년원 학생들에 대한 행동 특성을 이해할 필요가 있다. 소년보호기관에서 직원이 상담을 하게 될 경우에 상담 과정에서 내담자가 상담에 진심으로 대하지 않는다거나, 상담자를 교묘하게 화나게 하는 행동, 상담자를 활용하려고 하는 등 상담에 대하여 저항하거나 방어적인 경향을 경험하게 된다. 또한 상담자와 올바른 관계 형성을 통해 상담이 어느 정도 정상적으로 진행되어 긍정적 감정 또는 행동의 변화가 이루어지는가 싶다가도 돌연 그 행동이 소멸되는 현상도 경험하게 된다. 이런 경우, 대부분 상담자는 당혹감과 좌절, 무력감을 느끼게 된다. 이러한 현상은 소년보호기관에 입사하여 처음 학생들을 지도하는 직원, 즉 초보 상담자에게서 종종 나타난다. 초보 상담자의 경우, 소년원 학생들에게 애정과 신뢰를 가지고 진심으로 대하고 도와주려고 노력을 했음에도 불구하고 학생들이 전혀 변하지 않는다고 호소하기도 하고, 어떤 이는 소년들이 상담을 자신의 이익을 얻기 위한 수단으로 사용한다고 하면서 소년원 학생에게 '배신감'을 느꼈다고 호소하기도 한다. 이와 같이 교정현장에서 비행청소년들의 행동 특성을 이해하고 상담 장면에 임하는 것은 상담 과정 및 결과의 성패를 결정짓는 중요한 요인이 된다. 소년원 학생들의 정서·심리 상태가 부정적 경향이 강하기 때문에 상담 장면에서 상담자를 속이는 것이 아니라, 성장기 동안 지속적으로 부정적 관계 형성을 경험하여 또 다시 상처받고 실망하지 않기 위하여 '속이는 듯한' 행동을 유발하는 경우도 있다. 이를 소년원 학생들이 상담 장면에서 보여 주는 '위선적·가식적' 행동으로 단정 지을 것이 아니라, 어떤 목적을 지닌 실제 가식적인 행동인지 혹은 상담에 대한 저항인지를 구별하는 것이 필요하다.

### (5) 직원이 상담자인 경우에 겪게 되는 역할 갈등

상담자의 역할 수행에서 오는 한계는 상담자가 소년보호기관이나 교정기관 등 수용기관의 직원이면서 상담 업무를 수행할 때 겪게 되는 경우가 있다. 소년보호기관에서 근무하는 직원들은 학생들의 교육, 생활지도, 교육행정 등의 업무와 생활지도 등 감호 업무를 담당하는 이중적 역할을 수행하고 있다. 이러한 역할 수행의 과정에서 직원은 물론 학생들은 저마다 역할 갈등을 경험하게 된다. 즉, 때로는 허용적인 분위기에서 학생들과 격의 없이 대화하며 교육하는 '자애로운 교육자, 상담자'로서의 임무와 역할을 다하지만, 때로는 '엄정하면서도 부드러운 생활지도자'로서의 역할을 수행하게 된다. 따라서 상담과 비상담 영역이 공존하고, 상담자와 직원의 역할을 동시에 수행하여야 하는 소년보호기관 교사가 경험하는 가장 큰 교육적 딜레마 중 하나가 바로 이것이다. 이를 합리적으로 해결하기 위해서는 교사 스스로 역할 정체성을 인식하고, 학생들과의 관계에서 학생들이 비합리적인 신념이나 기대를 가지지 않도록 '한계 내에서 허용'하는 분명한 태도가 필요하다.

## 2) 소년보호기관에서의 자원봉사자로 참여하는 방법

소년보호기관에서는 보호소년 등의 비행예방 및 재범방지를 위하여 다양한 교육 활동과 더불어 비행청소년 선도·보호에 관한 학식과 경험이 풍부한 사람을 '소년보호위원'으로 법무부장관이 위촉하여 교육과 사후지도를 지원하도록 하고 있다.

상담자가 소년보호기관에서 교육이나 사회복귀 분야에 참여하려면, 앞서 살펴본 바와 같이 각종 인성 프로그램에 전문강사로 참여하는 방법과 소년보호위원으로 위촉받아 활동하면 된다. 소년보호위원으로 위촉되면 상담뿐만 아니라 멘토로서도 보호소년의 건전한 성장을 지원할 수 있다. 소년보호위원이 할 수 있는 구체적인 활동 범위는, ① 보호소년 등에 대한 강연, 상담, 심리치료, 종교지도, 의료봉사 등 인성교육 지원, ② (재)한국소년보호협회가 운영하는 자립생활관·창업비전센터 등 입주청소년에 대한 선도·보호 활동, ③ 외국어·컴퓨터 교육, 직업능력개발훈련, 예·체능 교육 등 보호소년 등에 대한 교육활동 지원, ④ 보호소년 등의 특별 활동 및 교내·외 각종 행사 지원, ⑤ 결연, 취업 알선, 장학금 지원, 출원생 희망도우미 등 보호소년 등에 대한 사회정착 지원, ⑥ 그 밖의 보호소년 등의 건전한 육성을 위한 지원 등이 가능하다.

## 3) 담당 직원과의 협력 관계 유지

### (1) 상담 준비 과정

상담자가 직원일 경우에는 특별한 문제가 없으나 상담자가 외부인일 경우에는 해당 기관의 담당자와 충분한 의사소통을 하여야 한다. 상담 계획 수립부터 상담 가능 시간, 준비물, 출입 관계, 상담 장소, 내담자에 대한 필요한 정보, 결과 보고 유무 등 상담의 전 과정에 대하여 필요한 사항을 충분히 소통하여 원만한 상담이 될 수 있도록 준비하여야 한다.

### (2) 담당자와 협력 사항

소년보호기관에서 외부인이 상담할 때 흔히 나타나는 현상으로 '의존 현상'을 들 수 있다. 상담자가 소년원 학생들과 관계 형성에 성공하고 나면 상담 중 무리한 요구를 하는 경우가 있다. 초보 상담자들은 이를 가엽게 여겨 이러한 행동을 수용하여 불필요한 오해를 사거나, 심할 경우 상담 중단 사태를 초래하기도 한다. 이 경우, 상담자는 반드시 기관 담당자와 상의를 하여 결정하여야 하고, 비행청소년에 대한 관심과 온정을 지속적으로 표현하되 적절한 한계와 절제에 주의해야 할 것이다. 구체적인 위기상담과 상담 전략에 대하여는 '제3부, 교정상담의 실제' 부분을 참고하기 바란다. 외부인이 소년보호기관에서 상담 시 발생하는 문제 중 담당자와 협력해야 할 사안을 기술하면 다음과 같다(법무부 범죄예방정책국, 2012).

첫째, 상담 중 폭력, 자해, 사망, 난동, 괴롭힘, 이탈 등 수용사고와 관련된 내용은 반드시 담당자에게 알려 준다. 둘째, 음식물, 금전, 담배 등의 요구 시 부정물품은 소지하거나 반입할 수 없으므로 규정상 허가되지 않음을 설명해 준다. 셋째, 편지 왕래 요구다. 소년보호기관에서는 편지 왕래 제한 규정이 있으므로 요구를 받을 경우에 내담자의 편지 발송은 하지 않고 담당자에게 도움을 요청한다. 넷째, 휴대전화, 노트북 등 통신기기를 사용하여 가족, 친지, 친구에게 연락하겠다고 사용을 요청한 때에는 원칙에 맞지 않음을 고지하고 담당자에게 도움을 요청한다.

마지막으로, 가족과 관련된 내용으로 상담자에게 도움을 요청할 경우에는 상담자가 개인적으로 도움을 바로 주기보다는 담당자에게 협조를 요청한다. 이 외에도 여러 가지가 있을 수 있으나 상담자가 판단하기 곤란한 사항이나 필요한 사항은 반드시 담당자와 협의하거나 도움을 요청하는 것이 필요하다.

 **참고문헌**

김용운(2006). 소년법상 조사 제도의 개선방안에 관한 연구. 동국대학교 행정대학원 석사학위논문.

김은경, 김지선, 이승현, 김성언, 원혜욱, 이호중(2007). 21세기 소년사법 개혁의 방향과 과제(Ⅰ). 평화여성회 갈등해결센터.

법무부(2004). 소년보호 60년사. 서울: (주)바인텍.

법무부(2011). 소년원 안내. 법무부 소년과 내부자료.

법무부(2021a). 2021 소년보호 재판실무 법관연수 자료. 법무부 소년보호과.

법무부(2021b). 2021년도 솔로몬로파크 교육 계획.

법무부(2021c). 2021년도 소년보호기관 교육 계획, 8.

법무부 범죄예방정책국(2012). 우리가 멘토다: 소년원 멘토링 교육 교재.

법무부 범죄예방정책국(2020a). 청소년들의 밝은 미래를 열어 주는 소년보호기관, 15.

법무부 범죄예방정책국(2021). 통계분석 2021 범죄예방정책, 46-48.

법무부 범죄예방정책국 소년보호과(2018). 소년보호기관 알기 쉬운 설명자료, 9.

법무부 보호국(2003). 소년분류심사원 운영 혁신 방안. 내부자료.

법무부 보호국(2008). 소년보호교사강령 제정. 소년보호과 내부자료.

법원공무원교육원(2011). 2011 소년 사건 실무. 서울: 성문인쇄사.

신동운(1989). 서독의 소년사법 제도. 각국의 소년사법 제도연구-법무자료 제113집. 법무부.

이백철, 조윤오, 함혜현, 한영선, 박은영, 권해수, 이창한, 박미랑, 김지선, 조성남, 김안식, 박준휘 (2019). **범죄예방정책학**. 서울: 박영사.

이백철(2015). **교정학**. 경기: 교육과학사.

이영호(2020). 제13기 보호직 9급 신규자 과정(Ⅱ). 충북: 법무연수원.

한국소년법학회(2006). **소년법**. 서울: 세창출판사.

한영선, 현지현, 이영면(2020). 소년법 강의. 서울: 솔과학.

# 3부 — 실제

## 교정상담의

교정상담

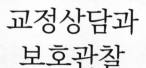

제**6**장

# 교정상담과
# 보호관찰

손외철
부경대학교 공공안전경찰학과 교수

## 1. 보호관찰의 이해

### 1) 보호관찰의 의의

#### (1) 보호관찰의 정의와 유래

보호관찰 제도는 범죄인을 소년원이나 교도소 등에 구금하지 않고 사회 내에서 정상적인 생활을 하도록 허용하면서 보호관찰관의 지도·감독을 통해 준수 사항을 지키도록 하고 사회봉사명령이나 수강명령을 이행하도록 하여 범죄성을 개선하는 선진 형사정책 제도이다.

보호관찰(probation)이라는 용어는 '시험을 거친 또는 검증된(Tested or Proved)'이라는 의미를 가진 라틴어 'Probatio'에서 유래되었다. 12~13세기 영국에서 죄를 범한 성직자들을 가혹한 형벌로부터 보호하기 위해 보증인 또는 선행서약을 조건으로 석방하는 관습이 가벼운 죄질의 일반인에게까지 그 대상이 확대되었다. 이처럼 일정 조건을 통해 범죄인을 석방했던 것이 보호관찰의 기원이지만, 석방 후 선도나 관찰의 활동이 없으므로 현대적 의미의 보호관찰 제도와는 다소 거리가 있다.

### (2) 보호관찰 제도의 발전

오늘날과 같은 현대적 의미의 보호관찰 제도는 1841년 미국의 매사추세츠주에서 제화점을 경영하던 Augustus의 일화를 시작으로 한다. 그는 1841년 어느 날 보스턴의 형사법원에 알코올중독자 한 사람을 교정시설에 가두는 대신 자신이 보호하겠다고 요청하였고, 법원이 요청을 받아들여 대상자가 3주 후 재판에 출석할 것을 조건으로 보호관찰을 허용하였다. 이것이 현대 보호관찰의 시초이다.

이후 그는 75세까지 18년 동안 2천여 명의 대상자를 선도하기 위해 헌신적인 노력을 다했고, 그가 맡은 대상자 중 도망하거나 재범에 이르러 실패한 경우는 단 10명에 불과하였다. 이후 이러한 노력이 성직자들에 의해 계승되다가 1878년 매사추세츠주에서 처음으로 보호관찰 제도가 입법화되었다. Augustus가 오늘날 '보호관찰관의 아버지'로 불리는 이유는 그가 맨 처음 보호관찰이란 용어를 사용하였고 오늘날 보호관찰관의 본질적인 실천 활동, 즉 대상자에 대한 조사 및 분류, 사례 관리, 환경 개선, 법원 보고 등을 최초로 실행한 점에서 비롯된다.

### (3) 대한민국의 보호관찰

우리나라에서는 1960~1970년대를 거치면서 학계 관심이 고조되고 실무가들에 의해 제도 도입의 필요성이 제기됨에 따라 활발한 논의가 진행되기 시작했고, 1981년 1월 9일 법무부 보호국이 신설되면서 본격적인 제도 도입의 계기가 마련되었다. 1982년 1월 보호국 내 보호관찰 연구반이 활동을 시작하여 1983년 1월 부산지검 관내 일부 가석방자를 대상으로 보호관찰 시험 실시가 시작되었다. 1984년 3월 전국으로 확대되어 그해 6월 보호관찰법안 및 같은 법 시행령 안이 작성되었고, 1988년 3월 보호관찰 제도 도입 준비위원회를 발족하여 각계각층의 의견을 수렴한 뒤, 1988년 11월 「보호관찰법」이 국무회의 가결되었다. 이에 따라 1988년 12월 국회 의결 및 공포 절차를 거쳐 1989년 7월 1일부터 시행되게 되었다.

#### ① 성인보호관찰 제도 도입[1)]

1988년 「소년법」 개정과 「보호관찰법」의 제정으로 도입된 우리나라의 초기 보호관찰 제도는 소년범에 대한 보호처분 중심으로 운영되었다. 이후 소년범 재범률 감소에 효과가

---

1) 이하 [정동기 외(2016). 보호관찰 제도론, pp. 39-49.] 참조.

있다고 분석되면서 급속도로 발전하기 시작하였다. 1995년 「형법」 개정에 따라 일반 성인 형 사범에 대한 보호관찰 제도가 1997년 1월 1일부터 본격적으로 시행되기에 이르렀다.[2] 법원형사부에서 재판하는 성인대상자에게 집행유예 또는 선고유예의 조건으로 보호관찰, 사회봉사 및 수강 명령을 부과할 수 있도록 「형법」의 일부개정이 이루어진 것이다.

### ② 「보호관찰 등에 관한 법률」의 개정

형법에의 보호관찰 관련 규정 편입에 맞추어, 형의 유예자들에 대한 보호관찰관의 지도 · 감독에 관한 사항을 규정하기 위하여 1996년 12월 12일 「보호관찰 등에 관한 법률」이 전부 개정되었다. 종전의 「보호관찰법」과 「갱생보호법」이 통합되고 보호관찰, 사회봉사 또는 수강 명령의 집행절차 등을 보완하여 「보호관찰 등에 관한 법률」(법률 제5178호)로 전면개정된 것이다.

### ③ 가정폭력 사범에 대한 보호관찰 도입

가정폭력 사범에 대한 보호관찰은 1998년 「가정폭력 범죄의 처벌 등에 관한 특례법」이 시행되면서부터이다. 1997년 12월 13일 법률 제5436호로 「가정폭력 범죄의 처벌 등에 관한 특례법」을 제정 · 공포하였고, 이듬해인 1998년 7월 1일부터 시행하였다. 그럼에도 가정폭력에 대해 형사처분에 의한 개입이 가정 와해 문제를 조장할 수 있다는 우려를 참작하여, 보호처분에 의한 개입을 실시하는 제도로 도입되었다.

### ④ 성매매 청소년에 대한 보호관찰 도입

소년의 성을 사는 행위, 성매매를 조장하는 중간매개 행위 및 청소년을 대상으로 하는 성폭력 행위자들을 강력하게 처벌하고, 성매매와 성폭력 행위의 대상이 되는 청소년을 보호 · 구제하고자 「청소년의 성보호에 관한 법률」이 2000년 2월 3일 법률 제6261호로 제정 · 공포되었고, 부칙에 의거 2000년 7월 1일부터 시행되었으며, 이후 10차례의 개정을 거쳐 현재에 이르고 있다.

---

2) 1995년 12월 제14대 국회에서 5년 동안 끌어온 「형법」 및 「형사소송법」 개정안이 통과되었다. 전체 성인형사범에 대해서도 형의 집행을 유예하는 때에 보호관찰, 사회봉사, 수강명령 등을 명할 수 있게 하고, 가석방 또는 선고유예 시 보호관찰을 명할 수 있게 하였다. 「형법」에 범죄자에 대한 사회 내 처우 근거를 규정한 것은 형사사법의 연혁상 의미가 큰 사건이었다.

### ⑤ 성판매 여성에 대한 보호관찰 도입

성 개방화와 이로 인한 성매매 · 성매매 알선 등 행위 및 성매매 목적의 인신매매를 근절하고, 성매매 피해자의 인권을 보호함을 목적으로 하는 「성매매 알선 등 행위의 처벌에 관한 법률」이 2004년 3월 22일 법률 제7196호로 제정 및 공포되고, 2004년 9월 23일부터 시행된 「성매매 알선 등 행위의 처벌에 관한 법률」 제14조 등에서 판사는 심리의 결과 필요하다고 인정할 때는 결정으로 보호관찰, 사회봉사명령 또는 수강명령을 부과할 수 있도록 하였다.

### ⑥ 성구매자에 대한 교육 조건부 기소유예(존스쿨) 도입

이 제도는 기소 전 단계에서 검사가 성매매와 관련된 일정한 교육을 조건으로 기소를 유예하는 처분을 말한다. 성구매자 교육 조건부 기소유예(존스쿨)는 성매매를 조장하는 사회 분위기를 타파하고 성판매 여성을 만들어 내는 사회 구조적 문제를 해결하기 위하여 성구매자도 처벌하여야 한다는 인식을 배경으로 하고 있다. 다만, 성매매에 대한 그릇된 인식 전환에 주안점을 두어 일정한 교육을 하는 것을 주된 내용으로 삼고 있다. 현재 성매매 행위에 대한 이러한 형사적 대처는 성구매자에 대한 소위 '형사사법망의 확대(net-widening)'의 부작용을 최소화하면서도 성의식교육을 하여 왜곡된 성 문화를 개선하고자 하는 의미 있는 형사정책 수단이기도 하다.

### ⑦ 위치추적 전자감독 제도의 시행

2008년 9월 1일은 1년 6개월 전 국회를 통과한 「특정 성폭력 범죄자에 대한 위치추적 전자장치 부착에 관한 법률」의 시행으로 우리나라에 전자감독 제도가 최초로 개시된 시점이다.[3] 2007년과 2008년 안양초등생 유괴살해 사건 및 일산초등생 납치 미수 사건 등 사회의 시선을 집중시킨 성범죄가 연이어 발생하고, 이에 대한 재범방지를 통한 사회보호 요구가 더 높아졌다. 성폭력 범죄자에 대한 보호관찰의 실시에도 효과적인 재범방지를 위한 위험성 차단과 적극적인 개입 · 치료의 필요성이 제기되었다. 이에 따라 성폭력 범죄에 대한 형사정책의 큰 변화가 이루어졌는데 '위치추적 전자감독 제도(속칭 '전자발찌 제도')'를 도

---

3) 특정 성폭력 범죄자에 대한 위치추적 전자감독 제도의 도입 이외에도, 2008년 이후 일련의 '성폭력범 형사사법적 특별대책은, ① 소아성기호증 등 정신성적 장애를 가진 성폭력 범죄자를 최장 15년까지 선치료 후 잔형기를 집행하는 내용의 치료감호 강화, ② 성도착 범죄자에 대한 성충동약물치료(소위 화학적 거세) 제도의 도입, ③ 성폭력범에 대한 징역형 상한을 최고 50년까지 상향한 「형법」 개정, ④ 성폭력범에 대한 신상 정보 등록 및 공개 제도 등이 있다.

입하는 법안이 제정된 것이다.

### ⑧ 새로운 유형의 보호관찰 제도 도입

위치추적 전자감독 제도 도입 이후에도 2009년 9월에는 벌금미납자에 대하여 사회봉사 대체 제도가, 2011년 4월에는 성인대상 성폭력범에 대한 신상 정보 등록 및 공개 제도, 2011년 7월에는 16세 미만의 피해자 성폭력범 중 성도착자에 '성충동약물치료(일명 '화학적 거세')'가 도입되는 등 보호관찰 제도의 외연은 지속적으로 확장·심화되어 왔다.

### ⑨ 성충동약물치료명령의 도입

2010년 7월 23일, 성폭력 범죄자에 대하여 성충동약물치료를 할 수 있는 법적 근거를 마련함으로써 성폭력 범죄의 재범을 방지하고 잠재적 피해자들을 보호하기 위하여 법률 제10371호로「성폭력 범죄자의 성충동약물치료에 관한 법률」이 개정되었으며, 1년 후인 2011년 7월 24일부터 시행되었다. 제정 당시에는 성폭력 범죄자에 대한 '성충동약물치료(화학적 거세 등)'가 16세 미만을 대상으로 범한 성폭력 범죄자에 대해서만 실시되다가, 2012년 12월 18일 같은 법률의 일부개정(2013년 3월 19일 시행)을 통하여 16세 미만의 사람을 대상으로 하였는지를 불문하고 성폭력 범죄자가 성도착증 환자일 때 이 법에 따른 치료명령 등을 할 수 있도록 개정되었다.

### ⑩ 성폭력 범죄자 신상 정보 등록 및 공개 · 고지 제도의 도입

신상 정보의 등록 및 열람 제도는 2006년부터「아동·청소년의 성보호에 관한 법률」제33조 제1항에 의하여 13세 미만 아동·청소년을 대상으로 한 성폭력 범죄자에 국한하여 실시하였으며, 이후 2010년에는 같은 법률에 따른 신상 등록 및 공개대상이 19세 미만 미성년자에 대한 성폭력 범죄자로 확대되었다. 2011년에는「성폭력 범죄의 처벌 등에 관한 특례법」에 의하여 성인을 대상으로 성폭력 범죄를 저지른 사람에 대해서도 그 정보를 인터넷에 등록·공개하고, 해당 성범죄자의 정보를 19세 미만의 자녀가 있는 인근 주민에게도 고지하도록 하였다(같은 법률 제32조 내지 제42조).

### ⑪ 치료명령 제도 도입

경미한 범죄를 저지른 주취·정신장애인에 대하여 형사처벌 외에 치료를 명할 수 있도록 하는 내용의「치료감호 등에 관한 법률」개정안이 2015년 12월 1일 공포되었다. 주취 · 정신장애 대상자가 경미한 범죄를 저지를 시 대부분 벌금형에 그칠 뿐 치료받을 기회가 없는 문제점을 해결하기 위한 제도로 도입되었다.

## 2) 보호관찰 담당기관

### (1) 대한민국의 보호관찰 조직 체계[4]

#### ① 중앙조직

우리나라에서 보호관찰을 담당하는 중앙조직은 법무부의 범죄예방정책국이다. 전신인 '보호국'은 1980년 12월 「사회보호법」이 제정됨에 따라 1981년 1월 법무부 직제개정을 통해 신설되었다. 당시 보호국은 보호과, 조정과, 심사과 등 3개 과로 출범하였고 이후 한동안 보호과, 조사과, 관찰과, 소년과의 4개 과 체계를 유지하였다. 2008년 이후 이들 4개 과는 범죄예방기획과, 보호법제과(구 사회보호정책과), 보호관찰과, 소년과 등 4개 과 체제로 개편되었으며, 2011년에는 법질서선진화과가, 2015년에는 특정범죄자관리과가 신설되고 보호법체과가 치료처우과로 개편됨으로써 6개 과 체제를 갖추게 되었다. 보호관찰 제도의 운영과 관련하여 범죄예방정책국의 하위 부서인 범죄예방기획과는 보호관찰에 관한 인사 예산 업무를, 보호법제과는 법령 제정 및 연구평가 업무를, 보호관찰과는 특정 범죄자를 제외한 일반보호관찰대상자의 보호관찰, 사회봉사 · 수강 명령 집행기획 업무를, 그리고 특정범죄자관리과는 특정 범죄자에 대한 보호관찰, 위치추적 전자감독, 신상 정보 등록 등과 관련된 업무를 담당하고 있다.

#### ② 일선 조직 현황

2016년 12월 현재 보호관찰의 일선 조직은 전국에 5개 보호관찰심사위원회, 56개 보호관찰소(본소 16개, 지소 40개), 2개 위치추적관제센터 등 총 63개 기관이 있고, 이 중에서 보호관찰관이 보호관찰대상자와 직접 접촉하며 면밀한 관찰과 사회복귀에 필요한 조치를 통하여 지도 · 감독하는 업무인, 즉 '좁은 의미의 보호관찰' 업무를 수행하는 곳은 전국 56개 보호관찰소이다.

---

4) 이하 [정동기 외(2016). 보호관찰 제도론, pp. 276-279.] 참조.

## (2) 보호관찰소의 발전

### ① 보호관찰소의 직제

보호관찰소는 법무부장관 소속하에서 보호관찰대상자의 원활한 사회복귀와 재범방지를 위해 보호관찰의 실시, 사회봉사·수강 명령의 집행, 판결 전(결정 전, 청구 전) 조사 및 범죄예방 활동에 관한 사무를 관장하는 기관이다. 보호관찰소의 명칭, 위치, 관할구역 등은 법무부와 그 소속기관 직제 및 동 시행 규칙에 위임되어 있다.

보호관찰소는 1989년 5월 본소 12개, 지소 6개소에 직원 271명의 직제로 개청 이후 끊임없이 증설을 거듭해 왔다. 보호관찰대상자가 꾸준히 증가하는 상황에서 여러 번 직제가 개정되면서, 1989년 보호관찰소는 전국 법원·검찰이 소재한 중소도시에까지 신설되기에 이른다.

개청 당시 보호관찰소의 하부조직으로는 관호과, 조사과, 사무과 등이 있었다. 2005년 8월에는 신속한 의사 결정과 업무 경쟁 체제 구축을 위하여 기존 과 단위 체계를 팀 단위 하부조직으로 재구성하는 '팀'제를 전면 실시하였다. 이는 기존 기관장 중심의 권한을 팀장에게 대폭적으로 위임하고 보호관찰 업무 수행에 있어서 팀장의 전결권을 강화하는 것을 주요 골자로 한다. 제도 도입 당시 팀의 총수는 전국 35개 보호관찰소 115개 팀이었는데, 이 중 30개만을 직제상으로 신설하였고 나머지 85개 팀은 비직제로 신설하여 병행 운영하게 하였다. 2011년부터는 팀제가 폐지되고 다시 과거의 '과' 편제로 회귀하였다. 주요 과 직제는 행정지원과, 관찰과, 집행과, 조사과 등이다.

### ② 보호관찰소의 명칭

보호관찰과 이전 갈등과 관련하여 보호관찰소가 구금시설이라는 오해에서 비롯된 지역민들의 부정적인 인식을 개선하고자 2017년 1월부터 '준법지원센터'라는 명칭을 병행해서 사용하고 있다. 보호관찰소 이전과 관련한 지역주민과의 갈등은 2013년 성남보호관찰소 이전과 관련하여 처음 발생하였다. 그동안 보호관찰 업무에 대한 시민의 인식이 부족한 상태에서 보호관찰소 업무에 성폭력 사범을 관리하기 위해 전자발찌 제도가 도입되면서 이들의 재범, 발찌 훼손 사건 등이 언론에 보도되어 부정적인 인식이 확산하기 시작하였다. 이러한 부정적인 이미지 개선의 필요성에 따라 보호관찰소 인근 지역 친화 사업을 적극적으로 전개해 나가는 한편, 보호관찰소 명칭을 준법지원센터로 변경하게 되었다.

## 3) 보호관찰 주요 통계분석[5]

### (1) 연도별 현황

### ① 주요 업무별 실시사건의 연도별 현황

**표 6-1** 보호관찰 등 실시사건 현황(2014 ~ 2019년)

| 연도 \ 분야 | 계 | 보호관찰 | 사회봉사명령 | 수강명령 | 보호관찰조사 | 전자감독 | 치료명령* | 성충동약물치료명령 |
|---|---|---|---|---|---|---|---|---|
| 2014 | 225,439 | 95,198 | 51,058 | 49,883 | 26,033 | 3,260 | – | 7 |
| | 100% | 42.2% | 22.7% | 22.1% | 11.6% | 1.4% | – | 0.0% |
| 2015 | 243,133 | 96,419 | 55,581 | 58,239 | 29,288 | 3,598 | – | 8 |
| | 100% | 39.7% | 22.9% | 23.9% | 12.0% | 1.5% | – | 0.0% |
| 2016 | 272,900 | 100,995 | 58,287 | 80,819 | 28,714 | 4,066 | 5 | 14 |
| | 100% | 37.0% | 21.4% | 29.6% | 10.5% | 1.5% | 0.0% | 0.0% |
| 2017 | 281,046 | 105,705 | 63,050 | 79,313 | 28,183 | 4,350 | 428 | 17 |
| | 100% | 37.6% | 22.4% | 28.2% | 10.0% | 1.6% | 0.2% | 0.0% |
| 2018 | 269,958 | 104,850 | 60,286 | 70,780 | 28,476 | 4,668 | 875 | 23 |
| | 100% | 38.9% | 22.3% | 26.2% | 10.6% | 1.7% | 0.3% | 0.0% |
| 2019 | 262,243 | 101,089 | 58,497 | 69,389 | 27,357 | 4,563 | 1,309 | 39 |
| | 100% | 38.6% | 22.3% | 26.5% | 10.4% | 1.7% | 0.5% | 0.0% |

* 치료명령은 2016년 12월부터 시행.

2019년 실시한 보호관찰 등의 사건은 총 262,243건이며, 분야별로는 보호관찰 101,089건(38.6%), 사회봉사명령 58,497건(22.3%), 수강명령 69,389건(26.5%), 보호관찰조사 27,357건(10.4%), 전자감독 4,563건(1.7%), 치료명령 1,309건(0.5%), 성충동약물치료명령 39건 등이었다. 최근 6년간 보호관찰 등의 실시사건 증감 양상은 접수사건의 추이와 동일하였다. 2014년부터 2017년까지 매년 3~12%까지 증가하다가 2018년 이후 다소 감소하였다. 그러나 최근 2년간의 감소 추세에도 불구하고, 2015년 이전보다 증가한 수준을 유지하고 있다. 즉, 2019년 실시사건은 직전 연도에 비해 2.9% 감소하였지만, 2014년에 비해 16.3%

5) 이하 [법무부 범죄예방정책국(2020).] 참조.

증가하였다.

　분야별 접수 추이는 전체 사건의 증감 추세와 대체로 일치하였다. 다만, 2014년 대비 2019년의 접수사건에서 수강명령과 사회봉사명령의 증가 추세가 두드러져 수강명령은 39.1%, 사회봉사명령은 14.6%의 증가율을 보였다. 치료명령은 2017년 이후 매년 전년 대비 50~100%의 증가세를 나타내었다.

### ② 근거 법률별 실시사건의 연도별 현황

**표 6-2** 보호관찰 근거 법률별 접수 현황(2014~2019년)

| 근거 법률 ＼ 연도 | 2014 | 2015 | 2016 | 2017 | 2018 | 2019 |
|---|---|---|---|---|---|---|
| 계 | 46,110 | 47,991 | 51,844 | 53,419 | 49,073 | 48,508 |
| | 100% | 100% | 100% | 100% | 100% | 100% |
| 형법 | 19,689 | 20,410 | 24,986 | 26,386 | 24,299 | 25,283 |
| | 42.7% | 42.5% | 48.2% | 49.4% | 49.5% | 52.1% |
| 소년법 | 14,810 | 14,761 | 13,659 | 13,621 | 13,516 | 12,074 |
| | 32.1% | 30.8% | 26.3% | 25.5% | 27.6% | 24.9% |
| 보호관찰법 (임시퇴원) | 1,357 | 1,084 | 1,233 | 1,192 | 1,296 | 1,058 |
| | 2.9% | 2.3% | 2.4% | 2.2% | 2.6% | 2.2% |
| 치료감호법 | 531 | 481 | 695 | 944 | 1,044 | 1,044 |
| | 1.2% | 1.0% | 1.3% | 1.8% | 2.1% | 2.2% |
| 성폭력처벌법 | 608 | 740 | 881 | 914 | 898 | 806 |
| | 1.3% | 1.5% | 1.7% | 1.7% | 1.8% | 1.7% |
| 가정폭력처벌법 | 2,604 | 4,364 | 4,129 | 3,930 | 3,523 | 4,355 |
| | 5.7% | 9.1% | 8.0% | 7.4% | 7.2% | 9.0% |
| 성매매처벌법 | 376 | 674 | 847 | 1192 | 539 | 321 |
| | 0.8% | 1.4% | 1.6% | 2.2% | 1.1% | 0.7% |
| 보호관찰소 선도위탁 규정(선도위탁) | 4,937 | 4,097 | 3,787 | 3,452 | 2,106 | 1,873 |
| | 10.7% | 8.5% | 7.3% | 6.5% | 4.3% | 3.9% |
| 청소년성보호법 | 227 | 245 | 189 | 225 | 221 | 169 |
| | 0.5% | 0.5% | 0.4% | 0.4% | 0.5% | 0.4% |

| | | | | | | |
|---|---|---|---|---|---|---|
| 아동학대처벌법 | 0 | 302 | 567 | 768 | 740 | 732 |
| | 0.0% | 0.6% | 1.1% | 1.4% | 1.5% | 1.5% |
| 전자장치부착법 | 971 | 833 | 871 | 795 | 891 | 793 |
| | 2.1% | 1.7% | 1.7% | 1.5% | 1.8% | 1.6% |
| 성충동약물치료법 | 0 | 0 | 1 | 0 | 0 | 0 |
| | 0.0% | 0.0% | 0.0% | 0.0% | 0.0% | 0.0% |

2019년 보호관찰 접수사건을 근거 법률에 따라 구분하면, 「형법」(25,283건, 52.1%)과 「소년법」(12,074건, 24.9%)이 전체의 77%를 차지하였다. 그 밖에 「가정폭력처벌법」(4,355건, 9.0%), 「보호관찰소 선도위탁 규정」[선도위탁(1,873건, 3.9%)], 「보호관찰법」[임시퇴원 (1,058건, 2.2%)] 등이 있었다.

최근 6년간의 주요 근거 법률별 접수 추이를 살펴보면, 형법의 경우 2016년 이후 사건 수는 매년 증감을 반복하였지만 전체 사건 중 차지하는 비율은 매년 증가하여 전체 사건 의 50% 내외를 차지하였다. 「치료감호법」은 전체 사건 중 차지하는 비중이 크지 않지만, 2015년 이후 매년 사건 수가 증가하여 2019년에는 2014년의 약 2배가 되었다. 반면, 「소년 법」과 「보호관찰소 선도위탁 규정」에 따른 사건은 2014년 이후 계속 감소 추세를 보였다.

### ③ 처분 유형별 실시사건의 연도별 현황

2019년 보호관찰 접수사건을 처분 유형에 따라 구분하면, 집행유예처분이 18,065건 (37.2%)으로 가장 많았고, 이어서 소년보호처분 12,074건(24.9%), 가석방 8,441건(17.4%) 등의 순이었고, 임시퇴원과 선고유예는 각 1,058건(2.2%)과 15건(0.0%)이었다.

최근 6년간의 처분 유형별 추이를 살펴보면, 소년보호사건의 비율은 2014년 32.1%에서 2019년 24.9%로 감소한 반면, 가석방은 2014년 9.1%에서 2017년 12.7%, 2018년 14.6%, 2019년 17.4%로 증가 추세를 보였다.

**표 6-3** 보호관찰처분 유형별 접수 현황(2014~2019년)

| 유형 / 연도 | 계 | 선고유예 | 집행유예 | 가석방 | 임시퇴원 | 소년보호처분 | | | 기타 |
|---|---|---|---|---|---|---|---|---|---|
| | | | | | | 소계 | 단기 보호관찰 | 장기 보호관찰 | |
| 2014 | 46,110 | 10 | 16,575 | 4,189 | 1,357 | 14,810 | 7,451 | 7,359 | 9,169 |
| | 100% | 0.0% | 36.0% | 9.1% | 2.9% | 32.1% | 16.2% | 16.0% | 19.9% |

| 2015 | 47,991 | 27 | 17,700 | 4,156 | 1,084 | 14,761 | 8,142 | 6,619 | 10,263 |
|------|--------|------|--------|-------|-------|--------|-------|-------|--------|
|      | 100%   | 0.1% | 36.9%  | 8.7%  | 2.3%  | 30.8%  | 17.0% | 13.8% | 21.4%  |
| 2016 | 51,844 | 35 | 20,856 | 5,673 | 1,233 | 13,659 | 7,254 | 6,405 | 10,388 |
|      | 100%   | 0.1% | 40.2%  | 10.9% | 2.4%  | 26.3%  | 14.0% | 12.4% | 20.0%  |
| 2017 | 53,419 | 33 | 21,359 | 6,796 | 1,192 | 13,621 | 7,175 | 6,446 | 10,418 |
|      | 100%   | 0.1% | 40.0%  | 12.7% | 2.2%  | 25.5%  | 13.4% | 12.1% | 19.5%  |
| 2018 | 49,073 | 28 | 18,603 | 7,148 | 1,296 | 13,516 | 7,055 | 6,461 | 8,482 |
|      | 100%   | 0.1% | 37.9%  | 14.6% | 2.6%  | 27.6%  | 14.4% | 13.2% | 17.3%  |
| 2019 | 48,508 | 15 | 18,065 | 8,441 | 1,058 | 12,074 | 5,913 | 6,161 | 8,855 |
|      | 100%   | 0.0% | 37.2%  | 17.4% | 2.2%  | 24.9%  | 12.2% | 12.7% | 18.3%  |

## (2) 보호관찰대상자의 유형별 현황

### ① 연령별 현황

2019년 말 기준의 보호관찰 현재원을 연령에 따라 구분하면, 소년사건 12,387건(24.6%), 성인사건 37,882건(75.4%) 등이었다.

**표 6-4** 보호관찰 현재원 연령별 현황(2019년)

| 계 | 소년 | 성인 |
|------|--------|--------|
| 50,269 | 12,387 | 37,882 |
| 100% | 24.6% | 75.4% |

### ② 사범별 현황

2019년 말 기준 보호관찰 현재원을 사범에 따라 구분하면, 폭력 사범(11,712건, 23.3%)·교통 사범(9,996건, 19.9%)·기타 사범(7,174건, 14.3%) 등이 전체의 57.5%를 차지하였다. 그 외에 성폭력 사범(5,852건, 11.6%), 절도 사범(4,748건, 9.4%), 사기 횡령 사범(4,633건, 9.2%) 등이 각 10% 내외였으며, 마약 사범(2,240건, 4.5%), 강력 사범(1,609건, 3.2%), 풍속 사범(1,593건, 3.2%), 경제 사범(712, 1.4%) 등은 5% 미만으로 나타났다.

**표 6-5** 보호관찰 현재원 사범별 현황(2019년)

| 계 | 폭력 | 교통 | 절도 | 사기<br>횡령 | 강력 | 마약 | 풍속 | 성폭력 | 경제 | 기타 |
|---|---|---|---|---|---|---|---|---|---|---|
| 50,269 | 11,712 | 9,996 | 4,748 | 4,633 | 1,609 | 2,240 | 1,593 | 5,852 | 712 | 7,174 |
| 100% | 23.3% | 19.9% | 9.4% | 9.2% | 3.2% | 4.5% | 3.2% | 11.6% | 1.4% | 14.3% |

### ③ 성별 현황

2019년 보호관찰 접수사건을 성별에 따라 구분하면, 남성이 41,225건(85.0%), 여성이 7,283건 (15.0%)이었다. 최근 6년간 매년 남성이 전체 사건의 85% 이상의 비율을 유지하지만, 여성의 비율이 2014년의 12.2%로부터 소폭의 상승세를 보이고 있다.

**표 6-6** 보호관찰 성별 접수 현황(2014~2019년)

| 성별 ＼ 연도 | 2014 | 2015 | 2016 | 2017 | 2018 | 2019 |
|---|---|---|---|---|---|---|
| 계 | 46,110 | 47,991 | 51,844 | 53,419 | 49,073 | 48,508 |
| | 100% | 100% | 1005 | 100% | 100% | 100% |
| 남성 | 40,465 | 42,289 | 45,055 | 45,720 | 41,852 | 41,225 |
| | 87.8% | 88.1% | 86.9% | 85.6% | 85.3% | 85.0% |
| 여성 | 5,645 | 5,702 | 6,789 | 7,699 | 7,221 | 7,283 |
| | 12.2% | 11.9% | 13.1% | 14.4% | 14.7% | 15.0% |

### ④ 분류등급별 현황

2019년 말 기준 보호관찰 현재원의 분류등급 현황을 분석한 결과, 주요 II등급이 18,429건 (36.7%)으로 가장 많았고, 이어서 일반 I등급이 9,477건(18.9%), 주요 I등급이 7,479건 (14.9%), 집중등급이 5,837건(11.6%) 등의 순이었다.

**표 6-7** 보호관찰 현재원 분류등급별 현황(2019년)

| 계 | 집중 | 주요 I | 주요 II | 일반 I | 일반 II | 수용자 | 기타 |
|---|---|---|---|---|---|---|---|
| 50,269 | 5,837 | 7,479 | 18,429 | 9,477 | 3,026 | 2,000 | 4,021 |
| 100% | 11.6% | 14.9% | 36.7% | 18.9% | 6.0% | 4.0% | 8.0% |

※기타: 추적조사대상자, 임시해제, 군법피적용자, 단독명령대상자, 미분류, 구인영장 소재추적, 8호 집행 중, 위치추적 실형 집행 중, 위치추적, 강제퇴거, 전담관리 피부착자, 가해제 피부착자

### (3) 수강명령 · 이수명령 · 치료명령 현황

#### ① 수강명령

　2019년 수강명령 접수사건을 성별과 연령에 따라 각 구분하면, 남성이 31,230건(90.5%), 여성이 3,288건(9.5%)이었고, 소년이 4,125건(12.0%), 성인이 30,393건(88.0%)이었다. 수강명령 접수사건의 80.7%가 성인 남성으로 나타났다. 최근 6년간의 접수 추이를 보면, 성별에서는 남성이 90% 이상이었고 연령에서는 성인이 75~88%를 차지하고 있어 성인 남성 사건이 절대다수를 차지하였다.

**표 6-8** 수강명령 연령 및 성별 접수 현황(2014~2019년)

| 사범 연도 | 전체 | | | 소년 | | | 성인 | | |
|---|---|---|---|---|---|---|---|---|---|
| | 계 | 남성 | 여성 | 계 | 남성 | 여성 | 계 | 남성 | 여성 |
| 2014 | 24,879 | 23,101 | 1,778 | 5,977 | 5,179 | 798 | 18,902 | 17,922 | 980 |
| | 100% | 92.9% | 7.1% | 100% | 86.6% | 13.4% | 100% | 94.8% | 5.2% |
| 2015 | 27,588 | 25,614 | 1,974 | 4,877 | 4,310 | 567 | 22,711 | 21,304 | 1,407 |
| | 100% | 92.8% | 7.2% | 100% | 88.4% | 11.6% | 100% | 93.8% | 6.2% |
| 2016 | 31,971 | 29,522 | 2,449 | 4,462 | 3,946 | 516 | 27,509 | 25,576 | 1,933 |
| | 100% | 92.3% | 7.7% | 100% | 88.4% | 11.6% | 100% | 93.0% | 7.0% |
| 2017 | 36,657 | 33,368 | 3,289 | 4,888 | 4,172 | 716 | 31,769 | 29,196 | 2,573 |
| | 100% | 91.0% | 9.0% | 100% | 85.4% | 14.6% | 100% | 91.9% | 8.1% |
| 2018 | 33,306 | 30,425 | 2,881 | 4,623 | 3,930 | 693 | 28,683 | 26,495 | 2,188 |
| | 100% | 91.3% | 8.7% | 100% | 85.0% | 15.0% | 100% | 92.4% | 7.6% |
| 2019 | 34,518 | 31,230 | 3,288 | 4,125 | 3,375 | 750 | 30,393 | 27,855 | 2,538 |
| | 100% | 90.5% | 9.5% | 100% | 81.8% | 18.2% | 100% | 91.6% | 8.4% |

#### ② 이수명령

**표 6-9** 이수명령 연령 및 성별 접수 현황(2014~2019년)

| 사범 연도 | 전체 | | | 소년 | | | 성인 | | |
|---|---|---|---|---|---|---|---|---|---|
| | 계 | 남성 | 여성 | 계 | 남성 | 여성 | 계 | 남성 | 여성 |
| 2014 | 4,046 | 4,036 | 10 | 2 | 2 | 0 | 4,044 | 4,034 | 10 |
| | 100% | 99.8% | 0.2% | 100% | 100% | 0.0% | 100% | 99.8% | 0.2% |

| 연도 | | | | | | | | | |
|---|---|---|---|---|---|---|---|---|---|
| 2015 | 4,548 | 4,532 | 16 | 0 | 0 | 0 | 4,548 | 4,532 | 16 |
| | 100% | 99.6% | 0.4% | 0.0% | 0.0% | 0.0% | 100% | 99.6% | 0.4% |
| 2016 | 4,078 | 4,047 | 31 | 3 | 2 | 1 | 4,075 | 4,045 | 30 |
| | 100% | 99.2% | 0.8% | 100% | 66.7% | 33.3% | 100% | 99.3% | 0.7% |
| 2017 | 5,362 | 5,304 | 58 | 2 | 2 | 0 | 5,360 | 5,302 | 58 |
| | 100% | 98.9% | 1.1% | 100% | 100%. | 0.0% | 100% | 98.9% | 1.1% |
| 2018 | 6,578 | 6,492 | 86 | 0 | 0 | 0 | 6,578 | 6,492 | 86 |
| | 100% | 98.7% | 1.3% | 0.0% | 0.0% | 0.0% | 100% | 98.7% | 1.3% |
| 2019 | 6,403 | 6,273 | 130 | 2 | 2 | 0 | 6,401 | 6,271 | 130 |
| | 100% | 98.0% | 2.0% | 100% | 100% | 0.0% | 100% | 98.0% | 2.0% |

2019년 이수명령 접수사건을 성별과 연령에 따라 각 구분하면, 남성이 6,273건(98.0%), 여성이 130건(2.0%)이었고, 성인이 6,401건(99.9%), 소년은 2건에 불과하였다. 이수명령도 수강명령과 동일하게 접수사건의 절대다수가 성인 남성이었다. 최근 6년간의 접수 현황에서도 성인 남성이 매년 98% 이상이었다.

### (4) 치료명령대상자 현황

치료명령 제도는 주취·마약·정신질환 상태에서 금고 이상의 형에 해당하는 범죄를 저질렀을 경우, 법원이 형의 선고나 집행을 유예하면서 치료받을 것을 명령하는 제도이다. 통원치료의 필요성과 재범 위험성이 있는 사람에 대해 법원이 선고유예의 경우 1년 이내, 집행유예의 경우 5년 이내로 치료 기간을 정하여 치료명령을 부과하고, 보호관찰을 병과하며, 검사의 지휘를 받은 보호관찰관이 약물 투여, 상담 등 정신과 진료를 받도록 하거나 심리치료 프로그램을 실시하는 등의 방법으로 집행하고 있다.

표 6-10 치료명령 처분 유형별 접수 현황(2016~2019년)

| 연도 \ 처분 유형 | 계 | 집행유예 | 선고유예 |
|---|---|---|---|
| 2016 | 5 | 5 | 0 |
| | 100% | 100% | 0.0% |
| 2017 | 423 | 416 | 7 |
| | 100% | 98.3% | 1.7% |

| 2018 | 447 | 442 | 5 |
|---|---|---|---|
| | 100% | 98.9% | 1.1% |
| 2019 | 582 | 576 | 6 |
| | 100% | 99.0% | 0.1% |

**표 6-11** 정신건강 상담·치료 조건부 기소유예 집행 현황(2016 ~ 2019년)

| 연도 \ 문제 유형 | 계 | 정신질환 | 알코올중독 | 마약중독 |
|---|---|---|---|---|
| 2016 | 11 | 10 | 1 | - |
| | 100% | 90.9% | 9.1% | 0.0% |
| 2017 | 195 | 166 | 29 | - |
| | 100% | 85.1% | 14.9% | 0.0% |
| 2018 | 214 | 188 | 26 | - |
| | 100% | 87.9% | 12.1% | 0.0% |
| 2019 | 215 | 191 | 21 | 3 |
| | 100% | 88.8% | 9.8% | 1.4% |

# 2. 보호관찰 · 수강 명령 집행

## 1) 보호관찰 실시 방법

### (1) 보호관찰

좁은 의미의 보호관찰(이하 '보호관찰')이란 범죄자나 비행청소년에 대하여 사회 내에서 보호관찰관에 의하여 행하여지는 지도 · 감독과 원호를 주된 내용으로 하는 처분이라고 할 수 있다. 이들에게는 일정한 준수 사항을 부과하여 이를 지키도록 하고, 사회복귀를 위하여 지도와 감독 그리고 필요한 원호 등의 조치를 하여 보호관찰대상자의 재범방지를 통하여 사회보호를 도모하게 된다. 한국에서의 보호관찰의 목적은 범죄자의 건전한 사회복귀를 통하여 재범을 방지하고, 이를 통하여 범죄로부터 안전한 사회를 만드는 데 있음[6]이 명백하다.

---

6) 영국에서도 재범률을 낮추기 위해서 형사사법기관 간의 철저한 공조 체제(joined up system)를 구축, 소년범죄자 관

## (2) 소년 및 성인 보호관찰 기간

**표 6-12**

| 근거 법령 | 대상 | 기간 |
|---|---|---|
| 형법<br>성폭력 범죄의 처벌 특례법 | • 형법범<br>• 성폭력범 | • 선고유예 선고 시: 1년<br>• 집행유예 선고 시: 유예 기간(1~5년)<br>• 가석방자: 잔형 기간 |
| 소년법 | • 보호소년 | • 단기 보호관찰(4호): 1년<br>• 장기 보호관찰(5호): 2년<br>• 소년원 임시퇴원자: 6월 ~ 2년 |
| 가정폭력, 성매매 알선 특례법 | • 가정폭력범<br>• 성매매 사범 | • 6월 이내 |
| 치료감호법 | • 보호감호 가출소자<br>• 치료감호 가종료자 | • 3년 |
| 법무부 훈령 | • 선도 조건부 기소유예 | • 1급: 1년<br>• 2급: 6월 |
| 특정 범죄자에 대한 전자장치 부착 등에 관한 법률 | • 성폭력범<br>• 미성년자 대상 유괴범<br>• 살인범<br>• 강도범 | • 부착명령 기간(최장 30년)<br>• 형 집행 종료 후 보호관찰: 2 ~ 5년 |
| 성폭력 범죄자의 성충동약물치료에 관한 법률 | • 19세 이상의 성도착증 환자 | • 치료명령 기간(최장 15년) |
| 아동학대 범죄의 처벌 등에 관한 특례법 | • 아동학대범 | • 집행유예 선고 시: 유예 기간(1~5년)<br>• 보호처분 시: 1년 |

## (3) 보호관찰 절차 및 내용

### ① 보호관찰 절차 및 분류

보호관찰은 법원의 판결이나 결정이 확정된 때 또는 가석방, 임시퇴원된 때부터 개시되는데, 보호관찰 집행 과정은 크게 개시, 집행, 종료 단계로 구분된다. 보호관찰 개시는 사

---

리팀(youth offending team), 교정과 보호관찰을 통합한 NOMS(National Offender Management Service)를 설치하는 한편, 위험 범죄자를 통합 관리하는 기구인 MAPPA(Multi Agency Public Protection Arrangement)를 설치하고, 교정현장에는 재범률을 낮추는 데 효과가 입증된 다양한 프로그램을 현장에 실시함으로써 재범률을 낮추기 위한 노력을 기울이고 있다(손외철, 2006).

전교육 · 신고 및 초기면접 · 개시 분류 및 처우계획 수립의 단계를 거치며, 보호관찰 집행은 지도 · 감독과 처우 프로그램, 원호 및 응급구호, 은전 및 제재 조치 등으로, 보호관찰 종료는 기간 경과, 집행유예 취소 등으로 구성된다. 보호관찰대상자에 대한 개별처우는 대상자의 환경적 배경이나 개인적 특성 등을 파악하는 것에서 출발하므로 대상자의 분류 및 위험성 평가도구의 활용은 필수적이다. 보호관찰의 초기 개시 단계에서부터 대상자의 범죄 행위와 관련된 특성을 파악하고, 이들이 가진 잠재적 재범 위험성을 예측하고 분류하기 위하여 보호관찰소에서는 관련 평가도구[7]를 개발하여 활용하고 있다. 보호관찰대상자의 분류등급은 대개 처분 유형, 성폭력 범죄 여부, 재범 횟수 및 보호관찰 경력, 재범 위험성 평가점수를 비롯하여 대상자의 진술과 심층 면담, 현지 출장을 통해 확인된 사항을 종합적으로 고려하여 결정하며, 이를 바탕으로 처우계획을 수립하게 된다.

### ② 보호관찰 지도·감독

보호관찰대상자의 건전한 사회복귀를 위하여 보호관찰관이 행할 수 있는 필요한 지도 · 감독의 내용은, ① 보호관찰대상자와 긴밀한 접촉을 하고 항상 그 행동 및 환경 등을 관찰하는 것, ② 보호관찰대상자에 대하여 준수 사항을 이행함에 적절한 지시를 하는 것, ③ 보호관찰대상자의 건전한 사회복귀를 위하여 필요한 조치를 하는 것 등이다. 대부분의 처우 프로그램은 대상자에 대한 재범방지 및 사회복귀 촉진을 위한 지도 · 감독권을 통해 개별 대상자별로 프로그램을 지정하여 참여하도록 하며, 그 밖에 「보호관찰 등에 관한 법률 시행령」(제19조 제2호)에 근거하여 법원 등이 특별 준수 사항을 부과하는 경우, 대상자의 성행 개선 등을 위한 처우 프로그램을 시행한다. 한편, 보호관찰관은 보호관찰대상자의 개선과 자립을 위하여, ① 숙소 및 취업의 알선, ② 직업훈련 기회의 제공, ③ 환경 개선, ④ 보호관찰대상자의 건전한 사회복귀를 위하여 필요한 원호의 제공 등을 지원한다.

### ③ 처우계획과 프로그램

보호관찰관은 대상자의 범죄 유발 요인 및 강점을 파악한 후 대상자의 행동을 개선하여 재범 위험성을 감소시키기 위한 개별적인 지도 · 감독 방향으로서의 처우계획을 수립한다. 이때 처우계획은 보호관찰대상자의 범죄 유발 요인(즉, 반사회적 태도, 성격, 대인 관계,

---

7) 재범 위험성 평가도구: KPRAI(Korea Probationers Risk Assessment Inventory, 한국 성인보호관찰대상자 재범 위험성 평가도구), YPRAI-S(Youth Probationers Risk Assessment-Inventory- Static, 한국 소년보호관찰대상자 재비행 위험성 평가도구)

가족 관계, 약물 남용 문제, 직업 및 학업 문제 등)의 심각도 및 범죄성 개선을 위해 가장 시급히 다루어야 할 문제를 파악한 후 이를 개선하기 위한 각종 프로그램 등을 지원하고 있으며, 관련 지침을 통하여 담당자 간의 지도·감독의 절차와 방법을 표준화하고, 지도·감독 내용에 있어서도 전문성을 기하여 위하여 면담 매뉴얼 정비 및 표준화 등 다양한 노력을 기울여 왔다. 특히 2015년 법무부에서는 본부에 특정범죄자관리과를 신설, 위치추적 전자장치 부착대상 등 강력 범죄자에 대한 정책 및 제도를 전담하게 되면서 지도·감독 방법 및 내용 역시 세분화하였고, 일선 보호관찰소에서도 성폭력·마약 사범·폭력 사범 등 재범률이 높은 강력 사범에 대한 '전담 직원제' 실시 등을 통하여 대상자 특성에 적합한 집중처우를 하도록 시스템을 정비하였다.

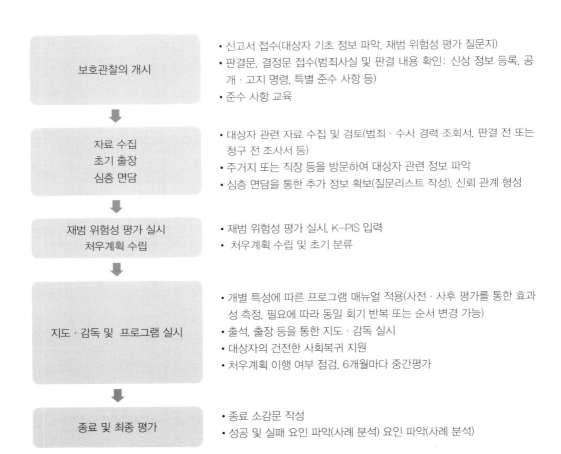

[그림 6-1] 지도·감독절차

한편, 소년대상자 역시 2014년에 소년 지도 · 감독 매뉴얼 및 상담 프로그램을 개발해 전문화된 프로그램 및 처우에 힘쓰고 있다. 이와 함께 산림청, 종교단체 등과 협력하여 숲 체험 · 산사 체험 등 체험형 프로그램을 발굴 · 확대하였고, 문화체육관광부와 협업으로 소년대상자의 긍정적인 행동 변화 유도를 위한 인문치료('인생나눔교실') 실시, 교육부, 시 · 도 교육청, 일선 학교 등과 협업 체계를 구축하여 교사와 보호관찰 학생 1:1 결연을 통한 멘토링 사업 운영, 검정고시학원 등과 합력하여 학업중단대상자에 대한 사이버 학습권 등 검정고시 학습 지원 등의 프로그램을 시행하였다. 아울러 지역사회 상담사 및 자원봉사자와 보호관찰청소년 결연지도, 국립서울병원 등 관련 기관과 연계하여 정신질환 보호관찰대상자에 대한 의료 지원 등 대상자의 개별적인 특성에 적합한 맞춤형 처우를 확대하는 방향으로 프로그램을 지속 · 확대하고 있다(이언담 외, 2017).

## 2) 수강명령 실시 방법

### (1) 수강명령 개요

#### ① 정의

수강명령은 법원에서 유죄가 인정되거나 보호처분의 필요성이 인정된 사람에 대하여 일정 시간 동안 강의, 체험 학습, 심신훈련 등 범죄성 개선을 위한 교육 등을 받도록 명하는 제도를 의미한다. 수강명령의 취지는 죄의식이 미약하고 반복하여 범죄나 비행 우려가 있는 경미한 범죄자를 대상으로, 그들의 심성을 개발하고 자신의 범죄 성향에 대해 문제 인식을 갖도록 함으로써 바른 가치관을 심어 주며 성행을 교정하여 정상적인 사회생활을 하도록 돕는 것이다.

수강명령은 범죄자의 자유를 일정 시간 제한한다는 점에서 협의의 보호관찰이나 사회봉사 명령과 유사한 성격이지만, 그 내용이 일정한 교육 프로그램에 참여할 것을 요구한다는 점에서 다른 제도와 구별된다. 즉, 수강명령 제도는 특정한 수강명령 프로그램이 범죄자의 의식과 행동에 영향을 미쳐서 재범을 억제할 것이라는 가정을 전제하고 있으며, 이로써 수강명령 프로그램을 이수한 사람에게 행동수정의 효과가 있을 것이라고 기대하는 것이다(정동기 외, 2016).

수강명령 제도 시행 초기에는 소년범들의 약물 오 · 남용 방지 교육, 심성 개발훈련 등이 대부분이었으나, 「형법」 개정과 「특별법」 제 · 개정으로 적용대상이 점차 확대되어 교통

사범, 약물 사범, 가정폭력 사범, 성매매 사범 등 다양한 분야에서 활용되고 있으며, 이에 따라 사건 수도 1989년 최초 시행(297건) 대비 2016년에는 약 131배(38,857건)로 증가하는 등 지속해서 확대됐다.

### ② 관련 법 및 집행 분야

수강명령은 현행 「형법」상 집행유예의 조건으로 200시간 이내[8]의 수강명령이 부과될 수 있으며 「소년법」상 보호처분의 하나로서 100시간의 범위 내[9]에서 부과되는데, 관련 법 및 수강명령 시간을 간단히 정리하면 다음과 같다.

**표 6-13** 수강명령 시간

| 근거 법[10] | 시행(년) | 대상 | 명령 시간 |
|---|---|---|---|
| 소년법(제32조) | 1989 | 소년부로부터 수강명령처분을 받은 자(12세 이상) | 100시간 이내 |
| 성폭력처벌법 (제16조) | 1994 | 성폭력 범죄자로서 형사법원으로부터 유죄 판결 시 ※ 수강명령 또는 성폭력치료 프로그램 이수명령 | 500시간 이내 ※ 2013년 이전 300시간 |
| 형법 (제62조의2) | 1997 | 형사법원으로부터 수강명령을 조건으로 집행유예를 받은 자 | 200시간 이내 |
| 가정폭력처벌법 (제40조,제45조) | 1998 | 가정법원으로부터 가정보호처분(4호)을 받은 자 | 200시간 이내 ※ 보호처분 변경 시 400시간 |
| 성매매처벌법 (제14~16조) | 2004 | 보호처분사건으로 처리 | 100시간 이내 ※보호처분 변경 시 200시간 |
| 전자장치부착법 (제9조의2) | 2008 | '특정 범죄 치료 프로그램의 이수' 준수 사항 부과자 ※ 치료 프로그램 이수 | 500시간 이내 |
| 청소년성보호법 (제21조) | 2010 | 아동·청소년 대상 성폭력 범죄자로 유죄 판결 시 ※ 수강명령 또는 성폭력치료 프로그램 이수명령 | 500시간 이내 ※ 2013년 이전 300시간 |
| 아동학대처벌법 (제8조, 제36조) | 2016 | 아동학대 행위자로서 유죄 판결 시 ※ 수강명령 또는 성폭력치료 프로그램 이수명령 | 200시간 이내 ※보호처분 변경 시 400시간 |

8) 「보호관찰 등에 관한 법률」 제59조 제1항.
9) 「소년법」 제33조 제4항.
10) 각 법률의 공식 약칭 사용.

한편, 수강명령 제도는 처벌적인 성격보다는 대상자의 치료와 재활에 중점을 두고 있는 형사정책 수단으로 무엇보다 범행의 원인과 특성에 맞춘 다양한 전문 프로그램 개발이 중요하며, 보호관찰소의 주요 집행 분야 및 내용은 다음과 같다.

표 6-14 집행 분야 및 내용

| 연번 | 집행 분야 | 주요 내용 |
|------|-----------|-----------|
| 1 | 약물 · 알코올 치료 강의 | 약물 등 오 · 남용에 대한 이해 증진, 단약 · 단주 결심 유도 및 강화 등 |
| 2 | 준법운전 강의 | 바람직한 운전습관, 교통사고 재발 방지, 음주운전 예방 등 |
| 3 | 정신 · 심리 치료 강의 | 자기이해 및 자아개념 강화, 분노 조절, 심리치료 등 |
| 4 | 성폭력치료 강의 | 성에 대한 왜곡된 생각, 인지적 왜곡 수정 등 |
| 5 | 가정폭력치료 강의 | 가정폭력 범죄성 인식, 폭력 행위 인정 및 재발방지교육 등 |
| 6 | 성매매 방지 강의 | 성매매 개념과 환경, 성의식 점검, 성매매 재발방지교육 등 |
| 7 | 아동학대치료 강의 | 폭력에 대한 태도 교정, 부모교육, 상담치료 등 |
| 8 | 성구매자 재범방지 강의 | 왜곡된 성의식 바로잡기, 성구매 거절 연습, 재발방지교육 등 |
| 9 | 음란물 사범 재범방지 강의 | 아동 · 청소년 음란물 소지 유통 행위 근절을 위한 재발방지교육 등 |
| 10 | 기타 대상자 범죄 성향을 개선할 수 있는 교육 | |

수강명령 프로그램의 집행 방식은 준법운전 강의와 같이 대규모(20명 이상) 집단을 대상으로 단시간 내에 집행하는 방식이 있지만, 성폭력, 약물 · 알코올 프로그램 등 대부분의 프로그램이 소규모(10명 내외) 집단으로 장기간(10회기 내외)에 걸쳐 진행되고 있다. 프로그램의 주요 내용은 대부분이 인지행동치료에 기반을 둔 왜곡된 사고의 수정을 통한 행동 변화를 유도하는 데 중점을 두고 있다.

## (2) 수강명령의 연혁

### ① 수강명령 제도의 발전

현대의 수강명령 제도는 1948년 영국에서 소년범들의 주말 여가 시간을 박탈하여 건전한 여가 생활 습관 개선을 위하여 「형사재판법」에 규정을 둔 수강센터(Attendance Center)라 할 수 있다. 이후 사회 내 처우 제도의 대표적인 유형 중 하나로서 약물 · 알코올 남용 치료, 정신 및 행동 치료 프로그램 등으로 발전해 왔다. 한국의 경우, 1988년 12월 31일 개정된 「소년법」(법률 제4057호)에서 "보호관찰을 부과받은 16세 이상의 소년에 대하여는 사회봉사 또는 수강 명령을 동시에 명할 수 있다."라는 규정으로 수강명령 제도가 최초로 법제화되었다.

이후 1997년 1월 「성폭력 범죄의 처벌 및 피해자보호 등에 관한 법률」, 1998년 9월 「가정폭력 범죄의 처벌 등에 관한 특례법」, 2000년 7월 「청소년 성 보호에 관한 법률」, 2004년 9월 「성매매 알선 등 행위의 처벌에 관한 법률」 등 특별법 제·개정에 따라 확대되었다. 아울러 2010년 4월에는 「아동·청소년 성보호에 관한 법률」 개정으로 이수명령[11]이 최초로 도입된 이후 2011년 11월 「성폭력 범죄의 처벌 및 피해자보호 등에 관한 법률」의 개정, 2016년 1월 「아동학대 범죄의 처벌 등에 관한 특례법」의 제정으로 이수명령이 추가 도입되는 등 지속적인 제도의 확대를 이루어 왔다.

### ② 집행 조직의 발전

1989년 제도 시행 이후 집행 인원이 지속해서 증가하였으나, 2005년에 이르러 서울·부산·대구·인천·광주·대전 및 수원 보호관찰소 등 7개소를 시작으로 수강명령과 사회봉사명령 집행을 전담하는 '집행과'가 추가로 설치되어 집행의 전문성과 효율성을 강화할 수 있게 되었다. 2012년도에는 수강명령 자체 강사의 양성과 전문성 있는 집행 프로그램 개발을 위하여 수원보호관찰소에 시범적으로 '광역수강센터'[12]를 설치·운영하였고, 2013년부터 센터를 확대하여 2017년 현재, 전국 7개 광역수강센터(수원·서울·대구·광주·인천·대전·부산)를 운영하며 인근 보호관찰소의 4가지 전문 치료 프로그램(성폭력·가정폭력·알코올·약물) 집행을 전담하고 있다.

---

11) 이수명령: 「아동·청소년의 성보호에 관한 법률」, 「성폭력 범죄의 처벌 등에 관한 특례법」, 「특정 범죄자에 대한 보호관찰 및 전자장치 부착 등에 관한 법률」에 따라 성범죄를 범한 사람 또는 「아동학대 범죄의 처벌 등에 관한 특례법」에 따른 아동학대 행위자에 대하여 법원이 유죄 판결을 선고하면서 일정 시간 동안 재범예방에 필요한 성폭력치료 프로그램 또는 아동학대치료 프로그램을 받도록 명하는 것을 의미함.
12) 광역수강센터: 광역수강센터는 수강명령 집행의 전문화, 체계화, 분업화를 위하여 보호관찰소 내에 설치한 것으로 집행센터별로 4개의 전문 치료 프로그램(성폭력·가정폭력·알코올·약물)으로 특성화하여 인근 보호관찰기관의 수강명령대상자를 집결시켜 사범별, 수강 유형별로 구분하여 집중적으로 교육하기 위한 전담 부서임.

**표 6-15** 광역수강센터

| 센터명 | 관할기관 총 28개(해당 집행센터 제외) |
|---|---|
| 서울(5) | 서울 + 서울동부, 서울남부, 서울북부, 서울서부 |
| 수원(6) | 수원 + 성남, 여주, 안산[13], 평택, 안양 |
| 대구(8) | 대구 + 대구서부, 안동, 경주, 포항, 구미, 상주, 영덕 |
| 광주(4) | 광주 + 목포, 순천, 해남 |
| 인천(3) | 인천 + 인천서부, 부천 |
| 대전(6) | 대전 + 홍성, 공주, 논산, 서산, 천안 |
| 부산(3) | 부산 + 부산동부, 울산 |

## (3) 수강명령 전문성 확보 노력

### ① 전문 프로그램 개발 및 매뉴얼 제작

보호관찰소에서는 수강명령 제도가 도입된 이후 지속적인 양적 증가와 함께 집행의 전문성 향상을 위해 노력해 왔으며, 이에 따라 2007년 '수강명령 전문화 T/F'를 구성하여 소년 사범을 위한 프로그램 개발을 비롯하여 가정폭력치료, 약물치료 등 수강명령 분야별로 표준화된 프로그램 및 매뉴얼을 개발하였다. 이후 준법운전 프로그램, 아동학대 가해자 대상 프로그램, 성범죄자 수강명령 프로그램 등 2016년까지 총 12개의 수강명령 프로그램 및 매뉴얼을 제 · 개정하는 등 전문성 향상을 위한 노력을 지속해서 기울여 왔다.

### ② 직원 전문성 향상

이와 같이 각종 치료 프로그램 개발 등 수강명령 집행 여건의 전문화를 위한 노력과 함께 2005년 '수강 집행 지침' 개정을 통하여, 수강명령 집행에 필요한 지식 습득의 교육 기회를 수강 담당 직원에게 우선 부여토록 규정하고, 법무연수원 직무교육에 관련 '전문교육 훈련 과정'을 신설하는 등 수강 담당 직원들의 전문성 향상을 위한 노력도 지속해 오고 있다. 특히 2013년 광역수강센터가 신설된 이후 '사내 강사 양성 과정'을 확대하여 보호관찰소 내 수강 전문가를 지속해서 양산하고, 담당 직원의 직접집행 비율을 높이도록 노력하고

---

13) 서울동부, 서울남부, 안산보호관찰소의 경우, 2014년 이후 서울 · 수원 센터의 성폭력 수강 대상자 수 급증에 따른 집행 지연 문제 해소를 위해 2015년 이후 서울남부, 서울동부, 안산 총 3개 기관은 성폭력 프로그램에 한하여 직접 집행(고위험군 제외) 실시.

있다.

아울러 직원의 전문성 향상을 보완하는 방안으로 2006년부터 임상심리전문가, 정신보
건임상심리사, 정신보건사회복지사 등 일정 자격 및 집행 역량을 갖춘 전문가를 특별채
용, 2016년 현재 약 60여 명의 직원이 관련 업무에 배치되어 집행뿐만 아니라 사내 강사로
서 일반 수강 담당 직원에 대한 슈퍼비전, 각종 치료 프로그램 개발에 참여하는 등 수강 집
행의 전문성 확보 및 업무 능력의 상향평준화를 도모하고 있다(이언담 외, 2015).

## 3. 보호관찰대상자 상담기법[14]

### 1) 보호관찰관의 면담 자세

#### (1) 보호관찰관을 대하는 대상자의 마음

보호관찰대상자들은 자의에 의해서가 아니라 강제적으로 보호관찰을 받아야 하는 상황
이기 때문에 면담에 소극적이고 저항적인 태도를 보이기 마련이다.

이들은 사건 발생 후 짧게는 수개월에서 길게는 몇 년에 걸쳐 형사사법기관에서 '범죄
자', '가해자'로 다뤄지면서 부정적인 피드백을 받아 왔다. 자신에 대한 가족이나 지인들의
다양한 반응을 경험하면서 미안함, 걱정, 초조함, 서운함, 배신감, 분노감 등을 겪게 된다.
이 과정에서 개인이 가지고 있는 '범죄 행위를 저질렀다'는 부정적 결과가 부각되며, 대상
자들은 사건 이전보다 심리적으로 위축되고 주변 사람들의 부정적 시선에 예민해질 수밖
에 없다.

#### (2) 대상자를 바라보는 보호관찰관의 태도

보호관찰 제도는 재범방지와 지역사회안전이라는 목표를 가지고 있다. 이를 위해 대상
자들에게 법 집행관으로서의 엄중함과 더불어 이들이 '범죄 행위를 저지른 사람'에 대한
사회의 부정적 시선을 극복하고, 수치심에서 비롯되어 낮아진 자존감을 향상시킬 수 있도
록 다양한 심리·사회복지적 접근을 병행해야 한다.

유능한 보호관찰관은 법 집행관과 심리 및 사회복지 서비스 제공자의 역할을 유연하고

---

14) 이하 [법무부 범죄예방정책국(2016).] 참조.

균형 있게 수행할 수 있어야 한다. 또한 위험성욕구, 반응성 원칙(이하 RNR 원칙)을 염두에 두고 개별 대상자에게 적합한 처우계획을 수립하고 실천해 나가는 자세가 필요할 것이다. 'RNR 원칙'이란 재범 감소라는 개입의 효과를 얻으려면 재범 위험성, 범죄를 발생시키는 대상자의 욕구, 대상자의 개별적 특수성을 고려해야 한다는 교정처우의 원칙을 말한다. 이를 위해 적합한 평가도구들을 갖추고 규준에 맞게 측정할 수 있어야 하고, 재범방지를 위해 대상자 개인이 우선적으로 필요로 하는 요인들을 선별하여 개입해야 한다. 마지막으로, 대상자의 학력이나 이해도, 심리적 내성 능력 등을 고려하여 개입의 수준을 맞춘다면 보호관찰의 실효성을 높일 수 있을 것이다. 보호관찰관이 이와 같은 증거기반 실천기법을 통해 개입하려면, 대상자를 어떤 마음가짐, 태도로 대해야 하는지, 그리고 보호관찰 제도에 거부적이고 소극적인 태도를 보이는 그들에게 어떤 방식으로 접근해야 하는지에 대한 가치(역할)와 기술의 명료화가 필요하다.

### (3) 보호관찰관의 역할

#### ① 대상자 변화에 있어서 보호관찰관 역할의 중요성

과학적인 개입의 효과를 높이려면, 먼저 변화에 준비되어 있지 않은 대상자들에게 어떻게 접근해야 하는지에 대한 고민이 필요하다. 음주, 도박, 마약 혹은 반복되는 절도 등 문제 행동을 보이는 대상자들이 어떻게 하면 문제 행동을 중단하고 긍정적이고 발전적인 방향으로 삶을 꾸려 나갈 수 있을까에 관심을 집중하고 있다.

보호관찰관을 비롯하여 교정 분야 혹은 심리상담 분야에 종사하는 사람들은 대상자들이 변화하는 것이 그들이 받는 치료, 개입, 조치, 충고, 교육의 효과 때문이라고 믿는 경향이 있다. 그러나 이런 개입 없이도 사람들에게 긍정적인 변화가 일어날 수 있다. 전문가의 도움 없이 금연, 금주를 하는 것처럼 '자발적 회복'이 생길 수도 있다. 그렇지만 상담 등의 개입이 개인의 변화 속도를 촉진하는 것은 명백하며, 어떤 경우에는 한두 번의 간단한 개입만으로도 변화를 유발할 수 있다. 대상자 스스로가 더 많은 개입을 받길 원한다면 행동 변화도 더 많이 일어날 것이다. 그리고 대상자 스스로가 미래에 나타날 결과에 대해 느끼는 기대감과 판단이 실제 결과에 영향을 미친다(자기효능감: self efficacy). 이런 믿음과 희망은 대상자뿐 아니라 보호관찰관에도 적용된다. 대상자가 변할 수 있으리라는 믿음을 가지고 있으면 이 믿음이 자기충족적 예언(self fulfilling prophecy)이 될 수 있다. 이제 우리는 대상자의 변화를 유발하는 데 있어 대상자의 변인뿐 아니라 보호관찰관의 변인도 영향을 미친다는 점을 생각해 봐야 한다.

심리치료 장면에서 치료자의 특징은 성공적 치료 결과 사이에 유의한 상관이 있는 것으로 밝혀져 있다. 따라서 보호관찰관이 어떤 사람인가에 따라 나타나는 개입의 효과는 다양한 접근 방법 때문에 나타난 효과보다 크다고 볼 수 있다. 사람들이 다른 사람과 어떻게 상호작용할 것인가 하는 것이 어떤 학파의 이론을 가지고 접근할 것인가 하는 것만큼이나 중요하다.

### ② 보호관찰면담과 상담·심리치료 지식의 활용

보호관찰 상황은 상담이나 심리치료 장면과 사뭇 다르지만, 보호관찰 활동 자체가 보호관찰관과 대상자가 어떤 주제에 관련해서 면담을 통해 해결책을 찾아 나가는 과정이라는 점을 고려할 때 상담 및 심리치료 분야에서 몇 가지 필요한 지식을 활용할 수 있다.

Rogers는 상담 장면에서 상담자에게서 드러나는 세 가지 중요한 조건, 즉 '① 정확한 공감적 이해, ② 조건 없는 긍정적 관심, ③ 진실성'이 내담자의 변화가 일어날 수 있는 이상적인 분위기를 마련해 준다고 주장했다.

안전하고 지지하는 분위기에서 내담자는 자신의 문제를 공개적으로 탐색해 보고 문제의 해결점에 이를 수 있다. 관련 연구들에 따르면 정확한 공감적 이해가 특히 중요하다고 하는데, 정확한 공감적 이해란 상담자 자신의 문제를 내담자에게 부과시키지 않고 내담자가 하는 말을 잘 경청하고 기술적으로 반영하여 내담자가 자기 자신이 한 말의 의미를 분명하고 강하게 경험하도록 도와주는 것이다. 따라서 보호관찰관의 공감기술은 보호관찰에 대한 대상자의 반응을 결정하는 중요한 요인일 수 있다.

상담자와 내담자 간의 치료적 관계는 비교적 빨리 형성되고 안정되는 경향이 있으며, 상담 초기 몇 회기 동안의 치료적 관계가 어떠한가에 따라 상담의 지속 여부나 결과를 예측할 수 있다고 한다. 상담자가 보여 준 공감에 따라 프로그램의 효과를 예측할 수 있었으며, 내담자를 밀어붙이고 직면을 시키는 방법을 쓰는 상담에서는 내담자들의 중도 탈락 비율이 높았고 상담 효과도 좋지 않았다. 보호관찰 상황은 보호관찰관의 태도가 마음에 들지 않거나 비공감적 태도를 보인다고 해서 대상자가 임의로 상황을 종료할 수 있는 권한은 없지만, 출석에 소홀히 하거나 변화의 동기를 찾을 노력을 하지 않고 형식적으로 흐를수 있다.

### ③ 바람직한 보호관찰면담 방식

대부분의 보호관찰관은 저항적인 사람들이 변화할 확률이 낮다는 말에 동의할 것이다.

사실, 보호관찰면담을 받는 동안 변화에 반대되는 이야기를 하거나 논쟁을 많이 벌이는 대상자일수록 변할 확률은 낮다. 그런데 보호관찰관의 면담 스타일이 대상자의 변화대화나 저항에 상당히 많은 영향을 미친다. 지시적이고 직면을 시키는 방식으로 면담을 하면 대상자의 저항은 증가하지만, 반영적이고 지지하는 식으로 하면 대상자의 저항은 줄어들고 변화대화가 증가할 것이다. 상담 장면을 대상으로 한 연구에서 상담자들이 일부러 12분 간격마다 반영적·지지적 스타일과 지시적·직면적 스타일을 바꿔서 실시하였더니, 직면 스타일을 사용하는 동안 내담자의 저항이 올라가고 반영적 스타일로 바꾸면 저항이 떨어졌다.

　바람직한 보호관찰면담은, ① 강제적인 법 집행 상황에 놓인 대상자가 스스로 변화에 대한 동기를 강화하고 전념할 수 있도록 상호 협조적인(collaborative) 대화를 해야 하며, ② 대상자의 변화에 특별한 주의를 기울이는 대상자 중심(person-centered)의 면담 스타일로, ③ 수용적이고 긍정적인 분위기에서 대상자가 변화해야 하는 이유를 탐색하면서 목표를 향해 나아갈 수 있도록 변화 동기를 강화하는 방향으로 진행되어야 한다. 따라서 보호관찰관이 어떤 주제를 어떻게 이끌어 가는가가 중요한 것이 아니라, 대상자와 함께하는 방식이 중요하다.

## 2) 보호관찰 현장에서의 동기면담

### (1) 동기면담의 개요

　대상자의 지금 혹은 잠재된 문제들을 찾아내고 해결하도록 도와주는 면담이다. 대상자에게 변화를 강요하기보다 대상자 내면으로부터 변화를 끌어내려고 노력한다. 대상자가 행복하게 살고 싶다는 바람과 문제 행동의 결과에 따른 불일치감과, 변화를 하고 싶다는 바람과 변화하지 않으려는 양가감정을 해결해 나가는 것을 면담의 목표로 삼는다. 따라서 보호관찰관은 이런 목표를 이루기 위해 방향 지시적(directive)인 접근을 해야 한다.

　동기는 대상자의 성격적 특성(trait)이 아니라 변화를 위한 준비 상태이다. 즉, 동기는 상태(state)이고 시간에 따라 달라진다. 동기는 사람이나 상황에 영향을 받아 방향이 바뀔 수도 있다. 그런 맥락에서 볼 때 대상자의 변화에 대한 동기 부족이나 저항적인 태도는 그 사람이 타고난 특성이 아니라 보호관찰관의 개입에 따라 달라질 수 있는 것이다. 대상자가 문제 행동을 지속하고 변화할 의지가 없어 보이거나 보호관찰에 소극적 혹은 저항적인 태도를 보이는 현상에 대해 보호관찰관이 '논쟁하기'와 같은 공격적이고 직면적인 스타일로 접근하면 대상자는 개입의 변화를 거부하고 부정하는 반응을 보이게 되며, 결국 보호관찰관과 대상자 모두에게 부정적인 '자기충족적 예언'을 만들게 될 것이다.

### (2) 보호관찰 현장에서 동기면담의 적합성

동기면담은 특별한 기법이라기보다 보호관찰관이 대상자를 대하는 스타일이다. 보호관찰관이 어떤 기법을 활용하는지가 중요한 것이 아니라, 대상자와 어떤 관계를 맺고 어떤 사람으로 와닿는지가 중요하다. 보호관찰관들은 다음과 같은 내용을 바탕으로 면담을 진행해야 할 것이다.

보호관찰대상자들의 경우, 보호관찰관과 적절한 신뢰감 형성이 되지 못한다면 면담을 시작하도록 하기조차 어려운 경우가 많다. 잘 짜인 안내서가 있어도 보호관찰관이 대상자와 적절한 대화를 이끌어 가지 못한다면 보호관찰관과 대상자 모두 힘이 들고 결과에 대해 회의적인 태도를 가질 수 있다. 맥머랜과 워드(Mcmurran & Word, 2004)는 대상자들이 개입에 참여하고 몰입하도록 하려면 이들의 양가감정을 해소하여야 하며, 불일치감을 만들어 범죄 행동이 그들 각자의 삶의 목표를 설정하는 데 어떤 방해가 되는지 스스로 인식하도록 이끌어 주는 것이 효과적이라고 했다.

## 3) 동기면담의 원리 이해하기

동기면담이란, ① 한 개인이 자신의 동기를 강화하고 변화에 전념할 수 있도록 상호 협조적인(collaborative) 대화를 하는 형식을 말하며, ② 변화에 대한 양가감정이 있는 문제들을 표현할 때 변화대화에 특별한 주의를 기울이는 대상자 중심(person-centered)의 면담 스타일이고, ③ 수용적이고 동정적인 분위기에서 대상자가 변화해야 하는 이유를 찾아내고 탐색하면서 특별한 목표를 향해 나아가는 개인의 동기를 강화하도록 설계된 면담기법이다. 따라서 동기면담에서 중요한 것은 기법이 아니라 대상자와 함께하는 방식이다.

### (1) 동기면담의 기본 개념 살펴보기

#### ① 동기(motivation)

동기는 변화 퍼즐의 기초가 되며, 대상자의 변화 동기 수준이 변화 결과를 예측하는 좋은 지표가 된다. 그런데 이런 동기의 발생은 사람 간의 대화 스타일에 영향을 많이 받는 것으로 알려져 있다. 동기의 3가지 중요한 요소는, 첫째, 변화 의지(변화의 중요성), 둘째, 능력(변화에 대한 자신감), 셋째, 준비(중요성의 우선순위)가 있다.

변화 의지는 현 위치와 달성할 목적 사이의 부조화나 현재 생활과 자기의 가치관 사이의 부조화 정도와 관련이 있다. 이런 맥락에서 볼 때 대상자의 변화 동기가 낮으면 '저항한다' 혹은 '문제를 부인한다'고 볼 것이 아니라, 보이는 그대로 대상자가 변화 동기가 낮아서 그런 것으로 여기는 것이 바람직하다. 이 경우, 대상자의 부조화를 더 발전시켜서 변화의 중요성을 더 느끼도록 개입하면 된다.

어떤 대상자들은 변하고 싶지만 변할 수 있다는 자신감이 안 생겨서 변하지 못하기도 한다. 예를 들어, "가능하다면 그러고 싶다."라는 표현은 변화의 중요성은 인정하면서도 자신 없어 하는 마음이 섞여 있는 것으로 해석할 수 있다. 부조화가 충분히 커지고 변화가 중요하게 여겨지면 변화할 방법을 찾게 되며(일반적인 효능감), 자신이 해낼 수 있을 것이라는 자신감(자기효능감)을 가지면 행동으로 옮겨 변화를 추구하게 된다.

또 다른 경우는 변하고자 하는 의지도 있고 자신감도 있지만 변할 준비가 안 되어 있을 수도 있다. 예를 들어, "변하고 싶다. 그러나 지금은 아니다."라고 말할 수 있다. 보호관찰관이 보기에 중요하다고 생각하지만, 대상자는 그것보다 더 시급하게 다뤄야 할 이슈가 있을지도 모른다. 사람마다 중요성의 우선순위는 다를 수 있기 때문이다. 따라서 대상자가 이런 태도를 보일 때 병리적인 관점에서 보기보다, 변화를 위해 다음 단계에 무엇을 해야 하는지를 알 수 있는 정보를 제공하고 우선순위를 점검하는 기회를 가지는 것이 바람직하다.

## ② 양가감정: 변화에 대한 딜레마

변화에 대한 양가감정은 보편적으로 가지는 현상이며, 심리적 어려움이 있을 때 두드러지게 나타날 수 있다. 음주 문제, 상습 절도나 폭력 등과 같은 문제를 가진 대상자들은 자신의 행동이 가져올 위험, 대가, 손해를 알고 있으면서도 여러 가지 이유로 그 행동에 매료되고 매이게 된다.

이는 '접근회피갈등'으로 설명할 수 있다. '접근회피갈등'이란 같은 대상에 끌리기도 하고 벗어나고 싶기도 한 갈등 상황으로, 한 번은 빠져들고 다음번에는 그 행동에 저항하는 순환이 계속되는 경우를 말한다. 그런데 갈등 종류 중 최고의 갈등은 '이중접근회피갈등'이다. 두 가지 대안 사이에서 고민하는데, 각각의 대안에서 접근회피갈등이 존재하는 경우이다. 예를 들어, 음주 문제가 있는 대상자는 '음주를 계속하고 싶다.', '금주하고 싶다.'의 두 가지 대안을 가질 수 있다. '음주를 계속하고 싶다.'의 대안에 대해 이득(예: 기분이 편안해진다, 친구와 함께 하는 즐거움)과 손실(예: 건강에 해롭다, 돈이 많이 든다, 가정불화)이 있을 것이고, '금주하고 싶다'의 대안에 대해서도 이득(예: 가족 갈등이 적어진다, 건강에 좋다.)과 손실(예: 스트레스를 풀 길이 없다, 술 마실 때의 즐거움이 없어진다.)이 있다.

우리는 어떤 행동을 못 하도록 예방하기 위해 부정적인 결과를 증가시키는 전략을 쓰는 경우가 종종 있다. 잘못된 행동에 대해 가혹한 처벌, 지시, 설득과 같은 개입을 하면 그에 대해 끌리는 마음이 줄어들 것이라고 예상하지만, 오히려 행동 양상이 더 강화되고 견고해지는 역설적인 반응이 나타나기도 한다. 심리적 반작용 이론(psychological reactance theory)에 의하면, 만약 어떤 사람이 자신의 개인 자유가 침해되고 도전받는다고 느낀다면 그 사람이 '문제' 행동을 일으킬 비율이나 바로 그 문제 행동에 대해 느끼는 매력이 향상하게 된다고 한다. 따라서 보호관찰관은 대상자가 왜 동기화되지 않는지에 초점을 맞출 것이 아니라, 무엇 때문에 동기화되는지에 초점을 맞추는 것이 현명하다. 즉, 그 사람이 무엇을 원하는지 탐색하는 것에서부터 개입이 시작되어야 할 것이다.

### ③ 교정반사

사람들은 무언가 일이 잘못되어 가는 것을 보게 되면 그것을 올바르게 고치려고 하는 경향이 있는데, 이를 '교정반사'라고 한다. 특히 도움을 주고 치료하고 가르치는 일을 하는 사람들은 이런 경향이 더 있을 수 있다. 하지만 보호관찰관의 교정반사는 면담 진행에 전혀 도움이 되지 않는다. 교정반사를 가진 사람(A)이 양가감정을 가진 대상자(B)를 만났을 때, B가 A에게 양가감정의 딜레마에 대해 얘기하면 A는 B가 취해야 할 올바른 행동이라고 생각해 낸 것을 해결책으로 B에게 조언하고 가르치고 설득하고 상담하거나 논쟁을 하게 된다. B는 양가감정의 자연스러운 반응으로 A가 제안하는 해결책에 반대의견을 내거나 제안된 해결책의 문제점이나 단점을 지적하는 반응을 보일 것이고, A는 더 강력하게 밀어붙이려고 논쟁하게 되는 악순환이 반복될 것이다.

따라서 대상자의 잘못된 행동에 대해 이를 즉시 반사적으로 바르게 고치고자 하는 마음을 억제하는 것이 중요하다. 빙판길에서 운전할 때 차의 바퀴가 오른쪽으로 미끄러지기 시작하면 사람들은 차의 방향을 바로잡기 위해서 자연스럽게 핸들을 왼쪽으로 돌리는 경향이 있는데, 그러면 차는 더 오른쪽으로 미끄러지게 된다. 차가 미끄러질 때 미끄러지는 방향으로 핸들을 돌려야 하는 원리처럼, 대상자가 양가감정을 보일 때 그들의 입장에 서서 변화에 대한 동기를 찾아갈 수 있도록 도와주는 것이 바람직한 개입 태도이다.

## (2) 동기면담의 원리

### ① 교정반사에 저항하기(Resist: R)

교정반사란 앞서 설명한 것처럼 면담에서 흔히 나타나는 것으로, 대상자의 삶 속에서 나타나는 문제를 적극적으로 고쳐 주고자 하는 경향성을 말한다. 이런 경향성이 강해질수록 대상자의 변화 가능성이 줄어든다. 이 원리의 목표는 보호관찰관이 자신이 지닌 경향성을 항상 의식하면서 그것 때문에 생길 수 있는 문제를 미리 방지하는 것이다. 여러 연구를 통해 밝혀진 대상자의 저항을 증가시키는 보호관찰관의 행동들에는, ㉠ 대상자가 문제를 가지고 있다는 것을 설득시키기, ㉡ 변화의 이점을 주장하기, ㉢ 대상자에게 변화의 방법을 말해 주기, ㉣ 변화하지 않았을 때의 결과에 대해 경고하기 등이 있다. 따라서 보호관찰관은 대상자의 저항에 직접 맞서지 않으면서 저항을 최소화하는 방식으로 면담을 진행해야 한다.

### ② 대상자의 동기 이해하기(Understand: U)

동기면담은 기본적으로 동기가 대상자로부터 비롯된다고 믿는다. 보호관찰관은 대상자가 바라는 목표와 그의 현재 행동이 그 목표에 미치고 있는 악영향 사이에서 나타나는 불일치를 느낄 수 있도록 이끌어 가야 한다. 이를 위해서 대상자의 말을 경청하면서 그의 목표나 가치관 그리고 그가 가진 욕구가 무엇이고 그것들이 어떻게 서로 연관되어 현재 상황에 나타나고 있는지 적극적으로 탐색하는 작업이 필요하다. 동기면담은 궁극적으로 대상자 스스로 변화가 왜, 그리고 어떻게 일어나야 하는지를 말할 수 있는 환경을 조성해 주는 것이다.

### ③ 경청하기(Listen: L)

경청하기는 매우 당연해 보이지만, 보호관찰 현장에서는 여러 가지 업무 때문에 이 기초적인 과정이 방해되는 경우가 빈번하다. 비자발적으로 보호관찰소에 온 대상자들이지만 그들의 삶에 변화를 일으키는 책임은 그들 자신에게 있다. 이 과정에 보호관찰관이 그들을 도울 방법은 그들이 안심하고 자신의 갈등을 분석하며 문제에 직면할 수 있도록 환경을 만들어 주는 것이다. 보호관찰관은 그들에게 공감하고 표현함으로써 이런 환경을 만들 수 있으며, 그 바탕에 경청이 있다.

대상자 중심의 공감적 접근은 동기면담의 '기초적이고 본질적인 특징'이다. 대상자의 관점으로 세상을 바라보고 진실하게 "당신의 말은 충분히 일리가 있습니다. 당신이 왜 그렇

게 생각하는지 알 수 있겠어요."라고 말할 수 있는지 보호관찰관 스스로 자문해 볼 필요가
있다.

#### ④ 대상자의 역량 강화하기(Empower: E)

대상자들이 변화하려면 그들 자신이 변화 과정에 적극적으로 참여하는 것이 필수 요건
이다. 동시에 보호관찰관은 대상자가 가지고 있는 자신감과 해결책에 대한 계획, 마음만
먹으면 얼마든지 스스로 변화를 시작할 수 있다는 신념을 지지해야 해야 한다. 대상자가
'나는 할 수 있어.'라는 믿음에서 나오는 능력을 '자기효능감(self-efficacy)'이라고 하는데,
만약 대상자에게 이런 믿음이 없으면 변화할 수 없다고 믿고 자신의 문제에 대해 방어적인
태도를 취하게 된다.

보호관찰대상자들은 자기주도적 변화에 실패한 사람들로 볼 수 있다. 그리고 형사처벌
을 받으면서 어느 정도 사기가 떨어져 있는 상태이다. 그래서 보호관찰관 스스로가 '대상
자가 변화할 수 있다는 희망'을 가져야 한다. 그래야만 자기충족적 예언의 긍정적 효과를
기대할 수 있다. 대상자의 변화를 촉진 혹은 방해하는 데 있어 보호관찰관의 신념과 기대
가 얼마나 중요한지, 그리고 보호관찰관이 인지하지 못하는 중에도 이런 요소들이 대상자
에게 어떻게 전달되는지는 많은 연구 결과에서 밝혀진 바 있다.

이는 보호관찰관이 단순히 대상자의 말에 동의해야 한다는 의미가 아니다. 그리고 보호
관찰관은 반드시 대상자의 의견에 동의할 필요가 없다. 대신 그(그녀)와 논쟁하지 않고 보
호관찰관의 생각이나 관점을 이야기할 수 있어야 한다. 그리고 이런 생각이나 관점이 자
신에게 적절한지, 어떻게 활용할 것인지는 대상자의 선택에 달려 있다. 왜냐하면 대상자
들은 자신을 그 누구보다 잘 알고 있으며, 보호관찰관은 그들이 해결책을 만드는 데 필요
한 생각이나 정보를 제공해 주는 것뿐이기 때문이다.

### 4) 보호관찰 동기면담 진행 과정

보호관찰관은 신고 접수를 하러 온 대상자와 처음 만난다. 그(그녀)에게 어떻게 첫인사
를 할 것이며 어떻게 말을 이어 나갈 것인지, 처우계획을 수립하기 위한 정보들을 얻기 위
해 어떻게 면담해야 할지 고민해 본 적이 있을 것이다. 반대로 대상자의 처지에서 본다면,
그(그녀) 역시 신고 접수를 위해 처음 보호관찰소를 방문하였을 때 담당자에게 어떤 태도
를 보여야 할지, 무슨 말을 해야 할지, 담당자가 나에게 어떤 질문을 할지 긴장되고 불안한

마음을 품고 있을 것이다. 이런 마음을 가진 대상자에게 형식적이고 강압적인 어투로 보호관찰 기간 중 준수해야 할 사항들만 사무적으로 지시한다면, 앞으로의 보호관찰 기간 동안 대상자와 의미 있는 변화를 찾아가기가 어려워진다. 보호관찰관은 대상자가 문제 행동을 통제하고 친사회적인 생활에 대한 동기를 강화하며 실천 계획을 세우고 적용할 수 있도록 개입해야 하는 직업적 역할이 있다.

### (1) 동기면담 1단계: 관여하기

#### ① 관여하기의 기본정신

관여하기는 보호관찰관이 수용, 연민, 공감 등 동기면담의 정신을 대상자에게 전달할 때 가능하다. 이 단계는 안정감을 느낄 수 있는 분위기에서 보호관찰관이 긍정적 관점을 가지고 면담을 시도하면서 대상자와의 관계 형성에 중점을 두는 시점이다.

관여하기가 잘 되었는지 확인할 수 있는 요건들은 다음과 같다. '대상자가 보호관찰관과 얘기하는 데 얼마나 편안해 보이는가?', '보호관찰관은 대상자의 관점과 걱정거리들을 이해하고 있는가?', '보호관찰관은 대상자와의 대화에서 얼마나 편안함을 느끼는가?', '보호관찰관과 대상자는 상호 협조적인 동업자(collaborative partnership) 같다는 느낌을 가질 수 있는가?'

보호관찰대상자의 내면에는 수치심(shame)이 있으며, 자신을 보호하기 위해 저항이나 변화에 대한 양가감정을 보이게 된다. 보호관찰관이 이런 맥락을 이해한다면, 대상자들의 자기보호 기제(거부적·수동적 태도 등)에 대해 화를 내고 통제하려고 하기보다 연민을 보여야 한다. 대상자의 수치심에 대해 다루려면 '용기, 연민, (대상자와의) 연결성'이 필요하다.

#### ② 초기면담과 보호관찰관의 관여하기

관여하기는 대상자와 첫 번째 면담을 시작할 때부터 시작된다. 첫 회기는 앞으로의 면담 분위기나 면담에 대한 기대감을 결정하므로 매우 중요하며, 보호관찰관과 대상자의 라포 형성은 향후 면담 지속 여부에 유의미한 영향을 미친다.

보호관찰관은 대상자를 범죄자가 아닌 한 인간으로 존중하고 관심을 기울이는 태도를 보여야 하며, 대상자가 자신의 강점을 발견하고 활용할 수 있도록 도우며, 문제 행동 개선과 보호관찰처우계획에 대상자가 적극적으로 참여하도록 유도해야 한다. 그리고 면담 과정에서 대상자에게 필요하다고 판단되는 것보다 대상자가 원하는 것에 초점을 맞춰 관여해야 한다.

보호관찰소에 처음 출석하는 대상자는 상당한 심리적 부담감을 느끼고 대부분 방어적인 태도를 보이므로, 시선을 맞추고 밝은 표정으로 인사한 뒤 자리에 앉도록 안내한다. 보호관찰관은 따뜻한 마음을 갖고 조건 없이 긍정적으로 대하며, 대상자를 판단하지 말고 그대로 이해하려고 노력하며, 개방적이고 정직하게 하여 라포를 형성한다. 대상자가 말할 때는 끼어들거나 해결책을 제시하지 않고 경청하는 태도를 보이는 것이 무엇보다 중요하다.

초기면담에서는 보호관찰 전반에 걸친 주요 사항을 간결하게 구조화해야 한다. 보호관찰의 취지와 목적을 설명하고 대상자의 준수 사항과 의무, 법적 지위에 대해 명확하고 충분한 설명하여 대상자가 준수 사항을 이행하고 자발적인 개선 노력을 할 수 있도록 해야 한다. 소년의 경우, 보호자에게 보호자 역할의 중요성을 설명하고 향후 보호관찰관과 유대를 통하여 대상자를 지도 · 감독한다는 점을 주지시키고 대상자가 준수 사항을 지킬 수 있도록 조력해야 한다는 법적 의무가 있음을 이해시킨다. 보호관찰관은 원조가/조력가인 동시에 감시자/통제권자이다. 이런 이중적 지위는 육아나 자녀교육의 입장과 유사하다고 볼 수 있다.

대상자는 신고 의무, 준수 사항 이행 의무, 보호관찰관의 지도 · 감독에 따를 의무, 기타 법적 의무가 있으며, 정해진 일시에 출석해야 하고, 신체적 위협, 욕설, 무단퇴실 등 문제가 되는 행동의 결과에 대해 스스로 책임져야 한다는 점의 의무 사항을 확인하고, 보호관찰관이 재범예방을 위한 지도 · 감독을 수행한다는 사항을 고지한다.

의무 사항 이외에도 면담 전반에 걸친 주요 사항을 간결하게 구조화하여 전달하는 것이 바람직하다. 즉, 면담 시간, 보호관찰관의 역할과 목표, 대상자의 역할, 반드시 알아 두어야 할 세부 사항 등을 명료화한다.

### (2) 동기면담의 2단계: 초점 맞추기

이 단계는 대상자가 변화를 기대하는 주제를 탐색하고, 앞으로 관여할 변화 주제를 결정하는 단계이다. 대상자가 면담에서 다룰 주제에 관해 얘기하는 게 가장 바람직하겠지만, 대상자가 무엇을 목표로 삼아야 할지 어려워하는 일도 있고, 두 개 이상의 주제를 언급하면서 우선순위를 매기는 데 어려워할 수도 있다. 보호관찰관은 대화를 통해 대상자와 함께 방향을 설정하여 처우계획을 설정하도록 노력해야 하며, 대상자의 변화 동기를 꾸준히 강화하는 동기면담을 실시해야 한다.

초기 2~3회의 면담을 통해 대상자와 협동하여 면담의 목표를 설정하고, 이후의 면담은 설정한 목표와 관련된 대상자의 부정적 감정, 문제 해결 능력 등을 파악하고 지도·감독 설명서 등을 활용하여 바람직한 대처기술 등을 획득해 나가는 방향으로 전개되는 것이 바람직하다. 이처럼 면담을 구조화하면 도돌이표 형식의 면담에서 탈피할 수 있을 것이다.

면담 시작 전후에 준수 사항 이행 여부 등을 점검하고, 면담 시간에는 설정한 목표와 관련된 일상생활의 어려움, 해결 방안 등에 대해 탐색해 나가야 한다. 면담에서 다루는 세부 주제들은 목표와 연관되었지만 회기마다 다를 수 있으며, 문제에 대해 대상자가 직접적으로 말하도록 유도해야 한다.

담당자는 대상자의 얘기를 경청하면서 한 상담 회기의 초점이 될 1~2개의 주제를 규명하고 이 주제에 초점을 맞춰야 한다. 대상자가 시간이 충분하지 않다거나 너무 많은 이슈가 있다거나 혹은 한 가지 이슈를 고르지 못하면, 현재 가장 시급하다고 생각되는 주제를 선정하도록 이끌어야 한다. 대상자가 새로운 주제를 거론한다면 새로운 주제도 중요하며 기존 안건과 다른 안건이라는 점을 지적할 수 있다. 대상자에게 안건을 바꾸기 원하는지를 물어볼 수 있으며, 한 주제에 집중하는 것이 주어진 시간 내에 적절한 결과를 얻는 데 더 도움이 된다는 점을 상기시켜 준다.

안건을 정하기 위해 소도구를 사용하는 것도 가능하다. 여가 시간 관리, 직업 구하기, 돈, 가족, 주거 환경, 약물 사용 등과 같은 주제를 적은 워크시트를 활용하여 대상자가 써 넣을 수 있도록 빈칸도 만든다. 대상자가 "별로 할 얘기가 없어요.", "특별한 게 없어요."라는 태도를 보인다면, 대상자의 일상이 어떠한지 묘사하도록 요청한다. 이때 보호관찰관은 호기심 어린 태도를 보이면서 경청하는 자세를 보여야 하며, 상세히 구체적으로 물어보는 것이 좋다.

### (3) 동기면담 3단계: 동기 유발하기

이 단계는 대상자의 변화대화를 끌어내고 불일치감을 발전시키는 과정이다. 대상자가 변화에 대해 양가감정(ambivalence)을 느끼는 것은 정상적인 반응이다. 예를 들어, 흡연자인 A 씨는 담배를 피우는 것이 자신의 건강에 해를 끼치며 직장이나 학교생활에도 영향을 미치고 있다는 점을 알고 있음에도, 한편으로는 담배를 끊게 되면 더 불안해질 것 같고 담배를 피우는 동료나 친구들과의 관계가 멀어질 것이라는 걱정을 할 수 있다. 대상자가 친범죄적인 행동을 그만두고 싶다는 동기가 있으면서, 동시에 그만두면 금전적인 어려움이나 대인 관계에 어려움이 올 수 있을 것이라는 염려를 할 수 있을 것이다.

대상자의 변화 동기를 끌어내는 과정에서는 대상자와 긍정적 관계 형성을 지속해서 유지하는 것이 필수적이다. 그리고 대상자가 자신이 변화해야 한다는 필요성과 중요성을 인식할 수 있어야 한다. 이때 보호관찰관은 대상자의 변화 동기를 높이도록 격려해야 하는데, 대상자의 변화 준비도와 보폭을 맞추는 것이 중요하다. 대상자 스스로가 변화 행동을 어떻게, 어디서, 무엇을 누구와 할 것인지 자발적으로 진술할 수 있도록 유도해야 한다.

대상자들은 변화에 대한 양가감정이 있어서 전진과 후퇴를 반복하는 모습을 흔히 보일 수 있다. 만일 대상자가 과거의 익숙하지만 문제를 초래할 수 있는 상황을 선택하는 양상을 보였다면, 보호관찰관은 이에 대해 '염려'의 표현을 해야 한다. 이때 표현의 전달 방식이 매우 중요한데, 대상자의 선택이 잘못되었다고 비난하거나 '올바른 행동을 해야 한다'고 지시하는 것이 아니라, 다른 유리한 점이나 견해를 제시한 후 대상자 스스로 고민하고 바람직한 방향의 선택을 할 수 있도록 유도하는 것이 바람직하다.

### (4) 동기면담 4단계: 계획 세우기

계획 세우기는 보호관찰관이 대상자와 충분한 관계를 형성하였고, 함께 설정한 변화 행동 목표가 명백하며 대상자의 변화 동기도 아주 높아서 구체적인 행동을 바로 실천할 만한 변화 준비도가 보일 때 실행해야 한다. 보호관찰관은 대상자가 활용할 수 있는 다양하고 유용한 사회적 자원이나 활용 가능한 정보들을 적절하게 제공하는 것이 매우 유용하다. 이때 유념할 점은 다양한 자원의 활용이나 대안에 대해 최종적으로 선택을 하는 것은 대상자라는 점이다. 즉, 대상자 개인의 선택과 통제력을 강화해야 하며, 칭찬, 격려, 인정하기를 충분히 하여 면담 회기를 마친 후 바로 실천할 수 있도록 도와야 한다. 이런 의미에서 보호관찰관이 개시 이후 설정하는 처우계획은 다르다. 면담을 통해 대상자가 변화해야 하는 목표를 설정하고 행동 계약을 수립하는 과정으로 볼 수 있다.

보호관찰 현장에서 동기면담 4단계까지 진행하기가 수월치 않을 것이다. 보호관찰관과 대상자의 역량, 업무량, 인사이동 등의 내·외부적 요인들이 있기 때문이다. 그러나 보호관찰관은 동기면담이 관여하기, 초점 맞추기, 이끌어 내기, 계획 세우기의 단계로 발전해 나가는 과정을 이해하고 있어야 할 것이며, 무엇보다 대상자에게 초점을 맞추고 경청하고 반영해 주는 자세가 동기면담의 근본임을 잊지 말아야 할 것이다.

## 5) 동기면담 핵심기술: OARS

### (1) 동기면담을 위한 OARS

사람들은 무언가 일이 잘못되어 가는 것을 보게 되면 그것을 올바르게 고치려고 하는 경향이 있으며, 특히 도움을 주고 치료하고 가르치는 일을 하는 사람들은 이런 경향이 더 있을 수 있다. 보호관찰관도 예외가 될 수 없을 것이다. 대상자들을 올바른 길로 안내해야 한다는 직업적인 의무감 때문에 이들에게 교훈이나 설교를 늘어놓거나 지시적인 태도를 보이기 쉽다.

보호관찰관들은 면담 장면에서 교정반사를 억제하는 것이 중요하다. 앞서 말했던 것처럼, 빙판길에서 운전할 때 차의 바퀴가 오른쪽으로 미끄러지기 시작하면 사람들은 차의 방향을 바로 잡기 위해서 자연스럽게 핸들을 왼쪽으로 돌리는 경향이 있는데, 그러면 차는 더 오른쪽으로 미끄러지게 된다. 차가 미끄러질 때 미끄러지는 방향으로 핸들을 돌려야 하는 원리처럼, 대상자가 거부적인 태도를 보일 때 그들의 입장에 서서 변화에 대한 동기를 찾아갈 수 있도록 도와주는 것이 바람직할 것이다.

### (2) 열린 질문하기(Open-ended questions)

열린 질문하기는 대상자의 생각과 의견을 이해하고 주어진 주제나 상황에 대해 그들의 느낌을 이끌어 내는 데 유용하다. 면담을 진행할 때 짧은 대답이라 하더라도 대상자로부터 정보를 얻을 수 있는 질문들은 필수적인데, 열린 질문은 정보 수집에 매우 유용하며 핵심적인 기법이다. 열린 질문이란 대상자에게 "예.", "아니요." 또는 "지난 주에 세 번"과 같은 짧은 대답에만 그치지 않고 그 이상의 이야기를 하도록 질문하는 것이다.

닫힌 질문은, ① 짧은 대답을 유발하고("지난주에 술을 마신 적이 있습니까?"), ② 특별한 정보에 대해 질문하거나("주소가 어떻게 됩니까?"), ③ 몇 가지의 경우에서 선택하도록 하는 질문("당신의 계획은 술을 끊는 건가요, 음주량을 줄이는 건가요, 아니면 계속 술을 마시는 건가요?")으로, 대상자의 대답 선택권을 제한할 뿐 아니라 대상자가 아니라 보호관찰관이 대화를 통제하게 만든다. 반면, 열린 질문은 대상자가 대화를 어디서 시작할지 결정할 수 있게 하고, 대화에서 말하는 빈도를 증가시키며, 예상하지 못한 정보를 끌어낼 수 있다.

열린 질문은 대상자가 자신의 문제 영역을 탐색할 수 있도록 비판단적인 대화 분위기를 조성해 주기 때문에 대상자가 자신에게 중요한 것이 무엇인지를 자유롭게 말할 수 있도록 충분한 심리적 공간을 만들어 준다. 비자발적인 대상자들이 자신의 근심을 탐색하는 시간을 가지는 것은 면담에 대한 동기를 부여하는 데 매우 중요하다. 열린 질문을 활용하면 대상자가 주로 말을 하고 담당자는 주의 깊게 들으며 용기를 북돋우는 표현을 하는 이상적인 면담 진행이 가능하다. 닫힌 질문을 반드시 사용하지 말아야 한다는 것은 아니지만, 가능하면 열린 질문을 통해 대상자의 진술을 끌어내는 것이 중요하다.

### (3) 인정하기(Affirmation)

소년보호관찰대상자들은 학교, 가정, 교우 관계에서의 거절이나 실패 경험 때문에 사기가 저하되어 있는 경우가 많다. 성인들도 지금껏 큰 일탈 없이 살아왔다 하더라도 보호관찰을 받게 된 사건으로 형사처벌을 받는 과정에서 수치심을 비롯한 상당한 부정적 감정들을 경험했을 것이다. 그런 상태에 있는 대상자들에게 "올바르게 생활하세요.", "변화해야 합니다."라고 설교하는 것은 전혀 동기를 부여하지 못한다. 보호관찰관의 역할은 대상자가 실제로 변화할 수 있다는 희망과 믿음을 가질 수 있도록 돕는 것이다.

인정하기는 대상자의 긍정적 활동이나 가치를 긍정해 주는 진술이다. 이를 통해 대상자가 자신의 강점과 자원에 주목할 수 있도록 전략적으로 계획된 기법이다. 인정하기는 대상자에 대한 명확하고 진술한 이해와 그의 가치를 인정하는 단어들로 구성된다. 특별한 문장 구조로 표현되는 것은 아니지만, 긍정적인 방향으로 진술을 해 줘야 한다. 다시 말하면, 어떤 것의 결핍이 아닌 긍정적인 부분에 초점을 맞춰야 한다.

대상자들은 평가받거나 무시당한다고 느끼면 부정적으로 반응하게 되기 때문에 인정하기기법을 사용하기는 결코 쉽지 않다. '칭찬'이나 '동의하기'는 평가적인 판단이 내재되 있어서 인정하기라고 할 수 없다. 인정하기를 제대로 활용하려면 칭찬이나 '나' 진술문보다 '당신은……'이라는 진술로 시작하는 것이 좋다. 그리고 과장되거나 억지로 하는 인정은 오히려 역효과를 낼 수 있으며, 여전히 문제로 인해 힘들어하는 사람에게 때 이른 인정하기도 삼가야 한다. 대상자들은 보호관찰관의 진정성을 본능적으로 알아차릴 것이다.

그렇다면 '인정하기'를 어떤 경우에 활용하면 좋을까? 대상자가 과거 실패했던 경험을 포함한 이전 경험의 탐색은 자신이 예전에 성취했던 경험에 다시 주목할 기회를 제공해 줄 수 있다. 대상자가 여러 번 부정적 실패 경험을 했다는 것은 그(그녀)가 실패에도 불구하고 계속 도전했다는 것을 의미하고, 이때 드러난 대상자의 강점을 인정해 주는 것이 바람직하다.

대상자의 부정적이거나 저항적인 행동도 이와 같은 재구성 과정을 거치면 보호관찰관으로부터 인정받을 수 있는 행동이 된다. 예를 들어, 대상자가 보호관찰에 대해 거부적이고 저항적인 행동을 보일 때 "보호관찰에 대해 부정적 생각이 강하지만 오늘 여기 출석하는 큰 결심을 하셨네요."라고 인정하기를 활용할 수 있다.

### (4) 반응적 경청하기

#### ① '반영'의 뜻

반영은 대상자의 변화 동기를 촉진하는 면담에서 토대가 되는 중요한 기술이다. 보호관찰관이 대상자에 대한 자신의 관심, 공감 및 이해를 표현할 수 있는 기제가 되기도 한다. 반영의 핵심은 대상자가 말하고 있거나 생각하고 있는 것에 대한 추정이다. 반영은 대상자의 말에 동의한다는 표현이 아니다. 오히려 보호관찰관이 대상자가 하는 말을 잘 듣고 있다는 사실을 말해 주는 것이며, 대상자 자신이 이제까지 하고 있던 말을 들어 보도록 도와주는 것이다. 반영은 대상자가 한 말을 반복하거나 다시 풀어서 말해 주고, 감정을 요약해 주거나 혼란한 감정을 지적해 주는 것이다. 더 발전된 반영기법은 대상자가 말한 일부분을 강조하거나 두 진술 사이의 연결성을 지적해 주면서 대화를 이끌어 나가는 것이다.

보호관찰관은 반영을 통해 대상자에 대한 수용을 표현할 수 있고 부드럽게 도전할 수 있다. 또는 대상자에게 문제가 되는 진술을 대상자로 하여금 더 깊이 탐색하게 하거나 그런 진술로부터 초점을 이동할 수 있도록 촉진할 수 있다. 대상자는 자신에 관한 한 우리가 알고자 하는 것보다 더 많은 것을 알고 있다. 이런 맥락에서 반영에는 대상자가 말하는 내용에 대한 관심과 그의 지혜에 대한 존중이 포함되어 있다.

반영은 얼핏 보면 쉬워 보이지만 고된 훈련과 기술이 필요한 분야이다. 만약 이 기술을 제대로 습득하지 못한다면 양질의 보호관찰면담을 진행하기 어렵게 될 것이다. 반영하기를 기계적으로 사용하는 것은 조심해야 하며, 반영의 깊이를 변화시켜 면담의 친밀 수준을 증가시키거나 정서적인 상호작용 분위기를 촉진할 수 있다.

#### ② 반영과 경청

반영의 기본 출발점은 '적극적 경청(Active listening)'이다. '경청'이란 화자가 전달하려는 의미가 무엇인지 이해하기 위해 모든 관심을 집중시키는 것이다. 보호관찰관은 대상자가 지금 여기서(here and now) 무엇을 경험하고 있는지 파악해야 하며, 대상자가 말로 표현하지 않는 것도 들을 수 있어야 한다. 즉, 수동적으로 듣는 것이 아니라 주의를 기울여 상대방이 표현한 말과 내면에 있는 의미를 들어야 한다. 그리고 대상자가 말한 내용과 내면의 말을 반영해 주고, 판단과 충고를 하지 말아야 한다.

경청을 할 때는 모든 관심을 대상자에게 맞춰야 하며(Undivided Attention), '부드러운' 눈('soft' eye), '따뜻한' 귀('warm' ears), 그리고 '열린' 마음('open' heart)으로 들어야 한다. 그것이 바로 수용적인 태도이며(Acceptance), 질문을 삼가고 조용히 들어야 한다(Silence).

| | | |
|---|---|---|
| ear | 聽 | YOU<br>EYES<br>UNDIVIDED<br>ATTENTION<br>HEART |

**[그림 6-2] 한자에 내포된 경청의 의미**

적극적 경청을 기반으로 한 반영하기는 공감을 표현하는 효과적인 방법이며, 대상자와 라포를 형성하는 데 있어 중요한 기술이다. 대상자와 진정한 대화에 관여할 수 있도록 해주며, 신뢰, 대인 관계, 변화에 대한 열망을 불러일으킬 수 있다. 무엇보다 정확한 공감적 반영을 사용하는 것이 중요하다. 공감하기의 원칙은, ㉠ 대상자가 무엇을 말하는지 듣고, ㉡ 그 말이 의미하는 바를 추측하고, ㉢ 대상자에게 추측한 것을 돌려주는 것이다.

### ③ 반영의 진행 방식과 유형

반영을 할 때는 다음에 제시된 방식대로 진행하는 것이 좋다. 반영에는 단순반영(대상자가 말한 내용을 반복하기, 바꾸어 말하기), 과장하기(개념이나 생각의 강도를 높이기), 복합반영(대상자가 말로 표현하지 않았지만 내포하고 있는 의미를 검증하기), 감정반영(미친, 슬픈, 우울한, 외로운, 두려운, 부끄러운 등과 같은 대화에서 드러나는 정서적 양상을 반영하기) 등이 있다. 몇 가지 반영 유형들을 살펴보자.

#### ㉠ 단순반영과 복합반영

단순반영은 대상자가 진술한 내용과 가장 가깝게 반영하는 것으로, 매우 중요하거나 강렬한 정서에 주의를 기울이지만 진술문에 있는 대상자의 원래 의도를 넘어서지 않는 수준에서 이뤄진다. 반면, 복합반영은 대상자의 정서를 포함하기도 하지만 부가적인 깊이, 진전, 방향성을 담고 있어야 한다. 대상자가 미처 생각지 못했던 모순되는 요소들, 대상자가 언급했던 내용에서 보호관찰관이 찾아낸 상호 모순되는 내용을 서로 대비시켜 제시함으로써 자신을 이해할 수 있도록 도울 수 있다.

#### ㉡ 과장반영(확대반영)과 과소반영

과장반영은 대상자가 어떤 입장에서 물러서게 만들 수 있다. 대상자가 단호한 주장을 할 때 그 주장의 저항적이거나 단호한 부분을 부드러우면서 진정성 있는 태도로 다소 과장하여 강조하는 기법이다. 과소반영은 대상자가 표현하는 진술의 강도보다 약간 낮은 강도로 그의 진술을 강조함으로써, 대상자가 진술을 계속하게 하면서 더 깊게 진행되도록 만드는 효과가 있다.

#### ㉢ 양면반영

대상자의 진술에 담겨 있는 양가감정을 부각시키는 반영기법으로, "한편으로는 당신이 ……을 느끼고 있고 또 다른 한편으로는 ……"과 같은 진술로 표현할 수 있다. 이때 현 상태 유지의 장점을 먼저 말하게 한 후 변화의 장점을 얘기하는 게 좋다.

#### ㉣ 은유(metaphor)

은유는 더 복잡한 반영의 형태로, 대상자가 언급했던 내용보다 훨씬 앞서가지만 여전히 그 본질을 담고 있어야 한다. 은유는 새로운 자료들을 통합시키는 데 필요한 조직화 도식을 제공함으로써 대상자가 자신의 상황을 새로운 방식으로 이해할 수 있도록 도와준다.

### (5) 요약하기(Summarize)

#### ① 요약하기의 의의

대상자가 언급했던 내용을 단순히 반복해서 말해 주는 것을 넘어서서 그 진술 속에 함축된 요소들을 보호관찰관이 명확히 표현해 줌으로써 대상자가 더 깊은 자기이해를 하도록 돕는 것이 반영이라면, 요약하기는 대상자의 경험을 조직화해 주는 것이다. 요약하기는 어찌 보면 반영적 경청의 좋은 응용 방법으로 볼 수 있다. 왜냐하면 요약하기는 대상자가 이미 언급된 것들을 강조하며 보호관찰관이 주의 깊게 경청해 왔음을 보여 주고, 대상자가 더 잘 이해하도록 도와주기 때문이다.

요약하기는 대상자의 문제 행동에 대한 긍정 혹은 부정적 감정을 연결해 줌으로써 대상자가 양가감정을 인식하도록 촉진시키고 연이어 불일치감의 지각을 증진시킬 수 있다. 그리고 요약하기는 회기마다 시작과 종결의 훌륭한 기술이 되며, 면담 주제를 옮겨 갈 때 자연스러운 교량 역할을 한다. 통상 회기를 시작할 때 보호관찰관이 지난 회기의 내용을 간략하게 요약하며, 회기가 끝나기 5~10분 전에 이번 회기에서 다뤘던 내용을 요약한 후 대상자의 소감을 듣고 종료해야 한다.

### ② 요약하기의 방법

#### ㉠ 수집요약(collecting summary)

대상자에게서 변화대화에 관한 주제가 여러 번 나올 때 사용하는 기술로서, 대상자와 함께 정보를 모으고 그것을 다시 대상자에게 되돌려주며 대화를 계속 진전시키기 위해 활용한다. 몇 문장만으로 구성하고, 끝에는 "그 외에 하실 말씀은요?"와 같이 말을 지속하게 만드는 멘트를 하는 것이 좋다.

#### ㉡ 연결요약(linking summary)

대상자와 이전에 이야기했던 두 개나 그 이상의 내용 간의 관계를 다시 생각해 보도록 할 때 사용하며, 특히 양가감정을 명료화하고 불일치감을 만들 때 유용하다. 모순되는 두 구성 요소를 연결하는 접속사는 '그러나'보다 '그리고', '동시에' 등을 사용하며, 객관적 검사 결과 혹은 법원이나 가족에게서 나온 정보 등을 대상자의 말에 연결하는 것이 가능하다. 이때 보호관찰관은 대상자와 상충하는 생각들을 평가하지 않고 균형 잡힌 태도를 보이며, 대상자 스스로 자기 생각의 장단점을 평가하도록 만들어야 한다.

#### ㉢ 전환요약(transitional summary)

한 초점에서 다른 초점으로 이동을 알리고자 할 때 사용한다. 회기의 마지막에 회기 전체를 요약할 때, 회기 내에서 대화의 방향을 선택하거나 변화시킬 때 활용해 핵심 질문으로 이어지게 한다. "지금까지 당신이 저에게 했던 말들을 제가 제대로 이해했는지 점검해 봅시다.", "당신의 상황에 관하여 당신이 말한 것에 대해 제가 이해한 내용을 말씀드리겠습니다."라는 진술로 시작하는 것이 좋다.

## 6) 변화대화(Change talk)

### (1) 변화대화의 의의와 특성

#### ① 변화대화의 의의

동기면담 각 회기의 목표는 대상자로 하여금 긍정적이고도 친사회적인 변화를 향해 움직이도록 돕는 데 있다. 대상자가 변화에 대해 양가감정을 표현하는 경우는 변화에 대한 개방성과 준비도를 전달하는 단서 혹은 지표를 보이는 신호이다.

변화대화(change talk)란 대상자가 스스로 변화하고 싶다고 말하거나 변화와 관련된 진술 혹은 언어 표현을 가리킨다. 이는 대상자가 현재 행동을 바꾸지 않으면 경험하는 단점과 손실, 그리고 이러한 손실에 대한 염려와 걱정을 표현하며, 변화하였을 때 얻게 되는 이득과 장점을 언급하는 경우가 되며, 변화하려는 욕구와 의도, 결심, 이유 그리고 구체적인 계획을 진술할 경우 모두 변화대화에 속한다.

변화대화와 대조되는 말로 저항대화(resistance talk)가 있으며, 저항대화는 현재 행동이 가져다주는 장점과 변화할 때 경험하게 될 단점과 손실, 변화하지 않으려는 의도, 변화하는 것에 대한 비관적인 태도를 진술하는 경우이다.

따라서 대상자의 변화대화를 증가시키면 행동 변화가 증가하며, 행동 변화의 의지를 언급하는 대상자의 경우 변화를 예측하게 된다. 대상자의 저항은 변화를 촉진할 수 없다. 따라서 대상자의 변화대화를 유발하고 이끌어 내야 하며, 반대로 대상자의 저항대화는 높이지 말아야 한다.

#### ② 변화대화의 특성

##### ㉠ 변화대화는 변화에 대한 진술을 나타낸다

대상자의 진술은 그들이 변화하려는 열망이나 변화할 수 있는 능력을 가지고 있고, 변화의 이득을 알며, 문제 행동을 계속 유지했을 때의 곤란한 점을 깨닫고, 변화하기를 다짐하거나 변화를 실제로 실행해 나간 것을 표현한다.

##### ㉡ 변화대화는 특정 행동이나 일련의 행동과 관련이 있다

특정 행동과 관련된 측면은 동기면담의 지시적인 부분과 연관이 있다. 매 회기는 특별한 목적을 염두에 두고 진행되며, 변화대화는 그 목적과 관련되어 나타난다(예: 사회 친화적 행동에 참여하기, 약물 사용 피하기, 대인 간 폭력 행동 줄이기, 안전한 성행위 등).

© 변화대화는 일반적으로 대상자로부터 나오지만 꼭 그런 것은 아니다

보호관찰관들은 자신이 들은 것을 가능한 한 변화대화로 바꾸어 반영해 주고, 그것이 적절했는지 대상자에게 피드백을 받아야 한다.

변화대화는 보통 현재 시제를 사용한다. 대상자들은 자신의 현재 상황에서 나타나는 것들을 언급한다. 예를 들어, 만약 대상자가 "과거에 음주 때문에 문제가 있었어요."라고 말한다면 이것은 변화대화일 수도 있고 아닐 수도 있다. 이것이 변화대화인지 아닌지 결정하는 것은 이 말 다음에 어떤 말이 오느냐에 달려 있다. 만약 이 대상자가 "…… 하지만 그것은 더 이상 문제가 되지 않아요."라고 말한다면 변화대화라고 볼 수 없는 것이다. 반면에 대상자가 "…… 여전히 문제가 있는 것 같아요."라고 말한다면 변화대화라고 볼 수 있다.

③ 변화대화의 언어적 신호(DARN-C)

대상자의 변화대화, 즉 변화할 준비를 알려 주는 언어적 신호를 다음과 같이 분류할 수 있으며, 첫 글자를 따서 'DARN-C'라고 부른다.

㉠ 변화열망(Desire)

변화에 대한 열망, 변화하고 싶다는 언어적 진술과 표현

㉡ 변화능력(Ability)

변화할 수 있다는 생각, 변화에 대한 낙관적 시각, 변화는 가능하다, 변화할 것이라는 표현

㉢ 변화이유(Reason)

변화의 이득과 장점, 변화로 인해 긍정적인 결과가 생길 것이라는 표현

㉣ 변화필요(Need)

변화의 필요성, 변화하지 않을 때의 문제점과 손실, 변화하지 않는 것에 대한 걱정, 염려

ⓜ 변화결단(Commitment)

변화에 대한 결단, 약속, 결심, 변화하는 데 필요한 구체적인 행동 계획에 대해 말하는 것, 약속을 이행하는 것

## (2) 변화대화를 감지했을 때 보호관찰관의 개입 방법

보호관찰관은 대상자가 변화대화를 보였을 때 가만히 있으면 안 되며, 다음과 같은 반응을 보여야 한다.

### ① 반영하기

대상자의 변화대화를 그대로 말해 주거나 선택반영, 양면반영을 한다.

### ② 부가 설명하도록 질문하기

대상자가 변화에 대해 찬성하는 표현을 하면 보호관찰관은 예를 들어 보게 하거나 상세하게 부가 설명하도록 하여 그 말을 확장하도록 돕는 질문을 한다. 또는 아직 언급되지 않은 기타 변화 요인들을 고려하도록 해 주는 질문을 한다.

### ③ 변화대화를 인정해 주기

대상자가 변화대화를 할 때 지지하고 격려하고 보상해 준다.

### ④ 요약하기

요약하기를 하면 대상자가 진술한 변화대화와 관련된 내용을 보호관찰관의 입을 통해 대상자가 한 번 더 듣게 되는 이점이 있다. 요약할 때는 '그러나'보다 '그리고'를 사용하는 것이 바람직하다. 대상자의 변화대화 중 결단을 나타내는 변화대화는 강도가 다양하다. 그러므로 다음과 같은 점을 유의하여 대상자의 행동 변화에 대한 결심을 증진시킬 필요가 있다.

## 7) 변화대화 끌어내기(Elict change talk)

### (1) 보호관찰면담과 '변화대화 끌어내기'

앞서 살펴본 OARS는 동기면담의 기초가 되지만, 이 네 가지 방법만으로는 양가감정의

해결이 어렵다. 동기면담에서는 양가감정 해결을 위한 전략이 필요한데, 이것이 '변화대화 끌어내기'이다.

대상자의 변화를 성급하게 바라는 보호관찰관은 흔히 '직면적 방법'을 사용하기 쉽다. 직면적 방법을 사용하는 보호관찰관은 '대상자의 문제'와 '변화의 필요성'을 지적하여 알려 주고, 대상자는 이에 대항하여 방어하게 된다. 이러한 직면적 대화는 종종 부정적일 수 있는데, 그 이유는 대상자로 하여금 변화하지 않으려는 입장을 고수하게 하기 때문이다.

동기면담은 그 반대로 대상자가 스스로 변화 쪽의 입장을 이야기하도록 만드는 것이며, 보호관찰관의 임무는 대상자가 변화대화를 하도록 촉진시키는 것이다. 이 방법은 '현상유지의 불이익'과 '변화의 좋은 점'을 깨닫도록 하고, '변화 가능성에 대한 낙관'과 '변화의지'에 대하여 표현하도록 함으로써 의도적으로 어떤 방향을 향하는 것이다. 다만, 이는 보호관찰관이 원하는 대로 대상자의 동기를 조작하거나 속여서 그들의 동기를 만드는 것이 결코 아니며, 보호관찰관과 대상자가 함께 탐색하고 협상하며 의사 결정을 하는 과정이다.

### (2) 변화대화를 끌어내는 방법

#### ① 유발적인 열린 질문하기

가장 간단하고 직접적으로 변화대화를 끌어내는 방법은 대상자에게 직접 질문하는 것이다. 대상자가 스스로의 생각, 느낌, 염려에 대해 깊이 생각해 보도록 유도한다. 주목할 것은, "당신은 왜 10이 아닌(숫자)에 표시하였을까요?"라고 묻지 말라는 것이다. 이 질문에 대한 대답은 변화에 대응되는 논쟁을 일으키기 때문이다.

#### ② 결정저울 탐색하기

대상자에게 자신의 현재 상태나 혹은 현재 행동의 긍정적인 면과 부정적인 면 모두를 이야기하도록 한다. 대상자에게 자신의 현재 행동 패턴에 대해 좋은 점이 무엇인지를 이야기하거나 목록을 만들도록 요구하고, 나쁜 점보다 좋은 점에 대해 먼저 질문한다.

#### ③ 좀 더 상세하게 이야기하게 하기

일단 변화해야 하는 이유 하나가 거론되면 대상자들은 보통 다른 이유들을 더 찾으려고 다른 이야기로 넘어가는 경향이 있다. 그러나 다른 이야기로 넘어가기 전에 앞에 나온 이유에 대해 대상자가 좀 더 자세하게 이야기하도록 하는 것이 도움이 된다. 이런 개입을 통해 대상자에게 더 깊이 있는 변화대화를 이끌고 동기를 강화할 수 있기 때문이다. 보호관찰관은 대상자에게 변화대화를 명료화하게 하고 구체적 예시를 말하도록 하며, 관련 문제가 마지막으로 발생했을 때의 상황을 설명하도록 한다. 그리고 "그 밖에는요?"라고 질문한다.

　면담 회기 초기에 자세하게 다룰 만한 변화대화가 나오지 않으면 대상자가 평상시 하루를 어떻게 보내는지 질문하는 것이 도움이 된다. 대상자가 이에 대해 대답하는 동안 대상자의 행동 패턴, 기분 변화, 걱정거리에 대해 더 자세하게 설명하도록 질문할 기회를 찾을 수 있다.

### ④ 극단적 질문하기

　대상자가 변화를 바라지 않는 것처럼 보일 때 변화대화를 끌어내는 다른 방법은 대상자에게 질문하여 대상자나 주위 사람이 가진 가장 심한 걱정에 대해 말하게 하거나 결과적으로 일어날 수 있는 극단적인 상황을 상상하도록 하는 것이다. 또 다른 극단에서는 변화하면 따라올 수 있는 최상의 결과를 상상하는 것도 도움이 될 수 있다.

### ⑤ 과거 회상하기

　현재의 문제가 나타나기 이전을 회상하게 하여 현재 상태와 비교하도록 한다.

### ⑥ 미래 예상해 보기

　대상자에게 변화된 미래를 상상해 보도록 하는 것이다. 이와 비슷하게 만약 대상자가 전혀 변하지 않았을 때 생길 수 있는 앞으로의 일을 예상해 보도록 한다. 미래 예상하기와 극단적 질문하기는 중복되는 면이 있는데, 변하지 않은 미래를 현실적으로 평가하도록 하고, 변화한 미래에 대해서는 현실적인 희망을 묻는다는 점이다.

### ⑦ 목표와 가치관 탐색하기

　개인마다 나름대로 삶의 목표와 가치관을 따르고 있다. 대상자에게 자신의 삶에서 가장 중요한 것이 무엇인지 물어본다. 대상자의 목표와 가치관을 탐색하다 보면, 대상자가 현재 상태와 자신의 가치관을 비교해 보고, 현재 상태를 유지하고 싶지 않게 만드는 몇 가지를 찾을 수 있다.

　가치관 탐색하기는 미래 예상해 보기와 중복될 수 있는데, 여기에서 핵심은 대상자의 현재 행동과 자신의 중요한 목표나 가치관 사이에 불일치를 만드는 것이 무엇인가를 탐색하고 그 주제들을 발전시켜 나가는 것이다.

 **참고문헌**

법무부(2016). 보호관찰면담론. 서울: 법무부 범죄예방정책국.

법무부(2020). 범죄예방정책 통계분석. 서울: 법무부 범죄예방정책국.

손외철(2006). 재범률 감소를 위한 영국의 범죄자 처우정책과 그 시사점. 범죄심리, 2(1), 44-84.

이언담, 이동은, 오영희, 손외철, 이명숙(2017). 교정의 복지학. 서울: 솔과학.

정동기, 이형섭, 손외철, 이형재(2016). 보호관찰 제도론. 서울: 박영사.

McMurran, M., & Ward, T. (2004). Motivating offenders to change in therapy: an organizing framework. *Legal and Criminological Psychology, 9*, 295-311.

제**7**장

# 회복적 정의와
# 교정상담

황성용
숭실대학교 교육대학원 겸임교수

## 1. 회복적 정의의 개요

　우리 사회의 급격한 성장과 풍요로운 삶의 뒷면에 민낯을 드러내고 있는 범죄의 현상은 날로 더욱 지능적이고 흉포한 인면수심의 범죄로 증가하고 있고, 이런 현실은 지역사회 불특정 다수가 그 범죄의 피해자가 될 수 있어서 공동체의 안위를 가늠하는 안전 지수를 위협하고 있다. 그럼에도 불구하고 국가 사법기관 또는 교정기관은 응보적 형벌과 처벌의 수단만으로 범죄 문제를 해결하는 것에 중점을 두고 있다. 특히 범죄 발생 후 사법기관에서 할 수 있는 최종적인 처리 방안은 범죄 피해자에 대한 진정한 사과와 피해 보상 없이, 사회질서 혹은 규범을 어긴 범죄 가해자를 국가가 그에게 책임을 물어 사회로부터 일정 기간 격리하거나 보호관찰하는 것으로 징벌적 사법 정의만 이루어지는 한계점을 드러내고 있다.

　이 과정에 범죄 피해 당사자는 물론 그 가족들과 지역사회 공동체는 사법 체계의 어디에도 개입할 여지가 없고, 피해 보상은 물론 안전을 보장받을 수조차 없다. 한편, 범죄 가해자는 진정으로 책임과 반성의 기회조차 없이 형기를 채우는 것만으로 자신의 죗값을 다 치렀다고 생각하고 사회복귀를 하게 된다. 이런 경우 교정·교화의 효과보다는 사회에 대한 증오와 냉대를 이기지 못해 재범하게 되는 악순환의 문제가 있다. 따라서 이 장에서는 현행 형사사법 체계의 악순환 문제를 해결하기 위한 대안으로 '회복적 정의'의 관점에 대해서 이해를 돕고, 실천적 방법으로 모든 갈등과 대립으로 깨어진 관계를 중재하여 회복시켜 나가는 회복적교정상담 모델을 제안하고자 한다.

## 1) 회복적 정의(Restorative Justice)의 이해

### (1) 전통적 형사사법 시스템의 한계점

우리 사회는 구성원의 불법적 행위(공동체의 규범에서 일탈)를 바로잡기 위해서 그에 상응한 대가를 치르게 하는 전통적 형사사법 체계인 응보주의적 사회정의를 실현해 오고 있다. 이런 기존의 사법 시스템은 우리 인류가 태곳적부터 상식처럼 수용해 온 문제 해결 방식이다. 그러나 전통적 형사사법 시스템은 사회질서를 바로잡아 정의를 이루는 과정에서 범법 행위를 한 가해자를 공정하고 엄격하게 처리하는 것에 초점을 더 두고 있어서, 정작 범죄로 인하여 피해를 보게 된 피해자는 소외되고, 건강한 공동체의 순기능은 약화하는 한계를 드러내고 있다.

이러한 한계는 실제 잘못을 한 가해자가 어떤 순간이 오면 피해자의 고통보다는 자신에게 다가올 처벌에 대해 두려움으로 사건을 축소, 은폐, 부정 등으로 일관하면서 법률전문가를 대리인으로 내세워 법의 허점을 교묘히 이용하여 형량을 줄이거나 무책임한 공방을 벌이기도 한다. 형사사법의 최종 단계인 교정현장에서도 가해자는 진정으로 용서를 구하거나 통렬한 반성을 하기보다는, 책임 회피와 처벌에 대한 원망 등으로 왜곡된 자기합리화의 심리 과정을 거침으로써 재범이 반복되기도 하고, 지역사회 공동체의 불안이 증대되는 역기능으로 작용한다.

이처럼 응보주의 관점을 견지한 징벌적·응징적 사법 정의는 가해자가 형량을 다 채움으로써 자신의 잘못을 완전히 속죄받았다고 생각하게 하고, 피해자에 대해서는 사과와 반성 없이 진정한 용서를 구할 기회조차 얻지 못하게 한다. 그 결과, 피해자와 공동체는 범죄로 인한 피해에서 회복되지 못하고, 가해자 역시 공동체로부터 외면 혹은 냉대로 손상된 인격적 회복이 어렵게 된다.

### (2) 회복적 정의의 개념

징벌적·응징적 사회정의를 구현하는 응보주의와는 다른 관점에서 갈등과 범죄를 바라보는 방식인 회복적 정의의 개념은 가정, 사회, 직장, 학교 등의 영역에서 일상적으로 일어날 수 있는 모든 갈등과 대립으로 깨어진 관계를 중재하여 회복시켜 나가는 과정을 의미한다. 회복적 정의는 일반적으로 이해관계가 서로 상충하는 갈등을 해결하기 위해 직간접적인 이해 당사자들(잘못을 한 사람과 피해를 본 사람뿐만 아니라 그들의 가족과 지역사회의 구성원들까지 포함)이 한자리에 모여서 갈등으로 인하여 생기는 영향과 그에 대한 대응 방법을 함께 결정하고 중재하는 과정이라 할 수 있다. 이러한 관점을 현행 형사사법 시스템에 적용하게 되면 곧 회복적 사법 정의의 개념이 된다.

### (3) 회복적 사법 정의(正義)의 정의(定義)

'회복적 사법'이라는 용어는 현재 진행형으로 아직 명확히 명명할 수 있는 정의는 없지만, 범죄를 개인과 개인 간의 관계 침해로 보고, 당사자들이 일정한 절차를 통한 공감대를 형성하여, 발생한 잘못(wrong doings)을 바로잡는 방안을 모색하는 새로운 패러다임이라 할 수 있다(Van Ness and Strong, 2006; Zehr 저, 손진 역, 2010). UN 비정부기구 동맹(Alliance of NGOs)이 1995년 산하 기구로 결성한 「회복적 사법에 관한 실무단」이 채택한 정의에 따르면 회복적 사법이란 "특정 범죄에 이해관계가 있는 당사자들이 함께 모여서 범죄의 결과와 그것이 장래에 대하여 가지는 의미를 어떻게 다룰 것인지를 해결하는 과정"이라고 한다(황의수, 2015, 재인용).

### (4) 회복적 (사법) 정의의 역사

회복적 정의 혹은 회복적 사법 정의의 실천 운동 이론은 북미와 뉴질랜드 원주민들의 사회 문화 전통으로부터 큰 영향을 받은 것으로 보이나, 실질적으로 회복적 사법 정의의 태동은 1974년 캐나다 온타리오주 키치너라는 도시의 한 보호관찰관에 의해서 시작되었다고 본다. 이후 1976년 중재 프로그램 적용을 권장하기 위해 비영리기관을 설립하여 유죄판결을 받은 사람의 형 선고의 대안으로 피해자-가해자 중재 프로그램인 VOMP(Victim-Offender Mediation Program) 모델을 적용하기 시작하였다. 이 외에도 가족집단대화(Family Group Conferencing), 서클(Circles) 등이 회복적 사법 정의의 실천 프로그램이라고 할 수 있다(Zehr 저, 조규석 외 역, 2017).

우리나라에서 회복적 정의의 관점을 적용한 사례는 1993년 교정본부의 수형자 가족 관계 프로그램으로 '가족만남의 날' 제도를 시작으로, 2006년 '가족만남의 집 설치' 의무화, 2007년 서울지방교정청의 '피해자에게 사죄편지 보내기', '희망등대 프로젝트', 2010년 '보라미 봉사단' 구성, 2012년 '회복을 위한 여정' 등의 회복적 교정 프로그램 등을 시행하고 있다(황의수, 2015).

회복적 사법 정의의 관점을 교정복지 차원에서 적용한 사례로, 2018년 서울보호관찰소에서 보호관찰대상 청소년을 대상으로 실시한 '청소년 갈등 해결 서클(Conflict Solution Circle) 프로그램'을 들 수 있다. 구체적으로 그해 7월과 10월 각 5일 동안 진행된 프로그램으로, 그 주요 내용으로는 서클 열기, 관계 형성, 피해자—가해자 입장 생각해 보기, 다양한 그룹 활동, 공감과 경청, 음악치료와 미술치료를 통한 관계 회복 등이 있다(배임호, 2019).

### (5) 회복적 사법 정의의 관점

회복적 사법 정의는 사람의 어떤 행위가 죄가 되는지 아닌지를 밝혀내는 것에 더하여 그 행위에 대한 맥락을 생태학적으로 이해하고자 하는 하나의 패러다임이다. 그러나 전통적인 형사사법 시스템을 대체하거나 우월한 방법이라고 말하지는 않는다(Zehr 저, 손진 역, 2010). 다만, 범죄사건을 처리하는 데 그치는 오늘날 전통적 형사사법 체계의 한계점을 극복하여 범죄로 인해 발생한 문제를 피해자를 중심으로 가해자를 포함하여 우리 사회가 함께 해결해 나가자는 데 목적을 두고, 전통적 형사사법 시스템과는 다른 접근 방법을 시도한다.

우리 삶의 과정은 선택과 책임, 그리고 관계와 적응 속에서 벗어날 수 없으며, 이러한 과정들에서 항상 긍정적인 결과만이 있지 않고, 때로는 갈등하고 첨예한 대립 구도에 빠지기도 한다. 특히 공동체의 약속된 규범에서 일탈하는 범죄사건의 경우 더욱 그러한데, 이런 경우 양 당사자의 관계는 깨지게 되고 공동체의 규범과 질서도 무너지게 된다. 그 결과, 잘못한 사람(가해자)이 있고, 그 잘못 때문에 직접 피해를 본 사람(피해자) 그리고 그의 가족들이 있으며, 그들이 속해 있는 공동체마저 부정적 영향을 받게 된다.

'회복적 사법 정의'의 관점은 이처럼 깨어지고 무너진 관계를 복원하기 위해, 전통적 형사사법 시스템에 내재하고 있는 적대적 보복감정에 기초한 해악의 부과라는 파괴적 구도를 타파한다. 나아가 인도주의와 박애 사상에 기초한 화해와 용서를 통해 공동체의 항구적 평화를 추구하려는 구상에서 출발한다. 회복적 사법절차에서 가해자는 피해자에게 진정으로 사죄하고 성실한 배상을 통해 자신의 행위에 대한 책임을 다하고, 피해자는 범죄로 인한 정신적·물질적 손실을 회복함으로써 갈등을 해소하고 지역사회 공동체의 재통합을 추구한다(후원과 책임의 공동체 한국본부, 2018).

말하자면, 범죄사건과 관련한 직간접 이해당사자들이 한자리에 모인 가운데 잘못한 사람, 즉 가해자(그의 가족 포함)가 피해자와 그의 가족, 지역사회 공동체에 책임 있는 행동을 통해 깨어진 관계를 회복할 수 있도록 중재 또는 조력하며, 대응 방안을 함께 결정해 가는 공동체의 사법 정의를 실천하려는 관점이다. 이를 통하여 피해자의 진정한 회복과 가해자의 성공적인 사회복귀를 위해 중재할 수 있는 성숙한 시민 정신 함양과 범죄 피해로부터 진정한 회복과 예방을 염두에 두는 회복적 정의를 실현할 수 있게 한다.

## 2. 회복적교정상담의 개념

상담의 사전적 의미는 "어떤 일을 서로 의논하거나 그 방면의 전문가에게 의뢰하는 것"이다. 이 의미는 곧 사람들이 활동하는 모든 영역에서 상담이 이루어질 수 있음을 말한다. 예를 들면, 법률·취업·결혼·경제·행정·교육·종교·삶 등의 영역에서 상담이 이루어질 수 있다는 것이다. 그럼에도 불구하고 일반적으로 '상담'이라고 하면 우선 정신증, 신경증, 정서적 문제를 치료적 차원에서 다루는 심리상담 혹은 심리치료를 연상하고, 상담 자체를 부정적으로 생각하는 예도 있다.

논란의 여지가 있지만, 교정기관 현장에서 '상담'이라는 용어가 사용될 때는 협의적 개념과 광의적 개념으로 나누어 개념 정리가 될 수 있다. 우선, 협의적 개념의 교정상담은 교정기관의 수용자를 대상으로 교정기관의 전문가나 직원들이 수시로 기관의 질서 유지, 수형생활의 적응, 고충 해결, 위기 개입, 이상 행동 대응 등을 위해 할 수 있는 상담을 의미한다. 광의적 개념의 교정상담은 협의적 개념의 상담을 포함하여 교정기관 내에서 봉사참여 인사, 교정위원 등을 통하여 기관 내에서 이루어지는 교정복지 차원의 상담과 교정기관 요청으로 기관 내에서 이루어지는 외부 전문가의 심층 심리상담이 있고, 출소자, 보호관찰대상자, 비행청소년 외 깨어진 관계 회복이 필요한 일반인 등을 대상으로 하는 상담을 말한다. 이 장에서는 광의적 교정상담의 개념에서, 특히 깨어진 관계 회복을 돕는 '회복적교정상담'에 대하여 살펴보고자 한다.

### 1) 회복적교정상담이란?

#### (1) 회복적교정상담의 정의

회복적교정상담(Restorative Correction Counseling)이란 교정기관이 갖는 특수한 환경과 범죄인의 특성에 대하여 전문성을 갖춘 상담사 혹은 전문가 집단과 내담자(가해자) 간 의도적·목적적인 상호작용을 통해 내담자를 책임 있는 민주시민으로 변화시키기 위한 상담 과정을 말한다. 구체적으로 회복적교정상담 과정은 단순히 구조화된 몇 회기(혹은 단회기)의 개인상담이나 집단상담 형태가 아닌 상담사(때로는 영역별 전문가 집단이 개입하기도 한다.)와 내담자가 함께 가는 긴 여정의 동행으로 피해자, 가해자, 가족, 지역사회 공동체 모두의 온전한 관계 회복에 중점을 두고 상담이 이루어진다.

### (2) 회복적교정상담의 목적과 목표

#### ① 회복적교정상담의 목적

가해자의 통렬한 반성, 진정성 있는 사과, 피해에 대한 배상을 책임지게 함으로써 피해자와 가족, 지역사회 공동체가 범죄 피해로부터 온전한 회복과 가해자의 재범예방에 궁극적 목적을 두고 있다.

#### ② 회복적교정상담의 목표

첫째, 범죄 피해자와 그 가족들이 범죄 피해로부터 회복할 권리에 초점을 두고, 가해자와 피해자 그리고 가족, 지역사회 공동체 사이의 관계를 회복할 수 있도록 중재함으로써, 진정으로 상처를 치유하는 효과를 가져오게 한다.

둘째, 범죄인이기에 앞서 한 인간으로서 가해자가 범죄의 대가를 치르는 과정에서 손상된 최소한의 존엄성을 회복하여 성공적인 사회복귀가 되도록 상담 과정을 통하여 조력하는 데 있다.

#### ③ 회복적교정상담의 주요 관점

'전통적 형사사법'은 피해 당사자, 그들의 가족, 지역사회 공동체 모두가 주체가 될 수 없는 응보적·징벌적 관점으로, 범죄로 인한 피해에서 진정으로 회복될 수 없다. 반면에 '회복적교정상담'은 지금까지 살펴본 '회복적 정의' 실천에 관점을 두고, 범죄와 관련한 직간접적 당사자 모두의 관계 회복에 중점을 둔다.

## 2) 회복적교정상담에서의 인간 이해

회복적교정상담의 관점에서 보는 인간에 대한 이해는, 모든 사람은 선하고 지혜롭고 강력하며 항상 거기 그곳에 존재하는 자아를 가지고 있다고 본다(Boyes-Watson & Kay Pranis 저, 서정아·박진혁 역, 2020). 이러한 인간관은 실존적 인본주의 철학에 근거한 인간존중의 원리에 따른 것으로, 그 중심적인 원리는 다음과 같다.

### (1) 인간의 존엄성

적지 않은 각종 범죄 출소자들이 집으로도 돌아가지 못하고 방황하다가 다시 범죄의 길로 되돌아간다. 그들이 저지른 범죄 행위는 부당하고 지탄받아 마땅하지만, 그렇다고 이들에게만 돌을 던질 수 있겠는가? 아인슈타인(Einstein, A.)은 "인간은 '우주'라고 불리는 전체의 일부분"이라고 주장했다. 이 주장은 우주 일부분으로서 우리는 깊은 곳에서 연결되어 있고, 우주 만물과는 물론 인간관계 속에서도 서로 영향을 주고받는다는 얘기가 된다. 범죄자의 삶을 들여다보면 자신의 가정과 성장 과정에서 상처받고 버림받은 또 다른 피해의 경험을 한 경우가 적지 않다(후원과 책임의 공동체 한국본부, 2018).

인간은 선하고 지혜롭고 강력한 존재로, 항상 거기 그곳에 존재하는 '핵심 자아(참자아)'를 가지고 있다. '핵심 자아'는 그 사람이 과거에 무슨 짓을 했든 태어났을 때와 마찬가지로 파괴되지 않는다. 다만, 사람은 자신의 '핵심 자아'를 진정으로 발견하기가 어려우므로, 타인에게 비치는 현상적 모습을 자신으로 착각하고 있을 뿐이다. 자아를 이렇게 보는 방식은 '행위'와 '존재'를 구분할 수 있게 한다(Boyes-Watson & Kay Pranis 저, 서정아ㆍ박진혁 역, 2020). 즉, 한 개인의 겉으로 보이는 행동 혹은 행위가 그 사람 존재 전체를 나타내는 것이 아니란 뜻이 된다. 인간은 스스로 상처의 회복과 변화하려는 의지를 가진 존재이기 때문에, 인간으로서의 사람은 단 한 명이라도 공동체에서 추방하거나 배제(포기)해서는 안 된다. 따라서 범죄인이나 비행청소년도 공동체의 일원으로서 개인의 고유한 가치는 존중되어야 할 필요가 있다.

### (2) 인간 행동의 긍정적 욕구

인간 본성을 논할 때 우리는 맹자(孟子)의 '성선설(性善說)'과 이와 대비되는 순자(荀子)의 성악설(性惡說)을 떠올릴 수 있다. 이 중 어떤 가설이 참인지는 중요하지 않은데, 인간의 행동을 관심 있게 살펴보면 한 인간에게는 선함과 악함이 공존하고 있다는 것은 주지의 사실(周知의 事實: judicial notice)이기 때문에 의미가 없다 할 수 있다.

합리적 정서행동치료(REBT)의 창시자 앨버트 엘리스(Ellis, A.)는 인간은 선천적으로 이중적인 존재로 합리적이면서 동시에 비합리적인 존재이기도 하다고 주장한다. 여기서 합리적 존재로서의 인간은 기본적 욕구인 가치 있는 사람, 희망을 기대할 수 있는 사람으로 인정받고 싶어 하며, 자신의 잠재력을 개발하려는 긍정적 욕구가 존재한다. 따라서 회복적교정상담 장면에서는 내담자가 비합리적 신념으로 부정적인 사고나 행동을 보일 때 내담자의 긍정적인 욕구를 찾으려고 시도해야 한다. 말하자면, 피상적으로 드러난 내담자의 모습보다는 그러한 모습을 보일 수밖에 없는 원인과 긍정적이면서 건설적인 욕구를 함께 찾아야 한다. 상담사가 이러한 태도를 보이면서 내담자를 대할 때 자신의 행위에 대해 스스로 반성과 성찰이 일어나고, 그 결과 정화(감정의 해소: catharsis)를 통해 자기성장을 이룰 수 있다.

### (3) 인간의 주체성

한 사람의 개인이 삶을 살아간다는 것은 자신의 정체성을 가지고 사회 공동체에 적응하며, 의미 있는 사고와 바람직한 행동으로 자신의 자아실현을 위한 실천을 해 나가는 과정이라 할 수 있다. 따라서 환경과 타인에 종속된 삶을 원하는 사람이 아니라면, 자신의 삶에서만큼은 스스로가 주인공이라고 생각하게 되고, 능동적으로 자신의 삶을 꾸려 가기를 원하고, 그렇게 행동할 수 있을 때 가장 즐겁고 보람을 느끼게 된다.

반면에 자신의 삶에서 스스로가 주인공이 되지 못하고 타인의 지시나 명령에 수동적 종속 관계의 삶을 산다면, 그 개인은 자신의 삶을 사는 것이 아닌 타인의 삶을 위해서 사는 조연일 수밖에 없다. 이런 경우, 그의 삶은 의무감 속에서 무력감 혹은 무능감 등으로 자신의 삶이 피폐해지기 마련이기 때문에 주체성은 인간의 정체성을 대변하는 소중한 품성이라 할 수 있다.

교정현장에서 수용자들은 질서 유지를 위한 법과 규정에 따른 직원의 지시와 명령을 따라야 하는 처지이기 때문에 개인의 주체성을 가지고 생활하기는 어렵다. 따라서 주체성이 허용되지 않는 수용생활에서 개인의 동기와 의욕이 감소하고 지속적인 불만이 쌓이면, 자기통제력이 부족한 수용자는 결국 부정적인 감정이 폭발하게 된다. 이런 문제를 예방하는 차원에서 교정상담전문가는 내담자의 안정된 수용생활과 출소 후에도 건전한 민주시민으로 성공적인 사회복귀가 될 수 있도록 내담자 스스로 변화할 수 있는 주체성을 길러 줄 필요가 있다.

### (4) 사람의 개인차

세상에는 많은 사람이 있지만 그 누구도 완전히 똑같은 사람은 없다. 심지어 일란성 쌍둥이라 할지라도, 외모와 정서 면에서 상당한 부분이 유사할 수는 있어도 복제된 것처럼 완전히 똑같지는 않고 각자의 특징이 있다는 것이다. 말하자면, 다른 사람은 잘 몰라도 그들의 어머니는 쌍둥이를 구별해서 알아볼 수 있다는 것은 각자의 차이가 분명히 존재한다는 것을 의미한다 하겠다.

이처럼 개인을 식별할 수 있는 각자의 두드러진 점이 있다는 것은 인간에게 개인차가 있다는 것이다. 인간의 발달을 설명하는 발달심리 이론에서는 개인의 발달 과정에서 저마다 성장하는 속도가 다르다고 설명하고 있다. 따라서 교정상담전문가는 내담자의 발달 수준과 개인차를 고려하여 개인의 특성에 맞는 상담 전략을 세워야 한다.

### (5) 이유 있는 인간 행동

개인이 어떤 행동을 할 때는 그 행동이 바람직하든 그렇지 못하든, 심지어 정상적이지 못한 행동일지라도 거기에는 그럴 만한 이유가 있다. 인간의 개별성과 자아발달을 강조하면서 '지금-여기'의 현실을 강조하는 실존주의상담 이론의 주요한 기본 개념 중의 하나는 현상학적 세계의 이해이다. 이는 인간의 행동은 사람들이 직면하는 상황들에 의해 결정되는 것이 아니라 개인이 상황을 어떻게 지각하고 이해하였느냐에 따라 결정된다는 것이다. 즉, 사람은 자신의 세계 속에서 자신이 되기 위한 자신의 방법을 재구성하려고 시도한다는 것이다. 따라서 상담에서는 내담자가 구성한 세계에 초점을 맞추어 내담자가 바라는 세계를 구성하는 것을 가장 중요하게 여겨야 한다.

예를 들어, 내담자가 공동체나 가족으로부터 억압을 심하게 받게 되면 부정적인 정서가 신체화되어 두통 혹은 복통을 호소할 수도 있다. 이런 경우, 상담사가 "열도 없고 보기에도 멀쩡한데 무슨 머리 또는 배가 아프냐?" 혹은 "꾀병이 아닌가!" 하는 의문을 제기하게 된다면, 내담자의 처지에서 이해하는 것이 아니라 상담사 자신의 지각과 판단이 작용하는 것이다. 비록 드러나는 객관적 증상이 없는 내담자의 주관적 두통 또는 복통일지라도 상담사는 내담자 현재의 처지를 이해하려는 상담이 되도록 노력해야 한다.

### (6) 인간은 자유와 책임을 수용해야 한다

인간은 자유로운 존재이지만 그 본성은 개인이 어떻게 자신의 삶을 의미 있게, 그리고 책임감 있게 만들어 가느냐에 달려 있다. 즉, 인간의 존재는 단지 존재하고 있는 정적인 존재가 아니라 자신이 행동한 모든 것에 대한 책임을 지고 무엇인가를 향해 계속하여 변화의 상태로 자신을 만들어 가는 역동적 존재이다.

예를 들어, 어떤 사람이 극도로 이해관계가 서로 상충하는 갈등 상황에 처해 있어서 어떤 식으로든 행동을 하게 되면 그 행동 자체는 그 사람이 행한 것이 된다. 따라서 그 행동의 결과가 수용이든 회피이든 아니면 포기이든, 어쩔 수 없어 선택한 것이라 하여도 그 행동의 선택도 언제나 자신에게 있게 되는 것이다.

이처럼 회복적교정상담이 시작되기 위한(혹은 자신의 문제를 개선하고 자신의 역량을 성장시키기 위한) 가장 첫 번째의 단계가 바로 문제의 원인이 자신에게서 비롯되고 있음을 인식하는 것이다. 즉, '문제 소유의 인식'이다. 이는 자신이 느끼는 정서와 행동의 책임이 바로 자신의 선택에서 기인하였음을 깨닫는 것을 말한다.

### (7) 일상의 문제는 개인을 성장시키는 기회이다

문제가 없는 사람은 없다. 마찬가지로 문제가 없는 사회 또한 없다. 그러나 문제가 있다는 것이 결코 문제는 아니다. 왜냐하면 문제는 개선의 의지가 담겨 있을 때 비로소 문제가 되기 때문이다. 어떤 목표가 정해져야 비로소 어떤 문제가 발생하기 때문이다. 문제는 인간의 삶에서 일상으로 개인 또는 공동체가 그 문제를 해결해 나가는 과정이 창의적이고 민주적일 때 성장할 수 있다.

### (8) 인간은 사랑받고자 하는 욕구가 있다

교정현장 내담자의 대부분이 어릴 적부터 제대로 된 사랑과 칭찬을 받지 못하고 성장한 경우가 많다. 사랑을 받아 본 경험이 있다 하더라도 미미했거나 왜곡된 사랑이 대부분이다. 사랑을 받아 본 경험이 별로 없는 사람은 진정한 사랑이 어떤 것인지 잘 알지 못하고, 다른 사람을 사랑하는 것에도 서툴기 때문에 자신의 감정을 정당하게 표현하지 못함으로써 그의 진심이 왜곡되어 전달되기도 한다.

칭찬받은 경험이 없었거나 적었던 사람은 어쩌다 타인으로부터 실제 칭찬을 받을 때도 자연스럽게 받아들이지 못하고 쑥스러워하거나 오히려 불편한 심기(상대의 칭찬에 불편한 의도가 숨겨져 있지는 않을까 하는 의구심)가 들기도 한다. 그러면서도 내심으로는 항상 인정받으려 하고, 사랑받고 싶은 욕구가 존재한다.

이처럼 사랑에 대한 부정적 경험은 범죄의 원인이 되는 경우가 많다. 상담사가 보여 주는 작지만 세심한 관심과 배려가, 특히 교정현장의 내담자에게는 살맛나게 하고 하루하루를 잘 살아가게 할 수 있는 버팀목이 될 수 있다. 상담사의 한마디 진정한 공감과 격려 그리고 따뜻한 미소가 그들의 삶을 새롭게 변화시킬 수 있다는 것을 잊지 말아야 할 것이다.

# 3. 회복적교정상담 이론의 필요성, 기능, 원리

## 1) 이론의 필요성

회복적교정상담은 일반적으로 아직 잘 알려지지 않은 분야라고 할 수 있다. 그렇다고 생소한 분야에서 특수한 내담자를 대상으로 하는 상담 실제를 일반화하기 위해서 전혀 다른 이론이 있다거나 새로운 주장을 하려는 것은 아니다. 단지, 회복적교정상담이라는 우리 사회의 정의를 실천하기 위해서 새로운 관점이 필요할 뿐이다. 구체적으로, 회복적교정상담 실제에서는 내담자가 당면한 문제뿐만 아니라 수감생활 적응 문제, 수감 기간 중 자기발전 계획, 출소를 대비한 계획, 출소 후 생활 계획 등 한 사람의 사회 구성원으로서 필요한 전반적인 삶의 계획과 실천을 위한 상담이 필요하게 된다. 따라서 교육학, 심리학, 상담학, 사회복지학(교정복지 포함), 교정학, 경영학 등의 학문적 이론을 학제 간 통합적 관점에서 적용하여, 내담자를 책임 있는 민주시민으로 변화시킬 수 있는 접근 방법이 필요하다. 그 외에도 최소한「형사법」,「민사법」의 개략적 이해도 따라야 할 것이다. 다음에서는 회복적교정상담의 배경이 되는 학문을 영역별 필요성에 관해 설명하였다.

### (1) 내담자의 인성교육적 상담에서 교육학 이론의 필요성

우리나라는 2015년 7월부터「인성교육진흥법」을 의무 사항으로 시행하게 됨에 따라 각급 학교, 교정기관은 물론 전문교육기관 등에서 의무적으로 인성교육을 하고 있다. 법무부가 교도소 수형자를 대상으로 하는 집중인성교육이 재범률을 크게 낮추는 것으로 나타났다. 법무부가 2013년 10월부터 2014년 12월까지 전국 6개 교도소에서 집중인성교육을 시범 실시한 결과, 교육 수료 뒤 출소한 235명의 재복역률은 1.7%(지난달 말 기준)였다. 2013년 전체 수형자의 재복역률(11.6%)과 큰 차이가 났는데, 여기서 재복역률은 출소 뒤 1년 이내에 실형이 확정돼 복역한 사람의 비율을 말한다. 규율 위반으로 경고 이상을 받은 사람을 뜻하는 징벌 집행 비율도 31%(지난해 전체 수형자 기준)에서 12.2%(교육 수료자 649명 기준)로 떨어졌다. 법무부는 시범 실시 후 지난 2월부터 이 프로그램을 전국 교도소에서 전면 시행하고 있다(한국경제신문, 2015).

2017년에는 전국 교정시설 집중인성교육대상자 9,973명을 대상으로 실시한 연구에서 집중인성교육 효과로 재범 위험성 평가 척도의 준법 태도, 친사회성, 가족 관계, 자기통제성, 대인 관계의 모든 지표에서 긍정적인 변화가 있었으며, 가족 관계, 준법 태도, 대인 관계, 친사회성에서는 통계상 유의미한 변화가 검출되었다고 보고하였다(서호영, 2018).

그러나 집단교육 형태의 표준화, 구조화가 되어 있는 인성교육은 학습의 동기가 불분명하거나 전혀 동기가 없는 수형자, 보호관찰자, 일탈 청소년 등에게 집단으로 의무적 수강을 하게 함으로써 투입 대비 질적 효과 부분에서 제한적인 것도 사실이다. 따라서 회복적교정상담 실제에서는 인센티브 부여 등의 동기 부여 방법 외에 범죄 유형과 개인의 특성에 따라 개별화한 교수 학습 방법을 적용하여, 내담자가 훈육 또는 교육받는 듯한 생각이 들지 않게 인간 대 인간으로서 내담자와 함께 구르며 상담사가 롤 모델로서 인성교육 효과를 스며들게 할 수 있어야 한다. 따라서 교육학과 심리학에 기반을 둔 상담(counseling)의 교육적 기능을 고려하여 교육심리학, 학습심리학, 창의성, 교수 학습 방법 등의 이론적 배경을 바탕으로 교육치료의 효과를 기대할 수 있으므로 교육학 이론이 필요하게 된다.

### (2) 상담 과정에서의 심리 이론의 필요성

상담전문가는 상담 계획의 구조화 과정은 물론 상담 실제에서도 당연히 심리학에 기초를 둔 상담의 원리와 이론으로 전문성을 발휘하게 된다. 상담 또는 심리치료 전문가에 따라서는 자신이 전공한 학문적 바탕이 되는 이론이나 선호하는 상담기법이 있기 마련이다. 이를테면, 정신분석가들은 Freud의 정신분석 이론을, 융(Jung)학파의 분석가들은 분석심리 이론을, 인지행동치료 전문가 중 CBT(Cognitive Behavioral Therapy) 모델을 선호하는 상담가는 인지심리학과 행동심리학 이론을 금과옥조로 여길 수 있을 것이다.

현대 상담심리학에서는 현존하는 모든 심리 이론과 상담기법, 치료기법에는 제각기 장점과 제한점이 있다는 것을 인정하면서, 통합적 관점에서 접근하는 추세(trend)이다. 회복적교정상담에서는 어느 상담 영역보다 더 내담자의 특성과 심리적 역동성을 고려한 통합적 관점에서 상담이 이루어질 수 있으므로 심리학적 이론의 필요성은 핵심이다.

### (3) 내담자의 기초적 생활보장을 위한 사회복지학 이론의 필요성

회복적교정상담이 일반상담과 차별화된 것 중 하나는 상담 과정에서 복지적 관점에서 내담자의 문제를 살펴볼 필요가 있다는 것이다. 매슬로(Maslow, A. H.)의 욕구 단계설에 의하면, 인간에게 있어서 일차적 욕구는 결핍의 욕구인 생리적 욕구이고, 일차적 욕구가 해결되지 않고서는 다음 단계의 바람직한 요구 생성이 사실상 어렵다고 주장한다.

출소를 앞둔 수용자, 출소자, 보호관찰자 중에는 당장 생계 유지가 문제가 되는 내담자가 있다. 이들은 출소하는 것 자체가 걱정되기도 하고, 출소 후에도 오갈 데가 없고 당장 끼니마저 걱정해야 하는 처지인 사람들이다. 법적 제도권 내에서 출소 준비와 얼마간의 지원도 하고 '한국법무보호복지공단' 같은 기관의 도움을 받는 사람도 점차 증가하는 추세이지만, 여전히 제도적 지원받기를 꺼리는 사람이 많다. 심지어 생계 유지가 되지 않아서 경미한 죄를 범하고 교정기관에 재입소하려는 사람도 있는 것이 사실이다. 이런 상태로 불과 며칠이 지나면 범죄의 유혹에 빠지거나 재범하지 않는다고 보장할 수 없는 것이 현실이다. 그렇기 때문에 회복적교정상담의 실제에서는, 특히 출소를 앞둔 수용자와 출소 2주 이내의 출소자 상담에서 상담전문가는 서클 멘토링 코디네이터의 역할로 훈련된 코어멤버(사회복지사)와 내담자를 연결하여 문제를 해결할 수도 있으므로 사회복지 실천 이론이 필요하게 된다.

### (4) 내담자의 자립을 위한 경영학 이론의 필요성

회복적교정상담 후반부의 중요한 목표 중 하나는 내담자의 온전한 자립에 중점을 둔다는 것이다. 내담자가 지역사회 공동체의 일원으로서 잘 적응하고 책임 있는 민주시민이 될 수 있으려면 건전한 경제생활이 뒷받침되어야 한다. 따라서 내담자의 취업 혹은 창업을 고려해야 하는데, 실제 취업에는 그 제한점이 많은 것이 현실이다. 회복적교정상담의 실제에서는 내담자의 건전한 경제생활을 돕기 위해 재테크, 진로 계획, 취업 혹은 창업, 직업 적응 등의 문제를 해결하는 상담도 병행되어야 할 필요가 있으므로 경영학 이론이 필요하게 된다.

### (5) 수용자 이해를 돕기 위한 교정학 이론의 필요성

협의적 관점에서의 교정상담은 주로 교도소, 구치소 등의 수용자를 대상으로 교정기관 내에서 기관 내 · 외부 상담전문가와 이루어지는 상담으로, 특히 외부 상담전문가는 내담자인 수용자의 처지와 정서를 이해하기 위해서 내담자가 현재 생활하고 있는 교정기관의 특수성에 대한 이해가 선행되어야 한다. 그 외에도 교정학의 총론적인 개념, 범죄학 이론과 교정, 교정처우론, 교정행정론, 교정교육과 교정상담론, 수용자 이해, 보호시설의 수용처우 등의 기본적 이해가 있어야 상담사와 교정기관 간 불편한 관계가 아닌 민관 협조 체제로서의 교정상담 활동이 가능하므로, 교정학의 이해는 회복적교정상담에서는 필수적이라 할 수 있다.

## 2) 회복적교정상담의 기능

회복적교정상담의 기능은 목표에 따라 크게 네 가지로 나누어 볼 수 있는데, 그것은 교육적 기능, 진단·예방적 기능, 교정적 기능, 치료적 기능 등으로, 구체적인 내용은 다음과 같다.

첫째, 교육적 기능으로서 회복적교정상담은 위축된 내담자의 행동 또는 움츠려 있는 사고 등을 바람직한 방향으로 변화시키는 것이다. 여기에 상담사의 전문적인 조력 과정이 필요하게 되는데, 이 과정에서 교육, 학습, 재교육, 사회화 등의 일련의 과정이 일어난다고 본다.

둘째, 진단·예방적 기능으로서의 회복적교정상담은 내담자의 부적응적인 행동 원인을 분석, 진단을 통해 환경 적응에 방해가 되는 요소들을 제거하기 위하여 적절한 상담기법을 적용하는 것이다.

셋째, 교정적 기능으로서의 회복적교정상담은 자기성장을 목표로 '생각 바꾸기', '마음 고처먹기'와 같은 합리적 사고로 교정하는 기능을 하게 된다. 예컨대, 많은 경우의 내담자들은 '나는 아무것도 할 수 없다.'라는 무력감과 그릇된 자아의식인 비합리적인 사고를 함으로써 자기성장이 지체되기도 하기 때문이다.

넷째, 치료적 기능으로서의 회복적교정상담은 가장 기본적인 기능으로, 내담자의 전인격적인 발달을 가능하게 하고 인간의 본성인 '핵심 자아'에 부합하도록 행동을 돕는 것이다. 즉, 회복적교정상담을 통해 '인간 성장을 방해하는 장애 요소들을 제거 또는 극복할 수 있게 하여 내담자의 최적 발달이 이루어질 수 있도록 도와주는 기능'을 한다.

## 3) 회복적교정상담의 원리

회복적교정상담을 진행하는 과정에서도 일정한 상담의 기본원리가 적용되어야 효과적인 진행이 될 수 있다. 상담의 기본원리는 전문가마다 다양한 주장이 있으나, 여기에서는 비에스텍(Biestek)의 상담의 기본원리 7대 원칙과 회복적교정상담의 특성을 고려한 회복적교정상담의 원리 네 가지를 포함하여 모두 열한 가지의 상담 원리를 설명하고자 한다.

### (1) 정보 제공의 원리

회복적교정상담에서는 내담자의 신체적·심리적·인지적·사회적 특성 등을 분석한 자료들을 내담자의 자기성장을 촉진하려는 방법으로서 적절한 정보를 내담자에게 제공해 주어야 한다. 그 내용은 주로 상담 과정에서 자기이해 및 진로 계획 또는 변화를 위한 실천을 방해하는 장애 요인 제거에 대한 것 등으로, 내담자의 변화에 대한 욕구 정도와 인지 수준, 성공적 경험의 여부에 따라 스스로 해결할 수 있게 하는 데 적합한 정보가 되어야 한다.

### (2) 동기 유발의 원리

상담은 상담사와 내담자 간의 정서적 교류에 의한 상호 관계 속에서 이루어지는 것으로, 상담사의 전문적인 노력도 중요하지만 내담자가 상담에 어떠한 자세로 임하는가가 더욱 중요한 문제다. 특히 회복적교정상담의 경우, 내담자의 회복적교정상담 참여 동기와 의사 결정을 하게 되는 요소들을 분석하는 것이 전제되어야 한다.

그다음, 내담자가 상담 참여 활동에 어떠한 가치를 두고 문제 해결을 위해 변화하려고 하는 내·외재적인 동기가 얼마나 있느냐에 따라 상담 참여를 방해하는 장애 요소를 제거하거나, 진행되고 있는 상담 과정의 원리 등에 관련된 정보를 제공함으로써 상담에 참여를 촉진해야 한다. 따라서 상담사는 상담 초기에 내담자의 동기 유발을 유도하고 상담 과정 동안 계속 유지될 수 있도록 상담을 통하여 변하고자 하는 내담자의 생각을 파악하고, 성취 가능한 수준의 목표를 분명히 하여 내담자가 좌절하지 않도록 도전 의욕을 자극하는 것이 필요하다.

### (3) 융통성의 원리

일반적으로 상담을 필요로 하는 내담자들의 특성은 다양하지만, 실제 상담 현장에서 내담자들은 공통으로 어떤 문제를 바라보는 관점에서 사고의 경직성(한 방향에만 집중하는 편집 경향과 완고함, 무모한 자존심 등)과 편견에 의한 인지 왜곡 현상을 두드러지게 나타내게 되는데, 이러한 상황은 일반상담 현장보다는 교정상담 현장에서 더욱 심각하게 나타난다.

회복적교정상담에서는, 이처럼 사고의 융통성이 멈추다시피 한 내담자는 당연히 그가 당면한 문제나 닥쳐올 위기에 적절하고 성공적인 대응을 할 수 없다고 본다. 따라서 내담자가 다양한 관점에서 현상을 바라볼 수 있도록 사고의 융통성(유연성)을 훈련할 수 있다. 이 부분은 인지 행동 이론과 교육치료적 관점의 접근이 중심을 이룬다.

다른 한편, 상담사가 상담의 과정에서 자신이 선호하는 한 가지 이론이나 기법에만 의존하지 않고, 내담자의 특성과 문제에 맞는 접근 방법으로 융통성을 가질 필요도 있다.

### (4) 자아실현과 자기실현의 원리

회복적교정상담은 한 개인의 자아발달 단계에 따른 인간 발달 단계의 문제, 사회·심리적 문제, 환경 적응 문제, 인성적 문제를 상담의 교육적 기능으로 해결함으로써 내담자가 일상에서 처할 수 있는 다양한 삶의 역할에 잘 적응할 수 있도록 잠재적 능력을 발견하게 한다.

자아실현은 현실 세계의 성공적 적응을 기반으로 자신의 내면에서 들을 수 있는 무의식의 소리를 성찰할 수 있도록 돕는다. 따라서 회복적교정상담은 무의식의 욕구를 현실 세계에서 수용할 수 있는 수준으로 의식화하는 작업을 통해 의식 세계의 자아와 무의식 세계의 자기를 통합할 수 있도록 하는 데 조력한다. 이 원리에서는 실존주의 철학과 인본주의 철학 그리고 정신분석, 분석심리 이론에 근거를 둔다.

## 4. 회복적교정상담의 모형과 과정

일반 심리상담은 내담자의 생활 과정에서의 문제를 해결하고 내담자의 성장을 돕는 목적으로, 한 가지 이상의 심리학 이론과 상담 이론을 통합적 관점에서 적용하여 내담자의 인간적 성장의 문제에 접근하는 형태이다. 따라서 일반 심리상담에서는 많은 경우에 자발적인 내담자를 대상으로 심리학과 상담학을 주된 이론 기반으로 적용하게 된다.

반면에 회복적교정상담은 일반적인 심리상담 혹은 심리치료와는 다르게 협의적 개념의 교정상담 현장에서 대부분 비자발적인 내담자가 대상이 되기 때문에 내담자의 처지와 특성을 고려한 차별화된 문제 접근 방법이 필요하게 된다. 말하자면, 피해자는 물론 가해자 그리고 그들의 가족, 지역사회 공동체가 모두 범죄로부터 온전하게 회복하는 데 적합한 창조적 상담기법 체계를 상담 모형과 실천적 방법으로 정리할 필요가 있다. 광의적 개념의 교정상담에서도 별반 다르지는 않지만, 개중에는 자발적 내담자도 있으므로 일반적인 상담접근 방법을 혼용할 수 있다.

### 1) 회복적교정상담의 실제 모형

회복적교정상담 실제의 모형은 실존주의와 인본주의 철학에 근거한 현상학적 관점과 인간존중의 원리를 따르는 실존적 인본주의상담을 표방하며, 실천적 접근 방법으로는 인지행동치료 이론과 동기 강화 상담기법이 중심이 된다. 단, 회복적교정상담은 어느 한 가지 이론이나 기법에만 의존하지 않고, 상반된 이론일지라도 내담자의 개별 특성에 따라 통합적 접근을 시도한다.

　아직 회복적교정상담을 일반화할 수 있는 모델이 학문적으로 검토된 바는 없다. 그렇지만 교정현장에서 십수 년간 실제 수용자, 출소자, 보호관찰자 등을 상담하면서 비교적 성공적 평가가 이루어졌었던 구조화, 반구조화, 비구조화 형태의 상담 과정을 정리해 보았을 때, 여기에 적용된 이론적 기반은 실존적 인본주의 철학과 인지행동치료 이론, 동기 강화 상담기법 원리가 중심 배경을 이룬다.

[그림 7-1] 회복적교정상담 핵심 모형　　　[그림 7-2] 회복적교정상담 확장 모델

## 2) 회복적교정상담 실제의 단계와 실천적 방법

　현재 교정상담전문가 인력은 일반 영역의 상담전문가보다 비교적 민간 인적 자원이 부족한 편이다. 그 이유는 교정상담이 비교적 생소한 영역이기도 하고, 상담 환경의 특수성, 강력한 응보적인 법감정, 범죄자 인권에 대한 불편한 정서, 전과자에 대한 낙인효과, 그리고 범죄자라는 선입감에 두려움 등이 있기 때문이다. 이러한 이유로 민간에서 접근 자체가 제한적이므로 실제 교정전문 활동가가 얼마 되지 않고, 전문가 양성도 어려운 실정이다.

　회복적교정상담의 목적은 범죄인들을 동정하거나 후원하기 위한 것이 아니다. 단지 그들이 언젠가는 사회복귀를 하게 되는 현실에서, 지역사회 공동체의 불특정 다수에게 미칠 부정적 영향과 재범을 방지하기 위해서 그들을 공동체가 다시 받아들여 성공적인 사회복귀를 돕기 위함이다. 따라서 교정상담전문가는 명예와 비즈니스 차원의 활동보다는, 범죄 전력이 있는 내담자들을 우리 사회에 책임 있는 민주시민으로 거듭날 수 있게 하는 동행자로서 특별한 사명감을 가지고 회복적 정의를 실현할 수 있어야 하겠다. 다음에서, 저자가 실제 교정기관 내외에서 십수년간 시행하고 있는 ECMRCC(Extended Cycle Model of Restorative Correction Counseling) 모델을 적용한 회복적교정상담 실제의 여섯 단계와 열여섯 가지 실천적 방법을 소개하였다.

## 정보 수집 단계

회복적교정상담 모델의 첫 번째 단계는 '정보 수집 단계'로, 상담사가 내담자와 관련된 객관적·과학적 정보와 면담을 통한 탐색 자료를 수집하여 내담자의 문제를 분석하는 단계이다. 앞으로 전개될 상담의 전략적 구조화와 내담자에 대한 심층적 이해를 돕는 데 효율적이고 효과적인 자료가 된다.

### ① 내담자에 대한 참고 정보 수집 - 문제 및 임상적 진단

ECMRCC 모델의 첫 번째 실천 방법은 내담자에 대한 참고 정보 수집으로, 내담자에 대해 참고할 만한 각종 자료를 수집하고 내담자의 정보를 분석하는 것이다. 이 방법은 교정기관의 특성상 한정된 시간에 내담자가 현재 처해 있는 상황을 이해하고, 내담자의 문제를 객관적·과학적인 자료를 통하여 분석함으로써 상담 전략을 세우는 데 효율적일 수 있다. 그러나 이와 같은 내담자에 대한 사전 정보는 상담사에게 내담자에 대한 선입감을 가지게 하는 역기능도 있으므로 분석은 신중하여야 한다. 특히 외부 전문가는 제공되는 자료를 기관 내에서만 공유하고, 외부 유출이나 자료를 통하여 알게 된 정보를 외부에서 타인에게 사적인 관심거리로 남용해서는 안 된다.

외부 상담전문가가 교정기관 내에서 진행하는 상담의 경우, 교정기관으로부터 공식적으로 지원받을 수 있는 최소한의 참고 자료(범죄 전력, 각종 심리검사 프로파일, 수형생활 태도 요약)를 요청하여 참고할 수 있다. 이런 경우, 교정기관 내 심리치료팀과 상호 협력 관계를 유지하여 관련 자료 제공과 상담동역자로서 지원 체제를 요청할 수 있으나, 때에 따라서는 상담사가 내담자에게 필요한 심리검사를 직접 시행할 수도 있다.

교정기관 내부 내담자 외 외부의 일반 내담자 또는 출소자, 보호관찰자의 상담에서 상담 첫 회기에 성격유형검사(MBTI, 에니어그램, MMPI 등)를 고려해 볼 만하다. 왜냐하면 성격유형, 신경증, 정신증 등 객관적·과학적 정보는 상담의 전체 과정을 구조화하는 전략이 되고, 관계 형성 단계에서 효율적인 접근이 가능하기 때문이다.

## 관계 형성 단계(희망나무 종자 채집)

회복적교정상담 모델의 두 번째 단계인 '관계 형성하기'는 다음 단계 '희망나무 심기'에 필요한 '희망나무 종차 채집' 단계로, 상담사와 내담자 간 인간 대 인간으로서의 유대 관계와 상담 관계 형성에 초점을 둔다.

일반적으로 상담에서는 상담사와 내담자의 친밀감, 신뢰감이 언제 어떻게 형성되느냐에 상담의 성공 여부가 달려 있다 해도 과언이 아니다. 경험에 의하면, 교정상담 현장에서의 관계 형성은 일반상담에서보다 비교적 쉽지 않은 경향이 있다.

범죄자들의 공통적 성격 특성 중 자기애적 성격과 자격지심 그리고 피해의식 등의 문제로 상담사가 관계 형성을 해 나가는 데 전문적 자질과 인간적 자질의 높은 수준과 시간적 여유를 고도로 요구되는 단계가 된다. 따라서 상담사는 내담자의 호소 내용을 가치중립적·무조건적 수용의 관점에서 들어 주기를 하고, 객관적·과학적 자료에 의해서 내담자의 자기인식을 돕고, 비자발적 내담자에서 자발적 내담자로의 전환 동기를 강화해야 한다. 구체적 방법들은 다음과 같다.

### ② '지금-여기'에서 내담자 호소 문제 경청

ECMRCC 모델의 두 번째 실천 방법은 지금-여기(here & now)에서 내담자의 감정, 느낌, 생각 등을 무조건 수용의 자세로 경청하는 것이다. 구체적으로, 내담자가 상담 장소로 오기까지 느낀 소감이나 내담자가 현재 자리한 곳에서 문득 떠오르는 어떤 생각이나 감정 또는 내담자가 호소하고 싶은 얘기를 자유롭게 하게 하고, 상담사는 오직 경청하고 반영함으로써 내담자에게는 일종의 정화 작업(내담자가 "속이 시원하다."로 표현할 수 있다.)이 일어날 수 있도록 한다. 이때 중요한 것은 내담자가 비자발적 혹은 의무적으로 하게 된 상담 장면에서, 순간 문득 떠오르는 생각이나 느낌, 침묵, 행동, 호소 내용 등은 내담자가 일상에서 가지고 있는 문제를 드러내는 중요한 정보가 될 수 있으므로 상담사는 세심한 주의를 기울일 필요가 있다.

그다음은 내담자가 현재 처해 있는 심리적 갈등이나 정서적 문제 등을 직접 다루기보다는 상담 목적, 진행 과정(상담 회기, 시간, 규칙 등), 상담사와 내담자의 역할, 상담의 제한점, 상담 내용의 비밀보장, 상담 윤리 등에 관한 계약을 맺는 의식(儀式), 즉 상담의 구조화를 함으로써 내담자가 상담에 진지하게 접근할 수 있는 준비가 되도록 한다. 내담자가 상담을 처음 겪는 경우라면 상담은 어떻게 진행되는지, 자신이 무슨 얘기를 어디까지 해야 하는지, 상담 내용이 자신에게 끼치는 영향은 무엇인지, 상담에 기대하는 욕구 등으로 다소 긴장될 수 있기 때문에, 최대한 내담자의 심리적 안정을 배려할 수 있어야 한다.

### ③ 자기인식(이해)–심리검사 결과 분석

ECMRCC 모델의 세 번째 실천 방법은 자기인식(이해)하기이다. 이것은 내담자가 진정한 자신을 알아가는 자기인식하기인데, '정보 수집' 단계에서 시행한 심리검사 결과를 분석하여 상담사가 내담자의 인지 수준에 맞추어 스스로 자기인식 수준을 높여 나갈 수 있게 충분한 설명을 하는 것이다. 예를 들면, 성격유형검사 MBTI 프로파일은 성격의 주 기능과 열등 기능의 역동이 현재 내담자 일상의 문제에 어떤 영향을 주고 있는지, 반대 성향의 상대와는 어떻게 접근해야 원만한 관계를 유지할 수 있는지, 열등 기능은 어떻게 개발할 수 있는지에 대해서 심층적으로 이해할 수 있다.

이 과정에서 필요하다고 판단되면 상담사의 성격 유형도 개방하여 내담자와 정보를 공유함으로써 이해를 도와 앞으로의 상담에 효과적으로 대처할 수 있다. 결과적으로, 상담사와 내담자 간 인간적 유대가 깊어져 친밀감과 신뢰감이 형성(치료적 동맹)되어 상담의 전략적 측면에서 내담자의 문제에 대한 초점 맞추기가 가능해진다.

### ④ 비자발적 내담자에서 자발적 내담자로의 전환

ECMRCC 모델의 네 번째 실천 방법은 자발적 내담자로 전환하기이다. 처음 시작은 비자발적·의무적(일반상담 현장에서는 방문형, 불평형의 내담자로 볼 수 있다.) 상담으로 시작하였으나, 차츰 내담자가 상담에 대해 동기와 호기심을 가지고 자발적 내담자로서 전환하게 하는 것이다.

이 실천 방법은 상담사가 인간적이면서도 기술적으로 접근하는 세밀하고 중요한 전략이 필요하다. 예컨대, 교육학 영역의 교수 학습 이론에서 교수자가 학습자를 지도할 때 교수자의 교수 방법이 일방적 지식을 나열만 하면 학습자는 지루해한다. 또 중요하지 않은 내용 같으면 학습자의 인지 능력에 따라서는 포기하는 상황도 발생할 수 있다. 이런 경우, 교수자는 학습 동기를 높이기 위해서 학습자 개개인의 학업성취 수준과 학습을 방해하는 요소가 무엇인지를 살펴서 격려하기도 하고, 단원의 핵심 요점을 정리할 수 있도록 가벼운 내용의 돌발 퀴즈 같은 것을 제시하여 학습자가 자신의 학업성취 정도를 가늠케 할 필요가 있다. 그리고 다음 단원에 대한 호기심을 불러일으킬 수 있는 학습 예고 등으로 학습자가 학습에 참여하는 기회를 얻음으로써 도전과 흥미를 느끼게 할 수도 있다.

　회복적교정상담의 실제에서도, 상담사는 일방적인 상담기술에 집중하기보다 내담자가 처해 있는 상황에 공감하고 상담을 통해 얻고자 하는 것을 탐색할 수 있도록 지지하고 조력하여야 한다. 또 내담자가 상담을 통하여 기대하는 것을 목표로(다루고자 하는 주제 선정)하는 데 동의(상담 목표 협상으로 문제 중심이 아닌 해결 중심으로 전환) 여부를 결정하고, 내담자가 상담에 적극적으로 참여할 수 있도록 할 필요가 있다.

　책임감이 비교적 모자란 교정현장의 내담자라 하여도 스스로 참여하여 만든 상담 목표에 최소한의 책임감은 느끼게 되기 때문에, 이때부터 자발적 내담자로 상담의 동역자 관계가 되는 것을 볼 수 있다. 이때 중요한 것은 내담자 주도적이 아닌, 반드시 상담사의 동의 가능한 목표 협상이 필요(내담자 주도적 목표가 되면 교정현장 내담자의 특성상 고충 처리 혹은 민원 제기 등의 문제 해결 위주가 될 수 있기 때문이다.)하고, 그러면서도 상담사는 전문성을 발휘하여 해결 중심이 된 대화에서 내담자의 문제와 연결할 수 있는 전략적 기술이 필요하다.

### ⑤ 회복적교정상담의 재구조화

　ECMRCC 모델의 다섯 번째 실천 방법은 '회복적교정상담의 재구조화'로, '② 지금-여기(here & now)에서 내담자 호소 문제 경청'에서 큰 틀의 상담 구조화가 된 것을 '③ 자기인식(이해) 심리검사 결과 분석'과 '④ 비자발적 내담자에서 자발적 내담자로의 전환'에 의해서 내담자의 사고 확장이 일어날 수도 있으므로 상담의 재구조화를 하는 것이다.

### 희망 심기(변화하기 위한 준비) 단계

　회복적교정상담 모델의 세 번째 단계는 '희망 심기'로, 인간이 저마다 가지고는 있지만 미처 인식하지 못하고 있는 인간 본성, 즉 '선하고', '지혜롭고', '강렬한 에너지' 등과 부합되는 동기를 탐색하여, 그것으로 성취 가능한 희망을 만들어 가는 단계이다.

### ⑥ 희망나무 씨앗 심기(동기 찾기)

　ECMRCC 모델의 여섯 번째 실천 방법은 '희망나무 씨앗 심기'로, 수형생활 동안 할 수 있는 것과 하고 싶은 것을 생각해 보기이다. 그리스 신화에 등장하는 판도라의 상자에서 온갖 나쁜 것이 세상 밖으로 빠져나가고 마지막까지 남은 것이 희망이라고 했다. 그래서 인간들은 상자에서 빠져나온 온갖 악이 자신을 괴롭혀도 희망만은 절대로 잃지 않는다고 한다. 구태여 신화를 빌리지 않아도 회복적교정상담의 인간관에서 인간의 존엄성을 말할 때, 인간의 본성인 '핵심 자아'에는 선함과 지혜, 강렬함이 있다고 했다. 그중에 강렬함이란 물리적인 힘(power)만을 말하는 것이 아니다. 건강한 힘은 핵심 자아에 의해 통제받는데, 인간이 포기하지 않고 끊임없는 도전으로 오늘날의 역사와 문화를 창출하며 존재한 기본적인 욕구 발산의 완곡한 표현이다. 희망은 인간으로서 선천적으로 가지고 있는 힘을 향한 욕구이다.

회복적교정상담의 실제에서는 내담자가 지금 처해 있는 현실이 아무리 냉혹하고 응보적이며 일정한 자유를 박탈당함으로써 무기력한 상태라 하더라도, 인간의 본성에서 우러나올 수 있는 희망(여기에서는 동기라고도 할 수 있다.)을 찾을 수 있도록 조력한다. 구체적으로, 수형생활 중에도 그나마 할 수 있는 것과 하고 싶은 것(일반 내담자의 경우 현재 시점에서 할 수 있는 것 또는 기회 요소와 장점 탐색을 한다.)을 찾을 수 있도록 창의적 사고(여기서는 발산적 사고를 말한다.)기법으로 사고의 융통성을 자극하는 것이다.

사실, 앞의 두 단계는 '희망 심기'를 위한 준비운동(warming-up)에 해당한다고 할 수 있다. 회복적교정상담의 실제에서 상담 전체 과정의 성공 여부는 많은 부분이 바로 3단계 '희망 심기'에 달렸다고 할 수 있다.

### ⑦ 희망나무 싹 틔우기(동기 강화)-실제 할 수 있는 것과 하고 싶은 것 아이디어 발산하기

ECMRCC 모델의 일곱 번째 실천 방법은 '희망나무 싹 틔우기'로, 이제 전 단계에서 심어 놓은 희망나무의 싹을 틔울 차례다. 구체적으로 '희망나무 씨앗 심기'에서 창의적 사고의 자극으로 도출된 아이디어들, 즉 할 수 있는 것과 하고 싶은 것 중에서 실제 가능하거나 정상적 노력(긍정적 도전)으로 얻어 낼 수 있는 것에 대하여 가치를 부여하고, 우선순위를 정하고, 실천 계획을 세워서 가시화(자신과 주변 사람들에게 표명하기도 하고, 수시로 볼 수 있도록 점검표를 만드는 것을 말한다.)하는 일련의 활동을 말한다.

이처럼 발산적 사고를 통하여 나온 아이디어 중에 실제 실현할 수 있거나 도전해 볼 만한 가치가 있는 주제를 선정하는 데 필요한 것은 내담자가 어떤 갈등에서 선택할 수 있는 여러 가지 행동 중에 가장 최선의 것을 선택하여 책임 있는 결정과 실천할 수 있게 하는 수렴적 사고이다. 이 실천 방법에는 인지 행동 이론, 창의적 사고기법(발산적 사고와 수렴적 사고의 순환) 등 교육심리학적 접근이 중심이 된다.

### ⑧ 희망나무 가꾸기: 가지치기/수형 다듬기(실천 계획 정교화, 재도전)

ECMRCC 모델의 여덟 번째 실천 방법은 '희망나무 가꾸기'인데, 싹을 틔운 희망나무를 잘 가꾸어서 가는 과정으로 가지치기와 수형 다듬기 단계이다. 전 단계에서 계획하고 실행한 결과를 분석해서 성공 또는 실패의 원인을 찾아 대응하는 방법이다. 구체적으로, 내담자가 변화를 위한 실천을 가시적으로 관리하기 위해서 행동실천지표를 만들어 매 순간 점검하고, 그 결과를 분석해서 성공의 경우는 원인을 분석해서 유사하거나 다른 도전에서도 활용할 수 있는 성공 레시피를 만든다.

실패했다 하더라도 무조건 좌절하거나 포기하기보다 실천점검표를 분석해 보면 어디에서 문제가 있었는지, 실패 원인이 무엇인지를 알 수 있어서 계획이나 목표를 수정해서 전략적으로 재도전할 수 있다. 예를 들어, SWOT 분석으로 자신의 강점과 약점, 기회 요소와 위협 요소를 찾아내어 네 가지 요소의 조합에 따라 정교한 대응 전략을 만들어 재도전해 볼 수 있다.

## 문제 해결(변화 실행) 단계

회복적교정상담 모델의 네 번째 단계인 '문제 해결(변화 실행)' 단계부터는 COSA 서클 멘토링의 팀 접근(Team Approach) 방식을 채용한 상담기법을 상담에 실제 적용하여 내담자가 자신의 문제를 숙고, 준비, 실행, 재발 대응 등의 과정을 통하여 문제를 직면하고 변화를 실행해 가는 과정이다. 상담의 형식은 서클 멘토링 형태를 취한 상담 형태가 된다. 여기서 서클 멘토링이라 함은 캐나다의 후원과 책임의 공동체(Circles of Support and Accountability)인 COSA CANADA의 국가 공인 멘토링 프로그램으로, 성범죄를 저지른 사람들이 지역사회에서 책임감 있고 건설적이며 책임감 있는 삶을 영위하도록 지원함으로써 성적 피해를 줄이기 위한 증거기반 접근(evidence-based approach) 방식의 사회봉사 프로그램이다.

서클 형태의 모임의 유래는 아메리카 대륙 원주민들의 오래된 전통적 회의 방식으로 의견을 결정해 나가는 방식에서 비롯되었는데, 그 형식은 다음과 같다. 참여한 모든 사람이 서로 바라볼 수 있는 동그란 원의 형태로 둥글게 둘러앉는다. 원의 중앙에는 모닥불을 지펴 놓고, 말하는 나무(talking piece)를 가진 사람만이 말을 할 수 있고, 나머지 참여자는 일단 듣기만 하는 규칙으로 시계방향으로 돌리며 차례로 발언을 한다. 말하는 나무가 한 바퀴 다 돌고 나면, 다시 추가 발언을 하며 의견을 조정, 통합해 가는 방식이다. 이렇게 하면 참여자 모두가 타인의 간섭 없이 어떤 주제에 관한 자신의 의견을 말할 수 있고, 다른 사람들은 듣는 것에 집중할 수 있어서 서로의 의견을 조정해 가는 데 유용하다. 사실, 봉사 프로그램이라고는 하지만 각 영역에서 최고 전문가(숙련된 자원봉사자)들의 멘토 역할과 COSA 직원들이 지원하는 체제로, 한 사람의 핵심 구성원(Core Member)인 성폭력 가해자의 성공적인 사회복귀를 위해 전문적으로 돕는 서클(circle) 형태의 모임(이하 서클 멘토링이라 한다.)이다.

이 서클 멘토링 프로그램의 특징은 성폭력 가해자가 피해자와 사회에 대한 책임감을 일깨워 줌으로써 스스로 재범 없이 건강한 한 시민으로서 여생을 살아갈 수 있도록 하는 데 그 목적이 있으나, 문제 중심 혹은 해결 중심의 상담 형태가 아닌 물적 · 정서적 후원 형태를 띤다. 우리나라에는 국가 지부 형태의 'COSA KOREA'가 있다.

다음에서 제기할 회복적교정상담의 '문제 해결' 단계와 '일상 복귀' 단계에서는 COSA 서클 멘토링의 팀 접근(Team Approach) 방식을 채용한 상담기법을 개발하여 상담에 실제 적용하고, 회복적교정상담 틀 내에서 그 이름을 '서클 멘토링 상담'이라 한다. 여기서 함께 참여하는 구성원 수는 최소 3명에서 최고 7명까지로 상담사 1명과 나머지 전문 영역별 서클 멘토들로 구성하는데, 전문 영역별로 상담사의 역할을 하는 상담전문가, 종교인, 사회복지사, 경찰 출신 협력자, 법률전문가, 경영인, 교정출신 협력자 등이 각자 전문 영역의 멘토 역할을 하게 된다. 상담의 회기 주제에 따라 해당 영역의 멘토가 참여하게 되는데, 이 중 상담사는 모든 과정의 진행과 모니터링을 하여야 한다.

회복적교정상담에서 서클의 의미는 한 사람으로서의 내담자가 현재와 앞으로 당면하게 될 문제 혹은 변화를 위한 과제들을 수행하는 데 종합적이고 전문적인 조력으로 범죄 피해 이해당사자 모두의 온전한 회복적 정의를 실천하는 과정이다.

서클 멘토링 상담 첫 회기에는 참여자 모두(첫 회기에는 상담사와 나머지 멘토들 모두 참여가 필수이다.)가 서클 상징물을 중심으로 원형으로 둘러앉아서 매번 회기마다 서클 열기와 서클 닫기 의식을 포함하여 토킹피스(talking piece)의 용도를 설명하고 서클 멘토링 상담의 목적을 상기시킨 다음, 참여자 모두의 자기소개 및 마음 연결하기를 한다. 이러한 여닫음의 의식은 서클 멘토링 상담 시간과 공간을 일상으로부터 구별해 주는 효과가 있다.

상담사는 내담자의 핵심 가치 기억, 부정적 에너지 정화, 긍정적 존중이 가능한 의식(상담사가 명상 또는 그날의 상담 주제와 관련한 간단한 스토리텔링으로 열기의식을 진행할 수 있다.)으로 서클 열기를 마친 후, 서클 멘토링 상담의 구조화에 관하여 모두에게 설명한다. 여기서 상담사는 각 서클 멘토의 역할과 내담자와 각 서클 멘토가 서클 멘토링 상담에서 기대하는 것을 공유하도록 진행한다.

　서클 멘토링 상담 과정에서 내담자 한 명과 상담사 포함 다수의 멘토가 앞으로 어떤 방법으로 서클 멘토링 상담을 진행하게 되는지와 모두가 동의할 수 있는 규칙을 만들고, 서로의 연락 수단(전화, 이메일, 문자메시지, 각종 SNS, 서신 등) 공유와 개별 서클 멘토와 만날 수 있는 일정, 주제 등을 협의한다. 이후 진행되는 매번 회기의 진행 흐름은 서클 열기의식(명상, 스토리텔링, 명언 읽기 등), 마음 연결하기, 서클 멘토링 상담 주요 주제 다루기, 성찰과 나눔, 서클 닫기 순으로 진행한다.

　서클 멘토링 상담 진행자(상담사)와 전문 영역별 멘토들은 상담 진행 전 그날의 서클 진행 과정과 주제를 협의하고, 상담 종료 후에는 상담 내용에 대한 분석과 다음 회기 준비를 위한 미팅을 하여야 한다.

### ⑨ 회복나무 심기-숙고 과정

　ECMRCC 모델의 아홉 번째 실천 방법은 '회복나무 심기'로, 회복적교정상담의 핵심이자 가장 어려운 '문제 해결' 단계의 실천 방법 중 하나이다. 여기서는 '희망 심기' 단계에서 심어 놓은 변화의 희망을 실현하기 위해서, 먼저 내담자의 통렬한 자기반성과 진정한 용서를 구하는 용기가 있어야 한다. 이 점을 내담자가 인식할 수 있도록 상담사가 심리적·영적으로 도와야 하는 단계이다. 구체적으로, 영적 지도(여기서는 성찰, 명상 등의 방법을 적용하되 내담자가 특정 종교가 있을 때는 관련 성직자와 협력할 수 있다), 변화하고자 하는 용기에 지지, 심리적 불안으로 힘든 과정임을 공감하는 방법으로 격려한다. 그리고 내담자가 문제를 직면(노출 가능한 사건 재구성하기, 그때 하지 말아야 했던 것과 해야만 했던 것 진술하기)할 수 있도록 전문적 조력을 해야 한다.

　구체적 방법으로, 감정코칭의 방법을 활용하여 감정을 있는 그대로 자연스럽게 이해하고 받아들이되 감정을 표현하는 방식인 행동에는 명확한 한계를 두고 그 안에서 좀 더 바람직한 방향으로 이끌어 주거나, 인지 수준이 비교적 낮아 자기감정을 제대로 표현하지 못하는 내담자에게는 미술치료기법을 적용하여 무의식적 감정을 유도할 수 있다.

　단, 이 실천 방법에서 상담사가 주의해야 할 것은 상담이 '문제 해결(변화 실행)' 단계로 나아갈 수 있으려면 '희망 심기' 단계에서 '희망나무'가 뿌리를 잘 내려서 제대로 성장했느냐 아니냐에 달렸다는 것을 명심해야 하는 것이다. 즉, 내담자가 마음의 근육이 형성되었는가를 스스로 확신할 수 있어야 '문제 해결(변화 실행)' 단계로 진입 가능한 방법이다. 이런 경우, 내담자의 상담사에 대한 친밀감 혹은 신뢰감의 수준 정도와 내담자가 찾아낸 희망의 가치 수준이 얼마인가에 따라 실천 여부가 달렸다고 할 수 있다. '희망 심기' 단계까지 성공적으로 상담이 잘 진행되다가도 그동안의 상황이 견고하지 못했다면, 내담자가 당혹감으로 심한 저항을 일으키거나 상담사에 대한 전이 현상으로 생겨나는 내담자의 부정적 감정이 상담 조기 종료 상황을 만들 수도 있다.

### ⑩ 회복나무 싹 틔우기-준비 과정

ECMRCC 모델의 열 번째 실천 방법은 '회복나무 싹 틔우기'로, 내담자가 사건에 대한 직면이 가능해지면 사건과 관련한 실제 피해자든 유사한 사건의 피해자든, 피해자로 대표되는 가상의 피해자가 당시 느꼈을 법한 고통과 지역사회 공동체에 범죄가 미친 영향을 상상해 보고 글로 작성하여 읽어 보도록 한다. 다음으로 피해자와 지역사회 공동체에 끼친 자신의 행위에 대한 책임을 느끼고, 피해 보상을 할 필요가 있는지, 있다면 언제 어떤 식으로 할 것인지 계획을 세워 보도록 하는 방법이다. 이 실천 방법에는 상담사가 권하는 책을 읽고 발문에 따른 소감을 정리해 보는 독서치료와 타인의 관점에서 감정을 느껴 보는 역할연기법 등의 접근 방법이 있다.

### ⑪ 회복나무 가꾸기-실행 과정

ECMRCC 모델의 열한 번째 실천 방법은 '회복나무 가꾸기'로, 내담자가 자신의 범죄 행위로 인하여 생긴 피해자의 직접적 피해 그리고 지역사회 공동체에 끼친 부정적 영향에 대한 간접적 피해에 대하여 진정한 반성의 결과로 인식하게 된 책임을 실천함으로써 진정한 회복을 할 수 있도록 하는 것이다.

내담자의 현실적 처지로 최대한 할 수 있는 피해 보상의 수단으로, 수신 피해자 없는 손글씨 편지 쓰기, 손수 만든 창작물 전달하기, 자기반성적 에세이 쓰기, 지역사회 공동체 봉사 단체 활동하기, 피해자 단체 후원하기, 자조 집단 멘토링 참여하기 등의 방법이 있다. 이 실천 방법에서는 '원예치료' 이론을 적용(현재, 원예치료 도구의 특성상 교정기관 내에 반입 불가능한 것이 많아서 활동이 제한적이다.)한 식물 가꾸기를 통해 생명의 소중함과 돌봄의 책임감을 체험할 수도 있고, 활동 작품으로 사과(謝過)의 선물을 할 수 있다.

### ⑫ 회복나무 열매 맺기-유지와 재발 대응 과정

ECMRCC 모델의 열두 번째 실천 방법은 '회복나무 열매 맺기'로, ⑨ ~ ⑪ 단계 순환하기와 변화의 실천에 실패하였을 때를 대비하는 대응책 세우기, 출소 후 성공적 사회복귀와 새로운 삶을 살기 위한 레시피를 만드는 준비 과정이다.

## 일상 복귀 단계(변화 유지)

회복적교정상담 모델의 다섯 번째 단계인 '일상 복귀 단계'는 내담자가 교정기관으로부터 출소 혹은 변화를 위한 준비가 된 상태에서 일상으로 들어가 새로운 삶을 시작하고 유지하는 단계이다. 문제 해결(변화 실행) 단계에서 언급한 것처럼, 이 단계에서의 상담 형식도 서클 멘토링 형태를 취한 상담 형태가 된다.

회복적 사법 정의(Restorative Justice)에서 범죄란 법을 위반한 범법 행위로 보지 않고, 다른 사람과의 관계를 깨트린 것이며, 그 사람에게 손상(harm)을 입혔다고 보는 것이다. 그러므로 그 사람과의 관계를 위하여 무엇인가를 해야 할 '필요'가 생겼고, 이행해야 하는 '의무'가 생겼다. 즉, 범죄로 인한 피해자의 요구와 가해자의 책임과 의무가 피해자와 가해자, 지역사회의 적극적 참여로 인해 이루어질 때 피해자의 진정한 회복과 가해자의 변화가 일어나는 회복적 사법 정의가 이루어진다(Zehr, 1990; 배임호, 2019 재인용).

회복적교정상담에서 일상으로의 복귀는 내담자가 수형자에서 일반 시민으로 신분 전환이 되는 것만을 말하는 것이 아니다. 말하자면, 내담자가 범죄로부터 멀어지고 과거의 잘못으로 발생한 피해들을 내담자가 최대한 할 수 있는 범위에서 피해자와 가족들 그리고 지역사회 공동체에 피해 보상을 함으로써, 내담자의 마음에 온전한 안녕감을 가짐으로써 성공적인 사회복귀가 이루어지는 것을 말한다.

### ⑬ 새 삶의 나무 씨앗 심기-새 삶을 위한 숙고 과정

ECMRCC 모델의 열세 번째 실천 방법은 '새 삶의 나무 씨앗 심기'로, 내담자의 출소가 얼마 남지 않은 상태에서 당장 출소 직후와 출소 3년(또는 5년, 10년) 후의 자신의 모습을 연상해 보고, 현재 출소 준비 상태와 비교해 보는 단계이다. 이 과정은 내담자가 변화를 위한 양가감정을 최대한 끌어올려 스스로 변화를 하겠다는 의지, 즉 동기를 강화하는 방법이다. 다음 과정에서 상담사는 내담자 스스로 출소 준비에 대한 평가 결과에 따라 대응 방안을 작성해서 실제 출소까지 준비해야 하는 것을 목록화해서 점검할 수 있도록 상담 과정에서 조력한다. 이 부분을 '새 삶의 레시피' 만들기라 한다.

### ⑭ 새 삶의 나무 싹 틔우기-새 삶을 위한 준비 과정

ECMRCC 모델의 열네 번째 실천 방법은 '새 삶의 나무 싹 틔우기'로, 내담자는 사회와 격리되었던 시간만큼 생활 정보가 부족한 것이 현실이다. 상담사는 내담자가 출소하면 출소 후의 생활에 관련된 정보 또는 복지 수혜 정보들을 어디에서 어떻게 수집할 수 있는지, 특히 나이가 많은 출소자들의 경우 유비쿼터스 시대에 필수가 되어 버린 스마트교육에 접근할 수 있도록 상담 과정을 통해서 조력한다.

이 실천 방법에서는 당장 내담자의 생계 유지를 위해 취업, 창업, 귀농 등 다양한 가능성을 열어 두고, 건전한 경제생활이 될 수 있도록 하는 진로상담이 핵심이 된다. 여기서 중요한 것은 이러한 일련의 과정들을 상담사가 직접 마련해 주거나 지시하는 것이 아닌, 상담 과정을 통해서 내담자 스스로 책임을 지고 관련 활동을 할 수 있도록 조력해야 한다는 것이다.

교정상담에서 상담사가 내담자를 이해하는 과정에서 공감과 측은지심의 경계가 분명하지 않으면 내담자를 오히려 수동적으로 강화하게 되며, 실패의 귀인 사유를 타인에게 두는 과거의 습관으로 돌아갈 수 있다. 따라서 상담사는 내담자가 선택할 수 있는 정보를 제공하거나 내담자의 동기를 강화하는 방법으로 내담자의 문제를 조력하고, 평가하고, 재도전할 수 있게 격려할 수 있어야 한다. 예를 들어, 상담사는 내담자가 취업하거나 창업에 뜻을 두고 갈등을 겪고 있다면, SWOT 분석(강점, 약점, 기회 요소, 위협 요소의 조합으로 선택할 수 있는 전략) 등의 경영학적 기법을 적용하여 내담자 스스로 전략적 결정을 할 수 있도록 도울 수도 있고, 이 과정에서 발산적 사고와 수렴적 사고의 환류로 사고의 다양성을 훈련할 수도 있다.

### ⑮ 새 삶의 나무 가꾸기-출소 후 새 삶을 위한 계획 실행

ECMRCC 모델의 열다섯 번째 실천 방법은 '새 삶의 나무 가꾸기'로, 회복적교정상담 모델의 세 번째 단계인 '희망 심기'와 실천 방법 13단계 '새 삶의 나무 씨앗 심기'에서 만든 '새 삶의 레시피' 내용을 실천에 옮기는 방법이다.

상담 과정에서 상담사는 내담자가 실천을 위한 행동 지침 혹은 메뉴얼을 구체적으로 만들고, 행동의 결과를 점검할 수 있는 점검표 등을 만들어서 상담사와 내담자가 함께 피드백하고, 수정, 보완 등을 통해서 내담자가 재도전하거나 다음 단계로 도전의 수위를 올릴 수 있도록 상담으로 조력한다. 여기서 핵심적인 상담기법은 인지행동치료 이론이 된다.

## ⑯ 새 삶의 나무 열매 맺기(추수지도) - 변화된 새 삶을 유지하기

마지막, ECMRCC 모델의 열여섯 번째 실천 방법은 '새 삶의 나무 열매 맺기'로, 그동안 내담자의 새 삶으로의 여정이 결실을 보는 순간이 된다. 성공적인 'ECMRCC 모델 사이클'이 순환되면, 이제 내담자는 온전하게 회복된 건전한 민주시민으로의 새 삶을 시작하게 된다.

내담자의 새 삶은 그동안 깨어지고 끊어졌던 과거의 인간관계를 복구하는 것에서부터 시작될 수 있는데, 구체적으로 '문제 해결(변화 실행) 단계'의 회복나무 심기에서 열매 맺기까지의 내용을 출소 후 좀 더 실천적으로 행동을 유지하는 것이다. 내담자가 피해자 집단, 가족, 친지, 친구, 연인, 지역사회 공동체에 진정으로 사과하는 차원에서 지역사회 봉사 활동에 참여하거나 변화한 삶을 계속 유지할 수 있도록 서클 멘토링에 참여하거나, 자기반성적 에세이를 써 보거나, 자조 집단에 멘토가 되어 자신과 비슷한 처지에 있는 사람들의 회복을 도울 수 있다. 이처럼 내담자가 자신의 삶에 충실하면서 사회에 안착해 보일 때 정당한 관계를 회복하는 것이다.

이 실천 방법에서 상담사는 내담자가 자신의 잘못에 대한 반성과 진정한 사과를 할 수 있는 용기와 민주시민으로서 책임을 다할 수 있는 온전한 준비가 될 수 있도록 상담, 교육, 멘토링, 라이프-코칭 등의 방법으로 내담자의 일상에서 함께 치유의 동맹이 되어야 한다. 구체적 방법으로 상담사는 가족치료 및 상담 관점에서 내담자가 그동안 소원해져 있던 가족과 친지, 친구, 연인 등의 관계에 대해, 내담자 스스로 깨어져 있는 관계가 회복되기 위해서 자신이 무엇을 할 수 있는지 숙고해 볼 수 있도록 해야 한다. 즉, 내담자에게 상담 과정에서 발생하는 변화를 위해 새로운 인식, 발견, 이해, 적응, 의사소통기술 등의 개념을 학습시킬 필요가 있다. 여기에서는 자기성장을 돕기 위해서 자신을 이해하고, 인간으로서의 가야 할 길을 탐색하고, 자신을 사랑하는 힘을 길러서 평생 마음의 공부를 하는 수련 과정으로 교육의 치료적(문제에 대한 합리적 해결 방식의 인지 이론 중심) 접근 방법을 적용한다.

### 재발 대응 단계: 실패의 원인 분석과 대응책으로 도전(순환 사이클에 재진입)

회복적교정상담 모델의 마지막 여섯 번째 단계는 '재발 대응 단계'로, 회복적교정상담 과정에서 필수적으로 겪어야만 하는 단계는 아니다. 다만, 실패에 대한 대응 계획 실천 단계로, 열두 번째 실천 방법에서 제시되었던 내용을 구체화하는 단계이다. 실패를 전혀 예상하지 못했는데 실제로 실패할 경우, 내담자가 경험할 수 있는 충격과 실망감은 자칫 자신을 포기하거나 과거로 되돌아갈 수 있는 상황을 만들 수도 있다. 그러므로 이는 실패를 예정하고 변화에 도전하라는 것이 아니라 만약의 경우를 예견하고 철저하게 대응해야 한다는 것으로서, 내담자의 조급함을 견제하고 실패에 대한 충격을 완화해서 계속되는 재도전을 염두에 두고 있는 것이 된다. 이 단계에서는 심리학적·교육학적·경영학적 관점에서 실패 원인의 분석과 재도전의 방법이 필요하게 된다.

## 5. 추수지도 및 사후평가

회복적교정상담 과정은 정형화된 상담 회기 구조가 아닌, 내담자의 동의하에 평생이 될 수도 있고 장단기적으로 연속될 수도 있는 상담사와 내담자의 긴 동행의 여정이다. 일반상담 혹은 심리상담에서는 내담자가 상담사에게 의존하지 않고 스스로 문제를 해결해 나갈 수 있도록 하여 인간의 성장과 발달을 촉진하는 데 문제 해결이 중심이 된다. 회복적교정상담의 과정도 기본적으로 일반상담의 과정과 크게 다르지 않지만, 회복적 정의를 실현하려는 관점에서 인간 대 인간의 만남으로써 진정한 회복은 관계의 연속성이 그 바탕이 된다. 그 관계의 연속성은 상담사로서, 멘토로서, 코치로서 동행자의 역할을 하는 데 있다. 따라서 회복적교정상담에서 추수지도와 평가는 상담사와 내담자가 각자 독립된 객체로서 관계의 지속이 추수지도가 되고, 그 관계의 깊이는 평가가 될 수 있는 원리가 된다.

## 6. 회복적교정상담사의 자질과 역할

### 1) 전문가적 자질

회복적교정상담에서 권장하는 상담전문가의 전문가적 자질은 범죄자의 심리적·성격적·행동적 특성, 교정실무와 관련한 법률, 회복적교정상담 정신에 알맞은 이론과 상담기법, 내담자의 문제를 객관적·과학적으로 진단할 수 있는 검사 도구, 상담의 윤리 등에 깊은 이해가 따라야 한다.

## (1) 범죄자 이해

회복적교정상담사는 교정기관이 갖는 특수한 환경과 범죄인의 특성에 대한 이해가 필수적으로, 교정기관의 수용자, 보호관찰대상자, 출소자 등 교정내담자의 행동적·심리적·성격적 특성과 교정기관에 대한 구조적 이해가 있어야 그들의 처지를 이해하고 깊은 정서적 공감이 가능하다.

## (2) 교정 관련 법률의 이해

회복적교정상담에서 상담전문가는 내담자가 현재 처한 처지를 알아야 할 필요가 있으므로「형의 집행 및 수용자의 처우에 관한 법률」,「보호관찰 등에 관한 법률」,「청소년기본법」,「청소년복지지원법」,「청소년보호법」,「형사소송법」등 관련 법률에 대한 기본적인 이해가 따라야 한다.

## (3) 상담 이론과 심리검사의 이해

회복적교정상담은 회복적 정의를 실현하기 위해서 실존적 인본주의 철학에 근거한 인간존중의 원리를 바탕으로 그 중심적인 실천 원리가 중심이 되지만, 어떤 특정한 몇 개의 이론만을 따르지는 않는다. 그 이유는 회복적 정의 실현 정신에 부합하는 어떤 이론이나 기법도 회복적교정상담의 확장 모델과 핵심 모형에 적용될 수 있기 때문이다. 따라서 회복적교정상담전문가는 인간중심상담, 용서상담, 인지치료(인지행동치료, 합리적·정서적 행동치료), 실존치료, 현실치료, 게슈탈트(형태주의), 정신분석 등의 이론과 동기 강화 상담, 미술치료, 원예치료, 교류분석 등의 실천적 기법에 대한 이해가 있어야 한다. 다만, 이론이나 기법 모두를 상담 과정에 적용해야 한다기보다는 개별화된 내담자의 문제에 따라 가장 적절하면서 상담사가 자신 있는 이론과 기법을 선택하여야 한다.

상담전문가는 상담의 효율성 차원에서 내담자를 객관적·과학적 자료에 의해 분석할 수도 있어야 하는데, 상담 초기 또는 상담 과정 중에 필요하면 심리검사(진단, 비진단, 임상적)를 할 필요가 있어서 검사 도구를 전문적으로 다루어 정확한 진단과 평가를 통해 상담 및 치료 계획을 세울 수 있어야 한다.

## (4) 상담의 윤리

회복적교정상담에서 상담사에게 요구되는 상담 윤리는 그 어떤 상담전문가보다 더 고도의 윤리의식이 있어야 한다. 왜냐하면 교정상담 과정에서의 비밀 유지, 다중 관계의 금

지, 불공정한 차별 금지, 내담자의 신변에 해를 끼치지 않아야 하는 문제 등은 회복적교정
상담의 성공 여부와 직결되는 신뢰감 형성에 절대적으로 영향을 주는 것은 물론, 상담사의
신변에 위험 요인으로도 작용할 수 있는 아주 민감한 부분이기 때문이다. 이처럼 교정상
담사에게는 고도의 직업적 윤리가 요구되고, 이러한 윤리의식이 곧 교정내담자에게는 상
담사 스스로가 본보기로서 상담의 교육 효과를 더하는 것이 되고, 진정한 프로의식을 가늠
하게 하는 지표가 된다.

## 2) 인간적 자질

온전한 회복적교정상담이 이루어지기 위해 상담사의 전문가적 자질보다 더 중요한 것은
인간적 자질이라고 할 수 있다. 상담사의 바람직한 인간적 자질은 내담자에게는 신뢰감을
줄 수 있는 원천으로, 상담의 성공 여부를 가늠케 하는 척도가 될 수 있고 본보기로서 교육적
효과도 기대할 수 있다. 따라서 상담사가 갖추어야 할 인간적 자질은 대체로 자신과 타인에
대한 태도, 상담에 대한 신념, 자기감정의 통제, 본보기로서의 모델 역할 등을 권장한다.

### (1) 자신과 타인에 대한 이해

상담사는 타인의 문제와 고통을 덜어 주고 내담자가 스스로 문제를 해결하는 데 조력을
하는 사람으로서, 먼저 자신의 문제를 잘 다룰 줄 알아야 한다. 그것은 상담사도 한 인간
으로서 내재하는 심리적·성격적 문제 혹은 삶의 가치관, 삶의 궁극 목적 등에 대한 자기
성찰로 깊은 이해가 우선되어야 함을 말한다. 자신을 깊이 인식하고 이해하여 비로소 자
신과 타인 간 상호 관계에서 일어나는 역동을 이해할 수 있으면, 타인에 대한 존중과 공감,
신뢰로 인내할 수 있는 태도가 형성됨으로써 상담 과정에서도 내담자의 입장을 공감하고
진정으로 이해할 수 있게 된다.

### (2) 회복적교정상담에 대한 신념

회복적교정상담사는 교정상담 과정을 통해서 '회복적 정의' 혹은 '회복적 사법 정의'를
실현할 수 있다는 사명감과 강한 신념이 필요하다. 그 신념은 피해자와 지역사회 공동체
가 내담자를 사회에 재수용할 수 있는 조건으로, 내담자가 진정한 사과와 용서를 구하고
책임을 다하는 것만이 내담자, 피해자, 가족, 지역사회 공동체 모두의 온전한 회복을 실현
할 수 있다는 의지의 표명이기도 하다.

### (3) 자기통제

대인 관계 전문가로서의 상담사도 한 사람의 인간이기 때문에 감정의 흐름은 있기 마련이다. 이처럼 숙련된 상담사도 때로는 감당하기 힘든 감정의 흥분을 느끼게 되는 경우가 있다. 예를 들어, 교정상담 장면에서 계속되는 내담자의 위선이나 거짓, 심지어 강한 저항이나 불량한 태도에는 상담사도 냉정함을 유지하기 힘들 수 있다. 하지만 이처럼 감당하기 힘든 상황에서도 상담사는 흥분되는 자신의 감정을 통제할 수 있어야 전문가로서의 기본 자질을 갖추었다고 할 수 있다.

### (4) 모델로서 상담사

회복적교정상담사는 본인의 의지와 관계없이 내담자에게는 관찰의 대상이 되고, 그 결과 인간적인 본보기가 될 수 있다. 앞에서 말한 것처럼, 감정의 자기통제가 가능하고 신뢰감과 권위를 갖춘 상담사의 태도는 내담자에게는 존경의 대상이 될 만한 이미지를 줄 수 있다.

# 7. 회복적교정상담 실제 사례(프로그램명: 새 삶의 레시피)

## 1) 프로그램의 필요성 및 목적

### (1) 프로그램의 필요성

법무부 교정본부 『교정통계연보』(2014)에 의하면 2004~2013년 동안 기결수 중 재범 이상의 비율이 46.9~54.2%였고, 2009~2013년까지 출소 후 3년 이내 재복역률이 22.2~22.5%로 나타나 있다. 그리고 교도소의 교정사고는 2006년에 649건이던 것이 2013년에는 909건으로 가파른 증가 추세를 보였다. 이러한 통계 수치는 현재 교정기관에서 출소한 사람 2명 중 1명 이상이 어떤 식으로든 재범의 유혹에 빠졌었고, 출소한 지 얼마 되지 않아 기관에 다시 재수용되는 경우와 환경 적응에 실패하는 사례들이 점차 증가하고 있다는 것을 보여 주고 있다.

이는 우리 사회가 늘어나는 범죄에 의해 사회 구성원들 간의 갈등을 증폭시켜 부정적 사회 정서가 될 수 있으며, 비효율적인 교정행정으로 인한 경제적인 손실이 고스란히 사회적 부담으로 작용하게 되는 악순환이 된다. 특히 사회에 복귀하려는 교정기관 출소자들 또한 범죄의 유혹에서 벗어나지 못함으로써, 건전한 사회로의 적응에 실패하여 낙인자로서 사회의 불만 세력이 되고, 또 다른 잠정적 피해자를 만들 가능성을 시사하고 있다. 따라서 초기 범죄예방 못지않게 출소자들의 재범예방이 절실하다 하겠다. 그 방법으로 교정의 소극적 개입 의미(형 집행, 범죄성 제거, 시설 내의 환경과 규율 적응 등)를 벗어나 적극적 개입 개념(수형생활 적응, 참회와 자기성찰, 재범방지 인성교육, 주거 안정, 일자리 찾기 및 적응, 인생 설계, 종교 귀의, 추수지도 등)을 돕는 적응 프로그램이 필요하다.

### (2) 프로그램의 목적

첫째, 출소 1년 전(잔여 형기 1년 미만) 수형자들을 대상으로 인성, 태도 및 행동에 변화를 줌으로써 사회복귀를 촉진하고, 변화된 환경 및 사회에 잘 적응할 수 있도록 하는 데 있다. 둘째, 사회복귀자의 주거 안정, 정신건강, 직업훈련, 대인 관계기술, 인생 설계 등 적응 능력을 길러 줌으로써 범죄의 욕구를 제거하여 재범을 예방하는 데 있다. 셋째, 궁극적으로는 준법시민, 민주시민으로서 사회 제반 활동에 적극적으로 참여하여 사회에 기여하는 사람으로 변화시켜 건강한 사회 구성원으로서 자기실현을 돕는 데 있다.

## 2) 프로그램 전개

'새 삶의 레시피' 프로그램의 전체 운영은 [그림 7-3]과 같이 회복적교정상담의 핵심 모델인 관계 형성, 희망 심기, 문제 해결, 일상 복귀의 사이클을 적용한다. 프로그램의 적용 대상 선정 기준은 [그림 7-4]와 같다.

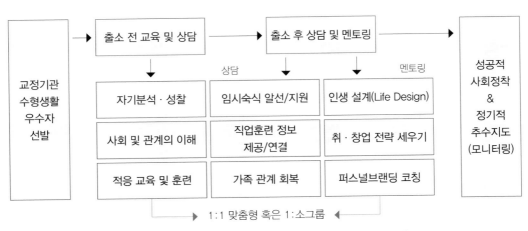

[그림 7-3] 새 삶의 레시피 프로그램 전개도(Module)

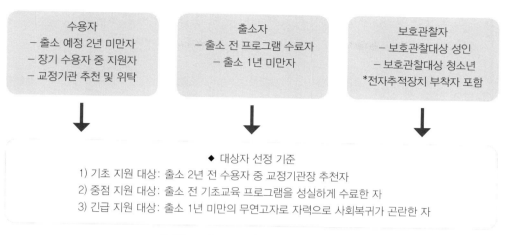

◆ 대상자 선정 기준
1) 기초 지원 대상: 출소 2년 전 수용자 중 교정기관장 추천자
2) 중점 지원 대상: 출소 전 기초교육 프로그램을 성실하게 수료한 자
3) 긴급 지원 대상: 출소 1년 미만의 무연고자로 자력으로 사회복귀가 곤란한 자

**[그림 7-4] 프로그램 대상자 선정 기준**

## 3) 대상 분석

### (1) 목표대상

출소 1년 전(잔여 형기 1년 미만) 수형자 중 수형생활 모범자로, 교정기관 추천자

### (2) 대상자 특성

#### ① 인지적 특성

• 사고 체계의 부적응적 신념: 부정적 측면에 몰두함으로써 긍정적 경험 자체를 부정하며, 긍정적인 결과에 대해서는 우연으로 치부하거나 평가 절하
• 수동적 비주체적 사고: 제한된 공간으로 한정되는 데에서 오는 사고 폭의 축소로, 자발적 문제 해결 능력이 저하되어 타인에 대한 의존성 증가
• 이분법적 사고: 자신과 세계를 흑백논리로 지각
• 과잉 일반화: 하나의 부정적인 사건으로 다른 상황에서도 계속 반복됨을 지각
• 자기부정: 타인의 성공은 확대 평가, 자신의 성공은 축소 절하

#### ② 성격적 특성

• 반사회적 행동을 일삼음
• 규율, 규칙을 위반하거나 거부 또는 무시하는 경향
• 억압된 분노나 공격성의 과도한 표현으로 신경증적 특성을 보임

- 예측 불가한 행동, 자기중심적 사고가 지나쳐 대인 관계가 원만치 못함
- 욕망을 성취하지 못할 때 난폭해지는 경향을 보이는 정신병적 특성

### ③ 감정적 특성

감정적 특성은 크게 공격성과 우울증으로 구분할 수 있는데, 좌절의 결과가 내면화되면 자살 또는 자해의 형태로, 외면화되면 폭행이나 살인의 형태로 나타날 수 있다.

## 4) 요구 분석

요구는 내담자의 부족, 불균형, 적응 또는 바람직하다고 믿는 상황과 현재 상황 간의 차이(gap)를 의미하는 것으로, 본 프로그램에서는 대상자의 특수한 환경으로 인해 내담자에 대한 직접적인 요구 분석이 불가하다. 따라서 프로그램 운영으로 접근할 수 있는 개인의 문제, 가족의 문제, 지역사회 공동체 적응의 문제 등의 하위 요소 요구들을 기준으로 한다.

- 기초요구: 인간 생존을 위한 의, 식, 주에 대한 요구
- 표현요구: 개인적 차원에서 주관적 바람 혹은 소망 등을 스스로 느끼고 표현하는 요구
- 비교요구: 타인과의 비교 때문에 생성되는 요구
- 규범적 요구: 객관적인 차원에서 진단된 요구

## 5) 프로그램 활동 내용

### (1) 전체 요약

| 프로그램명 | • 새 삶의 레시피 |
|---|---|
| 실시 기간 | • 출소 1년 전~ |
| 횟수 및 일시 | • 매월 격주(월요일) × 10개월 = 총 23회기 内<br>• 6명씩 × 2그룹 =12명, 시간 추후 협의 |
| 장소 | • ○○ 교도소 |
| 대상 | • 출소 1년 전(잔여 형기 1년 미만) 수형자 중 수형생활 모범자로, 건전한 사회인으로 거듭날 수 있도록 희망하는 교정기관 추천자 |
| 계획 인원 | • 12명 内外(2개 그룹) |

| 담 당 자 | • |
|---|---|
| 수행 인력 | • |
| 프로그램 내용 | ▶ 출소 전 교육 및 멘토링 프로그램<br>• 친밀감 형성 − 1회<br>• 자기분석: 자기수용적 성찰과 SWOT 분석 − 3회<br>• 새로운 시작(마음가짐): 사회의 요구와 인간관계 이해 − 2회<br>• 의사소통기술: 대인 관계 향상 프로그램 − 2회<br>• 분노 조절과 작은 성공 경험: 성취감과 협동심 및 인내심 향상 프로그램 − 2회<br>• 취업 준비 프로그램: 직업심리(흥미, 적성, 가치관 등) 분석 및 직업 세계 탐색 − 2회<br>▶ 출소 후 후원 및 코칭 · 멘토링 프로그램: 별첨 계획<br>▶ 추수지도 모니터링 프로그램: 별첨 계획 |

① 출소 전 서비스 내용(출소 준비)

- 회복적교정상담(영성, 인성, 사회관계 기술, 수형생활 적응, 자기분석, 동기 강화, 진로, Life−Plan, 출소 준비, 전담 멘토 결연 등): 2년 4학기 동안 총 64회기 기초교육 프로그램 제공

② 출소 후 서비스 내용(치유상담/멘토링/코칭)

- 기초 지원: 숙식, 의류, 건강 관리 지원, 신분 회복 지원, 법률 자문, 사회복지 혜택 정보 제공 등(한국법무보호복지공단과 연계)
- 중점 지원: 영적 성장, 취 · 창업 지도 및 정보 제공, 정신건강 심리상담, 재테크 자문, 학업 및 자기개발 지원, 기술 · 기능 훈련, 정보화 적응, 가족 관계 회복, 전문 영역별 멘토 팀 결연 등
- 심층 지원: 자원봉사 및 교정멘토링 자격 교육, 신앙 생활, 극기훈련, 민주시민 학습, 지역사회 참여, 에세이 작성 등
- 평생 지원: 성공 사례 간담회, 자조 집단(협동조합) 결성, 가정 만들기(혼사), 평생 멘토링 등

## (2) 출소 전 교육 및 상담 세부 프로그램 진행 내용

| 구분 일정 | | | 월별 진행표 (☆: 1그룹, ★: 2그룹) | | | | | | | | | | 비고 |
|---|---|---|---|---|---|---|---|---|---|---|---|---|---|
| 과정 | 주제 | 내용 | 3월 | 4월 | 5월 | 6월 | 7월 | 8월 | 9월 | 10월 | 11월 | 12월 | |
| 도입 | 친밀감 형성 | • 오리엔테이션 관계 형성 및 흥미 유발<br>• 자기소개를 통한 친밀감 형성<br>• 10년 후의 나의 모습 | ☆<br>★ | | | | | | | | | | 저널 쓰기 |
| 자기 이해 및 성찰 | 자기 분석 | • MBTI 검사 | | ☆<br>★ | | | | | | | | | 저널 쓰기 |
| | | • 성격 분석 및 이해 | | ☆<br>★ | | | | | | | | | 저널 쓰기 |
| | | • SWOT/강약점 분석<br>• 범죄 유형별 욕구 이해 | | | ☆<br>★ | | | | | | | | 저널 쓰기 |
| 사회 및 관계 이해 | 새로운 시작 | • 사회 속의 관계 진단 | | | | ☆<br>★ | | | | | | | 저널 쓰기 |
| | | • 사회 속의 '나' 인식<br>• 갈등 관리 및 관계 이해 | | | | | ☆<br>★ | | | | | | 저널 쓰기 |
| 적응 교육 | 직업 탐색 | • 직업 흥미<br>• 가치관검사 | | | | | | ☆<br>★ | | | | | 저널 쓰기 |
| | | • 직업심리 분석<br>• 직업 탐색 | | | | | | ☆<br>★ | | | | | 저널 쓰기 |
| 적응 훈련 | 의사 소통 향상을 위한 활동 | 감정 조절 | • 만다라<br>• 감정카드 | | | | | | ☆<br>★ | | | | 저널 쓰기 |
| | | | • 원예치료 | | | | | | | ☆<br>★ | | | 저널 쓰기 |
| | | 대인 관계 | •범죄 유형별 동기 강화 상담 | | | | | | | | ☆<br>★ | | 저널 쓰기 |
| | | | • 경청<br>• 공감 반응<br>• 지지 | | | | | | | | | ☆<br>★ | 저널 쓰기 |

## (3) 출소 후 상담 및 멘토링 세부 프로그램 진행 내용

| 과정 | 주제 | 내용 | 기간 |
|---|---|---|---|
| 후원 | 임시숙식 제공 | • 투룸 월세 구입: 최고 4명 수용<br>• 자취할 수 있는 주·부식 지원<br>• 공과금 지원 | D + 30일 |
| | 후원자 개발 | • 멘토와 멘티 연결(사회복귀 성공 사례 강연 포함) | D + 60일 |
| | 직업훈련 정보 제공 | • 국비 지원 혹은 고용보험 환급 과정 연결<br>• 각종 구직 사이트 가입<br>• 후원자 혹은 멘토들의 인적 네트워크 활용 취업 지원 | D + 90일 내 |
| | 가족 관계 회복 프로그램 지원 | • 부모·자녀의 역할<br>• 가족 회복 중재<br>• 좋은 아버지, 멋진 남자 되기 코칭 | D + 90일 내 |
| 멘토링 | 인생 설계 | • 자아정체성 확립(진정으로 하고 싶고 잘할 수 있는 것 개발 계획)<br>• 자기실현의 궁극적 가치관 설정(존재 이유)<br>• 학업, 진로 로드맵, 자격 취득, 기술훈련<br>• 직업 안정, 경력 개발, 진로 전환<br>• 경제 관념, 재테크<br>• 결혼, 자녀 계획, 자녀 양육 지식, 좋은 부모 되기 훈련<br>• 건강 관리, 운동, 정신건강, 취미 개발, 여행<br>• 10년 단위 목표 설정 → 목표 위계 설정 → 현재 상황 분석 → 요구 분석(gap) → 구체적 실행 계획 → 실행 → 중간평가 → 결과평가 → 목표 수정 → 재실행 → 다음 목표 도전 → 궁극적 목적 실현(자기실현)<br>• 자기분석에 의한 성격 개발, 심리적 안녕감을 위한 자기성찰훈련<br>• 노후 설계 | D + 60일 |
| | 취·창업 전략 세우기 | • 직업심리검사(흥미, 적성, 가치관 등) 및 분석<br>• 성격 유형과 직업심리 통합 분석<br>• 자신이 생각하는 직업군 혹은 창업 종목<br>• 주요 타자들이 권하는 직업 혹은 창업 종목<br>• 이력서, 자기소개서, 역량평가 등 대응 전략<br>• 리더십, 창의적 사고, 핵심 역량 개발<br>• 귀농 및 귀촌(귀어) 프로그램 응용 | D + 180일 출소 전 검사 결과 활용 |
| | 퍼스널브랜딩 자기가치 창조 | • 이미지메이킹: 외적 요소, 내적 요소, 사회적 요소 개발<br>• 자기홍보 전략<br>• 이름, 비전, 가치관, 장점, 매력, 재능 등 개인이 가지고 있는 인간의 모든 속성을 브랜드화해서 다른 사람에게 자신의 이미지를 인식시키는 작업 | D + 180일 |

| 추수 지도 | 자조 집단 구성 | • 장소 제공/연락망 제작/교육 지원 | D + 180일 후 |
|---|---|---|---|
| | 정기모임 행사 | • 미사 참례/기념일 행사 | D + 180일 후 |

 참고문헌

배임호(2019). 회복적 사법 정의(Restorative Justice)에 근거한 프로그램 참여자에 대한 교정복지 실천 개입에 관한 연구. *Corrections Review, 29*(1), 3-35.

서영호(2018). 교정시설 내 수형자 대상 집중인성교육의 효과성 연구. 교정상담론, 12(2), 69-110.

황의수(2015). 한국법무보호공단을 중심으로 한 회복적 사법 프로그램의 도입 방안. 한국법 무보호복지학회 학술대회 자료집, p. 56.

후원과 책임의 공동체 한국본부(2018). 자원봉사자 교육을 위한 서클 멘토링 훈련교재, 3-4.

Van Ness, D. W., & Strong, K. H. (2006). *Restoring justice.* Cincinnati, Ohio: LexisNexis Anderson.

Watson, B. & Pranks, K. (2020). 서클로 여는 희망 (*Heart of Hope resource guide: using peacemaking circles to develop emotional literacy, promote healing and build healthy relationships*). (서정아, 박진혁 역). 충남: 대장간.

Zehr, H. (1990). *Changing lenses.* Scottale, PA: Herland.

Zehr, H. (2010). 회복적 정의란 무엇인가? 범죄와 정의에 대한 새로운 접근 (*Changing lenses: a new focus for crime and justice*). (손진 역). 춘천: KAP.

Zehr, H. (2017). 회복적 정의 실현을 위한 사법의 이념과 실천 (*Restorative justice : a bestselling book by one of the founders of the movement*). (조균석, 김성돈, 한영선 역). 충남: 대장간.

Zehr, H. (2019). 우리 시대의 회복적 정의: 범죄와 정의에 대한 새로운 접근 (*Changing lenses: restorative justice for our times*). (손진 역). 충남: 대장간.

제**8**장

# 교정현장상담의 기본 기술

서혜석
한국심리상담교육센터 대표

# 1. 의사소통기술

## 1) 의사소통의 기초 기술

의사소통의 기초 기술에 대하여 의사소통의 3요소, 언어적 · 비언어적 의사소통, 나-전달법과 너-전달법 등으로 구분하여 살펴보고자 한다(서혜석 외, 2017; 서혜석 외, 2017; Gordon, 1975).

### (1) 의사소통의 3요소

인간의 감정과 태도는 말의 내용보다는 억양과 몸짓에서 더 많이 드러난다. 메러비언(Mehrabian, 1972, 1981)은 면대면 의사소통의 세 가지 기본 요소로 말(Verbal: Words), 억양(Vocal: Tone of voice), 그리고 몸짓(Visual: Body language)의 3V를 든다. 일반적으로 의사소통은 이들 세 가지 요소가 어우러져 이루어진다.

## (2) 언어적 · 비언어적 의사소통

### ① 언어적 의사소통

교정상담사가 효과적인 의사소통을 하는 데 도움을 주는 기술로 서혜석 등(2017 재인용)에서 발췌한 내용은 다음과 같다.

#### ㉠ 전달 내용을 계획하는 기술

보다 효과적으로 의사소통을 하기 위해서는, 먼저 어떤 내용의 말을 할 것인지 계획을 세워야 한다. 보편적으로 메시지 전달은 상대방에 의해 왜곡될 가능성이 있으므로, 전달하고자 하는 핵심 내용은 말의 앞부분이나 끝부분에 두는 것이 바람직하다.

효과적으로 말을 하기 위해서는 스스로에게 다음과 같은 질문을 해 봄으로써 전달하고자 하는 말의 내용을 사전에 계획할 수 있다.

- 어느 정도의 시간을 사용할 수 있는가?
- 전달하고자 하는 핵심 내용은 무엇인가?
- 전달하려는 메시지에는 어떤 오해의 소지가 있을 수 있는가?
- 메시지를 어떻게 조직하면 상대방이 정확하게 이해하고 받아들일 수 있는가?
- 상대방은 언제 전달받는 메시지의 어떤 부분에 가장 관심을 기울일 것인가?
- 메시지 전달자로서 지위와 신뢰를 가지고 있는가? 혹은 다른 사람이 전달하는 것이 더 나은가?

#### ㉡ 자기소개기술

다른 사람과 대화를 나눌 때 무엇보다도 먼저 거쳐야 하는 부분은 자기 자신을 소개하는 것이다. 자기 자신에 대한 소개는 장면과 상황에 따라 다소 달라질 수 있겠으나, 자신이 누구인지 소속과 현재 대화를 나누는 장면에서의 역할이나 책임이 무엇인지를 간단히 설명할 수 있어야 한다.

- "안녕하십니까? 저는 ○○○교정상담센터의 교정상담사 ○○○입니다. 저는 교정상담 업무를 담당하고 있습니다."

ⓒ 의사소통 목적을 설명하는 기술

효과적으로 의사소통을 하기 위해서는 전달하고자 하는 의도가 무엇인지를 분명히 설명할 수 있어야 한다. 이는 수신자인 상대방이 적절한 맥락에서 목적을 이해하도록 돕는다.

- ○○교정상담센터의 교정상담사가 지방검사에게: "수영이는 우리 기관에서 위탁 가정에 보낸 아이입니다. 수영이가 언제, 무슨 요일 몇 시쯤에 법원에서 증언하게 되는지 알고 싶습니다. 학교에 알려야 하고 법원까지 데리고 올 교통편을 마련하려면 미리 계획을 세워야 하니 일정에 대한 정보가 필요합니다."

ⓓ 비언어적 의사소통을 염두에 두는 기술

의사소통의 많은 부분이 비언어적으로 전달된다는 점을 감안할 때, 상대방의 비언어적 의사소통에 대한 반응은 효과적인 의사소통에서 간과해서는 안 될 중요한 기술이다.

- "○○○ 씨, 무언가 다소 혼란스러우신 것 같이 보이네요. 잘 모르겠거나 궁금한 점이 있으면 아무 때고 편안하게 질문하세요."

ⓔ 메시지 수신을 확인하는 기술

효과적인 의사소통은 전달하고자 하는 메시지를 상대방 수신자가 정확하게 이해하였는지를 확인하는 다양한 질문과 탐색을 포함한다.

- "국적 취득 절차에 대한 질문을 해 주셨는데요. 그 질문에 대한 답변이 충분히 되었는지 모르겠네요. 내용이 좀 어려웠을 것 같은데, 어떻게 이해하셨는지 제게 말씀해 주시겠어요?"

ⓕ 자신의 메시지 수신을 확인하는 기술

상대방으로부터 전달받은 메시지를 제대로 이해하였는지 확인하기 위하여 질문하거나 요약하는 과정은 의사소통이 명료하고 효과적으로 이루어지도록 돕는다.

- "잠깐만요. 지금 하신 말씀이 문제의 핵심 같은데, 제가 제대로 들었는지 확인해 볼게요. 제가 듣고 이해한 것을 말씀드릴 테니 잘못 오해한 부분은 없는지 알려 주세요."

△ 응답기술

상대방의 질문을 정확하게 듣고 응답하는 것은 효과적인 의사소통을 위해 습득해야 할 중요한 기술이다. 대화를 나눌 때 우리는 상대방의 질문을 제대로 듣지 못하는 경우가 있을 수 있다. 이때 그냥 적당히 얼버무리고 넘어가지 않고 적절하게 바로잡는 응답기술은 의사소통을 원활하게 이끈다.

- 이주여성 도우미 1: 그곳 쉼터에 여성의 입소가 가능한지 알아보기 위해 전화 드렸습니다.

  쉼터 상담원 1: 죄송한데 지금 저희 쉼터는 인원이 차서 입소자를 받을 수가 없네요.

  이주여성 도우미 2: 네, 그런데 제가 알고 싶은 것은 우리나라 여성이 아니어도 입소가 가능한가 하는 거예요.

  쉼터 상담원 2: 아, 죄송합니다. 저희 쉼터는 국내 여성들을 위한 곳이구요, 이주여성들을 위한 쉼터는 따로 있습니다. 그곳의 번호를 알려 드릴까요?

◎ 단어 의미를 확인하는 기술

사람들은 서로 다른 사고 체계를 가지고 있어서 개인에 따라 의사소통에 사용하는 단어들의 의미 또한 다를 수 있다. 중요한 메시지에 사용되는 단어에 대해서 어떤 의미를 포함하고 있는지 질문하거나 공감하는 기술은 오해의 소지를 줄이고 의사소통이 명료하게 이루어지도록 돕는다.

- 영이 1: 전 그 아이를 생각하면 마음이 아려 오는 느낌이 들어요. 그 아이를 수양아들로 삼아 지속적으로 도움을 줄까 해요.

  교정상담사 1: 수양아들이라면, 입양을 하시겠다는 건가요? 제가 입양기관에서 얼마간 일을 했었기 때문에 도움이 되어 드릴 수 있는데요.

  영이 2: 아, 전 그냥 수양언니 삼는 것처럼 가깝게 지내겠다는 의미로 한 이야기예요.

  교정상담사 2: 아, 그렇군요.

② 비언어적 의사소통

인간의 의사소통 중 많은 부분은 비언어적으로 이루어진다고 할 수 있다. 어떤 연구자는 모든 메시지의 약 50%가 얼굴 표정, 특히 눈을 통해서 전달되며, 또한 약 30%는 목소리의 어조나 음조 등을 통해 표현된다고 하였다. 교정상담사는 내담자의 비언어적인 의사소통에 집중하면서 내담자가 말하는 것이 그의 사고나 감정과 일치하는지를 알려 준다. 얼굴 표정, 자세, 눈맞춤(시선접촉), 어조, 신체적 거리, 옷차림과 외양 등이 해당된다.

헴워스와 라센(Hepworth & Larsen, 1986)이 정리한 교정상담사의 비언어적 의사소통 목록과 통합하여 바람직한 태도, 바람직하지 않은 태도를 표로 제시하면 〈표 8-1〉과 같다.

**표 8-1** 비언어적 의사소통기법 목록

|  | 바람직한 태도 | 바람직하지 않은 태도 |
|---|---|---|
| 얼굴 표정 | • 따뜻하고 배려하는 표정<br>• 적절하게 다양하며 생기 있는 표정<br>• 자연스럽고 여유 있는 입 모양<br>• 간간히 적절하게 짓는 미소 | • 눈썹 치켜뜨기<br>• 하품<br>• 입술을 깨물거나 꼭 다문 입<br>• 부적절한 희미한 미소<br>• 지나친 머리 끄덕임 |
| 자세 | • 팔과 손을 자연스럽게 놓은 자세<br>• 상황에 따라 적절한 자세<br>• 클라이언트를 향해 약간 기울인 자세 | • 팔짱 끼기<br>• 클라이언트로부터 비껴 앉은 자세<br>• 계속해서 손을 움직이는 태도<br>• 의자에서 몸을 흔드는 태도<br>• 몸을 앞으로 수그리는 태도<br>• 입에 손이나 손가락을 대는 것<br>• 손가락으로 지적하는 행위 |
| 눈맞춤 | • 직접적인 눈맞춤 문화를 고려한 클라이언트와 같은 눈높이<br>• 적절한 시선 움직임 | • 눈을 마주하기를 피하는 것<br>• 클라이언트보다 높거나 혹은 낮은 눈높이<br>• 시선을 한곳에 고정하는 것 |
| 어조 | • 크지 않은 목소리<br>• 발음이 분명한 목소리<br>• 온화한 목소리<br>• 적절한 말 속도 | • 우물대거나 너무 작은 목소리<br>• 단조로운 어조, 주저하는 어조<br>• 너무 잦은 문법적 실수<br>• 너무 긴 침묵, 들뜬 듯한 목소리<br>• 너무 높은 목소리<br>• 너무 빠르거나 느린 목소리<br>• 신경질적인 웃음<br>• 작은 헛기침, 큰 소리로 말하기 |
| 신체적 거리 | • 의자 사이 거리는 1~2.5m | • 지나치게 가깝거나 먼 거리<br>• 책상이나 다른 물체를 사이에 두고 말하기 |
| 옷차림과 외양 | • 기관의 특성에 맞추어<br>• 클라이언트의 특성에 맞추어<br>• 보통 단정하고 점잖게 |  |

## (3) 나-전달법과 너-전달법

### ① 나-전달법

나-전달법은 나를 주어로 하는 표현으로, 상대방의 구체적인 행동과 그 영향을 비난적이지 않은 방법으로 전달하는 메시지 구조 형태다. 나-전달법은 문제 행동의 책임을 묻는 대신 최종 결정권을 상대방에게 남겨 두기 때문에 감정이 실린 강한 어조로 표현을 하더라도 방어적이지 않게 한다. 나-전달법은 크게 세 부분으로 구분할 수 있다.

- 문제가 되는 특정 행동에 대한 구체적이고 분명한 묘사
- 그 행동으로 인해 내가 경험하는 감정
- 그 행동이 내게 미치는 명백한 영향

---

예)
- (구체적인 행동) "나는 네가 오늘도 약속한 시간에 나타나지 않고 30분이나 늦었을 때엔,
- (감정) 정말 난감하고 당황했어.
- (명백한 영향) 나 혼자 기다린 것도 아니고 여러 사람들이 스케줄을 재조정해야 했거든."

---

이때 나-전달법은 상대방이 문제를 스스로 해결할 수 있도록 돕는 기본적인 의사소통 기술이다. 경우에 따라서는 상대방이 불쾌감을 느끼지 않게 하면서 그 행동에 영향을 줄 수 있도록 나의 요구나 바람을 솔직하게 첨가하여 전달할 수도 있다.

- 나의 요구나 바람

---

예)
- "나는 네가 여러 가지 준비하느라 시간이 촉박했을 건 이해가 가지만 기다리는 다른 사람들의 시간도 똑같이 중요할 거라는 걸 고려해서 약속 시간을 지켜 줬으면 좋겠어."

---

### ② 너-전달법

너-전달법은 일상적으로 널리 사용되고 있는 메시지 전달법으로 나-전달법과 달리 상대방의 기분을 상하게 하거나 방어적이 되게 만든다.

예)
- "넌 좀 솔직해질 필요가 있어."
- "넌 어째 그 모양으로 생겨 먹었냐."
- "야! (너) 제발 말 좀 들어라."
- "(너) 밤늦게까지 돌아다니지 말고 일찍 좀 들어와라."
- "그렇게 딴짓거리만 할 거면 넌 도대체 학교를 왜 다니는 거냐."
- "너 약속 시간 꼭 지켜라."
- "야! (너) 제발 좀 늦지 좀 마라."
- "넌 어쩜 그렇게 네 멋대로 행동하냐."

---

 **연습**

다음의 예를 읽고. 다음 상황에 대해 너−전달법과 나−전달법으로 표현해 보자.

예)

1. 아버지가 퇴근하고 현관 문 안으로 들어서는데. 기다리고 있던 아이가 무언가 요구를 하려고 한다.

▶ **아버지의 너−전달법 표현**

"넌 피곤해서 들어오는 아빠한테 그렇게 얘기해야 되겠냐? 나중에 말해라. 저리 가!"

▶ **아버지의 나−전달법 표현**

"내가 지금 좀 피곤해서. 이 상태로 너랑 얘기하면 짜증을 낼지 모르니까. 좀 있다 얘기했으면 좋겠구나."

2. 친구가 저녁을 사기로 했는데 핸드폰도 안 되고 아무 연락도 없이 만나기로 한 약속 시간에 한 시간이 넘도록 나타나지 않았다.

▶ **친구에게 말하는 너−전달법 표현**

_____

_____

▶ **친구에게 말하는 나−전달법 표현**

_____

_____

3. 급하게 제출해야 할 과제가 있어 도서관에 있다가 늦게 돌아왔는데, 늦는다고 미리 전화도 드렸는데. 엄마는 내가 늦게 들어온 것에 대해 마구 야단을 치신다.

▶ 엄마에게 말하는 너-전달법 표현

_____

_____

▶ 엄마에게 말하는 나-전달법 표현

_____

_____

## 2) 공감적 의사소통기술

### (1) 내용의 반영

내용의 반영은 내담자의 문제, 환경이나 그들의 삶의 다른 면들에 대한 표현을 이해하고 있다는 것을 전달하는 것이다(Carkhuff & Anthony, 1979). 교정상담사는 대부분 내담자에게 문제와 상황에 대해 말하도록 요청하는 것으로 시작한다.

### (2) 감정의 반영

감정의 반영은 내담자가 자신의 문제나 상황, 다른 성원들 또는 교정상담사에 대해 느끼는 언어적·비언어적 표현을 이해하는 의사소통을 말한다. 감정의 전형적인 반영은 내담사가 표현하는 느낌이나 감정을 다시 말함으로써 "당신은 ~을 느끼는군요." 또는 "당신은 ~을 느끼고 있군요."라고 할 수 있다.

### (3) 의미의 반영

의미의 반영은 교정상담사가 내담자의 경험에서 나오는 생각과 의미를 이해하여 전달하는 것이다. 내담자는 초기에 문제나 상황을 설명하면서 그와 관련된 감정을 표현할 수 있다(Carkhuff & Anthony, 1979).

### (4) 결합적 반영

결합적 반영은 내담자가 말하는 내용, 감정, 생각, 의미를 혼합하여 직접적이거나 간접적으로 표현하는 것에 대해 반응하는 것이다.

### (5) 요약

요약은 상담사가 그동안의 상담 과정에서 서로 주고받았던 많은 내용을 반영하는 것이다. 내담자가 탐색하고자 하는 관심사, 문제, 주제를 확인하도록 도와줄 수 있다(Kadushin, 1995).

## 3) 표현적 의사소통기술

### (1) 목적, 역할 및 기대의 명료화

교정상담사에 의해 사용되는 모든 표현적 기술 중에서 가장 기본적으로 중요한 기술은 목적, 역할 및 기대의 명료화라 할 수 있다(Shulman, 1992). 이것은 교정상담사가 새로운 내담자나 집단을 만날 때 가장 먼저 사용하는 의사소통기술 중의 하나다. 교정상담사는 명료화를 통해서 상담 과정의 방향을 정할 뿐 아니라 이 과정을 통해 내담자의 동의를 구하게 된다.

### (2) 질문하기

질문하기나 탐구하기의 의사소통기술은 교정상담사가 질문을 하거나 질문으로 설명을 할 때 사용된다. 상담사의 질문하기는 내담자가 배우고 성장하도록 도울 수 있는 다기능의 도구다. 그러나 너무 많은 내용을 차례대로 질문했을 때 내담자가 상담을 받고 있기보다는 심문을 받고 있는 것처럼 느끼게 할 수도 있다(Kadushin, 1995).

### (3) 초점화

초점(focus)이란 주의하거나 고려해야 할 어떤 핵심의 선택을 의미한다. 즉, 상담사와 내담자는 내담자의 문제에 대한 이해와 문제 해결의 중요한 내용을 중심으로 다루어 나간다. 교정상담사는 초점을 맞추기 위하여 내담자의 이야기를 경청하면서 보다 중요한 것과 적절한 자료를 선택하고 먼저 다루어야 할 것을 명백히 해야 한다.

초점화(focusing)는 상담사가 상담 과정에서 중요한 어떤 부분을 강조하거나 집중시킬 때 사용하는 표현적 의사소통기술이다. 내담자는 때때로 교정상담사와 함께 합의한 목적과 목표에서 벗어난 주제를 이야기할 수가 있다. 그때 교정상담사는 그들이 목표를 향해 나아가도록 새롭게 방향을 되돌릴 필요가 있다. 또한 그들을 위해 강조해야 할 대인 관계의 역동이나 과정을 다룰 수도 있다.

### (4) 부분화

부분화(partialization)는 문제를 이러한 여러 개의 작은 부분으로 나누어 초점을 모으는 것을 말한다. 문제가 복잡하거나 클 경우에는 문제 전체를 동시에 다룬다는 것이 어렵기 때문에 문제를 해결해 나가는 데 집중적으로 또는 먼저 다루어야 할 문제의 부분을 명백하게 가려내는 것이 요구된다.

교도소에서 퇴소한 사람은 '직장, 가족의 요구, 새로운 이웃들에게 어떻게 돌아갈 것인가'라는 생각을 동시에 하면서 두려워할 것이다. 그러나 먼저 그의 부인과 자녀들을 다시 만난 후에 다른 문제들을 처리하게 된다면 훨씬 나을 것이다.

부분화는 내담자가 문제, 관심, 다른 복잡한 현상을 문제 해결에 다루기 쉬운 부분으로 분류하도록 돕는 기술이다(Cournoyer, 1996). 따라서 초기 단계에서 부분화의 기준은 긴급성, 대표성, 처리 가능성을 고려해야 한다.

### (5) 정보 공유

정보 공유하기나 교육하기는 교정상담 과정에서 특히 중요한 기술이다(Cournoyer, 1996; Shulman, 1992; Kadushin, 1990). 때때로 오랫동안 격리되어 있을 수도 있는 내담자는 지역사회 환경 가운데 이용할 수 있는 자원들을 쉽사리 알지 못한다. 따라서 교정상담사가 지역사회 프로그램과 서비스에 대한 정보를 내담자에게 알려 주는 것이다. 또한 교정상담사는 종종 교사나 훈련가의 역할을 수행하고, 훈련이나 교육 목적의 집단을 지도할 때 교사 역할에 대한 많은 양의 정보를 성원에게 일정하게 제공할 수 있다.

### (6) 자기노출

자기노출은 상담사가 자신의 생각과 감정, 삶의 경험을 밝히는 것이다. 상담사가 자신의 감정과 경험들을 적절하게 노출할 때 내담자들은 교정상담사들을 진실하고 진술한 인간으로 인식할 것이다. 상담사의 개인적인 감정과 경험들을 내담자와 함께 나눌 때 신뢰감과 상호 이해를 증진할 수 있다.

### (7) 재구성하기

재구성하기기술은 내담자가 새롭고 다른 방식으로 문제나 상황을 보도록 도와주는 것이다. 이러한 기술은 종종 부정적 상황에 대해 긍정적 면을 인식하도록 돕기도 한다 (Brown 1991; Cournoyer, 1996; Toseland & Rivas, 1995).

### (8) 직면

직면은 대결, 맞닥뜨림이라고도 한다. 내담자에게 말과 행동 사이에 불일치나 모순을 직접적으로 지적하는 것을 의미한다(Cournoyer, 1996). 그러나 직면은 다른 사람들을 공격하거나 비평할 때 쓰는 기술이 아니라, 그들의 행동이 역기능적으로 되거나 언어적 메시지와 비언어적 메시지가 일치하지 않을 때 이용된다.

## 2. 경청기술

### 1) 경청의 이해

### (1) 경청

경청이란 내담자의 말과 행동에 교정상담사가 선택적으로 주목하는 것을 뜻한다. 물론 교정상담사가 내담자의 말과 행동 하나하나를 그냥 흘려보내서는 안 된다. 내담자의 말과 행동을 경청하는 것은 상담을 성공적으로 이끄는 주요 요인이다. 또한 내담자는 교정상담사가 경청하는 것을 좋아한다(이장호, 1982).

### (2) 경청의 장애 극복

경청의 장애 극복을 분석한 연구에서 다음과 같이 8가지로 제시하였다(제석봉 외 역, 2006).

### ① 참을성

내담자는 자신의 감정을 설명할 만큼 충분한 자각이나 통찰력을 가지고 있지 않을 수 있다. 이러한 상황에 교정상담사는 성급해질 수 있는데, 이런 조급함이 경청에 장애가 된다.

## ② 신뢰 구축

상담이 진행됨에 따라 내담자는 존중과 이해를 가지고 반응하도록 자신의 교정상담사에게 의존해도 된다는 것을 알게 된다. 그러나 불행하게도 어떤 경우에는 상담이 진행되면서 내담자가 자신의 교정상담사를 마음속 깊이 신뢰할 수 없다는 것을 배울지도 모른다.

## ③ 소음 통제

전화벨 소리, 팩스, 컴퓨터 신호음, 문자 신호음 등 각종 소리로 경청과 의사소통을 방해할 것이다. 이러한 장비는 모두 꺼 두는 것이 가장 이상적이다. 따라서 상담의 주의집중을 깰 수 있는 것이 전혀 없는 사무실에서 면담을 하는 것을 고려할 수 있다.

## ④ 초점 유지

제일 좋은 방법은 우리의 마음을 바쁘게 하는 것이다. '요약'하고 '환언'하며 그리고 '질문'하는 것들을 통해 경청에 능동적으로 몰입하는 것은 교정상담사가 방심하지 않고 이야기 흐름에서 초점을 유지하도록 도와줄 것이다.

## ⑤ 가정 통제

교정상담사가 다른 사람들이 말하려는 것을 이미 알고 있다고 믿고 새로운 정보에 대해 개방적이지 않다면 경청은 불가능하다. 교정상담사의 분명하고 끈기 있는 주의집중과 침묵은 그들이 경청하고 있다는 착각을 가져올 수 있지만, 그들의 가정과 선입견은 기민한 내담자에게 재빨리 드러나게 된다. 전형적으로 내담자는 자신과 다른 견해를 가지고 있는 사람에 대해 경계하고 방어적이다.

## ⑥ 사적 반응 관리

교정상담사의 긴장과 불안은 내담자가 말하고 있는 것의 내용에 의해서뿐만 아니라 내담자의 태도에 의해서도 일어날 수 있다. 내담자의 정서는 교정상담사의 정서를 불러일으킬 수 있어서, 만약 그것을 점검하지 않을 경우 교정상담사의 경청 능력을 감소시킬 수 있다. 예를 들어, 화가 난 교정상담사 안의 두려움을 자극할 수 있다. 교정상담사는 자신의 두려움이나 위험에 사로잡혀 방어적으로 행동하기 시작할 수 있다. 마찬가지로 우울한 내담자는 우울을 전염시킬 수 있어서 교정상담사가 유사하게 우울하게 되는 원인을 제공한다. 어떤 말과 메시지는 교정상담사의 감정을 유발하는 역할을 해서 잘못된 경청과 이해에 이르게 하기도 한다.

### ⑦ 경청이 동의를 의미하지는 않는다는 것을 알기

사람들은 경청을 때때로 동의하는 것으로 혼동한다. 이러한 잘못된 개념은 사람들이 이야기하는 방식에서 흔하게 나타나는 것이다. 예를 들어, 어떤 사람은 "나는 그에게 내가 원하는 것을 말했어. 그런데 왜 그는 바꾸지 않지? 그는 내 말을 경청하지 않았어."라고 말할 것이다. 그의 바람과 욕구에 응하는 데 실패하는 것이 상대방이 경청하지 않았다는 증거가 된다. 또한 사람들은 경청이 동의로 해석될까 봐 경청하지 않을 수도 있다. 이러한 믿음은 사람들이 효과적으로 의사소통할 수 없는 주요 원인 가운데 하나다.

### ⑧ 맹점 인식

모든 사람들의 참조 체제가 서로 다르기 때문에 우리는 다른 사람이 자신의 세계를 어떻게 경험하고 있는지를 결코 완벽하게 이해하지 못한다. 우리의 이해는 우리가 사건에 부여한 의미와 우리 자신의 생각, 감정에 의해서 항상 어느 정도는 흐려져 있다. 교정상담사 역시 자신의 내담자에게서 듣고 내담자를 이해하는 것을 어렵게 만드는 맹점을 가지고 있다.

## 2) 적극적 경청

### (1) 주의집중

적극적 경청에서 주의집중(attending)은 제석봉 등(2006)에서 살펴보았다. 교정상담사가 경청할 준비가 되어 있고 경청할 의지와 능력이 있다는 사실을 내담자에게 전달하는 방법을 가리키는 용어다.

교정상담사는 확신을 가지고 다음과 같이 세 가지를 사용할 수 있다. 첫째, 내담자에 대한 자신의 감정, 태도 몰입이 진실하다는 점을 보증할 필요가 있다. 둘째, 내담자가 말할 수 있는 공간을 제공함으로써 적극적 경청 과정을 시작해야 한다. 셋째, 교정상담사는 상담 시간을 정확하게 지키고 중요한 세부 사항을 기억하며 서로 합의한 계획에 따라 진행해 나감으로써 자신이 주의집중하고 있다는 것을 보여 줄 수 있다.

### (2) 대화 개시자

대화 개시자(door opener)는 강요하지 않으면서 자연스럽게 상대가 말을 할 수 있도록 대화의 물꼬를 터 주는 역할이다. 상대방이 바로 이야기를 시작한다면 신경 쓸 필요가 없는 부분이지만, 어떤 사람들은 누군가에게 말을 하거나 대화 중에 이야기하기 위해 격려가 필요하다. 이러한 부분에서는 충고를 한다거나 강요나 판단을 하는 말을 해서는 안 된다.

대화 개시자는 '상대방의 비언어적 의사소통에 대한 묘사', '대화에의 초대', '침묵', '대화에의 집중'의 네 가지 요소로 설명될 수 있다.

---

예)

"매우 긴장되어 보이네요. 무엇 때문에 긴장하고 있는지 이야기해 보실래요?"라고 말한 후, 잠시 멈추고 듣는다.

---

### (3) 최소한의 촉진

최소한의 촉진(minimal encourages)은 상대방이 지속적으로 대화를 하도록 격려하는 단순한 반응을 의미한다. 그것은 상대방이 한 말을 잘 듣고 이해하고 있다는 경청에 대한 간결한 확인 표시다. "음-흠.", "그렇구나.", "정말?"과 같은 간략한 구절들이 이에 해당한다. 최소한도로 격려하라는 것은 상대방의 말에 최소한도로 동의한다거나 혹은 동의하지 않는다거나 대화를 틀어 버리거나 혼란스럽게 한다는 그런 의미가 아니다.

---

💬 **연습**

다음 이야기를 듣고 있다면 어느 부분에 어떻게 최소한의 촉진적인 구절들을 넣겠는가? 적어 보시오.

• "출소한 지가 엊그제 같은데 벌써 2년이나 되었어요.(                    )
  그런데 변한 건 별로 없어요. (                    )
  출소하게 되면 모든 게 달라지고 훨씬 자유롭고 즐거울 줄 알았는데요. (                    )
  늘 똑같은 일상생활의 연속이에요.(                    ) "

---

### (4) 질문

대화를 할 때 말을 하고 있는 상대방이 아닌 메시지 수신자 자신에게 초점을 맞추고 질문을 한다면, 이때 질문은 의사소통에 장애물이 될 수 있다. 대화에서 말을 하고 있는 사람을 내 자신의 생각을 틀 안에 넣으려고 하지 않으려면, 그들의 생각을 탐색하도록 열린 질문을 하는 것이 바람직하다. 그리고 대화의 흐름을 막지 않도록 한 번에 한 가지씩만 질문하라. 예를 들어, 오랜만에 가족들을 만나서 가족들과 알차게 보내고 싶은 욕구에 대한 대화 중에 "가족들과 어떻게 보내는 게 알차게 보내는 건가요?"라는 질문을 통해 보다 구체적으로 상대방의 경험, 믿음, 느낌 등에 대한 중요한 사실을 이끌어 낼 수 있다.

### (5) 환언하기

환언은 내담자의 말과 아이디어를 당신 자신의 말로 바꿔 말해 보는 것이다. 환언은 내담자가 말한 것을 그대로 반복하는 것과는 다르다. 반복은 기억을 확인하는 것이지만, 말과 아이디어가 이해되었다는 것을 의미하지는 않는다. 환언은 생각을 다른 각도에서 진술하는 방법이다(제석봉 외 역, 2006).

### (6) 침묵

침묵(silence)은 제석봉 등(2006)에서 다음과 같이 설명하고 있다.

#### ① 내담자는 생각하고 있다

내담자에게 시간이 필요할 때, 교정상담사는 계속 주의집중하면서 눈맞춤, 개방적인 자세 등을 통해 자신들의 관심과 참여를 비언어적으로 보여 줄 수 있다.

#### ② 내담자는 무슨 말을 할지 혼란스러워한다

내담자가 혼란에 빠져 입을 다물고 있을 때, 침묵이 계속되도록 허용하는 것은 내담자의 불안을 유지 혹은 증가시킨다. 이러한 상황에서는 침묵을 중단시키고 의미나 방향, 기대를 명확하게 하는 것이 좋다. 환언, 요약, 부연 설명 그리고 심지어 반복도 이러한 상황에서 도움이 될 수 있다.

#### ③ 내담자는 고통스러운 감정을 가지고 있다

내담자가 강렬한 감정과 싸우고 있을 때, 교정상담사는 침묵이 계속 유지되도록 허용하고 침묵을 공감으로 지지할 필요가 있다.

#### ④ 내담자는 신뢰 문제에 시달리고 있다

상담 관계에서 신뢰가 형성되기 전에 내담자는 사적인 정보를 드러내는 것을 꺼릴 것이다. 그들은 침묵을 통해 자신의 망설임을 드러낼 것이다. 이것은 정상이며, 사람들이 거부를 피하고 사적인 문제를 통제하고 있다는 감정을 유지하는 자기보호 방법이다.

#### ⑤ 침묵은 내담자의 일상적인 방식이다

어떤 내담자는 천성적으로 조용하다. 그들은 길거나 혹은 동시적인 응답에 익숙하지 않으며, 자신의 아이디어를 드러내지 않는 것이 더 편안할 것이다.

#### ⑥ 내담자는 종결에 도달했다

침묵은 특별한 주제 혹은 아이디어에 관하여 더 이상 말할 것이 존재하지 않을 때에도 발생한다.


## 3. 공감기술

### 1) 공감의 이해

공감(empathy)이란 상담 또는 모든 인간관계의 기본적인 기술로서 다른 사람, 즉 상대방의 눈을 통해서 세상을 볼 수 있는 능력이다. 교정상담사의 도움 상황(helping situation)에서 마치 내담자의 피부 속 깊이 파고 들어가서 그가 느끼는 상황을 느끼고, 그가 세상에서 경험하는 것과 똑같은 경험을 할 수 있는 능력이라 할 수 있다. 이러한 공감 능력이 내담자와 관계하는 일의 상황에서 구체적으로 나타날 때에는 '내담자의 감정(feeling), 포부(aspiration), 가치, 신념, 지각(perception)'을 정확하고 민감하게 감지하는 능력 그리고 이러한 교정상담사의 이해를 내담자에게 의사소통을 통해 충분히 전달할 수 있는 능력의 표현을 의미한다.

공감 또는 감정이입은 다른 사람의 감정 속에 들어갈 수 있는 능력을 의미하지만, 타인의 감정 속에 들어가되 나 자신을 잃지 않으면서 몰입하는 일이다. 감정이입은 교정상담사가 다른 모든 체계와 더불어 생산적인 일을 하는 데 요구되는 중심적인 능력 가운데 하나다.

## 2) 공감의 유형

공감의 세 가지 유형은 기본적 공감, 추론적 공감, 초대적 공감의 내용으로, 〈표 8-2〉와 같이 살펴보고자 한다(제석봉 외 역, 2006).

**표 8-2** 공감의 유형

| 유형 | 설명 | 사용 목적 | 해설 |
|---|---|---|---|
| 기본적 공감 | 분명하게 표현된 감정에 대한 반응 | • 감정의 표현을 계속하도록 격려하기 위해<br>• 감정을 듣는 능력을 확인시키기 위해 | • 기본적 공감은 신뢰 발달에 기여한다.<br>• 상담자가 감정을 다루려는 의지와 능력이 있다는 것을 내담자에게 보여 준다. |
| 추론적 공감 | 비언어적 단서, 감정을 나타내 주는 다른 표식에 대한 반응 | • 의사소통에서 감정을 언어적 채널로 이동시키기 위해 | • 추론적 공감은 내담자를 더 걱정하게 만들 수 있다. 왜냐하면 그들이 피하거나 억누르거나 숨기고 싶어 했던 감정이 겉으로 드러났다고 느끼기 때문이다.<br>• 추론적 공감은 내담자의 통찰력을 촉진시킨다. |
| 초대적 공감 | 감정에 대해 이야기하도록 내담자를 격려 | • 감정에 대해 토론하도록 자극하기 위해<br>• 감정을 일반화하기 위해 | • 초대적 공감은 감정에 대해 말하기 꺼려하거나 말할 수가 없는 내담자와 일할 때 유용하다.<br>• 공감을 사용하는 시기의 포착이 중요하며, 상담자는 부드럽고 시험적인 태도로 초대적 공감을 제시해야 한다. |

## 3) 공감을 이끄는 반응

공감을 이끄는 반응은 기본적 공감의 공식 ['~때문에(또는 ~할 때)', '~한 느낌이 드는군요.']로 표현할 수 있다. 여기서 '~때문에'는 특정 감정을 느끼게 한 정확한 경험과 행동을 지적한다. '~한 느낌이 드는군요.'에서는 내담자가 드러낸 정확한 정서를 가리킨다. 예를 들어, "~씨가 ~하지 않아 ~화가 치밀었군요.", "당신은 ~라고 느끼는군요." 등이다. 한편, 부적절한 공감의 반응은 무반응, 주의를 분신시키는 질문, 상투적 어구, 해석, 차단, 충고, 되뇌기, 공감 암시, 동정 및 동의 등을 들 수 있다.

## 4. 수용기술

### 1) 수용의 이해

수용(acceptance)이란 교정상담사가 클라이언트의 장점, 여러 약점, 잠재력과 제한, 바람직한 행동이나 바람직하지 않은 행동, 긍정적 감정과 부정적 감정 등을 가진, 실제로 있는 그대로의 모습을 편견 없이 받아들이는 것을 뜻한다. 교정상담사들에게 가치, 정형화된 클라이언트의 성향, 편견 등과 관련한 차이에 대한 자기인식을 요구한다. 예를 들어, 교정상담사가 성폭력 가해자나 딸을 근친상간한 아버지, 성전환자, 상습적 마약 복용자, 가정폭력 가해자, 죽어가는 환자, 중증 장애자, 말기 암 환자 등을 처음 대할 때, 이들을 수용하는 일은 매우 힘든 일이며 이들의 문제에 대한 깊은 이해와 자기인식의 확장이 필요하게 된다. 또한 일탈적 태도나 행동의 승인을 의미하는 것은 아니다. 수용의 대상은 '선하거나 좋은 것'이 아니라 '진실한 것'이다. 수용의 대상은 있는 그대로의 현실이다.

수용의 목적은 치료적인 것이다. 교정상담사는 내담자가 나타내고 있는 그대로의 자신을 바라보도록 안정감을 느끼게 하며, 더욱 현실적인 방법으로 내담자의 문제와 자신을 처리할 수 있도록 바람직하지 못한 방어기제에서 벗어나도록 돕는 것이다(Biestek, 1973).

수용하기 위해 교정상담사는 내담자에 대한 완전한 이해를 해야 하며, 내담자와의 가치관 차이를 극복하여야 한다. 그리고 수용하는 것과 동의하는 것과의 차이를 인식하고 있어야 하며, 수용과 비심판적인 태도는 기본적으로 같은 태도이지만 다른 면도 있다. 내담자를 수용함에 있어서는 여러 가지 저해 요인을 줄여 나가려는 노력을 해야 한다.

### 2) 수용의 장애 요인

수용의 장애 요인은 8가지로 요약하여 볼 수 있다(Biestek, 1973). 첫째는 인간의 행동 양식에 관한 불충분한 지식이다. 둘째는 교정상담사 자신에 관한 불충분한 이해다. 셋째는 교정상담사 자신의 감정을 내담자에게 주입시키는 것이다. 넷째는 편견과 선입관을 가지는 것이다. 다섯째는 보증되지 않는 재보증을 하는 것이다. 여섯째는 수용과 승인 간의 혼돈이다. 일곱째는 내담자에 대한 존경심의 상실이다. 여덟째는 과잉동일시다.

# 5. 질문기술

## 1) 질문의 유형

### (1) 개방적 질문

개방적 질문은 내담자에게 자신이 선택한 방식으로 자유롭게 대답할 수 있는 '칸'을 제공하여 자신이 원하는 만큼 정하여 대답할 수 있다. 대부분의 개방적 질문은 '5w와 how(누가, 무엇을, 어디서, 언제, 왜, 어떻게 —who, what, where, when, why and how)'다.

### (2) 폐쇄적 질문

폐쇄적 질문은 '예', '아니요'로 쉽게 대답될 수 있다. 따라서 상담하는 사람이 사실을 확인하고 구체적인 정보를 획득할 수 있다. 폐쇄적 질문은 세부적인 반응을 불러일으키지 않기 때문에 효과적으로 상담을 종결하거나 지나치게 말이 많은 내담자의 속도를 늦출 수 있다.

### (3) 간접질문

간접질문 또는 내재적 질문은 질문처럼 작용하는 표현법이다. 간접질문은 정보를 찾는

**표 8-3** 질문의 유형

| 유형 | 설명 | 장점 | 단점 | 예시 |
|---|---|---|---|---|
| 개방적 질문 | 더욱 확장된 대답을 촉진하는 질문 | • 제한되지 않은 대답을 가능케 함<br>• 내담자에게 대답에 대한 통제권을 줌으로써 권한 부여 | • 대답하는 데 더 많은 시간을 소비함<br>• 내담자가 대답하기에는 좀 더 도전적 | • 오늘 저녁 계획은 무엇인가요?<br>• 어떻게 느끼나요? |
| 폐쇄적 질문 | '예' 혹은 '아니요'로 대답 가능한 질문 | • 구체적인 정보를 제공<br>• 사실, 결론 또는 동의를 확인<br>• 초점을 제한함으로써 상담의 속도를 늦춤<br>• 내담자가 대답하기 쉬움 | • 대답을 제한<br>• 반복될 때 내담자가 심문받는 것 같은 느낌을 받음 | • 오늘 밤에 부모 모임에 갈 건가요?<br>• 당신이 말하고 싶었던 것을 모두 말했나요? |
| 간접 질문 | 질문처럼 작용하는 표현법 | • 전통적인 질문보다 덜 위협적 | • 내담자가 응답하지 않을 수 있음 | • 당신이 오늘 저녁에 계획이 있는지에 관심이 있습니다. |

* 출처: 제석봉 외(2006).

좀 더 부드러운 방법이다. 간접질문의 단어는 직접적인 개방적·폐쇄적 질문보다 덜 위협적인 경향이 있다. 특히 공감과 같은 다른 기술과 결합될 때, 간접질문은 단조로움과 계속되는 위협을 깨트리는 데 효과적이다.

### 2) 피해야 할 질문

피해야 할 질문은 전문용어 사용, 유도질문, 과도한 질문, 복수질문, 부적절하고 때에 알맞지 않은 질문, '왜'라는 질문이다.

### 3) 내담자가 질문에 대답하지 않을 때

내담자가 질문에 대답하지 않을 때에는 '질문을 이해하지 못할 때, 목적을 이해하지 못할 때, 대답을 모를 때, 자신의 대답을 사적이라고 믿을 때'이다.

### 4) 질문과 서로 다른 문화 간 의사소통

교정상담사는 다른 전문가들의 상담과 질문 방법이 문화적으로 편향되지 않도록 주의할 필요가 있다. 예를 들어, 사람들은 질문에 반응하는 방법에서 커다란 차이점을 가질지

**표 8-4** 질문을 위한 지침서

| 하지 말아야 할 것 | 해야 할 것 |
|---|---|
| • 내담자에게 질문공세를 퍼붓는다.<br>• 한 번에 한 가지 이상의 질문을 한다.<br>• 내담자와 그들의 대답을 통제하기 위한 유도질문을 한다.<br>• 비난 또는 판단을 나타내는 '왜'라는 질문을 한다.<br>• 알아야 할 이유가 없거나 또는 대답을 얻어야 할 권리가 없을 때 질문을 한다. | • 일련의 여러 기술로 상담의 균형을 맞추고 상담에 다양성을 더한다.<br>• 각 질문 후에는 잠깐 멈추어서 내담자에게 대답할 시간을 준다.<br>• 요약, 공감과 같은 반응은 이해를 확인하는 데 있어서 중요하다는 것을 기억한다.<br>• 한 번에 하나의 질문을 한다.<br>• 특정한 질문을 부적절하게 만드는 문화적 규범이나 개인적 차이를 존중한다.<br>• 특정한 목적을 위해 질문한다. |

* 출처: 제석봉 외(2006).

도 모른다. 다양한 문화의 구성원과 효과적인 관계를 가지려고 할 때 교정상담사는 정형화, 지나친 일반화를 피할 필요가 있다.


# 6. 명료화기술

명료화(明瞭化)는 내담자의 말 속에 내포되어 있는 뜻을 내담자에게 명확하게 말해 주는 것이다. 명료화는 내담자가 말하고자 하는 의미를 교정상담사가 생각하고, 이 생각한 바를 다시 내담자에게 말해 준다는 의미에서 내담자의 말을 단순히 재진술하는 것만은 아니다. 다시 말해서, 명료화는 내담자의 실제 반응에서 나타난 감정 또는 생각 속에 암시되었거나 내포된 의미를 내담자에게 보다 분명하게 말해 주는 것이다.

이때 내담자가 언급하는 내용은 어디까지나 내담자의 표현 속에 포함되었다고 교정상담사가 판단한 것이 된다. 즉, 명료화의 자료는 내담자 자신은 미처 충분히 자각하지 못하는 의미 및 관계다. 내담자가 애매하게만 느꼈던 내용이나 불충분하게 이해한 자료를 교정상담사가 말로 정리해 준다는 점에서, 명료화는 내담자에게 자기가 이해를 받고 있으며 상담이 잘 진행되고 있다는 느낌을 갖게 해 준다. 그리고 내담자로 하여금 미처 생각하지 못했던 측면을 다시 생각하도록 하는 자극제가 되는 것이다(이장호 외, 1999; 이현림, 2015).

**표 8-5** 반영, 명료화, 직면, 해석 반응의 비교 예시

---

내담자: "지난 밤 꿈에 저는 아버지와 사냥을 갔는데, 제가 글쎄 사슴인 줄 알고 쏘았는데 나중에 가까이 가 보니까 아버지가 죽어 있었습니다. 그래서 깜짝 놀라 잠을 깨었습니다. 〈디어 헌터(Deer Hunter)〉라는 영화를 본 지 며칠 안 돼서 그런 꿈을 꾸었는지 모르겠어요."

(1) **반영**: "그런 끔찍한 꿈을 꾸고 마음이 몹시 당황했겠군요."

(2) **명료화**: "꿈이었겠지만, 총을 잘못 쏘아서 아버지를 돌아가시게 한 죄책감 같은 것을 느꼈는지도 모르겠군요."

(3) **직면**: "너무 권위적이고 무관심한 아버지가 혹시 일찍 사고로 세상을 떠났으면 하는 생각이 마음 구석에 있었을지도 모르겠군요."

(4) **해석**: "부모에게 효도해야 한다는 동양 문화권에서 볼 때 그런 꿈을 꾸었다는 사실에 마음이 심란하기도 하겠지요. 그리고 한편으로는 권위적 존재에 대한 적개심을 간접적으로나마 인정하고 표현했다는 점도 중요하겠지요."

---

## 7. 직면

직면에 대해서 살펴보면 다음과 같다(이장호 외, 1999; 현정환, 2007).

### 1) 직면의 이해

직면(直面)은 내담자가 모르고 있거나 인정하기를 거부하는 생각과 느낌에 대해서 주목하도록 하는 교정상담사의 언급(또는 지적)이다. 가령, 내담자가 모르고 있는 과거와 현재의 연관성, 행동과 감정 간의 유사점 및 차이점 등을 지적하고 그것에 주목하도록 하는 것이다. 직면은 내담자의 변화와 성장을 증진시킬 수도 있는 반면, 내담자에게 심리적인 위협과 상처를 줄 수도 있다. 그만큼 직면은 강력한 것이다. 따라서 교정상담사는 직면 반응을 사용할 때 시의성, 즉 내담자가 그것을 받아들일 수 있는 준비가 되어 있는지를 면밀히 고려해야 한다. 또한 교정상담사의 직면 반응은 내담자를 배려하는 상호 신뢰의 맥락에서 행해져야 하며, 내담자에 대한 상담자의 좌절과 분노를 표현하는 수단으로 사용되어서는 안 된다.

### 2) 직면 시기

첫째, 내담자 스스로는 깨닫지 못하고 있지만 그의 말이나 행동에서 어떤 불일치가 발견될 때 교정상담사는 이 불일치를 지적할 수 있다.

둘째, 내담자로 하여금 자신의 욕구에 의해서만 상황을 바라볼 것이 아니라 상황을 있는 그대로 볼 수 있도록 하는 데 직면 반응이 사용될 수 있다. 달리 말하면, 교정상담사는 직면 반응을 통해 내담자로 하여금 그가 경험하고 있는 상황에 대한 대안적인 첨조의 틀을 가지게 함으로써 기존 경험상의 왜곡을 해소하도록 할 수 있다. 그리고 직면 반응은 내담자가 상담에서 어떤 화제를 피하거나 다른 사람의 의견이나 생각, 느낌 등을 받아들이려 하지 않을 때, 이를 내담자에게 이해시키는 데에도 사용될 수 있다.

### 3) 직면 반응을 사용할 때 주의 사항

내담자의 부정적 측면에 초점을 맞추거나 내담자 자신의 한계를 깨닫도록 하는 것이 직면 반응의 목적의 전부가 아니라는 점이다. 직면 반응에는 내담자가 미처 깨닫지 못했거나 사용하지 않은 능력과 자원을 지적하여 주목케 하는 것도 포함된다. 그리고 이러한 직면 반응은 내담자가 교정상담사를 깊이 신뢰하고 있고, 교정상담사가 내담자의 성장과 변화를 진술하게 배려하는 분위기에서 행해지는 것이 바람직하다.

---

 **연습**

교정상담사 1: 이야기를 들어 보니 당신은 자신이 능력도 있고 충분히 좋은 자질도 갖추고 있다고 생각하고 있는 것 같습니다만. 한편으로는 전혀 자신감이 없는 것처럼 말씀하시니 좀 이해하기가 쉽지 않습니다만…….

내담자 1: 지금은 전혀 자신이 없습니다. 이제 취업을 포기해야겠다고 생각합니다.

교정상담사 2: 정말 그렇게 해도 괜찮아요? 왠지 또 다른 마음도 있다고 생각합니다. 지금 하신 말씀이 본심이라고 생각되진 않는군요. 아직 상담 중인데 벌써 결정을 내리는 것은 너무 성급한 판단이라고 생각되네요.

 **해설**

이 사례는 교정상담사가 매우 적극적으로 내담자의 모순된 모습에 대해서 직면을 시도하고 있다고 할 수 있다. 상담이 진행되는 동안 내담자의 마음에는 다양한 기분이 작용한다. 그러나 중대한 결정과 관련된 상담을 하는 경우에는 도중에 성급한 결정을 내리지 않도록 상담이 원만하게 종결될 때까지 진행될 수 있도록 노력해 나가야 한다.

출처: 현정환(2007).

---

## 8. 해석기술

해석기술에 있어서는 해석의 이해, 해석의 시기, 해석의 제시 형태로 살펴보았으며(이장호 외, 2004), 해석과 관련된 지침은 엄명용 등(2015 재인용)의 연구 내용을 살펴보았다.

### 1) 해석의 이해

해석(interpretation)은 치료 관계에서 나타나는 내담자의 행동의 의미를 설명하고 때로는 가르치기도 하는 것으로, 행동에 대한 단순한 설명이 아닌 자아가 더 깊은 무의식의 자료를 탐색할 수 있도록 도와주는 기능이다. 해석은 내담자의 여러 언행들 간의 관계 및 의미에 대한 가설(假設)을 제시하는 것이다. 즉, 내담자로 하여금 과거의 생각과는 다른 각도에서 자기의 행동과 내면 세계를 파악하게 하는 것이다.

해석의 의미나 범위는 전문가들에 따라 다르게 설명된다. 예를 들면, 고전적 정신분석가들은 주로 내담자를 저항의 본질에 직면시키려 하는 언급만을 해석으로 간주한다. 또한 '인간 중심 치료'의 교정상담사들은 일적인 해석은 피하고, 주로 감정의 명료화나 반영을 사용한다. 이들은 해석이 저항을 조장하며 교정상담사에게 너무 많은 치료적 책임을 갖게 한다고 주장한다. 그러나 실제로는 감정의 반영도 대부분 온화한 해석이라고 볼 수 있는 것이다.

감정을 반영할 때에는 항상 내담자가 제시한 자료 중에서 선택하되 내담자가 표현한 것 중에서 가장 정서적인 색채를 띤 감정들을 반영한다. 감정 반영에서는 어느 감정이 내담자에게 가장 중요하고 의미가 있는가를 판단하여야 하고, 감정의 명료화에서는 내담자가 원래 제시한 것보다 더 많은 의미를 추가하여 반응한다. 따라서 교정상담사가 내담자의 감정을 반영하고 명료화하는 것은 해석적인 반응과 전연 별개의 것이라고 볼 수 없고, 모두가 하나의 연속체에 속한다고 보아야 할 것이다. 교정상담사의 반영·명료화·직면 및 해석은 각기 다르게 표현되지만, 반응 내용의 정도 및 깊이의 차이가 있을 뿐이다. 다시 말해서, 내담자가 내면 세계에 접근하는 깊이의 정도는 '반영 → 명료화 → 직면 → 해석'의 순이라고 말할 수 있다. 또한 내담자가 의식하지 못하는 의미까지 지적·설명해 준다는 면에서도 해석이 가장 어렵고 무의식에 관한 '분석의 전문성'을 요하는 것이다. 정신분석적 관점에서 말하면, 명료화는 방어기제를 분명히 인식시켜 주는 것이고, 직면은 방어기제의 원인적 불안을 자각시키는 것이며, 해석은 그 방어와 원인적 불안 간의 관계 및 결과적 의미를 의식화시키는 것이다. 분석적 해석을 중심으로 하는 심리치료가 '통찰 저항적 치료(洞察抵抗的治療)'라고 불리는 이유도 여기에 있다고 할 수 있다(이장호 외, 2004).

해석의 방법은 행동 및 성격 변화의 원리와 가정에 따라 결정되는 것이 적절하기 때문에 해석 방법의 일반적 지침을 말하기는 힘들다. 사례에 따라 적절히, 그리고 다양하게 활용될 수밖에 없을 것이다. 한편, 해석을 하는 데 있어서 중요한 제한점은 해석이 위협을 주는 경우다. 내담자가 새로운 지각과 이해를 받아들이려 하지 않을 때는 저항이 일어날 수도 있다. 이때 해석은 내담자의 자기탐색을 감소시키는 결과를 초래할 수도 있다. 또한 해석 때문에 내담자가 자신의 문제를 지나치게 주지화(主知化)하는 경향을 초래할 수도 있다.

다시 말해서, 주지화는 클라이언트가 자기의 내면적 감정을 드러내지 않으려는 방어 수단으로 이용될 수 있다는 것이다. 그러나 앞에서 설명된 해석의 일반적 지침을 따르고 내담자의 수준과 문체의 특성에 대한 예민한 감각을 갖는 한, 이러한 제한점은 충분히 극복할 수 있는 것이다.

## 2) 해석의 시기

해석을 하는 데 있어서 가장 중요한 것은 시기의 문제다. 해석은 내담자가 받아들일 준비가 되어 있다고 판단될 때 조심스럽게 하는 것이 중요하다. 즉, 내담자가 거의 깨닫고는 있으나 확실하게 개념화하지 못하고 있을 때에 해석을 해 주어야 가장 효과적이다. 다시 말해서, 내담자가 스스로 거의 깨달은 후에 해석을 하거나 내담자가 스스로 해석을 내리도록 인도하는 것이 가장 현명하다. 받아들일 준비가 되어 있지 않을 때 해석하면 내담자의 심리적인 균형이 깨지고 몹시 불안해진다.

대체로 상담의 초기 단계에는 감정의 반영을 많이 하게 되며, 다음에 내담자의 성격과 태도로 명료화하는 해석을 한다. 흔히 구체적인 내용의 해석과 보다 심층적인 해석은 상담 관계가 형성되는 중반기까지는 보류한다. 일반적으로 내담자의 성격을 파악하지 못했을 때에나 해석의 실증적 근거가 없을 때에는 해석을 하지 말아야 한다. [그림 8-1]은 이상에서 말한 해석의 기법과 상담 과정 간의 관계를 표시한 것이다(이장호 외, 1982).

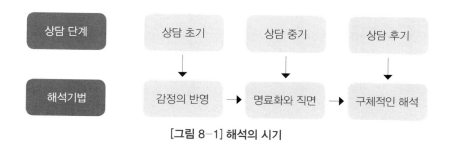

[그림 8-1] 해석의 시기

## 3) 해석의 제시 형태

### (1) 잠정적 표현

교정상담사가 판단한 내용을 단정적으로 해석해 주기보다는 암시적이거나 잠정적인 표현으로 한다. 예를 들면, "그것이 바로 당신의 문제입니다."라고 말하지 않고, "그것인 것 같은데요." 혹은 "당신은 그 점을 가장 고려해야 할 것 같습니다."라고 말한다.

또는 "~하기 때문에 다신이 그렇게 느끼는 것입니다."라고 말하기보다는, "당신이 그렇게 느끼는 한 가지 이유로 ~라고 생각해 보는 것이 좋을지 모르지요."라고 말한다. 또한 내담자의 저항을 줄이기 위하여 다음과 같이 암시적이고 부드러운 표현을 쓴다.

- "아마 ~하지 않아요? ~ 할 것 같은데요."
- "~라고 생각하세요?"
- "~인지 궁금한데요."
- "~라고 생각하는 것이 적당한 것 같군요."

다음에서 해석의 적절한 표현 양식과 부적절한 표현 양식 몇 가지를 소개한다.

### 적절한 표현 양식

- "이 생각에 찬성하는지요?"
- "이렇게 말하는 것이 옳을까요?"
- "당신은 ~라고 생각하는 것 같군요."
- "당신은 이것이 유일한 해결책이라고 느끼는 군요."

### 부적절한 표현 양식

- "나는 당신이 ~게 해야 한다고 생각합니다."
- "당신이 꼭 해야 할 것은 ~"
- "나는 당신이 ~하기를 원합니다."
- "당신은 ~하도록 노력해야 할 거예요."
- "만약 ~하지 않는다면 당신은 후회할 거예요."

## (2) 점진적 진행

상담의 해석은 내담자의 생각보다 뒤늦어서도 안 되지만 너무 앞서도 바람직하지 못하다. 그래서 내담자가 생각하거나 느낀다고 믿는 방향으로 한 걸음 정도 앞서서 점차적으로 진행하여야 한다. 예를 들면, 다음과 같다.

> 내담자 1: 아버지께 그러한 이야기를 하기가 무척 힘들어요.
>
> 교정상담사 1: 그런 말을 하면 아버지가 불쾌하게 나오실 것 같은 두려움이 있을지도 모르지요.
>
> 내담자 2: 그래요. 그러나 나는 아버지께 직접 말씀드릴 필요를 못 느낍니다.
>
> 교정상담사 2: 그건 긴장되고 용기가 필요한 일이지요. 그런데 당신은 그걸 말씀드려야겠다고 생각
> 하고는 있군요. 그렇게 하는 것이 당신의 마음을 정리하고 아버지로부터 올바른 이해를 받
> 을 수 있는 길이라는 말이죠. 아버지께 이야기하고 나면 한결 가벼워지겠군요.
>
> 내담자 3: 예: 일단 말씀드리고 나면 더 이상 심각하게 고민할 것 같지 않아요.
>
> 교정상담사 3: 그런 것이 마음의 부담을 청소하는 과정이라고 할 수 있죠.

### (3) 반복적 제시

필요하고 타당한 해석이 내담자로부터 저항을 받게 되면, 교정상담사는 적절한 때에 다른 부수적인 경험적 증거를 제시하면서 해석을 반복해야 할 필요가 있다. 흔히 클라이언트들은 처음의 해석을 이해 또는 수용하지 못하다가 나중에 이해하는 경우가 많기 때문이다.

> 교정상담사 1: 오늘 네가 그렇게 한 것을 보면 집에 없어야 네가 마음 놓고 지낼 수 있겠다는 느낌
> 이 있는 모양이군.
>
> 내담자 1: 반드시 그런 것은 아니에요. 형과 대화가 잘될 때도 있으니까요.
>
> 교정상담사 2: 너의 자존심을 건드리지 않는 화제의 경우에는 대화가 그런대로 괜찮게 진행되겠지.
> 그렇지만 역시 형이 집에 없어야 내가 열등감을 덜 느끼고 마음도 편할 것이라는 말이지.

### (4) 질문 형태의 제시

해석은 내담자를 통해 얻은 예감이나 가설을 바탕으로 하는 것이기 때문에 가능하면 사실적으로 표현하기보다는 질문 형태로 하며, 내담자 스스로가 해석을 하도록 하는 것이 바람직하다. 해석적 질문 형태에는 선도적 질문, 의미 탐색적 질문, 해석적 질문, 직면적 질문의 네 가지가 포함된다. 예를 들면, 다음과 같다.

- 선도적 질문: "그런 생각에 대해 조금 더 이야기해 보겠어요?"
- 의미 탐색적 질문: "그것은 당신에게 어떤 의미를 주는 것이지요?"

- 해석적 질문: "지금 당신이 여자들을 믿지 못하게 된 것은, 어머니가 당신을 잘 보지 못했기 때문이라고 생각하나요?"
- 직면적 질문: "당신은 그렇게 자신을 계속 학대해도 괜찮다고 생각하나요?"

### (5) 감정적 몰입을 위한 해석

흔히 초심자들은 내담자의 생각이나 내면적 동기만을 해석하려는 경향이 있다. 즉, 지적인 차원에 국한된 것으로 잘못 생각하는 것이다. 그러나 유능한 교정상담사는 지적인 차원보다는 감정적인 차원에 초점을 맞춘 해석을 많이 한다.

> **교정상담사 1:** 당신은 그 친구들에 대해 무관심한 제3자의 것처럼 이야기하는데, 그 친구들과 같이 있을 때는 어떤 걸 느끼지요?
>
> **교정상담사 2:** 당신은 그 남자가 결혼한 것에 대해 이야기할 때마다 석연치 않은 표정을 보이는 것 같은데……. 당신이 아직도 그 사람이 떠나간 것에 대해 상처를 받고 있다는 느낌이 나에게 드는군요. 혹시 나의 그런 점이 거리가 먼 것인가요?

## 4) 해석과 관련된 지침

카두신과 카두신(Kadushin & Kadushin, 1997)은 해석과 관련한 지침을 다음과 같이 제공하고 있다.

- 내담자와 긍정적인 관계를 형성한 후에 해석을 제공할 것을 고려해 본다.
- 해석이라는 내용이 충분한 타당성을 갖고 있고 이를 뒷받침할 정보를 가지고 있을 때 해석을 제공한다.
- 임시적 가설의 형태로 해석을 제공한다. 이는 내담자가 상담사의 진술을 반드시 수용해야 할 필요가 없음을 전제로 하고 있는 것이다.
- 해석을 제공하였을 때 내담자의 반응을 살펴 내담자가 해석을 수용한 정도를 관찰한다.
- 내담자가 해석에 대해 동의하지 않을 때 자신의 해석에 대해 방어하거나 사과할 필요가 없으며, 내담자의 거부감을 수용한다.

**참고문헌**

서혜석, 김영혜, 강희양, 이난(2017). 의사소통과 대인관계. 경기: 정민사.

서혜석, 이혜숙, 한경리, 이윤형(2017). 사회복지실천기술론(제3판). 경기: 양서원.

서혜석, 이난, 조경덕, 이정상, 한경리(2019). 집단상담. 경기: 양서원.

서혜석, 강희양, 신동열, 이미영, 한경리(2020). 상담이론과 실제. 경기: 아카데미아.

엄명용, 노충래, 김용석(2015). 사회복지실천기술의 이해. 서울: 학지사.

이장호(1982). 상담심리학. 서울: 박영사.

이장호, 정남운, 조성호(1999). 상담심리학의 기초. 서울: 학문사.

이현림(2015). 집단상담 이론과 실제. 경기: 양서원.

이형득, 설기문(1987). 조력기술훈련의 실제. 경북: 형설출판사.

현정환(2007). 상담심리학. 경기: 양서원.


Biestek, F. P. (1957). *The casework relationship*. Chicago, Illinois: Loyola University Press.

Biestek, F. P. (1973). *The casework relationship*. London: Unwin University Books.

Brown, L. N. (1991). *Groups for growth and change*. New York: Longman.

Carkhuff, R. R. (1971). *The development of human resources* (p. 170). New York: Holt, Rinehart & Winston, INC.

Carkhuff, R. R., & Anthony, W. A. (1979). *The skills of helping*. Amherst, MA: Human Resource Development.

Cournoyer, B. R. (1996). *The social work skills workbook* (2nd ed.). Pacific Grove, CA: Brooks/Cole.

Gerard, E. (1999). 유능한 상담자 (*Skilled helper*). (제석봉, 유계식, 박은영 역). 서울: 학지사.

Gordon, T. (1975). *Parent effectiveness training*. New York: New American Library.

Hepworth, D. J., & Larsen, J. A. (1986). *Direct social work practice: Theory and skills*. Chicago: Dorsey.

Kadushin, A. (1990). *Supervision in social work* (3rd ed.). New York: Columbia University Press.

Kadushin, A., & Kadushin, G. (1997). *The social work interview: A guild for human ervice professionals* (4th ed.). New York: Columbia University Press.

Mehrabian, A. (1972). *Nonverbal communication*. Aldine-Atherton, Chicago, Illinois.

Mehrabian, A. (1981). *Silent messages: Implicit communication of emotions and attitudes* (2nd ed.). Wadsworth, Belmont, California.

Shebib, B. (2006). 사회복지 상담심리학 (*Choices: counseling skills for social workers and other professionals*). (제석봉, 이윤주, 박충선, 이수용 역). 서울: 학지사.

Shulman, L. (1992). *The skills helping: Individuals, families abd groups* (3rd ed.). Itasca, Ill.: F. E. Peacock.

Toseland, R. W., & Rivas, R. F. (1995). *Introduction to group work practice* (2nd ed.). Boston: Allyn & Bacon.

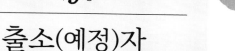

제**9**장

# 출소(예정)자 진로상담

장선숙
화성직업훈련교도소 보안과 교감

## 1. 출소(예정)자 진로상담의 개념

진로상담은 상담을 통해 내담자가 자신을 정확히 이해하고 주위 여건을 충분히 고려하여 자신에게 적합한 직업을 계획하고 선택하여 이를 개척해 나감으로써 자기 자신의 발전과 사회의 발전에 공헌할 수 있는 기틀을 마련해 주는 것이다(이현림, 2007).

진로상담의 일반적인 목표를 살펴보면, 첫째, 진로상담은 내담자가 이미 결정한 진로 계획과 진로 선택을 확신, 확인하는 과정으로, 내담자가 잠정적으로 정한 직업이 과연 자신에게 정말로 적합한가를 각종 심리검사 자료와 여러 가지 정보를 활용하여 평가해 주는 것이 필요하다. 둘째, 진로상담은 개인의 진로 목표를 명확히 해 주는 과정으로, 내담자의 목표가 경우에 따라서는 비현실적이거나 불충분한 자료에 기초하여 수립된 경우 막연한 진로 목표를 명확히 해 주고 잘못된 판단을 바로잡아 주는 것이다. 셋째, 내담자로 하여금 자기와 직업 세계에 대한 구체적인 이해와 새로운 사실을 발견하도록 촉진하는 과정으로, 직업에 필요한 요구 조건, 훈련 기회, 고용 기회, 보수, 작업 조건, 직업 전망 등 직업 세계 전반에 대한 이해를 촉진하는 것이다. 넷째, 진로상담은 내담자들이 진로 문제들에 대해 현명하게 적응하고 선택해 나갈 수 있도록 진로 관련 의사 결정 능력을 길러 주는 과정이다. 다섯째, 진로상담은 직업 선택과 직업생활에서의 능동적인 태도를 함양하는 과정으로, 내담자가 주위 환경에 너무 얽매이지 않고 자기를 성장시킬 수 있는 능력과 태도를 기를 수 있도록 해야 한다.

사람들은 인간으로서 모두가 공통적으로 가지고 있는 특성과 서로의 문화와 개별 특성을 가지고 있기 때문에 차별화된 상담 전략을 통하여 내담자의 특성에 맞는 상담 서비스를 제공해야 한다. 특히 우리가 관심을 가지고 있는 출소(예정)자의 진로상담을 위해 이들의 특성에 대한 이해가 우선되어야 한다. 남상철(2009)은 재범수형자를 대상으로 설문 등을 실시하여 사회복귀 촉진을 위해 재범 원인을 입소 전, 교정 단계, 출소 후 사회 경험이라는 3단계 접근을 통해 재범원인론을 체계적으로 분석하였다. 이 장에서는 재범원인론과 출소(예정)자 현황 및 특성 요인 등을 살펴보기로 하겠다.

## 1) 재범원인론

### (1) 입소 전 원인론

출생 후 최초로 접하는 가정환경, 특히 부모의 양육 태도 및 역할 수행은 자녀에게 자기 내면화의 과정을 통해 사회적응에 필요한 행동 양식과 기술을 취득하게 된다. 그러나 재범인의 대부분은 일반인에 비해 학력 수준이 낮고, 경제적으로 어렵고, 가족 관계가 미약하기 때문에 부모나 가족으로부터 교육과 보호를 충분히 받지 못한 경우가 많다. 그래서 다수의 범죄인은 반사회적 인격장애나 정신병질, 사회병질 등을 보유하고 있고 양심의 발달이 이루어지지 않아 죄의식이 없고 도덕성을 이루지 못한 사람이라고 보아야 한다는 주장과, 충동성이 강하여 스스로를 절제하지 못하고 인격적 편향이 지나치며 심지어 가족 간에 유전적인 세대 전달도 하게 된다고 한다. 입소 전 주요 요인인 부모의 양육 태도, 심리학적 차원의 반사회성은 물론 교정 단계 수용자의 환경 경험과 의식을 반영한 교정 하위문화성에 대한 분석과, 출소 후 사회낙인에 대한 과정적이고 통합적인 접근으로 재범 요인을 파악하는 중요한 자료로 활용될 것이다.

### (2) 교정 단계 원인론

수용생활은 동료수형자와 교정공무원과의 관계가 전반적인 영역을 차지하고 있으며, 가족 내지 지인들의 지지 체제와의 관계가 수형자의 의식 및 생활에 매개 역할을 하게 된다. 교도소 내 하위문화는 수형자의 비공식 규율 수용 정도, 교도관에 대한 동조 정도, 범죄이데올로기 수용 정도 등으로 이해될 수 있으나, 현실적으로 수형자의 교정시설 내 생활은 일정 부분 통제되고 있지만 정해진 규정 안에서 하위문화적 차원의 접근 외에도 동료수형자, 원조 체계인 교정공무원 및 교정위원, 가족, 지역사회 경영인 등 사회적 지지 체계와의 관계를 통하여 건전한 교정문화를 유지할 수 있는 가능성에서 찾을 수 있다.

### (3) 출소 후 사회 경험

출소는 수형자에게 있어 단순한 사건이 아니라 생애사의 발달 과정 내지 사회관계 변화의 중요한 요소로 이해된다. 교정시설 수형 기간 중 다수 수형자들의 공통된 관심은 오직 출소 자체만 갈망할 뿐, 출소 후 진로에 대한 부분은 시급함을 알면서도 자신감이 없어 회피하고 있다. 출소는 그 자체가 또 다른 사회생활의 시작이며 도전인 것이다. 그러나 출소자들이 당면하는 사회는 자신이 기대한 상황들을 보장하지 못한다.

첫째, 출소자들이 당면하게 되는 일반적인 상황은 자신들이 격리된 기간 동안 급변한 현실사회와의 거리감으로 적응에 어려움이 있다. 둘째, 범죄자들은 출소하여 다시는 범죄를 하지 않겠다는 각오로 출소하지만 사회는 이들을 전과자로 낙인하여 냉대하고, 셋째, 출소자들은 경제적으로 열악한 상황이 대부분이기에 생활 기반이 취약하고 특별한 기술이나 능력이 부족하여 개인적으로 지원할 가족 · 친지 등이 없는 경우 당장의 경제적인 어려움이 있다. 취업을 위해 많은 노력을 기울임에도 불구하고 사회적 거부로 말미암아 재취업의 기회를 잡기란 쉽지 않다. 넷째, 수형자들은 조력할 수 있는 건전한 지인이 부족하여 자연스럽게 교정시설 내지 사회의 하위문화에서 만나는 범죄 성향이 있는 사람을 접촉하게 될 가능성이 농후하고 재범의 유혹은 증폭한다. 다섯째, 출소자의 가족 환경과 상황의 변화이다. 수형자 부재 기간 중 어려운 가족 관계를 유지하여 온 출소자 가족 등은 전과를 가진 가족의 출소로 인하여 오히려 역기능적인 가족 관계를 초래하는 경우도 있다.

## 2) 출소(예정)자 현황 및 진로 제한 특성 요인

### (1) 국내 출소(예정)자 현황

『2019 범죄백서』에 의하면, 2018년 말 전국 교정기관 1일 평균 수용자는 54,744명으로 그중 형이 확정된 수형자는 62.8%인 34,377명에 이른다. 수형자 중 교정시설에 처음 입소한 자와 이전 입소 경력이 있는 자의 비율은 50%대를 유지하고 있고, 최근 교정시설 내 수용자 동향은 여자, 고령자, 정신질환자가 증가하고 있으며, 죄명별 인원 현황을 살펴보면 사기 · 횡령, 성폭력범, 절도 등의 순으로 나타났다. 2018년 수형자의 학력별 분포를 살펴보면 고졸 이상 학력이 전체 수용자의 44.2%를 차지하고 있고, 전반적으로 고학력 추세에 맞추어 대졸자 이상의 비율이 점진적으로 높아지는 추세이나 일반 국민에 비하면 학력이 낮은 편이다.

수형자는 형기 종료, 가석방, 기타, 노역 종료로 출소하고 있다. 출소 후 금고 이상의 형을 선고받고 교정시설에 수용된 자가 형기 종료, 가석방 등으로 출소한 후 범죄 행위로 금고 이상의 형을 선고받고 그 집행을 위해 3년 이내 다시 교정시설에 수용되는 비율을 재복역률이라 한다. 2009년부터 2014년까지 우리나라 출소자의 재복역률을 살펴보면 전체 출소자의 25.7%를 나타내고 있고, 범수별 재복역률은 범수가 많을수록 높았으며, 연령별 재복역률은 연령이 높아질수록 낮아지고, 20세 미만이 가장 높았고, 죄명별로 살펴보면 마약류가 가장 높았으며, 절도, 폭력 행위, 강도, 과실범, 성폭력의 순이었다.

## (2) 진로 제한 특성 요인

### ① 직업 능력 부족

국내외 연구와 통계에 따르면 출소 예정자들은 일반인보다 교육 수준이 낮고, 수감 전후 일 경험이 제한적이고, 다양한 사회 활동 및 직업 관련 기술이 부족하다. 출소(예정)자의 40~70% 정도가 고등학교 중퇴 수준의 학력을 가진 것으로 나타났고, Hirsch 등(2002)이 밝힌 충격적인 사실은 출소자의 50%가 '기능적으로 문맹'이라고 보고된 사실이다. 대부분의 출소(예정)자들은 자신의 교육 수준이 취업 기회에 있어 장벽이라고 믿는다(Tootoonchi, 1993).

출소(예정)자들은 수용생활 전후로 제한적인 직업훈련과 업무 경험을 가지고 있다. 수감되기 전에도 범죄자는 다른 사람들에 비해 고용률이 낮았고, 수용 중 교정기관에서 받았던 직업훈련은 출소 후 실제로 가지게 되는 직업과 관련이 없다고 주장하고, 교도소에서 경험하는 작업은 일반적으로 노동 집약적이며, 출소 후 활용 가능한 업무 경험을 제공하는 것보다 제도적 유지 및 수형자를 통제하는 데 초점을 맞추는 경향이 있다. 조사에 따르면, 출소자의 33%만이 교도소에서 배운 기술을 출소 후 첫 직장에 활용한다(Pownall, 1969).

출소(예정)자는 경력 개발 및 구직 능력이 부족할 수 있다. 예를 들어, 그들은 자신의 장점과 직업적 관심사를 인식하는 데 더 큰 어려움을 겪고 있고, 이력서 작성 및 구직 지원에 대한 지식, 그리고 경제적 독립에 필요한 기술이 부족하다. 교도소에서 수형자는 오랜 시간 자기 의사보다는 규칙과 지시에 따라 기상, 식사, 복장 등의 일상 행동을 하게 됨에 따라, 의사 결정을 할 때에도 타인에게 의존하게 되어 독립성이 결여된다(Helfgott, 1997;

Monahan, 1978; Taxman, 2004). 또한 출소자는 '취업 준비'와 관련된 기술이 부족하다. 자격이 거의 요구되지 않는 직업에서도 고용주는 성실한 자세로 일할 준비가 되었다고 판단되는 직원을 찾는데, 이는 출소자들에게 부족한 사회적 능력이다. 또한 일반인과 비교했을 때 출소자들은 성숙도, 긍정적인 업무 습관, 충동을 억제하는 능력, 추상적 추론, 사회적 관점 대입, 대인 관계 문제 해결 능력이 부족하다(Ross & Fabiano, 1985; Young, 2000).

### ② 부정적 태도

출소(예정)자들에게 주어진 제한된 교육, 훈련, 경험 및 기술로 인해 그들은 종종 자기 능력에 대한 자존감 부족, 자기효능감 부족, 동기 부여 부족 및 낮은 결과 기대치를 경험하며, 이는 모두 그들의 취업 가능성을 감소시킨다(Pownall, 1969). 특히 모라쉬 등(Morash et al., 1994)은 제한된 직업 경험이 범죄자의 자기효능감, 결과 기대치, 관심사, 선택 및 성과에 영향을 미친다는 사실을 발견했다. 범죄자들이 교도소에서 받는 직업훈련은 대부분 저숙련 및 저임금 직업과 관련된 훈련이다. 결과적으로, 범죄자의 자기효능감과 긍정적인 결과에 대한 기대가 개발되지 않거나, 낮은 수준의 일자리와 낮은 수준의 급여로 이어지는 영역에서 개발된다.

### ③ 제한된 취업 기회

고트프레드슨(Gottfredson)은 개인의 진로 선택은 진로포부에 의해 결정되며, 개인의 진로포부는 연령에 따라 서로 다른 요인에 의해 영향을 받는다는 발달론적 관점을 제시하였다. 특히 개인이 진로에 관한 포부를 형성할 때 일련의 과정을 거치면서 스스로 포부 수준을 제한하고 타협하게 된다고 보았다. 여기에서 제한(circumscription)은 성(gender)과 사회적 위치(social status)에 주로 근거하여 개인이 수용하기 어려운 직업적 대안들을 제거해 가는 과정을 의미하며, 타협(compromise)은 선택 가능한 대안들 가운데 취업 가능성을 비롯한 직업의 현실적 측면을 고려하여 진로 선택을 조정하는 과정을 의미한다.

출소(예정)자들은 구직을 포함한 사회생활의 모든 면에서 전과로 인한 차별이 사회적응에 가장 큰 어려움이라고 호소한다. 우리나라도 일부 법과 제도에서 출소자의 취업을 제한하고 있고, 고용주로부터 단지 출소자와 함께 일하기 싫다는 이유 등의 비공식적인 낙인과 지각된 제한들로 인해 스스로 자기낙인을 갖고 있다.

공식적 낙인으로 「국가공무원법」 등에서 금고 이상의 실형을 선고받고 그 집행이 종료되거나 집행을 받지 아니하기로 확정된 후 5년이 지나지 아니한 자는 공무담임권을 제한하고, 「공인중개사법」에서는 출소자의 공무담임권을 제한하며, 「공인중개사법」에 의하면 관련 사건에 의한 처벌 여부에 상관없이 금고 이상의 실형 선고를 받고 그 집행이 종료된 날부터 3년이 지나지 아니한 자는 공인중개 사업 등록을 할 수 없다고 명시하고 있다. 또한 아동청소년 관련 기관 등의 장은 그 기관에 취업 중이거나 사실상 노무를 제공 중인 자 또는 취업하려 하는 자에 대하여 성범죄의 경력을 확인하여야 하고, 성범죄사건의 판결과 동시에 취업제한명령을 선고받은 경우에는 아동청소년 관련 기관 등과 경비 업무에 직접 종사하는 경우도 취업이 제한되고, 아동학대사건도 아동시설에 취업제한명령을 부과하는 경우도 있다. 이들은 자신의 과거 행위에 대한 법적인 책임을 다했음에도 불구하고, 또 미래의 범죄 행위의 위험성이 증명되지 않음에도 불구하고 또 다른 죗값을 치러야 하는 것이다.

　캐나다의 경우도 출소자들은 지원하는 직업의 유형, 거주 지역, 범죄 기록의 사면 여부에 따라 법적으로 차별을 받을 수 있다. 온타리오주에서는 범죄 기록이 사면되지 않은 경우 고용주가 출소자를 법적으로 차별할 수 있으며, 사면하는 데 수년이 걸릴 수 있다. 범죄 기록이 사면되었다 하더라도 유죄 판결을 받은 범죄가 자신이 지원하는 직업과 관련이 있는 경우에는 합법적으로 차별적 고용이 가능하다는 것이다. 예를 들어, 아동 성학대 범죄를 저지른 사람이 탁아소 직원으로 지원하거나 또는 음주운전 경력이 있는 사람이 버스 운전직에 지원한 경우, 고용주는 이에 대해 합법적으로 차별할 수 있다.

　고용주는 직원으로서 출소자에 대해 많은 부정적인 가정을 할 수 있다. 예를 들어, 고용주는 출소자가 직장에서 폭력적이거나 범죄에 가담할 수 있다고 믿기 때문에 출소자를 고용하는 것이 위험하다고 생각할 수 있다. 또한 출소자는 다른 사회 취약 집단보다 고용주로부터 채용을 기피하는 대상이 된다. 예를 들어, 고용주의 90%가 사회 취약 계층을 기꺼이 고용하는 반면 40%만이 출소자 고용을 고려하는 이유는 출소자가 책임감이 없거나 신뢰할 수 없다고 생각할 수 있기 때문이다(Holzer et al., 2003).

　출소자들은 일자리를 얻는 데 많은 장벽에 직면해 있기 때문에 합법적인 일자리를 계속 찾을 동기와 끈기가 부족할 수 있다. 또한 그들이 취업 가능한 직장이 일반적으로 낮은 임금과 승진 기회가 적은 신입 직책이기 때문에 동기가 부족할 수 있다. 계속 노력하면 일자리를 찾을 수 있겠지만, 많은 출소자는 마약 거래, 사기, 절도 및 기타 유형의 범죄 행위에 가담한다. 그들은 합법적인 직업을 가졌을 때 얻기 힘든 요소를 불법적인 범죄 행위에서는 얻을 수 있는데, 동기 부여와 인센티브 요소가 더 많고, 자기효능감, 고소득 및 동료들의 지지를 얻을 수 있기 때문에 합법적인 취업을 할 동기가 부족할 수 있다(Brown et al., 2013).

이러한 출소(예정)자의 진로상담 시 우선 이해되어야 할 사항은 이들이 장기간 직업이 없거나 저임금 근로자였기 때문에 자존감이 낮고, 저학력, 소외감 등으로 부정적인 정서와 대인 관계가 원만하지 못한 경우가 많기 때문에 상담사가 이런 감정과 사고들을 이해하고 다루어 줄 필요가 있다는 점이다. 출소(예정)자들을 위한 진로상담에서 추수상담은 매우 중요한 과정으로, 이들이 직업 적응 및 유지에 예상되는 어려움은 없는지 사전에 점검, 확인하여 취업에 대한 만족도를 높일 수 있도록 도와주어야 한다. 또한 그들이 가진 진로 문제에 보태어 사회의 편견이 줄어들 수 있도록 사회적 지지자의 역할과 복지 향상을 위하여 제도적·법적 개선을 위한 노력도 기울여야 한다.

## 3) 진로상담 이론 및 상담 개입

취업은 구금 후 성공을 가장 잘 예측하는 요인 중 하나다(Sampson & Laub, 1993; Varghese & Cummings, 2013). 그러나 이는 출소자들이 직면하는 가장 큰 장애물이기도 하다(Varghese & Cummings, 2013). 그들은 네 가지 주요 장벽에 직면한다. 첫째, 제한된 교육, 제한된 훈련 및 업무 경험과 같은 직업적 능력 부족, 둘째, 부정적인 태도, 셋째, 범죄 기록 차별 및 고용주의 낙인으로 인한 제한된 취업 기회, 넷째, 합법적 직업을 찾고 취업할 동기 부족이 그것이다. 그러나 출소자는 스스로 이러한 장벽을 변경하거나 제어할 수 없다. 때문에 이런 출소자들의 취업 문제와 직업적인 요구를 해소하기 위한 상담 중재 프로그램 중 사회인지진로 이론, 인지정보처리접근 이론, 그리고 내러티브 이론을 제시하고, 이 이론들을 활용하여 출소자들의 직업 복지를 개선하고 재범률을 낮추는 것을 목표로 한다.

첫 번째 개입인 '프로젝트 PROVE'는 이론적으로 사회적 인지경력 이론을 기반으로 하며, 자기효능감을 높이고 행동 변화에 대한 개인적인 책임을 강조한다. 두 번째 중재 도구인 'CTI'는 인지정보처리 이론을 기반으로 하며, 출소자의 부정적인 사고를 교정하는 것을 목표로 한다. 또한 상담사가 경력에 대한 부적응적 사고를 적응적으로 변화시키는 중재 방안을 개발하는 데 도움이 될 수 있다. 세 번째 '좋은 삶 모델'은 내러티브 이론을 기반으로 하며, 범죄자가 친사회적 내러티브를 구축하도록 지원하는 것을 목표로 한다. 이는 각 대상의 핵심 가치를 파악한 후, 그것을 기반으로 삶의 계획을 구축하는 데 필요한 내부 및 외부 조건과 기술을 개발하여 범죄자가 친사회적 내러티브를 개발하는 방식으로 달성할 수 있다. 이 세 가지 개입 방식의 틀과 진행 도구는 내담자의 요구와 목표, 상담 진행 방식에 따라 상담 과정에서 정보를 제공할 수 있다.

### (1) 사회인지진로 이론(social cognitive career theory)의 개념

사회인지진로 이론은 개인적 요인, 환경적 요인 및 행동 간의 상호작용을 고려하는 Bandura(1986)의 사회인지 이론을 기반으로 한다. 사회인지진로 이론은 주로 자기효능감, 결과 기대 및 목표 사이의 관계에 초점을 두고 있고, 이 개념들은 서로 상호작용하면서 내담자의 진로 의사 결정에 영향을 미친다. 이 이론은 개인이 목표를 달성하기 위한 관련 기술과 외부 지원을 보유하고 있고, 본인이 강한 자기효능감을 가지고 있다면 목표를 추구하고 성공할 가능성이 더 높다고 주장한다(Sharf, 2013).

첫째, 자기효능감은 자신이 원하는 일을 수행하기 위해 여러 가지 행동을 조직하고 실행하는 능력에 대한 개인의 신념을 말하는 것이다. 개인은 자기효능감에 따라 진로발달이나 진로 선택 과정에서 장애를 만나면 얼마나 노력하고 또 밀고 나갈 것인가가 결정됨은 물론, 또 어떤 환경과 활동을 선택할 것인가에 영향을 받게 되기 때문에 불확실한 미래에 대비하기 위한 진로상담 과정에서 자기효능감을 높이는 교육적 경험이나 프로그램 투입은 매우 중요하다. 둘째, 결과 기대란 특정한 행동을 수행하는 데서 얻어질 성과에 대한 개인적인 예측으로 다양한 학습과 경험을 통해서 얻어지고, 셋째, 개인적 목표는 어떤 활동에 몰두하려는 결심 또는 미래의 성과에 영향을 미치는 결심을 말하고, 목표를 설정함으로써 자신의 행동을 조직하고 이끌어 가고, 외적인 강화가 없다 하더라도 그 행동을 지속하고 원하는 결과를 얻을 가능성을 높여 간다.

내담자가 개인적 배경과 환경적 배경을 토대로 다양한 학습 경험을 수행하면서 긍정적 또는 부정적 강화를 받게 될 것이며, 이 과정에서 내담자의 자기효능감과 결과 기대 수준이 결정된다. 그렇게 결정된 자기효능감과 결과 기대는 목표 선택에 영향을 미치고, 목표는 행동 계획과 실천에, 그리고 행동 계획과 실행은 수행 수준을 결정하게 된다. 그리고 이들 수행 수준은 다시 내담자의 자기효능감과 결과 기대, 그리고 목표를 강화시켜 준다.

사회인지진로 이론은 개인이 선택하거나 통제할 수 없는 환경적 요인이 개인의 진로 발달과 선택에 미치는 영향에 대해 주목하였다. 이 이론에서는 환경적 요인을 크게 근접맥락(proximal context)과 배경맥락(societal context)으로 구분하는데, 흥미가 진로 목표나 진로실천으로 이어지기 어렵게 만드는 근접맥락에서 진로장벽을 강조하고 있다. 진로장벽이란 개인이 진로를 선택하고 실행하는 과정에서 개인의 진로 목표 실현을 방해하거나 가로막는 내 외적 요인을 말한다. 진로장벽의 하위 요인으로 성, 지역, 능력, 인종, 민족, 연령, 부모의 학력이나 사회적 지위 등의 변인이 포함되었다.

사회인지 이론을 적용한 진로상담 역시 최종 목표는 내담자로 하여금 흥미나 가치, 능력에 일치하는 직업을 찾도록 돕는 것이다. 내담자가 낮은 자기효능감이나 잘못된 결과 기대로 인해 스스로 진로 대안에서 제외했던 대안까지 확장하여 내담자에게 어울릴 수 있는 진로 대안을 탐색해 보도록 하는 점이다. 사회인지진로 이론에서의 핵심적인 진로상담 목표는 자기효능감을 높이고, 긍정적이며 현실적인 결과 기대를 갖는 것, 그리고 내담자로 하여금 진로 목표를 수립하도록 돕는 것 등이다. 이렇게 일차적인 진로 목표가 선택되면 구체적인 진로 준비 행동도 자연스럽게 활성화될 수 있을 것이다. 그런데 그 과정에서 환경적 조건이 진로장벽으로 작용할 수 있다. 그러므로 보다 구체적인 진로 준비 행동을 수립해야 하고, 그 실천을 방해하는 진로장벽이 무엇인지를 정확히 탐색하여 이를 제거하는 것 또한 진로상담의 중요한 목표이다.

### ① 사회인지진로 이론 개입: 프로젝트 PROVE

출소자의 직업 경력에 있어 주요한 문제는 자기효능감이 낮은 경향과 그들 자신이 외부 요인이 내부 요인보다 자신의 행동에 더 큰 영향을 미친다고 믿는다는 것이다(Ross & Fabiano, 1985). '프로젝트 PROVE'는 사회인지진로 이론을 활용하여 범죄자의 행동에 대한 부적응적 사고를 변화시키기 위해 6개월 이내 출소 예정인 여성범죄자를 대상으로 고안되었다. 이 프로그램은 직업에 대한 지식, 직업 관련 자기성찰, 직업적 의사 결정, 경력 계획, 직업 검색 및 조정 능력을 증대시켜 재범률을 줄이는 것을 목표로 하고 있다(Chartrand & Rose, 1996).

프로젝트 PROVE는 Bandura가 제시한 자기효능감의 요소를 활용하여 범죄자의 직업 동기 부여 및 경력 개발 행동을 증가시켜 자기효능감 문제를 해결하는 것을 목표로 한다. 자기효능감의 첫 번째 요소인 개인 성과 및 성취는 대상자가 자랑스러워하는 성과를 나열한 다음, 소그룹과 함께 논의하도록 장려하여 달성한다. 또한 이 개념은 프로그램을 완료한 사람들을 대상으로 수료식을 통해 심어 줄 수 있는데, 이 방안 모두 참여자들에게 성취감을 느끼게 해 준다. 자기효능감의 두 번째 요소인 대리 학습에서는 훈련된 프로그램 리더가 역할 모델로 활동하고 자신의 학업 및 경력 경험을 공개한다. 세 번째 요소인 사회적 설득은 그룹의 리더와 그룹 구성원이 프로그램의 다양한 진행 단계 동안 서로를 격려함으로써 달성한다. 네 번째 요소인 생리적 상태는 대상자가 프로그램 활동에 대한 자신의 감정, 신념 및 행동을 파악하고 이에 관해 토론하도록 함으로써 성취할 수 있다(Chartrand & Rose, 1996). 전반적으로 프로젝트 PROVE는 범죄자를 대상으로 여러 가지 자기효능감을 고취할 기회를 제공하여 이를 높이는 것을 목표로 한다.

프로젝트 PROVE는 경력 개발의 사회인지진로 이론 모델을 반영하는 다섯 가지 주요 요소로 구성된다. 첫 번째 구성 요소에서는 범죄자에게 그들의 경력 개발에 영향을 준 개인적 및 상황적 요인을 탐색, 인식 및 논의하도록 한다. 예를 들어, 여성범죄자들에게 자신의 여러 역할(예: 어머니, 기독교인 등)을 파악하고 이러한 역할의 의미를 재고하도록 권장한다. 또한 그들은 자신 삶의 배경적 요인과 삶의 사건들을 인식하고 이것이 그들의 학습 기회와 경력 개발에 어떤 영향을 미쳤는지 토론할 수 있다. 이 활동의 목표는 여성범죄자가 자신의 정체성과 행동에 영향을 미치는 배경과 환경의 역할을 식별하도록 돕는 것이다. 개인의 배경과 환경은 상호작용하며 영향력을 발휘한다. 이러한 방식으로 범죄자는 자신의 정체성에 대해 더욱 포괄적인 견해를 가지게 되고, 자신의 행동에 대한 개인적인 책임을 이해할 수 있다. 이 요소는 경력 개발의 사회인지진로 이론에서 개인 생산 요소의 상황별 맥락 요소를 나타낸다. 두 번째 구성 요소에서 범죄자들은 학습과 행동 변화 간의 관계를 강조하는 활동에 참여할 수 있다. 우선 범죄자는 과거의 학습과 경험이 어떻게 변화를 저해했는지 확인해야 한다. 예를 들어, 범죄자는 자신이 '나쁜 사람'이라는 사실을 배우고 내면화했을 수 있다. 따라서 그들에게 이러한 유형의 내부 귀인을 최소화하고 새로운 학습과 경험이 어떻게 긍정적인 행동 변화를 증가시킬 수 있는지 브레인스토밍하도록 권장한다. 예를 들어, 수감되었기 때문에 범죄자에게 교육을 마칠 기회가 주어졌을 수 있다. 이 구성 요소는 경력 개발의 사회적 인지진로 이론 모델에서 학습 경험 요소를 나타낸다. 세 번째 구성 요소에서 범죄자는 근로자로서 자신에 대한 이해를 개발하고 확장해야 한다. 이러한 관점에서 홀랜드(Holland, 1985)의 직업 및 직업선택 이론을 이용해 범죄자의 관심사와 성격을 파악할 수 있다. 범죄자의 자기효능감과 결과에 대한 기대가 그들의 진로 관련 행동에 어떻게 영향을 미치는지 이해하기 위해 사회인지 이론도 활용된다. 이 구성 요소는 경력 개발의 사회인지진로 이론에서 자기효능감, 결과 기대 및 관심 요인을 나타낸다. 네 번째 구성 요소에서 범죄자는 목표 설정과 실용적인 기술을 배운다. 범죄자는 구체적이고 측정 가능하며 달성 가능한 단기 및 장기 목표를 설정하는 방법을 배운다. 또한 그들은 이력서와 자기소개서 작성 및 모의 면접에 대한 피드백을 받음으로써 직업적 목표를 달성 할 수 있는 유형의 기술을 배운다. 이 구성 요소는 사회인지진로 이론에서 선택 목표와 선택 행동 요소를 나타낸다. 다섯 번째 구성 요소에서 범죄자는 자신이 원하는 미래를 구상한다. 범죄자들은 자신의 과거 삶을 타임 라인으로 만든 다음, 그들이 원하는 미래와 성과를 포함하는 타임 라인을 작성하게 된다. 이러한 연습은 프로그램 초기에 진행되는데, 이는 범죄자에게 동기를 부여하고 장기적인 가능성을 고려하도록 장려하기 위한 것

이다. 이 구성 요소는 사회인지진로 이론에서 수행 영역과 달성 요인을 나타낸다. 따라서 프로젝트 PROVE는 사회인지진로 이론의 두 가지 핵심 개념인 경력 개발 및 자기효능감의 모델을 통합하여 행동 변화에 대한 개인적인 책임을 강조하고 자기효능감을 증대시킨다. 이러한 요소들을 단기 혹은 중기적으로 개선함으로써 직업 복지 개선 및 재범률 감소에 영향을 미친다.

### ② 인지정보처리접근의 개입 도구: CTI

인지정보처리접근 이론에 따르면, 개인 자신과 직업 세계에 대한 정보를 처리하는 방법을 기반으로 진로 의사 결정 능력을 발전시킬 수 있다. 이 접근법은 개인이 진로 의사 결정 능력을 향상시키기 위해 진로 관련 의사 결정에 대해 고려해 보는 방법을 제시한다. 이 이론의 목표는 개인이 자신의 경력에 대한 결정을 내리고 문제 해결 및 의사 결정 능력을 습득하도록 돕는 것이다(Sharf, 2013).

인지정보처리접근에는 지식, 의사 결정 능력 및 실행 처리를 포함한 세 가지 주요 영역이 있다. 첫 번째인 지식 영역은 자기 자신에 대한 지식과 직업 지식으로 구성되고, 두 번째 의사 결정기술 영역에는 5단계의 효과적인 의사 결정이 포함되며, 이를 축약해서 CASVE라고 하기도 한다. 이는 소통(Communication), 분석(Analysis), 융합(Synthesis), 가치(Valuing) 및 실행(Execution)을 줄인 용어다. 세 번째 영역은 개인이 생각하고 느끼고 행동하는 방식을 관찰하는 실행 처리 영역이다(Sharf, 2013).

'CTI'는 인지정보처리 이론을 이론적 기반으로 하며, 진로 의사 결정에 대한 부정적인 감정과 생각을 평가하는 데 사용된다(Meyer & Shippen, 2016). 이 도구는 진로 의사 결정과 관련된 세 가지의 특정한 부정적인 생각, 즉 의사 결정 혼란, 헌신에 대한 불안 및 외부 갈등을 평가한다. 이전에 논의한 바와 같이, 출소자의 주요 진로 문제 중 두 가지는 직업 능력 부족과 진로 기회 제한이다. 출소자는 범죄 기록으로 인해 이전 직장으로 돌아갈 수 없기 때문에, 진로 의사 결정 과정을 통해 도움을 받을 수 있다. 연구에 따르면 범죄자들은 CTI의 모든 영역에서 어려움을 겪고 있으며, 직업에 대한 부정적인 생각은 그들의 성공적인 취업을 가로막는 걸림돌이 될 수 있다(Davis, Bozick, Steele, Saunders, & Miles, 2013).

범죄자의 CTI 결과를 사용하여 그들의 부정적인 생각을 파악하고 이해할 수 있다. 상담사는 CTI 결과에 명시된 부정적 사고에 대해 더 자세히 다루고 논의할 수 있으며, 어떤 사고방식을 수정하고 발전시킬지 고려해 볼 수 있다(Meyer & Shippen, 2016). CTI의 결과는 상담사가 대상의 부적응적인 사고를 해결하는 개입 방식을 개발하는 데 도움이 될 수 있다

(Meyer & Shippen, 2016). 또한 상담사는 인지 구조 조정을 통해 부정적인 사고를 긍정적으로 변화시킬 수 있다. 진로에 대한 부정적인 사고를 파악하고 이해하는 것은 범죄자가 사회, 특히 직장에 성공적으로 복귀하는 데 중요하다.

### ③ 내러티브 이론 개입: 좋은 삶 모델 프로그램

내러티브 이론은 우리가 현실을 바라보는 관점이 사회적·문화적·정치적 맥락에 의해 구성된다고 가정한다(Sharf, 2013). 내러티브 접근 방식은 대상의 삶과 개인사에 초점을 맞추고, 그가 자신의 삶에 더 적절한 새 이야기를 개발하도록 지원함으로써 변화가 발생한다고 제안한다. 코크란(Cochran, 1997)의 접근 방식은 상담사가 대상과 함께 긍정적인 이야기를 구성하기 위한 주제와 그의 정체성을 이해하는 데 사용하는 7가지 에피소드를 제시한다. 7개의 에피소드에는 경력 문제 정교화, 생활사 구성, 미래 내러티브 유도, 현실 구성, 생활 구조 변경, 역할 제정 및 결정이 포함된다.

'좋은 삶 모델' 프로그램은 내러티브 이론과 관련된 개입 방식으로 Cochran의 진로상담 에피소드를 융합 및 활용하여 강점 기반 틀을 사용하여 출소자가 직면한 진로 문제를 해결하고, 긍정적인 결과를 증대시킨다. 이 모델은 범죄자가 자기 내러티브의 결과물임을 강조한다(Ward & Marshall, 2007). 범죄자는 자기효능감이 낮은데, 이러한 낮은 자기효능감은 범죄자의 개인 내러티브에 포함될 가능성이 높다. 이 프로그램의 목표는 범죄자가 자신의 핵심 가치관을 파악한 다음, 이러한 가치를 기반으로 삶의 계획을 달성하기 위한 능력뿐 아니라 내부 및 외부 조건을 개발함으로써 친사회적 내러티브를 발전시키는 데 도움을 주는 것이다(Ward & Marshall, 2007). 워드와 마샬(Ward & Marshall, 2007)의 연구에 따르면, 불명확하거나 부적합한 내러티브를 가진 범죄자는 계속해서 범죄를 저지르지만, 명확하고 대안적인 내러티브를 개발하는 사람들은 목표를 달성하기 위한 적응형 내러티브와 능력을 개발할 수 있다.

좋은 삶 모델 프로그램의 첫 번째 단계에서 범죄자는 자신이 가진 핵심적인 가치를 식별하여 사회적 내러티브를 개발한다(Ward & Marshall, 2007). 우선, 범죄자는 자신의 정체성을 이해하고 삶의 다양한 측면에서 의미를 도출하기 위해 자신의 인생 사건의 타임 라인을 만들고 과거와 현재의 사건을 연결적인 내러티브로 구성한다(Gillett, 1999; Singer, 2005). 그런 다음, 범죄자는 핵심 가치를 결정하고 이러한 가치를 기반으로 향후 목표를 설정해야 한다. 이 모델은 본질적으로 범죄자는 자신의 가치, 태도 및 신념을 반영하여 자신이 원하는 정체성을 확립하고 구축할 수 있음을 강조한다. 또한 이 접근법을 통해 고통스러운 삶의 경험 원인이 될 수 있는 삶의 주제들을 들여다보게 된다. 이 단계가 끝날 무렵 범죄자들은 범죄 행위를 포함하지 않는 새로운 자아를 기반으로 구성한 대안적 내러티브를 반영해 현실적인 좋은 삶 모델 계획을 갖게 된다(Ward & Marshall, 2007). 좋은 삶 모델 프로그램의 첫 번째 단계는 Cochran의 세 가지 에피소드, 즉 개인사 작성, 미래 내러티브 도출, 현실 구축과 관련이 있다.

두 번째 단계에서 범죄자는 자신의 계획에 장벽으로 작용할 수 있는 내부 및 외부 제약 요소를 파악하고, 이를 극복하여 계획을 보다 지속할 수 있게 만들기 위한 전략을 수립한다. 상담사는 대상의 목표 달성을 돕기 위해 심리적 건강 개선과 같은 내부 요인을 개선할 수 있다. 예를 들어, 상담사가 범죄자와 협력하고 그가 자신에 대해 가지고 있는 부정적인 신념을 파악하는 것이 중요하다. 상담자와 범죄자는 부정적인 핵심 신념을 확인하고, 반박하고, 긍정적인 대안을 개발하기 위해 협력해야 한다. 상담사는 또한 범죄자에게 외부적 그리고 환경적인 도움을 제공하여 그들이 목표의식을 강화하고 유지할 수 있도록 할 수 있다. 이를 위해서는 범죄자가 대체적인 생활 방식, 대체사회 지원 시스템 및 대체 기회를 인식해야 한다. 상담사는 또한 범죄자에게 좋은 삶 모델 계획을 실행하기 위한 다른 적절한 기술을 제공한다. 예를 들어, 범죄자가 합법적이고 의미 있는 진로를 파악하고, 계획을 자체 모니터링하는 사고를 개발하고, 긍정적인 태도를 유지하도록 도울 수 있다. 이 두 번째 단계는 Cochran의 생명 구조 변화 에피소드와 관련이 있다.

이 개입은 많은 범죄자가 부적응적인 내러티브 정체성을 가지고 있다는 핵심적인 문제를 겨냥한다. 그 이유 중 하나는 외부 환경과 사회 요소가 범죄자를 비난하고 재범을 조장하기 때문이다. 또한 범죄자는 필요 능력을 개발하지 않았거나 대체적인 생활 방식을 채택하게끔 하는 자원이 없는 경우가 있다. 마루나(Maruna, 2001)의 연구에 따르면, 부정적인 내러티브를 지지하는 출소자들은 자신의 삶에서 일어나는 사건을 통제할 수 없다고 생각할 가능성이 더 크다. 그러나 자신이 새로운 기회를 부여받을 수 있다고 믿는 출소자들은 부정적인 사건을 긍정적인 관점에서 해석할 가능성이 더 높았으며, 부정적인 사건이 발생해도 그것이 자신의 새로운 정체성과 개선된 생활 방식으로 가는 길의 일부라고 믿었다. 출소자는 상담사의 도움 또는 긍정적인 개입을 해 주는 동료들과의 협업을 통해 자신의 내러티브를 변화시킬 수 있다. 이렇게 변화한 정체성은 삶의 궤도를 인도해 주는 길잡이 역할을 한다. 그들의 새로운 내러티브(예: 직업정체성)는 그들의 가치, 신념, 태도에 기반을 두고 있으며, 그들의 문화, 가족 배경, 개인적 트라우마에 효과적으로 자리 잡고 있다. 전반적으로 좋은 삶 모델 프로그램은 출소자가 적응형 내러티브를 개발하고 출소 후 성공적인 직업생활을 형성하는 데 도움이 되기 때문에 중요하다.

## 2. 우리나라 출소(예정)자 처우 프로그램

출소(예정)자의 성공적인 사회복귀를 통한 재범방지와 사회안전을 위해서 교정시설 내에서 분류, 교육, 취업 등과 관련된 다양한 프로그램을 시행하고 있다. 이러한 역할들에 앞서 특히 유념해야 할 부분은, 이들이 인간존중의 주체이고 자기결정의 주체임을 인식하게 하는 인성교육 등을 통한 인간성 회복이 선행되어야 한다는 것이다. 그 후 수형자라는 집단으로 정형화하지 말고, 개인별 욕구에 대한 관심을 토대로 생애 설계를 위한 개별처우계획을 수립하여야 한다. 개인별 특성과 취미, 적성에 맞는 개별처우계획에 따라 교육, 직업훈련, 작업 등이 실질적으로 이루어지고, 취업과 창업 지원과 출소 후 관리까지 지속된다면 재범예방은 가능할 것이다.

### 1) 수형자 처우의 개별화, 과학화, 사회화를 위한 노력

수형자의 효과적인 관리 및 재사회화를 위해 처우의 과학화, 개별화, 사회화가 필요하다. 처우의 과학화를 위해 수형자를 일정한 기준에 따라 과학적으로 구분하고 각 집단에 적합한 처우계획을 수립하여, 이를 기초로 처우와 지도를 행하는 일련의 절차를 분류처우라 한다. 수형자의 범죄 유형에 적합한 처우를 실시하여 처우 효과를 증대시키기 위해 과학적인 분류 제도를 확립하고, 수형자의 범죄 원인과 환경, 범죄인의 특성에 따라 그에 적합한 처우를 실시하여 재사회화를 도모하기 위하여 개별적이고 체계적인 프로그램의 필요성이 강조되고 있다. 이에 따라 각 교정기관과 교정청 분류센터는 수형자의 인성, 행동특성 및 자질 등을 과학적으로 조사 · 측정 · 평가하여 개별처우계획을 합리적으로 수립하고, 그 모든 처우계획이 실질적으로 각 수형자의 개별처우에 부합되도록 하여야 한다.

### (1) 분류처우 제도

우리나라 분류처우 제도는 2008년 「형집행법」의 시행으로 전면적으로 개편되어 누진제가 폐지되어 처우급과 경비급으로 변경되었고, 2010년에는 통합하여 경비처우급으로 운영하고 있다. 분류심사는 수형자 처우의 기본적인 지침을 확보하기 위하여 개인의 성장

과정, 학력 및 직업 경력, 생활 환경, 개인적 특성, 정신 상태, 보호 관계, 범죄 경력, 범죄 내용, 상담관찰 사항, 자력 개선 의지, 석방 후의 생활 계획, 기타 처우 및 관찰에 필요한 사항에 대한 분류조사와 인성, 지능, 적성검사 등의 분류심사 결과 및 수형자와의 개별면담을 통하여 나타난 객관적인 사항들의 결과인 각종 분류지표를 통하여 처우등급을 결정하고 있다. 처우등급은 분류심사 시 개별 특성에 따라 부여하는 것으로, 기본수용급·경비처우급·개별처우급으로 나누어진다. 수형자는 경비처우급에 따라 개방시설(S1급), 완화경비시설(S2급), 일반경비시설(S3급), 중(重)경비시설(S4급)에 분류 수용하게 되는데, 2018년 12월 말 현재 S1급은 11.2%, S2는 35.14%, S3는 44.1%, S4급은 8.2% 등이며 제외·유예자는 1.4%를 차지하고 있다.

기본수용급은 성별·국적·나이·형기 등에 따라 수용할 시설 및 구획 등을 구별하는 기준이고, 개별처우급은 수형자의 개별적인 특성에 따라 중점처우의 내용을 구별하는 기준으로 직업훈련, 학과교육, 생활지도, 작업지도, 운영 지원작업, 의료처우, 자치처우, 개방처우, 집중처우 등으로 구분한다.

### (2) 개별처우계획

수형자 개별처우계획은 단순한 중형주의에서 벗어난 교정복지적 접근의 핵심 방안으로, 그동안 수형자를 통제의 객체로 인식하고 단순한 수용 관리를 하던 차원을 넘어 수형자의 개별적 특성과 환경을 충분히 고려하고 형기와 수형 단계에 따라 형의 집행과 사회복귀의 이중적인 목표를 동시에 달성하는 것이다.

개별처우계획은 수형자의 자발적인 참여를 통해 가족 관계, 학력 수준, 경제적 여건, 부모의 양육 태도 지각의 정도, 반사회성 등에 따른 분류심사를 실시하고, 분류처우위원회의 의결에 따라 수형자의 개별적 특성에 알맞은 교육·교화 프로그램, 작업, 직업훈련 등의 처우에 관한 개별처우계획을 수립하여 시행한다. 형기의 단계에 따른 처우계획은 초기, 중기, 말기 단계로 구분하여 초기에는 인성교육, 가족 관계 회복, 심리치료 등에 집중하여 심성을 순화하고, 중기 단계에서는 학력 수준 등에 따라 기초학과 교육을 실시하며, 중간 이후 단계부터는 적성, 재취업교육 차원에서 직업훈련, 교도작업 등을 실시하여 출소 후 외부 사회와 단절되지 않고 지속적으로 유지될 수 있도록 하여야 한다.

## 2) 수형자 개별처우를 위한 처우 프로그램

### (1) 사회적응을 위한 교화 프로그램

교화 프로그램은 문화 프로그램, 문제 행동 예방 프로그램, 가족 관계 회복 프로그램, 교화상담 등이 있다. 문화 프로그램은 수형자의 인성 함양, 자아존중감 회복 등을 위하여 음악, 미술, 독서 등 문화예술과 관련된 다양한 프로그램을 도입하거나 개발하여 운영하는 것을 말하고, 문제 행동 예방 프로그램은 수형자의 죄명, 죄질 등을 구분하여 그에 따른 심리 측정·평가·진단, 치료 등의 문제 행동 프로그램을 도입하거나 개발하여 실시하는 심리치료 프로그램으로, 성폭력 사범, 아동학대 사범, 마약, 알코올, 도박, 도벽, 상습 폭력, 정신질환, 동기 없는 범죄, 상습 규율 위반, 소년 등을 대상으로 시행하고 있다.

사회적 처우는 수형자의 자율성과 책임감에 대한 신뢰를 바탕으로 시설 내 처우의 단점을 최소화하기 위한 제도로서, 개방시설에서 처우하거나 귀휴, 가족만남의 날 행사, 가족만남의 집 이용 등을 통해 사회생활에 쉽게 적응하고 가족 관계를 강화함으로써 재범을 방지하기 위한 처우 방법이다.

가족 관계 회복 프로그램은 수용생활에 따른 가족 해체를 막고 수용자의 원활한 사회복귀를 위해 수용자와 그 가족의 관계가 바람직하게 유지 발전되도록 유도하기 위하여 가족이 참여하는 프로그램으로, 가족이 없는 경우는 교화를 위하여 결연을 맺거나 가족에 준하는 사람으로 참여할 수 있도록 하였고, 가족접견, 가족사랑캠프, 가족만남의 집, 가족만남의 날 행사 등을 시행하고 있다. 가족만남의 집은 교정시설 내 설치된 별도의 장소에서 1박 2일간 가족들과 숙식을 함께 하며 수용생활로 인하여 단절되고 소원해진 가족 관계를 복원하고자 노력하는 프로그램으로, 가족과의 만남을 통해 정서적·심리적 안정을 찾음과 동시에 사회적응 능력을 키우고 단기적으로는 수용생활의 안정을, 장기적으로는 교정교화에 많은 도움이 되고 있다. 또한 그 외에도 일반적인 접견실 이외의 장소에서 다수의 수용자와 가족이 함께 음식물 등을 취식하며 차단시설 없이 자유로이 접견을 하는 가족만남의 날 행사를 시행하여 가족들과 만남을 통해 정서적 안정과 새로운 생활의 의지를 키울 기회를 갖고 있다.

귀휴 제도는 교정성적이 양호하고 도주의 위험성이 적은 수형자에게 일정한 요건하에 기간과 행선지를 제한하여 외출·외박을 허용하는 제도로서, 수형자의 석방 후 생활 준비, 가족과의 유대 관계 유지 등을 그 직접적인 목적으로 하면서 수형자로 하여금 사회와의 유대를 강화시켜 사회적응 능력을 키워 주려는 데 그 취지가 있다. 교정현장에서는 가석방 예정자를 중심으로 일반귀휴를 시행하고 있고, 가족 또는 배우자의 직계존속 사망, 직계비속의 혼례가 있는 때에는 5일 이내의 특별휴가를 허가하는 등 귀휴 제도를 확대하고 있다.

또한 수용생활로 인한 일반사회와의 단절 현상을 완화시키기 위하여 수형자로 하여금 사회 현장을 직접 체험하게 하는 현장교육의 일환으로 사회견학 및 봉사 활동을 실시하고 있다. 이는 수형자가 직접 외부의 문화 유적지, 사회복지시설, 산업시설 등을 견학하고 봉사 활동에 참가하는 것을 말한다.

### (2) 교육

교정시설 내에서는 집중인성교육, 검정고시, 학위 취득, 석방 예정자 교육과정을 비롯하여 외국어교육, 인문학교육, 장애인재활교육, 독서 활동 지원 프로그램, 문화예술 프로그램을 실시하고 있다.

### ① 집중인성교육

수형자의 건전한 민주의식과 준법정신을 함양시키고 개과천선을 촉진시키는 것을 목적으로, 과거에는 새마을 정신교육을 계승한 형태로 소 내 정신교육을 실시하고 이후 단기적인 인성교육을 시행하였다. 2008년부터는 기존에 시행되었던 인성교육을 체계적이고 전문적으로 보완하여 '집중인성교육'으로 명칭을 변경하고 감수성 훈련, 인간관계 회복, 도덕성 회복, 시민의식 및 준법정신 함양 등을 중심으로 실시하고 있다. 출소(예정)자들은 외부 자극에 대한 정서적인 반응이 매우 둔감하여 공포나 슬픔의 경험 수준이 매우 낮기 때문에 타인에게 공격적인 행동을 촉진하게 한다. 인성교육 시 감수성 개발을 통한 타인의 고통을 이해하고 민감성을 가지며, 나아가 공감 능력을 배양하는 것은 가장 기본적인 범죄 예방 방안으로 활용될 수 있는 것이다. 2015년부터는 이를 더 강화하여 형이 확정된 모든 수형자를 대상으로 형기 등에 따라 기본 과정과 심화 과정으로 구분하여 70~220시간의 체계적인 교육 프로그램을 실시하고 있다.

### ② 검정고시반 설치 · 운영

출소(예정)자의 일부는 정규교육과정(초 · 중 · 고등학교)을 이수하지 않거나 중간에 그만두어 의무교육을 이수하지 못한 경우가 많고, 대체적으로 학력 수준이 낮기 때문에 이러한 수형자들의 교육 기회를 확대하고 사회의 정규교육과 연계하기 위하여 매년 초 · 중 · 고

졸업 학력 검정고시 준비 과정을 진행하고 있다. 학과교육은 출소 후 진로에 직접적 효과
는 미비하지만 자기효능감을 증진하는 기회가 되고 있다.

### ③ 학위 취득교육

수형자에게 독학에 의한 학위 취득 기회를 부여하기 위하여 28개 교정기관에서 '학사고
시반 교육'을 실시하고 있다. 그리고 여주교도소 등 4개 교정시설에서는 방송통신대학 과
정을, 순천교도소에서는 교정시설 내에 전문대학 위탁교육과정을 설치하여 운영하고 있
다. 2018년의 경우, 48명의 수형자가 독학에 의해 학사학위를 취득하였고, 23명의 수형자
가 방송통신대학을 졸업하였으며, 18명의 수형자가 전문대학을 졸업하였다

### ④ 석방 예정자 교육

기존의 석방 예정자 교육을 개편하여 장기 수형자의 경우에는 사회 변화 및 경제 동향,
취업 및 창업 정보 제공에 중점을 두는 한편, 기초생활보장 제도, 법무보호복지공단 시행
갱생보호 사업, 출소 예정자의 경제적 자립 지원을 위한 신용회복 등에 대한 안내에 충실
할 수 있도록 하였으며, 단기 수형자에게는 자신감 회복을 돕는 출소자 성공 사례 강연 등
을 중점으로 교육을 편성하여 실시하고 있다.

## (3) 작업 및 직업훈련

### ① 작업

교정시설 내 작업은 크게 운영 지원작업과 교도작업으로 구분되어 시행된다. 운영 지원
작업은 교정기관 운영을 위한 구내 작업으로 취사원, 시설 보수, 수용동 청소 위주로 진행
되고, 최근 일부 교정기관에서는 대체복무단이 기존 운영 지원작업 중 구매, 구내 청소, 세
탁 등 업무의 일부를 맡아 시행하고 있다.

교도작업은 교정시설에서 작업을 통하여 수형자에게 근로정신을 함양시키고 기술을 습
득시켜 사회에 안정적으로 적용할 수 있는 건전한 시민으로 복귀시키는 데 그 목적을 두고
직영작업, 위탁작업, 개방작업, 집중근로, 자립형 교도작업 등의 형태로 이루어지고 있으
며, 교도작업 수익금은 교도작업 특별회계 수입금으로 하여 국가재정에 귀속된다.

징역형이 확정된 수형자는 강제 노역의 의무가 있으며 본인의 의사와 상관없이 작업에
참여해야 하나 현실적으로 본인의 의사와 업무 특성 등을 고려하여 부과하고 있고, 작업에

참여한 수형자에게는 근로 시간, 실적 등을 고려하여 작업장려금을 지급하고 있다.

### ② 직업훈련

수형자 직업훈련의 목적은 수용자 개인의 적성과 취미, 연령, 학력 등에 적합한 기술교육을 실시하여 출소 후 사회에서 안정된 생업에 종사할 수 있도록 자활 능력을 갖춰 재범을 방지하고 건전한 사회인의 한 사람으로 양성하는 데 있다. 교정본부에서도 수형자 재범방지를 위해 수형자의 직업 획득의 중요성을 인식하고 1967년에 「직업훈련법」을 공포하여 1969년에 전국 21개 교정시설에서 공공직업훈련소를 병설하여 교도작업과 병행하여 실시하였으며, 2020년 현재 화성직업훈련교도소 등 34개 기관에서 약 6천 명의 수용자를 대상으로 자동차정비 등 200개 이상의 과정에서 직업훈련을 실시하고 있다.

직업훈련은 공공직업훈련과 일반직업훈련으로 나누어지는데, 공공직업훈련은 「근로자직업능력개발법」 등 관계 규정에 따라 고용노동부장관이 정한 훈련 기준 및 권고 사항 등을 참고하여 실시하는 훈련이며, 일반직업훈련은 교정시설의 장이 교화상 필요한 경우에 그 밖의 사정을 고려하여 기준 외의 방법으로 실시하는 훈련이다.

직업훈련은 단기실무, 양성훈련, 향상훈련, 숙련훈련 과정으로 진행되고 있다. 단기실무 과정은 수형자 취업 능력 제고를 위해 자격증 취득보다는 현장실습 위주로 운영되는 6개월 미만의 직업훈련인데, 형기가 짧은 수형자들에게도 직업훈련의 기회를 부여하는 과정으로 바리스타 등의 과정이 있고, 양성훈련은 직업에 필요한 기초적 직무 수행 능력을 습득시키기 위해 실시하는 기능사 자격증 취득 과정으로 보통 6개월에서 1년 과정으로 진행하고 있다. 향상훈련은 양성훈련을 받은 수형자 또는 직업에 필요한 기초적 직무 수행 능력을 가지고 있는 수형자를 대상으로 한 산업기사 자격증 과정으로, 더 높은 직무 수행 능력을 습득시키기 위한 과정이다. 숙련훈련은 양성훈련 또는 향상훈련 과정을 수료하였거나 이미 자격을 보유한 자를 대상으로 현장 적응 중심의 기술 습득을 위하여 실시하는 직업훈련이다.

직업훈련대상자 선정 기준은 집행할 형기 중에 해당 훈련 과정을 이수할 수 있어야 하고, 직업훈련에 필요한 기본소양을 갖춰야 하며, 해당 과정의 기술이 없거나 재훈련을 희망하고 출소 후 관련 분야에 취업 의사가 있어야 한다. 현재 운영되고 있는 분야는 애견미용, 웹디자인, 광고디자인, 헤어디자인, 피부미용, 네일아트, 음식서비스, 건설, 기계, 용접, 섬유, 의복, 전기, 전자, 정보통신, 식품가공, 인쇄, 목재, 가구, 공방, 전통목공예, 가스, 신재생에너지, 화훼, 시설재배 등이다.

이와 같이 다양한 직업훈련 과정을 운영하고 있지만 최신 장비와 능력 있는 기술진의 부족, 개별 특성과 요구 반영 부족, 급변하는 사회의 흐름을 반영하지 못해 출소 후 취업에 효과적이지 못하다는 지적도 받고 있다. 하지만 직업훈련은 근로정신과 생활의 규칙성을 부여하여 교정하위문화성을 제거하는 교화의 수단으로, 수형자 재활 과정의 중요한 부분이다. 수용 기간을 가치 있게 활용할 수 있도록 도움이 되는 것은 물론이고, 그들이 출소 후 구직 활동을 위해 전문적인 교육이나 훈련을 받기 위한 동기 부여가 될 뿐만 아니라, 출소 후 진로포부를 강화하고 직업적 자기효능감을 높이기 위해 도움이 되고 있다. 출소자에게 직업훈련은 직업적 능력을 갖추는 것과 함께 직업훈련에 참여하는 구성원들과 상호작용하면서 대인 관계 능력과 사회적응력을 배양하고, 이들이 인식하는 낙인을 감소시키고, 사회적 지지 체계를 형성하도록 하는 중요한 역할이 된다.

### (4) 취업 및 창업 지원

2008년부터 출소(예정)자의 취업 및 창업 지원을 통한 사회복귀 업무가 본격적으로 추진되기 시작하였다. 이전 취업알선협의회가 각 기관 사회복귀과에서 교정위원들 중심으로 자매결연된 출소(예정)자들의 사후 관리를 위해 운영되었던 것과 달리, 2008년부터는 취업지원협의회, 취업전담반, 취업정책협의회 등을 구성하고 전문가를 양성하여 교육, 상담, 구직행사 등 체계적으로 진행되고 있다.

### ① 취업 지원교육

취업 지원교육은 출소 전 3개월 미만 수형자를 대상으로 12시간 이상 교육을 시행하는데, 주요 내용은 직업윤리, 신용회복, 갱생보호, 법률 구조 등에 대한 상담과 교육, 출소자 성공 또는 실패 사례,「국민기초생활보장법」에 의한 출소자 지원금 안내 등으로 진행하고 있다. 취업면접 프로그램은 이력서, 자기소개서 작성, 면접클리닉을 위해 수용자복 대신 정장을 입고 준비하는 프로그램이고, 취업상담은 취업교육 참여자를 대상으로 시행하는 정기상담과 취업위원, 구인업체 등 필요에 따른 수시상담으로 진행된다. 가급적 출소 전 수용 중 상담 과정에서 수용자의 특성 등을 파악하고, 라포를 형성하며, 출소 후 진로에 대해 구체적인 상담을 실시해야 한다.

### ② 허그일자리

한국법무보호복지공단이 고용노동부로부터 출소(예정)자 대상 취업성공패키지 사업을 위탁받아 시행하게 된 출소 예정자 특성에 맞는 프로그램이다. 출소(예정)자의 취업을 보다 체계적으로 지원하기 위하여 최장 1년의 범위 내에서 단계적·통합적으로 취업을 지원하는 서비스로, 2015년부터 허그일자리 지원 프로그램으로 명칭을 변경하여 진행하고 있다. 이 프로그램은 만 18세 이상 형사처분 또는 보호처분을 받고 취업을 희망하는 자를 대상으로 하며, 출소 예정자는 교정기관에서 추천서와 신청서를 받아 신청이 가능하다. 2020년부터는 출소 3개월 이내 수형자 대상에서 6개월 이내 출소 예정자로 확대 시행하고 있다. 일반 대상자는 공단 거주자 또는 참여 희망자로, 집행유예 및 교정기관에서 참여하지 못했던 대상자는 출소증명서 등으로 참여가 가능하다. 위기청소년은 만 15세 이상으로 소년원, 보호관찰소의 추천서와 신청서를 받아 신청이 가능하나 지역 청소년상담센터나 학교밖 지원센터, 자립생활관 등에서도 직업훈련 및 상담 지원이 가능하다.

허그일자리는 4단계로 구성된다. 1단계는 취업 설계 과정으로, 초기상담, 직업심리검사, 집단상담, 취업 활동 계획 수립을 위한 개인별 취업 지원 계획 수립을 위한 개별집중상담 등으로 진행하고, 2단계는 직업능력개발 단계인 직업훈련, 창업교육, 일 경험 등을 연계하기 위한 과정으로 직업훈련 참여 희망자는 내일배움카드를 통해 직업훈련 비용을 지원받아 각자 희망하는 직업훈련 분야에 참여가 가능하다. 3단계는 취업 정보 제공, 이력서 작성 및 면접클리닉, 동행면접 등을 통한 실질적인 취업 알선 단계이다. 4단계는 취업자 사후 관리를 위한 단계로, 직장 적응 등 애로 사항 등을 관리해 주는 단계이다.

**표 11-1** 교정기관 허그일자리 참여 및 취업 인원 [단위: 명]

| 연도 | 2011 | 2012 | 2013 | 2014 | 2015 | 2016 | 2017 | 2018 | 2019 |
|---|---|---|---|---|---|---|---|---|---|
| 참여 인원 | 2,193 | 2,631 | 2,765 | 2,987 | 3,106 | 3,329 | 3,582 | 3,824 | 3,882 |
| 취업 인원 | 974 | 1,264 | 1,255 | 1,341 | 1,640 | 1,435 | 1,668 | 1,542 | 1,437 |

출처: 법무부 교정본부(2020).

### ③ 구인구직 만남의 날 및 구직행사 참여

2010년에는 취업박람회 행사를 대규모로 시행하였으나, 최근에는 실질적인 취업 지원을 위해 각 기관별로 월 1회 이상 가석방 예정자나 형기 종료 2월 이내인 자, 중간처우대상자, 허그일자리 지원 프로그램 참여자 등 출소 예정자와 구인업체와의 만남, 면접 등을 통해 취창업 기회 및 정보를 제공한다. 이 행사에 참여하는 구인업체에 직접 면접을 보기도 하고, 그 외 법률상담, 신용회복, 창업상담, 직업상담, 일반심리상담 등을 지원받기도 한다. 구인업체와 채용 약정 또는 협의를 거쳐 면접이 예정된 출소자가 구인업체 동행을 요청하면, 교정기관 담당자는 공단 허그일자리 담당자와 협조하여 동행면접을 실시할 수 있다. 구인업체 동행 시 출소자 신분이 노출되지 않도록 유념하여야 한다.

### ④ 취업 조건부 가석방

취업이 예정된 모범수형자에 대해 일정 기간 취업 의무 이행, 특별 준수 사항 부과, 필요적 보호관찰을 시행하고, 허그일자리 지원 프로그램 등 갱생보호와 연계된 사후 관리로 수형자의 안정적 사회정착을 유도하기 위한 가석방 제도로 2019년부터 시행하고 있다. 취업 조건부 가석방자의 취업은 교정동반기업 및 한국법무보호복지공단의 등록업체로 한정하되 취업 가능업체를 전국단위로 확대하여 귀주지 등 생활근거지 취업을 통한 실질적 사회복귀 지원을 도모하고 있다. 취업의 질을 향상시키기 위해 기업체 현장 실사를 통해 4대보험이 적용되는 우수업체를 선별하여 교정동반기업으로 선정하고 있다.

최근에는 무연고자 및 상대적으로 형기가 짧지만 취업을 통한 조기 사회복귀가 필요한 생계형 사범에 대해 잔형기 요건을 완화하여 시행하고, 장기 수형자의 출소 후 자율의사에 따른 경제생활 보장을 위해 취업 유지 의무 기간을 1년 이내로 개선하여 시행하고 있다. 취업 조건부 가석방은 출소 예정자의 빠른 사회복귀와 경제적 안정, 안정된 일자리 등을 보장하는 내실 있는 제도이다.

### ⑤ 소자본 창업교육 및 기쁨과희망은행 창업교육

소자본 창업교육은 창업진흥원 및 소상공인지원센터의 지원으로 소자본 창업 마인드, 고객 관리 방안, 홍보 및 이미지메이킹, 창업 트렌드와 사업성 분석 등 소자본 창업을 위한 전문교육 프로그램이다. 소자본 창업교육이나 자체 창업교육 등을 수료한 출소 예정자가 창업을 희망할 경우는 한국법무보호복지공단이나 기쁨과희망은행 등을 통해 무담보 소자본 창업자금 대출 연계가 가능하다.

천주교 사회교정사목위원회에서는 서울경기 지역 내에서 소자본 창업을 희망하는 출소자와 살해 피해자 가족을 대상으로 무담보대출을 통해 창업 지원을 하고 있다 출소 후 3년 이내 교정기관 및 천주교 교구의 추천으로 참여 가능하며, 기본교육, 맞춤형 상담, 실사, 심화교육의 과정을 통해 창업자금 지원이 가능하고, 창업전문가의 컨설팅과 상권 분석, 마케팅 지원 등 다양한 방법으로 창업 지원을 하고 있다. 창업 후 대출자 사후 관리와 지지모임을 운영하고 있다. 창업자금 대출은 임대보증금 대출 시 최대 2천만 원으로 12개월 거치 48개월 원리금 균등상환 방식으로 지원하고 있으며, 창업 후 최대 1천만 원까지 경영개선 자금 추가 지원이 가능하고 자활자금 및 특별자금 지원이 가능하다.

### ⑥ 중간처우 프로그램

중장기 수형자를 대상으로 수형생활과 출소 후 사회적응을 연계하기 위한 프로그램으로, 대표적인 중간처우 프로그램은 사회적응훈련원, 소망의 집, 희망센터가 있다.

사회적응훈련원은 현재 천안개방교도소에서 중·장기 수형자 사회적응훈련을 중심으로 시설적응, 사회적응, 사회복귀 단계로 단계별 처우 및 외부 통근 작업, 외부 출장 직업훈련, 취업창업교육 등의 다양한 사회생활 체험훈련을 통해 성공적인 사회복귀를 도모하고 있다.

소망의 집은 출소 예정자에게 일정 기간 가정과 같은 시설에서 생활하며 구외공장 출퇴근 등 사회적응훈련 실시를 통해 사회적응력을 배양하기 위한 프로그램으로 안양 등 5개 기관에서 시행 중이며, 희망센터는 지역사회 내 중간처우시설로 사회적응훈련원에 수용된 수형자 중 희망자를 대상으로 자율출퇴근 등을 통해 실질적인 사회복귀를 지향하는 프로그램이다.

## 3) 우리나라 출소자의 사회복귀 지원

수용 중 교정시설에서 경험했던 다양한 개별적·과학적인 프로그램들이 본인의 의지를 반영한 기관 중심이었다면, 출소 후 담 밖 세상은 홀로 당면해야 하는 현실이다. 수형자의 과거 삶은 더 많은 장애 요인을 갖고 있고, 격리되어 있던 기간만큼 멀어진 현실과 법률적·비법률적인 낙인, 경제적인 어려움, 가족과 지인들의 외면 등 총체적인 이유로 자기효능감은 낮아지고 진로포부는 감소하다 포기 상태에 이르러서는 다시 재범에 이르게 된다.

우리나라에서 갱생보호 사업을 하려는 단체는 법무부장관의 허가를 요하는데, 현재 주로 활동하고 있는 단체로 재단법인은 한국교회복지재단이 있고, 사단법인으로는 세계교화갱보협회, 담안선교회, 빠스카교회 복지회, 양지뜸, 뷰티플 라이프, 열린낙원이 있고, 그외 교정위원들이나 종교시설에서 소소하게 출소자 쉼터를 운영하는 경우도 있다. 이런 개인 및 단체와 달리 국가의 재정적인 지원을 받아 출소자를 위한 지원을 하고 있는 대표적인 기관은 한국법무보호복지공단(구 한국갱생보호공단)이다. 이 장에서는 출소자 자립과 재범방지를 위해 체계적인 활동을 하고 있는 한국법무보호복지공단을 중심으로 출소자 취업 및 자립 지원에 대해 살펴보고자 한다.

### (1) 한국법무보호복지공단 주요 사업

한국법무보호복지공단은 「보호관찰 등에 관한 법률」에서 규정하는 바와 같이, 형사처분 또는 보호처분을 받은 사람이 자립갱생을 위하여 지원을 요청하면 공단에서 보호의 필요성을 검토하고 원조의 방법을 결정하는데, 공단은 숙식 제공, 주거 지원, 창업 지원, 직업훈련 및 취업 지원 등을 중심으로 하고 있다.

우리나라 최초의 갱생보호 사업은 각 감옥소 직원 규약에 의거 민간 독지가의 협력과 종교적 박애 사상에 기초한 자선적 시혜 사업에서 출발하였다. '면수보호 사업' 또는 '출옥인 보호 사업'이라는 명칭으로 각 지방의 석방자보호회를 중심으로 시작되어 1941년 조선사법보호협회가 설립되었으며, 1961년에 갱생보호회가 설립되어 이후에 갱생보호공단에서 2009년 「보호관찰 등에 관한 법률」 개정을 통해 한국법무보호복지공단으로 명칭을 변경하고 새로운 도약의 전기를 마련하였다.

한국법무보호복지공단은 법무부 범죄예방정책국 산하기관으로 1개 교육원, 17개 지부, 7개 지소를 두고 갱생보호대상자의 재범방지 등 범죄예방 활동을 활발히 펼쳐 나가고 있다. 지부와 지소는 갱생보호 사업의 지역사회 일선기관으로서 직접적인 보호 업무를 수행하고 있으며, 2011년부터는 출소자들의 전문적인 기술 취득을 통한 취업 및 자립을 위하여 기술교육원을 설치 운영하고 있다. 공단은 보호대상자에 대한 숙식 제공, 직업훈련, 취업 지원, 주거 지원 등 사회복귀 지원 사업을 통해 보호 서비스를 제공하고 있으며, 이들이 재범 없이 사회에 안정적으로 정착할 수 있도록 지역사회 자원봉사자와 연계하여 사후 관리 및 멘토링 등 생활지도를 강화하고 있다. 공단의 직원은 사회복지, 직업상담, 심리상담 등 갱생보호에 필요한 전문적 지식과 소양을 갖추고 갱생보호 업무를 담당하고 있다.

### ① 생활 지원 사업

출소자의 생활 지원 사업은 숙식 제공, 원호 지원, 기타 자립 지원으로 공단 24개 지부 및 지소 생활관에서 2년 동안 숙식과 생활지도 및 사회성 향상 교육을 실시하고, 경제적으로 취약한 대상자에게 일시적 금품을 지원하는 원호 지원, 주민등록, 가족관계등록 등의 기타 자립 지원을 하고 있다

## ② 취업 지원 사업

취업 지원 사업은 갱생보호대상자에게 진로탐색, 직업훈련, 취업 알선 및 사후 관리 등을 단계별로 지원하고 그에 따른 각종 수당을 지급하는 등 취업을 통한 자립 기반을 마련하도록 도움을 주고 있고, 허그일자리 프로그램과 서민금융진흥원의 휴먼예금을 활용하여 소자본 창업에 필요한 임차보증금을 1인당 최대 5천만 원 한도에서 2년간 지원하고 있다.

## ③ 가족 지원 사업

가족 지원 사업은 수용생활 등으로 경제적·심리적 어려움을 겪는 출소자 가족에게 합동결혼식, 임대주택, 가족심리상담, 가족캠프, 출소자 자녀의 학업 물품 제공 등을 통해 사회복귀를 지원하고 있다. 가족 지원 사업 중 출소자의 사회복귀에 가장 큰 도움이 되는 것은 주거 지원으로 국토교통부 및 한국토지주택공사와 연계, 부양가족이 있는 출소자를 대상으로 임대주택을 지원하고 있다. 이전에는 출소 후에만 주거 지원 신청이 가능했지만, 2018년부터 출소 예정자에게 확대 적용하고 있다. 또한 합동결혼식, 가족희망 사업, 학업 지원 등을 시행하고 있다.

## ④ 상담 지원 사업

오랜 수감생활로 인한 사회적응력 저하 등 심리적 문제 해결을 위해 출소 전 자립 계획 상담, 출소 후 사회성 향상 교육, 심리검사 및 상담치료, 고위험 대상자에 대한 정신보건 치료 등을 지원하는 사업이다. 출소 예정자 사전상담은 출소 1개월 전 교정기관을 방문하여 출소 예정자에게 갱생보호 사업을 안내하고 재범 유발 요인을 사전에 파악하여 출소 전 사회복귀를 준비하도록 개별 및 집단 상담을 실시하는 사업으로, 주로 석방전 교육 시간에 진행하고 있다. 또 사회성을 향상시키기 위한 교육과 오랜 구금생활로 인해 경제적·정신적으로 어려움을 겪고 있는 갱생보호대상자에 대하여 반사회적 성향 개선 프로그램, 기초소양교육, 취업교육 등 사회성을 증진시키기 위한 프로그램 진행과 우울, 불안, 부적응, 가족 문제, 중독 행동 및 낮은 자존감 등을 호소하는 이에게 심리치유상담 등을 통해 전문적 심리치료 서비스를 제공하고 있다. 또한 보호위원·범죄예방위원 등 자원봉사자를 활용하여 면접·통신·방문 등의 방법으로 보호·진로교육·상담·생활지도 등을 실시하고 있다.

## (2) 출소자 사회복귀 지원 프로그램

비서와 트래비스(Visher & Travis, 2003)는 교도소에서부터 지역사회로의 재진입 과정을 4단계로 분류하였다. 1단계는 교도소에 수감되기 전 단계로 입소 전 가정 및 직업 등 개인적 특성 단계이고, 2단계는 출소 전 단계로 아직 교도소에 수감되어 있는 상태로서 재소자들은 최종 출소 날짜를 통보받고 출소 준비를 하게 된다. 3단계는 출소 후 사회에 재진입하기 전의 전환 단계로서 교정시설과 지역사회의 중간 시설에 머물게 되는 단계이다. 4단계는 범죄 전의 환경인 가족 및 지역사회로 다시 돌아와 재적응하는 통합 단계이다. 이 단계를 거쳐 출소자는 재범을 저지르지 않고 계속적으로 지역사회에 장기간 거주하는 성공적이고 완성된 출소 후 사회재통합이 이루어진다고 하였다. 앞에서 현재 입소 전 단계와 교정 단계에 대해 살펴보았기에, 이 장에서는 이신영(2008)이 제안한 지역사회 중심의 갱생보호 사업을 중심으로 고찰하였다.

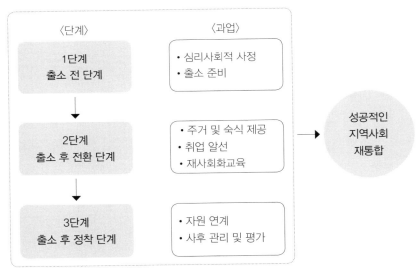

[그림 9-1] 출소자의 재사회화 단계 및 과업(이신영, 2009)

### ① 출소 전 단계

어떤 이들에게는 교도소에 수용되는 것이 과거 반사회적인 삶으로부터의 단절과 새로운 인생을 출발하는 계기가 되어 그들의 삶을 완전히 변화시키는 기회가 되기도 하고, 다른 사람들에게는 범죄적 생활 방식을 규정하는 관계, 태도, 마음가짐을 더 강화하는 계기가 되기도 한다. 우리는 교정 단계에서 출소(예정)자들이 반사회적인 삶과 단절하고 건전한 사회인의 한사람이 될 수 있도록 하여야 한다.

1단계 출소 전 단계의 주요 과업은 출소 예정자에 대한 심리사회적 사정으로, 첫째, 개별면접을 통해 출소 예정자가 가진 욕구, 위험 요소, 강점 등을 파악하고, 둘째, 출소 후 돌아갈 가정환경을 사정한다. 교도소에 있는 동안 가족과의 접촉 정도 및 유대 관계, 가족이 가지고 있는 건강이나 경제적 어려움 등과 관련된 문제점, 가족의 강점 등을 파악한다. 셋째, 자원 탐색으로 출소자들이 돌아갈 지역사회에 있는 자원을 파악하고, 출소 후 그들과 연계시킬 수 있는지 탐색한다. 장기간의 수형생활로 가족이 와해되었으면 출소자의 친척, 친구 등의 인적 자원을 탐색하고, 심리사회적 사정 후 각 개인의 출소 준비 계획을 세운다. 신체적 건강 및 정신적 건강 문제 해결을 위한 계획, 출소 후 주거 계획, 취업 계획, 가족과의 상봉을 위한 계획 등이 포함된다.

### ② 출소 후 전환 단계

전환 단계에서는 다양한 중간시설의 지원이 필요하다. 이 단계의 담당자는 출소자들의 욕구를 파악할 수 있는 능력과 지역사회 자원에 대한 정보가 필요하며, 욕구와 자원을 연결하는 사례 관리자 및 중개자의 역할을 하게 된다. 취업기술이 부족한 사람들을 위한 직업기술훈련 그리고 취업 알선을 한다. 출소자들을 대상으로 취업 전 직업관 및 직업의식 교육, 의사소통기술훈련, 문제 해결 능력 증진훈련, 스트레스 해소 방법 등을 통해 장기간 직업을 유지하도록 돕는다. 돌아갈 가족이 있는 출소자를 위해서는 가족 관계를 강화시키는 서비스가 필요하다. 즉, 가족원들 간의 상호 충성심, 잠재적 강점, 서로 돕고자 하는 욕구 등을 활성화하여 가족 유대감을 구축하여 출소 후의 지지를 제공할 수 있는 가정환경을 조성한다. 출소자들은 사회와의 격리생활로 인해 소외감에 시달리며 자아존중감이 낮고 의사소통의 능력이 부족한데, 이를 보완하기 위한 재사회화교육이 필요하다.

### ③ 출소 후 정착 단계

교도소에서 바로 가정으로 복귀하거나 가석방으로 인한 보호관찰을 받을 수도 있고, 2단계를 거쳐 자립 능력을 키워 독립적인 생활을 유지하는 출소자도 있을 것이다. 이 단계에서 담당자는 사후 관리를 통해 규칙을 잘 지키고 있는지, 가족 관계가 회복되었는지, 직장생활은 계속하고 있는지 등 재범의 위험 요인에 대해 모니터링한다. 또한 필요한 욕구를 충족하고 새로 발생할 수 있는 문제를 해결하기 위해 지역사회 자원에 대한 정보를 제공하고 연계망을 구축하여 필요할 때 언제나 도움을 요청할 수 있도록 한다. 또한 같은 문제를 가진 사람들이 서로 지지하고 도움을 주고 받을 수 있도록 지지모임을 조직하거나,

이미 있다면 지지모임의 활성화를 도모한다. 마지막으로, 지역사회적응에 대한 최종 평가를 통해 출소자에 대한 관리를 종결한다.

## 4) 출소(예정)자 취업 및 창업 지원 사례

**사례 1**　**박○○(여, 24세, 3범 3회, 사기, 징역 1년 10월, 고졸 검정)**

- **입소 전 환경**
- −친부, 양모, 이복형제와 생활하던 중 부의 외도로 출생한 사실 인지 후 방황 시작 → 보호관찰 등 소년부 송치 다수

- **사건 내용**
- −본건은 중고물품 판매 사기, 추가 사건은 출산을 위한 구속집행정지 기간 입양기관 위탁 중인 아이 양육을 이유로 육아용품 등 사기

- **수용생활**
- −2017년 1월 피의 입소 → 형 확정 후 서울 ○○구 이송 → 임신 37주 구속집행정지 출소 → 재입소 후 위탁작업 → 구치소 내 양육 유아 → 여자교도소 이송 → 형기 종료 출소

- **수용 중 교육 및 작업**
- −위탁작업, 종교위원 지지, 구인구직 만남의 날 참여, 출소 예정자 취업상담

- **출소 후 환경**
- −2019년 1월 출소 → 종교위원 마중 → 후원자 주거 내 동거(긴급 지원 3개월) → 기초수급자 지정(생계, 의료, 교육, 주거) → 상경 후 노숙자 쉼터에서 아이와 거주(기초생활수급 취소) → 쉼터 인근 도서관 등 공공근로 → LH 주거 지원 → 취업 조건부 수급자로 변경 → 전산회계실무 등 직업훈련 → 자격증 취득 → 회사 취업(전과 비공개) → 미혼부와 결혼(전과 공개)

- **출소 후 위기**
- −후원자와의 불편한 동거로 인한 갈등
- −쉼터 거주 중 아이 생부 전과 이유로 신상공개 등 협박: 법률 자문으로 해소

–휴대폰 요금 미납 및 카드 사용료 등 신용불량: 신용회복위원회 개인 워크아웃
–이전 사건 관련된 맘카페 비공개 활동 중 신분 노출: 긍정적인 정보 제공 등 활동 내역 등
  으로 변화된 점 인정되어 긍정적으로 마무리됨

• **사회통합 성공 요인**
–자녀, 교정공무원과 동료 수용자로 구성된 지지모임이 정서적 지지가 됨
–자기강점 발견(인지 능력, 사무 능력, 친화력)
–사회복지 제도 활용(사회복지시설, 조건부 수급, 긴급자금 지원)


**사례 2**  **이○○(여, 41세, 4범 4회, 사기, 징역 4년, 고졸 검정)**

• **입소 전 환경**
–평범한 가정에서 성장, 학교 부적응으로 고2 중퇴 → 부친의 수술비 마련을 위해 유흥업
  소 취업 → 결혼 후 1녀를 두고 이혼 → 유흥업소 등 전전하다 본 사건으로 구속

• **사건 내용**
–취업 선불금 사기 등

• **수용생활**
–2015년 11월 형 확정 입소 → 여자교도소 이송 → 서울 ○○구 이송 → 형기 종료 후 노역 종
  료 출소

• **수용 중 교육 및 작업**
–집중인성교육, 여자교도소 취사장, 고졸 검정고시, 근무자 및 외부 전문가 개인상담(우
  편, 접견 등 비공식), 위탁작업, 허그일자리, 가족만남의 집, 구인구직 만남의 날 참여

• **출소 후 환경**
–2018년 9월 출소 → 친정 모, 이혼한 남편과 미성년 자녀 → 동행면접(구인구직 만남의
  날 채용 확정) → 채용 거절 → 허그일자리로 내일배움카드 지원 → 컴퓨터 활용 능력 및
  전산회계실무 직업훈련 → 유통업체 취업(전과 사실 비공개, 취업성공수당 1년) → 복지
  공단 주거 지원 → 재직 중

- **출소 후 위기**
- 친정 모와 정서적 갈등: 직장 인근 원룸으로 분리
- 추가 사건, 민사사건 진행: 법률상담, 파산신청으로 해소
- 이혼한 남편과 자녀양육 등 문제: 수시상담으로 해소

- **사회통합 성공 요인**
- 넉넉하지 않지만 기다리는 가족이 있음
- 자녀, 교정공무원과 동료 수용자로 구성된 지지모임이 정서적 지지가 됨
- 자기강점(밝고 명랑하고 적극적임, 빠른 실행력, 적응력, 인지 능력 좋음) 발견

**사례 3**    조○○(남, 40세, 1범 1회, 특수강도, 징역 3년, 고졸)

- **입소 전 환경**
- ○○고아원에서 성장, 부모, 가족 모름

- **사건 내용**
- 고아원에서 함께 생활하던 형 범행에 가담

- **수용생활**
- 2007년 1월 피의 입소 → 2009년 9월 가석방 출소

- **수용 중 교육 및 작업**
- 인성교육, 직영작업장, 취업상담, 자매결연, 출소 전 사전 취업 확정

- **출소 후 환경**
- 출소 당일 보호관찰소 신고 후 업체 동행 취업 → 취업지원협의회 격려금 지원 등 → 신용회복 신청 → 국제결혼 추진 → 재직 중

- **출소 후 위기**
- 개인채무 등 신용불량: 신용회복위원회 개인 워크아웃

−입소 전 범행 관련 지인들 연락: 고용주 가족들의 도움으로 차단

−국제결혼 실패로 인한 심적 고충: 법률 자문 및 고용주 가족의 지지

**·사회통합 성공 요인**

−고용주가 가족이 되어 줌

−교정위원들의 지속적인 사후 관리

−자기강점(착하고 성실함)으로 이겨 냄

---

**사례 4**   **인○○(남, 50세, 1범 1회, 「성폭력범죄특별법」 위반, 징역 5년, 고졸)**

**·입소 전 환경**
−이혼 후 본인 자녀는 부모님이 양육

**·사건 내용**
−성년의 여성 성폭력

**·수용생활**
−2006년 6월 피의 입소 → 2011년 6월 형기 종료 출소

**·수용 중 교육 및 작업**
−직업훈련(컴퓨터 응용선반기능사), 위탁작업, 직영작업, 취업성공패키지, 취업상담

**·출소 후 환경**
−동행취업 → 기숙사 거주 → 생산직에서 사무직으로 전환 → 재직 중

**·출소 후 위기**
−성폭력 사범 전자장치 부착 및 개인신상 정보 공개 두려움: 전자장치 미부착

- **사회통합 성공 요인**
- -가족과 고용주의 적극적인 지지
- -교정위원들의 실질적인 사후 관리
- -자기강점(성실하고 배려심이 많음)으로 극복

**사례 5** 김○○(남, 65세, 7범 7회, 특수절도, 징역 8월, 고졸)

- **입소 전 환경**
- -이혼(1녀), 찜질방 등 전전하며 생활

- **사건 내용**
- -찜질방 등에서 타인의 사물함 등에서 재물 절취

- **수용생활**
- -2009년 11월 피의 입소 → 2010년 7월 형기 종료 출소

- **수용 중 교육 및 작업**
- -미지정, 취업교육 3회 참여, 취업상담, 사전 채용 확정

- **출소 후 환경**
- -출소 당일 취업위원 마중 및 동행 취업 → 2년 후 전직 → 재직 중

- **출소 후 위기**
- -육체적인 노동을 힘들어함: 취업 담당과 고용주의 꾸준한 상담

- **사회통합 성공 요인**
- -노동의 대가로 자녀 학비 지원하며 건전한 삶의 의미 발견
- -교정위원들의 실질적인 사후 관리
- -자기강점(검소한 생활, 다른 출소 취업자 정착 지원)으로 이겨 냄

**사례 6**    **최○○(여, 45세, 초범, 업무상 횡령, 징역 1년, 고졸)**

- **입소 전 환경**
-미혼, 부모 사망, 형제 연락 안 됨, 이모

- **사건 내용**
-모의 병원비 등을 위해 회사 자금 횡령

- **수용생활**
-2013년 11월 피의 입소 → 여자교도소 이송 → 2014년 9월 가석방 출소

- **수용 중 교육 및 작업**
-운영 지원 작업, 직업훈련(바리스타)

- **출소 후 환경**
-이모 댁에서 거주하며 아르바이트 → 취업의 어려움 호소 → 교정공무원 연계로 육가공
  업체 경리 취업(전과 비공개) → 장거리 출퇴근 → 회사 원룸 지원 → 결혼(전과 공개) →
  재직 중

- **출소 후 위기**
-예상했던 것보다 취업의 어려움: 교정공무원의 취업 연계
-출소 후 거주지 불편: 업체 숙소 지원

- **사회통합 성공 요인**
-교정공무원과 동료 수용자로 구성된 지지모임이 정서적 지지가 됨
-수용 중 반려동물을 돌봐 주던 사람과 결혼으로 지지 체계 마련
-자기강점(업무 경험 및 성실함)으로 이겨 냄

**사례 7**   박○○(여, 53세, 초범, 「특정경제범죄가중처벌법」위반, 징역 5년 6월, 고졸)

· **입소 전 환경**
- 기혼, 청소년 자녀 3, 남편

· **사건 내용**
- 남편의 사업위기 극복을 위해 지인들 자금 편취

· **수용생활**
- 2009년 12월 → 여자교도소 이송 → ○○교도소 → 2015년 1월 가석방 출소

· **수용 중 교육 및 작업**
- 인성교육, 운영 지원 작업, 모범수형자 선정

· **출소 후 환경**
- 가족들과 거주 → 복지공단 직업훈련 지원으로 요양보호사 자격 취득 → 요양보호사 취업 → 재직 중

· **출소 후 위기**
- 자녀와의 관계 회복: 상담 지원으로 해소
- 경제적인 어려움: 자녀들 취업, 본인 취업으로 보충
- 업무상 전과 사실 공개 요구: 성실한 업무 자세로 보완

· **사회통합 성공 요인**
- 가족들의 지지
- 교정공무원과 동료 수용자로 구성된 지지모임이 정서적 지지가 됨
- 자기강점(정성스런 마음으로 업무에 최선을 다해 업무 능력 인정받음)으로 이겨 냄

**사례 8** 우○○(남, 54세, 4범 7회, 사기, 징역 2년, 고졸)

- **입소 전 환경**
 −소년부 송치부터 이어진 범죄, 아내, 자녀 둘

- **사건 내용**
 −무전취식(유흥주점에서 술과 안주 제공 후 대금 미지불)

- **수용생활**
 −2009년 11월 피고 입소 → 2011년 7월 형기 종료 출소

- **수용 중 교육 및 작업**
 −직업훈련(조경기능사), 기독교 종교교육, 창업아이템경진대회, 소자본 창업교육

- **출소 후 환경**
 −복지공단 주거 지원 → 기쁨과희망은행 창업교육 및 자금 지원 → 이삿짐센터 창업 →
 −사회복귀 도우미 사례교육 → 자기 이사 브랜드로 창업 운영 중

- **출소 후 위기**
 −경제적인 어려움

- **사회통합 성공 요인**
 −가족들, 종교적 지지
 −기쁨과 희망은행 자금 지원 및 사후 관리, 취업담당자의 지지
 −자기강점(자기성찰로 재범 단절 의지 강함, 성공 의지 강함)으로 이겨 냄

**사례 9** 김○○(남, 40세, 5범 5회, 절도, 징역 1년 6월, 고졸)

- **입소 전 환경**
 −고2 때 엄마의 가출로 방황 및 소년부 송치 다수, 미혼

・**사건 내용**
–재물 절취

・**수용생활**
–2010년 7월 피의 입소 → 2012년 1월 형기 종료 출소, 동료 수용자 폭행으로 추가건 송치

・**수용 중 교육 및 작업**
–위탁작업, 취업교육, 취업상담

・**출소 후 환경**
–취업위원 업체 취업 → 별도 기숙사 마련 → 외국 출장 동행 → 7개월 후 재범(명절 연휴 게임 등 채팅으로 알게 된 지인 물품 절취)

・**사회통합 실패 요인**
–가족 등 지지 체계 미약
–정서적 외로움과 전과 사실 노출에 대한 불안

**사례 10**   **김○○(남, 53세, 5범 7회, 수용 횟수 28회, 사기, 절도, 징역 6월, 고졸)**

・**입소 전 환경**
–이혼(1남), 아들 교도소 수용 중

・**사건 내용**
–무전취식(술값, 음식 대금 미지불)

・**수용생활**
–2010년 7월 피의입소 → 2011년 1월 형기 종료 출소

・**수용 중 교육 및 작업**
–미지정, 취업교육, 출소 전일 취업상담

・**출소 후 환경**

−출소자 채용 의사가 있는 ○○지하수 업체 대표의 출소일 마중 → 당일 취업 → 2개월 후
무단이탈 및 재범(무전취식)

・**사회통합 실패 요인**

−가족 등 지지 체계 미약

−뇌전증치료 중단, 알코올중독치료 미흡

# 3. 외국의 출소(예정)자 취업 지원

## 1) 미국

미국교정연구원의 보고에 의하면, 수형자들의 출소에 대한 단계별 시책으로 보다 종합
적인 계획을 수립하여 교정시설 단계, 출소 전 단계, 출소 후 사회 내 적응 단계, 사법적 통
제에서 자유로워지는 민간 서비스 연계에 이르기까지 단계적 처우를 행하고 있다. 미국
일리노이주의 Safer재단에서 시행하고 있는 취업 지원 프로그램, 텍사스주에서 시행하고
있는 RIO(Re-Intergration of Offenders) 프로젝트, 코네티컷주 교정국 산하 버긴교도소 등
교정시설에서 운영하고 있는 취업 지원 프로그램 등을 보면, 출소 전 교정시설 단계부터
출소 후 일정 기간 동안 사회복지사 또는 직업상담사들이 진로지도를 실시하고 있다. 이
들은 주로 자활 능력이 현저히 약화된 장기 실업 경력자 또는 희망자를 대상으로 수용자가
출소하여 사회로 돌아갈 때 직면하는 문제들을 해결할 사회복귀 계획을 설계, 노동부와 연
계하여 취업지도와 알선, 그리고 출소 후 일정 기간 고용안정에 관한 지원을 통해 실질적
인 사회복귀에 도움이 되고 있다.

또한 출소자의 안정적 취업을 위해 취업을 하는 것 자체에 목적을 두고 전과 경력이 있
는 사람들을 대상으로 'ready4work' 사업을 시행하고 있는데, 직업훈련, 취업 지원, 취업
알선 뿐만 아니라 정신건강 서비스, 라이프코칭, 임시주택, 교통비 지원 등 출소자들이 취
업 과정에서 겪을 수 있는 어려움에 대응할 수 있도록 프로그램들을 구성 및 시행하고 있
다. 더욱이 일시적 지원이 아닌 사례 관리를 통해 성공적으로 직업적 재사회화를 이룰 수

있도록 지원하고 있다.

　이러한 체계적인 절차를 통한 미국의 출소자 재활을 위한 직업 프로그램은 실질적으로 재범과 사회적 낙인 등의 악순환을 끊는 것에 큰 역할을 하고 있다.


## 2) 캐나다

　캐나다는 출소자 대상으로 공공기관에서 서비스 제공의 어려움을 이해하고 과거 범죄 전력 등으로 어려움을 겪고 있는 사람들을 위해 여러 민간단체들에게 재원을 제공하는 등의 방식으로 출소자들을 돕고 있으며, 국가와 별도로 국가기관과 협조 체계를 통해 The Alberta Seventh Step Society, CoSA(Circle of Support and Accountability) 등 민간단체들과 존하워드협회(John Howard Society)가 출소자들의 성공적인 사회정착을 돕고 있다. 캐나다는 출소 예정자 원조 시스템이 조직적으로 잘 갖추어져 있고, 수형자가 출소하기 전부터 캐나다 교정본부뿐만 아니라 많은 민간단체가 상담을 실시하여 그들의 필요 사항에 대해 파악하여 사회에 나와 성공적으로 정착할 수 있도록 체계적으로 돕고 있다.


### (1) 존하워드협회(John Howard Society)

　캐나다에서 출소자를 지원하는 많은 단체 중 대표적인 단체인 존하워드협회는 공교육, 사회봉사 그리고 형사사법 분야의 개혁을 추구하는 데 중요한 역할을 수행한다. 이 협회의 각 지부에서는 출소자 등을 위한 취업 알선 프로그램을 실시하고 있으며, 이런 프로그램에 의한 성과도 긍정적으로 평가되고 있다. 그 구체적인 프로그램 중 하나가 오타와지부에서 실시하고 있는 직장 알선 원조 프로그램인 CERC(Community Employment Resource Centre)이다. CERC는 고용과 훈련을 원하는 온타리오 주민과 자기가 운영하는 사업체의 결원을 채울 고용인을 찾고 있는 온타리오 고용주 모두에게 서비스를 제공하고 있으며, 고용, 훈련 기회 및 지역사회 서비스에 관한 모든 개인에게 자원 및 정보에 대한 자유로운 접근을 제공한다. CERC에서 제공하는 서비스는 주로 진로상담을 통해 직업 정보 등을 제공해 주는 일이며, 일자리 창출 파트너십(JCP)을 통해 지역사회나 지역경제에 도움이 되는 사업 내에서 미취업 구직자에게 업무 경험을 제공하는 취업 프로그램이다. 참여자들은 참여가 끝나면 최근 경력 및 이력서에 추가할 수 있는 추가 기술을 보유하게 되어 장기 취업에 성공할 가능성이 높아지며, 스폰서 능력 범위 내에서 프로젝트 비용을 부담해 준다. 견습 프로그램은 숙련된 직업에 취업을 희망하는 사람들을 대상으로 실제 훈련 프로그램으로 기술을 습득하면서 수입을 올릴 수 있다는 장점이 있는데, 주요 업종으로는 공업, 건설, 교통 및 서비스 분야 등이 있다.

### (2) 캐나다 정부의 취업 지원 프로그램 'CORCAN'

캐나다 교정은 작업보다는 대중에 대한 책임을 우선하며, 교도작업도 지역사회 노동시장에 맞는 인재로 양성하기 위해 노력하고 있다. CORCAN은 범죄자들이 연방교도소에 수감되어 있는 동안, 그리고 그들이 지역사회로 석방된 후 최대한 단기간에 취업할 수 있도록 고용 및 고용 가능성을 높이는 기술을 제공하여, 그들이 사회에 취업한 결과 재범 가능성을 낮춰 지역사회를 안전하게 하는 데 기여한다. CORCAN은 캐나다 교정국의 핵심 재활 프로그램으로, 수용자들이 석방될 때 취업 준비를 할 수 있도록 지원하는 프로그램이다. 교정 및 조건부 석방 규정을 반영하여 생산성과 품질에 관한 민간 부문 표준을 모방하기 위해 노력하는 업무 환경을 제공하도록 법제화되었다. CORCAN은 주로 건설 활동 분야, 가구, 생산, 수용자 의복 및 침구 제작 등의 핵심 사업에 새로운 사업과 제품들을 추가하고 강화하여 53개 연방기관 중 36곳에 103개의 점포를 운영하고 있으며, 이 점포 중 상당수는 ISO 인증을 받았다. 이 프로그램에 참여하는 출소(예정)자에게 제공되는 노동시장 진입에 필요한 의사소통기술, 팀워크기술, 개인기술 등의 소프트 스킬과 현장훈련과 함께 제공되는 하드스킬훈련과 업무 경험이 최근 노동시장의 트렌드를 따라가는 데 도움이 되었다. 이 프로그램 참가자들은 출소 후 평균을 웃도는 취업률을 보였고, 이는 재범률 감소에 긍정적으로 영향을 주었다.

### 3) 기타

북독일 7개 주에서는 재소자를 위한 사회복귀 정책의 일환으로, 출소 준비를 위한 과도기적 관리를 조직적으로 실행하기 위해 '전환관리 필롯 프로젝트(Die Arbeitder Pilot projekte)', 영국에서는 LASC(학습 및 기술위원회), NOMS(국가 범죄자관리청)의 연계를 통해 출소자에게 OLASS(취업 지원 관련 서비스)를 제공하여 출소 후 직업에 대한 진로지도를 통해 재범을 예방하고 있다. 홍콩에서는 사회적 인식의 재고를 위해 각 기업별로 한 명 이상의 출소자를 취업시키는 '1사 1출소자 취업운동'을 전개하였으며, 싱가포르도 '옐로우 리본 프로젝트' 캠페인을 통해 많은 기업이 자발적으로 출소자를 채용하고 있다.

# 4. 출소(예정)자의 성공적인 사회통합을 위한 노력

범죄로 인한 결과는 범죄 피해자와 범죄자만이 아니라 그들의 가족들에게 영향을 미치게 되고, 나아가서 지역사회에서 신뢰 관계를 단절시키고 두려움과 공포감마저 조성하게 된다. 아프리카 속담에서 '한 아이가 성장하려면 한 마을이 필요'한 것처럼 한사람이 출소후 사회에 온전하게 통합되기 위해서는 우선 자신과의 관계 회복이 절실하며, 가족 관계와 직장이나 친구가 있는 지역사회와의 관계 회복이 매우 중요하다.

출소자들의 경우 이들이 갖는 내외적인 특성으로 인해 일자리를 얻기 어려우며, 일자리를 얻게 되더라도 이를 유지하는 데 어려움을 겪는다. 일자리를 얻지 못하면 경제적으로 어려움을 겪게 되고, 이는 사회적 관계 단절을 유발하며 가족 관계에서도 갈등을 만든다. 이는 출소자의 지역사회 편입과 정상적인 사회적 관계 형성을 방해하여 지역사회통합을 막고 재범 가능성을 높이게 된다(Anthony & Gagne, 2014). 출소자들의 사회적응을 높이기 위해서는 취업을 연계하고 지속적인 사후 관리를 통해 직무만족을 도와 장기간 직업을 유지하여 안정될 수 있어야 한다.

## 1) 출소(예정)자

출소(예정)자들에게 올바른 직업관을 심어 주어야 한다.

직업의 요건은 경제성, 사회성, 계속성, 윤리성을 갖춰야 한다. 경제성이란 경제적인 거래 관계가 성립되는 활동을 수행하기 때문에 이자, 주식배당, 사회보장수업, 봉사 활동 등은 해당되지 않으며, 윤리성이란 비윤리적인 영리 행위(경마, 경륜 등에 의한 배당금 수입)나 반사회적인 활동(강도, 절도, 매춘, 밀수 등 법률 행위)을 통한 경제적인 이윤을 추구하는 것은 직업으로 인정되지 않는다. 사회성이란 사회공공체적인 맥락에서 의미 있는 활동으로, 교정시설 내에서의 강제 노역, 교도작업 참여는 직업이라 할 수 없다. 계속성은 주기적인 활동을 요건으로 때로는 계절적이거나 명확한 주기는 없어도 계속적으로 행해지는 것, 현재 하고 있는 일을 계속적으로 행할 의지와 가능성이 있어야 한다.

또한 직업은 생산적 활동을 통해 가족 공동체와 개인의 생계를 위한 의식주를 해결하는 생계 수단일 뿐만 아니라, 현대로 올수록 점차 직업은 사회의 유지 발전에 이바지함과 더불어 개인의 삶에 중요한 위치를 차지하여 자아실현의 수단이 될 수 있다. 나아가 직업은 정해진 작업 환경 내에서 유기적인 관계를 통해 개인이 원하는 것을 성취하고자 하는 지속적이고 활동적인 과정이며, 심리학적 관점에서 직업에 적응하는 것은 근로자 개인이 주어진 환경 내에서 스스로 만족함과 동시에 주어진 임무를 성공적으로 수행하는 것을 의미하고, 나아가 지역사회와 더불어 개인의 역할 기대, 욕구, 인간관계 등의 측면에서 만족을 느끼는 것을 의미한다. 이러한 직업의 의미를 이해하고 경제적 주체로서 사회적 기술, 직업훈련 등을 받아 개인의 능력, 적성, 경제적 필요에 따른 구직이나 취업이 가능하도록 해야한다.

## 2) 지역사회 및 기업

범죄가 일어나는 시간과 공간이 범죄자가 속해 있는 바로 그 지역사회라면, 출소자들의 사회복귀의 장 역시 지역사회일 수밖에 없다. 범죄자가 교정기관에서 일정 기간 동안 수용되어 자유를 박탈당하거나 범죄 피해에 상응하는 액수를 물었다면, 이때부터는 과거의 범죄자일 뿐 현재의 범죄자는 아니다. 사람들은 범죄자를 '우리들과는 다른 사람', '도덕적 인간으로서 행동할 능력이나 의지가 없는 사람', '또다시 범죄를 저지를 사람'으로 예단하여 낙인찍음으로써 이들을 고립시켜 상습적 범죄자로 만드는 것을 문제로 인식해야 한다. 새로운 사람으로 사회에 재출발하려는 출소자들에 대하여 현실의 사회가 그렇게 받아 주려는 준비가 되어 있지 않는 사실들을 사회적 지체(Community lag)라고 하는데, 우리 사회는 과거의 범죄자를 현재까지 죗값을 제대로 치르지 않은 범죄자 내지는 잠재적으로 범죄를 저지를 수 있는 위험인물로 취급하여 여러 제약으로 정상적인 사회복귀를 차단함으로써 또다시 범죄를 선택하게 하는 범죄의 악순환을 초래하고 만다.

출소자들이 사회에 잘 정착하여 사회의 구성원으로서 역할을 하며 살아가기 위해서는 물론 개인의 노력이 필요하지만, 사회복지의 다른 대상자들과 마찬가지로 사회적으로 소외되거나 사회에 적응하는 데 어려움을 지닌 사회적 약자로 인식하고 출소자에 대한 부정적 인식과 편견이 사라질 수 있도록 해야 한다. 이를 위해 자선단체, 시민단체, 종교기관, 사회서비스기관 등이 출소자의 사회적응을 위한 초기 단계 그리고 지속 가능한 경제 활동에 출소자들이 참여할 수 있도록 기회를 제공하여야 한다.

사회적 기업 또는 지역사회 기업들은 출소자들을 채용하여 이들의 사회적응에 중요한 첫걸음을 내딛을 수 있도록 도와야 한다. 단지 '출소자'라는 이유만으로 그들을 냉대하고 차별하여 채용하지 않고 배척하는 것이 결코 우리 사회의 안전을 보장하는 것이 아니라,

우리 자신이 미래의 범죄 피해자가 되지 않기 위해서 반드시 해야 할 우리의 의무라는 인식이 필요하다. 또한 최근 허그일자리, 교정동반기업 등에 참여하여 출소(예정)자를 채용하면 기업 규모에 따라 고용촉진장려금을 받을 수 있고, 사회안전에 기여하고, 소외된 한 사람을 보듬는 보람도 느낄 수 있을 것이다. 단지 출소 직후는 완전한 근로 활동이 어렵다는 것을 알고 불안한 마음을 다잡고 업무에 전념할 수 있도록 기다려 주는 것이 필요하다.

### 3) 국가 및 공공기관

최근 우리나라에서는 출소(예정)자의 성공적인 사회정착을 통한 재범방지의 노력이 다양하게 진행되고 있다. 교정기관에서는 개별처우계획을 수립하여 치료 프로그램 및 교육, 직업훈련 및 작업, 출소 후 진로를 위한 사회적 처우 및 중간처우 프로그램 등을 실시하고 있다. 현재 시행하고 있는 개별처우계획을 형기가 짧은 수형자에게도 확대 적용하여 실질적으로 이행되도록 해야 한다. 출소(예정)자의 진로상담, 처우계획 수립, 출소 후 사후 관리를 체계적으로 진행할 전문 '교정복지사(가칭)'를 양성하여 형 확정 단계에서 출소 후 사회정착을 할 때까지 교정복지 프로그램의 시행 주체 간 상호 유기적인 관계와 정보의 공유를 통하여 재범예방을 위한 개별처우가 시행되도록 해야 할 것이다.

한국법무보호복지공단에 의해서 이루어지는 사업 지원 예산은 2013년에 비해 2018년에 210%로 가파르게 증가하였다. 공단은 출소자의 특성과 지역사회 특화 산업에 기반하여 취업, 주거, 심리상담 영역을 중심으로 다양한 사업을 추진하고 있다. 이는 출소자들을 사회로 복귀시키기 위해 물질적 지원과 취업 지원을 강조하는 것뿐만 아니라, 심리적 장애 요인과 환경적 장애 요인을 해결하고 자기효능감을 높여 효과적인 사회적응을 지원하기 위함이다. 또한 사회적 지지 체계가 미약한 대상자들에게 공단 직원은 물론 범죄예방위원 및 보호위원 등과 멘토링 시스템을 활성화하는 것도 매우 중요하다.

한 사람이 일정 형기를 마치고 사회에 정착하기에는 많은 시간과 노력이 필요하다. 더불어 출소(예정)자 진로상담은 위기상담과 달리 오랜 기간 다양한 정보와 지식, 상담기법 등이 필요하다. 직업상담, 사회복지, 심리상담 등을 통합한 '교정복지사'의 체계적이고 전문적인 개입과 진로상담을 통한 출소 전후 지속적인 관리는 교도소에서 사회로 이어 주는 징검다리를 통해 사회의 건전한 일꾼 한 사람을 양성하게 될 것이다.

**참고문헌**

권준성(2019). 출소자의 직업유지기간이 재범에 미치는 영향. 경기대학교 석사학위논문.

김병숙(2007). 직업 정보론. 서울: 시그마프레스.

김윤석(2020). 수형자 출소 후 취업연계 방안 연구. 법무부 내부자료.

남상철(2009). 재범 요인 경로 분석을 통한 교정 복지 증진 방안 연구. 신라대학교 박사학위논문

박광원(2019). 출소자의 직업적 재사회화 영향 요인에 관한 연구. 단국대학교 박사학위논문.

박혜림(2020). 미국의 연방수형자의 교화 및 재사회화 법률(Firsr Step Act of 2018)의 주요 내용과 시사점. 국회입법조사처, 외국입법 동향과 분석 제21호.

배임호(2013). 출소자 재범방지를 위한 갱생보호 사업의 실태와 발전 방향. 한국교정학회, 교정연구, 제60호, 113-134.

법무부 교정본부(2020). 2020 교정통계연보.

법무연수원(2020). 2019 범죄백서.

이신영(2008). 출소자의 재범방지를 위한 지역사회중심의 갱생보호 사업에 관한 연구. 한국교정학회, 교정연구, 제38호, 139-161.

이윤호, 윤옥경(2006). 출소자의 사회적 차별에 관한 연구. 국가인권위원회.

이현림, 송병국, 박완성, 어윤경, 김기홍, 박성미, 김순미, 이지연, 이동혁(2013). 새롭게 보는 진로상담. 경기: 교육과학사.

장선숙(2010). 수형자의 지각된 취업제한 장벽이 진로포부 형태에 미치는 영향. 경기대학교 석사학위논문.

장선숙(2019). 왜 하필 교도관이야?. 경기: 예미.

전영록(2015). 갱생보호대상자의 사회 적응에 미치는 영향 요인에 관한 연구:직무만족의 매개효과를 중심으로. 대구대학교 박사학위논문.

조희원(2013). 출소자의 취업 경험에 관한 연구: Giorgi 현상학적 방법을 중심으로. 동양대학교 석사학위논문.

조희원(2019). 출소자를 고용한 경험에 관한 연구. 동양대학교 박사학위논문.

한순옥(2017). 진로자본 손상 경험자의 진로자본 회복 과정과 진로 적응력 분석. 경기대학교 박사학위논문.

Charles, P, C. & Brittany, S. (2020). *Career counselling ex-offenders: Issues and interventions. Australlian Journal of Career Development*, 29(1), 36-43.

Cristy, A, V. & Jeremy, T. (2003). Transitions from prison to community: Undersranding individual pathways, The Urban Institute, Justice Policy Center, Washington, District of Columbia 20037. *Annual Review of Sociolgy*, 29, 89-113.

제**10**장

# 교정상담 프로그램

김은선
부산디지털대학교대학원 겸임교수

## 1. 교정상담 프로그램

교정상담은 일반상담의 한 영역에 포함되지만, 일반상담의 원리와 기법을 교정현장에서 진행하는 특수한 집단의 내담자를 대상으로 주로 교정시설이나 이와 관련된 시설에서 상담하는 것이라고 할 수 있다.

일반적인 집단상담 프로그램이나 특강 등은 자신의 의지와 선택에 의해 자비로 참여하는 경우가 많지만 교정현장의 프로그램들은 자기주도적 참여가 아니라 의무 참여인 수강명령 등의 형태로 진행되므로, 변화를 위한 적극적 목표 설정보다 참여 독려를 통해 자발적 변화 동기 부여를 통한 참여가 우선되어야 하는 경우가 많다.

"교육의 질은 교사의 질에 비례하거나 능가할 수 없다."라는 중요한 명언을 상담자의 질에 대입한다면 "상담의 질은 상담사의 질에 비례하거나 능가할 수 없다."라고 볼 수 있다. 이러한 측면에서 교정상담 현장에서 상담자는 교정상담의 성패를 가늠할 수 있는 매우 중요한 자질과 역할을 필요로 한다.

교정상담에서는 일반상담 현장에서 갖추어야 할 상담자의 일반적 자질과 전문적 자질을 갖추고, 더불어 교정대상자들의 일반적 · 기질적 · 성격적 · 환경적 · 심리적 특성을 이해하고 접근하여도 신뢰감 형성이 쉽지 않아 교정 프로그램의 목표 달성이 효과적이지 못할 수 있으므로, 교정상담자는 더 성숙된 인성과 지성(전문성)의 균형을 맞추어 프로그램을 진행할 필요가 있다.

"인간은 변화될 수 있는가?"라는 질문으로부터 한 걸음 더 나아가 "범죄자는 변화될 수 있는가?"라는 질문은 오랜 화두로 논란의 여지를 두고 있지만 교정상담 현장에서는 변화 가능성에 무게를 두고 변화를 위한 교육과 치료를 목표로 진행되고 있으며, 최근 들어 사회봉사명령은 매년 약 30%가 감소하는 반면 수강명령(소년법 제외)은 매년 약 17%가량 증가하는 것으로 나타나 수강명령 제도가 확대되어 가고 있음을 알 수 있다(법무부, 2014).

이러한 측면을 반영하듯 전국적으로 수강집행센터가 확대되면서 수강명령 제도 또한 정착되어 가고 있으며, 제한적이지만 수강명령 프로그램의 효과성에 관한 연구가 진행되고 있다(정유희 외 2014). 수강명령 프로그램은 주 1회씩 5주간 40시간 정도로 집행하는 경우가 가장 많으며, 진행 방법은 기관의 상황에 따라 주 2회 또는 매일의 형태로 진행되기도 한다.

또한 교정현장에서 교정대상에 맞는 다양한 프로그램 개발 및 활용을 통해 재범방지를 위한 노력을 하고 있으며, 특히 시설 중심의 인성교육 프로그램은 법무부의 '수형자 집중인성교육 프로그램'을 통해 변화와 희망을 목표로 70~120시간의 체계적인 교육 시스템을 운영하고 있다. '수형자 집중인성교육 프로그램'을 이수한 후 출소한 2016년 출소자 중 집중인성교육 수료자들의 출소 3년 이내 2019년 12월 31일 기준 재복역률을 비교한 결과, 24.72%로 전체 수형자 25.21%에 비해 인성 변화의 효과가 있는 것으로 분석(법무부 수형자 집중인성교육 사회복귀과, 2020)되어 우수한 외부 강사 초빙을 통한 집중인성교육의 필요성을 강조하고 있다.

그 외 교도소 입소대상자가 아닌 보호관찰을 통해 수강명령을 받은 성인대상 수강명령 프로그램들은 '아동학대', '성폭력', '음주운전·무면허', '마약류 사범 재범방지', '폭력치료', '약물 남용', '사이버 범죄' 등의 주제별 프로그램을 통해 재범방지교육 및 상담 프로그램을 진행하고 있다.

청소년대상 교정상담 프로그램들 또한 성인들과 비슷하게 시설 중심의 소년원 프로그램과 보호관찰, 수강명령 등의 프로그램을 통해 '진로', '의사소통', '각종 폭력예방', '또래상담', '회복조정', '사회복귀' 등의 인성증진 교화 프로그램들이 진행되고 있다.

하지만 교정현장에서의 프로그램의 한계는 프로그램 수강명령이 처벌로 인식되어 자발성이 결여되고 있으며, 대상자들의 연령, 인지 능력, 교육 수준, 프로그램 자세 등의 편차가 많아 프로그램의 초점을 정하는 점에도 한계가 있다.

저자는 수강명령 프로그램 진행 시 초기 신뢰감 형성에 많은 시간을 할애하고 수강명령이 처벌의 결과이지만 충분한 공감과 격려를 통해 프로그램에 동기 부여를 노력하고 있다. 예를 들어, 이 프로그램은 상담자인 자신의 경우에는 자비로 선택하여 교육을 이수하여 변화를 위한 노력을 하며 성장해 가고 있는데, 대상자분들은 이 프로그램이 의무교육이지만 자유의지로 선택하였으니 불편한 감정을 기대감으로 전환하여 변화의 발판으로 활동해 볼 수 있도록 충분한 격려와 지지를 통해 프로그램의 동기 부여를 우선한다.

「보호소년 등의 처우에 관한 법률」 제42조의2 제1항 등에 따라 의뢰된 대상자 및 청소년 관련 단체 등에서 의뢰한 대상자들에게 실시하는 비행예방 및 재범방지, 사회적응을 위한 체험과 인성 위주의 교육 형태로 학교, 법원, 경찰청, 보호관찰소 등에서 의뢰한 비행초기의 청소년 등을 대상으로 문제 유형별 체험 위주의 대안교육, 법교육 등을 통한 예방교육 프로그램을 운영하고 있으며(법무부, 2020), 이 장에서는 다양한 프로그램 중 청소년과 청소년의 보호자대상 청소년비행예방교육 프로그램에 초점을 두고자 한다.

청소년과 청소년의 보호자대상 청소년비행예방교육 프로그램은 수강명령 시간에 따라 주로 40시간으로 계획된 주제의 범위 내에서 개인상담, 심리검사, 법교육, 진로, 대인 관계, 의사소통, 인성교육, 교통안전, 절도예방, 폭력예방 등의 프로그램으로 구성되어 진행되고 있다. 교정현장에서 활용되고 있는 주제별 특강 형태의 프로그램들 중 주로 상담전문가들이 진행하는 진로, 대인 관계, 의사소통 등의 프로그램으로 진행되고 있으며, 주제별 1~3시간 정도로 진행되는 특강 형태의 프로그램들은 교정대상자의 특성을 충분히 이해하여 프로그램에 반영할 필요가 있으므로 우선 교정대상자의 특성을 먼저 살펴본 후 특강 형태의 프로그램을 살펴보고자 한다.


## 2. 교정대상자의 특성

### 1) 교정대상자의 성격적 특성

인간의 성격적 특성은 매우 다양하지만 일반적인 교정대상자의 특성 중 충동성, 공격성, 반사회성, 주의집중력의 결여, 자기애성 등의 특성이 있으므로 이러한 특성을 중심으로 교정 프로그램을 계획할 필요가 있다.

### (1) 충동성

충동성(impulsivity)은 행위의 결과를 거의 고려하지 않고 생각 없이 내적 충동에 의해 갑작스런 행동을 하려는 성향으로 설명되며, 반응의 결과와 목표에 대한 고려 없이 적절한 자기통제를 하지 못하는 상황으로 바람직한 대처에 대한 생각을 해 보지 않고 비현실적인 지각을 바탕으로 순간적이며 충동적으로 반응하는 패턴을 보인다. 충동성은 당면한 상황이나 그 상황의 심각성 또는 자신의 행동에 대한 결과를 예측하지 않고 반응을 함으로써 긍정적이지 못한 결과를 초래한다는 것이다.

충동성은 다수의 비행청소년과 교정대상자의 성향에서 발견되는 문제이므로 충동성 조절을 위한 노력이 필요하다. 충동성을 조절하기 위해서는 문제 상황에 대해 반추하는 시간과 사려 깊은 대안들과 결과들에 대해 즉각적인 반응보다는 일단 멈추고 자신이 처할 수 있는 다양한 반응과 결과에 대해 생각을 갖도록 하는 것이 필요하다.

### (2) 공격성

교정대상자들은 스트레스 상황을 인지하고 경험하는 데 있어 일반인에 비해 더 공격적이고 반사회적인 인지적 특성을 나타낸다. 그 결과, 상황을 적대적으로 인식하고 적응적 대안을 생각하기보다 공격적이고 반사회적 해결 방법을 취하게 되므로 교정대상자의 범위에 포함되기도 한다.

공격성(aggression)은 사람들 관계에서 수치심을 느끼게 하거나 심리적 고통, 신체적 상해를 입히는 행동을 말하며, 퍼거슨과 비버(Ferguson & Beaver, 2009)는 공격 행동을 "다른 우위에 있는 동물에 대해 자신의 사회적 지위를 높이려는 행동"이라고 정의했다. 공격성은 적대적 공격성, 정서적 공격성, 보복적 공격성과 포식 또는 목표 지향적인 공격성을 포함하는데, 모두 공격성의 범주에 포함시킬 수 있다. 반작용적인 상관적 공격성은 적대적 공격성, 정서적 공격성, 보복적 공격성을 포함하여 공격받은 기분과 위협을 느낀 상황, 화가 난 것에 대한 반응을 말하며, 이러한 공격성은 공격받는 것을 느끼도록 유발된 경험을 갖는다.

하지만 포식과 목표 지향적 공격성은 자신이 원하는 것을 획득하기 위해 이용되므로 두 개념은 서로 중요한 차이가 있다고 볼 수 있으며, 공격성은 폭력의 시작 감정이 느껴지나 보복적 폭력과 방어적 폭력은 공격성으로 간주되지 않는다. 특히 아동기에 습득된 공격성은 자신의 정서적·사회적 부적응을 비롯하여 이후 청소년기와 성인기의 비행과 폭력성을 유발시킬 수 있으며, 범죄 행위로 확대될 수 있으므로 부정적 결과 예방을 위한 노력이 필요하다.

### (3) 반사회성

일반적으로 사회에 공통하는 인간의 적응 행동의 총칭이 사회성으로 정의되지만, 반사회성은 인간이 속한 그 사회의 도덕적 규율, 율법, 전통, 조직 등에 대한 적의적 공격을 나타낸다. 비행이나 사회의 질서에 대한 반항적 행동으로 표현되며, 인간은 그가 속한 사회에 적응하는 것이 곤란한 상태에 처하게 될 때에 폭력이나 비행으로 자기표현을 하게 되는 반사회적 심리기제가 작용한다.

일반적으로 반사회성의 인지 특성을 가진 사람은 초기 아동기에 경험한 부모의 심한 훈육 방식(harsh discipline)에서 이러한 인지 특성이 기인하는 것으로 밝혀졌다(Weiss, Dodge, Bates, & Petit, 1992). 즉, 가장 의미 있는 부모와의 상호작용을 통해 애착 관계를 형성하고 긍정적 대인 관계를 학습할 시기에 처벌적이고 강압적인 훈육은 아동 스스로가 인지할 때 공격적 경험, 적대적 경험으로 각인되며, 이는 부정적 사회화를 학습하고 긍정적이지 못한 대처기제, 즉 공격적·반사회적 특성을 학습하게 된다는 것이다.

또한 프레이저(Fraser, 1996)에 따르면 학교에서의 교사와의 상호작용에서 교사의 훈육 방식이 공격적·반사회적 성향의 형성에 부모의 강압적 양육과 유사한 경험을 느낄 수 있는 요소로 지적되었다. 반사회성은 다수의 비행청소년과 교정대상자의 성향에서 발견되는 문제이므로 반사회성 성향의 조절을 위한 노력이 필요하다. 문제 상황에 대해 외부적 귀인하려는 점에서 벗어나 내부적 귀인에 대해서도 집중하며, 사려 깊은 대안들과 결과들에 대해 반추해 보도록 노력하는 것이 필요하다.

### (4) 주의집중력의 결여(산만함)

주의집중력이 결여된 산만한 사람은 행동이 부산하고, 장시간 가만히 있어야 하는 상황이나 어떤 일을 할 때 자리에서 이탈하고 상황에 집중하지 못하며, 온 몸을 끊임없이 움직이며 언행이 충동적인 것이 특징이다. 즉, 과잉행동, 집중력장애, 충동성, 이 세 가지를 같이 가지고 있는 것이 산만한 어린이(주의력결핍 과잉행동장애, ADHD)의 특징이다.

이러한 경우 일상생활의 범위 내에서도 주의력의 결핍, 집중력의 저하, 과잉행동, 충동성 등의 증상이 수시로 발현되고 타인과의 관계에서 어려움을 겪을 수 있으며, 부모, 가족, 교사, 친구들에게서 긍정적 피드백을 받기 어려워 교정대상자적 문제를 유발할 수 있다. 산만함 또한 다수의 비행청소년과 교정대상자의 성향에서 발견되는 문제이므로 주의집중력 향상을 위한 다양한 노력이 필요하다.

### (5) 자기애성

자기애성 특성을 지닌 사람들은 자신에 대한 과장된 평가, 인정의 욕구, 존중받고 싶은 욕구를 표현하며 타인에 대한 공감이 결여되어 있는 특징이 있다. 자기애성 성격은 오만한 태도를 특징으로 하고 있으며 오만함 뒤의 가면적 열등감이 숨어 있다. 오직 자신이 중심이 되어야 하고 사랑받아야 하므로 다른 사람의 욕구나 감정에 관심을 갖지 못하고, 타인에 대한 배려가 없고, 오직 자신의 욕구에 의해 타인을 이용하려는 경향이 있지만, 정작 자신은 이러한 사실을 잘 인지하지 못하고 행동하는 경향이 많다.

또 다른 측면으로 주위 사람들을 이용하기 위한 아첨과 따뜻한 말로 이상화시키기도 하는데, 이러한 행동은 타인을 이상화시킴으로써 자신이 특별한 사람과 함께한다는 환상에 빠지는 것이다. 이를 통해 자신을 유지시키려는 무의식적인 시도를 하게 되는데, 상대방이 자신의 연약한 자아를 부풀리는 데 도움이 되지 않는 순간부터 관계는 무너진다. 이들은 사소한 비난도 수용하지 못하고 결점을 지적받으면 자신의 존재가 부정당한 것처럼 느껴 화부터 내고, 자신을 수용하거나 인정하지 않으려 하며, 더 이상 피할 곳이 없다고 느낄 때부터 상실감, 우울감에 시달린다.

자기애성 성격을 소유한 사람은 자신을 인정해 줄 대상을 찾는데 그 대상을 하인 부리듯 대하는 경우가 많으며, 이용 가치가 있을 때만 활용하지만 상대방을 노골적으로 착취하지는 않는다. 하지만 이는 자신의 자존심과 특별함을 유지하기 위한 도구로 사용하는 데 불과하다.

이들은 타인의 능력을 자신의 업적처럼 내세우거나 소득이 없는 일은 타인에게 전가시키려고 하고, 자신이 공을 내세울 수 있는 일만 관심을 가지고 윗사람에게는 지나치게 겸손한 태도와 예의적인 행동을 통해 인정을, 아랫사람에게는 복종을 요구한다.

자기애성은 일상적인 대인 관계에서의 어려움도 많으며 다수의 비행청소년과 교정대상자의 성향에서도 발견되는 문제이므로, 자기중심의 성격에서 벗어나 자신을 성숙하게 성장시키고 타인을 공감할 수 있는 능력을 향상시키기 위해 사회봉사 활동 등을 통해 보편적 인류애를 추구해 나가도록 노력하는 것이 필요하다.

## 2) 심리적 특성

### (1) 교정대상자의 심리적 특성

① 자신의 감정이나 욕구가 무시당하면 분노를 느낀다.
② 자신의 감정이나 욕구의 건강한 조절이 어렵다.
③ 상황을 고려하지 않고 순간의 감정에 의해 행동한다.
④ 타인의 권리나 감정에 대한 공감과 경청 능력이 부족하다.
⑤ 타인과 의미 있는 관계를 맺기 어렵다.
⑥ 산만하여 주의집중이 어렵다.
⑦ 미래에 대한 조망 능력이 부족하고 욕구에 의한 행동을 한다.
⑧ 적은 자극이나 부정적 경험에 민감하게 반응한다.
⑨ 스트레스 대처 능력과 문제 해결 능력이 부족하다.
⑩ 부적적인 결과나 상황을 외부의 원인으로 생각한다.
⑪ 대인 관계 속에서 거부, 학대, 좌절의 경험이 있었을 가능성이 있다.
⑫ 낮은 자기존중감과 부정적 자아개념이 형성되었을 가능성이 있다.
⑬ 낮은 생활만족도와 높은 열등감이 있을 가능성이 있다.
⑭ 인지적·지적 능력, 도덕성 발달에 장애가 있을 가능성이 있다.

### (2) 부정적 자아개념을 가진 사람의 특성

부정적 자아개념을 가진 사람들은 타인의 피드백에 민감하며, 부정적 피드백을 받게 될 경우 위축되거나 왜곡된 사고를 형성하여 자신의 본 모습이 아닌 타인에 의해 조정되는 수동적 존재로서의 삶을 선택할 수 있다. 외향적 기질의 특성은 타인을 비난하거나 화를 내는 방식으로 자신의 감정을 처리하게 되거나 공격적·반사회적 성향을 증가시킬 수 있는 분노 감정을 표출할 수 있고, 내향적 기질의 특성은 타인의 피드백을 자기 내부의 문제로 가져와 자신을 비난하거나 위축감, 우울감, 무기력한 감정을 확대시킬 수 있다. 부정적 자아개념을 가지고 있는 사람들의 특성을 구체적으로 살펴보면 다음과 같다.

① 불안과 긴장이 높아 감정이나 생각을 표현하기 힘들어한다.
② 대인 관계에서 주목받는 상황을 힘들어한다.

③ 경쟁을 통해서 인정과 칭찬을 받을 수 있다고 생각할 수 있다.

④ 위축으로 인하여 잠재력과 재능을 발견하기 어렵다.

⑤ 대인 관계에서 자발적 행동이 어렵고 타인의식이 높다.

⑥ 자신의 욕구 표현이 어려워 내적 갈등을 가질 수 있다.

⑦ 자신과 타인을 진정하게 사랑하기 어렵다.

⑧ 자신에 대해 쓸데없고 재수 없는 사람이라고 생각할 수 있다.

### (3) 부정적 자아개념을 가지고 있는 사람들을 위한 지도 방법

① 사소한 긍정적 행동에도 지지를 통해 성취감을 느끼도록 한다.

② 자신의 욕구와 생각을 탐색하고 표현하도록 지지한다.

③ 이타적인 활동들을 통해 성취감을 경험하도록 한다.

④ 다양한 활동을 장려하여 잠재력을 발견할 기회를 제공한다.

⑤ 위축된 주변 사람들에게 지지와 격려 활동을 통해 자신감을 가진다.

⑥ 진정한 관심과 사랑을 경험할 수 있는 기회를 제공한다.

⑦ 비합리적 사고를 논박하여 합리적 사고로 전환의 기회를 가진다.

## 3. 특강 형태의 교정상담 프로그램

교정상담 프로그램을 진행하고자 할 때, 일반인들에게 적용했을 때는 충분한 효과가 있었던 비슷한 주제의 프로그램이지만 실제 교정상담 현장에서는 동일한 효과의 어려움을 경험할 수 있다.

교정상담 프로그램을 이수해야 하는 많은 대상자는 발달학자들이 중요하게 생각하는 발달의 적기에 욕구에 민감한 반응을 통한 긍정적 애착 경험보다 삶의 경험을 통해 형성된 자신, 타인, 미래 세계에 대한 관점이 그들의 민감한 욕구에 공감적으로 반응하기보다 평가, 비난, 판단, 지적 비교 등으로 위축감, 억울함, 분노감, 소외감, 낮은 자아존중감 등의 부정적 감정을 경험하고 있을 가능성이 높다. 그러므로 프로그램을 통해 변화를 요구하기보다 충분한 공감과 경청을 통해 '당신이 옳다.', '충분히 그럴 만한 이유가 있을 것이다.', '나 역시 그 상황이었다면 그럴 수도 있었을 것이다.' 등의 마음으로 다가가는 감정코칭이 우선될 필요가 있다.

이러한 감정코칭을 바탕으로 그들의 상황이나 마음을 인간 중심적 상담 이론의 무조건적 긍정적 존중, 공감적 이해, 일치성(진솔성)의 상담기법을 바탕으로 소통하면서, 경직된 마음을 이완시키고 신뢰감을 형성한 후 상황에 대한 선택의 책임을 강조하고 자기조절 능력 향상의 필요성을 강조하여 주제 관련 프로그램을 진행하는 것이 효과적인 프로그램이 될 수 있다. 특히 특강 형태의 프로그램은 주제별 1~3시간 정도의 프로그램으로 진행되므로, 큰 변화를 기대하기보다 주제와 관련된 스스로의 삶의 경험들을 살펴보고 주도적으로 자신의 미래를 펼쳐나갈 수 있도록 동기 부여와 조력자의 역할을 하는 것이 중요하다. 앞으로 제시된 특강 형태의 프로그램은 청소년대상 프로그램과 부모대상 프로그램으로 구분하여 살펴보고자 한다.

## 1) 교정청소년대상 특강 프로그램

### (1) 진로 특강 "내 삶은 내가 개척한다"

| 회기 | 영역 | 주제 | 프로그램 내용 |
|---|---|---|---|
| 1차시 | 초기<br>관계 형성 | • 오리엔테이션 및 친밀감 형성<br>• 나의 진로 위치 탐색 | 1. 친밀감 형성 및 소개, 기대 나누기<br>2. 지금까지의 나의 진로 관심 분야 나누기<br>3. 나는 어떤 미래를 원하는가?(10년, 20년 후의 나의 모습 그려 보기)<br>4. 활동 소감 및 느낌 나누기 |
| 2차시 | 동기 강화 | • 삶의 회상 및 미래 모습 상상을 통한 변화 동기의 필요성 자각 | 1. 진로 설정 동기 부여를 위한 활동<br>2. 나의 현재 위치와 미래의 위치 탐색<br>3. 좋아하는 일과 돈 되는 일의 차이 인식?<br>4. 활동 소감 및 느낌 나누기 |
| 3차시 | 자기이해 및<br>진로 설계 | • 자기이해를 통한 진로 설계 및 도전의 동기 부여 | 1. 나의 다중지능 강점 순위 탐색하기<br>2. 진로 설계(진로 관련 강점, 자격증 등)<br>3. 진로 로드맵 설정(가질 것, 버릴 것 등)<br>4. 도전! 내 꿈을 펼쳐라! 자성예언<br>5. 활동 소감 및 느낌 나누기 |

| 1차시 | 초기 관계 형성 |
|---|---|
| 목표 | 오리엔테이션을 통해 신뢰감을 형성하고 프로그램에 대한 동기를 부여할 수 있다.<br>나의 진로 위치 탐색을 통해 진로 설계의 필요성을 자각할 수 있다. |
| 프로그램 내용과<br>진행 과정 | **1. 도입**<br>"이 프로그램을 전체적으로 간단히 소개하겠습니다. 진로 특강 프로그램은 3차시로 이루어져 3시간 동안 자기 자신에 대한 탐색과 타인에 대한 이해를 기본 바탕으로 진로에 대하여 함께 여행을 떠날 것입니다. 청소년기에 이루어야 할 발달 과업인 자아정체감을 형성할 수 있도록 자신의 특성과 성격을 이해하고, 10년, 20년 후의 나의 미래 모습을 생각해 보고 나는 어떠한 부모가 되고 싶은가에 대하여도 생각해 보면서 진로에 대한 진지한 생각을 통해 변화를 위한 자각과 동기 부여를 목적으로 하고 있습니다. 지금까지 최선을 다해 자기이해 및 진로에 대한 비전들을 설정하고 노력하여 왔겠지만, 이 시간 진지하게 다시 한번 자신의 꿈을 설계할 수 있는 소중한 시간이 될 수 있기를 기대하며 여러분의 적극적인 참여를 바랍니다."<br><br>**2. 지금까지 생각해 본 나의 진로**<br>"지금까지 나의 성장 과정을 돌아보면서 어린 시절 생각해 보았던 꿈으로부터 시작하여 지금까지 관심 있었던 진로나 직업에 대하여 생각을 나누어 봅시다." (각자 관심 있었던 진로나 직업들과 그 꿈을 꾸게 된 동기에 대하여 이야기를 나누어 본다. 생각보다 비행청소년들은 생각해 온 꿈들이 있지만 타인의식을 많이 하며 1명이 "없어요." 하면 다음 친구들도 동일한 대답을 할 가능성이 많으므로 적극적 경청과 활동지에 꿈을 작성한 청소년에게 먼저 질문을 하는 방법도 고려한다.)<br><br>**3. 나는 어떤 미래를 원하는가?(10년, 20년 후의 나의 모습 그려 보기)**<br>"여러분의 꿈에 대해 이야기를 나누어 보았습니다. 꿈이 없다고 한 친구, 꿈이 막연한 친구, 확실한 친구들이 있네요. 그럼 우리 잠시 눈을 감고 10년, 20년 후의 나의 모습에 대하여 생각해 봅시다. 막연히 돈 잘 벌고 결혼 잘 하고 좋은 부모가 되는 것에 대한 생각보다 조금 더 구체적으로 생각해 봅시다. 어떤 친구들은 엄마, 아빠의 꿈을 꾸었던 적도 있었을 것입니다. 그렇다면 어떤 엄마가 되고 싶은가? 어떤 아빠가 되고 싶은가? 나는 어떤 배우자를 만나면 좋은가? 나는 어떤 배우자가 되고 싶은가? 이러한 부분을 각자 생각해 보고 지금처럼 생활한다면 그 꿈을 이루어 가는 데 몇 % 목표 달성을 할 수 있을지도 생각해 봅니다."<br><br>**4. 활동 소감 및 느낌 나누기**<br>활동을 통해 느낀 점을 진술하게 나누어 보고 진로 설정을 위한 동기를 부여한다. |

| 2차시 | 동기 강화 |
|---|---|
| 목표 | 1. 삶의 회상 및 미래 모습 상상을 통한 변화의 필요성을 자각할 수 있다. |
| 프로그램 내용과 진행 과정 | **1. 도입**<br>"청소년기는 진로자아정체감을 형성하여 자신의 미래를 준비할 수 있는 가장 중요한 시기입니다. 평소 나의 진로에 대하여 구체적으로 생각해 보지 못했지만 앞 시간 내가 원하는 미래를 위해 진로 설정이 필요함을 인식하였습니다. 이러한 측면에서 나의 어린 시절부터 관심 있었던 분야를 차근차근 생각해 보도록 하겠습니다."<br><br>**2. 나의 현재 위치와 미래의 위치 탐색**<br>"앞에서 나는 어떤 미래를 원하는가를 생각해 보았습니다. 이번에는 나누어 드린 나무 위의 위치 그림을 보면서 현재 자신의 위치라고 생각되는 번호를 적어 보고 그 위치라고 생각한 이유를 적어 봅니다. 다음으로, 앞으로 내가 원하는 위치를 생각해 보고 그 위치를 생각한 이유에 대하여도 작성해 봅니다. 그리고 내가 원하는 위치로 변화하기 위해서 필요한 것들은 어떤 것들이 있는지 생각해 봅시다."<br><br>**3. 좋아하는 일과 돈이 되는 일의 차이 인식하기**<br>"지금까지 관심 있었던 분야에 대하여 생각해 보고 내가 원하는 위치에 대하여도 생각해 보았습니다. 이 시간은 내가 관심 있는 일에 대한 가치에 대하여 서로 이야기를 나누어 봅시다. 어떤 사람은 직업을 선택할 때 적성, 돈, 명예(안정성), 사회적 인정 등 다양한 이유로 직업에 관심을 가지게 됩니다. 그렇다면 내가 생각한 분야는 어떤 이유로 관심을 가지게 되었는지, 그 이유가 어떤 부분에서 중요한지에 대하여 서로의 생각을 나누어 봅시다. 미국의 아이비리그 대학에서 조사한 연구에 의하면, 좋아하는 일을 선택한 사람과 돈 많이 벌 수 있는 직업을 선택한 사람들이 20년 후 억만장자가 된 경우는 좋아하는 일을 선택한 사람들이었습니다. 왜 이러한 결과가 나왔을까요?<br>좋아하는 일에는 몰입과 즐거움이 함께 있습니다. 내가 관심 있고 좋아하는 일을 하면서 몰입과 즐거움을 경험했던 일을 생각해 보고 이야기를 나누어 봅시다."<br><br>**4. 활동 소감 및 느낌 나누기**<br>활동을 통해 느낀 점을 진솔하게 나누어 보고 진로 설정을 위한 동기를 부여한다. |

| 3차시 | 동기 강화 |
|---|---|
| 목표 | 자기이해를 통한 진로 설계 및 도전의 동기 부여 |
| 프로그램 내용과 진행 과정 | **1. 도입**<br>"지난 시간은 좋아하는 일과 돈이 되는 일의 차이를 인식하였습니다. 그럼 이 시간에는 내가 좋아하는 일은 어떤 일일까를 인식할 필요가 있을 것입니다. 내가 좋아하는 일을 나의 성격, 성향, 특성, 기질 등의 이해를 통해 찾아볼 수 있습니다. 일반적으로 홀랜드(Holland) 적성탐색검사를 많이 활용하는데, 이 검사는 학교에서 많이 실시하므로 이 시간에는 다중지능검사를 통해 나의 강점지능 순위를 찾아보겠습니다."<br><br>**2. 나의 다중지능 강점 순위 탐색하기**<br>"가드너의 다중지능 동영상을 보여 준 후 자기이해가 되지 않은 상태에서 돈이 되는 일이나 부모님이 원하는 일을 찾아 직장생활을 하시는 분들의 이직 고민들과 자신이 원하는 일을 통해 몰입의 행복을 경험하시는 분들에 대하여 살펴보았습니다. 이처럼 자기이해가 직업 선택보다 우선순위가 됨을 인지하고 지금까지의 자신을 돌아보며 나의 강점지능을 탐색해 보도록 하겠습니다." (다중지능 간이검사를 한다. 다중지능 강점 순위 결과와 자신이 원하는 진로와 비교를 통해 자기이해가 잘 되어 있는지 확인한다.)<br><br>**3. 진로 설계 및 진로 로드맵(진로 관련 강점, 자격증 등)**<br>다중지능 강점 및 자신의 강점 탐색을 통해 진로 설계를 한다. 설계한 진로에 대한 필요한 자격증, 관련 과목, 경험 등을 생각해 보고 설계한 진로의 성공적 활동을 위해 가질 것과 버릴 것들에 대하여 이야기를 나누어 보고 서로에게 도전과 용기를 준다.<br><br>**4. 도전! 내 꿈을 펼쳐라! 자성예언**<br>실제로 자신이 원하는 진로를 달성했다고 생각하고 자신이 원하는 명함을 만들어 서로 인사하고 축하해 줌으로써 진로에 대한 도전을 가진다.<br><br>**5. 활동 소감 및 느낌 나누기**<br>활동을 통해 느낀 점을 진솔하게 나누어 보고 진로 설정을 위한 동기를 부여한다. |

## (2) 의사소통 특강 "긍정적 소통 능력 향상을 위한 행복한 대인 관계"

| 회기 | 교육 영역 | 교육 주제 | 교육 내용 |
|---|---|---|---|
| 1차시 | 초기 관계 형성 | • 오리엔테이션 및 친밀감 형성<br>• 자신 및 타인의 성격과 행동 이해를 통한 자아 탐색 | 1. 친밀감 형성 및 소개, 기대 나누기<br>2. 지금까지의 나의 대인 관계 탐색하기<br>3. 감정 나누기(다양한 감정과 다름의 이해)<br>4. 대인 관계의 현재와 미래 위치 탐색<br>5. 활동 소감 및 느낌 나누기 |
| 2차시 | 동기 강화 | • 변화에 대한 동기 강화<br>• 감정과 공감과 경청의 걸림돌 및 변화의 필요성 자각 | 1. 의사소통 능력 향상 동기 부여 활동<br>2. 공감과 경청 경험(내가 힘들었을 때)<br>3. 경청의 걸림 패턴(판단, 비교, 평가 등)<br>4. 공감과 경청 변화의 필요성 자각하기<br>5. 활동 소감 및 느낌 나누기 |
| 3차시 | 자기이해 및 소통 유형 자각 | • 의사소통 유형 이해 및 도전의 동기 부여 | 1. 사티어(Satir, V.) 의사소통 유형 이해<br>2. 나의 소통 유형 탐색<br>3. 변화를 위한 통찰과 자각<br>4. 일치형의 소통을 향하여 출발!<br>5. 활동 소감 및 느낌 나누기 |

| 1차시 | 초기 관계 형성 |
|---|---|
| 목표 | 1. 오리엔테이션 및 친밀감 형성<br>2. 자신 및 타인의 성격과 행동 이해를 통한 자아탐색 |
| 프로그램 내용과 진행 과정 | **1. 도입**<br>"이 프로그램을 전체적으로 간단히 소개하겠습니다. 의사소통 향상 특강 프로그램은 3차시로 이루어져 3시간 동안 자기 자신에 대한 탐색과 타인에 대한 이해를 기본 바탕으로 자신의 소통 능력 향상을 위하여 함께 여행을 떠날 것입니다. 청소년기에 이루어야 할 발달 과업인 자아정체감을 형성하고, 나아가 건강한 의사소통을 통해 행복한 삶을 영위할 수 있도록 자신의 특성과 성격 그리고 의사소통 유형을 이해하고 변화를 위한 자각과 동기 부여를 목적으로 하고 있습니다. 지금까지 우리들은 다른 친구들에 비해 의사소통 능력과 자기표현 능력도 높다고 지각하고 있을 것입니다. 그럼에도 우리의 소통 방법을 돌아보면 서로 통하는 친구들과의 소통에 집중하다 보니 함께 어울리지 않는 친구들과의 공감적 소통에는 관심이 적었거나 일방적인 소통을 하고 있을 수도 있을 것입니다. 이 시간 진지하게 자신의 소통 방법을 돌아보고 건강한 소통을 통해 모두가 행복한 세상이 될 수 있도록 노력하는 시간이 될 수 있기를 기대하며, 여러분들의 적극적인 참여를 바랍니다." |

| | |
|---|---|
| 프로그램 내용과<br>진행 과정 | **2. 지금까지 나의 대인 관계 탐색하기**<br>"이 시간 지금까지 나의 친구 관계 및 의사소통 방법에 대하여 생각해 보고 친구 관계에서 소통이 되지 않아 억울함, 분노감, 슬픔 등의 경험에 대하여 이야기를 나누어 봅시다(자기 말만 하는 친구, 무시하는 친구, 잘난 척하는 친구 등). 다음으로, 나와 가장 가까운 친구를 생각해 보고 몇 명이 되는지, 그리고 그 친구의 어떤 부분이 가까운 친구로 지내는 데 도움을 주고 있는지 나누어 봅시다(공감하는 친구, 경청하는 친구, 배려하는 친구 등). 다음으로 나를 속상하게 하거나 부정적 감정이 올라오게 하는 친구에게 내가 표현하는 의사소통 방법은 어떠한지 생각해 보고 서로의 입장을 바꾸어 생각해 봅시다."<br><br>**3. 다양한 감정과 다름의 이해**<br>(감정카드를 나누어 주고 감정 빙고게임을 한다.)<br>"평소 우리가 사용하지 않던 많은 감정단어가 있습니다. 이 단어들 중 현재 나의 감정을 반영하는 것을 찾아 왜 그렇게 생각하는지 이야기를 나누어 봅시다. (현재 특강 상황이지만 이 상황에 대하여 느끼는 감정은 서로 다름을 이해하는 활동을 함.) 이와 같이 현재 우리가 같은 자리에 앉아 동일한 활동을 하고 있지만 활동에 대한 감정은 서로 다를 수 있습니다. 나와 다르다고 틀렸거나 잘못된 것은 아님을 인식할 필요가 있습니다. 사람마다 성장 환경, 기질, 서로의 심리적 간격 등에 따라 다른 감정을 경험하는 것은 틀린 것이 아니라 단지 다르다는 것일 뿐입니다. 이처럼 우리는 서로가 느끼는 감정, 생각, 행동이 다름을 이해하고 서로의 입장에서 공감하고 경청할 필요가 있습니다."<br><br>**4. 대인 관계의 현재와 미래 위치 탐색**<br>"이번에는 나누어 드린 나무 위의 위치 그림을 보면서 현재 자신의 대인 관계 위치라고 생각되는 번호를 적어 보고 그 위치라고 생각한 이유를 적어 봅니다. 다음으로, 앞으로 내가 원하는 위치를 생각해 보고 그 위치를 생각한 이유에 대하여도 작성해 봅니다. 그리고 내가 원하는 위치로 변화하기 위해서 필요한 것들은 어떤 것들이 있는지 생각해 봅시다."<br><br>**5. 활동 소감 및 느낌 나누기**<br>활동을 통해 느낀 점을 진솔하게 나누어 보고 진로 설정을 위한 동기를 부여한다. |

| 2차시 | |
|---|---|
| 목표 | 의사소통 유형 이해 및 도전의 동기 부여 |
| 프로그램 내용과 진행 과정 | **1. 도입**<br>"앞 시간 동일한 상황에서도 서로가 느끼는 감정이 다를 수 있음을 이해하고 활동지를 통해 대인 관계와 의사소통의 위치를 생각해 보고 변화의 동기를 부여하였습니다. 이 시간 좀 더 구체적으로 공감과 경청 경험들에 대하여 이야기를 나누어 보겠습니다."<br><br>**2. 공감과 경청 경험(내가 힘들었을 때)**<br>"지금까지의 나의 삶을 돌아보고 내가 힘들었을 때를 떠올려 봅시다. 그때 나의 부모, 친구들의 반응을 생각해 보고 다양한 경험을 나누어 봅시다. 어떠한 반응을 들었을 때 위로가 되었는지? 또는 동정으로 느끼거나 부정적 감정이 올라왔는지 상황을 떠올려 보고 공감과 경청의 중요성에 대하여 이야기를 나누어 봅시다."<br><br>**3. 경청의 걸림 패턴(판단, 비교, 평가 등)**<br>"내가 힘들었을 때 속상함을 친구나 부모님에게 표현했을 때의 경험을 떠올려 봅시다. 어떤 경우에는 공감받고자 표현을 했는데 오히려 더 힘들게 된 경험도 있을 것입니다. 그때의 경험들은 대부분 상대방이 나의 표현을 판단, 비교, 분석, 명령, 조언, 충고 등으로 내가 잘못한 것을 찾아 주는 것처럼 느껴져 공감받고 이해받았다는 경험을 하지 못했을 것입니다. 이처럼 의사소통에서 공감과 경청이 아닌 다양한 경청의 걸림돌들이 있음을 인식하고 나부터 공감과 경청을 통해 상대방과 의사소통을 할 필요가 있습니다. 예를 들어, 성적이 떨어져 속상한데 '그래 너 열심히 놀 때 알아봤다. 그러니 당연히 성적이 떨어지지…….' 이렇게 표현한다면 어떨까요. 물론 공부를 안 했으니 이런 소리를 들을 수도 있겠지만, 그럼에도 '성적이 잘 나오지 않아 많이 속상하구나!' 하고 말해 준다면 어떠했을까요? 이렇게 우리는 가까울수록 올바른 경청과 공감을 해야 하는데 오히려 판단, 비교, 평가하기 등의 경청의 걸림돌로 인해 마음의 문을 닫게 된다는 것을 인식하고 특별히 부정적 감정이 올라왔을 때의 나의 소통 방법의 장단점을 평가해 보도록 합시다."<br><br>**5. 활동 소감 및 느낌 나누기**<br>활동을 통해 느낀 점을 진솔하게 나누어 보고 진로 설정을 위한 동기를 부여한다. |

| 3차시 | |
|---|---|
| 목표 | 1. 변화에 대한 동기 강화<br>2. 감정과 공감과 경청의 걸림돌 및 변화의 필요성 자각 |
| 프로그램 내용과<br>진행 과정 | **1. 도입**<br>"앞 시간 나의 공감과 경청에 대하여 생각해 보고 변화에 필요성에 대하여 이야기를 나누어 보았습니다."<br><br>**2. 사티어 의사소통 유형 이해**<br>"이 시간은 사티어의 의사소통 유형에 대하여 알아보고 화가 났을 때 나의 의사소통 유형은 어떤 유형인지? 그리고 친구, 부모 등 상대에 따라 어떤 유형으로 소통하는지에 대하여 생각해 보겠습니다.<br><br>• 회유형(눈치형)은 갈등을 두려워하여 자신의 감정을 돌보지 못하고 타인과 상황에만 집중하다 보니 돌봄, 희생, 착함 등으로 '미안해!' '내 탓이야!' 등으로 문제를 덮으려 하는 유형입니다.<br>• 비난형은 자신이 옳다고 생각하고 자신과 상황에 집중하여 타인의 감정이나 입장을 보려고 하지 않고 고함, 무시, 공격, 겁주기 등의 비난 용어를 사용하는 유형입니다.<br>• 초이성형은 자신도 타인도 돌보지 못하고 상황에만 집중하여 문제 해결에만 집중하는 유형으로, 감정을 보이는 것은 좋지 않다고 생각하여 경직, 냉정, 완고, 이성적, 객관적, 옳고 그름을 중심으로 감정을 억제하는 유형입니다.<br>• 산만형은 갈등을 두려워하여 자신도 타인도 상황도 중요하지 않고 갈등만 회피하려는 시도를 하는 유형으로, 안절부절, 피상적, 주제 변경, 농담 등으로 주위를 환기시켜 갈등을 회피하려는 유형입니다.<br><br>이 4가지의 의사소통 유형은 자신, 타인, 상황 전체를 균형 있게 보지 못하는 문제점이 있습니다. (역할극 등으로 실제 활동을 경험)<br><br>• 일치형은 상황, 자신, 타인을 골고루 균형 있게 관찰하여 상황을 확대하거나 축소하지 않고 사실 그대로 보려고 하며, 그 상황으로 인한 자신의 감정과 타인의 감정을 서로 공감하고 경청하면서 적절한 대안을 찾아가는 유형입니다."<br><br>**3. 나의 소통 유형 탐색**<br>각 유형 (비난형, 회유형, 초이성형, 산만형, 일치형)의 장단점에 대하여 이야기를 나누어 본다.<br>자신의 의사소통 유형을 탐색해 보고 우리 가족의 의사소통 유형을 생각해 본다.<br><br>**4. 변화를 위한 통찰과 자각**<br>사티어 의사소통 유형의 사례 및 역할극을 통해 지각한 변화의 필요성과 자신의 어떤 부분의 변화가 필요한지 서로의 생각을 나누고 일치형의 의사소통을 향하여 도전을 다짐한다.<br><br>**5. 활동 소감 및 느낌 나누기**<br>활동을 통해 느낀 점을 진술하게 나누어 보고 진로 설정을 위한 동기를 부여한다. |

## 2) 교정성인대상 프로그램

### (1) 폭력 수강(분노 조절 프로그램)

| 회기 | 교육 영역 | 교육 주제 | 교육 내용 |
|---|---|---|---|
| 1차시 | 초기 관계 형성 | • 오리엔테이션 및 친밀 감 형성<br>• 자신 및 타인의 감정 이해를 통한 분노 조절 | 1. 진행자 소개 및 프로그램 소개<br>2. 친밀감 형성 및 자기소개, 기대 나누기<br>3. 현재 나의 감정은?(억울함, 분노 등)<br>4. 나의 감정 표출 방법은?(폭언, 폭력 등)<br>5. 활동 소감 및 느낌 나누기 |
| 2차시 | 동기 강화 | • 동기 강화 고취<br>• 삶의 회상을 통한 자기 인식 및 변화의 필요성 자각 | 1. 나의 분노는 어디서 왔을까?<br>2. 핵심 감정 및 나의 성장 환경 탐색하기<br>3. 분노 표출의 결과 나누기<br>4. 분노 조절의 필요성 인식하기<br>5. 활동 소감 및 느낌 나누기 |
| 3차시 | 자기조절 | • 분노 조절 및 긍정적 자기표현을 향하여 출발! | 1. 소와 사자의 사랑 이야기<br>2. 가치관 경매를 통한 다름의 이해<br>3. 분노 조절(감정 자각, 이완 및 조절)<br>4. 긍정적 자기표현 방안 설정<br>5. 활동 소감 및 느낌 나누기 |

| 1차시 | 초기 관계 형성 |
|---|---|
| 목표 | 1. 오리엔테이션 및 친밀감 형성<br>2. 자신 및 타인의 감정 이해를 통한 분노 조절 |
| 프로그램 내용과 진행 과정 | **1. 도입**<br>– 진행자 소개 및 프로그램에 대한 안내<br>– 친밀감 형성 및 자기소개, 기대 나누기<br><br>"이 프로그램을 전체적으로 간단히 소개하겠습니다. 분노 조절 프로그램은 3차시로 이루어져 3시간 동안 자기 자신에 대한 탐색과 타인에 대한 이해를 기본 바탕으로, 자신의 분노가 어디서 왔으며 어떻게 분노를 표출하고 있는지를 탐색하고 자신과 타인의 입장에서 서로의 감정을 고려하고 상황에 균형을 맞춘 감정 조절 능력 향상을 위하여 함께 여행을 떠날 것입니다."<br><br>**2. 현재 나의 감정은?(억울함, 분노 등)**<br>"나누어 드린 감정단어에는 다양한 측면에 따른 감정을 인식할 수 있도록 구성되어 |

| | |
|---|---|
| 프로그램 내용과<br>진행 과정 | 있습니다. 현재 나의 감정을 탐색해 보고 자신의 감정을 진솔하게 표현해 봅시다. 활동지에 떠오른 감정단어가 없다면 떠올린 감정단어를 그대로 표현하는 것도 무방합니다. 그리고 그 감정단어를 떠올린 이유에 대하여 생각해 보고 억울함, 분노 등의 부정적 감정단어가 떠올랐다면 이 감정을 공감해 주고 내 감정을 내가 수용해 줄 필요가 있겠습니다. 다음으로, 이러한 부정적 감정에 편중하여 오늘 하고자 하는 활동에 집중이 되지 못할 수 있으므로 어차피 오늘 활동에 참여해야 한다면 긍정적 감정으로 전환하여 내 감정을 다스려 보고 의미 있는 시간을 가질 수 있었으면 좋겠습니다. 먼저, 저의 현재 부정적, 긍정적 감정을 생각해 보자면 부담감과 기대감이 생각납니다. 부담감은 현재 부정적 감정을 가지고 원치 않는 교육을 받아야 하는 상황에 계신 분들 앞에서 어떤 활동을 통해 변화를 도출해 낼 수 있을까 하는 부담감이 듭니다. 하지만 선생님들께서는 이 프로그램을 원하지 않지만 내가 듣기로 선택하고 참여하였으므로 마음을 조금만 긍정적으로 변화시킨다면 활동에 집중할 수 있을 것으로 생각되어 기대된다는 감정을 떠올렸습니다. 여러분의 부정적 · 긍정적 감정에 대해 이야기를 나누어 보겠습니다."<br><br>**3. 나의 감정 표출 방법은?(폭언, 폭력 등)**<br>"이 시간에는 평소 내가 원치 않는 상황이 발생하거나 욕구가 해결되지 않아 부정적 감정이 떠올랐을 때 표현하는 나의 생각, 감정, 행동들과 그 결과를 서로 나누어 보도록 하겠습니다. 나름대로 최선을 다해 책임감을 가지고 자신의 일을 감당하고 희생하고 있는데 주변의 상황이 내가 원하는 방향으로 돌아가지 않고 있어 얼마나 많이 속상하고 힘이 드셨는지 알 수 있을 것 같습니다. 이 시간 자신의 힘들고 속상한 마음을 만져 주고 공감해 보도록 하겠습니다. 손에 깍지를 끼고 가슴에 두 손을 얹은 후 '힘들었지! 얼마나 힘들었니! 정말 수고 많았어!' 등으로 자신에게 하고 싶은 표현을 마음껏 해 줍니다. 그리고 나 자신을 공감했다면 이제 역지사지의 마음으로 '나를 힘들게 했던 상대방은 어떠한 마음으로 나를 이렇게 힘들게 했을까?', '어떠한 마음으로 내가 원하지 않는 표현, 행동을 했을까?' 이러한 측면에서 상대방의 입장에서도 생각해 보고 서로의 마음을 나누어 보도록 하겠습니다. 이 시간 나의 감정 표출 방법을 돌아보면서 나의 마음과 상대방의 입장에서 생각해 보는 시간을 가졌습니다. 이 활동을 하면서 나의 감정 표출 방법에 대하여 새로운 대안이 있다면 어떤 방법이 있을지 서로 이야기를 나누어 보도록 하겠습니다."<br><br>**4. 활동 소감 및 느낌 나누기**<br>활동을 통해 느낀 점을 진술하게 나누어 보고 진로 설정을 위한 동기를 부여한다. |

| 2차시 | |
|---|---|
| 목표 | 1. 변화에 대한 동기 강화 고취<br>2. 삶의 회상을 통한 자기인식 및 변화의 필요성 자각 |

### 1. 도입

"앞 시간 나의 감정 표출 방법에 대하여 살펴보고 공감하는 시간을 가졌습니다. 이 시간은 나의 삶을 회상해 보고 변화가 필요한 부분이 있다면 어떤 부분인지 탐색해 보고 자각하는 시간을 가지도록 하겠습니다."

### 2. 나의 분노는 어디서 왔을까?

"아마 삶 속에서 원치 않는 상황을 만났을 때도 갈등을 회피하거나 타인의 마음을 아프지 않도록 선한 마음으로 살아가기 위해 자신의 감정을 억압하고 표현하기 힘든 경험을 하고 계셨을 것이라 생각됩니다. 이렇게 부정적 감정을 억압하다 보면 주변 상황은 변하지 않고 더 이상 못 참겠다고 할 정도로 화가 나거나 감정이 조절되지 않을 만큼 욱하는 경험을 해 보았을 것입니다. 이러한 측면이 성장 과정 속에서 부모의 양육 태도나 내면화된 가치관, 억압된 다양한 분노 감정 등에 의해 감정 조절이 어려운 원인이 있을 수도 있으므로 나의 분노의 근원을 탐색해 보는 시간을 가지겠습니다."

### 3. 핵심 감정 및 나의 성장 환경 탐색하기

"여기 핵심 감정을 찾아볼 수 있는 활동지를 보면서 자신이 현재 하고 있는 활동들에 체크를 하시고 체크된 숫자를 기록하신 후 가장 숫자가 높은 순서대로 3가지 정도의 핵심 감정을 찾아보시기 바랍니다. 핵심 감정은 주로 초기 아동기 경험에 의해서 형성되며, 나의 아킬레스건으로 나의 생각, 행동, 감정을 지배하는 중심 감정입니다. 특별히 이 감정은 나의 욕구가 좌절되었을 때 일어나는 감정이며 지금-여기의 순간에 사는 것을 방해합니다. 나의 핵심 감정을 철저히 보고 핵심 감정에 속지 않고 감정을 알아차려 안아 주고 수용해 주면서 단단해질 수 있는 시간이 되었으면 좋겠습니다. 그동안 핵심 감정에 의해 나의 아킬레스건으로 작용했던 감정들을 돌아보면서 많이 훈련함을 경험하실 수 있으시기를 바랍니다."

### 3. 분노 표출의 결과 나누기

"지금까지 나의 핵심 감정을 찾아보고 나의 행동과 감정을 지배하는 중심 감정의 근원을 살펴보았습니다. 나의 핵심 감정의 지배에 의해 표출한 분노의 결과에 대한 경험들에 대하여 서로 이야기를 나누어 보도록 하겠습니다. 열 번 참다가 너무 억울해 한 번 또는 순간의 감정 조절 실패로 나를 힘들게 했던 경험을 떠올려 봅니다. 하지만 우리 사회는 상황이나 상대가 나를 화나게 하는 원인을 제공했더라도 내가 선택한 행동에 대한 결과는 내가 책임을 져야 합니다. 원인을 제공한 상대는 괜찮은데 나만 힘든 결과를 책임져야 하는 결과를 만난다는 것이 얼마나 억울하고 속상할까요. 하지만 모든 사람이 동일한 경우에 동일한 선택을 하지는 않으며, 각자의 방식으로

| | |
|---|---|
| 프로그램 내용과<br>진행 과정 | 감정을 조절하게 됩니다. 내가 화날 때마다 분노를 표출하게 된다면 세상은 온통 분노 폭발의 장으로 변할 수도 있을 것이므로 자신의 감정을 조절할 필요가 있을 것입니다. 그렇다면 내 스스로가 감정 조절 실패를 하지 않도록 어떻게 감정을 조절할 수 있을지 지금까지 열 번 중 아홉 번 조절했던 감정 조절 방법을 찾아보고 그 방법의 장단점들에 대하여 이야기를 나누어 보도록 하겠습니다."<br><br>**4. 분노 조절의 필요성 인식하기**<br>"우리가 살펴본 나의 감정 조절 방법이 매우 성숙한 경우도 어떤 경우에는 미숙한 경우도 있음을 살펴보았습니다. 이러한 활동을 통해 아무리 억울한 상황이라도 순간 분노 감정 조절을 하지 못하면 이렇게 엄청난 결과를 내가 감당해야 한다는 경험을 해 보았으니 나의 분노 감정 조절 방법의 필요성을 인식할 수 있었을 것입니다."<br><br>**5. 활동 소감 및 느낌 나누기**<br>활동을 통해 느낀 점을 진솔하게 나누어 보고 진로 설정을 위한 동기를 부여한다. |

| 3차시 | |
|---|---|
| 목표 | 분노 조절 및 긍정적 자기표현을 향하여 출발! |
| 프로그램 내용과<br>진행 과정 | **1. 도입**<br>"앞 시간 핵심 감정 탐색을 통해 나의 부정적 감정의 근원을 찾아보고 분노 상황 시 감정 조절의 필요성을 자각하는 시간을 가졌습니다. 이 시간 분노 조절 및 긍정적 자기표현을 향한 탐색 활동을 해 보도록 하겠습니다."<br><br>**2. 소와 사자의 사랑 이야기**<br>"소와 사자가 서로의 부족한 부분을 보완해 주고 자신이 없는 특성을 가졌기에 사랑에 빠져 결혼을 하였습니다. 연애 기간에는 서로의 감정을 공감하고 필요를 물어보고 먼저 자신의 욕구보다 상대방의 욕구에 관심을 기울이면서 사랑에 빠질 수 있었습니다. 하지만 결혼을 하게 되면서 자신의 역할에 충실하는 것이 행복한 가정을 영위하는 길이라 생각하고 각자의 성격과 특성에 따라 열심히 최선을 다해 삶을 살았습니다. 소는 채식동물이라 채식 위주의 식단을 정성껏 차려 사자에게 준비하였고, 사자는 육식동물이라 육식 위주의 식단을 정성껏 차려 소에게 준비하였습니다. 결혼 초에는 서로 마음을 상하지 않게 하려고 맛있게 먹어 주다가 점점 서로 마음이 서운해지고 힘들어지면서 갈등이 증폭되어 드디어 우리 이제 그만 이혼하자고 하여 법원을 찾게 되었습니다. 소는 소의 입장에서 자신이 그렇게 열심히 맛있는 음식을 준비했는데 사자는 불평만 하고 자신을 사랑하지 않는다고 원망하며, 사자 역시 자신의 입장에서 소와 사자는 자신의 방법으로 최선을 다했다고 서로 불평불만을 늘어놓기 시작했습니다. 나의 가족 관계, 대인 관계는 어떠할까요? 나의 가치관의 잣대에 맞추어 상대가 틀렸다고 평가, 판단, 비난, 충고, 조언을 하고 있지는 않는지요? 사람마다 서로 다른 기질, 성향, 행동, 언어 표현 방법, 성장 환경, 가치관이 다르 |

기 때문에 내 생각이 맞다, 보편적이다라고 생각하는 부분은 없는지 지금까지 나의 갈등, 분노 상황 등을 생각해 보면서 공감, 역지사지의 생각을 해 봅시다. 예를 들어, 아빠는 아내를 건강 문제로 사별하고 혼자 자녀를 양육하는 것이 자녀에게 피해가 될 것으로 생각되어 새엄마를 만들어 주고 싶다는 나의 생각을 일방적으로 실행하게 되었는데, 아이가 새엄마와의 갈등이 발생하고 적응을 힘들어하면 얼마나 속상할까요? 아빠는 자녀를 잘 돌보기 위해 선택한 결과인데 자녀가 아빠의 마음도 이해하지 못하니 서운하여 자녀를 다그칠 수도 있을 것입니다. 역지사지의 마음으로 자녀의 마음에서 읽어 본다면, 아직 엄마를 애도하지도 못했는데 아빠가 어떤 여성을 데려와 엄마라고 부르도록 하고 새엄마가 이래라저래라 간섭하려 한다면 마음은 어떠할까요? 이렇듯 서로의 입장이 다르므로 이해받지 못한 내 마음을 알아주지 못한다고 속상해하는 것보다 이전에 상대가 왜 내가 원하는 바를 알아주지 못할까 하는 마음을 역지사지, 공감의 마음으로 상대의 입장에서 생각해 보고 들어 보려고 노력하는 방법이 더 앞서야 할 필요성도 있을 것입니다."

### 3. 가치관 경매를 통한 다름의 이해

"소와 사자의 사랑 이야기를 통해 서로의 다름과 입장 차이에 대하여 생각해 보았습니다. 그럼 이 시간 우리 각자가 중요하게 생각하는 가치관의 차이에 대하여 알아보도록 하겠습니다. 활동지에 가정, 건강, 돈, 사랑, 명예(인정), 애국심, 학력, 여행 등 다양한 가치관들을 보고 내가 중요하다고 생각하는 가치관의 순서를 적어 본 후 서로의 가치관을 비교해 보겠습니다. 어떤 가치관은 중요하고 일반적이라 모두가 중요하다고 생각하는 가치관도 있고, 어떤 가치관은 나에게는 너무 중요한데 다른 사람들에게는 없어도 큰 문제가 없는 가치관도 있을 것입니다. (가치관 경매 활동 후) 가치관 경매 활동을 통해 자신이 원하는 가치관을 획득하신 분도 그러지 못하신 분들도 계실 것입니다. 마찬가지로 우리의 삶이 내가 원한다고 다 되지도 않을 뿐더러, 나에게는 너무 중요하지만 다른 사람들에게는 관심이 없는 가치관도 있다는 점을 확인해 보았습니다. 심리학자 아들러는 우리가 3가지 인생 과제를 해결함에 있어서 어떻게 해결하느냐에 따라 각자의 생활양식이 형성된다고 보았는데, 인생 과제 해결을 위한 활동 영역과 더불어 사회적 관심을 중요한 축으로 설정하였습니다. 사회적 관심은 타인의 눈으로 보고 타인의 귀로 듣고 타인의 마음으로 읽는다는 개념으로, 우리가 중요한 목표를 달성할 때 꼭 필요한 것이 이기적이 아닌 사회적 관심이 얼마나 있느냐가 중요하다고 하였습니다. 평소 나의 가치관이나 인생 과제 달성을 위해 나는 얼마나 타인의 눈과 귀 그리고 마음으로 활동을 하였는지 생각하는 시간을 가져 봅시다."

### 4. 분노 조절(감정 자각, 이완 및 조절)

"세상이 내가 원하는 방법으로, 상황으로 돌아가지 않고 감정 조절이 쉽지 않지만 내 운명을 분노 감정에 맡겨서는 안 될 것입니다. 나의 감정을 충분히 자각하고 사회적 관심을 높인다면 분노 조절이 조금은 가능할 수 있을 것입니다. 지금까지 우리의 생활 속에서 분노 상황이 되었을 때 어떠한 방법으로 감정 조절을 해 오셨는지 서로의

프로그램 내용과 진행 과정

| | |
|---|---|
| 프로그램 내용과<br>진행 과정 | 좋은 방법이나 대안들을 알려 주시면 서로 공유할 수 있도록 하겠습니다(대안 및 활동 탐색). 네, 너무 멋진 분노 조절 방법들을 소유하고 계시네요. 저도 감정 조절 방법을 들으면서 새로운 조절 방법도 배워 가는 소중한 기회가 되었습니다. 다양한 감정 조절 방법 중 감정 이완 활동을 소개하도록 하겠습니다. 감정 이완 활동은 다양한 방법이 있지만 우선 부정적 감정이 올라옴을 알아차리는 활동이 가장 중요합니다. 순간의 분노 감정을 자각하지 못하면 감정에 내 운명을 맡겨 버릴 수 있기 때문에 자각 연습을 하는 것이 필요합니다. 자신의 부정적 감정을 자각하면 바로 쉽 호흡하기, 우선 숫자 거꾸로 세기 등으로 감정을 환기시키고, 가능하다면 잠시 후 이야기하자고 하고 우선 환경을 환기시킬 수 있도록 베란다, 화장실 등으로 자리를 옮겨 자신의 감정을 천천히 자각해 봅니다. '내가 왜 화가 올라왔을까? 상대방은 어떤 마음으로 이 상황을 만들었을까?' 등으로 자신, 타인, 상황 모두의 균형을 맞추어 생각해 봅니다."<br><br>**5. 긍정적 자기표현 방안 설정**<br>"분노 감정이 조절되고 자신, 타인, 상황 모두를 고려하여 살펴보았다면 긍정적으로 자기표현을 해 봅니다. 긍정적 자기표현은 I-Message라고 하여 자신을 주제로 하여 사실이나 상황을 실제 그대로 표현하고, 그 상황으로 인하여 내가 느낀 감정을 상대에게 안내하고 상대방의 입장에서 충분히 들어 보는 시간을 가지면서 서로의 입장 차이나 가치관의 차이를 경청하면서 균형을 맞추어 보는 것입니다. I-Message의 순서는, 첫째, 사실을 가감하지 않고 그대로 표현, 둘째, 그 사실로 인한 나를 주어로 나의 감정을 표현, 셋째, 나의 바람 또는 욕구를 표현, 넷째, 상대방의 이야기를 경청하는 것입니다."<br><br>**5. 활동 소감 및 느낌 나누기**<br>활동을 통해 느낀 점을 진술하게 나누어 보고 진로 설정을 위한 동기를 부여한다. |

## (2) 부모교육(보호관찰, 수강명령, 비행청소년 등)

| 회기 | 교육 영역 | 교육 주제 | 교육 내용 |
|------|-----------|-----------|-----------|
| 1차시 | 초기<br>관계 형성 | • 오리엔테이션 및 친밀감 형성<br>• 우리 가족 이야기! | 1. 친밀감 형성 및 소개, 기대 나누기<br>2. 감정 표현을 통한 긍정적 감정 환기<br>3. 부모로서의 현재 위치와 미래 위치 탐색<br>4. 자녀에게 바라는 것 나누기<br>5. 활동 소감 및 느낌 나누기 |
| 2차시 | 동기 강화 | • 동기 강화 이해<br>• 내 감정 사용법 및 변화의 필요성 자각 | 1. 내가 자녀를 처음 만났을 때<br>2. 나의 부모의 양육 태도(긍정적 · 부정적)<br>3. 자녀의 감정 알기(역지사지 공감 연습)<br>4. 내 감정 사용법(열망, 기대 표현 방법)<br>5. 활동 소감 및 느낌 나누기 |
| 3차시 | 자기이해 및 의사소통 유형 자각 | • 의사소통 유형 이해 및 변화를 위한 통찰과 자각 | 1. 사티어 의사소통 유형 이해<br>2. 나와 우리 가족의 소통 유형 탐색<br>3. 공감과 경청 변화를 위한 통찰과 자각<br>4. 일치형의 소통을 향하여 출발!<br>5. 활동 소감 및 느낌 나누기 |

| 1차시 | 초기 관계 형성 |
|-------|----------------|
| 목표 | 1. 오리엔테이션 및 친밀감 형성<br>2. 우리 가족 이야기! |
| 프로그램 내용과<br>진행 과정 | **1. 도입**<br>– 진행자 소개 및 프로그램에 대한 안내<br>– 친밀감 형성 및 자기소개, 기대 나누기<br><br>"이 프로그램을 전체적으로 간단히 소개하겠습니다. 부모교육 프로그램은 3차시로 이루어져 3시간 동안 자기 자신에 대한 탐색과 가족에 대한 이해를 기본 바탕으로 가족 서로의 입장에서 서로의 감정을 고려하고 상황에 균형을 맞춘 감정 조절 능력 향상을 위하여 함께 여행을 떠날 것입니다."<br><br>**2. 감정 표현을 통한 긍정적 감정 환기**<br>"자녀들이 부모님들의 마음을 잘 알아준다면 힘든 세상을 살아가지만 힘이 날 텐데 그렇지 못한 이 상황이 얼마나 힘이 드실까요? 이 상황으로 인한 현재 부모님들의 감정을 살펴보고 힘든 마음 충분히 공감하고 수용하면서, 어차피 이 프로그램을 이수하여야 한다면 이 불편한 감정을 전환시켜 긍정적 마음으로 프로그램에 집중할 수 있으시길 기대합니다. 나누어 드린 감정단어에는 긍정적 · 부정적 측면의 감정으로 구성되어 있습니다. 현재 나의 감정을 탐색해 보고 진솔하게 표현해 봅시다. |

|                              |  |
| --- | --- |
| 프로그램 내용과<br>진행 과정 | 활동지에 떠오른 감정단어가 없다면, 순간 내 생각에 떠올랐던 감정단어를 그대로 표현하는 것도 무방합니다. 그리고 그 감정단어를 떠올린 이유에 대하여 생각해 보고, 어차피 원하지 않지만 이 프로그램을 이수하기 위해 왔으니 부정적 감정을 내려놓고 집중할 수 있는 긍정적 감정을 선택해 보고 서로 이야기를 나누어 보도록 하겠습니다. 먼저, 저의 현재 부정적 · 긍정적 감정을 생각해 보자면 부담감과 기대감이 생각납니다. 부담감은 현재 부정적 감정을 가지고 원치 않는 교육을 받아야 하는 상황에 계신 분들 앞에서 어떤 활동을 통해 긍정적 변화를 도출해 낼 수 있을까 하는 부담감이 듭니다. 부모님들께서는 원치 않지만 벌금 때문이든 자녀를 사랑하는 마음 때문이든 자신의 선택에 의하여 왔으므로 마음을 조금만 긍정적으로 변화시킨다면 활동에 집중할 수 있을 것으로 생각되어 기대된다는 감정을 떠올렸습니다. 여러분의 부정적 · 긍정적 감정에 대해 이야기를 나누어 보겠습니다. 힘든 상황 속에서도 긍정적 감정으로 전환하여 적극적 활동에 참여하기로 작정하신 부모님들께 감사를 전합니다."<br><br>**3. 부모로서의 현재 위치와 미래 위치 탐색**<br>"이번에는 나누어 드린 나무 위의 위치 그림을 보면서 현재 자신의 위치라고 생각되는 번호를 적어 보고 그 위치라고 생각한 이유를 적어 봅니다. 다음으로, 앞으로 내가 원하는 위치를 생각해 보고 그 위치를 생각한 이유에 대하여도 작성해 봅니다. 그리고 내가 원하는 위치로 변화하기 위해서 필요한 것들은 어떤 것들이 있는지 생각해 봅시다."<br><br>**4. 자녀에게 바라는 것에 대해 이야기 나누기**<br>"우리 가족을 돌아보면서 나의 현재 위치를 살펴보고 내가 원하는 위치로 변화하기 위해 필요한 것들을 생각하고 이야기를 나누어 보았습니다. 이러한 노력을 위해 내가 자녀에게 바라는 것이 어떤 것들인지 생각해 보는 시간을 가지도록 하겠습니다. 그리고 자녀에게 바라는 것들이 부모의 입장에서 바라는 것도 중요하지만 우리는 부모이기에 자녀들이 부모가 바라는 것이 무엇인지 앎에도 불구하고 부모님께서 원하시는 행동을 실천하지 못하는 이유는 무엇일까? 이러한 내용을 자녀의 입장에서도 충분히 생각해 보고 서로의 입장을 역지사지 공감하면서 균형 있는 조율 방법과 소통 방법에 대하여 생각해 봅시다."<br><br>**5. 활동 소감 및 느낌 나누기(5분)**<br>활동을 통해 느낀 점을 진술하게 나누어 보고 진로 설정을 위한 동기를 부여한다. |

| 2차시 | 동기 강화 |
|---|---|
| 목표 | 1. 동기 강화 이해 및 고취<br>2. 내 감정 사용법 및 변화의 필요성 자각 |
| 프로그램 내용과<br>진행 과정 | **1. 도입**<br>"앞 시간 감정을 돌아보고 긍정적 감정으로 전환시키는 연습 그리고 부모로서의 현재 위치, 자녀에게 바라는 것들을 살펴보면서 활동을 진행하였습니다."<br><br>**2. 내가 자녀를 처음 만났을 때**<br>"이번 시간에는 내가 자녀를 처음 만났을 때의 상황과 감정을 떠올려 보면서 부모로서의 마음가짐을 다시 돌아보도록 하겠습니다. 어떤 분들은 자녀를 맞이할 준비가 충분히 되지 못한 상태에서 자녀를 만난 분도 계실 수 있고, 충분히 기다리며 준비하면서 자녀를 맞이하신 분도 계실 것입니다. 어떠한 경우나 상황이라도 부모님들께서는 한 인간의 존엄성과 고귀함을 간직하고 부모로서의 최선의 노력을 기울였을 것입니다. 그때 나는 어떤 마음가짐, 상황이었는지를 생각해 보면서 자녀를 사랑하는 마음을 다시 경험해 보도록 하겠습니다."<br><br>**3. 나의 부모님의 양육 태도(긍정적 · 부정적)**<br>"나의 성장 환경을 돌아보면서 나의 부모님은 어떤 마음가짐, 상황으로 나를 출산하셨는지, 그리고 양육 태도는 어떠하셨는지, 어린아이로서 부모님에게 느꼈던 나의 감정과 경험은 어떠하였는지, 내가 부모가 되면 어떠한 일이 있어도 내 아이를 이렇게 키우지 않겠다고 생각했거나 나도 우리 부모님의 양육 태도를 꼭 실천해야겠다는 생각을 하셨던 점들이 있을 것입니다. 긍정적 경험이든 부정적 경험이든 자녀의 마음에서 나의 부모님의 양육 태도 경험을 나누어 보도록 하겠습니다. 나도 부모로서 정말 좋은 부모, 멋진 부모가 되고 싶었고, 그러한 부모가 되기 위해 나의 방법으로 수많은 노력을 해 왔을 것입니다. 나의 부모님의 양육 태도를 발판으로 잘 양육할 수 있을 것 같았는데 생각보다 만만치 않은 삶의 경험과 환경, 자녀의 기질 등 다양한 측면에서 원치 않는 결과를 볼 수 있었을 것입니다. 나도 부모가 처음이라 완전하지 못하듯 자녀들도 자녀가 처음이라 완전하지 못한 부분이 많음을 서로 인정하고 공감을 통해 소통할 필요가 있을 것입니다."<br><br>**4. 자녀의 감정 알기(역지사지 공감 연습)**<br>"나의 가족 관계, 대인 관계는 어떠할까요? 나의 가치관의 잣대에 맞추어 자녀가 틀렸다고 평가, 판단, 비난, 조언, 충고 등을 하고 있지는 않는지요? 사람마다 서로 다른 기질, 성향, 행동, 언어 표현 방법, 성장 환경, 가치관이 다르기 때문에 내 생각이 맞다, 보편적이다라고 생각하는 부분은 없었는지 지금까지 자녀와의 갈등, 분노 상황 등을 생각해 보면서 공감, 역지사지의 생각을 해 봅시다. 예를 들어, 자녀가 친구들과 몰려다니지 않았으면, 학교를 잘 다녔으면 하는 마음이 간절한데 부모님께서 원하는 행동을 하지 않는다면 얼마나 답답하고 속상하실까요. 그때 나는 자녀에게 |

| 프로그램 내용과<br>진행 과정 | 어떻게 내 감정을 표현했을까요? 자녀에게 내 가치관이나 평가에 맞도록 자녀에게 감정이 실린 표현을 하지는 않을까요? 자녀가 왜 친구들과 몰려다니는지, 어떠한 이유로 학교에 가지 않으려고 하는지 자녀의 입장에서 충분히 공감하고 경청해 보았는지 생각해 보고 나누어 드린 나의 경청의 걸림돌을 점검해 보도록 하겠습니다(명령, 강요, 경고, 위협, 훈계, 충고, 설득, 논쟁, 비난, 욕설, 진단, 심문, 빈정거림 등). 내가 평소에 자녀들에게 하고 있는 언어 표현이 경청의 걸림돌에 해당되는 것은 없는지 확인해 봅시다. 혹시 내가 충분히 공감하고 경청했다고 생각하는데, 그 공감과 경청이 자녀가 생각하는 충분한 공감과 경청으로 느껴졌을지도 생각해 볼 필요가 있을 것입니다. 활동지를 보면 나의 경청의 걸림돌을 찾을 수 있을 것입니다."<br><br>**5. 내 감정 사용법(열망, 기대 표현 방법)**<br>"분노 상황을 인식하면 우선 자신의 감정을 통찰, 자각합니다. '아! 내가 또 화가 났구나!' 등을 느껴 보고 자제 신호를 수용하기 위해 이완 활동을 합니다. 감정이 조금 이완되면 문제 행동에 초점을 맞추고 역지사지의 마음으로 생각한 다음 I-Message 방법으로 부모의 감정을 전달합니다. 나-전달법은 사실이나 상황을 정확하게 설명하고 그 사실이나 상황으로 인한 나의 감정을 진솔하게 표현(나의 열망과 기대)한 후 자녀의 입장에서 결과가 아닌 과정을 진솔하게 표현할 수 있도록 역지사지로 경청하면서 대화를 합니다. 내 감정에 충실하여 자녀의 마음을 공감하지 못한다면 우리 부모님은 나를 사랑하고 있다는 감정을 충분히 느끼지 못할 수 있습니다. I-Message의 순서는, 첫째, 사실을 가감하지 않고 그대로 표현, 둘째, 그 사실로 인한 나를 주어로 나의 감정을 표현, 셋째, 나의 바람 또는 욕구를 표현, 넷째, 상대방의 이야기를 경청하는 것입니다."<br><br>**6. 활동 소감 및 느낌 나누기**<br>활동을 통해 느낀 점을 진솔하게 나누어 보고 진로 설정을 위한 동기를 부여한다. |
|---|---|

| 3차시 | 자기이해 및 의사소통 유형 자각 |
|---|---|
| 목표 | 의사소통 유형 이해 및 변화를 위한 통찰과 자각 |
| 프로그램 내용과<br>진행 과정 | **1. 도입**<br>"앞 시간 나의 공감과 경청의 걸림돌을 생각해 보면서 나-전달법으로 소통하는 방법에 대하여 서로 이야기를 나누어 보았습니다."<br><br>**2. 사티어 의사소통 유형 이해 및 우리 가족의 소통 유형 탐색**<br>"이번 시간에는 사티어의 의사소통 유형을 이해하고 우리 가족들의 의사소통 유형이 어떻게 진행되고 있는지 살펴보도록 하겠습니다. 사티어 의사소통 유형 중 서로 감정이 격해지지 않을 때는 일치형의 소통을 하지만 부정적 감정이 올라올 때, 특히 격분할 때 우리 가족의 의사소통 유형은 어떠한지 생각해 보도록 하겠습니다. 의사소통 유형은 회유형(눈치형), 비난형, 초이성형, 산만형, 일치형의 유형으로 구분할 |

| 프로그램 내용과<br>진행 과정 | 수 있는데, 활동지를 보면서 우리 가족 모두의 의사소통 유형을 생각해 보도록 하겠습니다. |
|---|---|

수 있는데, 활동지를 보면서 우리 가족 모두의 의사소통 유형을 생각해 보도록 하겠습니다.

- 회유형(눈치형)은 갈등을 두려워하여 자신의 감정을 돌보지 못하고 타인과 상황에만 집중하다 보니 돌봄, 희생, 착함 등으로 '미안해!', '내 탓이야!' 등으로 문제를 덮으려 하는 유형입니다.
- 비난형은 자신이 옳다고 생각하고 자신과 상황에 집중하여 타인의 감정이나 입장을 보려고 하지 않고 고함, 무시, 공격, 겁주기 등의 비난 용어를 사용하는 유형입니다.
- 초이성형은 자신도 타인도 돌보지 못하고 상황에만 집중하여 문제 해결에만 집중하는 유형으로, 감정을 보이는 것은 좋지 않다고 생각하여 경직, 냉정, 완고, 이성적, 객관적, 옳고 그름을 중심으로 감정을 억제하는 유형입니다.
- 산만형은 갈등을 두려워하여 자신도 타인도 상황도 중요하지 않고 갈등만 회피하려는 시도를 하는 유형으로, 안절부절, 피상적, 주제 변경, 농담 등으로 주위를 환기시켜 갈등을 회피하려는 유형입니다.

이 4가지 의사소통 유형은 자신, 타인, 상황 전체를 균형 있게 보지 못하는 문제점이 있습니다. (역할극 등으로 실제 활동을 경험)

- 일치형은 상황, 자신, 타인을 골고루 균형 있게 관찰하여 상황을 확대하거나 축소하지 않고 사실 그대로 보려고 하며, 그 상황으로 인한 자신의 감정과 타인의 감정을 서로 공감하고 경청하면서 적절한 대안을 찾아가는 유형입니다.

이제 5가지의 유형을 이해하였으니 우리 가족을 생각해 보며 서로 불편한 상황이 되었을 때 어떤 유형의 소통을 하는지 생각해 보고, 변화되어야 할 부분이 있다면 누가 어떻게 변화하면 좋을지 생각해 보도록 하겠습니다."

**3. 공감과 경청 변화를 위한 통찰과 자각 및 일치형 소통을 위하여 출발!!**
"지금까지 나의 감정을 돌아보고 공감, 경청, 나─전달법, 의사소통 유형, 감정 조절 방법 등을 생각해 보았습니다. 나와 우리 가족의 변화가 필요한 부분을 자각하는 것만으로 해결되는 것이 아니며 나의 의사소통 유형은 나의 성장 환경, 가족의 소통 방법 등에 의해 오랜 기간 동안 진행되어 오던 습득된 유형이므로 변화하는 것이 쉽지 않습니다. 내가 금연을 하겠다는 마음가짐을 가진다고 해서 바로 성공하는 것이 아니고, 다이어트를 하겠다고 결심했다고 해서 바로 성공하는 것이 아니듯 오랜 시간 변화를 위한 노력과 인내 그리고 끊임없는 자각과 통찰이 필요할 것으로 생각됩니다."

**5. 활동 소감 및 느낌 나누기**
활동을 통해 느낀 점을 진술하게 나누어 보고 진로 설정을 위한 동기를 부여한다.

### (3) 부모–자녀 가족 캠프 "우리 가족 ENCORE! 파이팅!!"

이 프로그램은 앞에서 활용한 부모교육 프로그램을 부모–자녀가 함께하는 캠프 프로그램 중 일부로 활용할 수 있으며, 가족 간의 공감과 경청을 통해 긍정적 소통 향상과 더불어 가족의 행복 증진에 도움이 될 수 있을 것으로 생각되어 함께 부모–자녀가 함께할 수 있도록 구성해 보았다.

| 회기 | 교육 영역 | 교육 주제 | 교육 내용 |
|---|---|---|---|
| 1차시 | 초기 관계 형성 | • 오리엔테이션 및 친밀감 형성<br>• 우리 가족 이야기! | 1. 친밀감 형성 및 소개, 기대 나누기<br>2. 부모–자녀 가족 공동 게임(일체감 경험)<br>3. 감정 표현을 통한 긍정적 감정 환기<br>4. 최고 가족 찾기, 가족 소식(진진가 게임)<br>5. 활동 소감 및 느낌 나누기 |
| 2차시 | 동기 강화 | • 동기 강화 이해<br>• 내 감정 사용법 및 변화의 필요성 자각 | 1. 부모가 자녀를 처음 만났을 때<br>2. 부모가 처음이라 서툰 것이 많았어!<br>3. 부모–자녀 감정 표현 및 공감 연습<br>4. 내 감정 사용법(열망, 기대 표현 방법)<br>5. 활동 소감 및 느낌 나누기 |
| 3차시 | 자기이해 및 소통 유형 자각 | • 의사소통 유형 이해 및 변화를 위한 통찰과 자각 | 1. 사티어 의사소통 유형 이해<br>2. 나와 우리 가족의 소통 유형 탐색<br>3. 공감과 경청 변화를 위한 통찰과 자각<br>4. 일치형의 소통을 향하여 출발!<br>5. 활동 소감 및 느낌 나누기 |
| 4차시 | 우리 가족 행복을 위하여 출발 | • 우리 가족 파이팅!<br>• 도전의 동기 부여 | 1. 우리 가족 행복나무(서로 장점 찾아 주기)<br>2. 변화를 위한 단점 보완하기<br>3. 가족 편지 쓰기(사랑하는 ~에게)<br>4. 가족 편지를 읽고! 새 출발!<br>5. 활동 소감 및 느낌 나누기 |

### (4) 학대 예방을 위한 부모교육 프로그램 "행복한 가족을 향한 긍정적 소통과 훈육!!"

이 프로그램은 아동학대로 수강명령을 받은 부모님들을 대상으로 진행하는 것으로, 아동학대에 대한 이해와 함께 아동학대의 4가지(신체학대, 정서학대, 성학대, 방임 등) 영역을 포함하여 현재 부모님들이 생각하는 훈육이라는 의미로 진행하는 교육이 아동학대에 해당되는 것임을 자각하고 행복한 가족을 위한 긍정적 소통과 훈육 방법에 대한 내용이다. 부모님들의 감정을 먼저 코칭하고 감정의 유연성을 확보한 후, 자녀들에게도 지시, 훈계,

명령, 충고, 조언, 판단, 평가의 방법보다 가트맨(Gottman, J.)의 감정코칭 유형과 사티어의 의사소통 유형을 중심으로 긍정적 소통과 훈육 방법 중심의 총 40시간으로 구성하였다.

| 1회차 | 2회차 | 3회차 | 4회차 | 5회차 |
|---|---|---|---|---|
| 지난 회기 나누기 | | | | |
| 아동학대 관련 영상 시청 | 억울해요! (사례 나누기) 훈육과 학대 사이 | 내가 생각하는 아동학대란? 훈육이란? | 나의 스트레스 및 긍정적 해소 방법 | 강점 관점의 코칭 (칭찬, 격려, 지지) |
| 아동학대 관련 법 및 예방교육 | | 자녀의 욕구와 나의 욕구 조절 | 나의 핵심 감정 탐색하기(분노, 우울 다루기) | |
| 중식 | | | | |
| 부정적 감정을 긍정적 감정으로 | 나의 부모의 훈육 방법은? 내가 어렸을 때는? | 다름의 이해 (성격 유형검사) | 나는 어떤 유형의 부모인가?(축소형, 억압형, 방임형, 감정코칭형) | 긍정적 의사소통 (사티어 의사소통 유형, 나-전달법) |
| 아동학대의 유형과 원인 | 나의 자녀 양육 가치관은? | 성격과 기질 유형의 활용 | 감정코칭과 일대일 특별 시간 | 긍정적 훈육을 위한 가족 편지 및 동기 부여 |
| 프로그램 평가 및 마무리 | | | | |

 **참고문헌**

강란혜(2012). 가족의 역기능적 의사소통과 대인 관계 능력: 자아존중감의 매개효과를 중심으로. 총신대논집, 31. 293-316.

고성혜(2000). 비행청소년 상담연구. 서울: 자녀안심운동 서울협의회.

구상모(2012). 청소년 범죄의 원인과 실태 분석을 통한 대책 방안. 영동대학교 석사학위논문.

권석만(2013). 현대 이상심리학. 서울: 학지사.

김성숙(2003). 사이코드라마 활용 집단상담이 비행여고생의 사회적유능성, 학교 적응 및 자존감에 미치는 효과. 동아대학교 대학원 박사학위논문.

김성언(2009). 청소년 범죄 추세(1998-2009)의 분석과 대응 방안의 탐색. 제17회 소년보호연구, 13, 1-50.

김성진(2009). 범죄심리학. 서울: 동인.

김수곤(2012). 성폭력 피해자에 대한 분석: 충남원스톱 지원센터 내원자를 중심으로. 대한산부인과학회, 55(10), 736-744.

김오차(2000). 청소년 범죄의 발생 원인과 그 대책. 서울: 세일.

김지영(2017). 수강 명령 프로그램의 효과성과 개선방향. 한국형사정책연구원(KIC) 형사정책연구 소식 통권 제142호(2017 여름), 14-17.

김지혜, 임승락(2002). SOM(States ofMind) 모형에 따른 긍정적/부정적 사고의 인지적 균형. 한국심리학회지: 임상, 21(1), 125-146.

김현순(1991). 청소년 비행 및 범죄의 원인과 소년원 상담 교육 모델 연구. 서울: 이화여대 한국 문화연구원.

민수홍(1996). 비행의 조기예측 요인에 관한 연구. 서울: 한국형사정책연구원.

박동영, 정경화(2014). 간호 대학생의 자아존중감, 대인 관계, 문화간 의사소통 능력이 문화적 역량에 미치는 영향. 한국콘텐츠학회, 14(11), 337-346.

박재우(2010). 우리나라 소년사법 제도에 관한 연구. 창원대학교 석사학위논문.

박지선(2009). 경계선 성격장애 성향 청소년의 정서 조절결함 모형에 관한 연구. 중앙대학교 대학원 박사학위논문.

박혜선(2016). 부모-자녀의 역기능적 의사소통 유형이 아동의 문제 행동에 미치는 영향: 아동의 자아존중감의 매개효과를 중심으로. 경기대학교 대학원 석사학위논문.

배종대(2001). 형사정책. 서울: 홍문사.

법무부(2002). 교정현장상담-수용자를 이끌어 주기. 서울: 법무부교정국교화과.

법무부(2014). 2014 범죄예방정책 통계연보. 범죄예방정책국.

법무부(2020). 법무정책서비스 · 교정 · 수형자 집중인성교육. https://www.moj.go.kr.

법무부(2020). 2020 범죄예방정책 통계분석. 범죄예방정책국.

서봉연(1975). 자아정체감 형성에 관한 심리학적 연구. 경북대학교 대학원 박사학위논문.

서요한(2016). 의사소통과 대인 관계 실제. 서울: 신광출판사.

손윤정(2004). 청소년 범죄의 원인과 대책. 동아대학교 석사학위논문.

수원지방검찰청(2017). 개별 소년범 맞춤형 선도 프로그램 "징검다리교실" 및 가정 내 선도를 위한 "보호자 교육" 실시.

신영호(2012). 범죄심리학. 경기: 한국학술정보.

신재욱(2018). 부모-자녀 간 의사소통 훈련 부모교육 프로그램 개발과 적용 사례 연구. 공주교육대학원 석사학위논문.

신현기, 박억종, 안성률, 남재성, 이상열, 임준택, 조성택, 최미옥, 한형서(2012). 경찰학 사전. 서울: 법문사.

신희선(2009). 사회적 갈등해결을 위한 의사소통기술 개발. 한국사고와 표현학회, 20(1), 111-153.

여성가족부(2010). 2010년 성폭력 실태조사. 여성가족부.

원강희(2020). 부모와 유아의 행복증진을 위한 부모교육 프로그램 개발연구. 울산대학교 박사학위 논문.

윤옥경(2011). 한국 소년 범죄의 추세와 소년 보호관찰의 정책 방향. 소년보호연구, 11, 35-57.

이서영(2020). 부모의 양육 태도가 청소년 비행에 미치는 영향. 충남대학교 석사학위논문.

이수정(2012). 최신 범죄심리학. 서울: 학지사.

이은영(2010). 소년 강력 범죄의 원인과 대책에 관한 연구. 동국대학교 석사학위논문.

이장현, 우룡, 조혜경(2004). 청소년 범죄의 동향과 대처 방안에 관한 연구. 한국청소년개발원 연구 보고서 04(21), 1-145.

이장호(1997), 상담심리학. 서울: 박영사.

이현림, 홍상욱, 채선화, 민경옥, 이지민, 최미선, 이순기, 이향숙, 전건이(2015), 청소년 비행과 상담. 경기: 교육과학사.

장사경(2013). 경계선 성격장애와 반사회성 성격장애로 인한 비행청소년을 위한 교정상담연구: D. Anzieu의 관점을 중심으로. 서울기독대학교 대학원 박사학위논문.

정유희, 박은영, 손외철(2014). 성폭력 및 가정폭력 가해자 수강 명령 프로그램 효과: 단기 재범 추적 연구. 한국심리학회지: 일반 33(4), 737-757.


Douglas, J. E., Ressler, R. K., Burgess, A. W., & Hartman, C. R.(1986). Criminal profiling from crime scene analysis. *Behavioral Sciences and the Law, 4,* 401-421.

Ferguson, C. J., & Beaver, K. M. (2009). Natural born killers: The genetic origins of extreme violence. *Aggression and Violent Behavior, 14,* 286-294.

Hall, C. S. & Lindzey, G. (1978). *Theories of Personality* (3rd Ed.). New York: John Wiley & Sons.

Heider, F. (1958). *The psychology of interpersonal relations.* New York: James Q.

Levenson(1981). Differentiating among internality, powerful others and chance, In Lefcourt (ED.) *Research with the locus of control construct, Vol I,* 15-66.

Lombroso, C. (1876). *L'uomo delinquente.* Torino: Fratelli Bocca.

Marcia, J. C. (1980). Identity in adolescence. In J. Adleson (ed.), *Handbook of addescent psychology.* New York: Wiley & Row.

Schwartz, R. M., & Garamoni, G. L. (1989). Cognitive balance and psychopathology: Evaluation of an information processing model of positive and negative states of mind. *Clinical Psychology Review, 9,* 271-294.

Shaw, C. R. & McKay, H. D. (1942). *Juvenile Delinquency in Urban Areas.* Chicago: University of Chicago Press.

Sheehy, N. (2009). 50인의 심리학 거장들 (Fifty key thinkers in psychology). (정태연, 조은영 역). 서

울: 학지사.

Siegel, L. J., & Welsh, B. C. (2009). *Juvenile Delinquency: Theory, Practice, and Law.* Belmont, CA: Wadsworth.

Weiss, B., Dodge, K. A., Bates, J. E., & Pettit, G. S. (1992). Some consequences of early harsh discipline: Child aggression and a maladaptive social information processing style. *Child Development, 63,* 1321-1335.

교정상담
# | 찾아보기 |

## 내용

# 저자 소개

이현림(Lee, Hyun Rim)
미국 The Pennsylvania State University, Counselor Education 전공(박사)
현) 영남대학교 사범대학 교육학과 명예교수(2009. 3. ~ )
　　한국교정상담심리학회장
　　(사)한국상담학회 전문영역 수련감독자 제2호(교정상담, 진로상담, 아동청소년상담)
　　한국교정상담심리학회 수련감독전문상담사 제1호(교정상담, 진로상담, 집단상담, 가족상담)
　　한국교류분석학회 수련감독교류분석상담사 제13-S-0002호
　　한국정신건강상담사협의회 1급 정신건강증진상담사 제543호
전) 영남대학교 사범대학 교육학과 교수(1972. 5.~ 2009. 2.)
　　(사)한국상담학회 제3대 회장
　　(사)한국상담학회 교정상담학회, 진로상담학회 초대회장
　　(사)한국교육학회 대구, 경북학회장

〈저서 및 논문〉
집단상담 이론과 실제(공저, 양서원, 2015)
청소년비행과 상담(공저, 교육과학사, 2015)
상담이론과 실제(양서원, 2008)
진로상담(양서원, 2007) 외 41권
Comprehensive career development program models for assessing the career maturity of Korean
　　high school students(미국 펜실베니아주립대학교, 1988) 외 128편
이메일: hrlee@yu.ac.kr


김안식(Kim, Ahn Shik)
경기대학교 일반대학원 교정보호학 전공(박사)
현) 백석대학교 경찰학부 범죄교정학과 주임교수(2017~ )
전) 여주교도소장(2011)
　　서울남부교도소장(2012)
　　법무부 교정본부 보안과장(2013)
　　경북북부제1교도소장(2014)
　　안양교도소장(2016)

〈저서 및 논문〉
범죄예방정책학(공저, 박영사, 2019)
수용자의 종교활동(한국청소년보호재단, 2016)
수형자의 종교활동 및 성향이 정신건강과 수용생활에 미치는 영향(경기대학교 박사학위논문, 2009)
이메일: askim17@bu.ac.kr


김은선(Kim, Eun Seon)
동아대학교 교육상담 전공(박사)
현) Find Me 상담연구센터장
　　부산디지털대학교 휴먼서비스대학원 겸임교수
　　부산보호관찰소 및 부산서부보호관찰소 외래강사
　　부산가정법원 가사재판 상담위원
　　여성가족부 청소년상담사 1급
　　한국상담학회 전문상담사 1급(교정상담, 진로상담)
　　한국교정상담심리학회 수련감독 교정전문상담사
전) 동아대학교 학생상담센터 전문상담원(팀장)
　　동의대학교 학생상담센터 전문상담원(팀장)

〈저서 및 논문〉
교정상담(공저, 학지사, 2017)
학교폭력상담의 이론과 실제(공저, 한국학술정보, 2012)
가족에 대한 분노를 경험하고 있는 대학생의 개인심리학적 상담사례 연구(한국교정상담심리학회, 2017)
자아성장을 위한 행복충전 집단상담이 대학생의 행복감 증진에 미치는 효과(한국교정상담심리학회, 2018)
개인심리이론에 기반한 상담자 발달에 대한 자문화기술연구(한국청소년상담학회, 2020)
이메일: calpos2@hanmail.net


박은영(Park, Eun Young)
경북대학교 대학원 임상심리 전공(박사)
현) 대구가톨릭대학교 심리학과 조교수
　　대구가톨릭대학교 DCU 미디어센터장
　　한국교정상담심리학회 편집위원장
　　한국심리학회 임상심리전문가(569호)
　　한국심리학회 범죄심리전문가(범10-00-007)

전) 대구정신병원 임상심리실 근무(알코올 사용장애 전문병동 임상심리사)

　　법무부 대구, 대전보호관찰소 근무(보호주사 6급)

　　교육부 주관 CK 중독 · 폭력의 재활 · 예방 · 치료를 위한 전문인력 양성 사업단장

　　대구지방경찰청 과학수사 자문위원

　　법무부 소년보호혁신위원회 위원

〈저서 및 논문〉

수형자의 범죄유형에 따른 성격특성 비교와 정신건강문제가 재범, 물질사용과 폭력성에 미치는 영향
　　(한국재활심리학회, 2020)

교정용 성격평가질문지(PAI-PS) 표준화 연구(한국교정학회, 2020)

수형자의 정신건강과 폭력성: 교정용 성격평가질문지(PAI-PS)의 임상척도와 폭력성
척도를 중심으로(한국교정상담심리학회, 2020)

교정용 성격평가질문지(PAI-PS) 전문가 지침서

보호관찰소용 성격평가질문지(PAI-A-PS) 전문가 지침서

이메일: eyp0202@cu.ac.kr


박호정(Park, Ho Jeong)

충남대학교 법학전문대학원 형사법 전공(박사)

현) 건양대학교 국방경찰행정학부 경찰행정전공 주임교수

　　세종시교육청 소청심사위원회 위원

　　대전경찰청 경찰사건심사시민위원회 위원

　　대전경찰청 손실보상위원회 위원

　　대전경찰청 민원조정위원회 위원

전) 대전중부경찰서 상황실장

　　충남지방경찰청 미래연구팀장

　　대덕대학교 경찰행정학과 학과장

　　경찰청 수사경찰 성과평가위원

〈저서 및 논문〉

유아교사를 위한 학교폭력 예방 및 대책(공저, 양서원, 2014)

형사법능력평가 기출문제집(경찰공제회, 2019)

헌법상 검사의 영장청구권 규정에 대한 비판적 검토(유럽헌법학회, 2018)

미국의 성범죄자등록 및 공개법에 관한 연구(한국디지털정책학회, 2013)

인터넷과 SNS를 이용한 마약거래 대응방안에 관한 연구(한국융합보안학회, 2018)

이메일: phj1041@naver.com

서혜석(Seo, Hye Seok)
대구대학교 대학원 사회복지방법 전공(박사)
현) 한국심리상담교육센터 대표
　(사)한국상담학회 전문영역 수련감독자(대학상담, 집단상담, 진로상담, 교정상담)
　(사)한국상담학회 1급 전문상담사(부부가족상담)
　한국교정상담심리학회 수련감독 교정전문상담사
　한국교류분석상담학회 수련감독자(상담영역, 교육영역, 조직영역)
전) 예수대학교 사회복지학부 교수
　예수대학교 정신건강상담연구소 소장
　(사)한국상담학회 전북상담학회 회장
　(사)한국군사회복지학회 회장
　화신사이버대학교 사회복지학부 교수, 화신심리상담센터 수련감독자

〈저서 및 논문〉
사회복지상담의 이해(공저, 어우리, 2021)
상담이론과 실제(공저, 아카데미아, 2020)
가족상담 및 가족치료(공저, 어우리, 2020)
집단상담(공저, 양서원, 2019) 외 50여 권
교류분석의 재결정을 활용한 프로그램이 전자장치부착 성폭력범죄자의 임파워먼트, 자율성 및 대인
　관계에 미치는 효과(한국교정상담심리학회, 2020) 외 60여 편
이메일: hyeseok@hanmail.net


손외철(Son, Yoi Cheol)
동국대학원 경찰행정학과 범죄학 전공(박사)
현) 부경대학교 공공안전경찰학과 교수
전) 법무부 서울, 부산, 대구, 인천, 제주보호관찰소장
　법무부 보호관찰과장
　법무부 치료감호소 서무과장

〈저서 및 논문〉
보호관찰제도론(박영사, 2016)
교정의 복지학(솔과학, 2017)
전자감독제도의 활용확대 방안(한국공안행정학회, 2020),
보호관찰소 이전에 관한 갈등 원인과 해소 방안(보호관찰학회, 2015)
한국전자감독제도의 성과와 실효성 강화 방안(한국범죄심리학회, 2014)
이메일: yoic0475@naver.com

이영호(Lee, Young Ho)
연세대학교 행정대학원 사회복지전공
현) 법무부 소년보호과장
　　한국교정상담심리학회 수련감독 교정전문상담사
　　분노조절상담사 1급
전) 법무부 광주 · 대전 · 안양소년원장
　　법무연수원 기획부 교수
　　법무부 소년과 서기관
　　안산청소년비행예방센터 소장

〈저서 및 논문〉
일본의 소년보호제도(공저, 법무부, 2005)
심리치료프로그램(공저, 법무부, 1999)
소년법의 사회복지적 실효성 연구(연세대학교 행정대학원 석사학위논문, 2009)
개정소년법의 실효성 확보방안: 1개월 이내 소년원 송치(8호) 처분을 중심으로(대한범죄학회, 2008)
소년보호기관에서의 회복적 사업 실천방안(이화여자대학교, 2006)
이메일: yh7000@hanmail.net

장선숙(Jang Seon Suk)
경기대학교 대학원 직업학 전공(박사)
현) 화성직업훈련교도소 보안과 교감
　　법무연수원 강사
　　법무부 인권강사
전) 의정부교도소 여수용팀장, 취창업 담당 분류심사팀장
　　서울동부구치소 교육팀장

〈저서 및 논문〉
왜 하필 교도관이야?(예미, 2019)
꿈틀꿈틀 마음여행(예미, 2021)
수형자의 지각된 취업제한 장벽이 진로포부 형태에 미치는 영향(경기대학교 석사학위논문, 2011)
교정공무원의 퇴직 후 진로전환 경험에 관한 질적 연구(경기대학교 박사학위논문, 2019)
사회통합을 촉진하는 진로교육 활성화 연구 1－보호관찰청소년 및 학교밖 청소년 중심으로(한국직
　　업능력개발원, 2019)
이메일: donkey0210@naver.com

황성용(Hwang, Sung Yong)

숭실대학교 대학원 교육학 전공(박사)

현) 숭실대학교 교육대학원 겸임교수

    한국교정상담심리연구소장: 교육, 연구 및 심리상담

    법무부 보호관찰 위원, 보호관찰소 상담 및 인성교육

    법무부 교정위원, 교도소 상담 및 인성교육

    한국교정상담심리학회 수련감독전문상담사(교정상담, 집단상담)

    평생교육사 1급, 교육과학기술부

    사회복지사 1급, 보건복지부

전) 상지영서대학교 유아교육과 겸임교수(2019)

〈저서 및 논문〉

평생교육론(공저, 태영출판사, 2017)

자기성장 창의성 프로그램이 성인학습자의 창의성과 창의적 리더십에 미치는 효과(숭실대학교 박사
    학위논문, 2012)

창의성 프로그램이 성인학습자의 창의성에 미치는 효과(한국창의력교육학회, 2014)

중소기업경영과 창의성(한국창의력교육학회, 2009)

원예치료 프로그램이 직장인의 성격유형별 스트레스 감소에 미치는 효과(건국대학교 석사학위논문,
    2007)

이메일: hsy-michael@hanmail.net

# 교정상담(2판)
Correctional Counseling (2nd ed.)

2017년  1월  20일  1판  1쇄  발행
2022년  1월  30일  2판  1쇄  발행

지은이 • 이현림 · 김안식 · 김은선 · 박은영 · 박호정
　　　　서혜석 · 손외철 · 이영호 · 장선숙 · 황성용
펴낸이 • 김진환
펴낸곳 • ㈜ **학지사**

　　　　04031 서울특별시 마포구 양화로 15길 20 마인드월드빌딩
대표전화 • 02-330-5114　　팩스 • 02-324-2345
등록번호 • 제313-2006-000265호

홈페이지 • http://www.hakjisa.co.kr
페이스북 • https://www.facebook.com/hakjisabook

ISBN 978-89-997-2563-0 93180

정가 23,000원

### 출판 · 교육 · 미디어기업 **학지사**

간호보건의학출판 **학지사메디컬** www.hakjisamd.co.kr
심리검사연구소 **인싸이트** www.inpsyt.co.kr
학술논문서비스 **뉴논문** www.newnonmun.com
교육연수원 **카운피아** www.counpia.com